KB202696

聖書朝鮮 1

일러두기

○ 이 책은《성서조선》1~23호를 영인본으로 만든 것이다.

○ 1~6호는 맨 뒷면이 백면(白面)이고, 8호는 22면이 백면이다.(이하 면 수는 영인본 각 면의 왼쪽과 오른쪽 가장자리 옆에 한자로 표시된 면 수를 나타낸다.)

○ 8호와 10~23호는 표지 다음 면이 백면이다.

○ 17호에는 표지와 1면 사이에 면 수가 표시되지 않은 면이 있는데, 이승훈(李昇薰) 선생 사진 뒷면은 백면이다.

○ 19호는 2~16면까지 짝수 면 위에 '18호', '17호' 등으로 호수(號數)가 잘못 표기되어 있다.

聖書朝鮮 1

김교신선생기념사업회

1927~1930

홍성사.

『성서조선』 영인본 간행에 부쳐

이만열 (김교신선생기념사업회장)

김교신선생기념사업회는 『성서조선』 영인본 전체를 다시 간행한다. 최근 『성서조선』에 대한 학술적 수요가 증가함에 따라 영인본을 간행하되, 이번에는 그 영인본에 색인을 첨부하기로 했다. 7권으로 분류된 『성서조선』의 색인은 김철웅, 박상익, 양현혜, 전인수, 박찬규, 송승호 여섯 분이 맡아서 지난 몇 달 동안 수고했고, 송승호 님은 이 색인을 종합하는 최종적인 책임을 맡았다.

색인을 포함한 영인본 재간행 작업은 2017년부터 시작하여 2018년 초반에 출판하기로 했으나 간행 시기가 몇 번 미뤄졌다. 이유는 색인 작업의 지연 때문인데, 간행 당시 철자법이 통일되지 않은 상황이다 보니 색인 작업이 의외로 더디 이뤄질 수밖에 없었다. 이번에 색인집을 따로 내기는 하지만, 색인 작업이

완벽하게 이뤄졌다고는 할 수 없다. 그 정도로 색인 작업 자체가 어려웠다는 것을 이해해 주기 바란다. 이런 어려움에도 불구하고 영인본이 간행되어 독자 여러분과 함께 기뻐한다. 수익을 기약할 수 없는 『성서조선』 영인본 간행을 위해 노력해 주신 홍성사의 정애주 대표님을 비롯하여 출판사의 사우 여러분께 책머리에 먼저 감사의 말씀을 드린다.

『성서조선』 전권이 복사·간행된 것은 1982년 노평구 님에 의해 이뤄졌다. 해방 후 글다운 글이 없는 상황에서 『성서조선』에 게재된 글이 교과서에 등장하여 학생 지도에 응용되기도 했지만, 전권을 구하기가 매우 힘들었다. 복사판 간행을 맡았던 노평구 님과 동역자들은 고서점과 전국의 『성서조선』 독자들을 수소문하여 그 전질을 구해 재간행했다.

그동안 『성서조선』은 많은 사람들이 구해보려고 애썼지만 접하기가 쉽지 않았다. 완질의 복사판이 간행된 후에는 이를 이용하는 곳이 많아졌다. 해외에서도 수요가 있었다. 특히 신학을 전공하는 유학생들 사이에서는 그런 요구가 컸다. 필자 역시 해외여행을 하는 동안 유학생들의 집에서 『성서조선』을 소장하고 있는 경우를 더러 보았다. 소장한 이유는 한국 교회와 한국 신학에 대한 지도교수와 외국 학생들의 요청 때문인 것으로 들었다. 하여튼 각계의 이런 요청에 따라 김교신선생기념사업회는 이번에 『성서조선』을 다시 간행하기로 했다.

『성서조선』은 1927년 7월부터 간행된 동인지 형태의 신앙잡지다. 일본의 무교회주의자 우치무라 간조(內村鑑三) 선생의 감화를 받은 김교신(金敎臣), 송두용(宋斗用), 류석동(柳錫東), 양인성(梁仁性), 정상훈(鄭相勳), 함석헌(咸錫憲) 등 여섯 신앙 동지들이 1926년부터 도쿄에서 성서연구활동을 시작했다. 그들은 조국 조선에 줄 수 있는 최고의 선물을 성서로 보고, 〈조선을 성서 위에〉 세우기 위해 그들이 수행한 성서 연구의 결과물을 발표하는 동인지를 갖게 되었다. 그 이름을 〈성서조선〉이라 했다. 『성서조선』 창간사에는 간행 경위를 이렇게 시작한다.

> 걱정을 같이 하고 소망을 일궤(一軌)에 붙이는 우자(愚者) 5-6인이 동경 시외 스기나미촌(杉竝村)에 처음으로 회합하여 〈조선성서연구회〉를 시작하고 매주 때를 기(期)하여 조선을 생각하고 성서를 강(講)하면서 지내온 지 반세여(半歲餘)에 누가 동의하여 어간(於間)의 소원 연구의 일단을 세상에 공개하려 하니 그 이름을 〈성서조선〉이라 하게 되도다.

이어서 창간사는 이 동인지의 성격과 지향점을 다음과 같이 밝혔다.

> 명명(命名)의 우열과 시기의 적부(適否)는 우리의 불문(不問)하는 바라. 다만 우리 염두의 전폭(全幅)을 차지하는 것은 〈조선〉 두 자이고, 애인에게 보낼 최진(最珍)의 선물은 〈성서〉 한 권뿐이니 둘 중의 하나를 버

> 리지 못하여 된 것이 그 이름이었다. 기원(祈願)은 이를 통하여 열애의 순정을 전하려 하고 지성(至誠)의 선물을 그녀에게 드려야 함이로다. 〈성서조선〉아, 너는 우선 이스라엘 집집으로 가라. 소위 기성 신자의 손을 거치지 말라. 그리스도보다 외인을 예배하고, 성서보다 회당을 중요시하는 자의 집에는 그 발의 먼지를 털지어다. 〈성서조선〉아, 너는 소위 기독신자보다도 조선혼을 소지(所持)한 조선 사람에게 가라. 시골로 가라, 산촌으로 가라, 거기에 나무꾼 한 사람을 위로함으로 너의 사명으로 삼으라. 〈성서조선〉아, 네가 만일 그처럼 인내력을 가졌거든 너의 창간 일자 이후에 출생하는 조선 사람을 기다려 면담하라. 상론(相論)하라. 동지(同志)를 한 세기 후에 기(期)한들 무엇을 탓할손가.

창간사는 〈성서〉와 〈조선〉을 합하여 만든 동인지 명칭의 연유를 설명한다. 〈조선〉은 자기들의 마음 전부를 차지하는 존재이고, 〈성서〉는 자기들이 가장 사랑하는 사람에게 보낼 제일 좋은 선물이기 때문에, 이 둘 중에 어느 하나도 버릴 수 없어 〈성서조선〉이라고 명명했다고 했다.

또 성서조선이 갈 곳은 〈이스라엘 집〉이지, 그리스도보다 사람을 예배하는 〈기성 신자〉나 성서보다 예배당을 중요시하는 곳도 아니고 교권화·세속화되어 가고 있던 기존 조선교회도 아님을 강조한다. 또 〈성서조선〉은 〈소위 기독교 신자〉에게 갈 것이 아니라 〈조선의 혼을 가진 조선 사람〉에게로 가라고 가르친다. 그곳은 아직 세속적인 교회의 때가 묻지 않은 영적인 〈시골〉이요 〈산골〉이다. 그들은 살찐 몸매와 번지르르한 기름으로 치장한 도회인이 아니라 영적인 〈나무꾼 한 사람〉임을 의미한다. 여기에 『성서조선』이

지향하는 바가 있다. 기성 교회와 야합할 것이 아니라 그 비리를 비판하고 〈기독교라는 때〉가 묻지 않은 민중 속으로 파고 들어가 그들을 성서적인 신앙으로 각성시키자고 강조한다. 이것이 성서를 조선에 주고、조선을 성서 위에 세우려는、『성서조선』 동인들의 창간 의도라 할 것이다.

『성서조선』 간행 취지가 조선과 성서를 다 같이 사랑하는 〈동인들〉이 성서 위에 조선을 세우겠다는 공통된 일념에 있다는 점을 강조했지만、김교신은 8년 뒤 〈성서조선의 간행 취지〉(1935년 10월)를 요약해서 다음 두 가지로 설명한 적이 있다. 하나는 〈유물주의자의 반종교운동에 항변〉하기 위함이고 또 하나는 〈순수한 조선산 기독교를 해설〉하기 위함이라고 했다. 그의 말이다. 『신앙이라고 하면 과학적 교양도 없고 근대 사조 특히 유물론적 사상을 호흡치 못한 우부(愚夫) 우부(愚婦)들이나 운위할 것인 줄로 아나 이는 대단히 천박한 인사들의 소행이다. 그러므로 소위 인텔리층의 경박과 유물주의자의 반종교운동에 대하여 신앙의 입장을 프로테스트(항변)하고자 함이 본지 발간의 일대 취지였다.』 이어서 그는 『조선의 기독교가 전래한 지 약 반세기에 이르렀으나 아직까지는 선진 구미 선교사 등의 유풍(遺風)을 모방하는 역(域)을 불탈(不脫)하였음을 유감으로 알아、순수한 조선산 기독교를 해설하고자 하여 『성서조선』을 발간한 것이다.』라고 했다. 김교신이 쓴 발간 취지는 『성서조선』이 동인지 형태에서 김교신 1인 체제로 바뀐 뒤에 표현된 것이어서 주목되는 바다. 이는 8년 전 동인지 형태로 간행할 때보다는 훨씬 분명한 내용을 담고 있음을 알 수 있다. 그러면서도 그는 『조선에다 기독교의 능력적 교훈을 전달하고 성서적인 진리의 기반 위에 영구 불멸할 조선을 건립하고자 하는 소원』이라는、창간 당시의 목적을 잊지 않았다.

『성서조선』은 창간 당시에는 도교에 있던 동인들이 편집하고 서울에서 인쇄했다. 김교신이 귀국한 1927년 4월 이후에도 대부분의 동인들은 도교에 머물러 있었다. 『성서조선』 창간호 판권에는 편집인 정상훈과 발행인 유석동은 도교에 거하는 것으로 되어 있고, 발행소인 〈성서조선사〉도 도교로 나와 있다. 그러나 인쇄인 김재섭(金在涉)의 주소는 서울 견지동 32이고, 인쇄소는 한성도서(주)다. 『성서조선』은 창간 후 초기에는 연 4차 계간 형식으로 발행되다가 1929년 8월(8호)부터는 월간이 되었다. 그러다가 제16호(1930년 5월)에는 다음과 같은 짤막한 사고(社告)가 실렸다. 『지금까지 6인의 합작으로 경영해 오던 〈성서조선사〉는 이번에 형편에 의하여 해산하였습니다. 이번 호까지 정상훈 명의로 발행되었으나, 금후의 경영은 김교신 단독히 당하겠습니다.』 그다음 17호(1930년 6월호)부터는 편집·발행 겸 인쇄인이 김교신으로 바뀌었다. 성서조선사의 발행소 주소도 〈경성부 외 용강면 공덕리 130〉으로 옮겨졌고, 인쇄소는 기독교창문사로 되었다. 김교신은 뒷날 동인제(同人制) 폐간이 일시적 사변에 의한 것이기 때문에 불원한 장래에 이 일을 전담할 자가 나오기를 기대하는 마음으로 맡았지만 성서조선이 폐간될 때까지 자기 책임하에 간행하였다.

『성서조선』 간행을 전담한 김교신은 함남 함흥 출신으로, 1919년 3월 일본으로 건너가 도교(東京) 세이소쿠(正則)영어학교를 거쳐 도교 고등사범학교에 진학했는데, 1921년부터 7년간 우치무라 간조(內

村鑑三)의 문하에서 성경 강의를 들었다. 그는 학업을 마치고 1927년 4월 귀국, 함흥 영생여자고등보통학교와 양정고등보통학교, 제일고등보통학교(경기중학)와 송도고등보통학교에서 교편을 잡았으나 1942년 3월 소위 〈성서조선 사건〉으로 구속되어 15년간의 교사생활을 끝냈다. 『성서조선』 16호(1930년 5월호)부터 간행 책임을 맡게 된 김교신은 원고 집필과 편집, 인쇄는 물론 발송 사무와 수금 등 독자 관리의 허드렛일까지 혼자 다 맡았다. 그야말로 불철주야 『성서조선』에 매달린 것이다. 그는 삶의 전부라고 할 『성서조선』 출판에 모든 것을 바쳤지만 매호 적자를 면치 못했다. 그 무렵 그는 『의식의 여분으로 잡지 출판을 한 것이 아니라 출판의 여분으로 생활을 해야 했다』고 술회했다. 1936년 1월 31일(금)자 그의 일기에는 당시 짊어졌던 『성서조선』 일 등이 얼마나 그를 짓누르고 있었던가를 보여준다.

> 1월 31일(금) 청(晴). 영하 18도 7분으로 기온 점강(漸降). 등교 수업을 마친 후에 2월호 출래(出來)하여 발송사무. 피봉(皮封) 쓰는 일, 부치는 일, 우편국 및 경성역에 반출하는 일은 물론이요, 시내 서점에 배달하여 수금하는 일까지 단독으로 하다. 서점에서는 「선생이 이처럼 친히 다니시느냐」고 하나 대체 위로의 말인지 조롱의 뜻인지 모르겠다. 주필 겸 발행자 겸 사무원 겸 배달부 겸 수금인 겸 교정계 겸 기자 겸 일요강사 등등, 그 외에 박물 교사 겸 영어·수학 교사(열등생도에게) 겸 가정교사(기숙 생도에게) 겸 농구부장 겸 농구협회 간사 겸 박물학회 회원 겸 박물연구회 회원 겸 지력(地歷)학회 회원 겸 외국어학회 회원 겸 직원 운동선수 겸 호주(戶主) 겸 학부형 등등. 월광에 비추이는 가엾은 자아를 헤아리면서 귀댁(貴宅)한

때는 삼수(參宿)가 중천에 솟았다.[노평구 엮음, 『김교신 전집 6』(부·키, 2001, 17-18)]

이런 상황에서도 그는 『성서조선』 간행을 통해 감사했다. 『성서조선』 간행 만 10주년을 맞아 그는 오로지 주 예수의 무한한 은총으로 된 일임을 새롭게 감격했다. 또 만 14주년을 맞은 제150호(1941년 7월호)에서는 그동안 우리의 눈이 하늘을 향하여 주 예수 그리스도의 헤아릴 수 없는 기이한 섭리를 우러러보며 찬송과 감사가 넘친다고 하면서 「모든 영광은 주 예수께로, 욕된 것은 나에게로」라고 다짐했다. 그는 이날까지 『성서조선』이 버티어 온 것은 인력에 의해서가 아니라 하나님의 은총에 의한 것이라고 고백했다.

> 외국인 선교사들의 식양(式樣)으로 된 조선기독교회의 다대한 배척과 비방을 감수하면서 아무 단체의 배경도 찬조도 없이, 주필된 자의 굳은 의지나 뛰어난 필재에 의함도 없이, 적립된 자금으로 시작한 것도 아닌 잡지가, 창간호로부터 150호에 이르기까지 인쇄 실비에도 결손되는 잡지가 속간된 것은 아무리 보아도 인력으로 된 일은 아니다.

김교신에게는 원고 집필과 편집, 인쇄 등의 일상적인 일 외에 더 시달려야 하는 것이 있었다. 『성서조선』을 향한 호사가들의 시비는 물론 〈친애하는 형제들 중에서 『성서조선』의 사명과 태도 등을 두고 충고와

질의〉를 하는 경우도 있었고, 이 못지않게 기성 교회의 『성서조선』에 대한 비판이 있었다. 무엇보다 괴로운 것은 일제 당국의 검열이었다. 검열을 위해 며칠씩 대기하다가 출판 기일을 넘겨야 하는 경우도 있었고, 검열에 걸려 원고를 삭제해야 할 경우도 있어서 더욱 난감했다. 그런 상황에서 그는 종간호가 되는 줄로 안 것이 한두 번이 아니었다. 그럴 때마다 의외로 원조를 주께서 예비해 주시사 오늘에 이르기까지 한 번도 휴간 없이 발간하게 되었다. 그런 수난적인 경험을 통해 〈내가 약함을 통탄할 때에 도리어 강한 것을 발견케〉 되었으니 그는 모든 영광과 찬송을 주께 돌린다고 했다. (1937년 5월)

전시체제(戰時體制)가 강화되면 조선에서 간행하는 신문 잡지는 일본의 전승(戰勝)을 기원하는 글이나 시국에 관한 표어를 실어야만 했다. 검열을 통과하기 위해서는 「황국신민(皇國臣民)의 서사(誓詞)」를 잡지 앞머리에 넣지 않으면 안 되었다. 경무국으로부터 전화로 신년호의 권두 한 페이지에는 「황국신민의 서사」 1과 2를 게재하라는 지령을 받고 폐간을 결심하기도 했다. 그러나 『성서조선』이 조선에 유일한 성서잡지라는 어떤 사명감 같은 것 때문에 결국 자신의 생각을 꺾고 일제의 지령대로 서사(誓詞)를 게재하기로 했다. 이따금 게재하던 「황국신민의 서사」는 137호(1940년 6월)부터 아예 표지 혹은 표지 바로 뒷면에 고정적으로 배치되어야 했고, 「총후(銃後) 국민생활」 같은 어용적인 칼럼들도 135호(1940년 4월)부터는 표지 바로 뒷면에 자리잡게 되었다.

『성서조선』은 어떤 때는 검열을 의식해서 시국 소감 등을 직설(直說)하지 않고 비유나 묵시적으로 쓰기도

했다. 그래서였을 것이다. 김교신은 「본지 독자에 대한 요망」(1939년 9월)에서 다음과 같이 썼다.

> 본지 독자는 문자를 문자 그대로 읽는 외에 자간과 행간을 능히 읽는 도량이 있기를 요구하는 때가 종종 있다. 이는 학식의 문제가 아니요, 지혜의 문제이다. … 정도의 차는 있으나 본지도 일종의 묵시록이라 할 수 있다. 지금 세대는 비유나 상징이나 은어가 아니고는 진실한 말을 표현할 수 없는 세대이다 지혜의 자(子)만 지혜를 이해한다.

『성서조선』을 폐간시킨 「조와(弔蛙)」 사건은 일제 당국이 김교신이 사용한 바로 그 상징어나 은어의 본질을 알아차리고 겁박한 경우라고 할 것이다. 그런 상황이고 보니 『성서조선』에는 〈시국표어〉도 어쩔 수 없이 내걸어야 했던 것이다. 폐간도 고려해 보았지만, 하나님의 뜻에 의지하는 섭리신앙 때문에 고난 중에서도 간행을 계속했다. 이게 『성서조선』 간행을 억지로라도 계속하지 않을 수 없었던 발행자 김교신의 딱한 사정이었다.

일본은 1937년 중국 침략에 이어 미국에 대한 도발을 감행했다. 중국에 대한 침략 전쟁은 식민지 조선에 대한 전시체제 강화로 이어졌다. 한국의 언어와 문자를 통제하기 시작했고, 조선사 교육을 폐지했으며, 창씨개명(創氏改名)과 신사참배(神社參拜)를 강요했다. 1936년부터 천주교와 감리회가 신사참배에

굴복했고 1938년에는 장로회 총회가 신사참배를 결의했으나, 신사참배에 불복하는 신자들은 감옥으로 끌려갔다. 1937년에는 수양동우회 사건이, 그 이듬해에는 흥업구락부 사건이 터졌다. 1940년 10월에는 국민총력연맹을 조직하고 〈황국신민화운동〉을 본격화시켰다. 1941년 12월 초 하와이 공격으로 〈태평양전쟁〉을 일으킨 일본은 국민총동원 체제와 사상통제를 강화했다. 1942년의 〈조와(弔蛙) 사건〉과 〈조선어학회 사건〉은 국민총동원체제하에서 일어난 문화·사상 통제의 뚜렷한 실례다.

『성서조선』을 폐간으로 몰아간 〈조와(弔蛙) 사건〉의 전말은 이렇다. 1940년 3월 양정고등보통학교를 사임한 김교신은 그해 9월 제일고등보통학교(경기중학)에서 잠시 교편을 잡았으나 반년 만에 그만두었고, 1941년 10월에는 송도고등보통학교 교사로 부임하였다. 그러나 일제 당국은 그 이듬해 3월 1일자로 간행된 『성서조선』 제158호 권두언 「조와(弔蛙)」를 문제 삼아 〈성서조선 사건〉을 일으켜 『성서조선』을 폐간하고 김교신 등을 투옥시켰다.

사건의 발단이 된 「조와(弔蛙)」에는 이 글을 쓰게 된 경위가 나타나 있다. 김교신은 〈자신의 영혼과 민족의 죄를 위해〉 또 〈소리쳐 울고 싶은 대로 울 만한 장소〉를 구하기 위해 새벽기도처를 찾았다. 서울에서는 북한산록에서, 송도로 옮긴 후에는 자연 속에서 찾았다. 그는 송도 만월대 뒤편 송악산 깊은 골짜기 안에 폭포가 떨어지는 물웅덩이 가운데 작은 바위를 기도처로 정하고, 새벽에 냉수마찰을 하고 큰 소리로 기도하고 찬송을 불렀다. 이렇게 기도할 때는 웅덩이의 개구리들이 헤엄쳐 다니면서 모여들기도 했다. 「조와」는 새벽기도의 산물이었다. 유난히 추웠던 그해 겨울, 대부분의 개구리가 얼어 죽어서 물 위에

떠오른 것을 보고 슬퍼하면서도 요행히 살아남은 두세 마리를 보고 위로를 받았다. 「조와」의 전문이다.

작년 늦은 가을 이래로 새로운 기도터가 생겼었다. 층암이 병풍처럼 둘러싸고 가느다란 폭포 밑에 작은 담(潭)을 형성한 곳에 평탄한 반석 하나 담 속에 솟아나서 한 사람이 꿇어앉아서 기도하기에는 천성의 성전이다. / 이 반상(磐上)에서 혹은 가늘게 혹은 크게 기구(祈求)하며 또한 찬송하고 보면 전후좌우로 엉금엉금 기어오는 것은 담 속에서 암색(岩色)에 적응하여 보호색을 이룬 개구리들이다. 산중에 대변사(大變事)나 생겼다는 표정으로 신래(新來)의 객에 접근하는 친구 와군(蛙君)들, 때로는 5, 6마리 때로는 7, 8마리. / 늦은 가을도 지나서 담상(潭上)에 엷은 얼음이 붙기 시작함에 따라서 와군들의 기동(起動)이 일부일(日復日) 완만하여지다가 나중에 두꺼운 얼음이 투명(透明)을 가리운 후로는 기도와 찬송의 음파가 저들의 이막(耳膜)에 닿는지 안 닿는지 알 길이 없었다. 이렇게 격조(隔阻)하기 무릇 수개월여! / 봄비 쏟아지던 날 새벽, 이 바위틈의 빙괴(氷塊)도 드디어 풀리는 날이 왔다. 오래간만에 친구 와군들의 안부를 살피고자 담 속을 구부려 찾았더니 오호라, 개구리의 시체 두세 마리 담 꼬리에 부유하고 있지 않은가! / 짐작컨대 지난 겨울의 비상한 혹한에 작은 담수의 밑바닥까지 얼어서 이 참사가 생긴 모양이다. 예년에는 얼지 않았던 데까지 얼어붙은 까닭인 듯. 동사한 개구리 시체를 모아 매장하여 주고 보니, 담저(潭底)에 아직 두어 마리 기어다닌다. 아, 전멸은 면했나보다! (『김교신 전집』 1권 38)

이 글은, 『성서조선』 제 158호에 〈부활의 봄〉이라는 제목으로 『드디어 봄은 돌아왔다. … 우리의 소망은 오직 부활의 봄에 있고 부활은 봄과 같이 확실히 임한다.』라는 글과 함께 실려 있다. 김교신은 「조와」와 「부활의 봄」이라는 글에서 다 같이 조선 민족의 봄을 고대하고 있었으며 은유를 통해 표현하고 있었다. 김교신은 『지금 세대는 비유나 상징이나 은어가 아니고는 진실한 말을 표현할 수 없는 세대이다. 지혜의 자(子)만 지혜를 이해한다.』고 말한 적이 있다. 그의 이런 말에 따라 「조와」를 추론해 보면 무슨 의미를 함의하고 있는지 금방 알 수 있다. 산전수전 다 겪은 일본 고등경찰 당국이 이를 간파하지 못할 리가 없다. 〈무서운 혹한에도 살아남은 개구리의 생명력을 보고 조선 민족의 생명력에 비유했다〉 하여 꼬투리를 잡은 것은 정확히 보았다고 할 것이다.

1942년 3월 30일 김교신은 일제 경찰에 의해 서울로 압송되었다. 〈성서조선 사건〉이 터진 것이다. 이 사건으로 『성서조선』은 폐간되고 전국의 구독자들이 일제히 검거됐다. 며칠 만에 풀려난 독자도 있지만, 김교신·함석헌·송두용·류달영 등 13명은 서대문형무소에서 만 1년간 옥고를 치르고 1943년 3월 29일 밤 출옥했다. 취조에 나선 일본 경찰들이 이들에게 했다는 다음 말은 『성서조선』이 추구한 목표가 어디에 있었는지 그 정곡을 찌른다. 그리고 이 말은 일제가 〈성서조선 사건〉을 통해 꿰뚫어 보고 있는 사건의 본질이기도 하다.

너희 놈들은 우리가 지금까지 잡은 조선 놈들 가운데 가장 악질적인 부류들이다. 결사(結社)니 조국이니 해가면서 파득파득 뛰어다니는 것들은 오히려 좋다. 그러나 너희들은 종교의 허울을 쓰고 조선민족의 정신을 깊이 심어서 100년 후에라도, 아니 500년 후에라도 독립이 될 수 있게 할 터전을 마련해두려는 고약한 놈들이다.(『김교신 전집』 1권 11)

1927년 7월 동인지 형태로 제1호를 간행한 『성서조선』은 16호(1930년 5월호)부터 김교신이 발행인이 되어 간행되다가 1942년 3월호(158호)로 폐간되었다. 158호까지 계속된 『성서조선』에는 가장 많이 게재된 것이 성서연구에 관한 것이다. 김교신은 「성서개요」라 하여 거의 대부분의 신구약 성서 개요를 게재했는데, 간결성과 명확성 때문에 구호(舊號)까지 독자들의 사랑을 받았다. 또 「성서연구」도 게재했는데, 산상수훈 연구를 비롯하여 주기도문 연구, 시편 강해와 골로새서 강의와 데살로니가전서 강의 등은 『성서조선』을 통해 발표되었고, 산상수훈 연구는 단행본으로 출간되었다. 한국인이 쓴 성경 주석서가 별로 없던 시기에 김교신의 연구는 목회자들과 일반 신자들에게도 큰 도움이 되었다.

7권으로 된 『김교신 전집』(노평구 엮음, 부·키)에는 위에서 언급한 「성서개요」와 「성서연구」 외에 『성서조선』에 게재되었던 김교신의 글을 「인생론」과 「신앙론」으로 각각 묶었다. 이 두 권에는 김교신이 『성서조선』에 게재한 글을 거의 망라하고 있다. 이 두 권에는 거의 400여 편의 글이 게재되어 있는데, 제1권 『인생론』에는 조국, 교육, 학문과 직업, 현실과 이상, 믿음의 생활, 사회시평, 고백·선언, 가정, 위대한 사람들, 고인에 대한 추억, 성서조선지의 행로, 생활 주변, 회고와 전망으로 분류하여 실었고, 2권

『신앙론』에는 하나님、그리스도、성서、기독교、신앙、사랑、부활、기독교도、전도、교회、무교회、진리、생명、자연、찬미로 분류하여 묶었다.

『성서조선』에 게재된 김교신의 중요한 글은 그의 일기다. 그가 일기를 쓰기 시작한 것은 『10세 때부터』라고 말하고 있는데 이는 1910년 국치(國恥)를 맞을、아마도 함흥보통학교에 입학했을 무렵인 것으로 보인다. 그의 일기는 30여 책이나 되었지만、양정고보 교사 시절 한 생도의 일기가 문제가 되자 학교에 미칠 화를 생각하여 담임교사(김교신)도 그의 30여 권의 일기를 소각해 버렸다.(1938년 2월 22일자 일기) 그러나 김교신의 일기는 그 일부가 두 가지 형태로 남아 있다. 하나는 소각되지 않고 남아 있는 2년 8개월분의 「일보(日步)」인데 이는 2016년 김교신선생기념사업회에서 『김교신일보(日步)』(홍성사)라는 이름으로 간행했다. 또 하나는 『성서조선』에 게재한 그의 일기다. 『성서조선』에는 처음에 여섯 동인들의 소식을 알리는 「독상여록(獨想餘錄)」·「독상편편(獨想片片)」·「여적(餘滴)」 등의 난이 있었는데、1929년 8월호부터는 「성서통신(城西通信)」 난으로 이름이 바뀌었다. 『성서조선』의 발행 책임자가 김교신으로 된 후 1930년 6월(제17호)호부터는 「성서통신」 난에 그의 일기를 간추려 게재하게 되었다. 「성서통신」 난은 그 뒤 1936년 1월호부터 「성조통신(聖朝通信)」으로 이름이 바뀌어 1941년 1월호까지 김교신의 일기를 계속 실었지만、1941년 3월(제146호)호에 『당분간은 「성조통신」(난)을 폐지』한다고 알리고는 일기가 더 게재되지 않았다. 따라서 김교신의 일기는 소각되지 않은 2년 8개월치의 「일보(日步)」와 『성서조선』에 게재된 그의 일기가 남아 있다고 할 것이다.

『성서조선』에 연재된 글 중에는 함석헌의 「성서적 입장에서 본 조선역사」가 있다. 이 글은 1934년 2월부터 1935년 12월까지 『성서조선』에 연재되었는데, 최초로 일정한 사관(史觀)을 가지고 조선역사를 관통한 책이라는 찬사(천관우)를 받았을 정도로 큰 반향을 일으켰다. 함석헌은 이어서 그 자매편인 「성서적 입장에서 본 세계역사」도 『성서조선』 1936년 9월호부터 1938년 3월호까지 연재하여 호평을 받았다. 함석헌이 『성서조선』에 우리 역사를 연재하고 있을 때 김교신은 자신의 〈민족지리관〉의 관점에서 「조선지리 소고」라는 논문(제62호-1934년 3월)을 게재했다. 200자 원고지 80매 가량의 이 논문은 함석헌이 「성서적 입장에서 본 조선역사」에서 나타낸 섭리적 민족사관과 궤를 같이하는 것으로, 섭리적 민족지리관을 나타냈다는 평가를 받고 있다. 지리박물학 교사인 김교신이 신앙의 눈으로 차원 높은 민족지리관을 펴보인 것이다.

『성서조선』의 필자에는 김교신, 송두용, 유석동, 양인성, 정상훈, 함석헌 등 〈조선성서연구회〉 회원들을 비롯하여 독자 기고 형태로 김정식, 장도원, 김계화, 양능점, 윤일심, 김계화, 강제건, 이찬갑, 최홍종, 유달영, 김정옥, 박석현, 유영모 등의 이름들이 보인다. 특히 〈조선성서연구회〉 회원인 양인성과 이들과 노선을 같이 했던 이덕봉이 「성서동물학」과 「성서식물학」이라는 연구논문을 남긴 것은 매우 주목된다.

『성서조선』은 매월 250부 정도가 발행되었고 구독자는 200명 정도였다. 독자들 가운데는 일반 교역자들도 있었지만, 이승훈, 장기려, 정태시같이 한국 기독교계와 교육계에 영향력을 미친 이들도 있었다. 『성서조선』에 게재된 내용으로 설교하다가 교단의 배척을 당한 손양원 같은 이도 있었다. 당시 한국 교단의 이 같은 탄압에도 불구하고 『성서조선』을 통해 깊은 감동을 받았다는 사람이 한둘이 아니었다. 한센병 환자들 중에도 『성서조선』으로 영적 감화와 위로를 받았다는 이들이 있었다.

끝으로 오늘날 『성서조선』을 복간하는 것이 무슨 의미를 갖는지를 언급하면서 이 글을 마무리하겠다. 그동안 『성서조선』이 복간된 적이 있지만, 현재 그것을 구해보기는 매우 어렵게 되었다. 김교신선생기념사업회로서는 미안한 생각을 갖지 않을 수 없다. 바로 이런 부채감이 『성서조선』 복간의 가장 큰 이유다. 한편 한국 기독교사 연구와 관련, 김교신 선생을 비롯한 소위 무교회주의자들이 당시 어떤 생각을 하고 있었는지 탐구할 필요가 있다. 성서 원어(히브리어와 희랍어)와 영어 독일어 일본어 성경을 대조해 가며 성경연구에 매진했던 이들이 한국 교회에 어떤 태도를 취했으며, 기성 한국 교회는 이들을 어떻게 생각하고 있었는지 살펴볼 필요가 있다는 것이다. 오늘날 한국 교회에 불거지고 있는 문제들은 이미 당시에도 일어나 자성과 비판의 대상이 되었다. 『성서조선』을 읽노라면 그때 한국 교회의 상황들이 오늘날의 상황들과 그렇게 멀리 떨어져 있지 않다는 것을 알 수 있다. 따라서 『성서조선』 복간은 한국 교회의 〈온고이지신(溫故而知新)〉의 의미를 되새기게 할 것이다.

『성서조선』 복간의 가장 중요한 이유는 현재 한국 교회 앞에 놓인, 한국 신학 수립의 당위적인 과제 때문이다. 한국 신학을 수립해야 한다는 과제는 어제오늘의 문제가 아니다. 이런 필요성은 해외에 가서 신학을 공부하는 이들이라면 더욱 뼈저리게 느껴왔던 것이다. 그들은 그곳 지도교수나 교회로부터 끊임없이 한국 교회를 성장시킨 한국 신학에 대한 질문과 도전을 받아왔다. 이제 한국 교회는 세계 교회의 그 같은 질문에 답하지 않을 수 없게 되었다. 이 같은 과제는 『성서조선』 간행을 처음 시작했던 〈조선성서연구회〉 동인들뿐만 아니라 오늘날에도 의식 있는 크리스천들에게 던져지는 요구다.

〈외국인 선교사들의 식양(式樣)으로 된 조선기독교회의 다대한 배척과 비방을 감수하면서 아무 단체의 배경도 찬조도 없이〉 간행했던 『성서조선』이 당시 지향했던 바는 〈조선산 기독교〉였다. 〈조선산 기독교〉는 하나님의 말씀이 〈조선의 토양과 기후〉 위에서 새롭게 열매 맺는, 그런 것이 아니었을까. 성서의 터 위에서 조선인의 땀과 피와 삶이 영적으로 응고되고 열매 맺는, 그런 기독교가 아닐까. 그것은 수입신학·번역신학일 수 없고, 그런 차원을 넘어서는 것이다. 조선인의 삶과 환경, 조선인의 고민과 사상, 그런 문제의식 위에서 하나님의 말씀인 성서를 기초로 한 신학과 교회가 이 땅에서 세워지는 것, 이것이 『성서조선』이 말하는 〈조선산 기독교〉가 아니었을까.

〈조선산 기독교〉는 수천 년 역사와 제도 위에 형성된 서구의 관념화된 신학이나, 비록 청교도적 바탕 위에서 출발했다고는 하나 〈동부〉의 황금에 대한 유혹과 세계를 향한 끝없는 전쟁의 유혹 속에서 자신을 정당화해 간 미국의 〈천박한 기독교〉일 수 없다. 『성서조선』이 조선이라는 특수한 상황 속에서 세계적

보편성을 지향해 간 〈조선산 기독교〉를 지향하며 간행된 것이라면, 『성서조선』의 복간은 그런 지향(指向)부터 다시 복원하고, 그 지향에 다가서는 것이어야 한다. 『성서조선』이 간행할 당시 요청되었던 〈조선산 기독교〉는 『성서조선』을 복간하는 이 시점에도 같은 공감대에 서 있다. 한국 신학에 바탕을 둔 한국 교회가 세워져야 한다는 바로 그 공감대다. 이것이 『성서조선』을 이 시점에 복간하는 진정한 이유다. 『성서조선』이 외쳤던 그 외침을 오늘날 다시 들려주면서, 조선의 토양과 땀, 고난과 생각을 담은 한국 신학을 수립해야 한다는 것, 바로 그런 〈조선산 기독교〉를 지향·착근하고 성장시켜 가는 것이 『성서조선』 복간의 중요한 이유일 것이다. (2019. 1. 9)

차례

聖書朝鮮

創刊號

一九二七年七月一日發行

昭和二年六月二十九日 印刷
昭和二年七月一日 發行

目次

여호와끠서 나의목쟈시니 내게 부족함이 업스리로다

나로하여곰 푸른 풀밧에 눕게하시며 잔々한 물가로 나를 인도하시도다

나의령혼을 회복하시고 자긔일홈을 위하야 공의의길로 인도하시도다

또한 내가 비록 사망의 음침한 골짝이로 단일지라도 해밧음을 두려워하지 아니함은 주께서 나와함끠 계심이라 쥬의막닥이와 쥬의집행이가 나를 안위하시나이다

쥬께서 나를위하사 내원슈압헤 상을 베프시고 기름으로 내머리에 부으시니 나의잔이 넘치나이다

진실로 션함과 인자하심이 나의 사는날새지 나를 싸르리니 내가 여호와의 뎐에 영원토록 거하리로다(詩篇二三)

創刊辭

一

하로아참에 名聲이世上에자자함을깨여(覺醒)본 바이론은幸福스러운者이엿다。마는하로저녁에「아모런대도朝鮮人이로구나!」하고連絡船甲板을발구른者는鈍한者이엿다。

나는學窓에잇서學慾에貪醉하엿슬때에種種自肯하엿다。「學問엔國境이無하다」고。莊嚴한會堂內에서熱火가튼說敎를傾聽할때에 나는感謝하기가非一非再이엿다。「四海가兄弟同胞라」고單純히信受하고。江戶城의內外에良心에忠하고國을愛함에切한少數者가第二國民의薰陶에忘食沒頭함을目睹할때에余의計劃은遠大에至하려함이有하엿다。「올흔일을하는데야누가是非할냐?」고。果然學的野心에는國境이보히지안엇다。愛的衝動에는四海가胸中의것이엿다。理想의遂現에至하야는前途가다만洋洋할뿐이엿다。때에들니는一聲은무웟인고?「아모리한대도너는朝鮮人일다!」

아! 엇지此보다더無量의意味를吾人에게傳하는句가他에有하랴? 此를解하야萬事休요 此를解하야萬事成이로다。於此에視線은焦點에合함을得하엿고對象은한아임이明確하여지도다。吾人은敢히朝鮮을사랑한다고大言치못하나 朝鮮과自我와의關係에對하야겨우「무웟을」知得함이有한줄信하노라。그遲晩함이야엇지人笑를待하리오만。

然이나自我를爲하야何를行할고朝鮮을爲하야何를爲할고 오직悲憤慨世만이能事일가。近日우리兄弟들사히에其平素의思想이相反하고頃日의趣向이各異함에不拘하고各其自我를屈하고同一의標的에向하려하는傾向이보힘은吾人의共賀할바어니와 此는實노親去後에孝誠이動함과一理이니 吾人不孝子인들엇지其例에漏하랴? 境遇는奇蹟을行하는가보다。

다만同一한最愛에對하야서도其表示의樣式이各異함은不得已의勢이라。吾人은多少의經驗과確信으로써 今日의朝鮮에줄바最珍最切의선물은 新奇치도

創刊辭

아닌 舊新約聖書一卷이잇는줄알뿐이로다。

그럼으로憂를共히하고 所望을一軌에부치는愚者五六人이東京市外杉並村에서처음으로會合하야朝鮮聖書研究會를始하고 每週時를期하야朝鮮을慮하고聖書를講하면서來한지半歲餘에或이動意하야於間의所願研究의一端을世에公開하려하니 其名을「聖書朝鮮」이라하게되도다。命名의優劣과時機의適否는吾人의不問하는바라 다만우리念頭의全幅을차지하는것은朝鮮二字이고 愛人의게보낼最珍의선물은聖書一卷뿐이니 兩者의一을捨치못하야 된것이 其名이엿다。祈願은 이를通하야熱愛의純情을傳하려하고 至誠의선물을彼女의게들이려합이로라。

「聖書朝鮮」아너는爲先이스라라집집으로가라。所謂旣成信者의手에거치지말나 基督보다外人을禮拜하고 聖書보다會堂을重視하는者의집에는그발의믄지를털지어다。

「聖書朝鮮」아너는所謂基督信者보다도朝鮮魂을所持한朝鮮사람의게가라。시고을노가라 山村으로가라。거기의樵夫一人을慰합으로汝의使命을삼으라。

「聖書朝鮮」아네가萬一그처럼忍耐力을가젓거든汝의創刊日字以後에出生하는朝鮮人을待하야面談하라相論하라同志를一世紀後에期한들何를嘆할손가(敎臣)

二

압길뒤길다맥힌朝鮮이다。낫이면낫밤이면밤긋칠새업시 半島의中軸을흔드난斷末魔의呻吟이들여온다。발서最後의날이온것갓다。푸른蒼穹과아름다운山川은惜別의눈물을흘니고잇다。

心臟肉片에「朝鮮人」이라는烙印이박혀잇난우리는엇지하면조흘가。慘酷한運命에戰慄하야自殺을할가。그러치아니하면運命에全部를맷겨버리는宿命論者가될가。아니 아니 우리의朝鮮에對한사랑은 自殺하며宿命論者되기에는너머强하며너머熱々하다。所望업난重患에도그의快癒를밋고 臨終에도그의恢復을밋고 屍體보고도그의蘇生을바래난우리의心情이다。우리의사랑은嚴正한事實을無視하는듯하다。

그의悲慘한最後를 새로운最初의前兆로맨들야한또한하고잇는先輩와同輩들의피눈물과피땀에無限한感謝를表한다。同時에우리도그들의발자취쌀으랴한다。그러타 우리의無力과無知안도라보고 목숨을밧츠랴한다。갓흔피갓흔땀흘니랴한다。

우리가그를爲하야하랴는일은무엇인가。聖書의研究이다。옛날것갓흐나 永遠히새것인聖書의眞理를그에게提供하랴함이다。여호와를아는知識 白頭山부터漢拏山까지가득차 예수그리스도의十字架、復

活、再臨의信仰 외—ㄴ朝鮮사람의마암을잡게함이다。사람의生命中樞인靈魂의覺醒이나。天上에民籍을옴기게함이다。獨逸을暗黑에서끄내인루터의믿음 英國을滅亡에서救濟한크롬웰의信賴 米國을建設한淸敎徒의信仰을 朝鮮도갓게함이다。

우리는現世를말아니하고來世를 社會를말아니하고永遠을 사람을말아니하고하나님을 熱々히主張한다。싸러이世上以上에興味못갓는사람에게는 愚者의잠고대에지내지못할것이다。그러나그들은우리와아모關係업난사람이다。우리는信仰의絶對自由를高唱한다。信仰의强制는 우리가할最後의일이다。다만우리믿는것 참으로아난것 가만히잇스면못견딜것을말할뿐이다。結果를考慮치안코 물위에팡을던질뿐이다。

朝鮮에예수일홈불느난敎會만히잇슴을깃버한다。그러나信仰업는敎會 儀式과事業에墮한敎會 社交場이된敎會에는絶對로反對한다。抑制할수업는憎惡을늣긴다。靈이신하나님은 靈으로禮拜하야한다。사람손으로맹근집속보다 하나님이맹그르신自然속에松風과새소래와함께여호와를讚美함을 그는깃버한다。

새朝鮮을現實에지잔을만콤確信하면서「聖書朝鮮」을내보낸다。小數나適當한讀者를求한다。(三眼)

基督敎의敵은누구인가

基督敎의敵은누군가儒敎—ㄴ가 아니다。佛敎—ㄴ가 아니다。天道敎ㄴ가 아니다。無神論인가 아니다。唯物史觀인가 아니다。社會主義인가 아니다。虛無主義인가 아니다。汎神論인가 아니다。이도아니요저도아니다。그러면누군가 敎會그自體다。基督信者라하는者그自身이다。이를引導하는敎職들이다。나는이것이虛言이기를바래노라。悖說이기를願하노라。그러나날로〳〵世上에發露되는不祥事 不美事가나의이懇切한祈願을虛되게함을悲嘆치아니할수업다。敎會여信者여諸君이基督을사랑하는가 그럿커든基督의聖名을씌지말지어다。諸君의團體를基督敎會라일으지말고차라리反基督敎會라할지어다。하나님을사랑하고섬기랴하는가그러커든스사로하나님의아달이라妄稱치말고차라리「베르세바브의아달」이라할지어다「맘몬의아달」이라할지어다。그리하야참信者만이基督의일홈을씌는하나님의아달이되게하라。이러케함이도로혀基督을사랑함이되고하나님을섬김임이된다。基督의救援에갓가울것이요 하나님의恩寵은멀지아니하야닐을것이다。(相勳)

人類의救援은어대로부터

四

宋斗用

나는世上에確實히奇蹟이잇슴을밋고疑心하지안는다。人生을비롯하야自然의狀態또는天體의運行其他宇宙萬物의一切現象이모다가奇蹟이아니면무엇일가?

그러나特히奇蹟中에도奇蹟이라고할만한것은實로基督者의信仰이다。卽肉眼으로볼수업슴은勿論이고人間의모든能力을다하여도到底히接觸할수업는하나님을참된神으로밋는信仰 아니 하나님은萬物의創造者이시며宇宙의主宰者이시고人類의救濟者이심으로밋는信仰또무엇은엇지되엿든지하나님自身만은永遠히變함이업는實在者이심을밋는信仰이다。

누가이것을否認할지라도나는이것이明白한事實임을確信한다。

그러면奇蹟中奇蹟인信仰은大體무엇으로부터일어난現象일가? 나는明白히對答코저한다。그는아바지되시는하나님의聖業이라고。그럿라。이것은確實히하나님의聖業인것이지絕對로人間의努力이아니며따라서知識에依함도아니다。그러면父되시는神은何者이실가。神은사랑이시며正義이시고또自由이시다。그뿐더러神은眞善美의總知以上이시며眞正한意味에서完全無缺한者이시다。

이러케말하면神은맛치抽象的이나概念的인것갓치들일는지도알수업다。或은神은吾人의理論이나또는思想에 不過한것이 안인가하고 反問할 者도잇슬것이다。그러나 神은決코 痴者의 夢想도아니고 狂人의空論도아니며無智蒙昧한未開人의崇拜하는偶像도아니다。몬저말한바와갓치神이야말로무엇보다도確實한實在者이시다。神은吾人의信仰에서產出된神秘的이나不可思議한者도아니며또는哲學的思索의對象物도아님은勿論이다。萬若그럿타하면神은조곰도信仰할만한何等의價値가업스며따라서吾人의信仰이야말로

虛無하고도悲慘한것일것이다。 그러나神은決코그런것이안이다。 神은信仰에서抽出된產物이아니고神의實在가事實임으로信仰이생진것이다。

아! 그런대이神은吾人人類를矜惻히녁이사罪惡도不義도醜汚도愚鈍도無知도其他모든不完全한것을赦하야주시고神聖하신당신의聖前에義롭고無罪하며純潔하게하사당신의愛子愛女로만드섯다。 다시말하면人類는完全한救援을바덧다。 그러나吾人의게는그만한何等의功勞도업스며資格도업다。 따라서吾人의行爲에나信仰에依합도아님은勿論이다。 그는吾人의게는그만치努力할能力도업스며 또信仰그것까지도神의恩寵의賜物인때문이다。

그런대吾人은神압헤義롭지못하면絕對로神의救援을바들수업다。 그는神은너무도純潔하시고完全하시며義로우시고眞되시며正하시고善하심에反하야人間은너무나醜穢하고不完全하며不義하고虛僞하며不正하고惡한때문이다。

그럼으로神께서도이갓치間隔이甚히떠러진者는엇지하실수업다。 그는神은무엇보다도不義그것만은忍耐치못하시며또 無條件으로 容恕하실수 업는 때문이다。 그뿐더러罪惡에저진者를無條件으로救援하신다하면吾人의게는信仰은勿論이고一般道德까지도아모必要업는것이되고말것이다。萬若그럿타하면眞과僞、善과惡의區別이全然히所用업슬뿐만아니라太初부터그와갓흔것이생길理致가업다。 그러면무엇으로因하야吾人은神압헤義롭게보일수잇슬가?

오! 果然感謝하다。 全能하시며慈悲하시고또사랑이신하나님께서는吾人아모價値업는者即滅亡과죽엄에이름이當然한者들을爲하야당신압헤義로울수잇는完全한條件을세우섯다。 吾人은이條件을信受하면罪惡의世上과暗黑한社會에서救援을바드며永遠의生命을어들수잇고正義의나라와光明의世界로드러갈수잇는希望의길(道)을엇게되엿다。

그는只今부터約千九百年前에골고다에낫하난하나님의獨生子그리스도예수의十字架이다。 이는眞實로하나님께서人類의게對하신다시더할수업는사랑이시며恩賜이다。

『모든사람은罪를犯함으로 하나님의榮光을밧을수업섯스나예수를贖罪의祭物로세우신하나님의恩惠로功勞업시義롭게되나니라』 합은이를意味하는것이다

人類의救援은어대로부터 六

하나님은당신의獨生子를애세지아느실만치그럭케人類를사랑하신다。

아! 果然하나님의사랑은無限大하며無限强하다。보라 理論은그만두고實際를。人類의先祖아담以來로只今에이르기까지의人類의歷史는罪惡의記錄이아니면무엇일가? 아니우리들은各其自己를反省하야보자。무엇하나참됨이잇는가를。(人間社會는처음부터씃까지말할수업슬만큼모다가罪惡에잠겨잇슴은너무도明白한事實이니說明은不必要할것이다。오즉賢明한讀者여러분은깁히生覺하며깨닷기를眞正으로바랄뿐이다)。

나는躊躇하지아니하고自白한다。하나님의말삼곳救援의福音이며聖愛의干證을처음으로듯고몬저疑心하엿다。大體이러한事實이잇슬가를。다음에는驚歎하엿다。그는確實한事實임을깨닷고서。그리고우렷다또感謝하엿다。나종에는아모거리씸업시미덧다。이럼으로하나님은참되시며또사랑이시라고。그리하야이것이永生을밧은것임을알게된나는고요히新生의새노래를부르며깁붐으로祈禱하엿다。이信仰이나의적은가삼에充滿하거나또는넘치는때는그歡喜와幸福파感謝를抑制할수업다。(이信仰은勿論나의마음에서스사로생한것은아니다。그리스도의十字架로因하야또하나님의聖靈을通하야생긴것이다。本誌에記載된神과「信仰」을參照하면不充分하나마信仰에對하야若干의理解할點이잇슬줄안다。그리고이信仰이생긴後에야비로소빗(光)을보앗스며빗이生命인것도알엇다。그리고人生의意義나目的에對하야서도새內容을發見하엿다。또自己의使命이무엇인가도깨달엇다。

이에 人生의 生命의根源은곳 하나님이신 줄을아럿다。그리하야우리는무엇보다도몬저生命을차즈며眞人生의意義를알기爲하야하나님의게로도라감이重大하고緊急한必然的當面問題인것을깨달앗다。

오! 사랑하는兄弟姉妹들아 暗黑한社會에서격는罪惡의苦痛! 生命을求하라는無限한煩悶! 前途의方向을아지못하고彷徨하는悲哀! 이는모다가萬物의創造者、宇宙의統治者、人類의救主、慈悲하시고사랑이신하나님의게反逆하며不服하는우리들의罪惡의結果가아니면무엇일가? 意識잇는사람이면누가이것을否認할수잇스랴。

二十世紀文明人들아! 哲學의權威。科學의誘引。

藝術의迷惑。참으로무서운世上이다。올타。宗敎는痴者의夢事이며信仰은狂人의空想일는지도알수업다。그러나人生은絕對로虛無한것이아니며또決코遊戲가아니다。人生은事實이며우리가永生을求함도또한事實이다。

귀잇는者는들으라。眞理는永遠不變하는것이며따라서皮相的이나一時的의것이아니다。學問은人間의頭腦가發達함을따라進步되는것이다。그런때문에昨日의學說은今日에破滅을當하고今日의原理는明日에葬事치르게된다。

오! 참된人生을보내랴면 良心의要求하는生活을맛보랴면 罪惡의社會에서버서나랴면 悲哀의人生을超越하랴면 사단(惡魔)의奴隸됨을免하랴면 靈的自由와解放을어드랴면 하로밧비아니只今곳悔改하고하나님의게로나오라。예수그리스도의十字架를울어어보고그福音을들으라。미드라。

그리스챤이란何者를稱함이뇨

鄭相勳

그리스챤이란何者를指稱함이냐 問하면一般社會는平凡陳腐한愚問이라하야一笑에附하고말줄안다。所謂基督信者라하는者도그러할것이요 基督信者의게敵하는者도또한그러할것이다。이미世界的으로廣汎히通用되여現代에서는 누구의耳朶에도生疎치아니한말이다。그러나그意味의如何를明白히說示하는者는晨星과가티寥寥하다。社會가그意味를解치못할뿐아니라 스사로그리스챤이라하는信者自身이그眞意와立場을自覺치못하고漠然한中에서지내는것이現狀이다。이現狀과그名譽잇는起源의사이에는驚動할巨大한差異가잇다。起源의高貴現狀의沈淪兩者의對照는너무나甚하야霄壤의差 晝夜의別에比하여도오히려不足한感이잇다。그誕生當時에는이그리스챤이란말만큼鮮明한特徵을가진用語는업섯다。無比의地

位를占領하고快刀 亂麻를斷하며鮮光 黑白을判함파가티基督信者와非基督信者와의境界線을劃然케하엿다。東에서西가太遠함파가치兩者의사이를太遠離隔하고그리스찬의光輝를爀爀케하엿다。이名譽잇는起源파榮光잇는歷史를가진高貴한名稱이그所有者의生命의凋落을싸라生命을일코敎會가腐敗함을싸라腐敗하고말엇다。榮光의冕旒冠을버서던지고灰色의汚衣로掩身하엿다。幽靈파갓하야그本體를捕捉할수업는者가되엿다。利를追하야變身扮裝하고出沒하는怜悧한奸者의密室이되고말엇다。痛嘆不已의現狀이다이에마지못하야그리스찬이란何者를云함이냐하는平凡陳腐한愚問을提起攻究하야信者의再考를促하려한다。

新約聖書 中에는基督信者를指稱함에弟子(Mathetai 兄弟(Adelphcoi)聖徒(Hagioi) 信者(Pisti) 擇하신者(Electoi)道를좃난者(He Hodos)等의만흔名稱을使用하엿다。한나도無意味하거나不適當한것이업고或은精神的으로或는그리스도와의關係上으로或는職能上으로各各深淵한意義를가지고잇다。그러나信者生活의特徵의一面을表示할뿐이요廣汎한信者生活全般을包括하지못하는歎이잇다。이外에도또「그리스도의게屬한者」라는意味로 Christos 의本格所有格인 Chriotou 란말을使用한대도잇다。前者에比하야基督信者生活을全般的으로表示한長點이잇다。그러나그形態와周圍의事情이이말로하야금信者에關한一般的名稱됨에니르지못하게하엿다。이와가티多種多樣의名稱이渾然히使用되는初代敎會에그리스차노스란名稱이慧星파가티現出하엿다。그光輝의燦爛파그包擁力의大함이드듸여信者를指稱하는모든名稱을征服하고女王의御座에即位하야基督信者의代表的名稱이되엿다。우리의口舌에올으는그리스찬이라는말은이그리스차노스의英語訛한것이다。

八

深淵한意義를가진이記念할名稱이엇더케하야誕生하엿는가 이問題解決의唯一한材料는聖書와第二世初의文獻이若干잇슬뿐이다。聖書中에도僅僅히三處(使徒行傳十一章二十六節、同二十六章二十八節파베드로前四章十六節) 뿐이다。貧弱한材料일지나그것을硏鑽熟考하면收穫은多大하고硏究의道程는興味가津津하다。聖書의이材料를基礎삼고그리스차노스라는名稱이何時何處에서何者로부터始作되엿는가를考

察하려한다。

一、이名稱의起源이信者自身의게잇지아니함은分明하다。그들은이미多數한名稱을가지고互相呼稱하엿슬뿐아니라難產의草創事業에熱中한그들의게는少許의推理力을要하는이名稱을產出할閑時日이업섯슬듯하다。新約에現出하는三記事도共히그起源이信者自身의게잇지아니함을明確케한다即行傳十一章二十六節에는外部의人士들이信者의一團을嘲弄하야그리스차노스라命名하엿다하엿고同二十六章二十八節에는아그립바王이異邦官員들의面前에서使徒바울의呼訟을긔笑하야諷刺的으로使用하엿다하엿스며베드로前四章十六節에는敎會의敵이信者를告訴할때이말을그告訴理由로使用하엿슴을表示하엿다。

二、猶太人들이信者를指稱함에이名稱을使用하지아니함도明確하다。그들은舊約聖書에約束한메시야(그리스도)를待望하엿다。나라가亡하고外敵의壓迫이甚하면甚할사록넷다비듸의王國과그繁榮을꿈꾸고다비듸的메시야의來臨을切望하엿다。그가塗炭中에서呻吟하는自己네를自由와幸福의福地로救出할것을堅信하엿다。그러나마리아의아달나사렛의木工인예수가그受膏者即그리스도임은信하지아니하엿다。이예수를그리스도라하는思想과信仰에對하야그들은反旗를취날엿다。皷를鳴하고樸滅의態度를取하엿다。맛참내스사로神의아달이라하며그리스도라하는예수는十字架에磔殺하엿다。그를信從하는無辜한聖徒들은或는殺戮하고或는迫害追擊하야쓸쓸한畢域의坊曲에流離轉轉케하엿다。猶太人들은聖徒를指摘할때或은이黨(He Hairesis)이라하고或은나사렛黨、갈릴니黨의汚名으로하엿다。前者는侮蔑的으로使用하고後二者는憎惡의氣分으로罵詈할때 즐거히 使用하엿다。이러함으로猶太人들이信者를그리아스티노스라呼稱함은가장因緣이먼일이라斷하는것이宜當하다。

三、上述한바와가티그리스티아노스의起源이信者自體에도猶太人의게도업다하면異邦人의게그起源을尋索하는것이當然한順序로다。猶太人의迫害는新宗敎運動을剪滅하지못하고返히그發展과傳播를助長하는結果를招致하엿다。異邦의傳道가始作되고新約聖書의文獻이產出되는한基因이되엿다。그猶太人의迫害를밧든信者들은一片의新生의熱々한信仰을抱懷하고或東或西로分散放浪하엿다。異域의城과村으로漂

泊하는그들의窮困파리한外樣은사람의憐憫의情을싸아내엿다。 그러나그들의內部에點火된天來의光輝는不絕히發射하엿다。 그들이足跡을멈추는곳마다發散되는聖靈의奇火는다른靈에飛火하엿다。 飛火또飛火延燒또延燒。 그地域은넓어가고그勢는昌盛하여갓다이奇異한福音의訪問을밧든異邦人들이愚者와가든信者를指稱함에그리스티아노스란名稱으로한듯하다。

使徒行傳十一章・十六節에는局外者들이「弟子들을그리스티아노스라불으게됨은안듸옥에서始作하엿다」고하엿다。 이記錄을좇차想考하건대 아마紀元四十四五年頃바르나바와바울이首班되여안듸옥의市塲과街路의一隅에서서一年동안「猶太人의待望하든그리스도가왓다十字架에못박혀죽은나사렛의예수가即그로다。 萬人의罪를지고간하나님의어린羊이요信者의救主로다。 地獄門前에서醉生狂舞하는者들아悔改하고예수를主로섬기여라」는意味로熱心傳道하엿다。 光熱과雨露의도음中에서播種한勞力이虛空하지안은것가티聖靈의도음中에서勞力한바르나바와바울의傳道도徒勞가되지안코一團의回心者가出生하엿다그들은知識잇는者도아니요地位가놉흔者도아니요富裕한者도아니엿다。 모도가賤待와蔑視를밧는下流階級이나奴隸階級이엿다그러나甦生의그들의게는이世上의知識아닌天來의知識이잇섯고 이世上의地位아닌天國의榮光스러운地位가잇섯고 이世上의富아닌宇宙大의富가잇섯다。 世人이利慾에動함에反하야그들은愛와信과所望에動하엿다。 舊殼을脫하고新生을始作한그들의一動一靜은依然히舊殼中에蟄居하고잇는者의게異樣의感을니르켯슬것이다愚者가아니면狂者인것처름映하엿슬것이다。 眞實로한世上에사나선世上의사람이엿다。 一은光明의아달이요他는暗黑의아달이엿다。 光明과暗黑이兩立치못하는것이物理의原則인지라本質이相異한兩者가調和一致할理는萬無하다。 이에衝突이胚胎하고迫害가釀成爆發아니할수업다。 果然新生한信者의게對한안듸옥市民의反感과憎惡은發顯하엿다。 侮蔑의눈으로信者를對하는그들은이一團을무어라命名할가窮究하엿다。 안듸옥市民의귀에들이는것은信者가입버릇가티말하는그리스도엿다。 猶太人과달나그리스도라는말의意味를了解치못하는그들은그리스도를한人名으로誤解하엿다。信者의一派는羅馬의兵丁의게서磔殺當한그리스도라하논者를崇拜信從함이라」하고中心人物의名稱을써라追從者의黨名을짓는當時의習慣에依하야그리스도를信從하는者를그리스티아노스라한듯하다。그리스티아노스의語尾가拉典語的임에因據하야羅馬發生說을唱한學者도잇섯스나現今에는一般的으로안듸옥起源說이採認되엿다。

이와가튼歷史를가지고이名稱이紀元四十四五年頃안듸옥在住의異邦人의口舌에서出來하엿다。그들은信者를磔殺當한重罪人인그리스도를崇拜하는者라하엿다。그럼으로그리스티아노스라는말中에는嘲弄과侮蔑의感情이包含하여잇섯다。그러나이名稱만큼基督信者의特徵을總括的으로表明한言辭는업슬것이다世上에通稱되는別名이對象의特性을的中한名稱이면的中한그만큼迅速히言語의沃野에뿌리를깁히박는것이例이다。한偉大한別名인그리스티아노스도信者의게適切한名稱인그만콤急速히廣汎한地域에傳播되여人間의口舌에親炙하게되엿다。一犬이吠하매萬犬이吠하고一波가起하면萬波가應하는格으로조곰洞察力잇는者의一人이한번이名稱을口舌에실으매萬의衆愚그에附和하엿다。이러케하야이名稱이誕生한지二十年이채못되여猶太人統治者의口唇에올으게되엿다(行傳二十六章二十八)그後數年後에는베드로가各地에散在한聖徒들의게편지할째그리스찬을信者의代名詞로採用하엿다는前提도업시甚히親狎한名稱가티使用하엿다。이와가티날을써라그리스찬의特徵은더욱〳〵鮮明하여지고光輝는强度를加하는趣勢엿다。一便反抗者의氣勢도正比例하야增强하엿다昨日의侮蔑은今日의憎惡와迫害로變하엿다悲絶慘絶한殺戮는晝夜로긋치지아니하엿다。

그리스티아노스가嘲笑憎惡酷刑殺戮等의가진辛酸에晒身하면서도오히려擇함을닙고信者의立場과使命을明確케하는거룩한器具로採用되엿다。가이사를神의아달、主、救世主라尊崇하는羅馬市民이스사로 Caiserianos(가이사의게屬한者、가이사의종)라稱함에對抗하야信者는스사로 Christianos(그리스도의게屬한者、그리스도의종)라하엿다。그들은「우리의크신하나님、우리의救主는그리스도요가이사가아니로다」.라大膽히告白하엿다(디도二〇十三)그當時에잇서서는이에지나는大膽한告白이업섯다。그러나그들은法廷에서나斷頭臺에서나火刑柱에서나猛獸의析檻에서나

忌憚업시—아니—榮光스러운듯이「나는그리스티아노스요카이자리아노스가아니라」고웨첫다。이엇지自己의運命에悲泣하는挽歌이리요 信仰의激戰에名譽의勝利를어든者의壯快한凱旋歌엿다。皇帝禮拜에對한絕對의反逆이요絕對의挑戰이엿다。泰山을向한一矢와갓고牛車에向하는蟷螂의勢엿다。그러나迫害者의가진强한勢와凜威한宣告의音聲은아모리强威할지라도鼻孔으로呼吸하는人間의勢요소래엿다。이에反하야殉敎者의弱한勢 悲莊한듯한소래는天來의勢요 소래엿다未久에大羅馬帝國을征服하고號令할勢요 소래엿다。悖倫惡德의標로共認되는十字架가後에니르러軍旗와王冠의榮譽잇는徽章됨파가티侮蔑파憎惡에서命名되고迫害의對象이든汚名그리스티아노스도맛참내榮光의御座에登極하게되엿다。

現代의地位는엇더한가? 그沈倫의甚함이여! 하날의高座는過去의一夢이요千仞의深谷이現住의陋地로다。그리스도의게對한 態度야如何든敎會의門턱만밟으면그리스찬이라한다。洗禮만밧고名錄에記錄만되면그리스찬이라한다。社會運動家나慈善事業家가그事業의便宜上敎會와結托만하면그리스찬이라한다禁慾主義者나神癒家면곳그리스찬이라한다文士가그作品中에二三의聖句만引用(引用의是非는勿論하고)하면敎會의歡迎을밧는그리스찬이다。有神論者면곳그리스찬이다。예수를神子라認知하는者면곳그리스찬이다。

溫順한紳士란말과同義語와가튼待遇를밧는그리스티아노스의不名譽여! 恥辱이여! 代々의豫言者가웨치고 그리스도가親히聖範을示하시고 바울과그外使徒들이가라친基督敎는外面의宗敎가아니요內面의宗敎엿다肉의宗敎가아니요靈의宗敎엿다。이와가티그리스찬도外的肉的關係가아니요內的靈的의關係다洗禮의受不受 敎會出入의有無의問題가아니다。頭腦의問題가아니요心情의關係다知識의問題가아니요信仰의關係다。自我의全體를그리스도의所有에供獻與否 그리스도의奴僕됨의自覺與否가그리스티아노스와非그리스티아노스와의分岐點이다。이世上의奴隸가全然히그主의意를쌔라動하고靜하며그生活의基礎를主의게두는것파가티그리스도의奴隸그리스티아노스도그感情이나意思나慾望이나即自己의全存在를그리스도의所有로바치고그의統治에全任하는者를云

함이다。制度의認受者가아니요儀式의嚴守者가아니요肉의世上에서靈의世界로方向轉換을한者다。그리스도를唯一絕對의主로섬기는者다。하날에잇는者나싸에잇는者나싸아래잇는者나形體잇는것이나形體업는것이나 무엇임을莫論하고主로섬기지아니하는者다그리스도의게生의基礎를두는者다。「내가사는것이아니라。그리스도가내안에계서산다」는것이眞實한그리스티아노스의信仰上體驗이다自身으로자랑하랴하지안코「主로써자랑」하랴는者다自我의榮譽를求하지안코 다만그리스도의榮光을求하는者다。自己의所有라고는一物도가지지아니한者다。고린도後書六章八ㅡ十節에記錄된바와가티外面으로는慘憺하기짝이업는듯한生活이나원갓生活中에가장福되고榮華로운生活이다人類가享有할最高의生活이다。

이榮譽의極한特權을塵土中에抛擲한者가現代의그리스챤이다。世上에可憐한者許多하다하나이特權을喪失한그리스챤에比할者는업슬것이다。生命을일혼그들은그空廟를內로는制度와儀式으로外로는世上과의握手와不義와의結婚으로채우려고勢心한다。이러함으로그리스도의게對한奉仕는敎會堂建築計劃으로나타나고敎會堂建築事業은不信富門에俯伏百拜로始作한다。傳道의成功은數의多大에잇고數의多大는他敎會信者爭奪에終局한다。아!敎會堂爭奪에鮮血로大地를물드리는所謂信者와不信者를무엇으로區別하랴! 그리스챤의羞辱의極이다外部에서오는名譽잇는羞辱이아니요內部의腐敗墮落에基因한不名譽의羞辱이다。痛歎莫措의恨事다。

兄弟여! 나는이러케信者의缺陷을指摘하고快事足하다하는狂者가아니다。나스사로冷汗三斗를덥허쓰는듯한쓰린늣김을切感하는者다。남을叱咤勸勉할器아님을깁히自覺하는者다。그러나事는重함에不拘하고이를論하야世를警하는者無함으로不得已서서禿筆을잡을어自他의反省을促하려한다。兄弟여深慮靜思하라! 世上은참그리스티아노스의出現을기다린다。宇宙의萬有쏘한神의뭇子女들이誕生하기를苦待한다似而非의그리스챤이어서速히그踪跡을감추고善且忠한그리스도의참奴僕만이이名譽잇는稱號로呼名되는光榮의聖日이再來하기를를빈다。

一九二七·四·三

여호와神의性格에對한一考察

楊仁性

우리가밋는하나님即여호와神은偉大한神이다。그는宇宙間의森羅萬象을創造하시고첫날브터오날ᄭᅡ지自己의마음대로支配하시는하나님이다。그는이世上의所謂憐愍의神이아니며그의아달된者의志願이라면무엇이던지들어주시는意志薄弱한神이아니다。實노그는嚴父의性格을가지신神이다。凡百의情實을물리치면서自己의作定대로處分하며나가시는神이다。果然凜然한性格을가지신嚴父이다。

「利한劒이뎌의입에서나오니 그것으로可히萬國을치겟고뎨희를鐵杖으로다사리며(默示十九〇十五)제신威嚴의神이다。그의제拒逆하고自古至今에하나도亡치안은個人이업섯스며敗치안은나라가업는絶對偉大의힘을가진神이다。實노두려워해야할神이며崇拜해야할唯一의神이다。

우리들은恒常그를稱하야사람의求하는바를들어주시는慈悲의神이라고한다。그러나좀더깁히注意하여그의行하신일을살펴보건대만흔밋는者即自己의게全部를信賴하고懇求하는者의哀願을無心하게拒絶한일이만은神인줄안다。爲先그는겟세마네동산에서피땀을흘리면서祈禱하던自己의獨生子예수의祈禱를물리치신神이다。그리하야그는마츰내그의게쓴잔을맛보게하엿스며敵의手中에맛기여世間無上의恥辱刑인十字架를지게하엿다。또그는世上女人들이나은中第一貴하며忠實無比하던義僕洗禮요한의祈願을拒絶하고一箇淫婦의手中에맛겨宴席舞蹈의興을돕는한資料를만드러버렷다。참말여호와神은ᄯᅢ々로無慈悲無能力한神인듯하다또殘酷한神인듯하다。우리들은ᄯᅢ々로淺見으로그의하신일을보아怨惘치안을수업는것이다

大體우리들이그를밋기어려운點이여게잇다。萬若그가우리와갓흔柔弱한性格의神이엿더면容易히信仰하엿스리라。即우리들의祈願이라면무어시던지들어주시며우리들의苦痛이되는일이라면모다除去하시고

願하는바에아무不足함업시다許諾하시는神이엿더면우리中에一人의無神論者一人의懷疑者를보지못하엿슬것이다。그러나하나님의뜻은우리의뜻과달나서容易히알수업다。果然그는測量치못할深遠한뜻을가지신者이다。그런故로우리들의祈禱를正反對로處置하사우리를敵의手中에너허그恐喝을맛보게한다。또때로는推測치도못하던큰疾病을나리워우리의가장사랑하는者를빼아사가신다。맛치우리들을그의怨讐인듯이또는咀呪밧은者인듯이取扱하신다。그럼으로우리들은욥과갓치『나의난날이滅亡할것이오 아달을배엿다하던그밤도또한滅亡하리라(욥三、三)』하는致怨의말을發하며바울과갓치『嗚呼라나는피로운사람이로다누가이死亡의몸에서나를救援하랴』(로마七、二四)하는말을發치안을수업다。

그러나여호와하나님이참偉大한神되신點이여게잇다。그는愛의神인同時에어데까지든지正義로거르시는盤石과갓흔神이다。그는自己의決定하신聖意를實行키爲하야는우리들의不可한懇願과矛盾의熱求를쏫싸지듯지안으신다。그러나마즈막날에는드듸여萬人을救援치안코는마지안으실神이다。如此한理由로種々自己의至極히사랑하시며가장緊重히녁이던아달들을犧牲치안이치못한다。그의손에는참말私情업는막대가잇다피로운病이잇다飢饉이잇다逼迫이잇다여러가지患難이잇다惡魔도때로는그의일軍으로利用되여우리를피롭게하는助手가된다。이와갓치여러模樣으로우리를다사리며게시는神이다。또때에는溫和한薰風을주어萬花方暢의佳節을豫想할때不意의寒雪과暴風을보내여우리의마음을無限히辛酸케한다。그의사랑은이럿틋깁허서우리의無智와淺見으로는測量키어렵고그의經綸은넘우나넓어서우리의좁은腦로는推測치못하야때々로그를暴虐의君主로生覺하여버리는것이다。

凡夫가偉人을알기어려운듯이사람은여호와神을알기어렵다。偉大한美術家가아니면亦是非凡한美術家를解得치못하는것과갓치現代의物質文明에만心醉한所謂識者또는所謂敎會의信者들은넘우나알기어려운그이시다。到底히알수가업다。아니도로혀그들의게偉大한神여호와가알리우지못하며誤解밧는것이當然한일인가生覺한다。

아ㅣ全能하신主여우리들노하여금당신을誤解치말게하옵소서。우리들의祈願이면무어시던지들으시는

憐愍의神인가生覺지말게하옵소서。당신이우리의求하는바를들으시지안을때에그奧義를새닷는智慧를주옵소서。이宇宙間에당신의뜻이速히나타나주옵소서 우리朝鮮안에도速히당신의經綸이나타나시옵소서。特別히이깁흔經綸을새닷는偉大한信者를만히일으켜주시옵소서。당신의주시는一時의天災도飢饉도疾病도모든것도感謝하며달게밧는敬虔한信者를만히나리워주시옵소서。아멘。 一九二七・四月一日

여호와다사리신다

詩九十三篇의研究

鄭相勳

聖詩九十三篇은九十五篇으로百篇에니르는「神政讚美詩」의莊麗한序曲中의하나이다。그말은平凡하고 글은簡潔하나含蓄만은用語, 雄勁한語勢, 能히여호와의宇宙統治와世界支配가至善하고또한普遍的임을表現함에餘蓄이업다。猶太人들은이詩를오래동안公的禮拜에吟咏하야患難에잇서 所望을일치안코悲嘆에잇서慰藉를엇덧스며順境에잇서感謝를알고繁榮에잇서撙節을배웟다。한無名의詩人의心琴에觸하여産出된이적은詩가二千五百年乃至三千年의長久한星霜을隔한今日吾人 덕우나異邦人인吾人의마암에엇더케響應하는가 信仰에엇더케關係하는가를想考하여보려한다。

이詩는三段으로난우워잇다。一段은一二節의여호와의地上統御를讚揚함이요 二段은三四節의水上統御를讚揚함이며 三段은五節의眞理와聖潔로統治하심을讚揚함이다。

一、여호와王이시니 威嚴으로옷닙으시고 能力으로옷닙듯하사 씌를씌섯스니 그런故로世界가堅固히 서서 움직이지못하도다。

二、主의寶座가 녜로브터 굿게섯스며主쎄서 永遠부터게시도다。

不義者興하고義者亡하는 이世上에義의여호와王

되서다사리신다한다。 이엇더한驚異의消息이뇨 나라와나라가서로 싸우고階級과階級이서로 닷투기를일삼는이世上에平和의여호와王되서 다사리신다한다。 이엇더한天來의嘉信이뇨。子息은父되려하고제어미는아비되려하고 少年은老年되려하는渾沌한이世上에 秩序의여호와王되서統治하신다한다。이엇지容易히信할수잇는音信이랴。 그러나이것이宇宙에明白한事實이다。具眼者가볼때이보다더明白한事實이업다。永遠으로永遠까지계시는者無限한愛 至尊한義 宇宙萬物의創造者 그리스도의아버지되시는하나님 罪人의代贖者이신여호와王되서恩寵과攝理로萬有를統御하시나니 이제暗黑이아모리그勢를逞하고不義가아모리猖獗할지라도少許도恐懼할바아니다。이暗黑과不義의跋扈는一時의現象이요 永遠相은아니다。여호와가統治하시는限에는宇宙는반、다시最善으로終局을告할것이며 그의聖意는成就될것이다。

「여호와王이시니」!

萬人이뛰고깃버할嘉信은이一言에긋친다。더구나民族的으로一大危期에當面한우리의게는이에勝한嘉信이업다。王이신여호와는한사람의滅亡도깁버하시지아니하신다하니死蔭의冬谷을彷徨하는우리의게도燦爛한새所望이소사난다。밤이지내면아침이옴파가치確實한이所望이잇스니敵이襲來하나恐怖가壓頭하나두려워하지마라。義의여호와께告하라。기다리라。迫害者아모리强盛할지라도하나님과그擇하신者와의交通은막지못한다。不義의壓迫에呻吟하는者의하소연은遮絶되지안코寶座에上達된다。하나님은伸寃하신다。「여호와王되시니」! 아름다운音信이여 舊約의預言者이말을傳하야그리스도의出現을가라첫스며(이사야五二·七)新約의使徒이말을記錄하야그리스도再臨을讚美하엿스며聖詩人들 쏘한이말을을프고마암에넘처나는歡喜와感謝와讚美를表現하엿다。(詩篇九六·一〇、九七·一、九九·一)

「여호와王되시니」! 一片의槪念의表現이아니요事實의發露다。人類五千年의歷史가그證據다。이스라엘의生活이그證據다。基督의一生이그證據다。이모든證據가開花結實한것이그리스도의死며復活이다。王으로顯現한그리스도가治者와王께適當한榮光과尊貴로옷닙으섯슴을우리는헬으몬山上의變貌時에보앗다

權能으로옷닙고씩씩섯슴을病婦가그옷자락만만저도病이곳물녀감에서보앗다。그聖手가死者에觸하매生命이곳蘇復됨에서보앗다。

「世界는堅固이서서움직이지못하도다」

世界는스사로섬이아니다。스사로堅固함이아니다。세우는者잇고堅固케하는者가게심으로서고또堅固하다。여호와의聖意로創造된宇宙가여호와의聖意에依치안코는搖動치아니할것이며破壞되지못할것이다。多數한人子들이여 科學者들이여 웨不安한世界觀을가지고戰々하느냐 그우에太初부터堅固히선寶座를보라。永遠으로永遠까지그寶座에君臨하시는여호와를보라。그가다사리시니 世界는安全하고우리는平安하다。우리의宇宙觀과人生觀이樂天的아니될수업스며所望과讚頌에始終아니할수업다。

三、여호와여큰물이소래를發하고 큰물이그소래를發하며 큰물이그波濤를니르키는도다。

四、여호와세서 만흔물소래보다 더하시며 바다의힘잇는波濤보다지나시며 놉흔곳에게서서能하시도다。

前段에서여호와의地上統治를노래한詩人은二段에

와서는그의水上統治를讚美하야全宇宙의統治即普遍的統治를如實히讚揚하려한다。

江河의洶湧 狂波怒濤의咆哮! 이것이現實社會의實狀이다。큰물이불어올은다。大地를汎濫하려한다。왼갓物件을모라가랴한다。眞是라列强의權力은世界를威脅한다强者의暴虐은世界를삼키려한다。이大水中에서營爲하는우리의生活은累卵과다름이업다。處世難의大水가잇다疾病의大水가잇다精神苦의大水가잇다罪의大水가잇다。그威脅에소름이세친다오날은어제보다甚하고來日은오날보다甚하려한다。「아!여호와여큰물이소래를發하나이다큰물이波濤를니르키나이다列國은大砲을짓고毒瓦斯를맨들기에餘日이업나이다戰爭의소문은긋치지안나이다强者가政權을지고寡婦와孤兒의訟詞를들어주지안코도로혀그들을잡을陷穽을파고올모를치나이다」라呼訴아니할수업다。

不安한世上이요塗炭中의人生이다。그러나두려워마라여호와王되서다사리신다。永遠부터寶座에게서宇宙를統治하신다。뒤에는바로의兵車의追擊이자못急하고압에는紅海가橫在하야前路를막을지라도恐懼

처마러라。萬軍의主여호와계시니 엇더한難關을當할지라도狐疑逡巡치말고다만勇進하라。義와愛의아버지여호와반다시救援하리로다。바로의精兵인들여호와를當하며羅馬大帝國의權勢인들여호와를敵하랴 큰불이여洶湧하라。큰물이여狂波를니르키라。바다여怒濤를뒤굴너라。너희의當치못할全能의여호와놉흔寶座에게시나니 다사리나니그權威너희의威脅에지나시도다。

五、주의道理가甚히誠實하오니여호와여거룩하심이主의집에맛당하도다。

前二段에서陸을거나리고水를다사리시는至尊한治者가그百姓을保護하심을讚揚한詩人은三段에니르러서는여호와의自啓와約束이거룩하고誠實하심을讚頌하엿다。人子들이여詩人의노래에傾聽하여라。스사로想考하여라。聖書와歷史는그證據되나니 여호와한번이스라엘을敵의毒牙中에서救援하시겟다約束하시매반다시成就하시며救世主를約束하시매獨生子를보내셧다。聖書全體가여호와의道理의啓示다約束이다그遵行한記錄이다。그리하야그는스사로聖하심을顯現하셧다。여호와는聖하시다不聖은그의게맛당치안다。人子들이여萬有의主여호와의愛와義의統治를밧고저하느냐 聖을求하라聖을求하라聖업스면天使도惡魔에지내지못하고法王이나監督이나牧師도憎惡할僞善者에지나지못한다。聖을求하라 여호와의게屬합이聖이다。聖에니르는唯一한길이다。이外에다른길이업다。修養도쓸데업다。努力도虛되다。自我를全然히空虛케하고여호와의所有가되라。十字架를울어러보라。거긔에모든人類의새生命과義와聖의源泉이잇나니라。

世上은搖亂하고大水는洶湧한대聖書는여호와의말삼을傳한다「여호와王되서다사리신다」고아름답다이音信! 보는것이란暗黑의暴虐이요 듯는것이란惡의威脅이요 논이는곳이란落望의深淵에니르는길뿐인者들아! 이嘉信을들으라。哲學도變하고科學도變하고敎會도虛되고神學博士도虛되다。世上도가고그안에실닌情慾도간다。그러나여호와의말삼은萬代를通하야萬民의게비최는永遠한眞理다。큰물아洶湧하라山들아大海의한가온대로올마가라。우리는萬歲磐石이신여호와의게屬하노라。永遠을보노라。中天에섯노라。

"God's in His Heavan
All's well with the world."

하나님。하날에게시사니
왼世上 平安하도다。

一九二七•四•一七

靈魂에關한知識의古今

金敎臣

孔子는季路의質問에對答하엿다。未知生焉知死라고。萬一可能하다하면 생각지안코라도견댈수잇다하면 우리는東洋古聖의言訓을其様服膺하야 이死後問題를다시念頭에도 올우게말고現生만보고살고저願한다。아 얼마나單純하고幸福스러운一生이될가。

그러나보라孔夫子로써此句를發하야뭇는者의注意를他에轉換식히고저試케한當世의關心事를! 七十餘賢哲의率直한代言을! 그焦慮를!

哲學者가 흔히그淡淡한思索的生活의苦惱를嘆하야「人間은思索的動物로낫으니無可奈何」라한다마는哲學者란特殊階級에限할분만아니라 모든生을受한者 全人類가死를目擊케됨을疑訝關心하는것처럼無可奈何의事 必然的事가他에무엇이잇는고 生하라는者가死滅에終하는것처럼큰矛盾 背理가世上에또잇는가? 此가果然聖者의敎訓이嚴然함에不拘하고全人類가時의古今을勿論하고 賢愚의別이업시알고저願하는最大問題인故이다。

問題中의問題인故로人類의歷史만치그만치 그肯定否定의論爭도만아거니와우리는只今聖書中에서그否定論의銳鋒을例擧할진대馬可十二章十八節以下의사두개人들의辯證을볼수잇도다。彼等은예수를붓잡고뭇기를시작한다。

「선생님이여 모세가글노우리의게보엿스대 사람이형이죽고안해는잇으되자식이업거든그동생이그안해를취하야형을위하야자식을나흐라하엿스니칠형뎨가잇는대맛이 안해를취하야자식이업시죽고둘재가그안해를취하야또자식이업시죽고셋재가또한그럿케하야닐곱이다자식이업셧고그후에녀인이또한죽엇는지라닐곱사람이안해로취하엿으니부활할때에그중에뉘안해가되리잇가」

사두개人들의辯證은果然周到하엿다。萬一靈界의事實을親히目睹치못한者일진대 如何한大敎師일지라도此에對하야半句의解答도不能할번하엿다。

그러나사두개人은當時뿐만아니라現代에도多在하다 果然現代일수록만흔가보다。只今사두개人과同型의精神을가지고 近世的科學知識으로서 二千年後에다시그難問을返復하는某理學博士의生物學講話를傾聽하여보자(以下譯文)

「人類까지 모든生物의班列中에넛코생각하여보면人類는脊椎動物中의獸類中의猿類中의猩猩類와同類에屬한것은明白한故로 身體를써난魂이란것이人類의게잇다하면猿類의게도잇다고생각하여야할것이며 猿의게魂이잇다하면犬의게도잇다고보아야할것이다。如此히하야比較推理하면何類까지는靈魂이잇고何類以下에는靈魂이無한지到底히그境界를定치못할것이다。假令下等動物까지靈魂이有하다하면 此等動物이人類와는全然달은方法으로子를産하고 死去할때에 靈魂은何時에身體에入來하며 何時에身體로서出去하는가를생각하여보면참말우서옵도다。磯巾着이分裂하야二疋이될境遇에는靈魂도分裂하야一個가되여兩方에가는가。不然하면只今까지宇宙에浮遊하던宿所업는魂이새로히一方에入來할가 萬若그럿타하면前부터居하던魂과新來한魂과如何히하야各其受持할體를定할가하는等얼마든지謎가생기는도다。

또人類에만限하야생각하여볼지라도卵細胞의受精으로부터葉實期、胃狀期를經하야身體各部가漸漸發育하야終結한成人이될때까지를一幅에大觀한다할진대 果然何時에처음으로靈魂이出現되엿는가물으면亦是對答에窮하는도다。身體를써난個體의魂이永久히不滅이라면今日까지에死者의魂이모다何處에던지存在할터이니其數는얼마인지몰을것이며 그들은何時에出生한것인가。乃終을不滅이라想像하면始初도無限이라想像하야宜當하리라假令無始無終으로永久히存在하는것이라하면그것이身體에移乘치안키前에는무얼하고잇섯는가?云云」

兩者間에二千年의時日은相距하엿으나其論旨의條理井然함과辯者를說伏식히지안코는마지안으랴는急迫하는態度는神奇하리만치一致함이有하다。果然저들의議論은論理精密하야近代의科學的敎養을受한吾人은一擧에腑底에納得贊同하려함도無理의事勢가아니다。저들이二千年前에生하야서는律法과史記의通達함으로서市場과會席에서衆人의敬意를甘受하엿고

저들이現代에出現하야는 三十內外에學位를獲占하야 其頭腦의明折을海의內外에자랑하는當代의秀才들이다。

그러나「그리로서왓으니거긔일을알으시는」(요한三○十一節同卅二節)이는이와갓흔古今의사두개人들께如前히對答하신다。

「예수ㅣ갈아샤대 너희가聖經과하나님의權能을아지못함으로이러케그릇생각함이아니냐 대개죽엇다가다시살때에는장가도아니가고싀집도아니감이하날에잇는텬사와갓흐니라。오직죽은자가다시살을의론할진대너희가모세의책중형극편에서하나님이모세다려말삼하신거슬닑지아니하엿나냐 갈아사대나는아브라함의하나님이오이삭의하나님이오야곱의하나님이라하엿으니 이하나님은죽은자의하나님이아니오산자의하나님이니너희가그릇생각함이크도다」(마가十二○二四節─二七節)

不知하는도다果然저들은。問題의要點은論理의周密함에잇지아니하고 推理의巧妙함에도잇지아니하도다。오직事實을親히目擊하신者(요한傳一○十八節)만이最後의權威를持하시는도다。顯微鏡에낫하나뵈지안코望遠鏡에걸니지안으니神이업다고斷言하는種類의科學者들께 엇지全知者의憐憫이無할가

그런故로主예수의자최를좃차忠實히順從하는現代의使徒산다씽倫敦에旅行하엿을때에當時英國의術學大家等의質問에對答한바가有하엿다。

「宗敎라고特別히 少數天才의제限한것이아니라今에萬一生物學者一人이有하야一大家를成하려함에는幼時부터의特別한興味와數十年來不絕의實驗과研究를經하고야되는것과如히 信仰問題에도相當한時日과勞力을要하고야됩니다。또只今生物學大家가有하야宗敎的體驗을不解或은否認한다할지라도두려운것이無하니此는마치一次도顯微鏡下에細胞를窺視한일이無한小兒가生物學者의學說을否認하려고試함과同一하니라」고。一九二七·二月五日

宇宙소래 武藏野櫟林속에가만히서잇스니 입새새로흘너오는달빗이 고달핀마암을씨처준다。새로운意識은스스로일어나고 鼓動하는血管은나무가지에이여진다。그리하야나의숨에는풀냄새濃厚하고 입새에는나의냄새濃厚하다。宇宙의집혼곳서 흘너오는祈禱의●내는 제절노나의마암속에들어와 하나님을늣기게한다。

(六、九夜、三眼生)

몬저그義를求하라

咸錫憲

「그런고로念慮하야닐아기를 무엇을먹을가무엇을마실가 무엇을닙을가하지말라。이는다외방사람이求하는것이요이모든것을너희天父가너희쓸것인줄아시나니라。너희는몬저그나라와그의를求하라。또한이모든것을너희에게더하시리니(太六、三一——三三)

人生에는許多한問題가잇다。그解決을爲한努力으로부터니러나는個人的또는社會的生活現狀은限업시複雜하다。그러나 그種類가아무리만코 그複雜度가아무리甚하더라도 이現實의水面에나붓기는雜多한現象의잔물결로부터 그因하야니러나는根本을써라밋트로〳〵나려가면 乃終에는오직한줄기샘根源에達할것뿐이다——「生命을爲하야」。그래 모든것은結局生命을爲하야닐고써지는것이다。生命을爲하야무엇을먹을가 生命을爲하야무엇을닙을가 生命을爲하야무엇을배홀가……生命을爲하야무엇을어써케할가。목숨을타가지고이世上에나오는날부터 最後의한숨을넘기는最後의一刻까지 사람의짓는바온갓것 生覺하는바온갓것은 이한句節에잇슬뿐이다 어둑한새벽窓으로드러오는해빗의첫줄기가그의눈에써러질때 그의압헤언뜻나타나는것은 그날을어써케살가하는것이다。저녁에疲困한자리에서어렴풋이맷는꿈도其內容은이것이다。人生의凡百事 웃는것 우는것 즐거워하는것 근심하는것 뛰고부르짓는것 親하고싸호는것 니마에땀흘려일하는것 한나무가지아래그늘을求하는것 한닙새 한송이를 즐겁게바라보고興味잇게探査하는것 모도다結局은生命을爲해서다。甚至於내목숨내손으로끈는矛盾의悲劇도其實은이緊切한生命慾으로부터나오는것이다。살자! 그래 온宇宙가다지나간대도이것만은지나갈수업는것이오 온世上이다꿈이라도이것만은어찌할수업는事實이다。막을라야막아낼수업는根源에서

부터솟는샘이오 ᄭᅳᆯ라야ᄭᅳᆯ어낼수업는坩堝에서솟아나오는불길이다。살자! 이는緊切한生命의意志다

이緊切한意志는나타나서 人生々活의온가지欲求로된다。살려는人生은그生命을爲하야여러가지것을欲求한다。그러나 罪에沈淪한그들은生命을爲하야適切한欲求를하지못한다。그들은懇切한生命의欲求者면서도 그를自覺하지못한다。미친듯이生命을求하나 그求하는것이참生命이안이오 이믜生命을가지엇다고自量하나 그가진것이참生命이안이다。萬一참生命을가지엇던들 그들에게참기쁨이잇섯슬것이오 참生命을알엇던들、그들이맛당히어ᄯᅥ케할바를알엇슬것이다。그러나 不幸은오히려그들의집이요 罪는오히려그들의糧食이다。生命을가지엇다고하면서 오히려그들은死亡의턱아레서무서워ᄯᅥᆯ고잇다。(果然「아바지ᄭᅴ서 自己속에生命이잇스며 그와가티아들에게주사 그속에도生命이잇게하신」것과 그아들의「말을듯고또그를보내신者를밋는사람은永生을엇고定罪하는대니르지안는것外에는生命을가진者는업다。(約五二六・二四)지으신이가當初에지으실때에緊切한生命의意志로써너어주시엇다。生々發展하는그들로因하야 그는더욱만흔榮光을엇으려하시엇다。「生育하고繁盛하야ᄯᅡ에充滿하게」하시엇다。(創一、二八) 지음을입은者는그뜻대로살고그로因하야그主에게榮光을돌릴것이엇다。그러나그들은그뜻을거스리어罪를犯하엿다。罪는그들의눈을어둡게하엿다。그들은 참生命을일허바리고盲目的慾望만에그안에서미치고얽흐러지어휩싸돌게되엇다。이自身의存在의意義와生活의價値를니저바리엇다。이믜生命을爲한慾望이안이오 慾望그것을爲한慾望뿐이다。몸은참生命을살기爲한것이안이오 오직먹고마시고 즐겨하기爲한것이다。먹는것은몸을爲하야서가안이오 혀를爲하야서다。보는것은맘을즐겁게하야感謝하고讚頌하기爲하야서가안이오 오직눈을爲하야서다。慾望은慾望을나앗다。그들은慾望에서慾望으로굴너드러갓다。慾望을爲한慾望에는限度가업는것이다。그들은漸々ᄲᅡ지어들어갓다。마츰내그들은慾望의暗淵에서意識을일케되엇다。使徒바울은그狀態를가리처이럿케말한다。

「그런故로 하나님ᄭᅴ서 그사람들을 그情慾대로더러온일에내여바려두사 뎌희몸을서로辱되게

함애 뎌희가하나님의眞理를거즛것으로밧고아創造함을밧은物件을萬物을創造하신主보다敬拜하고섬기는고나……또한뎌희가하나님을알기를슬혀함에 하나님께서뎌희가惡한맘을밧은대로내여바려合當치못한일을行하게두셧스니모든不義와 惡毒과 貪心과 暴虐이가득하고 猜忌와殺人과다톰과속임과 각박함이가득하야 숙은〳〵하는者와陰惡하는者와하나님이뮈워하는바된者와 凌辱하는者와 驕慢한者와 자랑하는者와 無情한者와불상히녁이지안이하는者니 이갓흔일을行하는者는죽난것이맛당하도다(羅一、二四―二九)

그들은죽는것이當然하다。이믜그들이사는것이안이오미친慾望이사는것이다。哲學者는그人生을바라보고「살려고하는盲目的意志」의發現이라고하리라。그래 그런것밧게當初에지으신이의뜻을닛고 싸라自己存在의意義를니즌以後에는生命의慾求는盲目的慾望의미친渦巷으로밧게안이뵈일것이다。現代人에게發達한神經의末梢器管이잇을뿐이요 배도업고가슴도업다。肝臟도 心臟도업다。참生命은자최도업다。盲目的慾望은人生을모라그의奴隸로만들엇다。人生은채찍에몰리는도야지갓티그모는대로갓다。

그러나 이런慾望을아무리채워간대도生命은依然히엇을수업다。미친慾望이휘처간後에는恒常머물수업는空虛가깃는다。渴仰이남는다――眞生의渴仰이참生命을엇지못하고는참安心이올수업고참기쁨이업다。生命에渴한靈魂은부르짓는다。

「하나님이여 내맘이主를차지랴고갈급함이 사슴이시내물을차지랴고갈급함갓도다。내맘이하나님을思慕하기를목마름갓치하니 곳살아게신하나님이시랴」(詩四二・一―二)

靈魂은生命의물을求하야渴急한다。그 타가는목을축일샘을차저내야하겟다。生命의오어시스를가라처줄者는果然누구ㄴ가。或은科學에求하리라。「저리가거라」하고科學은가리친다。그러나 가볼때너는그것이 다말나 아무生命업는동걸임을發見하리라。或은藝術에가리라。藝術은그동산을열어드려오라부른다。그러나 드려가볼때 너는그것이 好奇心만흔아희들의지여노흔한낫模擬林임을發見하리라또或은哲學에求하리라。哲學은棕梠가지욱어진그늘이빗최인샘을가리처가라한다。그러나 가보아라。

녀는마츰내죽음가티寂寞한沙漠의夕陽에서々오직한낫蜃氣樓를따라왓슴을깨닷고茫然自失하리라。아ㅣ人生의들이비록넓다하나 荒凉한曠野에지나지안는다。한조각의오어시스도업고한방울물을엇을곳도업다。生命을求하는靈魂의압헤 人生은寂然하야沙漠가티가로놉엇다。아ㅣ우리를死亡에서救할者는누구ㄴ가ㅣ

갈급하는靈魂이드듸여絶望하려할때에 문득한소리曠野의寂寞을깨트리고부르짓는다。사랑과 榮光파 權能이가득한그부르짓즘은壯嚴한音樂가티하늘의이가에서저가로울리여간다。

「내가곳길이오眞理오 生命이라」(約一四、六)

「내가生命의糧食이니 내게오는사람은배곱흐지안이할터이오 나을밋는사람은永遠히목마르지안이하리라」約六・三五)

靈魂들아 生命에주리고渴하는가。「永生하는말이잇스매우리가어듸로가」겟느냐。참먹엄즉한糧食은이것이오 참마시엄즉한물은이것이다。그러나우리는이生命을엇기爲하야어써케할것인가。「내가生命의糧食이니」하신이는다시금가라치신다。

「그런故로 念慮하야니르기를 무엇을먹을가 무엇을마실가 무엇을입을가하지말라。이는다외邦사람이求하는것이오 이모든것을너희天父가 너희쓸것인줄을아시나니라。너희는몬저그나라와그義를求하라。쏘한이모든것을너희에게더하시리라」

그를밋는者에게는이것은 明白한眞理요 感謝한福音이다。그러나 그를밋지안는者 더구나二十世紀文化人에게는果然밧기어렵은말이다。그들의指導者는慾望이다。그런대이가리침은 爲先이를내여던지기를命令함으로써다。그들은自己의理性에絶對의信賴를두어 모든것을合理的으로解決하려하며 쏘할수잇다고自信하는대 人生의價値와意義와尊嚴性이잇다고生覺한다。그런대 이가리침은모든念慮 모든計劃을내버리고지으신者를絶對로信賴하라고함으로써다。그들의求하는것은合理的生活原理ㄴ대 이는「몬저그나라와그義를求하라」고命令함으로써다果然이는 現代人이이기여堪當치못할가리침이다。不信者는勿論이거니와信者라는이도이가리침에躊躇한다。信者中에 이가리침을 確信을가지고말할사람은果然몃치나되는고。世界의다른나라는모르지만

적어도朝鮮에잇어서 能히이말을가지고 가장사랑하는者에對한가장眞情엣勸勉으로줄사람이누구ㄴ고 주린배를움키어쥐고 눈물로糧食을삼아가며北滿으로드러가는兄弟의손을붓잡고이말로써餞送을할이가몃친고。벗은허리를쐬부리고 侮辱을옷삼아가며玄海灘을건너가는姊妹를보고 이말로써眞情의慰勞를들일이가果然몃친고。업서 한사람도업슬것이다——그안에새生命이創造된이를除하고는 萬一그리말하는이가잇스면 그는良心을속이는者라고ㅅ지즘을들으리라。그럿치안으면 미친者라고밧게認定을밧지못하리라。實로 이가리침을그대로밋기에는 우리現實問題는 너무나도切迫한듯하다。너무나도明白한듯하다。이事實을모르는체하고福音을밋기는너무나도無知한듯하다。너무나도時代錯誤的인듯하다너무나도固執인듯하다。이가리침을實行하는것은너무나도個人中心的이요 너무나도姑息的이요 너무나도同胞愛가업는듯하다。그러나 現實問題가아무리急迫하더라도 知識이아무리肯從을안이하더라도福音은眞理다。어찌할수업시眞理다。참生命을엇으려면쫏지안을수업는眞理다。이를無視하기는우리靈魂이 이를許諾지안는다。或이말하는가——「네참生命이란結局아무實在하지안는幻影에不過하는것이아니냐」고。或은 그런지도몰라。그러나幻影이거던永遠히쎄여바릴수업는幻影이다。무엇을일러라도이것만은가저야할것이다。왼天下를엇고이것을일흐면아무有益이업는것이다。或이말하는가——「나는그런生命은必要치안타」고。그러나 네가네生命에참으로忠實한다면 네靈魂의奧底에서이를渴仰함을經驗하지닷을수업스리라。다른사람의일은말할것업시내적은經驗에잇서서는 이는動할수업는事實이다現實問題는나로하여금 오래동안이問題에對하야躊躇하게하엿다。前만이안이오 只今도오히려機會잇는대로오는誘惑이다。나는맘속에두고두고反復해왓다——「내靈魂의要求하나를爲해서맘은異論은업다그러나 우리社會의現實의狀態를볼때에 가리침을이대로實行하기는너무迂遠한일이다。方今굶어죽고方今쫏겨가는것을目擊하면서 몬저義를求하라나?는참아못하겟다」고。이리하야 萬一마츰내 둘이서로容納지못하는날이면 차라리 福音을내던지고라도現實의戰士가되려고까지하엿다。萬一 내가내

判斷대로 내生覺대로 내同胞愛대로햇드라면 나의現代人的批判的觀察로써세운人生觀 歷史觀으로햇드라면 발서福音을바리고合理主義者가되엿슬것이다。或은社會主義者가되엿슬것이다。 그러나 그리될수가업섯다。 엇던무엇이 이를許諾지안엇다——안에잇는엇던무엇이 그는 내現實에對한觀察갓치明確한것은아니엇다。 漠然하야붓잡기어렵은것이엇다。 그는 내感情的同胞愛처럼쓰겁지는안엇다。 써저가는불갓탓다。 그는 내理知처럼銳利치못하엿다칼로쪼개는듯한說明은못해주엇다。 어리석고 弱하고 수접어하는듯하엿다。내귀에들리는現實의소리——눌리는소리 갈리는소리 부러지는소리 찌저지는소리 갓치悲慘하고쌔를긁는듯이들니지는안엇다이제나이제나살아지려는듯이 실개암이의소리갓치들니엇다。 그러나 그러듯軟하고 弱하고 漠然하고濛瀧하엿스나 이를無視할수는업섯다。 사라지려는듯사라지지안코 漠然한듯 아주써지지안앗다。溫柔하게 謙遜하게 쓴지럽게 쉬지안코懇切히哀怨히 深切히 그는呼訴하는소리엇다。 나는그소리를表現할만한適切한世上말을가지지못하엿다。 그러나 萬一구타여한다면——「永生을爲하야」라고쓸수밧게업다。 現實問題의颶風이나를휩싸돌때 社會現象의물결이내우으로넘을때 그소리는속여서사라지는듯하얏다。 그러나 아니。 决코아니。 바람이불어도 들리는소리는「永生을爲하야」 물결의처도들리는소리는「永生을爲하야」 萬丈의紅塵속에걸어도「永生을爲하야」 三更의고요한밤에안저도「永生을爲하야」 마츰내 나는견딜수업섯다。 順한羊은되々여우는獅子를降服밧앗다。 나는現實에서눈을옴기여「그나라와그義」를바라지안을수업시되엿다 미련해지고 頑固가되고 時代에뒤진사람이되고 親故업는몸이될셈치고 그는 永遠의生命은그나라에잇는것이오 그나라는그義가다사리는나라임으로써다。그러나 福音은眞理요 우리눈에奇異한것이다。 그것을직힐때에 우리는豫期햇던以上의것 豫期하지못햇던것을밧는다。 永生을어들뿐만아니라 許諾하신것과마찬가지로 斷念하고내버리엿던現實의問題까지도滿足하게解決할길을더하야밧는다。 이는 나한몸 사람中에가장적은者요 靈魂中에가장不足한者인나한몸의經驗이다。 이를가지어 다른사람에게까지强迫할수는업다。 그러나 萬一이것이 果然生命의奧底에서울리어나온音響이라면 밧게아모런靈魂의音叉에對하야서도반드시共鳴을니르킬줄을確信한다。 實로靈魂의要求를無視하고社會는설수업다。 火山口우에집은오히려세우리라。 그러나 永遠의生命의渴仰을짓누르고健全한社會는세우지못할것이다。

以上은 우리靈魂內部의緊切한祈願으로부터보아서 爲先하나님의義의나라를求하지안흘수업슴을말한것이다。 그러나 內部의祈願은 單히祈願만으로그치지안는다。 實際生活에싸지나타난다。 우리는實際의歷史를觀察해보아서 이眞理를確認할수잇다。 歷史를運轉식이는힘은 單히 所謂生物進化의法則이안이오 所謂經濟的生産關係가아니오 所謂文化理想이안이다。 그는宇宙를創造하엿고 一貫하야다사리는 하나님의義의法則이다。 그는「사랑」이신同時에義다。 그사랑은義의사랑이오 그義는사랑에나타나는義다。 그는義로써萬物을지섯고 義로써다사린다。 그런故로사는者는義를직힘으로써산다。 故로永生을爲하서는爲先그義를求하여야한다。 民族은興亡하고國家는盛衰하나 變치안는것은그의義다。 或이現實社會의種々缺陷을들어그의義를否定하려하는가。 그는歷史의全體를洞察하는眼光의업슴을스스로表하는것이다。 自己손으로지은옷을가저 抑志로神에게입히려하는것이오어리석음의極이다。 누가能히神의義를判斷할者가잇는고。 그義는 信仰에依하야비로소깨달을수잇고직힐수잇는것이다。故로「저를밋는者는永生을엇〃고「밋지안는사람은발서罪를定함」을밧은것이다。 不幸을除去하려면서 物質的、社會的、政治的、改造에만沒頭하는現代人은根本에서그릇하고잇다。 그러기에幸福〱하나幸福은依然히오지안코 平和〱하나平和의曙光은조곰도보이지안는다。 그原因을가리처 機械의不完全에잇다는가 科學의未發達에잇다는가 哲學의不深遠에잇다는가 條文의不完成에잇다는가 社會制度의缺陷에잇다는가 國際法의不充實에잇다는가。 現代人은「그럿타」하고對答할것이다。 果然機械가發達하면 우리를勞力에서解放할터이오 科學이發達하면能率을增進하고모든危險에對하야우리生命을保障할것이오 哲學은深遠한人生觀을세워줄것이오 條文의完成은各사람의公正한權利義務를規定할것이다。 理想的社會制度밋혜서各個人은遺憾업시天分을發展식일機會를가질것이오 國際法이充實하는날世界平和는保障될듯하다。그러나 아니다。이모든것이다잇서도義업스면모든것은不幸을加할뿐이요分爭을이르킬뿐이다。「苟爲後義而先利不奪不厭」이라고孟子가말슴한그대로다。「우리어찌義를직히지안이하리오」하고그들은憤慨하리라。果然그들은「正義正義」한다。그러나 그들의부르짓는正義란어떤것인고——列强의正義。倫理學者의正義。武力으로保障하는正義。弱者의것을빼앗는口實을供給하는正義。講堂에서만부르짓는正義。이는結局 白晝에橫行하는假面의幽靈이다。神의正義는그런것이안이다。——우리맘을다사리는正義。家庭의사랑을充實식이는正義。人類의歷史를支配하는正義。太陽素를밧들고 全宇宙를고이는正義 罪에서生靈을救하기爲하야罪업는者로代身犧牲이되게하는正義。永遠의生命을주는正義。이에依하야섬에昌盛치안는者업고 이에겻침에써삭러지지안을者가업는磐石이다。

다시금 義는 그것이우리의渴仰하는永遠의生命을줌으로因하야 또는그것이宇宙의歷史를다시리는法則임으로因하야서만求할것이안이오 이를직힘이무리 지은바된者의本分임으로써우리는몬저이것을求하여야할것이다。「무엇을먹을가 무엇을마실가」念慮하는것은結局不信仰으로부터오는일이다。萬一絶對의信賴를가지고主에依支한다면 이런念慮는決코나지안흘것이다。내힘으로어쩌케現在의境遇를改善해보겟다는대서부터 이念慮는生기는것이다。「사람이떡으로만살것이안이오 오직하나님의입으로나오는모든말로살것이니라」하는가리침은닛저버리고말슴밧게또다른무엇이좀잇기를慾求하는대서부터나오는것이다。이는그根本에잇서서不順從의態度다。그러나이는지음을입은者의敢히할바안이다。지음을입은土器는 土器匠을向하야不平을말할아무權利도가지지못하엿다。그에게는짓는이의하고저하는뜻이꼿사랑이요 義다。거긔는아무異論을너을餘地가업다。故로「義人은밋음으로말미암아사」는것이다。

이리말하면現代人은 그 너무頑固임에놀라 아마벌린입을닷지못하리라。無理도안이다。神으로부터解放되는것이참自由요 人生의尊嚴性이거긔잇다고하는그들 自己네를지은者는아무도업고 神이야말로自己네가지은最高의理想이라고하는그들에게잇서서 이는無理가안이다。그들은이리말하는우리를가리처어리석다할것이오 비웃을것이다。그러나 우리는조곰도두려울것이업다——그들은神의福音을議論할資格을가지지못한者임으로써다。自己中心의門쇠를색잠그고드러안즌그들은아무리내다보아도眞理의世界의眞相을알지는못한다。모든것이矛盾갓치만보인다。眞理의世界의雄壯美麗한景致와그안에躍動하는生命은謙遜한맘으로門을열고뛰여나온後이안이면알지못한다。現代人을妨害하는惡魔는 所謂「合理的」이라는것이다。그러나그合理的이라는것이무엇인고。理性을가지고 生命의眞理를—即하나님의福音을批判하려하는者는 蠡壺속에大宇宙를너으려는者다。이야말로참矛盾이다。福音은理論이안이다。靈魂內部의事實이다。事實은理論以上이다。그런故로「十字架의道가滅亡하는사람에게는어리석은것이되고 救援을엇는우리에게는하나님의權能이되」는것이다。救援을엇는者는몬저義를救한다。그에게는「보내신者의뜻을行하는것이그의糧食」임으로써다。그糧食만잇으면그는다른糧食을더求하지안는다。그는잇서도좃코업서도조흔것이오 또더하야주실줄을確信함으로써다。

그러면 槿域의子女들아。義를求하자。生命을爲하야본저그義를求하자—現實이아무리急迫한듯해도 이는迂遠하고어리석은말갓고漸々떠敗滅로引導하는말가트리라。쓸어울리는드레줄을노흐라는것갓다미들수업고理解한수업는듯하리라。그러나 眞理다。生命에니르는眞理다。

槿域의子女들아。오늘날우리는不幸에우는者다。患難의물결은우리머리우를넘고 悲嘆의부르지즘은우리입에가득하다。우리는온갓것을咀呪하고십고온갓것을破壞하고십다。그러나 안이다。그로因하야살길은안이온다。救援은오직義의神으로부터온다。그의義를救하라。「그의帳幕이우리에게잇스며 그가우리와함께居하시리니 그는그의百姓이되고 그가親히우리와갓치계서 우리하나님이되고 눈물을우리눈에서다씻으시며 死亡이업고 哀慟하는것과哭하는것과 압흔것이다시잇지안이」할것이다。(默二一、三—四)

흰옷입은槿域의子女들아。그義를求하여라。네입은옷은正義의흰빗이안이냐。네맘도그갓치희기를!

一九二七·五·二四

神과信仰

宋斗用

神은神이다。神以外의아모것도아니다。神은人間도아니며偶像도아니다。또思索의對象도아니고何等의槪念도아니다。오즉神일뿐이다。무엇을가지고할지라도神은完全히形容할수업는것이다。그는神은絶對이며唯一인때문이다。人間의言語로神을表現한다면그때는벌서 神은 人間的이되고참神의自體는아니다。그럼으로人間은참으로神을알수가업다。또生覺할수싸지업는것이다。萬若神이人間의理智로完全히理解할수잇는것이라면그는우리가信賴할만한神이못된다。果然人間은神을生覺할수도업고알수도업스며또말할수도업다。그러나神은人間의게스사로를啓示한다。그리하야人間으로하야금神을完全히了解치못하드라도그를恭敬케하고그를사랑케하며그와親케하고그가罪에서救援함을依囑하며信任케한다。

이神은무엇보다도自身을사랑으로啓示한다。그럿라。神은사랑이다。사랑은神의本質이다。(여긔에

사랑이라함은絶對로人間的사랑이아니다。一般이말하며또生覺하고잇는사랑以上의사랑이다。그는永遠히變함이업는사랑이다。그럼으로人間的사랑을超越하야完全하며純粹한사랑換言하면神以外에는아모게도업스며또아모도가질수업는사랑即聖愛(Agape)를意味한다。)그런대사랑은冷靜하지안으며또慘酷하지도안은것이다。사랑은寬容하고溫柔하며또慈悲한것이다。그리고사랑은不義를行하지아니하고眞理를깁버한다。

그러나人間은不義를行하며眞理를깁버하지아니하고또罪를犯한다。「義人은하나도업다」하고古人은嘆息하엿나니果然事實이다。(그럼으로人間의게는「Agape」가업슴을알수잇다。)그런대不義는滅亡의原因이며罪의代價는죽엄(死)이다。따라서人間은滅亡과死를免할수업슴은必然的歸結이다。그러나愛의神의게는人間의滅亡과死를보고그대로두는것은到底히忍耐할수업는것이다。(그는사랑自體의特質은慈悲이며더구나人間은被造物中神의最愛物인때문이다。)이에慈悲한神은人類를救濟코저길(道)를열엇스니그는예수의降生에서始作하야十字架에맛친代贖의길이

다。 여긔에人類의새生命이잇고새希望이잇다。 예수는스사로말한바와갓치 「길이요生命이고復活」이다。 누구나이길에이르러救援을밧고이生命의샘에마서서 永生을어들수잇다。

그런대神은三位의神으로나타나서人類를도라보나니곳聖父聖子聖靈이다。 三位의神은세人格이면서一體인神이다。 그리고活動의方面은다르나成就하랴는일은한가지이다。 神은그리스도와聖靈을通하야自身의啓示를明確히한다。 即예수의게서神의啓示를完成하고人類와의和解를이루며聖靈을通하야人類와의關係를密接케한다。

이러케하야人類는神의聖前에義로울수잇스며또救援을바들수잇다。 神의救援을바든後에야비로소人間은眞實로神을알수잇는것이다。 그런때문에人間은神에依하야서만참된神을理解할수잇고神의게接近하며또神의게義롭게보일수잇다。

이에우리는人間이神을信하는것이아니고神이人間으로하야금神을信仰하게커름함이明白한事實인것을알수잇다。 그리하야人間은安心하고（맛치어린兒孩가母親의품에암긴것갓치조곰도疑心업시）神을信함에이르는것이다。 實로疑心하고저하나疑心할餘地가업스며不信코저하나不信할能力이업고反抗하려하나反抗할理由가업다。

그럼으로信仰은決코人間의努力한結果가아니고다만神의恩惠의賜物이다。 이「恩寵의선물」을無條件으로信受하는것이참信仰이다。 即完全한信仰이다。 이外에는信仰이업슬것이며또이以上에는信仰할수업는것이다。

信仰은理論도아니고思想도아니다。 信仰은實際이며個人의體驗이고또人類의經驗이다。 信仰은各自의實驗할수잇는事實이다。

一九二七·二·二六

沈默과呌號 沈默은金이라하고 雄辯은銀이라한다。 하나님에서는金도맨드시고銀도맨드럿스니 될수만잇다면나는銀을버리고金만을恒常가지려한다。 그러나때에는이金을버리고銀을가지려한다 金인沈默은됴흐지만은때에는愚人의甲冑가된다。 奸者의城壘이된다 明々한心地 溫々한胸襟일진대千言萬辭를느러노을지언정무엇이不可하랴。 더구나眞理가나로하야곰말케할때면도々億萬言인들무엇이不可하랴。 다맛우에게시는이의命을따라沈默하고또呌號할뿐이다。

（相勳）

아브라함의信仰

柳 三 眼

브엘세바우물에暮色이깁허가고 블네셋沙漠하날에星辰이하나! 둘! 셋! 나기始作하야 嚴肅한氣分이全宇宙를싸흐게되니 하로終日색볏속에勞苦하던老聖徒아브라함은 自己째일른듯이歡喜하면서 唯一의安息處ㅣ능수버들밋흐로간다。 그의靈魂은새로운힘으로 쌈난이마와줄음잽힌손을써나 永遠의存在者ㅣ하나님여호와한테로다러난다。「여호와」하고始作하는呻吟에갓가운祈禱는一言一句가모다感謝쏘感謝이다。故鄕ㅣ갈대아우르라는偶像崇拜地方부터의脫出 埃及王파게랄王부터의사래의救濟롯을救助하는싸홈의勝利 石女된사래부터의이삭出生 列國百姓의아비가된다는時々의啓示。이 여러가지恩惠의回想은 아브라함의마암에차 넘치여난感謝의눈물이된다。沙漠의밤은老聖徒의祈禱소래에깁허가고北斗、參宿、昴宿은더하여오는靜寂에더욱 神秘의빗을나타낸다。

죠용한天地에一陣의바람이지내가며몸을의썩〱식히는靈氣가四圍에차니 至聖한소래가가늘게들녀온다。

「아브라함아 아브라함아 아브라함아」

聖徒는畏敬에썰면서對答한다。

「하나님의종아브라함은여기잇나니다」

「아브라함아 아브라함아 아브라함아」

「永遠으로부터永遠으로게신 여호와의종은여기잇나니다」

「너는진실노나를밋너냐。 生命을다하야나를밋너냐」

「밋나니다」

「아브라함아 너의嫡子 너의사랑하는獨子 나와너와의契約의아들이삭을나에게燔祭로드리라。모리아써 나의指示하난山에서」

쏘다시한번바람이이러나 여호와의소래는쓴치고闇은天地에는아브라함만남엇다。

아브라함은깁흔疑惑에싸젓다。「여호와는이삭을契約의實證으로나의게주지는아니하엿는가。人類는이삭에잇서서救濟를밧지아니하는가。「너는萬國百

姓의아비가된다」고言約하시고 「이삭에서난者라야 네子孫이라」말삼아니아셋는가。 그러한대! 그러한대! 이삭을바치라고! 人類의救濟난無로도라가나! 아、여호와는契約을안직히는似而非의하나님닌가! 나의信仰은헛된것인가! 畢竟에는水泡로돗나는것을나는밋엇던가! 아、이엇지한일인가!……그러하면앗가말은사단의것인가! 아니 아니 그것은사단의부름으로는너머神聖하고너머사랑이잇섯다。너머힘잇게나의全靈을쌔서버렷다。그것은斷然히사단의소래는아니엿다……」

하나님의經綸과人類의救濟만을生覺하는聖徒의마암은 想像할수업시다고 또自己목슴은깃버바치지마는 엇덧케子息을바치나하는어버이의마암은칼노찍는듯이상한다。暗黑과失望은그를싸흐고 옵以上의悲哀의눈물은 그를잠기게한다。

그러나무슨일에던지 하나님뜻에좃츠랴하는아브라함이다。밋을수업서도밋는아브라함이다。理性、知識、常識을絶하고래도밋는아브라함이다。湧然히一片의單純한信仰이그의마암에이러낫다。全能하신하나님은能히 죽은사람을살일수잇다고。모든疑心과矛盾은이에氷解하고 하나님의約束과命令과도이에調和되여 그의마암에는希望이생기고 이삭을바치랴는勇氣와決心은씃々히이러낫다。苦悶의밤이새여東쪽하날이 明星에잇글이여 장막을것으랴하니 아브라함은조곰도躊躇안코라귀에안장직히여두절문종과아들이삭을다리고燔祭에쓸火木가지고北方모리아地方으로간다。沙漠의지ㅡㄴ길 永遠의여호와生覺하면서걸어가니 三日만에目的한山이놉게나타난다。老聖徒는말할수업는늣김에싸지면서두종들의게

「여호와가指示하는곳이이르럿다。나는이삭과가서禮拜할터이니 너희는이곳에서라귀다리고잇스라」하고 써려저火木은이삭에지우고 自己는불과칼들고聖山바라보며간다。肉親되는아브라함의가삼절님形容할수업스며 悲痛한沈默은그를싼다。몃町거러두종들의얼골안뵈이게되니 이삭은침착한소래로

「아버지 불과火木은잇지오마는 燔祭할羊은어대잇나니싸」

흘느랴하는눈물겨우참고 려지랴하는가삼겨우눌느고 아브라함은가만히그러나明白히

「이삭아 燔祭할羊은 하나님이準備하시리라」

하고對答한다。아버지눈파목소래에큰暗示밧은이삭은또물을나고도아니하고 묵々히아버지뒤ᄯᅡᆯ어 ᄯᅮ벅／＼自己태울火木그냥지고간다。어느덧그곳에이르렷다。아브라함은돌노祭壇싸코그위에火木벌여논넌다。「하나님 弱한이종을도아주십소서」빌며

「이―삭―아 이―삭―아」

불으니 이삭은萬事를다안듯이 몸을내던진다。

아브라함은쎠안고또쎠안은後결박하야火木위에논는다。뚝々ᄯᅥ러지는눈물왼손으로씨츠며 노왓던칼바른손에들어 이삭의몸에대―ㄴ―다。별안간하날에서벽역갓흔소래가이러난다。

「아브라함아 아브라함아」

「당신의종은여기잇나니다」

「칼을兒孩에게대지말나」

아브라함은깜짝놀내여 칼을ᄯᅡᆼ에ᄯᅥ러트리고 恍惚히서잇다。

「아브라함아 너는진실노나를밋넌다。너의生命보다도더貴한獨子도앗기지아니하고 나에게바츠나너난果然나를두려워하며 나에게全心全靈을맷긴다。이世上에너갓흔사람은업다。너는반다시萬國百姓의아비가되고 그들은너로하야금祝福을바드리라」

아브라함은새로운感謝생기여 엇지할줄몰나四方을둘네둘네도라보니 뒤에한수羊이잇서ᄲᅮᆯ이수풀에걸여잇다。「하나님의하시는일은모다人間의生覺에넘치난도다」라獨語하면서 잡어아들代身으로燔祭를들린다。이리하야아브라함은 죽엇던이삭을다시엇엇다。

모리아山麓여호와의試鍊에無事히通過된老聖徒는깃븜에춤추며 여호화이례를써나종들에게돌아가가치브엘세바사래가눈물흘이고잇는곳으로ᄲᅡᆯ이간다。

× × ×

아브라함의信仰은自己아들을죽이난 말하자면非道德非倫理非人間의信仰이엿다。이世上의尺度로는헤알일수업는것이엿스며 常識을唯一의信條로삼는이들눈에는狂症으로뵈이는非論理의것이엿다。人間의조고만한知와道德을써나 하나님에게自己라는것을全部바치는 母親에게一切을맷기는赤兒의信仰이엿다。하나님하라는대로하는盲從의信仰이엿다。그가사는것이아니라 하나님이그를通하야사는神本位

ㅣ信仰의生活이엿다。 하나님의命令이면 世上눈으로보와 아무리틀이고아무리矛盾이되는일이래도 깃버서하는愚者의信仰이엿다。 마암、머리、눈、입、손、발모다ㅣ그러타全人格全人生을하나님압헤던저버리는自己에죽는信仰이엿다。 人間의血管이끈어저버리고 하나님의靈管이새로생긴神一切의信仰이엿다。「아브라함이하나님을밋으니 여호와義로역이시다」하는밋음은이러한것이엿다。

× × ×

아브라함의信仰은 하나님께愛子이삭을바칠ᄯᅢ最高潮에達하엿다。 여기이르기前의그의信仰은엇더하엿는가。 亦是이와갓흔信仰이엿다。

아브라함은七十餘歲ᄯᅢ여호와의「너는親戚과아비집을離別하고本土에서ᄯᅥ나 내가指示할ᄯᅡ으로가라」하는말듯고 斷然히故鄕을ᄯᅥ낫다。 愛情의말님다저바리고 한갓여호와의命令좃차「집갓치조흔곳업다」는그唯一無二의곳을ᄯᅥ낫다。 그리하고가는곳은어대인가。 無定處이다。 여호와의指示하는도모지알수업는곳이다。 아브라함은갈곳도몰느고근냥ᄯᅥ낫다。 아이러한無知가ᄯᅩ어대잇스며 이러한輕薄이ᄯᅩ어대잇슬가。 無打算無計畫의極이며 常識잇고深慮잇는사람이할最後의일이다。 그러나아브라함은이러한일을하엿다。 비우슬사람은비우서라。 춤배틀사람은춤배터라 그는여호와의命令이면 周圍와自己몸안도라보고絕對로服從하엿다。 어리석다하면어리석으나赤兒는母親에信賴할수밧게업스며 ᄯᅩ한信賴하는그곳에만참의平安과安全잇슴을엇지하나。 母親이정말의母親이라면自己가죽으면죽엇지 赤兒를危險에ᄲᅡ지게하는일은絕對로업다。 아브라함의하나님도ㅡ이러한母親 아니그의몃倍以上의사랑과힘과지혜가진이엿다。 아브라함이조곰도疑心안코安心하야조츰은當然以上의當然이다。 어머니무르팍위에방긋〱웃고잇난어른애를욕할사람잇거든 아브라함을욕하라。

아브라함은하나님과갓치잇스면 死의골짝을거러도아무근심업슴을잘알엇다。 갈곳모르나그의마암에는넘치는安心잇서 여호와의막대이휘날님에큰慰安엇으면서집ᄯᅥ나 넓은宇宙밋흐로갓다。……………

아브라함이간約束의地는엇더한가。「이ᄯᅡ를네子孫에게주리라」한가나안地方은엇더한가。 가나안族屬은依然히잇스며 自己居處로삼을맛당한곳은업다。

自然이곳저곳彷徨하는몸이되엿다。또난대업는飢饉은이러난다。그의발은南쪽으로—向하야 필경가나안을쩌나埃及에일으르게되엿다。아、여호와의말을드러 온結果는이러한가。

여호와에속은것은아닌가。갈대야우르사람들이이런말들으면「남말안듯던이잘두되엿네! 아ㅡ구 고집이던바람만쿠먼! 아브라함이란사람은참밋친사람이거던!……아、말쑥싸지!」하고비우슬것이다

아브라함의苦難은이彷徨에만긋치잔엇다。異邦의迫害는甚하고生活은窮狀에빠저 우물가지고다ㅡ 다투게되엿다。그것도公用의우물이아니오 自己가판것인대。사람인아브라함은 가ㅡ끔失意失望에빠저 여호와를疑心하엿다。그러나그는恒常純眞한信賴로도라갓다。그는여호와의約束을쌕밋엇스며 天地가문어지더래도여호와의말슴은成就될줄確信하엿다。그는수ㅡ쥰히待望하엿다。군소래아니하고또한約束의實行을強請치아니하고 째오기만기다렷다。無爲의날을보내엿다。信賴또信賴 待望또待望 忍耐또忍耐

清教人詩人밀톤은잘도노래하엿다。

그의개벼운멍에잘메는사람만이
그에게잘奉仕하나니
서서기달이기만하는사람도
또한그에게奉仕하나니라。

……………………

아브라함의오래동안의忍耐生活ㅡ信賴는果然無用의것안되여 그는地上의約束地以上 自己豫期以上의곳을엇엇다。天上에永遠한나라를바라보앗다。그리하야그의가삼에는이世上것아닌希望의불이붓헛다。

아브라함이約束의地에나그내되여 이곳저곳天幕치며浮萍草갓흔生活을하는동안 그의가삼에엉키는한걱정이잇섯다。五十이넘고七十이넘어도그에게子息업슴이다。「너는列國百姓의아비가된다」ㅡ「너의子孫은모래의無數함과갓치無數하니라」라는여호와의約束이억여지々나안나하는生覺은그의마음을바늘과갓치찔넛다。晝夜로그의靈魂은쓧업는悲哀굴속에써러젓스며 不平이넘치여난 하나님원망하는소래가되엿다「主여호와여 나는無子하옴니다。그대는나에게아들을주지안흠이다。그대의約束은헛것이될나하며 奴隸엘니에셀은나의相續者가되겟나니다」不信째에도그의아들을도라보낸하나님은 아브라함쎄나타나「아브라함아 너는나를안밋넌냐。아브라함아너는나를안밋넌냐。永遠으로부터永遠으로사는나는 모든것이사람과는달느다。엘이에셀은너의後嗣가아니다。네몸에서난者가너의後嗣가되리라。그리

하고너의子孫은하날별파갓치無數하리라」 고말한다 칼날갓흔後悔가아브라함의마암을찔너그는곳새사람되여全心全靈으로하나님을밋엇다。自己의現狀사래의現狀 世上의慣習人間의常識을無視하고 그러타時空을絶하야하나님을밋엇다。人間의눈으로보아아모리絶望이라하더래도 하나님이한번움지기면모든일이可能함을딱밋엇다。하나님의손가면 枯木에서도꽃피고無에서도有가생길줄알고밋엇다。아브라함은無條件으로絶對로하나님말을밋엇다。그리하야이信仰은열매매저 老衰한사래몸에서달갓흔이삭이낫다。아브라함의信仰은現實을無視하는것이엿다。希望할수업는때에도希望하여밋는信仰이엿다。人間知의最後한가닥실이끈어질때 비로소始作되는永遠界의信仰이엿다。파울은아브라함의信仰을말하야

「아브라함은所望업는중에 萬國의祖上이될것을바래고밋엇다」

「아브라함은하나님의言約을바라보며 밋음에더욱堅實하야 하나님께榮華를돌엿스며 하나님이言約하신것을 능히일으게하실줄을確實히알엇스니이 밋음을저에게義로定셋나니라」

라하엿다。

× × ×

基督信者에게는信仰이第一이다。一에도信仰 二에도信仰 三에도信仰이다。信仰이全部이다。律法파道德은十字架의證書엇어 그가발서卒業한小學이다。只今은다만信仰뿐이다。아츰부터전녁가지信仰의날개만타고잇스면구만이다。그리하고그의信仰은아브라함의것이야한다。머리로알뿐아니라 마암으로밋을뿐아니라 行動으로밋으야한다。全人格이全人이예수그리스도를밋으랴한다。그의압헤나라는것을하나안남기고던저버려야한다。人間의分子가다飛散하고 神의靈子가集合하야한다。예수가그의마암깁흔곳에살어 그의全部를支配하여야한다。

基督信者를敎會의會員 洗禮밧은사람 聖書暗誦하는사람 禁酒禁煙하는사람 社會改良家 慈善家神學大家로알고 또한이것만으로自足하는所謂信者는아즉基督敎의「가갸」도몰느는사람이다。아니不信者에몃倍되는不信者이다。基督信者됨에는 아무것아니하여도關係업다。自己를義로하는善行도必要치안코 事業도必要치안코 克己의修養도努力도必要치안타。勿論敎會名簿에올을必要도업고 洗禮밧을必要도업다。다만全心全靈을하나님께밧치는信仰만잇스면그만이다。信仰第一信仰全部다。信仰이最初고信仰이最後다。基督信者의試驗石이다。아브라함의信仰잇는사람이 참의信者이다。

漢陽의딸들아!

金 敎 臣

나의게한가지자랑이잇다。그리하고그것은나의마암의지극히깁흔곳을차지하고잇다。내가朝鮮의모든外形을보고落心低頭치아니치못할때에그것이나의心臟에새로운皷動을주어나의머리는쳐들어지고나의눈에는希望의光彩가放射된때가몃번이엿던가!

나는東北의一隅에生長하야見識이좁은者이다。그러나그좁은니만치그만치確信이强하엿다。即본대로信賴한다。나는나를나하준親母의품속에서잘앗고農을主業으로하는素朴한이웃사이에居하야듯고보고하엿다。그러고이럿케생각하엿다。「朝鮮을亡케한것은그男性들이엿다。男性自身이滅亡하야다시所望이잇는것갓지안타。그러나朝鮮의女性은世界에無比이리라。朝鮮의希望은果然그特有한朝鮮的女性의長點에在하리라」고。特히日本의風紀와一般的으로此를比較하는때에누구나업시吾人의此信念을是證하여주엇고吾人도또한日本을오래目擊함에至하야더욱確信을굿게하여왓다。더욱聖書를알게됨에至하야貞操問題는此가單히烈女不更二夫忠臣不事二君에만止하는것이아님을知하엿다。果然貞操問題는人生을一貫하는根本原理이다。單히女性의問題가아니오同時에男性의

問題이며單히現世의制度가아니오果然來世의亘한宇宙의法則이다。그럼으로그리스도는自己와敎會의關係를新郎新婦에譬喩하섯고그럼으로여호와하나님은不敬二神을百姓에게嚴命하엿다。人類中에萬一가장完全히唯一의神을信仰한民族이有하엿다하면此는猶太民族이엿스리라。人類中에萬一가장完全히貞操의道를직혀온民族이有하엿다하면此는朝鮮의女性이엿스리라。猶太人의將來에希望을가질진대朝鮮의甦生을疑할者누군고?朝鮮의男性特히그新人青年들은不信과放縱에서漸々더그死滅의速度를加할넌지不知하나오직純粹한女性만은眞理에生하고또眞理를產하리라此가吾의자랑이놉고吾人의確信이堅한所以이다。

그러나近日의所聞은若何한고?萬一近年에들이는바서울을中心으로한學生의風紀各種娛樂場에現顯되는暗黑의形便。아!이것이事實이라면우리는二途의一을取하여야할岐路에섯도다。即先代의朝鮮婦女와現代의朝鮮女性사이를嚴密히分類하야吾人의자랑을前者에만限하거나不然하면吾人의얼굴에熱火를지고自尊의非를萬國에向하야謝하고確信의僞를地下에悔하여야할것이로다。오직吾人은尙今書生의對案生活이오實相에未詳한지라輕忽히喪心치안코다만문노니아!漢陽의딸들아君들은우리의자랑을裏書하야우리의머리를더놉게할여는가或은우리의얼굴에火爐를씨우고朝鮮의前途에永久히暗昧를가리우려는가。아、朝鮮의딸들아。아、漢陽의딸들아!一九二七・二一・十七日

獨想餘錄

同志五六人이마암과힘을合하야 一小雜誌를刊行한다 萬若戀愛를論하면 社會의耳目은 이小誌을반갑게 迎接할것이다 社會問題解決을旗幟삼고奮起하엿드면 民衆의後援이踏至할것이다。 그런대이 小誌는大膽하게도그들이가장 等閑視하거나 斥忌하는聖書의眞精神을宣明하려한다。 社會나 敎會가얼마나冷待할가를 全然이모름이아니다。 이冷待는우리社會뿐이아니다 全世界를 顧客삼고大英國倫敦에서發刊되든 有名한某誌가 廢刊의危을當하엿슴이 그다지 면일이아니다。 日本에서도 百五十餘種되는 宗敎雜誌中에 收支가相報하는것은 僅々三四種에 不過하다는소래를들엇다。 그럼으로이 小誌의發行을促하는眞理의命과同族의 情境의 要求를아울너들엇스나곳順從하야決行할 勇氣가업섯다。 더구나强烈한信仰、深淵한知識、特別한體驗、卓越한文筆이업슴에 생각이니르러서는 逡巡아니할수업섯스며 躊躇아니할수업섯다。 그러나命은嚴威하고 要求는懇切하니엇지하랴! 남이야愚라하든지 狂이라하든지 우리는決心하엿다奮起하엿다 赤身으로서엇다。 敎會의諒解가잇서슴이가니다 當敎會의 援助가잇서슴이아니다 어느個人의後援이잇서슴이아니다。 또우리의 好事心으로슴이아니다 名譽慾으로슴이아니다 靑年에혼이잇는 勃々한匹夫의勇이나滿々한野心으로슴이아니다。 무엇에쓰을여서나옴이요 또마지못하야모든 不足을가진그대로슴이다。

自我를反省치안코선 우리의 心中에가는소래가들잇다。「하나님께서그眞理를啓示하시매小兒도取하샤 그器具삼으시며 靑年도取하야그器具삼으시며 壯年이나 老年도取하야그器具삼으신다」고 울라小兒에게는小兒의使命이잇슬것이다 靑年의게는靑年에게相應한使命이잇슬것이다 人生五十의短縮한 時間이그어느時期인든無用할理가잇스랴。 이信念下에서 促함을밧는그대로 우리는섯다。 우리의信仰、知識、體驗、金錢等모든必須要件의未備를 不顧하고섯다。 우리의使命은우리의게啓示되는眞理를굽히지안코 傳하는대잇는줄안다。 우리의압헤는 妥協이업서야할지며苟合이업서야할지며 敎權者나政權者에對한恐怖가업서야할것이다。 이러케하야 비로소眞理의 忠實한器具가되며 善良한종이될것이다。 果然死하여도 眞理의품에서死하고生하여도眞理의품에서 生하려는것이우리의 決心이다。

이와가지 相考하여오니 荊刺속을뚤고나가려함도갓고 暗夜大洋에 一葉小舟를發航하려함도갓다。

우리의게 靈을부어주소서 勇氣를주소서우에게시는이여。 (相勳)

社告

「聖書朝鮮」 定價(送料共) 一部 貳拾錢

次號는聖許가잇사오면拾月初旬에發刊豫定當分間은一年에四次式發

注文은반다시先金

昭和二年六月廿九日 印刷納本
昭和二年七月一日 發行

編輯人 東京市外淀橋角筈一〇〇 レバノンホール 鄭相勳
發行人 東京府豊多摩郡杉並町阿佐ケ谷 本村五四二 中澤方 柳錫東
印刷人 京城府堅志洞三十二番地 金在涉
印刷所 京城府堅志洞三十二番地 漢城圖書株式會社
發行所 東京府豊多摩郡杉並町阿佐ケ谷 本村五四二 聖書朝鮮社

聖書朝鮮

第二號

一九二七年十月十五日發行

昭和二年十月十日印刷
昭和二年十月十五日發行

目次

一、여호와여 救援하옵소서 敬虔한者가업서지고 人子中에충셩된者가끈허젓나이다

二、더희가각々리웃을向하야헛된것을말하며아첨하는입설과두마암으로말하는도다

三、여호와께서 모든아첨하는입설을끈흐시리니곳큰것을자랑하는혀로다

四、더희가말하기를 우리가혀로이기겟노라우리입설은우리것이니누가우리를主管하리오 하더이다

五、여호께서 갈아사대궁핍한者의괴로옴과간난한者의탄식을인하야 내가이제이러나서 더무리의輕忽히녁이는쟈를든든한곳에두리라하셧도다

六、여호와의말삼은순전한말삼이라 ᄯᅡᆨ풀무에단련한銀갓흐니곳일곱번단련한것이로다

七、여호와여 더희를 직히시고 이世代에서永遠토록보호하시겟나이다

八、人子즁에 비루함이 놉하질때에 惡人이두루단이는도다 (詩篇十二篇)

聖書의中心과歸趣

新舊約聖書六十六卷 그쓴期間은前後一千五百年의長久한時日에亘하고 그쓴記者는數十에算하나니帝王으로부터牧者에일으기까지各階級에屬한者요그場所또한一定치안으니 이곳저곳各異한環境을가진곳이엿스며그內容도人生이經驗할수잇는事實은한아도빠지지안코包含되여잇다 그러나그傳하고가라치랴는最大目的은한아이다 果然聖書는天地의創造로부터新天新地의出現까지를記錄한特色잇는宇宙史이다 그럼으로그안에는이스라엘을비롯하야古代列强의史記가잇스나그歷史를가라치려함이아니다 그안에는多數한偉人의傳記가잇스나 그偉人들의思想과事業을傳하랴함이아니다또軍談이잇스나軍談을爲한軍談이아니요詩歌가잇스나詩歌를爲하야서의所謂純文藝의詩歌가아니요 預言이잇스나漠然히未來事를預告한것이아니요書翰이잇스나個人과個人과의友情을叙述한것이아니요 最大한思想 最高한理想 最深한哲理가잇스나思想을爲한思想 理想을爲한理想 哲理를爲한哲理는업다이와가티 渾雜한書物이나 統一한中心이잇고整然한歸趣가잇다 예수그리스도가그中心이요하나님의人類救援이全卷에主流되여흘너가는歸趣로다 여긔에일으러各卷의亂雜한모든言辭는忽然히깁흔意味를發揮하며相應相補하야隱然히大調和를일우도다。

이러한故로歷史로보아 詩歌로보아哲學으로보아科學으로보아不完全할뿐아니라道德으로보아서도만은矛盾과不合理를가진不充分한冊이다그러나 그리스도를証據하는冊으로보아 하나님의人類救援에關한計劃과努力의歷史로보아서는온갓것이具足한冊이다即人智에矛盾되고道理에背弛되는말일지라도 하나님의人類救援—自己一個의救援이아니요全世界의人類現在의人類만이아니요過去와未來永劫의人類救援에關한하나님의遠大한計劃과그實現의記錄임에潛心하야볼때莫可解의難句에도一條의光明을窺得할수잇다이것이聖書가하나님의말삼인特異性이다 그럼으로聖書를배우려는者는自我를謙虛케하고聖書그自體의精神에서배울것이다이中心과歸趣를度外하면聖書는永遠히不可解의謎語로남아잇슬것이다。

(相 勳)

信仰 二

信仰

信仰은새롭다。 써러歷史가업고回顧가업다。 永遠의生命바다에恒常새돗세우고나가는배다。 信仰은아참이다。 지난밤다시안도라보고 늘遼遠한압만보고큰발짜옥으로나간다。 信仰은새롭다。 써러背景업는아주외로운것이다。 고瞬間에全生命을賭하는悲痛한것이다。 (三 眼)

나의信仰

나는내가善人인지 惡人인지모른다 다만그리스도의十字架를울어러보려한다。 나는나의게信仰이잇는지업는지모른다。 다만그리스도의十字架를울어러보려한다。 나는내가救援을밧들는지 滅亡식힘을밧들는지모른다。 다만그리스도의十字架를울어러보려한다 나는내가天國에올나갈는지地獄에써러질는지모른다 다만그리스도의十字架를울어러보려한다。 나의全運命을다만그리스도의聖手에맛기고 다만罪의이몸을쓰을어그의十字架에매여달니랴한다。 이것만이나의能히할수잇는唯一한일이요 信仰이다。

(相 勳)

信者는何者인가

信者는思索하는者도아니요研究하는者도아니다。 입으로불으짓는者가아니요마음으로信賴하는者이다 形式으로崇拜하며道路에서宣傳하는者가아니요眞心으로밋으며고요히聖意의遂行됨만期待하는者이다。 그럼으로그가道德家나所謂宗敎家가안임은勿論이다 그의게는오즉밋음이잇슬뿐이다。 하나에도밋음둘에도밋음처음에도밋음나종에도밋음이다。 사는것죽는것먹는것입는것웃난것우는것말하는것생각하는것其他그의一動一靜은모다가信이며或은信에서産出된結果이다。 簡單히말하면밋음은그의生活全部이다。 그럼으로그의게는두마음이업다。 다시말하면그의게는表裏가업다。 禮拜볼째의行動과無常時의行動이틀니거나信者세리의言語와不信者의게對한言語가一致하지안은者는거짓信者이다。 참信者의게는變化가업고永遠이잇다。 그는過去를回顧하고運命의如何를云云하는宿命論者가아니고未來의希望을바라보며깁붐으로前進하는樂天家이다그의게는悲哀煩悶苦痛이업슴이아니나歡喜平安慰藉가그모든것을익인다。 이것이곳眞正한意味에서信者이며救主예수의참종(僕)이다。 (斗 用)

基督教神觀瞥見

鄭相勳

人類는自己가依支할自己以上의存在者를探求하는本能을가지고잇다 그探求하는形式은나라를따라다르고民族을따라갓지안으나人類의사는곳은그어대임파그때의언제임을莫論하고사람은무엇을차자마지안는探求者로다。 그들自身이그것을意識하거나意識하지못하거나晝夜로찻고또찻는다。 거긔에哲學이생기고宗敎가이러난다太陽崇拜、 山岳禮讚其他의모든偶像崇拜가雨後의竹荀가티발자최를니어서群起하엿다그러나차질바를올케아지못한人類는참하나님을차자내지못하고多種多樣의偶像崇拜에싸지고말엇다。 이와가티全人類가偶像崇拜에깁히잠드러잇는일은아침에니러나嚇々히東天을물드리는曙光을본者는猶太人이엿다그리하야다만그들만이참하나님이신여호와을알엇다그가永遠부터永遠까지게시는者요萬有를創造하시고統御하신다는啓示를밧엇다。

이驚異의事實이最善最貴한神觀의첫거름이엿다。 으神觀을가지고선敎會가設或이것을버릴지라도 온宇宙가破滅이될지라도 오히려굿이설唯一한眞理이다그러나基督敎의하나님은우리民衆이생각하듯이天空이나太陽을가라침이아니다 物體的存在者가아니요靈的實在者이시다 그러함으로우리가하나님을밋는다하면一般人士가스사로知識을가지고信仰을가진듯이意氣揚々히말하는하나님「卽凡天下의누구나다밋는다」式의非人格的이요無能한하나님이아니다 七星님도아니요 老人星도아니다 基督敎의하나님은여호와시니永遠히「잇서잇는」唯一한者이다 그는「내압에서다른神을네게두지말나」하신하나님이시다또「너를爲하야偶像을만들지말며또우으로하날에잇는것이나아래로싸에잇는것이나 싸아래물속에잇는것에무삼形像이던지만들지말고 거긔절하지말며 섬기지말나云々」의하나님이시다自己以外에天上天下有形無形의아무것이라도 禮拜치말나는하나님이시다 世上의戀人이그愛人의全部를要求하는以上사람의全存在를要求하시는하나님이시다 天空을禮拜치안으되敎派를섬기는宣敎師나 七星을奉事치안으되

基督敎神觀瞥見

四

敎會를하나님보다더섬기는敎會信者들은 猛省할必要가잇다。 모든文化의形式을쓰고잇는그들의偶像은古代民族의偶像에지나침이千倍되고또萬倍되도다。그들이敎勢擴張때문에自己擁護派作黨때문에敎堂內와神學書中에幽閉하고니즌듯이잇는基督敎의하나님觀은比類를볼수업는唯一獨特한神觀이다。神秘에차여잇는이宇宙에서도神秘中의神秘요驚異中의驚異다幻像과가티일엇다가살어질神秘가아니요永遠한神秘요眞理이다。

이에達함에는神의不絕한努力이잇섯고 사람의아름다운靈魂의信受가잇섯다。 그러나如何히아름다운靈魂일지라도神의啓示를完全히覺得할수는업섯다。사람은神의啓示를完全히覺得함에는 너무나적고不完全한그릇이다。하나님께서아모리自我를啓示하신다하더라도 사람은自己의小와不完全함에가리여서到底히神을完全히體得할수업섯다。神과사람의不幸이우에 업다 하면업다할수잇스나이와가티完全히體得할수업는것이神의性質上當然한일이다。사람이完全히知悉할수잇는神이면그는우리가全信賴를바칠수업는者요絕對的信仰을밧칠價値가업는者이다。果然사람은스사로神을알수업스대神의自顯의不絕한努力으로因하야不完全하나하나님을아는知識을어더온것이다。사랑이신神이스사로受肉하야世上에顯現하심에니르러사람은비로소完全히神을보고또神과交親하게되엿다。그러나사람은依然히적고後世에이榮光잇는受肉者의本質을傳할그 그릇은不完全하니엇지하랴!

이와가티사람이現實에잇서完全히하나님을理解할수는업다。그럭나全然히알수업다할수도업다。하나님의最善의선물의하나인聖書가多幸히우리의手中에잇는바되고또聖靈의가늘고고요한귀속이우리의靈의귀에속사기나니 이두가지를通하야우리는하나님의特性의若干을不完全하게나마배울수잇다。

一、人格的神

基督者의하나님은前述한바와가티우리民族이생각하는天空을가라침이아니다。또天然이라든지自然의法則이라든지能力이라든지「至誠이면感天」의天과가튼非人格的存在者가아니요 사랑하고怒하고슯허하고사람의至誠이업고求함이업서도自進하야恩惠를베플고福을주시려는人格的存在者이다。이는舊新的聖

書를一貫하야가라치는精神이요基督敎神觀의基礎的概念이다。그는우리가「당신」이라고불을수잇고또「내」라하고우리의게臨하시는靈이신人格神이다。道德的實在者이다。그럼으로그와의交通은靈과정성으로할것이요 藝術家의所謂陶醉의狀態 恍惚의境地에沒入으로할것이아니다。前에말한바와가티이제우리는 하나님을完全히알수업고또完全히삭일수업다 그러나그의聖勵를바더 그를담세를바라면서그의게매여달여祈禱하면서나간다。

이러케道德的으로靈的으로交通할수잇는神卽人格的神은基督敎神觀의特異性이다。이것이理神論의神과다르고思辨的哲學의神과도다른點이다。思辨的哲學은종々神을人間化한다하야人格的神論에反對한다거긔에一理가업슴이아니다 이는理智偏重에써러진者의放하는空砲에不過하다。基督敎에서神의게手足이잇는듯이말함은사람의手足이行하는動作을할能力이하나님세잇다함을가라침이다。하나님이본다함은사람의눈이보는以上完全히事物을洞觀할眼力을가젓슴을云함이다。그럼으로基督敎의傳하는神은思辨的哲學者의神과가티雲外九重深處에冷然히拱手獨座한神이아니다。人類를사랑하고救援하시려고努力하시는神이요우리가恐懼할者 恭敬할者 崇拜할者이다 그를무엇에나比한다하면사람의게比할것이요 사람以外의무엇에도比할수업는者다。神은사람以上의存在者요사람은아니다。그러나사람의게잇는最善最美한것은無限히具備하신者이다。사람의立場으로보아서神을人格者라하는外에그의무엇임을表現할言語를가지지못하엿다。

二、宇宙의創造者요統治者이신神

聖書는그開卷劈頭에神이天地萬物을創造하시고또그모든被造物을支配하심을가라친다。더구나神의最大한努力이사람의게잇슴은聖書全體가分明히傳하는바요人類의歷史가證明하는바다。卽宇宙는만들음을바든것 支配를밧는것 依屬할것이요 神은攝理와愛慮(Loving care)로宇宙와人類를사랑하시고救援하시는者이다。이點이 神은創造의大業을마친後에宇宙와人世를超絕獨存하고天然과人類는그賦與된內在力과法則을짜라所定한目的을向하야進行할섇이요神과被造物사이에는援助干涉等何等의關係가업다하는理神論의神觀과다른바다。

基督敎에서는神은專制君主이다。現代의思潮와얼마나한먼相距를가진무근思想이랴。現代人이神을버리고自主의生活로急進함이無理가아닌줄안다。그러나人生의事實에마암을깁히잠가생각하면人類가信賴할神은絕對專制的君主의態度를가진者가아니면안되리라하는思想이釋明하여질줄안다。弱하고秩定업는人間의意思에依하야左右되고人間의求願에依하야動하는神이면우리는安心하고自我의究意의救援을確信할수업슬것이다。나自身의生活이이를가라처주는바다。그럼으로나는基督敎의하나님이專制的君主의態度를가지신다는말을듯고더욱安心하고그의게나의全生命과運命을맛길마암이생긴다。그러나現代의寵兒들이여安心하라。그하나님은不義無慈悲한暴君이아니요義와愛의支配者다。더구나그리스도에 나타난그는愛恤의아버지인神이다。우리의信仰生活에나타난그도또한仁慈하신아버지인君主이다。

三、父이신神과敎主이신神

神을가라처宇宙의創造者 全智慧와全能力의源泉이라함은信하기에그대지어렵지아니한일이다。神이잇다함은人間自然의信念이나니 이것을絕對로否定하는者는업다。그런대基督敎에서는神을超自然的存在者라唱道할뿐아니라 그는人類의아버지라說告한다。이神을아버지라하는思想은바울과요한의中心思想일뿐아니라 예수自身이依據하야선根本思想이다누가福音에依하면예수는그最初의말삼中에와（二章四九）十字架上最後의말삼（二三〇四六）中에서神을아버지라呼名하엿다고記錄되엿다。이와가티聖書가神을아버지라함은그가우리의創造者며支持者이심을말한것뿐이아니라우리의靈的生命의本源임을가라침이다。이意味에잇서우리는하나님을아버지라모시고그의게服從하는것이다。

이와가티神과人類와의關係를父子의關係로보는것이基督敎神觀의中心思想이다。아버지이신神을아는때에우리는基督敎의全眞理를知悉하엿다할수잇다。或이말하대主祈禱의「우리아버지여」라祈禱하는一言을解하면基督敎의本體를體得하엿다할수잇다함은至言이라하리로다。그러면그아버지는엇더한者인가 이것을가장잘例示한것은예수께서親히하신만은말삼中에서도有名한누가傳十五章의蕩子의譬喩에나타난아버지다。即仁慈한아버지다。아달의罪를赦宥하여주시는아버지다。 이러한神을아버지라信하는우리는爀爀한새所望에노래를불으고生命에서소사나는歡喜에춤추며感謝아니할수업다。 이와가티基督敎의神은사랑의아버지시니 아니 사랑그自體시니 그가自身을犧牲하야人類를救援하섯다는福音을듯고眞是眞是라하고信하게된다。 참사랑이잇는곳에十字架가잇고人類의罪赦가잇슴은當然한歸結이다。 그러나咀呪를밧든사람의마암은單純한信賴를가지지못하고 빌립과가티「主여우리의게아버지를보여주소서그러면足하리이다」라부르짓는다(요한一四○八)엇더케하야이러한아버지를알수잇스랴! 그리하야天地의創造主를우리의아버지로섬기게되는人生最大의幸福에參與할수잇스랴 예수께서는말삼하시기를「나를본사람은아버지를본者」라하엿다。 그럿타예수를본者는아버지를본者요 예수를아는者는아버지까지도아는者다。 그럼으로우리는하날아버지를알기爲하야 예수의게로갈것이요 예수를알기爲하야예수를證據하는聖書(요한五○三九)에갈것이다。 또第二의聖書인天然에가야할것이다。 聖靈과啓示를아울너밧더天父의엇더한者인가를배울것이다。 그의게信賴할것이다 그의誡命을직히고그를恭敬하고그를섬길것이다。 그가주시는恩寵의聖杯를다맛보고마실것이다。 아! 사랑이신우리의天父시여!

四、三位一體의神

基督敎는創造者이신神 君主이신神 父요救主이신神을提唱하야他宗敎에超絶할뿐아니라聖子이신神聖靈이신神을가라친다。 이聖父聖子聖靈의三者는各各獨立의人格을가지면서唯一者이라한다。 여긔에니르러우리의信仰은暗礁에부듸처듸뒤여破船의厄을아니當할수업다。 나는一時에東西南北의네바람을맛나그中에몰여들어가는듯이늣기여진다。 그러나나는頭腦를가짐파가티心情을가젓나니 나의心情은아버지인神을要求하는同時에아달인神 聖靈인神을要한다 나의腦가이를許容치아니함에도不拘하고나의心情은三者를兼한唯一神을要求한다。 나는頭腦를따르고心情을버릴가 아니다。 頭腦가바른그만콤나의心情도바르고事物의歷史가바른그만콤마암의經驗도바르다 이러함으로이三位一體의神論도矛盾인듯하면서도矛盾이아니다。 理論上으로는分明히矛盾일지나信者의信仰上體驗에빗최여보면調和를가진眞理이다。 이眞

理를說明하기爲하야使用한말이希臘的三位一體論이다。

神을아버지라일음은人類가잇슴으로神이아버지의자리에서기되엿다함이아니다。神은그本質에아버지의特性을具本하고잇다。萬若그럿타하면그는아달인「너」라불을者를自身의안에가젓슬것도分明한일이다 또神을靈이라하나니　靈은本來스사로止息할수업는社交的性質을가진것이다。自己의外에流露하고貢獻하고傾倒함은그本性上當然한것이니우리는그대로承認아니할수업다。그럼으로萬物創造前에서도가티交通할對象을自我의안에반다시가젓슬것이다。또神은사랑이라일으나니　사랑은반다시그對象을要求한다 이사랑의對象도自身안에가젓슬것임을안다。그럼으로우리의하나님이靈이요父요愛라함은三位一體의神을信치안으면維持할수업는信仰이다。

이러케叙述하엿다고三位一體의難問이氷解하여진것이안이다理智로볼때에는疑問은疑問대로依然히남아잇다。그러나信仰의經驗으로이事實을對하면信하기ㅍ처럼어렵지안은眞理이다。三位一體의神을信하고우리는基督敎의가장深妙한眞理에達한것이다。

以上에나는基督敎神觀의大體의要點을摘述하엿다 다시붓을들어그모든要點을通貫하는神의屬性의가장根本的인것에關하야一言을加하려한다。

一、神은靈이다。神은靈이요物이아니다思想도아니요理想도아니다또槪念도아니다。그럼으로그는物體로써表現할것이아니며　손으로써抵觸할것이아니며또頭腦로考出할수도업는것이다。肉은靈을覺得치못한다。小人의偉人을理解치못하는것과가티程度의問題가아니요　本質上으로肉은靈을理解치못한다。그럼으로靈을알야는者는靈으로하여야할것이다。예수께서는이眞理를가라처말삼하시대「하나님은神이신故로禮拜하는者가神靈과진리로례배할지니라」하셧다。

二、神은사랑이시다。神은다른무엇인보다도사랑이다。하나님을義의神이라일음보다　能力의神이라일음보다　智慧의神이라일음보다도　그를사랑의神이라일을때　우리는神을가장잘表現하는것이다。사랑은神의한屬性이아니요차라리神은愛그自體라함이올타。神의遍在라든지全知라든지全能이라든지　神의智慧라든지善이라든지　이모든것은愛인神을온전

케하는一階段에不過하다。宇宙에對한神의關係를善이라할진대人類의게對한神의關係는愛이다。 愛는그本然上으로모든것을統一調和하는것이다。

이愛는漠然히善惡無差別의愛가아니다。不義에對하야는그本質上으로反撥하는聖愛이다。不義를赦宥치못하는愛이다。秋霜烈日과가흔嚴威를兼有한愛이다。그러나罪에對하아는恩寵으로써臨하는愛이다罪人의敎育을爲하아는忍耐를가지는愛이다自身의約束과人類의所望에對하야는信實한愛이다。저有名한蕩子의比喩에나오는父의愛와가흔愛이다。暴陽에쉬들어바야흐로枯死하려는野草우에나리는惠雨와도갓고初更의玉露와도갓하야 그가이르는곳에는死者가生者되고弱者가强者되고怯者가勇者되게하는等萬物의新生을齎來하는生命인愛이다。이사랑에잇서사람은살고이사랑을써나사람은살지못하는愛이다。

三、神은永遠한者이다。모세의게「나는잇서잇는」者라말삼하신하나님이다。처음이업고또한긋이업는者다。萬古不易의存在者이다千歲萬歲에堅固히서게시는者요永遠을다시리는永遠한者로다。

實로놀넘즉한偉大한가라침이다。누구라이를堪當할수잇스랴!神自身의啓示를待치안코누가이眞理를窮究하엿스랴!이神秘를悟得하엿스랴, 萬人아! 오라이生命의샘에 萬歲磐石에 와서마시고依支하야救援을어드라。永生을享受하라。猶太民族이世界의다른民族의게比하야特異한美點이잇다하면그들이이比類업는高尙한神觀을가진싸닭이요 歐米의人間들이그野獸的여러가지獸性을가지면서도 燦爛한過去를가지고잇슴은 이最高한하나님信仰이일즉그들사이에輸入된싸닭이다。理想의朝鮮을待望함이懇切한나는이神觀을사랑하는同族의게告하야 그새社會를이土臺우에建設하기를바란다。이神觀을生活의土臺삼는國民은興하고 그럿치아니한國民은亡하도다。이하나님信仰에선者는榮華를어드되그럿치아니한者는恥辱을當하도다。이를否定하랴는者는歷史을살어버리고우리의耳目을剝取하여버린後에否定하라。하나님은宇宙를統治하시나니 그의聖意는반다시일우어지고 人類는그審判을밧도다。獨逸의有名한哲學者헤ー겔이「神에關하야그릇된觀念이나惡한觀念을가진國民은惡한國家制度、惡한政府、惡한法律을가진다」하엿슴은大哲의일홈을붓그럽게하지안는名言이라하리로다。엇더한神을信하는가가國民의게對하야그最大問題가된다强한海陸의精兵을가지느니보다堅固한砲臺巨大한軍艦을가지느니보다高尙한神觀과高尙한道德을가지는國家와民族이世界의文明을引導하고政治를支配하는것은確實한事實이로다。

「하나님의攝理」

(某地講演의要旨)

楊仁性

저는하나님을맏은後恒常그의攝理라는問題를念頭에두게되엿습니다。即내가밋는하나님이살아게신하나님인가 또는그러치안으면世上에서흔히만드는宗敎的崇拜物卽假想的對象이나안인가하고疑心해왓습니다。

그래서때々로全世界歷史의趨勢(더욱히人力으로는無可奈何라던事件이不意에急轉直下한不可思議의變遷에) 또는國家의盛衰 個人의興亡들을通하야그의存在與否와攝理如何를알고저하엿습니다。

더욱히聖經을읽어보니곳々에「萬有의하나님」또는「天地主宰의神」이라하엿는故로적어도그는우리들한사람〱을다사리(統治)는同時에全人類、全宇宙를統治하고게시지안으면안되리라구疑心하엿습지오。

이런疑問을품고新舊約聖經을읽는中果然予期에不反하야그는全人類를統治하고게실뿐만아니라乃終에는億萬衆生을모다救援식히겟다는約束까지하엿슴을알엇습니다。即信者는누구나다아시는바와갓치「요한福音」三章十六節의『하나님이世上을이처럼사랑하사獨生子를주셧스니누구던지저를밋으면滅亡치안코永生을엇으리라』한것은우리들個人〱의救援의길을許諾하신것이고 또舊約「에세겔」十八章의『며희가모다救援을엇어眞理를아는대들어가는것을하나님이願하시나니라』한말삼은全人類의救援을是認하는말슴이안인가推測햇습니다。안니 다만推測에만머므를뿐아니라實로萬有의主일진대또한그럿치안이치못할것임니다。

또우리가그의攝理를더욱切實히깨닷는것은各々내自身이信仰生活에들어온經驗에서明白히아는줄암니다。참말우리가過去未信者時代를回顧해보면到底히오날々내가온자리가願함으로온자리가안일뿐만아니라꿈에도生覺치못하던자리인줄아는것이올시다。달은이는몰으거니와저自身은예수밋는사람을極히미워한사람의하나이올시다。只今와서生覺해보면저로도놀납(驚愕)니다만엇던때에는傳道하려온老人을얼여서村中어느뷘房에다려다놋코終日밋겟노라하면서갓흔年輩의書堂同伴를더부려다가여러가지로逼迫한일도한두번이안이엿습니다。그러든제가오날々여러분압헤서예수를傳하니이것이무슨天變地異的變遷일가요!

저뿐아니라여러敎友들가운데도或은이와갓흔經驗을가지신이가적지안을줄斟酌합니다。廢一言하고우리가오날々예수밋게된것이밋자구힘씀으로밋어진것이아니라엇던큰힘이運動해밋게된줄압니다。果然「로마」九章의『願함으로말매암음도아니오달음박질함으로말매암음도아니오오직矜恤히녁임으로말매암음이니라』한바울의말슴이그대로承認되는줄암니다。

特別히바울의信仰에들어온經路가이事實을明白히證明합니다。그는예수밋는사람을逼迫하엿슬뿐만아니라죽이고저하엿습니다。使徒行傳을보면다메섹여러敎會에부치는公文을求해가지고萬一그道를쫏난사람을맛나면無論男女하고붓드러죽이고저하엿습니다그러던사울이엇더케되엿습니가?! 그는다메섹가든길에忽然히예수의말슴에接觸되여悔改하고乃終에는그의第一貴重한그릇으로쓰이어오―ㄴ世界에그福音傳하는器具가되지안엇습니가。이밧게도오날새지이갓흔奇異한事實을種々나라내서福音을오―ㄴ世界人類의게傳하고계심니다。스데반이돌에마자죽고예루살렘敎會에큰逼迫이니러나使徒外에는다아猶太와사마리아地方에흐터저其後漸々하나님의말삼이널니傳햇다고聖經이우리의게證明하는것이안입니가。

참말하나님의攝理는아는눈으로보면한時間도쉴새업시온世界歷史의박휘를運轉식히며 全人類의運命을燥縱하면서나가시는것이올시다。

그러나여러분中에는或다음과갓흔疑問을가질넌지몰으겟습니다。聖經에는하나님이이스라엘百姓을特別히選擇한百姓이라하엿스며極히사랑하는族屬이라하엿는대只今形便을살펴보건대救援밧고못밧는問題는次置하고도로혀그들이欽仰하고待望하던榮光의救主를十字架에못박앗스니엇진새닭인가물을것임니다果然올흔말슴인듯합니다。그러나決코그러치안습니다! 하나님이이스라엘을바린것갓치뵈이는그가운데큰眞理와意味가잇는줄암니다。萬有의하나님이理由업시暫時間일지라도그지으신百姓特히擇하신民族을버릴理가萬無합니다。바울도말한바와갓치「저희의넘어짐이異邦사람의게救援이이르러그救援으로말매암아乃終에는이스라엘도矜恤히녁임을엇으리라」(로마十一)한攝理가그대로只今온世界人類의게運動하고잇는때인줄밋습니다。果然제生覺에는이스라엘民族이悔改하는때가全人類의悔改하는적며그民族이하나님께로곧처돌아오는쩨가全人類의復活하는쩨가안인가하는것입니다。

이와갓치萬有의하나님은天地創造以來로只今까지살아계셔서여러方面으로일(役事)하고잇는것을우리는各々自己信仰上經驗으로또는許久한世界歷史의長幅을通해보아서歷々히알수잇는것이니엇지一時의窮境이나暫間의處地를보아헛되히落心하며브지럽시失望하고잇겟슴니가! 果然그는오날도살아계셔서일하고잇스니우리는이쩨一層勇氣를振作해가지고임의하나님압헤나온이는더한層敬虔한信仰에들어갈것이고아직나오지못한이는하로밥비悔改하고그의압에들어와攝理의恩惠를밧어야하겟슴니다。

그러면大體攝理에應하야그의안에들어오는方法은엇더한가? 爲先우리들한사람〳〵이過去의不信을悔改하고서깁흔信仰에들어오는것이그唯一의方法이올시다。即예수本位로사는生涯올시다。

大體信仰이란根本個人的의것입니다。即「하나님파나」사이의密接한關係올시다。그런대世上에所謂信者들은이關係를閑却視하야自己靈魂上救援은조곰도注意치안코이내事業熱에붓잡히여國家救濟니或은社會改良이니쩨들다가結局은自己의적은信仰까지모조리일허버리고마는것을無數히보는것이올시다。우리는아모일(事業)못하더라도하나님이第一깃버하시고願하시는일即單純한信仰 깁흔信賴에들어가야하겟슴니다。이것이우리의第一急務이며무엇보담도急迫한目前의事業이올시다。同時에하나님이現今우리民族의게對하야무엇보다더企待하시며希望하시는일인가斟酌합니다。

이와갓치나의信仰觀으로보아서는宇宙萬物의調和的步調、古今歷史의趨勢、大小民族의盛衰乃至各個人의興亡存廢까지모다하나님攝理軌道안에서버서지지못하고進行되는줄암니다。그러니엇지獨히우리朝鮮에서만그박휘가멈추고잇겟슴니가?! 아니! 決코저는그러치안타고말합니다。도로혀우리朝鮮에只今하나님攝理의손이第一갓가히온쩨라고膽大히勇敢히브르지지고십습니다! 우리의게方今政治의急務가山처럼싸혀잇던가? 經濟의無限한財源이눈압헤와서우리의勞力을기다리고잇는가? (實狀은잇스나無可奈何) 또는科學을研究할平坦한길이準備되여우리의손을바라고잇는가? (이모든일을無論否認하는것은아니다。許諾만잇스면어느程度까지햇스면좃켓다) 아니다! 모다막혓다。 온갓것을다막으셧다! 그러나〳〵한가지길만은우리의게充分히自由스러히여러노흐셧다。 即예수밋는길이다!! 하나님을찻는길이다! 아ー感謝하도다。 이길이우리의갈唯一의길이오또當然히가야할길이다! 우리가이길을차자새로靈의復活이이러나는때우에말한것갓흔이世上모든浮萍草갓흔일들은自然히우리의게豐富하게남고넘치게許諾해주실것이다。

亡한民族의게速히靈의復活이잇을진저! 참된信仰의불이붓흘진저! 하로밥비信仰의甲옷을썰처닙고救援의所望으로「루구」를쓰는勇士가輩出할진저!

밤은깁허五更도지냇스니멀지안어義의太陽이東天에솟아大明天地밝은낫이될러이다그때는暗夜에橫行하고跳粱하던「박쥐」「부헝」이는모다形跡을감치우고쓰러질것이다。 다만어둠컴々한밤에無力하던「쌔리」「비들기」갓흔義로온새들이 나와깁븜에넘처춤추고발굴너노래부를것이다。 아ー여러兄弟姊妹들速히悔改하고義로온生活即예수밋는生涯에들어와하나님의攝理를발아보면서最後의勝利엇으시기를懇切히바람니다。

一九二七·九·十七日

하나님의 攝理

「업서진 근심」

내게예수를밋어서업서진근심이하나잇다。 벗(朋友)을만들야던근심이即그것이다。 世上사람들이흔히말하는一生을通하야알맛고端正하벗하나엇기가極히어렵다는말이眞理임을나도充分히알엇다。 果然世上에서참된벗엇자고努力하는데서더힘든일이업스며더헛된일업스리라。 物質的으로나또는人格的으로모힌即現世的무엇을理想으로모힌벗에서더갈나지기쉬운것업스며또破壞되기쉬운것업다。 그러나적어도예수를爲해사는사람、 하나님나라를所望으로사는사람들게는求치안은참된벗이無數히잇다。 永遠한生命을爲主해사는生涯인故로理論上、 이世上暫間의交際는等閑히할것갓흐나事實은全然그와달나서骨肉의親父母親弟兄보다더密接한交際가繼續되는것이다。 異常하나事實은事實이다。 이제나의肉的무엇을보고사괼야던벗들은모다물너가라。 靈的으로極히親密한나의벗들이甚히만흐니라。 또設或그들(不完全한사람인故로언제엇지될지몰음)은다갈지라도예수만은나를버리지안는永遠한벗되리라。 아ー感謝할거나예수를누구보다더갓가히하는信者의生涯、 아ー永遠할거나예수를唯一의벗으로하는信者의交際、 업서젓도다쓰러젓도다나의世上벗求하는근심이。 一九二七·九·十七日 (仁性)

主여믿어지이다

咸錫憲

○主여믿어지이다。主를믿고살아지이다。사는것이곳主를믿는것이되여지이다。細胞에서細胞까지남김없이主의것이되여지이다。

○主여믿어지이다。謙遜하게믿어지이다。꽃꽃한목뼈를꺾어숙이게하시고딴딴한맘을주물너溫柔한맘으로믿게하여지이다。

○主여믿어지이다。외길로믿어지이다。딴눈을팖이없이 딴귀를기우림없이오로지主만믿어지이다。곁길로내여드딈없이主만따라가지이다。두主人을섬김이없이主의忠實한종이되여지이다。

○主여믿어지이다。純朴하게믿어지이다。어리석게鈍하게믿어지이다。智慧있는者의智慧를빼앗고怜悧한者의怜悧를없이하시는主시니 고개숙이고그저믿어지이다。온가지理論의달냄에귀를기우리지말고 온가지事情의붓잡음을다떼여바리고親히하시는經綸을보아오직믿어지이다。

○主여믿어지이다。恒常믿어지이다。낮이면왼終日밤이면밤새도록一分時떼여먹음없이主께받여지이다。

○主여믿어지이다。믿고强하여지이다。弱하여스스로설수없고싸화이길수없는者오니主를힘닙어굿세고主의軍勢에叅與하야이김을얻어지이다。大槪主않이믿고서불닐듯닐어나는惡을對敵하야이길者없고主않이힘닙고서삼킬듯날뛰는世苦의물결에서헤여날者가없사옵니다。

○主여믿어지이다。主와함께걸음에아무危殆함이없고主와같이있음에敢히害할者가없사옵니다。主께서이믜이긔신싸홈이니安心하고힘있게뒷을님만을녀지이다。

○主여믿어지이다。오직主를우럴어보고살아지이다。主를보지못하엿을때에우리가미치여허매엿고슲어부르지젓스며主의낯을우럴어보앗을때우리가빛을얻어갈바를알엇고즐겁어讚頌하엿나이다。主께서우리게로낯을도리키실때에悲嘆의밤이우리게서새엿고永遠한기쁨이첫아츰이밝앗나이다。主여우리의빛이시오우리의所望이시니오직主를우럴어봄으

로삶을삼아지이다。

○主여믿어지이다。믿고뜨거워지이다。미지근하고게을음이없어지이다。主의살으신불길이이가슴에활활붙어온갓惰怠와躊躇와孤疑와逡巡과姑息과妥協을불살나지이다。主의生命의坩堝가이몸을삼키여世慾에酸化하야삭아진살록(肉銹)을모도태워버리시고主의生命에한대녹아빛나지이다。大槪主의물길에젼듸여날者가없고主의풀무에녹지않을者가없사옵니다。거긔들어가서돌도오히려金剛石같이빛날수있사옵니다。

○主여우리牧者시니믿고따라가지이다。主게서우리일홈을불으심에우리가主의목소리를알아듯고기뻐소래질녀사오며우리가따라감에主께서우리를알아보시엿습니다。아침에主께서우리를푸른풀밭으로引導하시고낮에맑은시내ㅅ가로잇끄시니우리가배불녀스며西山에해질때우리를平安한울이로引導하시니우리가근심이없엇사옵니다。主여당신이잇끄심에險한山골짝이가없고당신이직히심에달녀들猛獸가없사옵니다。主께서떠나우리가寸步를옴길수없고分時를삼수없스니목숨을받치여主를믿어지이다。主께서몸소목숨을바려우리를직히심에우리가다시꺼릴것이없사옵니다。

○主여우리山城이시요우리避難處시니의지하고믿어지이다。뎌들의科學이날마다새戰具를發明하고뎌들의思索이날마다새戰略을베풀되怯함이없이오직主만의지하여지이다。

○主여우리의아바지시니어린아들이그아비를믿듯이單純하게믿어지이다。아들에게는그아비보다더큰者가世上에없고더能한者가없고더믿을者가다시없사옵니다。아바지와같이함에두려울곳이없고成就치못할일이없사옵니다。

○主여믿어지이다。全心으로全靈으로믿어지이다。主여마지막길로主의재왓사오매다시더갈곳도없고다시더할바도없사옵니다。물어볼곳에도남김없이물어보앗고들어볼忠告도다들어보앗습니다。그러나아무도求어는바를주는者는없더이다。제힘자라는바제손에닷는바도빠짐없이다試驗해보앗습니다。그러나제힘으로는아무럴수도없더이다。幸혀나제힘으로얻어볼가하야있는대로악을써보고바들거릴대로바들거려보고앙탈해볼때로앙탈해보앗습

니다 。그러나모도다헛것이엇슴니다。永生은오직主에게만있으니主를내여놓고아무리다른대求한들어듸가업사오릿가 듸듸여빈손으로絶望하고도라와最後의길로主의게왓사옵니다。인제는내쫒으신다야갈수도없고않이주신다면永遠히죽을것뿐입니다。主께서救援하신다면살것이오못하신다면죽을때름입니다。主여最後로왓사옵니다。

○主여믿어지이다。人生의싸홈에劣敗한者니믿고살아가지이다。이믜모든것을들어降服하엿사오니오직믿어지이다。世上이못낫다하야비웃어도어찔수없고敗者라하야排斥한대도別수없슴니다。못난것도事實이요敗者임도自認하는바입니다。그러나못난者라도世上의잘난者가알지못하는바를알엇고敗者라도世上의이긔엿다는者가求하여알지못하는바를얻엇사옵니다。主여어리석은者의기쁨을더하시고敗者의盞을넘치게하옵소서

○主여믿어지이다。믿고기뻐하여지이다。믿고感謝하여지이다。믿음으로살아지이다。아멘

苦悶의使徒 옵

柳 三 眼

예수그리스도를中心으로하야舊新約聖書에나타난여러人物들은 各其特長을가지고나의尊敬、愛着、興味를일으키여孤獨한살님에 또다시업난貴重한벗들이되나 그中에서나의마암全幅을잇그는사람은우스써사람옵이다。더구나十字架위에예수를치여다본後苦痛이무엇이며苦難이무엇이며苦悶이무엇임을조곰쌔다러서부터는 그에對한愛着과思慕가無限하다。여름아참가을밤에靈魂이理由업시슷업는슬품에빠지고全地가希望업는暗黑으로變하야死以外에바랠것이업슬때 옵의同情의눈물은 몃千年前그의눈을새벽마다밤마다쌔서버린오라이온星座플아이듸쓰星座베어星座南方密室의빗과갓치나를참으로慰安하여준다。한사람쌔노코는그는나의第一갓가운벗이며 또한異常한것이이한양반에나의마암을오로지빗치고그만써러갈랴할때 옵은더옥〳〵密接한心友가되여간다。옵의全身을태워버리며씨저버리랴하는靈魂의奧底부

더나오는悲痛한苦悶의呻吟은 一次라도自己罪에눈물을흘여보고 또한하나님의얼골을일어奔落깁흔속에빠진、마암을한쏙안남기고파먹힌쓰라린經驗을가존사람에게는욥아닌自己의것이될것이며 그의글자대로의四面楚歌의孤獨의苦杯는 한번이라며主의일흠으로因하야社會의排斥과父母兄弟의激怒를밧고親友의저바림을當하야홀노砂漠속에쓰러안저피눈물을흘여본사命에게는唯一의知己가될것이다。예수의겟세마네東山의「내마암은슬품에눌여죽을지경이라」는死에갓가운經驗이事實이고 골고디의「엘늬엘늬라마사박다늬」라는 創世以後사람입에서나온가장悲痛한브르지즘이事實이라면、욥의苦悶도또한事實이고 眞實한靈魂에게말할수업는切實한늣김을줄것이대、靈界의偉人으로난사람中에死의苦杯를안맛본사람이어대잇나! 오기스틘의懺悔錄을보고번연의天路歷程를보라。루터의宗敎改革을보기前에그의오구스틔누스寺院中의불상한靈魂의苦鬪史를生覺하고단테의神曲을일기前에훌오렌스부터의追放以後의눈물가득한生活을回想하라。聖書中의預言者使徒들은말할것도업다。苦悶、苦痛、苦難은眞劍한靈魂의證據는안닌가 生覺하여도보라。

마암을다하고精神을다하고生命을버리더래도服從하랴하는救主예수그리스도가발서十字架의苦難을맛보왓는대 그의종이가만히平安한날々을지낼論理와道理가잇슬가。信者의길은좁고가시덩굴이몃겹으로째여잇다。안、것、할것업시苦惱의내가들너쌋다。信者生活은即十字架이다。그러다信條化아니하고敎義化아니한躍動하는生命의信仰으로라가는사람은그것이썩어빠진枯木이아니고흘느고다는生命이라는確證으로苦悶에빠지고苦痛에憔悴하고엇던때에는唯一의安息處인하나님까지도일어버린다。파울의「아々나는苦롭은사람이로다。나를이死의몸에서救하는사람은누구인가」라는切痛한소래를 十字架보기前만의일이라고하는사람은누구인가。욥의苦惱를예수降誕以前이라그러하다고簡單히處理하는사람은누구인가。神學問題로만智識問題로만解決하는專門家는그러할는지몰은다。安價한福音主義를宣傳하야善男善女에게얏흔깃븜을주는사람은그러할는지몰은다。矛盾과戰鬪를避하고한갓安心과平和만을求하는사람은

그러할넌지몰은다。一에도自己二에도自己를찻는사람은그러할넌지몰은다。靈魂問題로조곰도속태우고눈물흘닌일업는사람은그러할넌지몰은다。書齊에파무치여頭腦로만十字架、復活、再臨의信仰을速成으로卒業하는사람은그러할넌지몰은다。아々그러할사람은그러하라。議論할사람은議論하라。그러나 十字架에예수그리스도들바라보와宇宙的깃븜을맛본뒤에도가ㅡ쏠파울의저哀痛욥의저苦悶이잇는 이事實을엇지하나。이는十字架를헛바라본結果인가。十字架우의經驗이一時의錯覺이엿던가。또한特別한罪惡의結果인가。참信仰이업는까닭인가。預定에싸젓넌가「神經이病的으로되엿넌가。或은일렬넌지도몰으다。아참부러저녁가지우슴속에幸福의길것는훌융한信者들은 사단이라異端이라하고의례히排斥할것이다。그러나이苦痛、이苦悶은속일수업스며 斷念하랴斷念할수도업다。果然불상하며不幸한사람이다。엇지하면조흘가。模範信者안인욥은몃千年의時를산코나의엽헤안저同情의눈물을흘닌다。아、욥은참의벗이다。그의慰安은참크며참깁다。그러면훌융한信者들쎠러저욥한테로다러날가나ㅡ

욥은亞剌比亞砂漠中部地方 에돔에近接한 우스라는異那써에사는豪族의한사람이엿다。羊七千駱駝三千牛五百耦牝驢馬五百下人多數라는큰財産을가즌그地方에첫재가는富豪이엿스며 子女도만어아달이일곱쌀이셋이잇는不足한것업는圓滿한家庭이엿다。物質에이럿케豐富하면性格의어느點에瑕瑾이잇는것이通常인대 욥은그러치안코敬虔한性格과完全한人格을갓고銳敏한良心과健全한道德을가저하나님을두려워하며罪惡의길부터써러젓다。하나님을밋는信仰은강하고깁고하야 그의만흔財産과넘치는福祐도그의눈을조곰도캄캄하게못하엿스며 所有物을支配하는自由스러운靈魂은그의속에옹지기엿다。逆境에處함보다順境에處합이靈魂生活에는몃倍나어려웁고잣짓하면敗北의쓰라림을맛보낸대 욥은그안에서完全히聖意를쌀으는生活을하엿다。巨大한財産을가즐充分한資格잇는사람이잇다하면그는即욥이엿다。이러한사람이니이러한幸福이잇지하는말은욥을爲하야생겨난말갓헛다。果然욥은東方亞剌比亞에서人格이며信仰이며財産이며最高頂에達한사람이며近隣의사람들은畏敬의눈으로우르러보왓다。욥이저자에드러가면靑年들은무서워숨고 老人들은안젓다도일어스며高位의사람도하던말긋치여沈默하고 貴人들도靜肅

히하여敬意를表하엿다。 그의말만나면누구던지祝福하고그의그림자만보면누구던지尊敬하엿다。 그가한번말하면群衆이입을다무리여그의가르침을밧고 그가決定한일이면누구나다시不平을안일으키고좃찻다 그는弱者貧者에對하야깁흔愛情을가젓다。 그는봉사의눈이되고절늠뱅이의발이되엿다。 貧者의아버지가되고寡婦와孤子의城이되엿다。 원통한송사에걸닌사람을救하야惡한者부터쌔진물건을차저주엇다。 恒常착한사마리아사람이되고乞人과旅人에게그의門은解放되엿다。 그는그들에게甘露가되고붐비가되엿다 。 그는또한그를미워하는사람을미워하지아니하고그의敵이敗함을깃버하지아니하며 理由업시그를呪咀하는사람을呪咀하지아니하엿다。 욥갓지完全한사람은不義와不虔가득한世上에서는여간하야求할수업다。 아々이러한外的行動의源因이되는그의靈魂의쏫다움이여! 몃千年前多神敎가流行하는異邦地方에서日月星辰을崇拜치아니하고 그는한갓여호와하나님을밋고禮拜하엿다。

그에게全部를맷기고그를中心으로하야욥의生活은始作하고쯧낫다。 財產이만히잇고동모가만히잇고信望이놉고아달이만히잇서도한번도그들을밋은적업고다만하나님을唯一의安息處唯一의城으로하엿다。 욥의아달七兄弟는번차례로各々집에서宴會를열어서로모히여질거하고세누의들도불너一家團欒의봄바람을쯧업시불게하엿다。 亞剌比亞砂漠에現出된호ㅣ口은果然祝福밧은것이엿다。 아버지된욥의마암은깃븜에넘치고不足과不平이라는것은全혀그의마암속에서다러낫다。 子息들이깃버하는것보다더어버이를安心식히는일이또어대잇나! 그러나그의눈은恒常하나님한테로다려나고그의靈魂은地上의幸福을써나하나님을生覺하엿다。 「아달덜이歡樂에싸저하나님을이저버리던아니하엿던가」 하는두려움은무엇보다더 그의마암을쌧는것이엿다。 그의마암은제절노敬虔하여지고 子息을爲하는祈禱가긋칠새업시하나님게올나갓다。 그는一週日의宴會쯧나는쌔마다의례히아달들을불너아참일즉이이러나하나님게아달數대로燔祭를들이여罪의赦免을빌엇다。 사랑하는아달들의靈魂을爲하야하나님압헤업듸리여공손히祈禱하며犧牲밧치는어버이의마암의嚴肅함이여! 切實함이여! 그의祈禱는쏫다운香氣가되여聖前으로놉히올나갓다。 욥의이神一切의生活은恒常繼續하엿다。 果然욥갓치하나님을밋는사람은드물다。 하나님은 『욥갓치完全하고올코하나님을畏敬하고惡을물이치는사람은이世上에업너니라』말슴하엿다。욥은事實하나님의사랑과깁흔信賴를一身에엇은選民中에도드문사람이엿다。

이러한욥위에當時神學思想으로보와또한오날普通流行하는基督敎常識으로보와修身教科書에갓득찬模範道德으로보와患難을밧을最後의사람일그위에　사람이맛볼가장쓰라리고가장저린苦難、苦痛、苦悶이네리기始作하엿다。욥갓흔사람이엇지苦難을밧을가!　義人은엇지하야苦痛을밧나!　사람見地로보와도모지解할수업는疑問이며　人類의歷史에나타난가장큰問題이다。욥갓흔生活을하는사람에게는그는더구나深刻한問題이며　옛날부터只今까지또한永久한未來까지그는얼마나깁히眞實한良心을찔넛스며찔으며찔을넌지몰으다。義人은엇지하야苦難을밧나!　욥書記者는第一章第二章에雄勁한붓으로그의源因을簡單히썻다。여호와對사단의싸홈　사람을限업시사랑하고信任하는하나님과사람을限업시誹謗하고疑心하는惡魔와의決戰　即여호와가사단을敗亡식히랴는手段으로욥은썜히엿다。여호와의욥에對한無限한信任까닭으로사랑까닭으로욥은苦難을밧게되엿다。욥은苦悶를一滴안넘기고마시여몸소여호와의信任을證明하야사단을依할곳업시맹글으야하엿다。다시말하면욥은信仰의試錬을밧게되엿다。信仰이참信仰이고하나님이깃버하는信仰일때거긔에는반다시하나님부터의試錬이잇고사람側으로의苦難이잇다。苦難은信仰에는업서서는안될物件이다。苦難、苦痛、苦悶이업는사람은自己信仰에무슨缺點이잇지는아니한가反省할必要가잇다。

하나님께섬긴욥의榮光은限이업고　그의잔은쓰더래도사람으로나서는마시고십흐며　예수그리스도의十字架가人類의唯一의救濟가되는동안에는永々히그는人類의良心에서써나지안홀썻이다。욥의苦難!　그는聖意깁흔곳—天上에일어난여호와對사단의싸홈에잇섯다。地上에잇난욥이그것을알수난업섯다。욥은하나님의信任과期待를저바리지아니할난가。아々욥은엇지될난가!

하롯날。아참일쯕이욥이子女들을爲하야燔祭를지내고하나님께罪의赦免과깁흔感謝를들인날이엿다。오날도子女들은平常時와달늠업시　큰兄님집에서먹고노래하야때가난줄을몰느고욥은또한그것을깃버하엿다。子女들의써드난소래를들으면서욥이마루에안저다너라니 한下人이다죽어가난얼골빗을하고불나케잇러온다。욥을보자마자「서방님큰變이낫습니다시바사람한쎄가처들어와소나牝驢馬할것업시다잡어가고종들도죽이고갓습니다。저혼차만간신히피하여왓습니다」라벌々떨면서말한다。욥은생전처음의經驗。기가탁맥히여아무말못하고가만히잇스니 이종의말도채안끗나서또 한下人이헐네벌떡하고온다。「큰탈이낫습니다。불비가와염소와牧者를全部태워죽엿습니다。저난간신히피하여왓습니다」또 한종이다름질하고온다。「갈듸야사람이三方으로처드러와駱駝를다잡어가고종들도鏖殺하고갓습니다」욥의놀넘은果然크며 忠誠스럽던종들을生覺할때슬품이가삼을깁히찔넛다。그러나變事난이에긋치지안코또한종이넉일은사람갓치고개를푹숙이고온다。「서방님큰일이낫습니다。暴風이불어와집이씨러저도련님파아가씨가다도라갓습니다」욥의가삼은터질대로터지고원世上이캄캄이됨을늣겻다。財産갓혼것은全部가다업서저도그다지關係업지마넌全宇宙보다自己生命보다앗가운子息이하나도안남고죽음에일으러서난그것도病이나걸여서가아니고생々한것들이災難을當하야서。슬품은마암을싸고 욥은이제人生의눈물골짝죽음의골짝을것게되엿다。財産의喪失을當하야도족잔은속을밧엇지마넌아적도그의마암에난充分한餘裕가잇섯다。그난근냥가만히안저종들의驚愕의極인報告를들을수잇섯다。그러나子女의慘死를듯고서난그난平然할수업섯스며 이적지맛보지못한悲哀의잔을마시게되엿다。깁혼눈물의바다로드러가난自己를어이할수업섯다。가삼이다고저립! 人生의悲哀의赤面은容赦업시그를눌느고씻고하엿다。그난펄떡이러나外衣를씻고머리를짤너버리고체면이니무엇이니다버리고짱에업듸렷다。아、욥은精神攪亂이되엿나! 배리새敎徒난「信仰이업다」고삭즈질난가。如何한일이닥체도조곰도움지기지아니하난嚴正그것닌그人非人이되여「훌융한信者」의名譽를엇넌것보다 信者가안되더래도사람다운참사람이되여울고십혼대로울읏은나의깁혼所願이다。눈물업서지난無感覺그것인信者라면 나난感受性이銳敏하야마암에만혼悲哀의화살밧난不信者되기를바랜다。바리새敎徒여眞人의욥을防害말나。욥은限업시울엇다。어느덧눈물마암에거룩한여호와에對한鮮明한意識이일어나고 平素神一切의生活을하여온純眞한靈魂은눈물저것너에偉大한하나님을보왓다。한번하나님쎄마암이占領되니 욥은自己에일어난一切의不幸을일어버리고只今마시고잇난悲哀를이저버렷다。感謝가제절노일어낫다。「하나님 저난볼내발가둥이로나왓사오니또한발가둥이로도라가난것은當然한일이옵니다。이적지저에게잇던財産이며子女이며全部가다당신의것이엿나니다。아무價値업난저에게그러한祝福을주셋슴을이제깁히感謝하나니다。只今 재일으러당신께서그것을또한가지고갓나니다。저에게아무不平이업나니다。당신이주시고당신이가주갓나니다。萬事가당신의聖意에잇난줄아나니다。어느째던지당신의뜻일움만비나니다。어르석은종에게恒常당신을讚美하는信仰을주십소서。아々당신갓치偉大한양반은업나니다거룩하도다당신의聖名!」悲壯의極。욥書記者는『이모든일에욥은조곰도罪를안짓고하나님에게어르석은不平의말을아니하엿다』고써욥을讚揚하여마지아니하엿다。一日에羊七千駱駝三千牛五百耦牝驢馬五百을全部이저버리고도 그뿐아니라貴하듸貴한子女十男妹를全部일코도一言의不平을내지안코 患難不平속에서全幅의마암을傾倒하야여호와를讚美하엿다。偉大한욥이라안生覺할수업스며 그光景을눈압헤그리면눈물이핑돌음을늣긴다。永生을엇으려예수한데온한金滿家의靑年生覺이난다。

그는예수가『네가온전한사람이되랴거던가서잇는것을파려 가난한사람들에게주어하날에보화를싸케하고또한와서나를좃츠라』하시는말을듯고 財物에對한愛着을버리지못하야근심하며永遠의生命을永遠히저바리고갓다。이것이世上普通事實이며 예수는이人間의弱點을端的으로말슴하셋다。『부자가天國들어가기는참어려우며 약대가바늘구멍으로나가는것이부자가하나님나라에들어가는것보다쉬우니라』고。매몬을崇拜하기째문에信仰에못드러가는사람이얼마나만흔가! 쌔러매몬을일어信仰을저바리는사람이얼마나만흔가! 昨日까지東方第一가는富豪가오날은無一物의가난뱅이!「여호와주시고여호와가주가신다」는信賴를吐露하고여호와를讚美하는욥의信仰의큼이여! 純眞함이여! 그의神一切의고혼靈魂이여! 이째큰깃븜은天上玉座에일어낫스며 人類의榮光은限업시올나갓다。사단의疑惑—사람은바래는것업시하나님을밋지는안나니다!—은痛快하게깨트려젓다。욥에對한하나님의쯧업는信賴는를님업시갑흠을엇엇다。

患難은여기에안긋치고外部攻擊으로부터漸々內部攻擊으로드러왓다。욥의生命을威脅하는듸까지일으렷다。하루욥이방안에잇너라니몸이異常하게가려옴을늣겻다。글그면글글수록더가려가고畢竟에는이곳저곳이브르튼다。하루가고잇흘가는동안에全身에브스럼이확펴지고 이곳저곳에서는곪옴이난다。머리쎅댁이부터발밋싸지성한곳이란하나도업고 皮膚가둑겁이둥처럼되엿다。고름이나고진물이나고 글근듸에서는피가난다。송장썩는냄새는코를찔는다。밤이되여도도저히잠한숨잘수업고 連日의不眠과疲勞에조곰눈을깜으랴면바늘노쎅々찌르는듯한압흠과참을수업는가림이와눈을쌘써 〳〵 쓰게한다。누엇던몸을일으키여동잔에불을켜고自己몸갓지안은몸을한숨쉬며바라보면 깜자마자한그동안—눈붓친새無心한손이글근자국! 끌음피가머리서귀에서등에서배에서볼기짝에서흘는다。숨을쉬니사람이지 外形은썩어문드러진송장이다。욥이잇는곳사람이라는사람은모다춤을뱃고다러나고 구찬하게덤비는것은실틔실은파리쌘이다。욥은방에도안즐수도업시뜰압헤잇는헛간에우북히쌔인재속에낫이나밤이나파못치여 새감파리를주서서는긋칠새업시가린몸을긁고잇다。悲慘한光景! 가삼을칼노찔느는듯한압흠을안늣기고는 몸을벌々안쎨이키고는 눈을깜지안코는生覺할수도볼수도업다。아々욥의苦痛은엇더하엿슬가。사단아! 차라리죽여나버리지! 슬품에쌕긴나의마암은다음글을못쓰게한다………。욥과갓치질거움을갓치하고고생을갓치한그의마누래 남편잘도와內顧의걱정을안식히고남편과갓치굿々한信仰을가저最近의苦難을無事히通過한아름다운靈魂을가즌그의마누래 患難속에서이적지업던사랑과信賴와慰安을욥에게늣기게한그의마누래는 이悲慘그것닌욥을보고서는욥以上참을수업섯스며自己가그것을當하는以上쓰라렷다。그는욥의손이되여약을발녀주고긁어주고하며 慰安의말을마지아니하고욥과갓치밥을샘도두세번이아니엿다。그는문둥이가된욥을안쩌나는單한사람이며 病든욥을看護하는天上天下에잇는唯一의사람이엿다。그는全力을다하야 거위죽게된남편을엇더하더래도낫게하랴하엿다。그러나病은더할쌘이며生命을쉬지안코蠶食하는듯하엿다。그의마암에는깁흔疑惑이일어나크게動搖하엿다。「욥갓치完全한사람이世上에또잇슬가。그런대이욥한데이러한災難이네리다니。무슨숨은罪가욥에게잇섯나。아、욥의日常生活그의마암속에나그의것行動에나하나도그른것이업잔엇나。욥을이처럼처버리는하나님은無知無識

의하나님은안닌가。하나님다운하나님은아니다。그러찬으면이世上에는하나님은업넌가」그의입은제절노열이여「당신은언제까지信仰을갓고기십닛가。하나님도업고잇더래도업는것과다름업는대。여보세요 그런하나님은버리는것이좃치는아니합닌가。여보세요:……呪咀하고죽어버리시지요』라興奮된口調로말한다。욥은깜짝놀내엿다。들을수업는말을들엇다 死境에일으른째의唯一의벗닌마누래에서 純眞한靈魂自己의信任을오로지밧고잇는婦人에서期待치못한想像치못한말을들엇다。暗黑이눈을감킴을늣겻다。그러나마누래가그러한말하는데에도無理찬음을알고그에對한同情이마암을채웟다。「여보! 그것이무슨말이요。엇지하야그러한어르석은소래를하오。하나님이업다는것이무슨말이며 잇서도업넌것과다름업다는말이웬말이요。이러한災難을當한다고대번하나님을呪咀한다는말이웬말이요。여보! 하나님한테福祉를밧은우리는또한災禍를안밧겟소。깃븐째도잇고슬푼째도잇지요。平安한째도잇고苦生넌째도잇지요。祝福을바들째와如히災禍를밧을째도하나님께感謝를드리야합니다。여호와뜻잇서祝福을주고또한여호와뜻잇서災禍를줌니다。거록한것은여호와뿐이옴니다」라는切々한말노信仰을일케된婦人에게信仰의復歸를勸하엿다。同時에하나님에對한욥의信仰은白熱点에達하도록설엇다。天上에게신하나님의깃븜무엇에比할가。

욥으로因하야엇은人類의榮光은果然크다。사단의最後의鐵楯은말할것업시밧삭부서젓다。욥은아무바래는것업시그러타自己生命이거위업서지게되고自己自身이自己를실어할만콤되여도 아무不平안일으키고 하나님을다만하나님까닭으로밋엇다。畢竟에最後의一人닌마누래가信仰을버리고自己에게그것을勸함을當하여도 勇然히拒絕할뿐아니라도로혀마누래에게信仰의復歸를勸告한욥의偉大함이여! 하나님의깁흔信賴를밧을만한價值잇고고흔 힘잇고솔쓱한純眞그것넌그의靈魂이여! 추고또추어도오히려不足함을늣진다。이부에진아담을生覺하고 데리아의눈물에진샘손을回想할째욥의偉大는더욱〳〵顯著히눈압헤나타난다。最古의욥書가욥의患難을이곳에끗내고 대변욥의이世上幸福復歸로結論을지움도無理의짓은아니엿다。果然그만하여도욥書는偉大한冊이며 욥은人類에게特히信者에게限업는慰安과勇氣를줄것이다。욥의 全財産喪失、子女의全滅、極惡의疾病、最愛者의離叛에나타난 悲壯하기싸지한훌융한信仰은恒常새롭게人類의良心을찔을것이다。이만하여도욥書의價値는永遠하다。아아十字架위에예수그리스도를바라본後라도욥갓흔信仰가즌사람이얼마나될가。

筆者自身赤面됨을늣긴다。욥書의偉大함이여! 욥의偉大함이여! 그러나욥書가世界最大의冊이되고 욥이萬代에일으기싸지조곰도變치안코人間의靈魂의最深最奧한곳을잡게되랴면 이것만가즈고는不足하다。욥은더욱〳〵苦難을밧고苦痛을밧고苦悶을하여야한다。여섯의患難은쓰라린것이지마는靈界의見地로보면아즉初步의것이며 종말의苦悶의序曲에지내지못한다。일곱채의苦難이오야한다。여섯의患難을잘忍耐하여온靈魂그自身을재려쌔시랴하는苦悶의술잔을마시야한다。예수가十字架上에서불으지진「엘늬엘늬라마사박다늬」의呻吟을不充分하고不分明하지만불으지지게되야한다。아아苦悶의使徒되기어려움이여!(未完)　一九二七·九·六

智者어대잇느냐

고린도前一章二十節研究

鄭相勳

人間이傳統中에파뭇첫든自我를發見하고外部의權威에누줄엿든自我의價値에着心하야在來의制度에反旗를들고風俗習慣을蹂躙하고道德을無視하고하나님싸지도愚失愚婦의迷夢中에나그存在를僅々히維支할無知의産物이라하여버리고 오쟉自我만을萬有의中心、萬有의長이라모시는時代를啓蒙時代或은覺醒時代라한다。二十世紀의覺醒時代라하는現代를보라。覺醒이라는새벽鍾소래에잠새여일어난勞働者를보라婦人을보라其外모든現代思想의禮讃者를보라。그들은外部의소래에는全然히귀를막고 精神늘가다듬어들으려함은內部의소래뿐이로다。그內部의소래는곳宇宙의소래요眞理의소래요그에順從하여사는生活即主觀에살고主我에사는生活만이宇宙의根本義에忠實한生活이라한다。그리하야自我가곳萬物의尺度요自我만이智者라自負한다。自我에具存한自然性으로萬有의秘義를안다하고或은알수잇다한다。自己의智慧와能力에信賴하야自己의努力과熱心으로하날의高座

智者어대잇느냐

에迫하야스사로神되려한다。 그러함으로現代思潮의信徒들은스사로智者임을意識하거나意識치못하거나모다智者요智者의後裔로다。 이意味에잇서一世의巨儒碩學도智者요眼中에一丁字의識도업는漁夫樵夫도智者로다。 하나님을써나自立한者는그누 구그處地의如何를勿論하고모도다智者로다。 智者의數夥多함이여그소래의큼이여!

智者의큰理想파큰꿈이일우어저 宇宙의왼갓神秘는科學의追究下에그假裝을벗고理智의光明에그本體를晒露하엿는가 或은아즉일우어지지못하엿스나將來하는時代에일우어질것인가 그리하야雲裡에숨어惑世誣民하든迷信의本體는그立場을일코다시서지못할것인가 神秘의두글字는듸뒤여字典에서削除되고말것인가 그런대奇怪한것은智者自身이心血을傾注한研究의報告로다—「不可思議」— 그들은常識잇는사람이면누구나己知하고잇는微々無價値한迷信의對象은그本體를暴露식혀사람으로하여금그信賴할바아님을가라처주엇스나그反面에人智로는莫可及의巨大한새神秘를우리의게展開提示하지안는가 人體의研究者微生物의研究者天文學者地質學者進化論者의結

論이모다이를裡書하고잇지안는가 智者들이여萬有의長이여 그래도아즉스사로智者로自處하려는가現代文明이供給하는哲學科學文藝等의芳酒에陶醉하야甘夢을길이꾸고잇스려하는가 現代에比하야遜色이업슬만치人智에依賴하랴하고哲學、思想、文藝等이旺盛하든希臘文化의녯時代에잇서一介의天幕職工은서서소래를놉혀웨첫다「이世上의智者어대잇스며學者어대잇스며論者어대잇느냐」고 一介의天幕職파博學多才의一世의碩學。 그對照를想像하여볼지어다 사람이잇서그天幕職工을愚라狂이라罵詈함도無理가아니로다。 바울의大膽한暴言。 聽者는一笑에附함보다차라리狂愚라하야憐憫의情을禁치못하리로다。 그러나바울은徒然히罵詈譏謗함이아니다。 바울은決코人間의才賦與眞理性을侮瀆하지안는다。 그가人間의知性이名譽잇는것이요감사할天賦의선물이라생각하엿슴은너므나明白한일이다。 그는決코燦然히光彩를發하는文明의精華를無視하거나輕蔑이녀김이아니요確實한根據가잇서서의大言이요暴言이엿다。 하나님쎄서所謂「智者」라하는敎會外의哲學、科學、文藝의大家나「學者」라하는敎會內의聖書學者神學者나「論者」라하는思想家나雄辯家等이當時燦然히日月파그光彩를다루려하든希臘文明의華麗한光彩에陶醉하야그文明의精華만이人類를救援할能力이요眞理라함을미련케하시고智者나學者나論客이到底히想像할수도업는方法으로사람의救援의길을열엇슴을그가안싸닭이다。 하나님의獨生子의下降이그것이다。 하나님께서그아달을이世上에보내심에羅馬大帝國의王宮에서가아니요 貴門巨家에서가아니요猶太의窮僻한시골木手의貧家에서呱々의聲을發케하야사람의意表外에出하엿슴뿐아니라 그의一生을嚇々한成功에마치게하지안코十字架上에서恥辱의慘死를遂케하야거긔에人類救援의根本的이요永遠한길을열어人智로하여금다시서지못하게하엿도다。 智者의智、學者의學、論者의論理로보아엇지道理에合當한일이랴 그러나이것이事實이니엇지하랴眞理이니엇지하랴 미련한者는智者와學者와論客뿐이로다。 바울이비록微々한者이엿스나이宇宙의大秘義를알엇슴으로令名이一世를振動한智者學者와大膽히다툰것이다。 即信賴할바인하나님께信賴하야救援에參與하려하지안코하나님께서미련케하신이世上의哲學科學文藝等에依하야宇宙의根本義를展開하고明確한人生觀을自他에供하야人世와人類를完全히救援하려하는努力에對하야더진한爆擊이엿다。 바울에미치지못함이 지령이의하날에미치지못함과갓고 現代의大家碩學을싸르지못함이소가列車를싸르지못함과갓튼微々한一介의書生敢히바울을본밧더「智者어대잇느냐」고現代의覺醒업智者、主義者들의게向하야웨친다。 賢明한智者도나의이愚와狂에는싸르지못할줄안다。

그러나智者라하며學者라하야自惚하는者일지라도現代의모든學問의各部問을知悉한다는妄言은發치못할것이요 甚히좁은한部問에一生을온전히밧칠지라도그奧義를完全히知悉말수업다는것은分明히알줄로밋는다。 그들의研究의部分이넓으나좁으나그最後의嘆聲은「不可思議」의一言에마처지도다。 스사로能히알아낼수잇다고自慢하든現像의事物도아지못하야悶々하는것이所謂智者나學者의心情이로다。 이와가티그들이勞心憔思와不絕의努力으로써하야도事物의眞狀에서멀이써러저잇슴은무엇에因함인가 聖書는이에答하야가라대그들의눈이罪로因하야어두어저서事物을올케보지못하는싸닭이라한다。 萬若그들의눈이감기여잇지안타하면 宇宙의萬有는모다創造함을밧든것이요偶然히發生한것이안이니 그研究의部門

이아모리좁을지라도宇宙의實在者、創造者를보앗슬것이오그압헤물읍을꿀엇슬것이다。被造物은모다創造者의聖意를나타내고또한그聖意를成就하야榮光을돌이려하는存在니 누구든지敬虔한마음으로宇宙의萬物에接하야하나님을發見아니할수업슬것이다。그러나罪로因하야靈的으로盲目된人間은自己의理智를하나님파밧구어信賴하고그理智에依하야하날의高座에飛躍하려고부질업는企圖를한다。이企圖가어느程度까지成功되여하날갓가히올나간줄알고잇스면地下의泥土에써러저잇도다。疑惑은疑惑을낫코 不可思議는不可思議를나음으로 마음의混亂은形言할수업게된다。여긔에落望이니러나고自殺이써르게된다。이와가티그들이알수잇다고大言壯語한「써에屬한일」(Ta epigeia) 도畢竟아지못하고死의자리에臨하야詩人궤ー테와가티「빗을더」라하는苦悶의소래를發하면서不安한中에世上을作別한다。

庭隅의一莖草、海邊의一小蟲도完全히알지못하고그안에無限한神秘는神秘그대로保留하고마는智者여學者여 스사로안다는甘夢을깨여라 智者學者의게盲從하는衆愚들이여智者學者의게바치든그대들의過

分의讚辭와信從을그치라 井底蛙가井底를버서나고絶壁우에서자든者가그잠을깨임은確實히不幸일것이다。그러나그不幸이幸福에到達하는開門이로다 。希臘의大哲이말하엿다傳하는「나는내가아모것도 아지못함을알엇다」한偉大한告白에傾聽하여라 上通天文하고下達地理한것처럼自負하고意氣揚々하엿슴은모다惡魔의奸計에빠저서發한自己欺瞞의發作이엿다、모든것을안듯하되實狀은하나도아지못한것이다바울의「萬一누구든지 스사로무엇을아는줄로생각하면아즉도맛당히아는法대로아지못하는것이다」한말이果然眞理임을알수잇다。

그럼으로科學者가現象界의奧堂에達하고神學者가神의存在를認識하고聖書學者가聖書의知識에造詣가깁허神子의受肉과十字架와復活이當現할眞理라認知한다하더라도 그들이안것은오히려「써에屬한일」을解하고知得함에不過함이오「하날의일」(Ta epourania) 에對하야는아즉全然히關知치못함이로다。肉은靈을解치못하나니 人間의가진理解力으로靈的秘義를알야함은盲者가彩色을鑑識하랴고努力함과가튼愚를演함이다。基督에關한하날知識을缺如한모든科

學의知識은그知識이아모리深遠하다하여도　아즉宇宙의眞跡에達하엿다볼수업다。사람이所有한聰明이하나님의秘義에關한知識을收得함에無感覺함은訓練밧지아니한驢馬가音樂의旋律에對함파다름이업다。

人類는自己가알려고不屈不撓의努力을하여오든宇宙의眞相을참으로알기爲하야理智의禁壇을毀滅하여야할것이다。理智란神압헤꿀든무릅을理智와온萬物을創造한神여호와압에꿀어야할것이다。彼造物압에꿀든무릅을造者의압으로옴겨야　거긔서비로소事物을正當히判知할것이다。하나님을사랑하고順從하며그의誡命을遵守하여야다시말하면하나님을信仰하여야참知의世界로드러갈것이다。하나님이사람의心中에서새創造의業을始作하고그靈을사람의게부을때사람의눈에서는魚鱗파가튼幕이벗겨지고宇宙의秘義는그압에明々하여질것이다。이와가티하나님께서눈을뜨게한者만이智慧를부어준者만이宇宙의奧堂에叅入하는智者가될것이다。世上의智者나學者가一生의汗血을다하야知得하려고하여도아지못한宇宙의秘義에그들은다맛一片의信仰으로因하야드러가게된다。果然宇宙의萬物은그어느것이라도偶然한存在가아니오모다하나님의聖意를나타내고또成就하려하는存在인故로하나님을아는者는萬物의根本義를아는者이다。이러함으로宇宙의秘義에入하야그中心되는그리스도를아지못할理업스며그리스도를알고그의十字架와復活을아지못할理가업다。智者의「不可思議」는여긔서解明되고만다。이眞理를說明하야箴言은「여호와를敬畏함이智慧의根本」이라하엿다（箴言一〇七）그럼으로宇宙의根本義를앎에는반다시　智者學者될必要는업다。山間의樵夫、海邊의漁夫設或그眼中에一字의識이업다하더라도그리스도만밋드면宇宙의根本義에達하고또救援의聖恩에浴할수잇다。그리하야그들은天文學을모르대聖詩人파가티「하날은하나님의榮光을드러내고　穹蒼은그손으로　지으신것을나타내여보이도다」란句로始作되는詩十九篇을노래하며宇宙의소래에應하는도다。現代의啓蒙의샘에마시고覺醒의杯를기우려마음이굽어지고　눈이어두어진主義者들이여思想家들이여唯物主義者들이여　心中의慢心을버리고이宇宙와人生의事實에留心하라着目하라　거긔에는虛誕아닌實在의別世界가配布하여잇나니라。사람의敬虔한靈魂이사슴이시내물을갈급히

차지랴합과가티갈급히차지랴하는나라가잇나니라。오직信하라。信은眞知를낫코眞知는또信에일으나니라。天文學者여 望遠鏡을잠간노코 微生物學者여 顯微鏡을잠간노코 社會主義者여 唯物史觀을잠간덥허두고 神學者여神學書를잠간제처두고 그리스도의十字架를울어러보라 거긔에人類가探求하야마지안튼宇宙의秘義가잇고人類의救援이잇스며所望이잇다。이秘義를發見하고救援의恩寵을입은者가「精金으로도밧굴수업고銀으로도살수업」는智慧를어든者이다(욥記二十八章參照)

아! 信업는知가暗憺한所望업는길을 거름에對하야信잇는知의燦爛한所望의 거름이여! 그는只今完全한知를가지지못하나完全한知를將來에確信하고이의勝利의凱歌를불으며信에서知로 知에서信으로거러가도다。人類는다시孤寂과恐怖中에서이世上을離別하는慘切한經驗을격지아니할것이요 宇宙의萬物은그懇切한祈願(Cosmic prayer)의實現을즐거워할것이다。이에混沌하야歸趣를알수업든宇宙는大調和의交響樂의美典을울일것이요 義의太陽은光輝를더하야그우를빗최리로다。(一九二七·九·一○)

三○ 오즉 믿기만하라

宋斗用

무엇보다도몬저우리는믿어야한다。아니 믿기만하여야한다。萬物의統治者이신여호와하나님을믿어야하며人類의救主인예수그리스도를믿어야한다。救援은하나님의게잇고永生은그리스도예수의게잇다。信仰은人間의게對한하나님의要求이고命令이며또約束이다。따라서完全한救援은하나님의約束을믿으며그의命令에服從함에잇다。그럼으로우리의할바는믿음박게는업다。우리는오즉믿을뿐이다。

玆에나는基督敎의中心問題이며焦點이되는信仰은얻더한것인가따라서現今우리朝鮮敎會內의信仰은얻더한狀態에잇는가를考察함도無益의事는 안일가한다。그러면몬저信仰은얻더한것인가를生覺하려한다。

第一、信仰은스사로를義롭게하려는道德이안이다。그럼으로禁煙禁酒를斷行하고마음을가다듬어品行을方正하게하는道德的生活을함만이信仰이안이다。信仰이行爲가안인것은形式的律法을遵行하랴는바리새

敎人은不信仰으로因하야예수의게多大한叱責을當하고或은詛呪받엇스나稅吏와娼妓는믿음으로써예수의게稱讚받은事實을보아도明白히알수잇다。

第二、信仰은敎理의承認이안이다。그럼으로敎會의信仰箇條를否認하지안는다고그것이信仰은안이다。世上에는얼마나만은사람이敎理를承認하고或은基督敎의信仰自體를讚美하면서도自身은不信하는者가잇는가를볼수잇다。

第三、信仰은聖書知識이안이다。예수當時에도만은學者와敎法師가不信한때문에예수의게甚激한非難을받엇지만은現代에는所謂聖書學者로서不信者가얼마인지알수업다。그럼으로얻던點으로보아서는無知無學한사람이도리혀單純한信仰만을얻기에容易하다。

以上三點으로보아서信仰은行爲도안이고敎理의承認도안이며聖書知識도안인것을알엇다。

그런대朝鮮敎會內의信仰狀態는엇더한가를觀察할진대異常하게도大槪以上三點에附合함을信仰이라稱하며또그三點에屬한者를信者라云한다。朝鮮敎會內에는喫煙飮酒者가大部分이다。그래서禁煙禁酒하는者이면篤信者라붙은다。또牧師나長老의게허리를굽히는者이면더볼것업는信者라한다。그리고敎理의承認은그만두고反對만안이하면信者라하고信仰은必要하다고말만하는者면信者로안다。더구나聖書의知識이좀잇는者면더할수업는信者라고한다。그뿐일가。敎會에出入만하여도信者이고名簿에적힌者면當々한信者待遇를받으며洗禮를받은者이면훌융한信者라고떠든다。

아! 果然信仰은이와갓치賤하고虐待받을것이며그의內容은그처름도漠然한것인가? 안이다決코안이다

基督敎의信仰은事實이며絶對이다。基督敎의信仰은絶對者를絶對로信賴하고그의命令에絶對로服從하는것이다。하나님께서要求하시는信仰은決코可及的이나消極的이안이고絶對的이며積極的이다。그럼으로基督敎의信仰에는理智도常識도쓸대업다。우리의理智에는너무도不合하며人間常識으로는到底히判斷할수업는것이라도하나님의約束이면絶對로믿어야하고그의命令이면絶對로服從하여야한다。

「所望이업는때에도바라고믿」는것이참信仰이며「服從할수업는것에도모든것을맥기고좃」는것이참

服從이다。

「아브라함은百歲가갓가옴으로그몸이죽은것갓혼줄도알고사라의斷產한줄도알엇스나하나님의約束을疑心치안이하고믿음에더욱强하야하나님게榮光을돌이며그의言約이成就될줄을確信」하엿다。이것이基督敎的信仰이며하나님게서아리의게要請하시는信仰이다。이것을듣는現代所謂信者들은怪異하게生覺한다。그는「사람으로서는能히못하되하나님께는能치못하신일이업」슴을아지못하는때문이다。

「하나님게서아브라함을試驗코저불으서『아브라함아 너의사랑하는獨子이삭을달이고모리아따에가서나의指示하는山에서燔祭로들이라』하셧」스니이는實로情잇는人間으로서는絶對로不可能한일이나아브라함은조곰도拒逆하지안이하고「하나님의指示하신곳에當到하야祭壇을싸코火木을버려노은后사랑하는獨子이삭을結縛하야祭壇火木우에안치고손에칼을들어이삭을죽이랴」하엿다。이것이곳基督敎的服從이며信者가하나님게對한服從이다。이것을듣는理智發達된所謂文明人에屬한信者들은一笑를액기지안을것이다。그러나愚者들아「아! 하나님의智慧와知識은豐富하도다。그의法則을헤알일수업스며蹤跡도찻지못하겟도다」함을듣지못하엿는가。

그럼으로이와갓혼信仰과服從이업스면하나님의聖意에適合한者가못된다。「하날과따에모든權勢를가지」고게시는主예수그리스도께서도하나님을絶對로信賴하시며「하나님의形像에게시나하나님과同等을保存하랴고는안이하시고오히려몸을낫초아종(僕)의形像을取하야사람으로誕生하서스사로謙卑하야十字架에죽기까지服從하시」지안으셧나。

그런대基督敎의信仰에는形式이업고組織이업다。制度와儀式이업다。場所와時期가업다。考慮와選擇이업다。變化와裝飾이업다。信仰은어느곳에서든지또언제든지믿기만하는그것이다。前后策을生覺하며利害得失을가리여믿는것은信仰이안이다。언제는이것을다른때는저것을或은今日은이러케明日은저러케믿으면그것은信仰이안이다。他人이잘理解할수잇고外部에서容易하게볼수잇는믿음은信仰이안이다。自己의幸福과平安을얻으랴하거나安樂과榮華를맛보기爲하야믿는것도信仰이안이다。信仰에는等級이업다믿거나안이믿거나그두가지에하나이다 여긔까지에生覺이일으니朝鮮敎會의信者들의信仰은信仰이안인것을알수잇다。簡單히말하면그들의게는基督敎的信仰이업다고함이當然할가한다。그들은하나님을믿는다고하나하나님안인하나님을믿으며또예수를좃는다고하나예수안인예수를좃는다。그는하나님게서要求하시는信仰이안이고하나님게서命令하시는것에對한服從이안인때문이다。

하나님게서는예수만을믿으라命令하섯고예수게서는「목말은者는나의게마시」며「受苦하는者는내게오라」하섯다。그러나不幸히도朝鮮敎會信者들은매몬을믿으랴하며牧師와長老의게서마시랴하고宣敎師의게서受苦의慰藉를받으랴한다。그리고그들의信仰에는形式이잇고組織이잇다。制度와儀式이잇다。그들의게는信仰의場所가잇고期日이잇다。考慮와選擇이잇스며變化와裝飾이잇다。그것이모다가그들의信仰에는업지못할要素라고그들은生覺한다。

아! 不幸할진저　咀呪받을진저　예수그리스도의아바지되시는여호와하나님의約束을그대로믿지안이하고命令을그대로服從치안으며모든榮光을自己네의게돌니랴는形式의信仰을가진者들이여!

오죽 믿기만 하라

敎會는그들의禮拜보는場所요主日은그들의禮拜보는期日이다。禮拜보는場所에對하야예수께서는「이山도안이오예루살넴도안이」라고하시지안으셧나또「언제든지하나님께感謝하며祈禱하라」하고聖書에記錄되지안엇는가、그리고웨無限大의宇宙를創造하시고그안에모든것을支配하시며거긔에서活動하시는自由의하나님을사람의손으로지은적은敎會로몰야고하나　時間觀念에超越하사「一日도千年과갓고千年도一日과갓치」生覺하시는全能하신하나님을웨一週一次되는主日에만讚頌하랴고하나。

우리는信仰과禮拜를分離할수업다。主예수의一生은全部가信仰이며또禮拜이엿다。敎會에서만禮拜보라하며主日에만信仰을가지라는무리들아　그래도그대들의잘못을覺醒치못하고「하나님의救援은敎會에만잇다」고主張하며불으지즈려하는가。그래도形式과制度、儀式과組織으로만救援을받을수잇다고믿는가。사람이救援받음은行爲에依함이아니고信仰에依함인것을아지못하는가。웨그다지도外部만을裝飾하랴고하는가。敎會出席과洗禮받음으로만救援이잇슬가。設或그럿타하고라도敎會에서一週一次式보는禮

오족 믿기만 하라

拜에나마웨좀眞實하고嚴肅하게못하는가。

아! 그대들이敎會에서禮拜들인다는것은混沌하며騷亂하기가맛치修羅場과달음이업다。祈禱中에私談하는者、說敎中에祈禱하는者(그나마도大聲으로)、婚事나葬事에對한것을相議하는者、短杖에依支하고잠자는者、小兒를다리고와서울니는者、웃기는者、잠재우는者、才能보는者、도모지形形色色이다。이것이敎會에서禮拜보는동안에낫하나는現象이라誰人이驚愕지안으리오. 그것뿐이랴、敎會에익어그內容을理解하는者或은敎職者(禮拜時에自己의맛흔責任이업는이)들은禮拜에아모關係가업거나또는禮拜에卒業이나맛친것처름他人이야祈禱를하거나讚頌을하거나說敎를하거나도모지干涉업는것갓치行動한다。그러면서도救援은敎會에만잇다고!?

아! 敎會信者들아 覺醒하라、悔改하라、참信仰即主께서要求하시는信仰을가지라、그리고오족믿기만하라。萬若現狀을그대로繼續한다하면그대들은救主예수의大審判日에무엇으로하나님의아달됨을表示하고證據하랴나 敎會에屬한것、믿은지오래된것、洗禮받은것、聖餐式에參席한것、禁酒禁煙하고道德的生活한것(이갓흔者나마多數가되지못하지만)等을主張하랴나、그러나不幸히도그것만으로는絕對로예수를깁부게할수업다。오족自己의弱한것과罪人인것을깨닷고自己의全部를主께맥기고우에서引導하시는대로믿으며服從하는生活이主의聖意인때문이다。

「예수를얻음으로써하나님의아달되는權利를받으리라」함을읽지못하엿는가。

올타、그대들은하나님을보지못함으로信仰이強하지못한가보다。그러나「信仰은바라는일의實狀이오보지못하는일에證據이라」하엿고「우리가救援믿음은所望에잇나니보이는所望은所望이아니라 보이는것을엇지바라리오」하엿스니보지못함으로믿고바라는것안인가。예수는「보지아니하고믿는者는幸福하다」하섯다。

主의聖名을헛되히불으며믿는다고自稱하는者들아「義人은信仰으로산다」하엿고「아브라함은밋음으로義롭게되엿다」하엿나니오족밋기만하여라。

「아브라함이義롭게됨은割禮를받은後가안이고割禮받기前이라」하엿고「그리스도예수안에잇는者는割禮를받든지받지아니하든지關係가업고오즉사랑으로行하는信仰만이有益하니라」하엿나니形式과制度에만빠지지말고「아바지의뜻대로하옵소서」하고빌든예수의信賴와아브라함의信仰과옵의敬虔한態度로

서 오즉믿기만하라

예수께서는 「父母와兄弟와妻子와田畓을모다밟인者」와 「호미를들고뒤를보지안는者」와 「나는無益한종(僕)이라 맛당히行할것을行하엿다」 하는者라야만自己의게適合하고自己의참된弟子며또참된僕이라고하셧다。 그러니 모든것을 바리고 오즉 믿기만하라。

우리의믿는하나님은 「나는아브라함의하나님이오 이삭의하나님이오 야곱의하나님이라」 하셧나니하나님은죽은者의하나님이안이고산者(或은살者)의하나님이시다、 그럼으로거짓되게믿으면不義를容恕하시지안는하나님게서는 「이百姓들은입(口)파혀(舌)로만나를尊敬하고마음으로는멀이하며사람의遺業으로道를삼아가라치니헛되히나를敬拜함이라」 하시고詛呪와滅亡, 暗黑파死亡을나리실것이다。 그때에敎會信者와갓치不信의무리들은 「얼윤대쫏겨나슯히울고이(齒)를갈것」 이다。 오! 敎會信者들아、 敎會信者라自稱하며 「救援은敎會에만잇다」 고웨치는者들아、 特히所謂敎役者들아、 再三注意식히며눈물로써忠告하노니깁히삼가며잠을깨이고十字架우에苦難을밟으시는主예수그리스도를치여다보며믿으라。 다만그이만믿으라。 우리의할바나우리의가질것은믿음뿐이다。 밋으라。 오즉믿기만하라。

器具와內容

그릇은흙그릇이다 惡臭紛紛하는糞土의그릇이다 그러나그안에담긴內容는金이다 닐곱번鍊鍛한精金이다 그릇에부듸쳐넘어지는者는그內容인精金을엇지못할것이오 그릇에부듸쳐넘어지지안는者만이 그精金을엇으리로다 救援의精金을엇으리로다 永遠한生命의精金을엇으리로다 그릇은汚土일지나糞土일지나 그안에담긴金은金이다제貴함과 제價値를그대로가지는金이다 兄弟여糞土의그릇에눈주지말고金을보라 다만金을보라救援인金 生命인金만을보라

意外로다。아ㅡ意外로다

어제일이意外요 오날일이意外로다 깃븜과즐거움이意外요 우리에게닥처오는 哀痛도意外요悲歎도意外요 斷腸의熱淚도 또한意外로다 人生의全生이意外로다 意外에서살고 意外에서또한죽도다아! 意外에大無限함이여 深無底함이며 廣無際함이여! 아! 主여、당신이 「來日을걱정하지말나」 하신말삼과예레미야의 「여호와여나는아노니 사람의길이 自己로말매암지안나이다 또것는사람은스사로그行步를定치못하나이다」 함이 이를가라침이 아닌가하나이다 (相勳)

批評과非難에答하야

若年의書生輩가社會에出陣한것이輕擧妄動이라하면輕擧妄動이라하리로다。그럼으로敎會나社會의一角에서우리의게이러타저러타는非難을加함이當然한일인줄안다。그러나다시한번생각하야보면그들의非難이도로혀非難을밧듬이當然하다。그들은우리가自己네를敎導하라는名譽慾이나優越慾에驅馳되여서社會에進出하엿다고생각한다。거긔에誤解가非難의張本이胚胎하여잇는것갓다。基督敎에무엇임을不辨하는誤解와非難이여!우리는스사로敎會의警鍾이되고社會에木鐸이되라는野心下에서선것이아니다。다만우리가經驗한救援의眞理와그로因하야엇은새生命과새所望과歡喜를干證하려고선것이다。干證은基督信者는누구나할義務가잇는것이니 設或敎會나社會가冷笑와默殺로對할지라도우리의마암속에서沸騰하야마지안는救援의眞理를干証아니할수업다

이를알민지모름인지敎會와社會는우리소래에눈을써보려하지도안코귀를기우려보려고도아니한다。그러나 一部의極히少數者는是哉〳〵라同感의意를表하야우리를가다듬어주고一部에다른少數者는白眼의視線을보내며여러가지批評과非難의소래를發한다그들이무어라하드라도우리에게것는길이聖意에맛는길이면갈길만것지마는서로의誤解를푸는한도움이될가하야一言을費하려한다。

一、敎會의內情을詳知치못한다는非難에對하야。

그들의非難을가다길必要도업시우리는敎會의內情을詳知치못함을自白한다。그러나이와가티敎會에內面에드러서지아니하여도그醜態醜聞이이다지甚히우리의耳目을놀내게하는대萬若이우에더敎會의內面을周知하고그目不忍見의腐敗한실을目睹하야서는우리의信仰까지도喪失하고말것이니차라리이러한境遇에는無知가自他를爲하야幸福이라생각한다。

二、非廣告主義에關한批評에對하야。

우리의게同情을表하여주는이中에만은듯하다。그러나眞理는眞理요 非眞理는非眞理다。設或一人의贊成은엇지못하더라도眞理는眞理요萬人의贊仰을어더도非眞理는非眞理다。非眞理가敎會이나政權이나其他의擁護를밧지아니하면설수업고廣告나宣傳에依치아니하면命脈을維持하여가지못함에反하야眞理는스사로獨立할수잇는것이다。獨立은眞理의한特性이다그럼으로우리의信仰과主義가眞理에屬한것이면敎會나宣敎會나其他의엇더한世上權力에依賴치안터라도自立할수잇슬것이오廣告나宣傳으로自己의喇叭을불지안터라도命脈을維持하여나갈수잇는것이다。아니!設或世上의도라보지아니하는바되여一日의生을保存하여가지보할苦境에써러질지라도 구구히商賈的手段을쓰지안으러한다。眞理에對하야甚한瀆冒인世俗的方便에숨어發展을招致하고世上에多大한有益을끼치는니보다차라리그手段과方便을쓰지안코眞理에殉死하는態度를取하려한다。그리하아存在하는最後에一刻까지創刊의精神에어기지아니하려한다。사람의靈魂을數量으로計算하고그多少에依하야事業의成敗를決하려하는西洋人根性的인敎會의態度는絕對로取치아니하려한다。

三、續刊에關한疑惑에對하야。

박그로敎權이나財團의援助업고안으로自我에別段자랑할것이업시다만信仰의干證을促하는嚴한소래에불이어서나선우리의前途에對하야만흔사람들이疑懼의威을가짐은無理한일이아닌줄안다。그러나基督敎는事業이아니다。人間에微微한事業이잇스나 업스나 基督敎는잇슬것이요하나님의大經綸은大河의도도히흘음과가티그完成을向하야進行하여간다。이見地로보아우리의적은事業의繼續與否가무삼問題될바잇스랴。信者의成功과失敗는主그리스도안에잇고업슴에잇는것이니 우리는나아가도그리스도의안에서나아갈것이요 굿처도그리스도의안에서굿치리로다。冷笑할者여冷笑하라非難할者여非難하라。우리의全運命은다만그리스도의게잇나니라。(相勳)

獨想片片

一

불근山에푸른빗 깁퍼오고 무엇든벌판에 五穀이黃金의물결침을불때 내마음은깃버하면서도술퍼하는矛盾을가지도다 조선의山과들아、어대를向하야거러가느냐 녯주인의손설처버리면서

二

救援을불으짓는소래 都會에도차고싀골에도차도다 그들을救援하겟다고선思想家나指導者나新聞雜誌의記者들은엇더한가 누구보다 그들이몬저救援을밧어야할者이다 그들이指導한다함은 장님이장님을引導함과갓고 그들이救援한다함은 水泳術모르는者가물에빠진者를건짐과갓홈이니엇지하랴

三

基督敎의眞理의證人인敎會는엇더한가 그자랑하는四十年歷史는 聖書모르는聖書中心空殼만의福音主義의信仰 쌩파리가튼懸河의雄辯 美辭麗句의熱禱를나앗슬뿐이다 그本質된信仰은자최를감추고 普通道德까지도維持치못하야社會의忌彈을밧고 司法官廳의審判을밧도다 셤의소금이요世上의빗의倫落의醜態여!

四

아!眞理는그자최를거두고 救援의길은끈어지고말것인가 眞理에서再生한經驗을가진者여!서라그再生의奧義를干證하라 信仰에서서라所望에서서라 사랑에서서라 그리하야써生命을證明하라 다만거긔에救援이同族의게일으는길이잇나니라 (相勳)

아침서늘한바람과저녁맑은하날이 하나님의새啓示를실고오는이때 우리의직은선물은各地에散在한 主에잇서사랑하는兄弟姉妹들에게보내게하신主예수그리스도께 깁히感謝하나이다 (社員一同)

社告

振替口座가開設되엿사오니送金에는씩利用하야주시옵소서 여러가지로보아便利하고確實한送金方法이외다

京城一六五九四番
加入者 聖書朝鮮社

次號는一九二八年一月上旬에發行할豫定이외다

聖書朝鮮 年四次發行
定價(送料共)
一 部 二十錢
一年分 八十錢
注文은반다시先金
昭和二年十月十日 印刷
昭和二年十月十五日 發行
東京市外淀橋角筈一〇〇 レバノンホール
編輯兼印刷人 鄭 相 勳
東京府杉並町阿佐ヶ谷 五四二 中澤方
發行人 柳 錫 東
京城府堅志洞三二
印刷所 漢城圖書株式會社
東京市外淀橋角筈一〇〇 レバノンホール
發行所 聖書朝鮮社
振替口座京城一六五九四

昭和三年一月十二日印刷
昭和三年一月十五日發行

聖書朝鮮

第三號

一九二八年一月十五日發行

目次

聖誕의 소래

여호와 前에는스블논따와납달니따로凌辱을當
하게하섯스나
이제는異邦人이사는요단江西편 갈닐니바다 地
境으로榮譽를엇게하섯도다。
暗黑中에서지내든百姓이 큰빗을보앗도다。
死蔭의따에서사든者우에 光明이비최엿도다。
그대는큰깃븜과 넘치는질거움을그들의게주섯
도다。
그들은깁버하도다 그대압에서
秋收하는者들갓치
戰利品을난오는者들이깁버함과갓치。
그는그대가그들의무거운멍에와
그들의억개를굽어지게하는멸대와壓制者의채쩍
을 미듸안을勝戰한때와갓치석그섯슴이로다。
亂戰하는兵士의軍裝과 피무든옷은
모다燃料처럼불에태시리로다。
대개 한아기우리의게낫슴이라
한아달을우리의게주섯슴이로다。
그는王의權威를씌엿스니
이것이그의稱號ㅣ라세라。
「奇異한謀政者
大能의神
永遠한아버지
平和의君主」로다。
그의權威는偉大하시고
그의平和는다함업도다。
다윗의位와그政事를너어다시리니
公義와正道로그것을堅固케하야
이제後로永遠無窮하시리로다。
萬軍의여호와의熱心이이를일우실지라。
(이사야九章一―七節、 모팟트氏譯에依함)

참敎會

참敎會는반다서堂宇를要치안는다 監督이나牧師를要치안는다。多數의會衆을要치안는다。制度와儀式을要치안는다。이모든것은敎會의根本要件이아니다。敎會의本質은그리스도 살아계신하나님의아달을그土臺삼음에잇다。그리스도를그머리삼고 ㅅ사로그의聖體됨에잇다。그의福音이잇고 그福音으로자라나는信仰과사랑이잇는곳에만참敎會가잇다。이그리스도 이福音 이信仰 이사랑이잇는곳이면會堂이업슬지라도制度와儀式이업슬지라도聖會를司掌할專門的敎職이업슬지라도敎會는잇다。이信仰과이사랑의法則以外에아모것도가지지안코二人或은三人의少數者가蒼空의아래靑草의우에 土窟속에或은密室안에會集할지라도敎會는거기에成立된다。참敎會는現代의世俗化한敎會에잇지안코거기에잇다 現代의敎派間에잇는猜忌競爭疾視 分爭을보지못할참敎會가거기에잇다。敎派나敎會나無敎會를超越하고그리스도에사는온世界의兄弟姊妹로더브러靈과信과愛에잇서一致交通하는참聖公會가거기에잇다(相勳)

二種의사랑

一은自己를他者에게주는사랑이며他는他者를自己의게앗스려는사랑이다。

一은太陽이그光熱을萬物의게주되 아모報酬를要求하지안음과가티自我를相對者의게주되그의게서아모報答을期待치안는愛이며 他者는自己가動할때相對者의應합을반다시要求하는사랑이다。

一은自己를다주어버리지아니하고는마지안는愛요他는그相對者의全部를我有삼지안으면滿足치안는愛이다

一은全人類를包擁하고敵을사랑하는愛요他는한女子 한男子의게그愛를限함이完全함으로참되고純粹한愛를保全하는愛이다。

前者는하나님의愛요 後者는人間의愛이다。前者는基督敎의愛요 後者는世上의愛로다。前者로後者를測할수업고後者로前者를推할수업다。그럼으로基督敎를사랑의宗敎라할때 그愛는痴情의愛도아니요友情의愛도아니요 骨肉間에自然히發露하는愛도아니요 하나님쎄서나타난聖愛요 義의愛로다(相勳)

예수그리스도

고ー데
柳三眼譯

序論

『예수그리스도난 萬人의靈魂을自己附屬物노만듬에成功하엿다。』고孤島센트헤리ー녀에流謫된奈巴倫이昵近者와座談하난中 말하엿다한다。大英雄의묵어운입에서나온 이斷定은틀이지안넌다。예수는엇지하면이러한大成功을하엿나。

사람에싸러일이달으고機能이달으다。우리는 自己門專界의先頭가되고支柱가되여自己弱함을도와주고無知를깨여주는指導者에게는몹시마암이쏠님을늣진다。

特別한才能파獨特한趣味에依치안는 싸러다만二三人뿐아니라모든사람에屬한일이잇다。免除를몰으는命令인道德的義務가식히는일이다。우리는모다또한各瞬間에이義務를다하여야한다。이일만은普遍的이고絕對的이다。이方面의第一人者가되여萬人을붓드러주는支柱가되고그들파共働하야그들의最高目的ー道德的義務를實現식히는사람이잇스면 그는即萬人의靈魂을잇그는引力의大中心을實際로發見한사람이다。그는그들의게磁極갓치되여 그들은正義心이조품이라도잇넌동에는 그의게딸여갈것이다。그러타사람다윤사람은모다그압헤모여들기를마지아니할것이다。

이萬人의靈魂引力中心은예수가처음으로發見하엿고 그自身이實際로그中心이되엿다。即그는人類의게聖의化身이되엿다。예수가自己를「人子」라자주불늠은 事實그가이것을뜻함이아니엿슬가。그는福音書에서五十五回나이일홈을擇하야섯다。그가이일홈으로人類에對한自己關係를指示하랴함은明白하다。聖書에서人子는眞人을뜻한다。(以西結二七、三、及其他)故로「人子」는卓越할사람、眞人、完成한사람即사람、造物主가特히내신人類의正式代表者를뜻한다。

그러나이일홈은 예수가說話中에自己를불은唯一의것은아니다。그는이外에「하나님의아달」或은單「아달」이라는일홈을자주셧다。이일홈으로예수는神

性即하나님에對한自己關係를指示하엿다。

聖書解釋者中에는이두稱呼가다救主를뜻한다하야물을同意語로取하는사람이만흐나 이는큰誤謬이다。同意語는姑捨하고이두일홈은서로反對되난對照語이고서로도읍는語이다。 예수는한일홈으로人類에對한自己의全關係를表示하고 다른일홈으로하나님에對한自己의全關係를表示하랴하엿다。

예수는이二重關係싸러二重性格싸지가젓스나 그는亦單獨唯一한사람이다。故로우에指摘한두反對性이예수가「나」라불으는그唯一不可分의自我即人格이라는差別을絕한統一속에서說明됨은自明의理致이다。이統一은神學上의最大神秘한問題일것이나 누구던지그깁흠을재여볼수는잇다。―敎會는「神人」이라는일홈으로이統一을表示하엿다。

그러나가장神聖한이問題를思索하랴는사람은自己신을버서버림을이저서는아니된다。即自己思想을버려버리고 贖罪라는奇蹟的事實에와그것에附隨된啓示속에나타는하나님思想을밧으야한다。

예수그리스도의人格을論하는이短文은三部―「人子」「하나님의아달」「神人」―로난윈다。

예수그리스도의事業에對하야는次章에서싸로히詳細히말할것이다。이두問題를餘地업시講究한然後에야비로소이글初頭에引用한他方面의天才가喝破한저名言의最深最奧한뜻을了解할수잇다。

一、人子

예수의歷史를傳하여준譚話를貫通하는眞實性에依하야그歷史의事實님을確信하면서 그歷史를組成한個個의事實―알엑산드리아의글에멘트가말한「예수傳記의資料」를研究할수잇다。이는歷史的批評的見地이다。

우리는이와反對되는方法을取하여도갓흔結果를엇을수잇다。福音書記事를根底로하고出發하여보자。即幼時에배워안대로各事實을承認하고 各事實이가즌意味와各事實을統一한觀念을取하여보자。그리하야만약各々달은四文書에偶然히散布되여잇는이모든事實사이에깁고참된調和가容易히생긴다하면 우리는이各事實間의相互連結속에그의歷史的性質과攝理的性質을認定아니할수업다。이는綜合的方法이다。우리는只今이以外의研究法을取할수업다。

먼저救主地上生活의顯著한事件의열쇠라生覺하는觀念을指摘하고 다음에各事件을一一히들어 果然이觀念이그것들을充分히說明하는가보자。

예수의地上生活을支配한觀念은그가스사로일갈은「人子」뿐이다。 그의生涯는모든사람이의레히하여야할正規의發達를完全히實現한것이다。

이單純한觀念이예수의처음부터쯧싸지의全生涯을잘說明하나보자。

예수의生涯는그重要한事件에싸러三部로낫울수잇다。 第一은誕生小兒時代와青年時代의發育三十쌔의受洗荒野의誘惑等을包含한다 이는準備時代이다。第二는(簡單히말하기爲하야個々의事件을合하야分類하면) 清淨한生活敎訓奇蹟等을包含하고變貌의奇蹟으로쯧는다。 이는救主로서의事業의前半이다 第三은그生涯의最高事件ー受難과復浩그리하고最後에第三部의最後이고全生涯의絕頂인昇天을包含한다。이는그의救主로서의事業의後半의完成이다。

第一部

一、誕生 福音書記事를보면예수의出生은自然의法則에依치아니하엿다。이에우리는出發點에서발서우리가主張하는說을破船식히는暗礁를만나지는아니하엿나。 예수가정말사람이라면 그도亦다른사람과갓흔길노낫서야아니하나。그러나이反對는一見만하여도알지마는너머도苛酷하다。우리는우리의始祖싸지도그가普通사람과달는順序로出生하엿다는理由로그의人間性을否定하게될것이다。아!사람이라는모든사람이그로부터나온그사람의人間性을否定하는것갓치奇妙한일이쏘어대잇슷가 이는참不可能하다。싸러人間性은各人의出生의順序如何에依치아니하고사람임에必要한屬性有無에依한다。

創世記々錄에依하면創造的大智(하나님)의傑作인最初사람의몸은쌍의흙으로만드럿다한다。換言하면近代地質學上의여러가지發明이明白히하여준動物生活의長久한發達、이絕頂에達하야사람의몸이出生한것이다。그러나사람의靈魂은우에서왓다。聖靈의直接吸入이다。예수의出生事情은이創造의樣式과酷似하다。예수의몸은母親을通하야己存한人性에서나왓다。그러나이胎子를秩序잇게發育하고進步식히여一個의사람으로만든것은하나님의氣息이고全能한聖靈

의힘이다。

예수의出生파始祖의創造가類似함을生覺할때　始祖를만든때의聖意가무엇이엿슴을明瞭히알수잇다。예수는奇蹟的出生에依하야　墮落前의始祖가가젓던純潔純眞의狀態로도라갓다。이리하야예수는　純眞에서聖淨으로精進하는人類의當初의길—그러나아담이着步하자마자失敗한——을또한번걸을수잇게되엿다。

사람은自力으로理想을達하게는만드러지지아니하엿다。하나님부터不斷의靈通이잇서야비로소그理想을達할수잇다。그러나사람이惡魔의支配를밧자마자이靈通은끈어진다。爾後는사람은靈通을願하지도안코밧지도아니한다。自然進步代身退步가始作된다。生地에서쌔힌植物갓치　사람은生長하야結實하는代身活力이업서지고畢竟에는죽넌다。

故로罪때문에中斷된人類의正規의發達을새로히始作하기爲하야는　全人類를쓸고가는墮落思潮의影響을안밧으며또한우리마암속에갓득찬하나님에對한反逆精神이업고　眞正의進步에는의례히必要한하나님부터의靈通을밧넌一人格의出現이必하엿다。

예수는即그사람이엿다。그의全生涯가이것을證明하고　그에서起源한歷史의新局面이또한이것을證據한다。그때까지의人類의歷史의經路는「肉에서난것은肉이라」고要言할수잇고　그後의歷史의主流는「靈에서난것은靈이라」고約言할수잇다。聖書的意味에依하면靈의著明한特性은聖이다。우리는예수와또한그에서부터나온것以外에聖을求할수잇슬가。

이와갓치예수는우리와달너罪를짓지못하엿슴으로그는自由人이아니엿다고　말할사람이잇슬것이다。이에對하야우리는對答한다。出生의特別한樣式은예수에게類似한樣式을가젓던始祖에와갓치　罪를犯할수업는힘을주지는아니하엿다。다만墮落前에사람이가젓던　그리하고우리를하나님에이은줄이끈어지는同時에일어버린　罪를犯치안는힘이　예수에게回復되엿슬썬이다。

奇蹟的出生은예수부터行動의自由를쌔슨것이아니고도로혀回復식힌것이다。即그것이업스면하나님이우리에게주신神聖하고光榮가득한일을完成할수업는저自己決定力을罪라는暴君의손에서쌔아서셔예수에게完全히回復식혓다。

故로奇蹟的出生은始祖의創造와一致하는하나님의所行이다。일노因하야사람은비로소 사람이면의레히하여야할正規의發達을實現할수잇고 써러畢竟에는하나님의聖意에合할수잇는狀態에回復되엿다。

二、發育『아기가점점자라매강건하여지고지혜가충족하며하나님의은혜가그우에잇더라』「누가二、四〇」고福音書記者는兒孩예수의發達을썻다。「자라매」라는句는예수의身體發達에對하야쓴말이다。다음의말은그의힘과지혜를指摘하야 그의靈魂發達에關한것이다。即그의意志의힘은쉴새업시强하여지고그의眞善에對한直觀力은漸漸完全하여젓다는것이다。最後에「하나님의은혜그우에잇더라」는結句는 靈魂과身體兩發達의깁고神聖한原動力이되는宗敎的原力을指示한다。이러하게자라兒孩는十二歲에일으럿다。

三十歲까지의 靑年예수의 發達도一句에約言하엿다。即「예수ㅣ지혜가더하고키가자라매더욱하나님과사람의게귀엽을보시더라」고。여긔사람의正則發達의三要素를볼수잇다。ㅣ每日成人의키로자라가는健全한身體。쉴새업시하나님부터새로운知慧를取하는善과知慧가깁히굿게統一되여잇는靈魂 굿칠새업시이러한사람우에움지기는神恩의感化。이即健全한사람生活을만드는참等級制度!하나님의靈은사람의靈魂의모든活動을指導하고 이러하야聖淨히된그靈魂은身體의諸機能을支配하는ㅣ이다。

사람이라는사람이모다理想을達치못하야失敗의잔을마시고잇는대 그이만이이兒孩로서의靑年으로서의正則의發達을實現하엿다。異常한現象이로다。그러나이것이罪가妨害만안엇더면사람이絕對善속에서實現하엿슬進步이다。人類는地上에나온이새사람을보와크게놀내고 하나님은오래간만에自己聖意에完全히合하는한사람을보와참으로滿足하엿다。墮落한人類가윱대그갓흔이가잇다는그것이即天地和解의第一步이엿다。

三、受洗。이一直線的進步의結幕의受洗이엿다。三十이라면사람의能力이絕頂에達하는때 요着手한일을實行하랴靈의諸機能과身의諸機關이가장敏捷하고自由自在로움지기는때다。福音書記事(누가三、二十三)에依하면바로이때예수는조용히自己發育만힘쓴나사렛蟄居生活을써나救世主의活動을하는公的生涯로드러갓다。故로예수가受

洗한그時(三十歲)라는것은이記事中에서　그가深奧한人間性을가젓다는한特徵이된다。

人間性이라는見地에서볼때　이보다더顧著한特徵이또하나잇다。洗禮밧으러요한한테온悔改者들은내물속에드러가기前에그에게罪의告白을하엿다。(마태三、六) 다른이스라엘사람과갓치온예수는그들과갓치또한罪의告白을하여야하엿다。그러면그는엇더한告白을하엿나。예수마암과全然히背馳되는사람의感情이잇다하면　그는單하나뿐即悔改의感情이다。예수는이사야、다니엘、네헤미아와갓치하나님압헤國民의罪를一一히告白하고　國民代身하나님께悔改하엿다。그러나예수는그豫言者들과다른點이잇섯다。即그가「나」라는말을쓴것은自己亦一般의罪惡에叅加하엿다는것이아니고　가장深奧한同情心에잇슬이여그러한것이다。受洗하는嚴肅한瞬間에　예수의사랑은　그를罪깁흔人類에매는永遠不絕한줄을맨들엇다。이連帶責任의觀念보다더한人間性이또잇슬가。이光景은洗禮요한을움지김이甚하야　그는조곰뒤에『보라世上罪를지고가는하나님의羊을」이라는壯嚴한말을하엿다。그는예수가「自己意志에關하는範圍안에서는自己와罪사이를深淵으로離隔식히면서도　人類에對한自己의連帶責任에關하야는　그들의罪를自己自身의것으로하는」神聖한犧牲임을　예수의受洗日에認識하엿다。

예수의人間性이如實히나타난　受洗의第三의特徵은　요단내물속으로드러갈때그가祈禱를하엿다는것이다」。누가三、二一。그리하고祈禱하니　하날이열엿다」。이祈禱속에처음으로　罪의赦免을哀求하는人性의一面이率直히나타나고　또한하날의生活──그것이업스면人間의靈魂이衰凋하여버리는　聖靈을渴望하는人性의純潔한他面이如實이나타낫다。祈禱는사람의要求의부르지즘이다。예수가祈禱한것은이要求의마암으로서다。그도亦우리와갓흔要求가잇섯다。

이祈禱에對한하나님의對答은直時왓다。하날이열이여　聖靈의來臨을象徵하는異象이明白히나타나는고하나님의소래가들엿다。이세現象을요한과예수는靈眼으로보왓다。그리하고그들은이것이가장놉흔靈的眞理의記號임을알엇다。即第一은예수에게나린神命의完全한啓示의　第二는救濟의計劃을成就식히기爲하야그에게주신하나님의힘의　第三은하나님이嘉受

한愛子——이確信이업스면 그는그計劃을完成치못하엿슬것이다——의記號이다。이는모다사람이면가즐性質의것이다。事實이와類似한것이우리靈的發達에도잇다。우리가하여야할일을하나님이아니가라처주시면또한그것에必要한힘을아니주시면 또한우리自身과事業을그가嘉受한다는確信을아니주시면 우리는어쩌케天職을始作할수잇슬가。이点에關하야예수와우리와를이는것은다만이것뿐이다。卽예수는人類의救濟事業의總體를하시고 우리는그事業의아조가벼운一小部分을맛하서한다。쌔러예수는聖靈을充足히밧으나 우리는다만小分量을밧을뿐이다。

故로어느見地에서보와도 예수의受洗갓치人間的인것은업다。그것으로因하야우리는예수가眞人임을알고 同時에그가人類를그들의當然한目的인놉흔生活ㅡ聖靈의生活노쓸고들어갈야고온사람임을안다。

四、誘惑 共觀福音書의세記事에依하면 受洗의場面은誘惑의場面으로끗을맛첫다。이둘은意味上不可分의것이고 예수의참人間性은後者에와비로소가장鮮明하게나타낫다。誘惑을몰으는것은하나님뿐이다。惡魔는誘惑을正業으로삼고 사람은늘그誘惑을밧고잇다。

예수에게恩惠의賜物을그럿케充足히주자마자대번그를誘惑의試練場으로내보냄은 大體무슨必要가잇슴인가。다름아니라그賜物그것째문이다。그는誘惑의學校에서바든賜物을주신하나님께만밧치는習慣을배워야하엿다。예수가公的生活을하는동안 그의참사랑의狀態를投棄합이되는自己—個人의現世的境遇를改善하라고그의奇蹟的權力을쓰랴 가끔誘惑을밧게는事實아니될가。또한하나님이目的하시고人類가참으로要求하는贖罪하는救主의職分을버림이되는政治的救主榮光가득한地上의王이되랴는機會를民衆의熱狂에응지기여여러번갓지는아니할가。最後에아버지인하나님에對한莫大한不謹愼의行動이되고子息된道理를버려버림이되는 그에게맷긴全能力을道德的必要도업시濫用하랴는誘惑을자주맛나지는아니할가。將來에이危險에빠지지아니하랴면 그는몬저그것을알어야하엿다。그는맛치航海하기前에지내갈바다에散布되야잇는暗礁를地圖로몬저배워야하는船長갓헛다。

이러한일을荒野의일惑은예수에게하엿다。受洗에서그는그가하여야할일을배우고 誘惑에서그는避하여야할일을알엇다。이럿케아버지는그를가르치고이러케아버지는그를警戒하엿다。이、사람의狀態에석適合하는教育이안인가。全人類를代表하야배암의머리를부서벌이는일을맛흔그에게必要한일이안인가。

예수의天國觀

鄭相勳

洗禮요한의紹介로世上에나타나신예수그리스도의公生涯는天國으로始作하야天國으로마치섯다。民衆을가라치신最初의말삼이「긔약이니르럿고 하나님들나라가 갓가왓」다이엿다。(마가一〇十七)弟子들을福音傳하기爲하야派遣하실째에付託하신말삼이天國宣傳이엿다(누가九〇二)그의敎示의大部分을占領한比喩도「하나님나라의奧義」宣明이엿고十字架上에서盜賊의게하신慰勞의말삼 中에도 樂園이라는 말삼으로天國을暗示하섯다。(누가二三章四二、四三) 그의聖言은天國到來의宣傳과그奧義의闡明이엿스며 그의一擧手一投足은天國運動의한階段이엿다。實로그가가지고온福音은天國의福音이엿고그의宗敎는天國의宗敎이엿다。神께反逆하야참生命업시迷徨하는人類를悔改식혀이나라의公民되게하는것이 그의唯一한使命이엿다。그의十字架上의悲極慘切한죽음을이使命遂行의絕頂이엿고復活은하나님나라運動의勝利을保證하는封印이엿다。果然天國은그의詩이엿다。靈感이엿다。노래엿다。不絕의祈禱이엿다。

예수께잇서서는天國은人生의最高善이엿다。人間은무엇보다도먼저 하나님나라와그義를求하여야할것이엿다(마태六章三三)。사람은富를求하기前에 安樂한家庭、善良한벗을求하기前에 먼저人生의最高善인하나님나라를求하여야할것이엿다。永遠한生命인天國을엇드면其他는잇서도조코업서도조흘것이다。一物의所有가업서도全宇宙를遺業으로밧는者인연고다。그런대聖書는다시傳하대「너희는그나라와그義를求하라또한이모든것을너희게더하시리니라」(마태六章三十三節)하신다 空中에나는새를먹이시고 들百合花를아름답게닙히시는하나님께서는自己의獨生子를주실만큼사랑하사그寶血로사(買)신百姓을더욱貴히녁이신다하섯다。이는全能하신하나님의聖約이시니 싸의子女들은安心함이可하도다信賴함이可하도다 그리고그나라와그義를求함이可하도다。

天國은地上의國家가아니다 그러나現世를全然히超越하야存在함이아니요現世와깁흔關係를가지고만은特權을提供한다 그特權의主要한것멧가지를現代

의命題로表現하면그最大한것은罪赦와天父께對하야아달로서交通하는宗敎的價値이다。다음에마암의變化、참正義의實行、하나님과사람의게奉仕을하게되는倫理的價値요 世上이줄수도업고앗술수도업는平和와歡喜를享有하게되는感情的價値요 사람의頭髮까지도헤아리시는攝理를確信하고하나님의나라를求함에專心하면天父께서사람의地的必要까지도가추워주신다約束하섯슴을보면하나님나라는經濟的價値도包含하고잇다(파라손)即救援의나라요生命의나라요正義와奉仕의나라요平和와歡喜의나라요、日用할糧食을豫備하서주시는나라이다。예수께서는하날의榮光을버리고自己를謙虛케하사이나라를建設하기爲하야降臨하섯다한다 아!얼마나큰革命이랴 엇더케偉大한福音이랴! 그러나世上사람은이特權을스사로斥棄하고이福音에귀를기우리지안는다。그들은도야지가眞珠는짓밥고팟섭에만戀々함과가티浮雲을따르고槿花一朝의꿈만을꾼다 歷史에빗최여그모든것이空虛함인것을모름이아니다。「興亡이有數하니滿月臺도秋草로다」란元天錫의句는그들이잘吟咏하는바다그러나그들의마암은열니지안으며눈은밝어지지안코 舊態依然하다 罪에얽매여그럼이냐 因襲에살여그럼이냐 隋性에밀니여그럼이냐! 生覺하면不思議로다 사람이온世界를엇을지라도自己의生命을일으면무삼소용이잇스랴한聖言이그光輝를더욱發射하는듯하다。

天國을求할態度에關한예수의敎示는譬話의形式을씌고만이나타낫섯다 그中에有名한것은밧에숨어잇는寶物을發見한農夫가그全所有를다팔아그밧을삼과가티 조흔眞珠를求하는商人이高價한眞珠하나를發見하면그가진왼갓것을팔아서그것을삼과가티最高善인天國을求하는者도前에貴히녁이든모든보배를가지고天國을사라하섯다 自己의所有뿐아니라 生命까지도버리라하섯다 生命을엇기爲하야生命을버리라함은明白한逆理로다 누구랴、이와가티偉大한가라침을能히堪當하랴! 그러나참生命을본者의게는明白한眞理이다 사랑이신하나님은그獨生子를주사天國을엇기爲하야모든것을塵芥와가티버릴새힘을人間의게부어주섯다 이새힘으로因하야人生은破綻을免하고도리여歡喜와感謝中에서그가라침을堪當하게되엿다。이러케하야人生의最高善에達하는길은開通되엿다。道德과基督敎의福音이가르지안은點을여기에서도볼수잇다即道德은命令또命令으로사람의억개에重荷를加添할뿐이나宗敎는從前의重荷에서解放하여줄뿐아니라새힘을주어모든 것을 깃븜으로 行하게한다道德은닥는者의苦惱에比하야天國을求하는者의輕快여 더구나前者의前程은虛妄하고後者의前程은天國의永遠한生命이라

예수의天國闡明에全宇宙는그材料를提供하엿다예수께서이豊富한材料를가지고그하나님나라의秘義를宣布하심에그語氣의醇々하시고그內容의淸新하심이恰似淸冽한活泉이湧出함가트섯다 거긔에는拘泥할形式도神學의衣服도업섯다 天來의眞理에天來의自由가잇슬뿐이엿다。이自由로써、或은天國의現在를或은天國의未來를或은天國의徐々한生成을或은天國의急激한終末的來現을說去法來하섯다그럼으로이와뎌가符合되지안는것갓기도하고 뎌와이의條理가맛지안음가티보이는點이업지아니하다。그러나이雜然과矛盾은산者의雜然이요矛盾이다 그럼으로外面의雜然이요矛盾이다 그深奧한곳에는整然한調和가잇고統一이잇다。이調和와統一을보지못함은啓蒙哲學의逆浪에몰니고論理의風塵에蹂躪을當하야마암의單純과靜謐을일은者의悲哀로다至大한損失이로다。그들은生命의샘을그대로마시려하지안는다。科學々々하면서科學의使命을忘却하고쏫이업시生長發展하는生命까지도分析하야體系에마추워 거긔에調和하는것은取하고調和되지안는것은弊履와가티버리고만다。眞汁를걸너버린糟粕을할을뿐이다。

福音에싸라或은「天國」이라하고或은「하나님나라」라하야用語가다르고또그本質의闡明도表現이多樣多相하다그러나예수께서가라치신그나라에는한가지原理가貫流하고잇슴은確實하다。「나라」의原語(Basileia)는王國(Kiagdom)과統治(dominion)의兩意가잇스나그根本義는支配特히神의支配를表示할째에使用되는말이다 그럼으로主예수께서몬저하나님나라와그義를求하라하섯슴은무엇보다몬저아버지이신하나님의榮光잇는支配를求하라하심이다。이支配는人格的神인여호와의聖旨의支 配를말함이요哲學 者의所謂「理念의支配」를말함이아니다。惡魔의勢力은쓴허지고하나님의聖意만이行하여지는곳그것이即하나님의나라이다。그럼으로하나님나라는超現世의나라이면서

包現世의나라이다。또過去인同時에現在이며現在인同時에또한未來인나라이다。따라永遠한나라이다。하나님이永遠한宇宙의統治者이심과가티그나라도永遠한나라이다。空虛한말에잇는것이아니요權能으로臨하는나라요未來를꿈꾸는理想鄕이아니요現有한實在의世界이다。그러나百姓이낫과밤으로體驗하는나라요所望의나라이다。사람이예수의十字架에나타난사랑과恩寵으로許與된이現有의天國을小兒의單純으로밧고未來에現臨할그完成을待望하면하나님의깃버하시는바된다한다。이것이福音의福音인特色이다單純한眞理이다。그러나사람은單純한싸문에容易한싸문에 도로혀부듸처넘어진다。天國이靈的나라님을아지못하는그들은부즐업는自我의努力과奮鬪로天國을地上에建設하엿다고東馳西走에餘日이업다。이것이所謂文化運動이요社會改良事業이다。그들의文化運動과救貧事業이成就되고社會主義나共產主義가實現된다할지라도그것만으로는天國은建設되지아니한다。적어도예수의意味한天國은建設되지안을것이다예수가그러한意味에서天國을宣布하지아니하엿슴은엇더한學者라도贊否는고사하고共認하는바이다。人間의눈으로보아아모리理想的이오完全한社會일지라도하나님의聖意가그를支配치아니하면그것이다른무엇일지라도하나님의나라는아니다。이原理를適用하여볼째하나님나라는多樣의觀念에分析할수잇다。그러나여기에는그主要한세가지特徵만을簡單히考察하여보려한다。

一、靈的인하나님나라

예수當時의猶太人은熱々히메시야의來臨을待望하엿다。그러나豫言者들의眞精神을理解치못한그들이待望한메시야는世俗的偉大한王이엿다。異邦의支配의멍에를破棄하고塗炭中에서呻吟하는猶太民族을救援할救世主이엿다。다윗의大王國을再建하고猶太民族이盟主된世界의統治에登極할受膏者이엿다。이熱望은異邦의壓制가苛酷하면苛酷할사록그熱度를加하여갓다。豫言者의게서는義를伴한메시야的希望이그들의게는單只權力의支配에맛처버리엇섯다。그리하야靈的王國인메시야의나라가純全한世俗的王國의範疇에들어버리고宇宙的王國이다맛아브라함의肉의後裔만이그祝福에參與한다는排他的王國이되고말엇다메시야의待望이絕頂에達한그만큼그思想의墮落도極

甚하엿섯다。 메시야渴望에人心이混亂을極한째에 하나님의아달예수께서메시야되여오래동안人類中에 消失된하나님나라를回復하려오섯다。 일즉豫言者이사야가豫言者하고단이엘이幻象에본永遠히滅亡치안는나라의王이신메시야예수께서出現하섯다。 다윗의後裔에서난者가全宇宙를統治하고여호와에關한知識이물이大洋을덥흠과가티 온世界에찰째가 왓다。 모든나라가그光明을차자가고 모든君王이遍明하는 그光輝를思慕하야나아올째가왓다。 그런타하나님나라의王이신 예수께서듸々여受肉하사世上에降臨하섯다。「天國이갓가왓다」고웨치면서世上에出現하섯다。

그의天國은舊約의豫言者의宇宙的靈的王國을더욱크게하고놉히고聖潔케하고充實케한나라이엿다。 當時의政治家나宗教家나民衆이待望하든地的메시야王國과는氷炭과가티到底히調和될수업는王國이엿다。 예수의「天國이갓가왓다」하는이첫한마대말삼中에그의悲慘한最後의暗影이그나래를폐기始作하엿슴을누구라疑心하랴! 그의하나님나라에關한思想은그根底가이믜舊約에잇섯다。 그러나舊約이그의스승(師)이요그가그弟子임은아니다。 舊約은그에關한豫言이엿고그는그豫言의對象이요成就者이엿다。 그런故로그의思想에는顯著한淸新이汎々하여잇고特異한獨創的色彩가濃厚하엿섯다。 그것은猶太思想의옛衣服에집어대일수업는새베(布)이엿고날근皮袋에너흘수업는새술이엿다(누가二章二一—二二) 예수의가라치심이學者나바리새敎人갓지안코權威를가짐과가티 보이엿슴은當然한일이다。 예수의天國은文化發展의成果로建設될이世上의理想的나라가아니요(요한十八章十八節)하날에降臨할나라이엿스며 肉的나라가아니요靈的나라이엿다。 이世上王國의榮華를꿈우며「호산나호산나」라歡呼喜唱하면서예수의예루살넴入城을祝賀한民衆이自己들의熱望이一場의春夢이엿슴을覺知하고激憤하야「그를十字架에못박」으라고狂叫하엿슴은人心의當然한歸結이라하리로다。 그들이異邦의壓制와侮蔑에呻吟한情狀과그메시야待望의熱心에想及할째同情아니할수업슬만큼當然한그릇침이다。 境遇의順과逆은如何컨그릇첫슴은그들이엿고예수는아니엿다。 예수께서는그公生涯의처음부터그나라의本質을明白히하시랴努力하섯다。 그의가라치심에依하면하나님나라는腥血

酸鼻한戰爭이나殺戮으로써建設될것이아니요一個의靈魂이 悔改하면 그사람의胸中에 고요히 來臨하는나라이엿다。이러한個人의集團한곳이면그것이社會이거나敎會이거나 이世上이거나저世上이거나그어대임과그名稱의무엇임을不拘하고그곳은하나님의나라이로다。

이宇宙的이요靈的인나라에드러감에는이世上의特權이아무所用이업다하셧다。저기에는白人種의優越도업고黃人種의자랑도업고社會의制度도 아브라함의後裔인特權도選民인特權도律法의保全者인特權도敎會員인特權도 受洗의特權 禮拜에參席한特權、監督이나牧師의特權等의왼갓이世上의特權이란 特權은모조리優待權을喪失한다 다맛信仰을가진者만이하나님의聖意를行한者만이드러갈나라이요 물과聖靈으로更生한者만이드러갈나라이다(요한三章三―五節)마암이가난한者의나라요義를飢渴한듯이求하는者의나라이다。義의나라요、사랑의나라요歡喜와讚頌의나라이다그럿타肉의나라가아니요靈의나라이다。

一部의學者는예수께서처음에는當時의民衆파가티同一한軌道를걸으며猶太의恢復을夢想하엿스나그것이한아름다운꿈으로마처버리고到底히實現되지못할것임을悟得하고心氣一轉하야 靈的으로기우러젓다고想像한다。그러나예수의言行을처음부터公平한눈으로洞察하여보면그想像이批判者의抑說에不過함을可히아리로다。曠野의試驗中에惡魔의게서天下의諸國을보이며그榮華로誘惑하엿슬때에斷然히 그것을물이첫슴은이를立識한다。또바리새敎人이天國이어느때에올것인가를물엇슬때對答하야天國은볼形狀으로오지안코 또보라여기잇다뎌긔잇다못하리니대개하나님나라가너희가온대잇나니라(누가十七章二〇―二一節)하셧다即하나님의聖意가完全히支配하는예수自身이거긔에서계셧슴이다。肉에屬하야肉을버서나지못하는사람은하나님나라를아지못하엿다。예수를가장잘理解할地位에잇는弟子들까지도예수의復活後까지明確한理解를가지지못하고「主께서이스라엘나라를恢復하심이이때니잇가」(行傳一〇六)라는愚問을發하엿다 人間의마암이란이대지頑强暗昧한인가생각하면厭症이무럭올나온다。그러나設或使徒들의理解가더듸고全敎會가그럿첫슬지라도예수의가라처傳하신나라는靈的이엿고世俗的이아니엿슴은自明한眞理로다。

二、生長發展하는하나님나라

하나님나라에關한예수의教示의一面은그生長發展의階段을밟어서完成된다는바이다。이것은여러가지譬話로써말삼하섯스나그가장特徵잇는것은하나님나라를싸에쑤린種子의徐々한秘密的生成에比喩한 마가四章二六—二九節의이야기일것이다。쌍에種子를쑤린農夫는엄이트고싹이길어나오나그秘義를窺知치못하고다맛하나님의定하신時期가到來하기를기다린다。畢竟열매가익어農夫의庫間에담기는것이나 거기에는順序가잇스매 처음에는싹이나며다음에는이삭이되고그後에는完全한 穀식을 일우는것가티天國도順序를따라漸次로生長하야마참내 完成된다함이다。이外에도芥子씨가원갓疏菜의種子中에서가장적으나 자라나서는 다른野菜보다도큰 나무가되여空中의새가와서깃드린다는比喩로는漸進的天國의外的發展을가라치섯다볼수잇고 누룩이가로속에서그가로를醱酵식힌다는比喩로는(마태十三章三三節參照)天國의內的擴充을가라치섯다고볼수잇다。農夫와寶物。商人과眞珠의譬話도또한그生長의眞理를間接으로가라치신것이라할수잇다。

이眞理는思索의悟得도아니요 論理의歸結도아니다。事實의宣明이다。예수한분만의게特有한事實이아니요信者各個의日常經驗하는바다。사람이信者(眞)가되면그內的生命은惡魔의손에서 神의支配에移管되엿다할지라도 肉은좀처럼神의統治에移管되지안는다。「내가願하는善은行치아니하고 도로혀願치아니하는 그惡은行하는도다……대개내손에 잇는사람으로는하나님의法을즐거워하되 다못肢體中에 다른法이잇서 내마암의法과 합세싸화나를사로잡아 나의肢體에잇는罪의法에服從케하니오호라 나는피로운사람이로다 누가이死亡의몸에서나를救援하랴」한로마七章 의바울使徒의悲痛을極한告白이이를明白히說明하야줄쌘아니라。내自身의적은經驗도肉에잇서서나靈에잇서서나生長의事業을보게하야준다 個人이이러할진대況社會일가본냐

天國의이漸進的方面이所謂文化主義者 社會改良運動者의好餌로利用되는바다。그들은靈的이니終末的이니합은痴人의迷夢이요 예수의意味하신天國은文化와人道的精神이發達浸潤한結果로建設될理想的世界라생각하고이를高調하고 이를爲하야犬馬의努

力을앗기지안는다。그러나그들은僅々히一面을보고全體를妄斷하는者이다。아니 一面일지언정 잘보지못한者이다。그들은스사로天國建設의主要役者로自處할는지모르나 참天國에는全혀因緣이업는者들이요 自己를神으로모시고自己를禮拜하는者들이다。나는그들과가티天國의現在를밋고 또그生成發展을經驗한다。腐敗한우리안에 새生命이萌芽를發하고人生이根本的으로改革됨이 全世界에밋치면天國이地上에서도成就될것이다。그러나이새生命을社會에밋치게함과全人類를改革식힘은누구의事業이냐함에이르러예수와그들을明暗의날임파가티 난휘고만다。그들은天國建設의偉業이사람의게잇다하고예수는全혀하나님께잇다한다。

三、終末的인天國

前述한바와가티 예수께서는天國의現在를가라치시고또한生長發展의理를발키셧다。그러나그가天國의現在를말삼하실때나生長發展의秘義를說明하실때나그의語調에는굿이업는餘韻이響應하고잇섯슴도觀過할수업는바다。現有의實在의背後에 더욱完全한天國이實在하야잇슴을빗보이셧다。그自身이그完全한天國에서오셧고 또다시그리로가신다하십이든지山上垂訓의祝福辭의처음과마지막에「天國은그사람의것이라」하야天國을現實의所有로說示하시는同時에「그사람은慰勞를바드리……싸를遺業으로바드리、배부름을어드리」라하야天國을未來의事實로 가라치셧다。어느때에는明白히來世를가라처天國이라하셧다。이天國이漸進의過程을突破하고終末的으로急激히完成되리라하셧다。이思想은어느때든지예수의再臨과結合하여叙述되여잇다。그때를豫言하야 人子가榮光으로써諸天使를거나리고 來臨하야 善人파惡人을審判하리라 善人은創世前부터豫備하신나라를 니으게하고惡人은永遠한罰에定하리라하셧다(마태二十五章 二五—三一) 그러나예수沒後二千年 아즉世上은改善되지안코 그를따른다는敎會는甚히墮落하여잇슬뿐이요 예수의再臨도업고 世上의終末도오지안는다예수의말삼은밋들수업는잠고대와가튼것인가 二千年間人間의가장純粹한心靈의所有者와 銳利한頭腦의所有者들은쏙이여온것인가。아니다 九十九匹의羊을두고一匹의迷徨하는羊을차즈랴고生命을두고애쓰는牧者가트신하나님께서 最後의一人까지救援

하시려고 忍耐하시고反逆人間의歸順을기다리십이안일가 더구나世上의千年이天國에서는一日과가틈에야 누가天國到來의遲々함을怨嗟하리요

예수쎄서는다른機會에말삼하시기를自己가오실때世上에서信仰을차저보기어려우리라하섯다 모돈者가失望하고다시 肉의埃及에回程한때에 天國이到來하지아니하리라고 누가明言하랴 그럿타盜賊이夜陰을타고옴과가티 旅路에나선王이不意에歸還함과가티 新郎이處女의잠든夜半에옴과가티 갑작히天國이오리라하섯다。이러한일이엇지可能하랴하는者누구요 하나님께서는能치못하심이업나이라 이를否定하는者는하나님과송사하는者로다

그러나예수와가티 이天國을憧憬하면서日夜을送迎하는者는福잇는者로다。한家庭이이를憧憬하면서日夜를보내면 봄바다에서 노을이天空에 피여올음과가티和氣애애한家庭이될것이요 教會가 이信仰에굿게스면 世上의光明이되고 쌔의소곰이되여하나님의祝福을바드리로다。그러나現代의人間과家庭과教會는이信仰을버리고 스사로된墓穴속에苦悶懊惱하고잇다。現代人은自己의呻吟에귀가맥々하야사람의게依支하려는마압을버리고 다시한번生命의活泉에마서라」하는靈的炯眼者의소래까지도듯지못하고大探索者의叩門에도門을열어주려하지안는다。朝鮮의教會여! 네가이信仰을가지고남을가라첫음이바로 요전일이아니냐 웨! 이대지도速히老父老母사이에서는이信仰을 化石化식히고 青年男女사이에서는그자최까지도 掃淸하여버렷느냐 父老여 다시한번肉을버릴지어다 青年이여 다시한번 自我을버릴지어다 그리하야다시한번信仰에서라 來世의信仰은迷信이아니요事實이다。現有와希望이相保相助하야그確實性을保證하야주는事實이다。이事實의體驗에서서 初代信者들과가티「主여오소서 어서速히오소서」라부르자!(一九二七、十二、十九)

祈禱의人

路傍에무릅을꾸는者…祈禱의人이아니며 公席에서긴祈禱를하기조화하는者가祈禱의人이아니며 아참부터저녁까지重言復言하는者가반다시祈禱의人이아니다。信賴하는者가祈禱의人이며聖意를行하는者가참祈禱의人이다 罪人인人間이祈禱에依치안코엇지信賴를니어가랴 弱한人間이不絶의祈禱업시엇지聖意를行하랴! 그럿타가장잘信賴하는者가가장잘祈禱하는者며 가장잘聖意를行하는者만이참祈禱를生活하는祈禱의人이로다。

福音을붓그러워말나

楊仁性

우리들은예수밋기始作하야처음얼마동안恒常사람압헤서예수밋는다기를붓그러워하며或은숨기는일이적지안엇든것이다。 엇던때에는食卓을向하야하나님씌祈禱드릴마음은充滿하나周圍의不信者눈을어려워祈禱못하고술(匙)을들며 때에는尊長을對하야世上思潮를問答할제不知不識中나의信仰의움(萠芽)이多少表顯됨인지그들이「네가예수밋는냐」룰을때敢히「나는예수밋슴니다」 라고對答못하든일이種々잇든것이다。 懦弱하기도끗업스며庸劣하기도짝업든것이다。

大體이것무슨까닭일고『福音은滅亡하는者의게는미련한것이되되救援엇는우리의게는하나님의能力이되며』(고젼一의十八)『하나님의弱하다하는것이사람보다强하니라』(고젼一의二五)는聖經말슴의眞理를깨닷지못한緣故가안일가

이제우리는바울의福音붓그러워하지안은事實을좀生覺해보자。『내가福音을붓그러워하지안이하노니福音은밋는者를救援하시는하나님의能力이신까닭이라』(로마一의十六)하엿다。그理由가明白하다 읽으면누구나다알만한簡單한事實이다。 長久한歲月을虛費해獲得한所謂世上의鍊膽術노나온것도아니며또自己의智識程度自己의人格力을中心으로한假想的胸度로나온무엇도안이다。 다만福音은하나님의能力이신까닭에붓그러워안이한다하엿다。 이는그의實地體驗이엿스며또숨길수업는明白한事實이엿든것이다。

그러나우리는淺見으로얼는判斷하야바울이「내가福音을붓그러워하지안는다』하는것이좀弱한듯이生覺한다。 웨바울은積極的으로나가「榮光으로生覺한다」하지안코消極的으로「붓그러워하지안는다」하엿슬고 果然바울도한때는우리와갓치붓그러워하엿던가、우리는바울의이말을發한그時代와周圍環境을鑑察할必要가잇다。 大概모든聖經學者들의證明한結果에依하면이말은紀元後約六十年頃에羅馬帝國을對하야웨친말이라한다。 그러면 때는羅馬帝國이當時의오—ㄴ世界文化와權力을그掌中에넛코잇는때이다。 이런때에極히微々한創設初程에선基督敎의한平信徒바울이그文化그權位를對敵하야勇敢스러히『내가福

音을붓그려워하지안는다』하는膽大한信仰을發表하엿스니그가운대에반다시人生의原理가되며智識의根本이되는不可思議의힘이潛在되여잇는것을推測하기가어렵지안을것이다。

勿論바울도사람인以上 이말을發할때멧番이나躊躇하며멧番이나恐怖하엿을것이다。그러나마츰내그가힘엇을때羅馬帝國인들무엇이엇슬가『내가이제福音을붓그러이녁이지안노라』하엿다。

그러고보면「붓그러워안……」한말이「榮光으로녁인다」는積極的의말보다意味가더深長하며또우리信仰의進步와堅實度에비처보아一層首肯의感을더ᄒᆞ게하는것갓다。

바울도우리와갓흔一個平信徒로서여러가지떨임의經驗붓그럼의經驗을맛본後準備가完成하고確信이굿々하여비로소「나는예수밋는다」는一言을發하게되엿스니이말의무게가엇지千斤에止하며그永久性이야엇지數萬代에만盡하리오。實노壯嚴하고도貴한바울의經驗이오또同時에오늘날까지敬虔한信者는누구나다한번맛보는大眞理의一幅이다。

大體로우리들의믿음도一時에完全케되며 붓그럼업시는되는것이안이다。사람앞헤서멧번이나祈禱못하고멧번이나예수밋는다못하다가한번福音이能力입을때닷는때千兵萬馬가드러온대도조곰도두려움업시堂々하게예수밋는다고말하게되는것이다。그뿐아니라이試鍊,이經路를밟은後의信仰이라야貴한것이며無窮한永久性을가진信仰일가한다。그러면이힘은무엇으로엇난고。或은놉흔地位일가 아니다 或은넓은智識일가或은만흔金錢일가 모도다아니라 다만謙遜한信仰이다어린액이그어머니를信賴하듯하난絕對無疑의信仰이다。

福音은힘이다無限한權能이다世上에第一弱한者로써所謂强하다는者를붓그럽게하는異常한힘이다。그러나決斷코世上智識에서엇는軟弱한힘一時的의힘갓흔힘은아니다 또哲學파갓흔人生思索으로짜여낸思想의體系도안이다。信仰은事實이다산經驗이다。누구나區別업시謙遜한靈魂의所有者면맛볼수잇는하나님의힘이다。福音이福音되난特色도여기에잇다。金錢으로나智識으로산다면世上에이힘맛보지못할者가不知其數리라。그러나하나님은至公無私하사이貴하신힘壯嚴하신힘을貧富貴賤파田夫野人의區別업시自

己의외아달예수그리스도의十字架치어다보는者의게 豐富히난와수는도다 이난果然人間의온갓手段을弄하여서도 또다른宗敎로서도絕對로얻을수업는힘即悔改의힘信賴의힘慰勞의힘、사랑、平和、歡喜、待望等의모든偉大한힘들을주는힘의源泉이며根本이다。바울도베드로도요한도또모든弟子들도이힘을얻을때에이世上의모든피롬、모든逼迫、모든智識、모든權勢에依托치안코도로혀그를對敵하면서오ㅣㄴ世界人類의게이不變의眞理를傳햇든것이다。

그러면우리는이힘엇기爲하야이제새삼스러히만흔知識얻을必要도업는것이오또만흔財産놉흔地位얻을必要도업난것이事實이다。다만한가지條件이잇다면그난外飾업는單純한信仰뿐이다。即하나님을아바지로그리스도를救主로처다보는信仰의生活이다。적어도이런生活을繼續하는때우리와갓흔적은信者일지라도오ㅣㄴ世上을對敵하야能히믿어나갈勇氣가나는것이며또누구를對하던지나는예수의사람이라고말할수잇을것이다。아! 福音의偉大한힘이여너는오늘날까지世上의無數한柔弱者로第一强한者를만드렷스며第一卑怯한者로第一勇猛스러운者를만드렷도다。달소의사울도너를얻어使徒바울이된것이며放蕩兒오ㅣ가스틴도너를맛나슬때에聖오ㅣ가스틴이된것이안인가 또리빙스톤이나 크롬웰 워싱톤 링컨갓흔모든信徒들도너를붓잡어서그와갓흔絕世의義勇者無比의剛毅者가된것이안인가 其他루터 칼빈 무ㅣ데等有名無名의義者勇者들이야엇지다一一히헤아릴수잇스랴

山中에獨居하야難行苦業한結果設或悟道의妙境에들어간대도이힘은到底히얻을수업는것이며또一生을努力하여善行을山처럼쌋던대도이救援의眞理는밧지못하는것이다。眞實노하나님의弱者를强者로怯者를勇者로敗北者를勝利者로사단을天使로變換식히는方法과手段이奇異하다。先祖代代의遺傳도問題外다不幸히惡한病菌이그血液에侵入되여終世의不治者란대도이힘얻음에는無關係하다。다만당신의외아달예수그리스도의十字架만처다볼때저「다이나마이트」와갓흔百折不屈의두나미스(dunamis)「힘」을엇는것이다。

아! 感謝하도다하나님이우리의게주신힘의根源! 사랑의根源! 우리들노하여금모든피로움을밧을지라도끗날까지당신이직히실줄깁히밋고붓그워함업시걸어나가게하옵소서。또萬一그리스도人으로苦難을밧은즉그일홈으로하나님께서榮光돌릴줄믿고깃버하게하옵소서。아멘。

先知者

咸錫憲

內容

一、先知者研究의意味

聖經안에는先知者라는一種特別한人物들의言行에對한記錄이만히잇다。新約中에도先知者의말이자조引用이되여잇고「女人이나은사람中에는요한보다더큰者가업다」고예수께서稱讃하신洗禮요한은舊式先知者의最終이요最大한者이엇다 예수以後에도使徒行傳과고린도書를보면先知者가多數히낫슴을알수잇다 그뿐안이라예수당신이先知者中의先知者이엇다(누가二四章十九以下、十三章三十三、七章十六、마태十三章五十七、) 그러나新約에보다도舊約에는더욱만타 만타는것보다도舊約은先知者의書다 先知者는舊約의中心을일우는것이다 舊約은이스라엘民族의歷史지만또先知者의歷史라고하여도過言이아니다 實로先知者는이스라엘民族歷史의中軸을짓는것이다 이스라엘의歷史는救援의歷史다 사람便으로보면反抗의歷史며墮落의歷史요하나님便으로보면間斷업는恩惠의歷史요그들의悔改와救援을爲한努力의歷史다 勿論이는이스라엘의歷史에만限하지안는것이요世界어느民族어느國家의歷史를勿論하고結局은救援에니르는過程이다 그야歷史上에는자못悲慘한때도잇섯고말할수업시墮落하고 罪惡이漲溢한時代도잇섯스며 現在에도文化는人類를漸々더惡化식이는것이라고밧게볼수업스나 그러나그모든것에도不拘하고맨잇헤는亦是變함업는하나님의사랑과人類의救援에對한期待가흘너잇다 그는背反한蕩子가이제나도라올가 저제나도라올가하고밤과낫으로기다리시든者다우리는이를雜沓한社會의狂濫하는罪惡의물결中에서때々로가다가爆發的으로니러나는正義의부르지즘眞理의부르지즘이잇는대서부터깨달을수가잇다 歷史는뜻잇게참으로낡는者에게는어김업시이를가따처준다 그러나다른어느民族에보다도이스라엘의歷史에는이는더욱明確히나타나잇다 選民의歷史라고할만하다 아부따함의갈대아出奔 이스라엘族의埃及脫出로부터 그들의가나안到達그後波瀾이重疊하는그들의歷史마지막에는이스라엘、유다의滅亡그리스도降誕에니르기까지 그들의救援을바라는하나님의「암닭의병아리부르듯하는」「牧者의일흔羊을찻듯하는」사랑의意志는變함업시始終을貫通하야흘너잇다 그리하야이이스라엘族의救援을爲하야하나님의取하신方法이先知者의派遣이다 그는先知者라는特殊한사람을自己의사랑하는民族가운데보내여或은가라치고或은다사리고或은指導하며 激勵하고危險이잇슬때에警告하고드대여罪를犯하엿슬때에수짓고 怒하고 罰하고 咀呪하고 殘敗까지식여그들의悔改와歸來를促하엿다 舊約을낡어서 우리는사랑하는아들의改過를爲하야爀然한怒를發하야 손에채를들고죽어도一毫의假借가업슬듯이臨하면서그러나속으로는쓰리고아푸고哀然한맘을禁치못하야 참아얼굴을바로向하지못하는嚴父慈父의맘성을보아낼수가잇다 先知者를보내여怒하고수짓고할때에이스라엘百姓은悔改하고도라왓다 도라왓스나未久에또背反하엿다 先知者는許多하게왓다이스라엘은끗업시背信을反復하엿다 드대여骸骨丘上의聖悲劇을보게되엿다 이러듯하야先知者는 이스라엘歷史의中軸이요眞髓며또이스라엘을通하야世界歷史의中軸이요眞髓다 그는先知者가나지안엇드면이스라엘은마츰내永々天地의主宰신여호와하나님을恭敬하기를니젓슬것이요이스라엘民族이萬一이를닛고바리엿더면人類는永遠히하나님을알지못하고그로因하야滅亡에빠지엿슬는지도모르기때문이다。果然어떤때에는全人類의運命은모세의한命令에 이사야의한마듸말에或은에레미야의한番놀내는혀끗헤달니여잇섯다고하여도過言이안이다 이러케보아서先知者의意味는더욱크고깁버지고研究의興味와價値는더욱加하는것이다 더구나오늘날견될수업는困窮과悲慘에빠지엿고民族的으로破滅에瀕臨한우리에게는더욱興味가잇는일이요 거긔서가라침을엇을必要가잇는것이다 新約에잇서서福音은完成되엿다 우리는이것만잇스면救援을엇기에足하다 그러나때로는舊約으로써補텔必要

가잇다　舊約은한民族으로서救援을어써케얻는가를
더욱밝히보인것이다　救援은個人의救援만으로完成
되는것이안이다　萬一個人으로서의참救援을밧으면
그는必然的으로民族的社會的救援에까지니르고야말
것이다　내목숨과밧구려는내사랑하는者내同胞의救
援을내여놋고내게完全한平和와快樂과讚頌은잇슬수
업다「患難이나困苦나　逼迫이나飢饉이나赤身이나
危險이나　刀劍이라도自己를그리스도의사랑에서끈
을者는업다고한　로마八章三十五)바울은「大槪내兄
弟곳骨肉의親戚을爲하야我가그리스도께끈어지난대
까지니를지라도願하는바로라」까지하야그의이스라
엘의救援을爲하는熱愛를吐露하엿다(同九章三)自己
의사랑하는者의悲慘과破滅을生覺할때에우리는이와
가티부르짓지안코견될수가업는것이다　에레미야九
章一節以下를읽음에그와가튼설음의눈물을흘림이업
고가슴아등이업시읽는者는　敢히말하거니와排斥하
여야할利己主義者다　하나님은만드시그의個人의靈
魂의救援도許諾지안흘것이다
「슯흐도다내가내머리로물을삼음이어　내눈이눈물
根源이되엿슨즉내가내百姓의殺戮當한者를爲하야
밤낫울니로다　슯푸다내가광야에서나그네의寓居
할處所를엇게함이어내가내百姓을써나가리니뎌희
난다姦淫을行한者요悖逆한者의族屬이됨이로다」
에레미야가이스라엘族을바라보고불은哀歌는그中에
「유다」를「朝鮮」이라밧과쓰고「시온」을「漢陽」이라고
만밧과쓰면그대로오늘날우리가불을것이아니고무엇
인고
「슯흐다이城이어　本來居民이만터니엇지寂寞히안
젓나뇨本來列國中에크던者가이제寡婦와갓고　本
來列邦中에公主되엿던者가이제隨從드는者가되엿
도다　뎌가밤새도록哭하고또눈물이그쌤에잇고本
來뎌를사랑하던者中에慰勞하는者가업스며그親舊
도다속여서맛참내원수가되엿도다……」(다쓰지못
한다)
네가萬一朝鮮을사랑하거던그의悔改와救援을爲하
야懇求하여라　그의悔改와救援을切望하거던先知者
의가라침을듯고그不幸이어대서原因하엿스며그救援
이어듸서부터올것임을알아유다의前轍을밟지말게하
라
이스라엘의興亡그의救極史와先知者의關係또는人

類의救極史와그들의關係더갓갑게는目下우리의救援의길과그들과의關係는그러한것이거니와우리는거긔서살ㄴ敎訓과眞理를엇어내기爲하야先知者란엇써한사람들이며엇쩌한使命을가젓는가를多少仔細히硏究할必要잇다。

二、先知者의名稱

先知者란어썬사람이엇던가는「先知者」라는其名稱을考察하면알수잇다 우리말로飜譯하야「先知者」라고하는말은希臘語에는푸로예테쓰라는名詞다。이푸로예테쓰라는말의뜻을分析해보면「前에(미리)말하는者라或은(누구누구)를爲하야말하는者(누구누구)를代身하야말하는者라는뜻이잇다 前에말한다함은어썬일이發生하기前에其將次올것을말한다함이요、爲하야 代身하야말한다함은두말할것업시하나님을代身하야그의식이는바를말하며그의聖意를解釋飜譯한다는말이다故로先知者라기보다는預言者라는것이더本뜻에갓갑고(우리말에도其動詞는預言한다고飜譯되여잇다) 預言者라는말도其뜻의一面만을傳하는것임으로完全한譯語라고할수업다 그러나푸로예테쓰의뜻은그것만안이다希臘語의이말은本來히부리말나비ㅣ라는대서原因하여生긴말이요써라其나비ㅣ라는思想이全然히히부리起源이다 나비ㅣ라는말의뜻은「말하는者」라는意味가잇는밧게또「沸騰하는者」라는意味가잇다고한다 그런故로이나비ㅣ라는말에서하나님의뜻을밧아그말이참을나야참을수업시닐어나오는先知者의面目을보아낼수가잇다 우리는이를예레이야의告白에依하야確實히알수가잇다。

「이렵으로내가다시는 여호와의일을頒布치아니하고그일홈을가지고말하지안이하랴하면내맘속에맛치불붓난것갓흔것이잇서내쎠가온대깁히들어잇는故로참으랴하야도참을수업도다」(二十章九)

그러나先知者라는名稱에對하야는니저서아니될것이한가지더잇다 그는이스라엘의上古에는先知者(或은預言者) 卽나비ㅣ를가리처「보는者」라고불넛던것이다 삼우엘上九章九節에보면

「녯적에이스라엘나라 에서사람이하나님께가서물으랴면말하기를先見者에게가자하엿스니大概只今先知者라하는이를녯적에는先見者라하엿나니라」라고하엿다 이「보는者」라는것이先知者를理解하는데자못重要한일이다 그들은思想家思索家가아니

엇다　學者가아니엇다　思索하고熟考하야서將次올일을推測하는者가아니엇다　圖書館과研究室에잠겨잇서서衣魚가치冊귀에부터잇서고개를기웃거려가며눈살을찌푸려가며한숨을지어가며苦心戮力刻苦勉勵하여사람의피와기름을잇는데로다짜서思想의모자이크(細工)를부어내는者는아니엇다　그들은보는者이엇다　躍如한事實을눈압헤만질듯이보는者이엇다그런故로그들은흔히「내가보니」如斯如斯하엿다는말을하엿다。더구나特別한一例를들면이사야二章一節에「아모스의아들이사야가유다와엘루살넴에對하야　본말이라」라고하엿다（國文聖經에는「묵시밧은말슴」이라고하엿다）말을본다는것은우숩은듯하나事實그들은하나님의말을보는者이엇다　알녀고힘써生覺하야아는것이아니요그들이生覺지안는바를忽然히보여주는것이엇슬것이다　꿈갓흔는지或은異像갓흔는지或은常時대로엿는지그는알수업스나　엇젯던어둔밤中에갑작이번쩍이는電光에依하야期待하지못햇던곳에여러가지것을一時에보고다시캄캄한中에감추이는것갓치將次各世代各邦域에나타날歷史가그압헤단番에生現하엿슬것이다　故로아마生覺컨대先知者自身도어찌하야自己에게그일이알녀지는지는몰낫슬것이다　緣故를몰으나알녀지고알녀진것을말하라고恒常催促하는무엇이잇섯슴으로그저말하엿슬것이다　그에게보여주는것은全혀하나님에게屬한일이엇다。그러기에그들은預言할때마다「여호와의말삼이내게臨하야갈아대」라던가「이것이여호와의말삼이엇다」라던가하는말을附加하엿다　그럿틋하야본말　본事實을民衆압헤傳하는것이엇다　그런故로그들의말은生々한것이요決코假作이야기갓치無力한것이안이엇다

先知者라는名稱이表示하는意味는如斯한것이나勿論名稱이實相의全部를傳하지는못하는것이다　完全한理解를함에는先知者들그사람의實地生活、性格、爲人、言行에接하지안으면아니된다　以下聖經의預言書及其밧經典中에나타난바에依하야先知者는어쩌한사람이엇던가를볼녀한다。

三、하나님의사람先知者

先知者는이스라엘의歷史를貫通하야多數히出現하엿다　예수以後使時代로부터나타난先知者는除하고라도모세로부터洗禮요한에니르기까지許多한先知者가잇섯다　其中에主要한者만을列擧하면如左하다

모세 나단 엘니야 엘리사 四大先知者 ── 이사야 에레미야 에스겔 다니엘 十二小先知者 ── 호세아 요엘 아모스 옵아듸아 요나 미가 나훔 하박국 서반이야 학개 세가리야 말나기

이밧게도當時에先知者學校가잇섯다고까지하닛가 만흔先知者가잇섯을것은推測할수잇다 그러나勿論 그만흔사람이다眞正한先知者는안이엿슬것이요또眞正先知者들도時代가上下千數百年에亘하엿고各自의個性이相異하니其特色도各樣일것이요一律로말하기어렵을것이다 그러나아무리時代가달으고個性々格이다르고하여도先知者의特色으로恒常變치안는것이잇섯다 그는그들先知者는徹頭徹尾「하나님의사람」이엇다는것이다 그래 그들은萬軍의主여호와하나님의사람이엇다 自己名利를爲하야乃至自己人格을爲하야사는것이안이요하나님의뜻을爲하야 그를爲하야그의뜻을世上에펴기爲하야사는者이엇다 自主를尊重하는現代人에게는이는견듸지못할일일것이다 어대까지人間本位를主張하는現代人에게하나님을依支하야살고하나님에게全部를들어바티고살고그의식이시는대로산다는것은劣弱한것갓고人生의尊嚴을일는듯할것이다 정말自主가되엿으면조흘넌지모른다 그러나事實은理論과判異한것을보여준다 모세와바로는누가참으로强하엿던가! 엘니야와아합에는누가참으로이긔엿는고! 촌敎會의一洞牧師인룻터와列國의帝王의모힘인연틈싸會議와는어느便이굿세엿던고! 「내뜻대로하라는것이안이오나를보내신이의뜻대로하려함이라」고한나사렛木手압헤로마帝國도歐洲의列强도 全世界의사람이지은神과偶像도마츰내敗하고 屈服하지안엇는가! 참으로굿센者가누구뇨? 하나님의사람! 참으로놉고 偉大한者가누구뇨? 하나님의사람! 사람은自主를要求한다 生命의奧底에서부터이를要求한다 아무런者게도支配밧기를願치안는다 그러나사람은그가아무런者에게도屬하지안키爲하야 오직한분에게屬하는것이必要하다 絕對로獨立하려하여사람은도리혀文化의奴隸가되고哲學의奴隸가되고欲望의奴隸가되고利欲的自我의奴隸가된다 그러나오직한분인全能의神을依支하는者는다른아무런者에게도隸屬하지안는다 사람이여 네힘으로갈수잇거던가는대까지가보아라

네힘으로설수잇거던섯는때싸지서보아라! 宇宙는어리석은自尊者너를내여버리고그의法理대로運行하여갈것이다 限업는虛無와滅亡의恐怖는너를威脅할것이다 人生아! 왼天下를엇고도네生命을일흐면무엇이有益하냐? 너는宇宙를네것이라고主張하여보앗으나그瞬間에네靈魂의숨이끈어지지안엇느냐? 蕩子가돌아온다! 죵으로나두어달나하겟다고도라올때에아바지는모든것의全部로그에게맛긴다사람의아들들이여! 自主를願하는가? 굿세기를願하는가? 願하거던맛당히섬길者를섬기고順從할者에게順從하여라! 古代人間文明의代表的權威者이엇던바로로하여금身魂이未接케하던모세는하나님에게順從하는者엇다 帝王을對敵으로全國民을相對로 바벨논, 아씨리아, 애급수리아…… 當時의列强全部를敵手로敢然히서々삭짓고싸호던모든先知者는다하나님에게絶對服從하는사람들이엇다 近代사람은하나님의支配에서떠낫다 그러나그들은背景업는沙漠의舞臺에消然히서기를참아견듸지못하엿다 支柱를求하엿다「制度」의支柱를「社會」의支柱를! 사람의아들들아! 依支를求하려거던코아레로숨쉬는사람보다는 全宇宙을지으신者요그를다사리시는義의愛의眞理의하나님을依支하는것이낫지안흐냐?

先知者는하나님의사람이엇다 하나님은그들을「배에서만들기前에그를알앗고 그가胎에나오기前에그들거룩하게하고그를세워列邦의先知者가되게하엿다」(에리미야一章五)그들이先知者가된것은自己가願하야自覺하야된것이안이고하나님便에서식이신것이다 이點이世上의所謂先覺者處하는者 一世의木鐸處하는者人類의救主處하는者와다른것이다 그들은謙遜하엿고自己의小弱과無能을알어辭讓하는者이잇다그러나하나님이그들세우시고命하야나가게하는것이엇다士師기드온은부름을닙엇을때에對答하야

「主여내族屬이무낫세支派中에極히艱難하고 내가아바지집에서매우나즌者오니무엇으로이스라엘을救援하오릿가」(士師記文章十五)

에리미야는부르시는바를辭讓하야

「主여보시옵소서 나는어린아해오니말할줄을모르나이다」

하엿다 그밧게모든先知者도다름업섯을것이다自己가自免許한것이안이고全能하신者그가絶對로服從

하고恭敬하는者가몸소의權能으로빌녀주시기를許諾하시며任命한것임으로마지막까지싸화이길수가잇섯다사람의일이始終이如一히貫徹되지못하는것은모도聖許가업시自己免許에서나왓기때문이다 先知者의職任은하나님이親히命하신것이엇다國王이나祭司나國民이命하는것이안이엇다 이것들이命한것은其權勢가업서질때가티업서진다 先知者의使命은生存하샤變함업는宇宙的權威로써命한것임으로變하는길이업섯다 勿論當時에는先知者學校가잇어 一種社會的機關이되여잇엇으나眞先知者는그學校에서나옴으로되는것안이엇다 마치神學校出身이다참牧師가안인것과一般이다 牧師中에는靈魂보다도「떡」을爲하야더念慮하는이가자못만타 그가職業的牧師일지언정참信徒의靈魂을引導하고福音을傳하는牧師는안이다 先知者에도許多한僞先知者가잇엇다 그는하나님의命하신것이안이오自己免許或은學校의免許이엇다 이런先知者에게하나님께서「自己의말을그놈의입에넛」치안흘것은勿論이다。

四、義의사람先知者

先知者는하나님의사람이엇슴으로또한義의사람이

엇다。하나님은愛의하나님이요또義의하나님이다。그리고舊約時代는하나님의義쪽이더強하게나라난時代다。舊約을닑어서慄然한두렵음을늣기고옷깃을正히하지안을수업슴은이때문이다。하나님은愛義가具全하신하나님이나人類를가라치고提導하시는데無秩序하게하시지안는다。古代에잇어서는爲先義로써다사리신後비로소愛의恩惠로써주실必要잇엇다 이스라엘族이가나안福地에드러오는데도爲先하나님은그들을曠野의熱砂와風景과飢饉疾病과온가지困難中에四十年동안을두어義의嚴正과凜烈로써鍛鍊하실必要가잇엇다 實로따뜻한봄날의感謝한맛은凜然한秋霜冬雪을지나지안코알지못하는것이다 이스라엘民族은曠野에서四十年의鍛鍊을지낫스나未久에다시墮落하엿다 그럼으로하나님은그의義의嚴正하고假借업슴을가라치기爲하야先知者를보내여부르짓고바밀논、아씨리아를보내여懲戒를하시엿다 先知者는그하나님의뜻을밧어가지고온者임으로當時에社會에充溢한墮落과不義를볼때에참을수업섯다 罪惡을보고밉어하지안는者는自己안에義가업슴을證明하는者다 自己맘이義의法에依하야行하면行할사록不義를忍容치못하는것이다 義의사람인先知者는其百姓의行하는罪와不義의더럽고惡毒한것을볼쌔에가슴속에서끌어나오는義憤과忍怒와叱責을禁할수업섯다 그런故로「禍잇슬진뎌 이스라엘이여……」「禍잇슬진뎌悖逆된子息들이여……」하고霹靂을나리엿다 帝王이고君王이고 百姓이고祭司고 적어도不義를行하는者를볼보고安然할수는업섯다 그意氣야泰山보다더놉고劍戟보다날칼옵앗다 그들은世上에所謂道德家宗敎家經世家라는사람들이한동안世弊와罪惡에對하야주짓다가도自己의地位自己의名譽自己의生命이多少危殆하여질쌔는어느덧잠자듯잠잠하고逃避하며妥協하는것과는달넛다 不義면一身이엇지되거나 一國이엇지되거나 最後싸지一毫의假借十分의弛緩이업시叱責하고罵倒하고咀呪하엿다 우리는한낫先知者에게서全世界의不義나汚穢를다태우고도오히려남는불길의盛熾를본다 그들은道德家나宗敎家가하는갓흔微溫的態度를取하지안엇다 그러지안을나야 그들의뼈속에서불허솟사나오는불길이그를許諾지안엇다그들은直히罪의根本에싸지 本營에싸지突擊하지안코는못견듸엿다 偉大하도다義의사람이여!

理致를잘말하는사람은오늘날은그것을必要치안타고하겟지 愛의福音이이믜完成된只今은그리스도의사랑에依하야充分하다고하겟다 理論은그럴듯하나義를알지못하는者에게愛는決코알녀지지안는다함을나는斷言한다 義! 凜然烈然한義! 肅然正然한義! 惡에對하야本質的으로兩立을不許하고사느냐죽느냐하는데싸지싸호는義! 나는사랑하는朝鮮을爲하야義의사람을切願哀願한다 義의사람의出現을渴望한다 白衣의同胞들아너희의不幸을悲嘆하는가? 悲嘆을하거던다시금其原因이어듸잇슴을차저라 너는네不幸이어대로서왓다하는고? 네집이문허지고네田園이荒廢함이어듸로서原因한다하는고? 네故鄕이너를追出하고네니웃이너를害하야南으로도못가고北에서도虐待밧음이무슨싸닭이라하는故? 모르겟거던白頭山에올나南으로坊々谷々을굽어보고漢拏에올나北으로面々村々을살펴보아라 北岳山에올나거리〱골목〱집마다 썰마다차자보아라! 不義! 罪惡! 陰害! 偏黨! 私貪! 無信! 붉기피보다더하고더럽기腐屍에서더하고구린내나기鮑魚肆에서더하고! 네옷이흰것이안이엇던들그얼마쯤

울緩和하엿울것을! 네옷이흰故로네가죽인許多한義人의피가더욱나타난다 人類는罪의子息이로그歷史에는자못더럽고얇씩한것이잇다。 그러나우리의近世史갓치悲極慘極 陋極醜極한것이어듸또잇는고! 主여! 아ㅣ主여義의사람을보내시옵소서 우리가救援을얻기爲하야우리의不義를쑤짓고怒하는聖徒를보내시옵소서!

五、眞勇의사람先知者

眞勇이라함은참勇氣라는意味만으로쓰는것이아니다 참勇氣는어김업는참勇氣겟지만은나는이말로써眞理의把持로부터얻는勇氣라는것을意味하고셧다。 하나님의사람이요하나님의사람임으로義의사람이잇던先知者는또眞理의사람이엇다 眞理는勿論오직一位인하나님의말슴이다 그들은오직하나님의眞理에服從하는것이目的이엇다 自己가服從하고또一般百姓에게그를傳하는것이그의職能이엇다 그런故로虛僞는그들의極力으로밉어하고排斥하는것이엇다 그들의怒한것은勿論하나님의怒하심이엇다 하나님은온갓罪惡을밉어하시나거즛것헛된것을섬기고거긔服從하는것갓티밉어하시는것은업다 참生命의根源이요服從하여야할者에服從치안고生命업는것 假作엣것에服從하는것은조곰도容赦하지안으셧다 사람의뱝는바온가지懲罰 不幸은직혀야할길을직히지안는대서原因하는것이다 직혀야할바를직히지안코적은利欲이나或은名譽나知識을爲하야眞理에서떠날째에사람은弱하여진다 힘은眞理의把守에서나오는것이다 先知者의意氣를볼쌔 우리는그偉大와壯嚴에感服한다 世上에참偉大가잇다면先知者에잇을것이다 埃及王ㅣ當時天下에覇主엿던ㅣ의압헤선모세의모양을想像만해도놀낼만하다 一個의亡命者가萬乘의압헤敢然히서서이스라엘은노아보내야한다 그렷치안으면災殃을나려너를滅하갯다하고싸호는그勇氣그偉大는어대서나왓는고自己는하나님의뜻을받앗고이스라엘을救하는것은聖意에合한것이라는確信을除하고다른대서올곳이업다 아합의압헤서서其罪惡을쑤짓은野人엘니야의勇氣는어대서왓는고 몸에는野獸皮를닙고가족씌를묵엇다하니그얼마나草野素朴한사람이엇슴을알수잇고그의家系도履歷도업섯스나그얼마나寒傲하엿슴을斟酌할수잇다 그러나한番萬軍의主여호와의뜻을行한다는確信을얻을쌔에帝王이그무엇이며政治家가그무엇인고 그밧게이사야 에레미야 다니엘 에스겔 할것업이全國民에對하야서々其들의罪惡 그들의不義虛僞를責望하는그勇氣는모두다갓티聖意를行한다는움즉일수업는確信에서나온것이다 先知者의모양에比할부엇이世上에잇다면 萬丈의火焰을뿜는活火山밧게업슬것이다 果然그들의말은불갓티뜨겁고라는것이엇다 그불길에接하야타지안을것이업섯다 그는사람의지은아궁에서나 풀무에서나온불이안이요地心에서爆發하여나오는 宏大한音響파바라보지못할光輝와갓가히하지못할白熱을가지고爆發하여나오는불길이엇다 하나님自身이붓치시는풀무에서나오는불길이엇다 모세가호렙山에서보든불길이잇다 하나님의풀무에들어갈때에靈魂은힘파勇氣를얻어가지고나오는것이다 罪와싸울勇氣가나지안이하고오히려두렵음이맘을支配하고얼마못견듸여곳惡파妥協하고世上파結婚을하는것은이하나님의불길에接하지못하엿기때문이다 眞理는불길이뜨겁고眞理는불갓히빗나고猛烈하다 活火衝天하는火山압헤서서恐怖를늣기지안는者는업을것이다 眞理의산불길압헤反抗하여설者는宇宙間에조각만한그림字도업다 그러나只今은眞理는쌔에쩌러젓고世上에는百鬼夜行한다 罪의子息인사람들은그사이에잇서서罪로불어오는死亡의氷風이쌔속에싸지숨어드는것을썰어가면서오히려姑息的苟安을偸貢하고잇다 東方의君子國이라고일커름을듯는곳에只今은眞理의勇士가멋치나잇는고?

살기爲하야不退轉의勇氣가必要하다 惡파싸호기爲하야無妥協의眞勇이必要하다 眞勇의戰士先知者에게가자—

다음에한가지더말할것이잇다 참勇氣는하나님에對한義務와責任感에서나온다는것이다 先知者는하나님의命에依하야一世를對敵으로써호지안으면안이되엿다 故로그갓티힘들고苦롭은職任은업섯다 아마그들은몃番辭退하고 落心하려하고怨望하려하엿을것이다 그러나그들을놋치안는손이잇섯다 듸々여自己맘대로하기는絶望이로다하고生覺할때에하나님에對한義務와責任의念은決然히니러낫슬것이다 先知의職責이어쩌케苦롭은것이던가는에레미야로써代表하야말하게할수잇다

「내가말을낸則悲慘한말을하고 또暴虐하고殘忍한

것을말하나이다 여호와의말삼이終日로록내몸에差恥가되고嘲弄거리가되는지 라이텀으로내가다시난여호와의일을頒布치안이하고또그일홈을가지고말하지만이하랴하면내맘속에맛치불갓은것이잇어내뼈가온대깁히들어잇는故로참으랴하여도참을수업도다」(二十章八 一九)

「命으다나의나던날이咀呪를밧을것이오 내母親이나를낫던날이福을받지못하엿으리로다 사람이내아비에게告하기를得男하엿다하야내父親을크게깃부게한사람은咀呪을밧앗스리로다」(二十章十四、十五)

悲痛無極한부르짓음이다 實로同情할만한哀訴다 그러나亦是遵行치안을수업엇다 하나님은에스겔에게말슴하시기를

「내가惡人에게닐으기를네가반드시 죽으리라할지라도네가警戒하지안이하고또한말노써惡人을警戒하야그惡한길을써나서生命을救援케안이하면그惡人은반드시그罪惡中에서죽으려니와내가반드시그피를네손에서審問하리라」(三章十八)

先知者의職責이어써게苦롭은것이엇던것을알수잇다오늘날牧師들은이를보아反省하여야할것이다 同胞의犯罪滅亡으로因하야그피의審問을맛지안을牧師가몃이나되는고?(바울은異邦族屬데살노니가사람이예수세서降臨하시는날에主압에서는것으로自己의所望파樂파자랑하는冕旒冠을삼앗다 데前二章十九)

先知者들은이러틋하나님으로붓어어찌할수없이責任지움을닙엇슴으로되々여獻身的犧牲的勇氣가솟아낫다 勇氣는自己를세우는데서나는것이안이오自己를沒却하야全能者에맛길때에나는것이다 (未完)

萬人의救援

世上사람들은金錢、名譽、地位、學識、行爲、腕力、技術等으로써個人 國家、社會、人類의救援을어드랴하며或은 그것으로救濟하랴고한다。그러나 朝鮮아 너는배울수도업고行할수도업스며金錢을모올수도업고地位나名譽를어들수도업스며腕力도업고 技術도업지안은가? 그러며너는엇지하겟는고。그러나모든것이업슴으로슬퍼하지말나。그는네가갓지못한것을가진者들의게는다만虛榮。僞善、外飾、形式、制度뿐이지참것은하나도업스며 따라서그들은必然의結實인失望、落膽、敗北、滅亡、死亡等을거둘뿐인때문이다。그러면우리는무엇으로救援을어들수잇슬가。그럿타우리는아모功勞나條件도업시無代로永遠의救援을어들길을찾는수박게업다 그런대그길은오즉나사렛사람예수의게만잇스니우리는그의만을차저야하겟다。그이는「길이요眞理요生命」이며또「짐진者受苦하는者는내게로오라내가便히쉬게하리라」하신때문이다。

그런대예수의救援은特殊한사람或은特殊한民族의게制限이잇슴은決코안니다。萬物을지으시고人類을내신하나님게서는獨生子를엑기지안으시고十字架의苦難을맛보게하심때猶太民族이나基督信者라고웨치는者만를救援하라는것은안이엿다。적어도萬人即全人類를救拯하시랴는것이하나님의目的이며예수의使命이다。그러면이것도할수업고저것도할수업는朝鮮아!너는오즉예수를찾고또그를미듬으로救援밧는수박게업다。全人類를救拯하랴는예수가엇지朝鮮만을버리실理가잇스며萬人이하나님의救援을바들수잇다면엇지朝鮮인들싸질수잇스랴。

오!朝鮮아、勇進하자、救援엇기爲하야하나님의아달예수의압호로!(와用)

아!나는괴로운者로다

宋斗用

나는일즉이「人生은苦海」라는말을들엇다。이말을듯고서도其意味如何를理解하지못하엿슬때는오히려幸福한때이엿다。그러나이말만으로서는人生苦를表現함에不足함을늣기게된只今은不幸하기가짝이업다。

아담과해와가善惡果를따먹은때문에樂園에서쪽겨난后부터無限한苦痛、悲哀、煩悶、患難、災殃、疾病等이人間의게빨케된것이다。

他人은알수업스나내自身의게는참으로人生은苦海임을깨닷지안을수업다。이무섭고避할수업는늣김을갓게된나는엇지하면조흘는지아지못하고오즉默然하엿슬뿐이엿다。그리고한숨나오는소래가「嗚呼라 나는괴로운者로다 누가死亡의몸에서나를救援하랴」(로마七의二四)하고웨친保羅의悲嘆聲만이엿다。

나는世人이渴望하며憧憬하는富貴、名譽、學識、地位、權勢가튼것을엇지못함으로괴로운것이안이다。또는逼迫、殺害、暴虐等이社會에漲溢함으로—優勝劣敗하고强食弱肉하는生存競爭에몸이잠겻슴으로—人生은苦海라고하는것도안이다。何故인가하면그는모다가外部에對한것即肉體에關한것인때문이다。싸라서그것들은엇기도容易하며避하기도쉬운것이고또는엇지못하거나避하지안을지라도그다지나의괴로움이되지못한다。그러면나의괴로워함은무엇인가? 그는곳內部에對한것即靈魂에關한것이다。

罪만은것 醜汚한것 眞實하지못한것 善하지못한것 完全하지못한것 智慧롭지못한것 能力업는것 才操업는것等一々히列擧하랴면씃이업슬만한이것들이모다나의괴로운理由이며原因이다。그러나무엇보다도괴로운것은罪만흔것이며그것이結局여러가지괴로움의基礎이며根本이다。

그러면나의罪는얼마나되며또엇더한것인가 몬저新約聖書에처음으로나타난罪의目錄을볼진대그는마태福音十五章十九節이니곳「惡念、殺人、姦淫、淫亂盜賊질、거즛證據」等이다。아! 나는赤面으로써告白하노니以上記錄된罪目中犯치안은것은하나도업다。그뿐이랴 新約에記錄된罪의三大目錄(마가七의二一—二二、로마一의二九—三一、갈나듸아五의一九—二一)의全部를나는犯하엿다。안이다 萬若나의犯한罪의目錄을쓴다하면그것의몃倍或은몃十倍나될것이다。그래도나는至今까지아즉犯치안은罪가나의게도잇는줄알앗드니아! 只今에는罪라는名目을가진것은하나도남기지안코犯하엿슴을깨달앗다。이것이나의게는무엇보다도슬픈發見이엿다。그러나숨길수업는事實임을엇지하랴!。

나는하날을치여다보지못할者이며白晝에出入을하지못할者인것을알앗다。그래서나는罪의苦悶이업는禽獸를불업게生覺하엿다。그리고罪에싸인나의運命을恨嘆하며욥파가티(그러나욥은義人이엿다)生日을詛呪하엿다。또죽음의平安을바랏스나그것도拒絶을當하고말엇다。

오! 果然「나는罪人中魁首」(듸모데前一의一五)임을自認안이할수업다。然則나의피로운第一의理由는罪그것만임을確實히알수잇다。그런대「罪의代價는死亡」(로마六의二三)이며「肉의生覺도死亡」(로마八의六)이다。그럼으로肉의生覺은곳罪또死亡이다。「靈의生覺은生命이며平安」(八의六)이니내가罪人인것은結局靈의生覺보다도肉의生覺이만은것을말함이다。다시말하면肉이強하고靈이弱한것을表示함이다。이것이곳나의煩悶을거듭하게하는理由의中心点이엿다。

나는至今까지에멧番이나나의信仰을疑心하며或은내自身만은基督者中에例外者나안인가하고生覺하엿다。새로운生命은어덧스면서도언제까지묵은나를버서나지못함은나의自身도너무나알수업는때문이다。그럿치안나야말로아조도眞生을엇지못하엿나보다。그럿치안으면眞實로「예수를입고거듭나」지못한것이다。그러면나는永生을엇지못하엿나? 萬若그럿타면엇지할가하고哀痛함이나의게는決코無理가안이엿다。悲觀에悲觀을겹치며苦悶에苦悶을거듭하지안을수업섯다。

그러나나는「受苦하고묵어운짐진者는다내게로오라 너희를便히쉬게하리라」(마태十一의二八)하고불느시는그리스도예수의부드러운소래를듯고救援의길을차진者이다。다시말하면예수를쌀은者이다。그런대도不拘하고이와가튼苦痛과煩悶이잇슴은무슨緣故일가、예수께서는나를바리섯나보다!?

오! 인제는나의갈길이어대인가? 나는마지막길로예수께왓는대萬若救援을엇지못한다하면나의게는滅亡과死亡뿐일것은確實하다。그러면나는落膽하며失望하고만잇슬것인가? 안이다 決코그럿치안타그것이야말로나로서는到底히참을수업는일이다。참으면참을사록煩悶과苦痛이더욱甚하여가는때문이다。

예수는마지막길임으로나는罪에呻吟하면서도聖書를손에들고다시한번仔細히살피며고요히祈禱하엿다。그때에나는두「가는소래」를들엇스니하나는贖罪主예수의소래이며하나는使徒保羅의소래이엿다。

爲先나의靈魂의게直接으로들여준예수의소래는다음과갓다。「兒孩여 너는어리석도다 웨걱정하며또念慮하는가? 네가그와가티弱하고無能力하며또罪가만음으로나는特別히너를矜恤히역이도다。그리고네自身으로만은아모리하여도善하지못하며싸라서永生도엇지못할것이다。그러나安心하고나를밋으라, 弱하고無能力하며또罪가만을사록十字架를치여다보라　그러면나는네안에잇고너는내안에잇슬것이다。안이　나는임이네안에잇슴을보라。」

다음에는聖書를通하야나는예수의소래를들엇스니그는아래와갓다。「나는義人을불으러오지안이하고罪人을불으러왓노라」(마태九의一三、마가二의一七누가五의三二、同一九의一〇)。또「내가世上을定罪하려고오지안이하고救援하려고옴이라」(요한一二의四七、參照同三의一七)。

이에나는비로소끌고다언덕우에선十字架의意味를깨닷고예수의受肉과苦難이無限히尊貴하며거룩함을如實히알게되엿다。그때에나의게는奇異하게도至今껏의苦悶, 煩惱, 恐怖等은一時에살아지고感謝、歡喜, 平安等이充滿함을늣겻다。오래동안지고잇든限업시묵어운짐을瞬息間에버슨것갓티몸이가볍고安樂함을늣겻다。나는一變하엿다。인제는罪惡에뭇처苦悶하든肉의내가안이고사랑의아버지여호와하나님의恩寵에싸여感謝에넘치는靈의나를보게되엿다。올타나는義롭지못하며罪人의第一人者임으로예수의恩惠와사랑을누구보다도만히밧게된것이다。

아! 얼마나큰變化이랴。暗黑은光明으로, 咀呪는感謝로, 嘆息은讚頌으로, 煩悶은歡喜로 絕望은希望으로, 滅亡은救援으로, 死亡은永生으로。이는決코外部의變化에止함이안이요內部의改造이다。안이다

全然히새로운創造이다。最高者이며至上者인唯一의하나님의聖手에因한聖業이다。

씃으로使徒保羅의號呌聲을들어보자。로마七章十四節以下에保羅는眞實로痛切히또如實히基督者의道德的苦悶의늣김을告白하엿다。그리고「우리主예수그리스도로因하야내가하나님께感謝하노라」(로마七의二五)하고暗黑에서光明을發見한保羅는웨침을마지안엇다。「保羅여! 親友여! 이무섭고도어려운經驗을그대로가젓섯나?」하고나는獨言하엿다。保羅는「罪가만흔곳에恩惠도더욱豐盛하다」(로마五의二〇)말하엿다。이는決코一時的慰安을엇기爲함도안이요또는良心의苛責을免하랴고함도안이다。오즉主예수가그리스도即메시야인것을깨닷고그의十字架로써救援바듬을確信하며實際로永生어든은體驗을말한

것일뿐이다。 그럼으로保羅는自己의經驗이나實際에서다음과갓히말하엿다。 「자랑하는者는主로자랑할지어다」(고린도後一〇의一七)「내가不得已자랑할진대나의弱한것을자랑하리라」(고린도後十一의三〇)하고「主안에굿세게섯즉우리는곳살지니라」(데살노니가前三의八)하고。

가는소래를들은나ㅣ暗黑한사단의나라에서光明한예수의나라로옴김을엇게된나ㅣ는실노암못에서눈을썻고보게된盲人을聯想안이할수업다。 그盲人의게일어난偉大한變化는우리의想像以上일것이다。 暗黑의世界는光明이넘치며同時에보이는것은모다가怪異하엿슬것이다。 父母를비롯하야自己를둘너싸고잇는群衆을보며자랑하는듯한左右의自然界의美를凝視하는盲人은自己가別世界에잇슴을發見하고놀나엿슬것이다。 모다가새롭고가지〱異常함을늣겻슬것이다。

그러나靈界의盲人이靈眼을뜨게된때의驚駭와歡喜또感謝는이보다몃倍나더크고만흔것이다。 이것이야말로經驗업는者로서는到底히안이　絕對로想像조차할수업는것이다。 人間의理智、思索、研究로는生覺도할수업는新世界가우리의眼前에展開됨을볼수잇다이는곳하나님의사랑의나라이며正義의世界이다。

아! 이것을經驗하고안이깁버할者누구이며안이놀날者누구이랴。 果然人間의게는다시업는最高最善의經驗이다。 이經驗을가진者를하나님의子女라하며一名基督者또는信者라한다。

그런대信者는肉에죽은者이며基督과갓티十字架에못박힌者이고基督과갓티肉을葬死한者이다。 또基督을입은者이며基督에잇서서사는者이다。 「내가산것은내가사는것이안이요그리스도내안에잇서사신」(갈나듸아二의二〇)때문이다。 그러면나는임이肉에죽은者이니罪는업슬것이다。 假令나의罪가朱紅갓흘지라도主예수의寶血로씨슴을바더눈(雪)보다힐것이다。 모든묵은것은지나가고모다가새로울것이다。

아! 그런대나는또다시罪의苦悶을始作하게되엿이는무삼矛盾이랴　임이새롭게되며또救援을밧은내다。 가안인가　그런대도不拘하고모다가「것」일뿐이지事實은그와反對임을알앗다。 信者인나의게아즉도罪가잇슴을보앗다。 「信者만되면모든罪를容赦밧게仰으로밋는者의게는永々히不義、不法、不正은조곰도업스리라」고生覺하엿든不信時의나의理想과希望은오로지헛것이되고말엇다。 그러면서도어리석은나는「이것은아마도不信時代에잇든　罪의記憶이남은것이지엇지밋는나의게참罪가잇스랴」하고生覺한적도몃번이나된다。 그러나그것도生覺뿐임을알앗다。 나는晝夜로나를責하며괴롭게하는罪의묵어운짐을엇지할수업섯다。

오! 임이죽어업서젓슬肉의나卽옛나(不信時代의나)는尙今아조죽지안이하고살어잇다。보라 肉의나는죽지안을뿐더러오히려元氣잇게活潑하게나의안에잇서自由自在로活動하며靈의나卽새로운나(信仰을가젓다는現在의나)를언제든지피롭게하고또나의하는바는무엇이든지妨害하고잇다。

그러나基督을입은새로운내가내안에잇는것도否認할수업는事實이다。眞善義를깁버하고그反對를미워함은基督안에잇게된者의顯著한特色이다。不信時代에는眞과僞、善과惡、義와不義의區別도明白히못하엿슬뿐더러罪의苦悶이이닥甚하지안엇든때문이다。새로운靈의나는眞理를欲求하며善을깁버하고正義를行하려한다。그러나나안인옛肉의나는그와反對로不義를行하며惡을깁버하고虛僞를欲求한다。옛나는새로운나를一時도써나지안코겻(傍)헤잇서조곰도衰弱함이업시漸漸强健함을보인다。그리고무서운勢力으로靈의나를無限히피롭게한다。이는무엇에도比할수업는나의크고甚하며더할수업는피로움이다。

「내가願하는善을行치안이하고 도로혀願치안이하는惡을行하는도다」(로마七의一九)。임이그리스도의救援을바든새로운나는하나님의律法과誡命을깁버하고善과義를조와하하야이를行하고저하나사단의奴

아! 나는피로운者로다

隷인옛나의妨害와逼迫으로因하야行하지못한다。이와갓히善과義를行하지못함으로나는슬퍼하며울음이난다。反面으로願치안는惡을行할째에나는憤慨하며心臟은타올은다。「大槪내가속마음으로하나님의法을즐거워하되나의肢體中에달은法이잇서내마음의法과함세싸화나를살오잡아나의肢體에잇는罪의法에服從케하니」(로마七의二一－二三)엇지슬푸지지안으랴。

이는深刻하며또痛切한나의苦悶이며煩惱이다。임이거듭는者의苦痛이며悲哀이다。果然現世人이안이요天國人이며暗黑의子息이안이요光明의子息이며惡魔의奴隷가안이요하나님의아달救主예수의僕이며또弟子인基督者의哀痛만이안이라羞恥이고憂慮만이안이라恥辱이다。아! 그러나事實을엇지하랴。

이와갓히基督者는二重性을가젓다。肉과靈－옛과새－이그것인대兩者는서로極反對이다。그럼으로信者의生活은몸부림과싸홈의生活이다。不幸하기가짝이업는生活이다。그러면基督者는咀呪바든者가안인가? 그럿타 表面으로는그와갓티보인다。그러나決코안이다。몸부름하는其生活이야말로참信者의生活이다。그는救援밧은무엇보다도確實한證據인때문이다。몸부름하는生活－靈과肉사이에잇서苦痛하며煩悶하는生活－은그가天國을向하야前進하는途中에잇슴을表示함이다。

아! 나는피로운者로다

아! 몸부름의生活이야말로歡喜에넘치며偉大한希望을가진生活이다。아모나맛볼수잇는生活은안이며願합으로할수잇는生活은안이다。

이에苦海인人生이야말로樂園의一部分임을알수잇다。그리고우리는肉體를쎠나는날까지이生活을免할수업슴을自覺한後에信者가된것임으로이는피로움보다도즐거움이된다。그러고信者의게는肉體를가진現世만이決코全部가안이다。그들의게는現世는오즉準備의時代가될뿐이다。그럼으로그들의게피로움이잇슴은무엇보다도當然한일이다。

信者의生活은軍人의그것이며農民의그것이다。勝利를엇기爲하야모든것을生覺치안코힘을다하야싸호며前進할뿐이다。王의게忠誠하며國家를사랑하는軍人일사록生命을악기지안코잡바질때까지다토는것이다。怯내는者엇지勝利할수잇스랴。

不避風雨하고새벽붓허밤까지勤勞하는農夫를보라그는오즉만흔收獲을엇기爲하야더우도치우도뒤려워하지안는다。農事는時期가잇스니게올은者엇지것움을바라리요。期待의生活 希望의生活 確信의生活 勤勞의生活 苦鬪의生活 이것이信者의生活이다苦悶中에勝利가잇고 呻吟中에凱歌가잇다。

幸福합이여 너는信者이다。祝福밧음이여 信仰生活합이로다。永遠히榮光돌일진저 主예수의게。

新年

새해를마즈니새늣김ㄱ절노생긴다。곱게옷입고세배단니던그때의마암이只今亦是일어나며理由업시우서지고뛰여진다。늙어서도무지개보고어릴때와갓치깁버하야뛰난사람은워―스워드뿐은안인것갓다東쪽에서안개를헷치고올나오는새해빗 아々나의마암은뛰ㄴ다。暗黑의자루진過去난어느덧사라지며 失敗의눈물을담은줄음살은업느덧업서지며 금방난새몸새마음가진어린아해ㅣ新生命의깁븜만이일어난다。입에서난곳칠새업시노래가나오고팔과다리난노래를맛처이리옴직이고저리옴주기고한다。눈압헤는맑은내가흘너兩갓에난꼿이피고이꼿저꼿에서복운이돈天童들이꼿을싸고잇다。귀에난天童들의꼿노래와함께새소래가들며온다。모돈것이아름답고모돈것이깃부고모돈것새롭다。

새해의새늣김온새깃븜뿐이다。새感謝뿐이다。새노래뿐이다。새춤뿐이다。나는이外것을生覺할수도업고할能力도업다。아참일즉이이러나獨房속에靜坐하야一年의計畫을하난聖者의짓이나 旭光을바라보고大野心ㅎ마암속에글이며大決心을하난有望한靑年의짓이나난하라할수가업다。나의鼓動하난心臟과펄々뛰난筋肉은다만노래와춤을許諾한다。限업시노래하고限업시춤추자。新生命의躍動은先生님들의敎訓과偉人들의傳記로암만해야抑制할수업다。社會의慣習으로배리새道德으로꽉々묵거도조금도쉬지안넌다。防害가오면오는대로더욱뛰고뛰ㄴ다。默想하고決心하고計畫하난틈에나난노래하고춤춘다。사자가염소와단이고일희가개와단니는平和의뜰에서안노래하라안니할수업스며 안춤추라안춤출수업다。발서天童이나팔불며거문고쓰드더노래하고잇지아니하나。아々노래하며춤추자。

묵은옷을버서버리고 예수그리스도의색옷을입은사람에게난새노래와새춤만이適當하다。훌늉한것갓혼精進과努力과決心도우리가발서버서버린혼옷이다。우리는하나님품옵에안겨웃고만잇자 새노래만하고새춤만추고잇자。新年에우리가世上에무슨새事業을한다히면그난우리의이새노래의地上에울이나返響뿐이며 우리의이새춤이地上에씩난자최뿐이다。그外의아무것도안이다。

絕望의朝鮮과한가늘고고요한소래

半萬年의長遠한동안 안어주고 길우어주든槿域의품에서쫏겨난朝鮮아!

東南으로玄海를건너黑衣왜인의 侮蔑虐待를바드며苦役에從事함이오래드니 이제는너의옛故鄕滿洲에서도버림을밧고 逐放을當하는고나 寒天凍地에雪風을안ᄭᅳ지고男負女携渺茫한벌판에方向업시나선 朝鮮아—白衣의걸네야 어대로 가려느냐 山을넘으면桃源이잇슬게냐 물을건느며반기는내故鄕이잇슬게냐 空中에소스려하느냐 地中에隱入하려하느냐 空中에솟을勇氣도네게는업구나 地中에隱入할土窟을팔誠力도네게는업구나 設或勇氣잇서空中에솟사올을지라도 空中은너를차떠러트리지안으리라누가壯談하랴 땅을파고그안에隱遁하연땅이너를파아다 버리지안으리라누가豫斷하랴 懈怠와依賴心과骨肉相嚙와遊衣遊食의根性과淫亂으로 槿域의품을쫏겨난너를容納할곳은東에도 西에도업구나 天國도문을닷고地獄도담을싸려하는구나 이것이東方君子之國到達할處地이냐 仁의民族의末路이냐 아! 沈淪도甚함이여 零落도極함이여! 晴黑이로다 絕望이로다 안니滅絕이로다

그러나朝鮮아! 暗黑을뚤코二條의光明이비최여오는고나 絕望넘어로한가늘고고요한소래들여오는구나눈주어보라이光明을。귀를기울너들으라 이소래를!光明의創造者에서오는빗이로다 萬有의하나님에서오는소래로다。自己의獨生子를주심만큼이世上을 사랑하시는하나님의소래로다。무거운짐진者여내게로오라하신그리스도의소래로다。「내가온것은羊(사람)으로生命을 어더豊盛하게하라는것이라」하신예수의소래다。「내가길이요眞理요生命이라」하신예수의소래요「내가生命의 糧食이니내게오는者는배곱흐지아니할터이요 나를밋는者는永遠히목마르지아니하리라」하신그리스도의소래로다 萬有의主하나님의아달의소래요 人類의救主의소래로다。 한사람의生命도滅亡식히시지아니하시려는하나님의소래로다 사랑의소래요所望의소래로다 暗黑의洞谷을단어는朝鮮아드로라 絕望의深淵에빠러진朝鮮아귀를기우려라 그리하야너의最惡을最善으로變하라 暗黑의洞谷을光明福의地로變하라 絕望의深淵을 希望의樂園으로變하라 이蘇生의機會와特權이이제너의게잇나니라 이名譽와光榮잇는機會와特權을無에돌이지마자! 朝鮮아!나의살의살이요뼈에뼈인朝鮮아?(C生)

次號는四月上旬에發行할豫定이외다

聖書朝鮮 年四次發行

定價(送料共)

一 部 二十錢

一年分 八十錢

注文은반다시先金

昭和三年一月十日 印刷

昭和三年一月十五日 發行

東京市外淀橋角筈一〇〇 レバノンホール

編輯兼印刷人 鄭 相 勳

東京府杉並町阿佐ヶ谷八四三 永井方

發行人 柳 錫 東

京城府堅志洞三二

印刷所 漢城圖書株式會社

東京市外淀橋角筈一〇〇 レバノンホール

發行所 聖書朝鮮社

振替口座京城一六五九四

聖書朝鮮

第四號

一九二八年四月一五日發行

昭和三年四月十二日 印刷
昭和三年四月十五日 發行

目次

나의사랑하는者
(죽음을의긴者
復活의첫이삭이된者)
소래질너웨친다 나의게
「나의사랑 나의아름다온者여
니러날지어다 나올지어다。
보라 겨울은임의지내가고
비도임의긋처버린지라
가지가지쏫은地面에나타나고
새의노래할때되엿는지라
斑鳩의소래 우리싸에들이고

無花果나무에는푸른無花果붉어지고
葡萄나무는쏫이픠여香氣를보내는도다。
나의사랑나의아름다온者여
니러날지어다。나올지어다。
바우틈과랑쩌러지기隱密한곳에잇는
나의비닭이여
네얼골을내게보이라
네소래를듯게하라。
네소래누곱도다
네얼골은아름답도다」

(雅歌二章十—十四)

生命의 봄

審判의嚴冬은가고恩惠의陽春은왓다。死는가고生은왓다。山을보아도生命이요들을보아도生命이다。이生命을爲하야하날은光熱을나려주고 싸는水分을대여준다。生命에醉한萬有는靜肅을못직히겟는듯이달닐놈은닷고뛸놈은뛰고날놈은날고노래할놈은노래한다。希望과歡喜와讚美는生命의世界를울인다。

그런데 웨—人子들만死의탈을아주벗지못하고 憂鬱한밤을보내고또懊惱의날을맛느냐、이믜그리스도께서死를征服하여버리지아니하엿느냐。그가永生의첫이삭되여復活하지아니하엿느냐、이제도新生命의선물을지고우리의마암門을두다리지안느냐、人子들이여 보라 忿怒의날은지내가고救援의날이왓도다。自然界에來訪하는生命의봄은人生의게도來訪하엿도다。欽仰하라 그리스도의十字架를、

들으라 그리스도의復活의소래를、

實驗하라이제도살아役事하시는그리스도를、

그리하야모든被造物과한曲調로新生의새노래불으라。 (相勳)

信仰의强弱

信仰은知識이아니다信念도아니다確信의程度에마치는것도아니다。信賴다全人格全存在를하나님께막기는것을聖書에서는信仰이라한다。힘이나智慧나主義나知識이나그中에한가지일지라도남겨두고남은것을맛기는것은信仰이아니다。그는아주두主人을兼하야섬기려하는者다。信仰은相對的이아니요絕對的이다。律法遵守가全이아니면無인것(all or nothing)가치信仰도全이아니면無다。有가아니면無다信不信의中間地點은업다。그럼으로信仰에는强弱의差와深淺의別이업다萬若구태여信仰에强弱을말하랴하면그것은强度나量이나質의問題가아니요斷繼의問題일것이다。막김이오래繼續하는것이强한信仰일것이요斷切이자지고그斷切이오래繼續하는것이弱한信仰일것이다。强한信仰은信者의누구나熱求하는바요弱한信仰은누구나嫌避하는바다그러나弱한信仰을가젓다고悲哀에俯伏할것이아니다。차라리울어려볼것이다。無限하신仁慈로우리안에거륵한役事를始作하신이의役事成就하는날을바래고기다릴것이다。이에弱한信仰도强한信仰이될것이다。

(相 勳)

眼高手卑

高手卑眼

企圖하야成就하지도못하겟는것을達成하겟다고想望하는者의게對한「眼高手卑者」라는一句는許多한思想家의게正當한反省을주워正軌에還歸케한功効도不少할렷만 또한적지안흔努力家들의게行程半途에落心을주워歎怨裏에埋夢케한罪過도不少하리라。

特히事件이物質方面에서써나 精神方面 靈魂의일에關係할때에此一句가魔力을가지고正鵠을誤錯케하는듯하다。우리가過去數年或은數十年間의信仰生活을回顧하야 우리가燃然의熱情으로到達하려고期約하고入信하엿던 저嚴莊한山上垂訓의玉句中에 果然우리가成就하엿다고斷言하여낼만한句節은어느節數인가를생각할때에 不信者의嘲笑를待할것도업시吾人은冷汗이沾背함을感한다。하물며來世에關하야未知生而焉知死乎라는孔夫子의水平線的敎訓에不滿하고聖書의初節로부터末節까지通貫하는燦爛한來世의約束을信受하엿으니 現在自我의靈魂狀態와仰視하는天國의榮光! 아々眼高手卑라고는信者의別名이아닌가?

그러나手卑하다고 眼까지卑하여야하겟다고論證할者가누구인고。이野俗한世上에서旣是手卑하엿거든 눈(眼)만이라도놉(高)하야할것이다。眼卑手卑한輩의誹謗을두려워말나 우리의手(行)가萬一水準線以上에屹立할수가업슬지라도우리의눈(眼)은될수잇는대까지高度로놉힐것이다。

二

山上垂訓에對한熱情은依然히抱持할것이며 天國의所望은鄕戀보다도强할것이며 靈體聖化의甘想은우리들日常生活의動力이될것이다。보이는것보다도보이지안는것을求할것이며 肉의것보다靈의것을想할것이며 勿論나진것보다놉흔것을企圖할것이다。그리하야眼高手高한者의能力(Dunamis)이우리들에臨하는때에 嘲弄하든者의驚愕이클진저。손(手)까지놉고能한者되는날을보겟는緣故로。

「오호라나는괴로운사람이로다 누가이사망의몸에서나를구원하랴」(로마七〇二四)고絕叫하고「兄弟들아, 나는 아즉내가取할줄노녁이지아니하고 오직이한일만하야 뒤에잇난것을니저발이고 압헤잇난것을잡을랴고표대를향하야달음질함은 하나님이 그리스도 예수안에서우으로부르샤賞주심을엇고저함이라」(빌닙보三〇十三、四)고告白한大使徒바울先生도確然히眼高手卑者의一人이엿다。그使徒의視線은日常高度로우을向하고잇섯다。

우리가보이난것은 도라보지안코 보이지안난것을 도라봄은 보이는거슨 잠간이오 보이지안난거슨 영원함이니라。(고린도四〇十八)

(敎 臣)

地質學上으로 본하나님의創造

金 敎 臣

近代科學이發達함을딸아 사람마다 自己의科學知識에對한正確程度와總量을反省하여볼결을도업시 또한聖書의創造說에傾聽하여볼나는忍耐와勇氣도업시 그저漠然히科學은新眞한것이고聖書 ── 特히모세의創造說 ── 은舊廢한것이라고確信(?)하게되엿다。그럼으로一八五一年에다윈의「種의起源」(The Origin of Species)이發刊된以來로此를新創世紀(New Genisis)라하야讚揚을마지아니한사람은獨히헉슬레(Huxley)一人뿐이아니엿다。近日에地質學이科學系列의一角에新奇히擡頭함애聖書의記錄한바「神의創造」「六日間完成」人類發生의年代 其他重要한問題에亘하야一々히地質學說과는相容치못할것인줄노流布하는學者不少함으로自然科學의門에追從하면서同時에聖書에信從하는것은 科學的良心의存否問題에싸지至하려하는現代及現代人이로다。우리는그淺薄을笑殺하기보담도 爲先古生物學의泰斗인쿠바ー(Cuvier)氏의直言에傾聽하자。「모세는埃及人의모든智慧로서致育을밧고其年歲壯熟한後에 우리듯기變化不絕하는 天地開闢論을기처주엇다。近來의地質學的研究는 生物이連續的으로創造된그順序에關하야創世紀記事와完全한一致에達하엿다。」

十年間望遠鏡을모든天體에向하고探索하엿으나神을發見치몯하엿다고豪言하는天文學者가有한同時에天文學者로서神이無하다云하는者는狂人이라고斷言한術學이有함은譬辭가아니고事實이다。보는者가다見하는것이아니오 듯난者가 다 깨달는것이아니다。

이一文은元來創世紀一章의聖書的研究가아님으로靈的으로濃厚치못함과 聖書의不備를嘲笑하는科學的宇宙開闢說或은地球形成論特히多數人의信受하는라푸라쓰의說(The Lheory of La Place)에對한難點과欠陷의指摘은玆에略하고다만創世紀第一章研究의入門으로必要한問題數件을地質學과比較解釋을試코저한다。

(一)聖書에依하면 神의 創造는 六日間에 完結되엿다한다。卽

第一日에天地의創造와光明暗黑의分離
第二日에水界와大氣의分離
第三日에大洋과大陸의分離及植物의發生이有하야創造의前半過程을畢하고
第四日에日月星辰의出現
第五日에魚類와鳥類의出現
第六日에家畜、昆蟲、獸類의出現이잇고서

나종으로創造의目的인人類의創造로서大業을마치게되다。

玆에創世紀는「日」이라는時間의單位를말하야天地의形成으로부터人類의發生까지僅々六日間에畢하엿다云하나 地質學에서層序와化石으로區分하야始生代、原生代、古生代、中生代、新生代等으로計算하는各其一生代의期間은少하여도數十萬年式되리라하니此가兩者相違하는重要點의一이오、

(二)모세에依하면植物이發現된後에動物的生物이出現되엿다하나 地質學上으로探索한結果는植物化石을保藏한最古地層中에動物化石甲殼動物、珊瑚等이並存하야事實과違反됨을證한다하니 此가創世紀의威信에關한第二의重要難點이다。

그러나우리가모세의記事를읽을때에注意하여야할것은 創世紀는 學生이敎室에서筆記하거나 記者가議場에서速記한것처럼하여된것이아닌것을알어야할것이다。黙示或은啓示는一言一句式을聽取한다기보담도幻影을通하야一幅의繪畫를直觀함과彷彿하니모세의六日創造記는六幕物의演劇을보고記錄한것인줄노보면解釋에大端有助할것이오。그러고地質學의探究한바에依하야其一生代로부터一生代에變하는때의天動地變의大造化에驚異를實感하여보니 寒武利亞紀로부터二疊紀까지高熱多濕한古生代獨特한場面에서棲息하던巨生物들이三疊紀의場面으로一轉함에거의모다그자최를消失하고比較的平穩하엿던中生代特有의役者가登壇케되니 現代吾人의目擊하는諸生物의先祖되는集合的動物(Collective Type)은此生代에全盛을極하엿다가白亞紀의終末에臨하야地球의表面이一新하는때 卽日本海와黃海、地中海等이陷落하고히미라야山、알푸쓰山等世界의巨嶽이聳立케되고 太平洋周圍의火山 溫泉이壚釜보다도더자조吐

煙할때에日本이島國이되고印度가亞細亞에屬하게될뿐만아니라 그우에登場하는生物도一新하야舊生代의것은거의자최를絕하고新場面에適應할만한新種品으로正容을차리고 다시第三紀末或은第四紀初에及하야 처음으로人類의出現을보앗으니 此最後의創造도나이야가라瀑布生成(約三萬六千年前)보다도四五倍古代의事實이다。只今 이一變遷一造化를新生代로서中生代에古生代로서原生代에推古하여보라、모세가 一生代의年數가雖曰數十萬年式이엿다할지라도其一期間에現示되는 一幅의畵、演出되는 一場의劇을「一日」이라는時間의用語로表示하엿다한들啓示(Revelation) 란何임을짐작하는者의게二十四時間이란槪念이何等의碍害가될가?

植物과動物의出現順序에對하여서또細密히보는때에創世紀와地質學과의矛盾이有함을否認하는것은아니나 地質學上으로라도大體를觀察하는때에 生物發現에三大時期(Three Great Epoch)가有하엿슴을是認치안을수無하니 第一은石炭紀의植物全盛期 第二는兩棲類의全盛期 第三에哺乳動物의發生에至하엿스니 大體의光景으로보와서植物이動物的生物보다압서서全盛을享樂하엿다함은오히려地質學이快諾하는바다。

(三)創世紀一章二節에 地球가生成되여서부터물노包圍되여잇섯다한다。此는科學의證明과꼭一致하는바니地球表面을가리우고잇는水成岩의層序는全혀모다水의作用으로沈澱埋積한結果임으로當初에는地球의表面이水面으로만보혓슬것이오。

(四)同三節에「하나님이갈아사대빗치잇스라하시니곳빗치잇거늘」云하야第一日부터光이잇섯다하엿스나太陽과月、星의創造는第四日에잇섯음으로 古來에智者로自任하는學者들이 太陽이出現하기前에빗치엇지有하엿스랴?고모세의愚를嘲弄하던根據의一節이엿스나 近來의科學的研究는漸々佳境에進하야太陽과何等의關連이업시 全然히獨立的으로光이存在할수잇슴을立證할뿐더러 今日의極光(Aurora)의理와如히 相反되는兩電氣의作用으로 曉、午、夕夜의區別이有할것을科學者便으로서科學者를反駁하야 今日은발서 모세가엇지其時代에발서其理致를알엇을가? 猜疑할뿐이다。

(五)同九節에「하나님이또갈아사대天下의모든물이하곳으로모히고 마른흙이드러나라하시니이가치된

지라。」하엿난대　近世科學으로가장明白히發明한事實의한아는大陸이本來大洋의深底에浸在하엿던것이漸次隆起하야今日과如히顯出된것이라는大收穫일것이다。

(六)同十一、十二節에植物의大繁殖을記錄하엿난대其時期는大陸이大洋에서隆起하야出現된처음이엿고또한太陽이出現되기前의事이엿다。近世科學과矛盾되는것이有한듯하나　石炭紀層이雄辯으로證明하는것은　植物的生物이動物的生物에先하야全盛을極하엿다는事實과짜라서太陽光線보다도더一層多量으로植物生命이要求하는成分을包含한光線이　天地創造의當初에存在하엿다는事實이다。그러고모세는紀元前十五世紀의人이고　吾人은紀元後廿世紀의人들이다。

(七)創造第四日에日月星辰의出現이有하엿다記하엿난대갈・물레ー(M. Karl Müller)와如한이는純全한科學者의立場으로서　石炭紀終末에太陽光線이侵入影響하엿슴을證하니　即太陽系自身으로보와서는太陽과地球及其他惑星、衛星等의關係가　처음으로正當한位置에固定된時期라할것이며　一方으로는一層優秀한生物의繁榮을爲하야의大能者의準備로볼것이로다。

(八)創造第五日에動物的生物의大發現을記하엿다。前에古生代中에植物의大繁殖이有하야石炭紀를成하야今日의吾人에까지目睹케함과如히中生代의三疊紀珠羅紀、白亞紀에亘하야서는動物의遺骸가豊富하야後人으로서創造의順序를創世紀의地質學과에對照並讀케하며모세의記錄에依하면海魚類와兩棲類가陸上獸類보다몬저出現되엿고　魚類와鳥類는略同時代에出現하엿다하는대　此亦是地層이裏書하는바니　大體로모세는어느大學에서修學하엿던고!?

(九)創造의最終日에至하야家畜과昆蟲類와獸類一般의出現이잇섯다。地質學의結論에從하면此等三種類의動物은中生代를經過한後　第三紀層(Tertiary Formation)初에처음으로現出하엿다하니　即一般陸上動物과哺乳動物類는　此時부터此地球우에棲息케된것이다。

(十)陸畜類를創造한後에　人類의出現으로서偉大한創造의業은其終結을보게되엿다。萬物의靈長이라云하는人類가陸畜과昆蟲類보다도나종에創造되엿다하야　마치順位가轉倒나된듯이思하게되지만　此는非

單聖書뿐안이라近代科學도同樣으로表示하는바이다第三紀쌔지도人類는出現되지못하엿다가 第三紀의終末或은第四紀의初頭에야 비로소地球의表面에서게되엿다。

(十一)近代科學의敎養을가진者로누구나업시冷笑를不禁하는聖書記事中의一件은人類의先祖가아담해와의一夫配로부터始作된것이라는獨斷일것이다。 그럼으로오래前부터科學者는或은解剖學上으로或은生理學上으로여러方面으로서「人種의單一性」이라는獨斷을向하야攻擊의矢를放하야왓다。到底히全人類가一夫配의게서나올수업는것이라고强論하엿다。마는그同一한科學者의後裔가今에至하야서는全人類가一個細胞에서發生한것을力說하며 뿐만아니라全動物界와全植物界가 모다全人類와共히一個有機的細胞、有機的生命의根源으로부터發生하엿다함을辯證하게되엿다。變轉이또한크지안은가?

(十二)創世紀一章을읽으면서諸種諸形의生命이出現하는것에注意할때는 누구던지하나님의命令의連鎖的으로重發되엿슴에놀낼것이다。『하나님이 갈아사대……이잇을지어다』하엿고 그와同時에自然的材料를恒常不缺하야『물에다産出케하라……』『땅에다살게하라』云하야 科學으로不可解의難題인『種의不變』(Permanence of Species)에對하야確言으로裁斷을下하도다、今日科學의使命은 모세의提言한바를探索하야『生命은生命으로서만産出함』이란것과『生命으로서生命을産하는能力은 他의第二原因이支配한다』는兩個眞理의調和에在하다함도由來가無한바아니다。하나님이命令하고 方便으로물의게或은쌍으로協調케하니 玆에能力과材料와의사이에生命成長의神秘한事實이現顯되도다。

(十三)創世紀記者는第七日만에神의安息日을明言하엿다。即第七日에至하여서는神의創造的能力이全혀中止되엿다한다。一方에地質學은 人類의現出以來로모든新種(New Species)의 中止를事實에據하야證明한다。人類의出現으로서完結을劃한後大安息에入한神의創造의經綸에엇지偶然을許하랴?이에모든自然은다시新種의出生을不要하고 創造의目的物인全人類는安息時代에居하야 純全히道德的修練에務할지며造物主를차자 그의품을向하야歸鄉의다름질을始作할것이다。

生命의저편에能力의活動이잇고自然의方便이此를補助하야生命이出現成長할때에거기에順序(Porcess)가잇고 始作이잇슨後에大安息日의結末을보도다。地質學及其他科學이雖曰未完한것이나모세의밝은바啓示를解함에有助하도록接近하여오는事實은人類를爲하야즐거워할바인줄알뿐이로다。

卓上小話

루터ㅣ原著
鄭相勳抄譯

하나님의말삼에關하야

一

聖書가하나님의 말삼이요하나님의冊임을나는다음파가티證明한다。世上에잇섯든바 또잇는바萬物파밋그存在의狀態는 모세의第一書인創世記에記述되여잇다。하나님의世界를맨들고形成한그대로世界는今日에도存在하여잇다。無數한君王들은이冊에對하야怒하고反抗하엿스며 이冊을破壞하고滅絶식히려謀計하엿섯다。알렉산더ㅣ大王 埃及、바비론의王들波斯、希臘、羅馬의諸王 羅馬皇帝쥬리어스와오ㅣ가스라스等은모다그러한君王들이다。그러나그들은少許도勝利를엇지못하엿다。그들은지금은업서지고살어저버렷다。그런대聖書는처음에公言한바와가티完全한形態로남어잇다。이後에도永久히殘存할것이다。누구가이처름이冊을도앗느냐 ──누구가그러케權力잇는大敵을對하야 이冊을保護하엿느냐。勿論다른아모도아니엿고萬物의主이신하나님自身이엿다。이冊이惡魔와이世上이라는두剛暴한敵을가지고잇슴을생각하면 하나님이이처름長久히이冊을保全하여오고護衛하엿심이 決코적은異跡이아니다。惡魔가일즉이 만흔聖徒들을殺戮壓潰한것파가티敎會의만흔조흔書冊도破壞하여버렷다。그런대聖書만은그存續을如何히할수도업섯다。호ㅣ마ㅣ、빠ㅣ질其外高貴、純良、有益한文士들은古昔의書冊을우리들의게깃쳐주엇다。그러나그것들은聖書에比하야는업슴파다름이업다。

羅馬天主敎會가서서잇슬동안에는聖書는一般人民이明確히容易히理解하게닑을수잇는形態로 給與되지아니하엿다。그러으로 只수은多幸히 우리 가이곳윗텐베ㄹ흐에서準備한獨逸譯으로 容易히닑게되엿슴은感謝할바이다。

二

聖書는神聖한선물파德으로차잇다。異敎의書冊은信仰、希望、愛에對하야아모것도가라치지안는다。信望愛란것의觀念까지도보여주지안는다。그載錄되여잇는것은다만目前의일과 사람이그物質的理性으로把握할수잇고 了解할수잇는것뿐이다。하나님의게對한希望과信賴를 그안에서求함은無益이다。그러나보라。詩篇과욥記가엇더케信仰과希望과默從과祈禱에對하야 말하는가를! 一言으로말하면聖書는最高最良의書冊이다。이冊은單只人間理性으로할수잇는것과는 判異하게信仰과希望과愛를보고늣기고把握하고悟得함을우리의게가라처준다。그리고惡이우리를壓迫할때에는 信望愛가暗黑우에光明을던짐과또이地上에잇서우리의可憐하고悲慘한生活뒤에다른永遠한生活이잇슴을가라처준다。

四

우리는다만우리의理性으로는 聖書를批評하고說明하고判斷할것이아니요 熱心으로또祈禱로써沈思熟考하야 그意味를探索하여야할것이다。惡魔와誘惑은經驗과實行으로써 聖書를배우고理解할機會를우리의게提供하여준다。이經驗과實行업시는엇더케聖書를熱心으로넑고 귀를기우려도決코聖書를了解할수업다。聖靈은여긔에잇서우리의師傅요啓蒙者로다。

靑年이어師傅의게서배우는것을붓그러워말지어다。나는誘惑의襲擊을밧을때에는꼿예수께서열어주시는聖書의어느句를붓잡는다。例를들면그가나를爲하야죽엇다는句節이다 여기서나는無限한慰安을쓰집워낸다。

五

聖書의本文과精神에精通한者는 錯誤에써러질危險이적다。神學者는信仰의基礎요源泉인 聖書를充分히我有삼어두어야할것이다。聖書知識을武器삼은써믄에나는나의모든敵을困惑케하고 沈默식힐수잇섯다。그들은聖書를熱心업시等閒히粗讀할뿐임인故로 그말하는바라든지 쓰는바라든지 가라치는바는모다輕卒한想像의暗示에依據하고잇다。나의助言은참源泉에서길은물이다。即聖書를熱心으로探索한것이다。聖書의本文을充分히아는者는 練達한神學者다。聖書本文의다만一節 다만一句는許多한解義나註釋보다훨신만흔敎訓을준다。解義와註釋은決코徹底한힘을가지지안코證明의武器도되지안는다。바울이「대개하나님이지으신것은다 아름다오매 사람이感謝함으로밧으면바릴것이업다」(뎨모데前四〇四)고한聖句는하나님의지고定하신것은모다善하다는말이다。飮食、婚姻은하나님의定하신바다。그럼으로善하다。그런대初代敎父들의解義는이聖句의精神에反對되는것이엿다。베ㅣ르나ㅣ드、바ㅣ질、제롬其他는이와全然히相反하엿다。設或羅馬의天主敎會에서는그들의解義를明白한本文보다더놉흔價値잇다고친다할지라도 나는그모든것보다聖句의本文를取擇한다。

六

우리는聖書를일치안코 熱心과하나님을두려워함과祈禱로써닑고傳하여야할것이다。이것이維持되고盛行하는동안에는 나라의모든것이繁榮한다。이것이모든藝術과機能의머리요女王이다。萬若하나님의道가衰頹하면 그餘는모다가그대로잇다더라도藁草一本의價値도업다。

十

나는여러번十誡命을徹底히研究하여보려고하엿다그러나「나는너의하나님여호와다」하는最初의말에接하야固着되고말엇다。「나」라는다만한마대말만으로발서充分하다는感想이니러난다。하나님의말삼、다만한마대를압에두고그것으로한說敎를짓지못하는者는决코說敎家될수는업다。나는하나님의말삼이무엇인가를조곰이라도아는것을甚히滿足히녁이고 나의知識이不足함에對하야不平다운소래를發치안으려고操心한다。

十二

基督信者의게서하나님의말삼을아사버리는것이나或은그들이다시그를純潔明確케가질수업도록僞變하는것보다더偉大한害惡은基督信者의게生起지안는다우리나우리의子孫이그러한災禍의見證人이되지안토록하나님이어愛護하여주소서。

十四

偉大한人物이나學者들은하나님의말삼을解得치못하나謙遜한者나어린아해의게는그것이啓示된다。마태十一章二十五節에救主께서證言하신바와갓다。「아바지여 天地의主宰시니 이일을智慧잇고通達한者의게는숨기시고 어린아희의게는나타내심을감사하나이다」라고、그레고리가聖書는象도헤울수잇고小羊도失足치안코건닐수잇는흘너가는개천과갓다하엿슴은至言이로다。

十五

感謝의念은甚히缺乏하여지고 하나님의말삼은嘲弄을當하고放肆邪行은世上에橫行한다。이모든것이나로하여금神의光輝가사람을빗최지아니할때가쉬이옴이아닌가를저워하게한다。그는하나님의말삼은恒常그定한路程을걸어오는까닭이다。

녯猶太의諸王의時代에偶像神바알이하나님의말삼의光輝를朦朧케하엿다。이偶像神이사람의마암우에싼帝國을破壞함을甚히어려운일이엿다。使徒時代에서도거짓兄弟의傳播한異端, 謬論, 邪說이잇섯다。다음에는아리우스가나와서 하나님의말삼이黑雲의背後에隱匿되엿섯다。그러나암브로스 힐라리 오ㅣ가스틴 아따나시우스等의거룩한敎父들이闇黑을헤쳐버렷다。希臘과其外만흔나라가하나님의말삼을한번몰엇스나그後에버렷다。그와가티이제는하나님의말삼이獨逸나라를버리고 다른나라로옴겨갈가를憂慮한다。나는世上의終末이너므나遲延되지안키를바랜다。우리의周圍를에워싼暗黑은더욱더욱濃厚하여가고至上者의거룩한종(僕)들은더욱더욱稀少하여간다。不虔과放恣는全世界에跋扈하고人間은理性을일은豚과가티 野獸들과가티生活하고잇다。그러나「보라 新郞이온다」는소래는雷聲처름들여올것이다 하나님은이奸惡한世上을이대로더참어두지못하고恐懼할날을가지고와서 그의말삼을嘲笑하든者들을懲罰하시리로다。

二十

各己그압에하나님의말삼을가지고잇슴이 아! 얼마나큰일이며 엇더케光榮스러운일이랴。이것이잇스면우리는恒常愉快함과 安全함을늣긴다。우리의압에光明爀爀한純眞하고 眞正한길을보는故로우리는다른慰安을求할必要가全然히업다。하나님의말삼을일어버린者는失望에써러진다。하날의소래는더그를붓들지안는다。그는다만제마암과自身을破滅로引導하는世上의空虛를秩序업시追從하여갈뿐이다。

二十五

욥記는賞讚할冊이다。그것은다만욥自身에關하야섯슬뿐아니라 惡魔와싸우고잇는모든悲哀하는者、煩悶하는者苦生하는者를慰勞하고 가다듬기爲하야쓴것이다。욥은하나님이自己의게怒하기始作하엿슴을생각한째 그는견될수업섯다。甚히痛心하엿다。敬

虔치안은者들이甚히繁榮함은옵을困惑케하고슬프게하엿다。 그럼으로하나님께서來世에서絶大하고 또榮華스러운幸福과永遠한富와 榮譽를주신다함은迫害苦難中에잇는 可憐한基督信者의게慰藉가된다。

三十一

나는地上에最大의疫病ㅡ即하나님의말슴을侮辱함을보앗다。이것은世上에잇는다른모든疫病보다더恐怖할것이다。그는永久的이요有形的인왼갓種類의罰이반다시그를따라오는까닭이다。萬若내가어느사람의게辛酸한疫病와詛呪가나르기를願하면은 그가하나님의말삼을侮辱하기를바랠것이다。그리하면그가自己우에臨하는內的外的不幸을모조리 한꺼번에가지게되는까문이다。하나님의말삼侮辱은하나님의모든罰의先驅者다。롯의때 노아의때 우리의救主의때의幾多한實例가이를證明한다。

三十二

福音書記者의記錄한것이하나님의말삼임을認受하는者는누구든지우리는그와論談하기를즐거워한다。그러나이것을否定하는者는누구든지그와는一言도交換하고십지안타。우리는第一原理를拒斥하는사람과이야기하고십지안타。

三十三

어느學問에서도最上의敎授는本文을充分히通達한사람이다。賢良한法律學者되려면法律의本文을손에들고보듯이알어야할것이다 그런대이時代에서는注意가차라리解義나註釋에쏠여간다。나는靑年時代에聖書를거듭낡고거듭낡엇다。몃번이라할것업시뒤푸리하야낡어서完全히親炙하여버렷다。그럼으로어느句을못더라도곳그場所를指示할수잇섯다。後에註釋冊을낡엇스나 얼마안되여집어내버렷다。그는그안에聖句에反함으로나의良心이承認할수업는일을만히發見한연고다 他人의눈으로보는것보다 自身의눈으로보는것이恒常나은줄안다。

三十六

또ㅡ근샤임은創世紀는 모세自身의作이아니라말하엿슴에루터ㅡ는答하엿다。設令모세의作이아니라하더라도 그것은아모相關업는일이다。그러나그것이모세의作이요 그안에世界의創造가正確히記述되여잇다。그러한無益한反對에는귀를빌일必要가업다。

(註。現代의批評學의結論은作이아니라함에一致

한다)

三十八

하나님의말삼은剛한防牌다　金보다오히려堅剛하고　오히려純粹하다。大焰에試鍊되나그實質을조금도일치안코激烈狂暴한모든熱을對抗하야征服한다。그럼으로하나님의말삼을밋는者는　모든것을이긔고모든災禍不幸에對하야永遠히安全하다。그는防牌가아모것이라도ㅡ地獄이나惡魔라도ㅡ두려워하지안는깨닭이다。

三十九

나는福音이始作되엿슬때는이제보는바와가티世上이그처름奸惡하엿섯스리라고는생각하지아니하엿다차라리나는期待하엿다。모든사람이法王의汚穢에서와困惑한可憐한良心의患嘆할壓迫에서解放되엿슴을깃버뛸줄을　또前에는苦心慘憺히求하여도無効하든하날의寶物을그리스도를通하야信仰으로엇드려할것을!더구나監督들과大學敎授들이喜悅에넘치는마암으로참敎義를다드리라고나는생각하엿다。그러나나는悲慘히欺瞞을當하고말엇다。모세와예레미야도또한欺瞞當하엿슴을哀痛하엿다。

四十四

이世上이福音의敎義에對하야드리는感謝는前에그리스도의게對하야드린것卽十字架에못박음과갓다。이것은우리가豫期하지안으면안될것이다。이해(年)는人間의忘恩年이다。다음해는하나님의懲罰年이되리라그는하나님은自己의本性에背反되나반다시懲罰하실것인깨믄이다。우리는그러케되기를바랜다。

四十四

우리는하나님의말삼과　사람의말사이에큰區別을하여두지안으면안된다。사람의말은空中에날어올나가서꼿살어저버리는적은소래요　하나님의말삼은하날보다도땅보다도크다。그럿타死나地獄보다도크다그는하나님의말삼은하나님의權能의一部를形成하는바며永久히保全될것인깨닭이다。그런故로우리는熱心으로하나님의말삼을배워　하나님自身이우리의게말하심을알어야할것이요　또確信하여야할것이다。이것은「하나님께서거룩하심으로　말삼하섯스니　내가깃버뛰리라」(詩篇六十〇六)한다윗이보고또밋든바다。우리도또한喜悅하여야할것이다。그러나이喜悅은종종悲哀와苦痛과混合된다。이点에서도다윗이

조혼例가되여준다。 뎌는自己가犯한殺害와姦淫으로因하야여러가지試鍊과苦難을바뎟섯다。 그가이곳저곳으로追逐되엿슴은決코蜜月旅行이아니엿고。 마지막에니르러하나님을두려워하며살기爲함이엿다。 詩篇二篇에그는말하대「여호와를두려움으로섬기고 셜며 즐거워할지어다」라하엿다。

四十六

누가福音八章에는그리스도께서「하나님나라의奧妙한것을(秘義)너희게는알게하되云々」의말삼을하셧다。「그러면그秘義라는것은무엇이냐 萬若秘義면웨그대는그것을傳播하느냐」라質問할者가잇슬는지모르겟다。 그의게나는答하리라 秘義라는것은隱匿된秘密의일이다。 하나님나라의은秘義는하나님나라에숨어잇는것이다。 그러나그리스도를正當히아는者는天國이무엇이며 그안에무엇이發見될것인가를알닌다。 그것은秘義다 聖靈이啓示하여주지안으면人間의感覺과理性에는숨어잇는秘密인싸믄에秘義다。 그럼으로多數한사람이 그秘義에關하야들을지라도 그것을了解치못하고悟得치못한다。 只今은그리스도의게關하야만흔사람들이 그리스도가우리를爲하야自身을버렷다는싸위의말을傳하고또들으나 그러나그것은다만口舌뿐이요마암으로함이아니다。 그들은밋지도안코마암을주지안는싸믄이다。 바울이「血肉의人은하나님의靈의일을쌔닷지못한다」말하엿슴과갓다。

하나님의靈이臨한者는다만그것을듯고볼뿐아니라그것을마암가온대바다드려서밋는다。 그럼으로그들의게는그것이秘義도아니요秘密도아니된다。

五十

그리스도를밋드면 그信仰으로말매암아罪赦함을밧는다는福音을밋는者는少數뿐이다。 大多數의사람들은福音의아름답고慰藉잇는音信을殆히도라보지안는다。 或듯는者가잇다하여도 羅馬天主敎會의法會에서듯는가티녁인다。 大多數의사람들은다만習慣的으로하나님의말삼을듯기에叅席하고 이를行하면萬事足하다생각한다。 恰似히病者는醫師를깃브게迎接하나 健康者는그럿치안음과갓다。 마태十五章에잇는카난婦人의記事를우리는본다。 그는自己의딸의治癒되기를切望하엿슴으로 그리스도의뒤를追從하야아모리拒絶을當하여도떠나가려고하지아니하엿다。 그와가티모세도압에나아가서罪를쌔달고 恩惠의貴한것임을더욱〳〵맛보게되엿다。 그럼으로우리들도

몬저우리의罪를認識하고謙遜하여지지아니하면 모든것이無益한勢力되고말것이다。

그러나우리는하나님의말삼을굿게把握하여야한다 設或하나님과그의모든造物이하나님의말삼과다르게 보일지라도 뎌카난婦人가티 하나님의게關하야닐으는바모든것을참되다고밋더야한다。天地는업서질지언정 하나님의말삼은確實하야失手합이업다。그러나 아! 이일이性來의感能과理性에얼마나어려운일이랴、赤身이되여서생각과늣김을다버리고 다만하나님의말삼그대로에信賴하지안으면안된다。仁慈하신主여우리가困乏中에잇슬때와우리가死와싸우는最後의때에信仰으로써우리를도와주소서。

五十三

하나님의말삼이純粹히들임업시 傳하여지는곳에는반다시貧이作伴한다。「내가가난한者의게福音을傳하려왓다」하신그리스도의말삼이이를暗示한다。僧院이나庵室에잇는無益하고懶惰하고不敬虔한者들의게는必要以上給與된다。그들은우리의身魂을危險에引導하는者들인대。그런대基督敎々師의게는一分의돈일지언정 快々히給與되지안는다。迷信偶像崇拜、僞善가튼것은夥多한給料를밧는다。그러나眞理는求乞하게된다。

五十四

하나님이그말삼을宣傳하는때에는 直時敬虔한信者에는十字架가싸라온다。「무릇 그리스도예수안에서敬虔하게 살고저하는者는逼迫을밧드리라」(디모데三〇十二) 고바울이干證한바와갓다。우리의救主도말삼하셧다。「弟子는스숭보다더크지못하다。그들이나를逼迫하엿스니 또한너희도逼迫하리라」고 十字架를맛보지안코는아모도聖書를了解할수업다。

五十七

나는모든敬虔한基督信者의게忠告하노라 聖書의平易하고修飾업는文體에不滿을품지말나고 적고卑賤하게보이는것이하나님의놉흔尊嚴과權能과智慧에서흘너나오는것을反省하여라 聖書는이世上의智者를愚者로맨드는冊이요 다만平明單純한마암만이理解할수잇는冊이다。이冊을汲盡할수업는貴한湧泉으로보아評價하라。그안에天使가가난하고單純한牧羊者들을引導하여간규유와襁褓를發見할것이다。그것이가난하여보이고卑賤하여보일것이다 그러나그안에잇는寶배는貴하고貴한것이다。

附記 柳兄의「예수그리스도」의續稿가실일터이엿스나卒然히닐어난事故로 原稿를내지못하게되여筆者가急히얼거맨것이以上의拙譯이다。나의謬譯은甚해拙劣하다그러나루터ㅣ의原文은그러한것이아니오니 有志者는原本을即接일으시기를바랜다。나는밋처原本을求하지못하야英譯日譯을叅照하여重譯하엿다。

基督敎의祈禱

宋斗用

基督敎는祈禱의宗敎이다。 基督敎와祈禱는不可相離의關係가잇다。 祈禱업는基督敎는杜梁업는建築物에比할수잇다。 祈禱는基督敎에업지못할主要한要素이다。 그러나祈禱는基督敎의獨占物은안이다。 佛敎에도祈禱가잇고回々敎에도祈禱가잇다。 其外에도所謂믿음이잇는곳에는반다시祈禱가잇다。 그럼으로巫女도祈禱하고判授도祈禱한다。

그러면基督敎의祈禱도다른모든宗敎의祈禱와同一한意味의것일가。 祈禱라는名稱이同一한것갈이其內容이나本質까지同一한것일가。 그는決코안이다。 基督敎의祈禱가他人을瞞着하랴는 或은金錢을貪取하랴는手段이안인것을萬人이悉知함은更論할餘地도업다。 또基督敎의祈禱는一手에고-란(Koran, 回々敎의經典) 을들고他手에長劒을가진回々敎의祈禱와도本質的相違가잇고 富貴功名、 壽命長受、 子孫昌盛所願成就、 發願을祈禱의中心삼고目的삼는佛敎의祈禱와는根本的差異가잇다。 祈禱의對象이를이니만치其內容과本質도아조딴판이다。

그런대무엇이엇더할지라도祈禱의對象만은人間의作品으로할수잇는것이안이며思索의結果를抽象하야만들수잇는것도안이다。 그럼으로偶像이나枯木이나岩石갈은것을祈禱의對象삼음은迷信이며思索의結果를祈禱의對象삼으면그는곳虛僞이다。

그러면基督敎의祈禱의對衆은무엇일가。 그는萬軍의主이신여호와하나님이시다。 그는人間의作品이안이시고思索의結果로얻은무엇도안이다。 그는人間을내셧스며思索의機能을우리의게주신者이시다。 그는萬物을創造하섯스며 太初불어宇宙의主宰者이시다。 그는獨一無二하시며能力과智慧와權能을가지신者이시다。 그는果然罪惡에 沈淪된肉體를가진人間의눈(眼)으로는볼불수업고귀(耳)로는 들을수업스며손(手)으로만질수업는하날에계시는 (그러나따의우리와늘갈이계시는)永遠의實在者이시다。그는至上至聖하시며至尊至善하신靈의存在者이시다。 그는眞實하시고完全하시며 처음이고나종이신者이시다。 그는過去에계시고 現在에계시며未來에도계실者이니곳

永遠히사시는者이시다。 그럼으로基督敎의祈禱의對象이신하나님은祈禱받기에가장適當하신者이시다。 하나님은祈禱를받기만하시는 者가안이시고 祈禱를들어祈禱者의願하는바를 일우어주시는者이시다。

그러면하나님을對象삼는基督敎의祈禱는얻더한것일가。 基督敎의祈禱는무엇보다도몬저하나님과信者間에言語이다。 따라서基督敎의祈禱는形式이안이고事實이다。 그럼으로基督敎의祈禱는或은感謝이고或은讚頌이며或哀願이고或은悔改이다。 그리고하나님게서는우리의祈禱를恒常要求하시며 우리는祈禱로因하야하나님게接近할수잇다。 信者는祈禱함으로써하나님을깁브게할수잇나니 基督敎의祈禱가얼마나重要하며 또업지못할것임을納得할수잇다。

基督敎의祈禱는하나님과 信者의言語인同時에信者와信者사이의唯一한靈文法이다。 갈흔對象의게同一한마음과同一한뜻으로 祈禱하는者끼리는만나지안어도볼수잇고 말하지안어도들을수잇스며아지못하야도相愛相助할수잇다。 同一한祈禱함으로兄弟가되고姊妹가되며 同一한나라의百姓이되고同一한主人의婢僕이될수잇다。 同一한祈禱가잇슴으로民族과民族은 親交할수잇고國家와國家는調和될수잇스며社會와社會는步調를갈이할수잇고 全人類는融合一致할수잇는것이다。 同一한對象의게對한同一한祈禱만잇스면國際聯盟이업고 列國의講和條約이업슬지라도人類의幸福과 世界의平和는自然히올것이다。 戰爭、逼迫、强制、腕力、金錢、勢力其他如何한方法과手段으로도얻을수업고 일울수업는모든것을同一한祈禱로써容易하게얻을수도잇고일울수도잇다。 아! 祈禱의힘은偉大함이여! 祈禱의價値는多大함이여! 誰人이祈禱를蔑視할수잇스며 何人이祈禱를誹謗할수잇스랴! 오! 祈禱할수잇는者의幸福함이여!

그러나基督敎의祈禱는決코自己本位가안이다。 自己의利益、自己의快樂、自己의便利、自己의名譽、自己의地位、其他自己의무엇만을求하는祈禱가안이다。 (自己本位가안이라함은自己를全然히돌아보지안는다는것을意味하지안는다) 基督敎가愛隣이라는特殊한敎理우에선 宗敎인만치其祈禱의內容도愛隣에잇다。 (愛隣은人間의本能이라할수잇스며더구나愛隣이업는宗敎는업다하여도過言은안이다。 그러나여긔에特殊라한것은一般사람이갓지못하고他宗敎에서볼수업는基督敎特有의愛隣을뜻함이다) 그래서基督敎에서는 니웃(隣)을爲하야祈禱한다。그리고니웃을비롯하야國家와民族을、또社會와人類를爲하야祈禱하며宇宙萬物을爲하야 祈禱함에까지일은다。『怨讐를사랑하며 逼迫하는者를爲하야祈禱함』은基督敎의祈禱의特色이다。基督敎의祈禱에는階級과人種의差別이업스며 敵我間의詛呪가업다。基督敎의祈禱는眞實로 人類的이고 世界的이며宇宙的이다。

또基督敎의祈禱는 被造物만을爲함도안이고 人間中心도안이다。人間의幸福、人間의平和、人間의安樂、人間의向上、其他人間의무엇만을願하는祈禱가안이다。基督敎는祈禱의對象이신하나님을爲하야祈禱한다。(事實은이것이야말로基督敎의祈禱의終結이다) 하나님의聖意와攝理와經綸의成就되기를祈禱한다。換言하면모든榮光、歡喜、尊貴、權威、感謝、讃美、其外에도하나님의게잇서야할것이不足업시하나님의게잇기를祈禱한다。여긔에基督敎의祈禱의本旨가잇다。『내가하고저하는대로마시옵고오즉아바지(하나님)의뜻대로하옵소서』라는예수의祈禱가곳基督敎의祈禱의中心이고 焦点이며絶頂이다。따라서『聖意이오면地獄에빠짐도 辭讓치안나이다』함은존・반얀뿐이안이다。적어도基督敎의福音에接하야眞理를맛보며 또基督敎의祈禱의本旨가어대잇슴을理解하는者이랴면 誰人이든지祈禱할때에몬저모든榮光이永遠히하나님께잇슴과 그의聖意만이實現됨을願하며求할것이다。따라서基督敎의祈禱는無理와抑制가업고 오즉謙遜하며敬虔할뿐이다。그럼으로祈禱의効果를云々하며 祈禱의對象을威嚇하거나蔑視하거나嘲弄하거나함은 異端의일이다。基督敎는祈禱의對象이신하나님을 누구보다도사랑하고信賴하며恭敬하고두려워한다。

그리고基督敎의祈禱는半信半疑하는態度를取하지안는다。基督敎의祈禱는입이들엇슴을確信한다。그는하나님은能치못하심이업스며 또모든祈禱를반다시들어주시는때문이다。萬若祈禱가들이지안는다면그는必要치안은것을求하엿거나 或은現在는들이지안는것같이보일지라도 나종에는何時든지반다시들일것이다。그럼으로眞實한信者라면自己의祈禱가急히또顯著하게들이기를願하지말고 들이는때까지祈禱를몃번이든지 거듭하며忍耐하고期待할것이다。

하나님께서는必要에依하야祈禱者의아지못하는동안에祈禱를完全히들어주시는일도잇다。

基督敎의祈禱는凡事를信賴함으로求한다。처음불어끗까지全部맥기는마음으로祈禱한다。맛치兒孩들이兩親을信賴하고 모든것을兩親의게서만求하라는것같이아모思量도업고 分別도업다。따라서基督敎의祈禱는單純하고天眞하다。基督敎의祈禱에는理性도所用업고思惟도쓸대업다。基督敎의祈禱는信賴와眞實과確信을要求할뿐이다。

그리고恩寵에싸인靈魂은感謝안이할수업고歡喜에넘치는人子들은讚頌안이할수업다。그런대感謝의對象도하나님이시고讚頌의對象도하나님이시니이意味에서感謝도祈禱이며 讚美도祈禱이다。지음을받은者되여讚美안이할수잇스며 救援을입은者되여感謝안이할수잇스랴! 그럼으로基督敎의祈禱는만들어내는것이안이고自然히心藏으로불어솟는것이다。果然十字架를目標삼는生活에는祈禱가끈일수업다。信者의게祈禱가업다면그야말로不自然하며不合理한일이다、먹지안코는살수업는것같이 祈禱업는信者는信仰에죽은者이다。하나님과關係를끈은者이다。

그런대基督敎의 祈禱는一定한時間과場所를要求하지안는다。하나님께서는하날에게시면서 恒常우리와같이게서 우리를引導하시고永遠히唯一이시면서全宇宙에充滿하서 萬物을支配하시는緣故이다。祈禱의時日을定하거나場所를擇한다면 그는決코基督敎의祈禱가안이다。基督敎의祈禱는何時何處에서라도오즉信賴와 確信을가지고마음과뜻과性品을다하며至誠과眞實과感謝와歡喜와讚美가잇스면 眞正한祈禱이다。이러한祈禱는반다시들일것이다。換言하면이러한祈禱가하나님께서깁버하시는 또要求하시는祈禱이다。그럼으로敎會만을祈禱하는場所로認定하고 또禮拜時만祈禱할것으로안다면 적지안은誤解이다。그는信者의잇는곳은곳敎會이며 信者의眞實한生活은곳禮拜인까닭이다。勿論信者의經驗에빗초여보아騷擾한곳보다는 寂寞한곳이또搖亂한때보다는靜謐한때가 祈禱함에特別히適合한것만은事實이다。그러나이는決코하나님께서寂寞한곳이나靜謐한때에만 祈禱를들으시는때문은안이다。그는다만祈禱하는우리人間이弱하며不足한때문이다。

또基督敎의祈禱는 重言復言함으로나言語의流暢

합으로들이는것은안이다。그럼으로基督敎의祈禱에는修辭學이나雄辯術은조곰도 必要하지안타。오즉外飾업슨純直한祈禱만이참祈禱이다。또他人의게보이랴함은거짓祈禱이다。하나님은아모리하여도숨일수업다。그리고隱密한中에게시는 하나님의게만祈禱함이基督敎의祈禱이다。

이리하야基督敎의祈禱는地에屬한것이안이고 天에屬한것이며 人에屬한것이안이고(하나님)에屬한것이며 肉에屬한것이안이고 靈에屬한것이며一時에屬한것이안이고 永遠에屬한것이다。理論이안이고 事實이며虛僞가안이고 眞實이며言語가안이고마음이다。基督敎가참된宗敎인만치其祈禱도참된祈禱이며 또基督敎가산宗敎인만치其祈禱도산祈禱이다。

오! 果然하나님의子女의게祈禱잇슴은 얼마나當然한일々가。救援받은者의게는祈禱가업지못할것이며 祝福받은者의게는 祈禱가반다시잇슬것이다。祈禱야말로하나님께서 基督信者의게許諾하신特權이며救主예수를通하야나리신恩寵의賜物이다。몰음직이基督信者는 이特權과恩寵의賜物을받을뿐안이라맛당히이特權과이賜物로써하나님게榮光을돌리고또自己의生活을참되게할것이다。

基督敎의祈禱는하나님과의 言語이고信者間의靈交法이니만치 信者의日常生活은祈禱로始作하야祈禱로맛친다。싸라서信者는衣食住를비롯하야 大小事一般을祈禱로써求한다。如何한것일지라도祈禱업시는求하지안는다。그러나目下生活의必要品을求함만이基督敎의祈禱의最大目的이안이다。그리고하날에게시는 全知全能하신아바지께서는 人間의日常生活에업지못할것을求하기前에 미리豫備하신다。그럼으로예수께서는 祈禱할때에몬저『하나님의나라와義를求하라』고우리의게가라치섯다。우리의반다시求할바는ㅡ即基督敎의祈禱의終局의目的은『하나님의나라와義』를求함에잇다。하나님의나라와義를求함이꼿하나님의聖意換言하면하나님께서우리의게要求하시는 祈禱이며이祈禱로因하야 하나님께榮光이되고따라서 人間의救援을完成하는捷路를엇을수잇다。

兄弟믿姉妹들아! 祈禱하라。끈임업시祈禱하라。自身의罪惡을버서나기爲하야 民族이나社會가救援城을찻기爲하야 또全人類의平和를얻기爲하야。

오! 그러나무엇보다도 몬저하나님의나라와義를求하기爲하야 恒常祈禱하라。基督敎는祈禱를要求한다。祈禱는信仰生活의糧食이다。祈禱는信仰의原動力이다。그렷다 信者는信仰에살고또祈禱에산다

살아계신하나님

咸錫憲

우리는하나님을밋는다。우리의主로밋는다。또그는宇宙의創造主ㅣ시요그의愛는無限하고그의義는無邊임을밋는다。그는全知의神이시요 全能의神이시요 全善全美의神이시다。그는온가지讚辭와形容을超絶하신다。사람의口舌로서可能한讚辭는極限까지다한, 오ㅣ가스틴의珠玉玲瓏한頌榮도그에게는도로혀條件과制限을짓는대지나지못하다。그는人生이지은殿에도居치않으시거니와人生이올니는讚辭에도居하시지않는다。

그는모든制限을超越하야 모든것의主ㅣ심에그를밋는者는無條件으로밋어야한다。그를밋는者는爲先商賈根性을바려야한다。이만한것을준다면저만한것을들이겟다는賣買主義를니저야한다。그는吝嗇한者를도라보시지않는다。條件없시服從하는者를嘉納하신다。故로우리는그를밋기爲하야 그에게要求할아무條件도없다。

그러나오직한가지條件이있다。온갓條件이다없기爲하야 오직한가지條件이必要하다。않이다事實은要求條件이않이라旣存事實이오旣定理由다。——하나님은살아게신다。살아게시는故로그를밋는다。

살아게신하나님이라! 偉大하고나。살기를願하는人生에이것이光明이다。그렷타이事實만이있으면足하다。

살기가願이로고나。永遠히끗나지않는永生이所願이로고나 살기爲하야먹고마시엇다。먹고마시엿서도주리고渴하엿다。限없는飢渴을禁치못하야人生은샘물을두루차젓다。갈닐니海邊낭떠러지에가서마시라고가라침을들엇다。가서허리를굽펴마시기를始作하엿다。허리를굽펏슬때에靈魂도굽펏다。마시는것은降服하는것이엇다。그러나飢渴은견듸기어렵은것이엇스나降服도容易한것은않이엇다。때々로脫出을計劃하엿다。그러나脫出을不許하는무엇이있엇다。信仰의生活을누가安閑한生活이라하노? 말아라信者의生活은어떤意味로보아서는 世上에서가장可憐한生活이라할수있다。있다금은이러케苦롭을줄알엇더면차라리始作않엇던것을! 하는때까지있다。 그러나亦是떨어지지는못한다。 떨어지지못하는데는理由가있어야할것이다。 ——即그當하는苦痛보다以上되는무엇을엇는것이있어야할것이다。 그럿타。 實노其以上이다。 그마시는샘물의달고시원함은그服從의苦롬以上엣것이다。 홋츠로그以上만이않이오 그와는比할수도없는 그와는全然別種엣것이다。 服從降服이라하엿스나 그는世上의奴隸가그主人에게하는服從파降服이않이오그로因하야아들되는榮光을엇으며새生命의冕旒冠을얻어즐겨워함에니르는服從降服이다이는善惡果를먹고얻은自主人의榮光에比할것이않이다。 그들의한동안있다없어질安樂파는더구나그苦痛파는對等할것도않인基業이다。

이러케볼때에永生의맛을본信者의입에서는아침붓터저녁까지讚頌이있을것이오苦痛이라고는도모지없을것이다。 그러나問題가그러케簡單히는않이된다。 지으신이의形像대로지음을바덧스나또同時에아담의피에서난人生인지라善파惡은그의가슴속에싸화滿身의傷處를그에게주고그의靈魂은因하야氣息奄奄의狀態에빠진다。 그뿐이랴惡은各樣不幸을人生生活에가

저다주엇다 ——人生은實로悲慘하다。

人生은悲慘하다三百六十五日을恨숨만쉬여도다갓내쉬지못할人生이다。 어머니가없서悲慘이오病身이어서悲慘이오남에게侮辱을當하야悲慘이오스사로生命을끈어서悲慘이다。 人生七十은結局눈물배ㅅ길이다。 배가곱파울고愛人을일허울고祖國을일허울고靈魂이시들어서운다。 人生을보고노래를불으는者는白痴가않이면自狂하는者다。 實로人生이이것만이라면우리는살녀는勇氣가조곰도나지않는다。 산다야六七十年의苦痛뿐이오其以上아무意味가없다。 또其以上의意味와價値를가진다하여도그意味와價値에比하야는悲慘파罪惡의勢力은너무도强大하다。

人生은微弱하다。 一世에滔滔한惡과싸화이기며이悲慘에서人生을救할自信이있는者가 누구인가?누가果然自己의理想을如意하게實現할수가있나?누가그속사람의願하는善을完全히行할수있나? 이믜그惡을이길힘이없고其善을行할能力이없다면이恨숨을쉬여가며이눈물ㅅ배질을할必要는어듸있나? 찰아리自棄自殺하야煩惱를免하는것이智慧롭은일이않인가或은社會的歷史的見地로붓터個人으로는不能하나 人

類社會全體를歷史的으로보면 可能하다고할수있는것이오따라個人이努力할意味와勇氣도난다고하는이도있을것이다。事實사람의가지는바온가지智識道德修養努力은終局이一点에歸着한다。그러나個人으로不能하다면社會的歷史的으로不能할것이다。分量의問題라면個人의不能한것을社會는能할수있다。그러나罪惡은分量問題가안이오性質問題다。罪를가져分量問題로解釋하려는것이世上倫理學說이나決코不然하다 그럿키만하다면人生의行路가얼마나平易하엿슬것을恨스럽기는深切한罪의意識을가진良心은모도罪를性質上問題로認定하는일이다。罪가萬一質의問題라면不純한人生을아무리싸아도亦是不純이오罪惡의멘델니즘은依然히繼續될것이다。故로人生은社會的歷史的으로도悲觀이라할수밧게없다。

그러면人生은바릴것인가? 여긔서참말「살가보냐말가보냐그것이問題로되나」하는불으지즘이나오게된다。그러나이때에다시금光明을던저주는것이——「하나님은살아게신다」는것이다。人生은비록悲慘하나우리는비록弱하나只今은비록不義가猖獗하나義로우시고사랑이시고全能하신하나님이살아게서서일하신다只今도오히려게시고未來永遠히게신다마츰내는모든不義를이기는날이온다——고生覺할때에힘과勇氣와智慧를새로히엇는다 그리하야敢然히니러나서惡과싸호게된다。내肉身은傷하여도그만 죽어도그만全能하신하나님이살아게서서몸소싸호시니勝利는우리것임이疑心없다。싸화殉死하는者는凱旋하는날에그榮光이生存한者보다오히려優勝한다 ——이리生覺할때우리가그를믿고그를依支하고그의戰線에선다萬一그가살아있지않는바알神이던가哲學者의觀念神이던가라면우리는발서世上에있지않엇을것이다。生殘하야敗我의恥辱을보는것은죽음보다더슬임으로써다。

그러나問題는또있다。하나님은정말살아게신가? 萬一사라게신다면 現在의온가지矛盾은어찌된것인가? 하나님은사랑이無限하시다하나世上에는不幸이가득하다。하나님은義로다사리신다하나不義는依然히權勢를잡고 義를직히는者는온가지苦楚를다격는다, 어대살아게시는하나님이있느냐?

矛盾이다。人生은矛盾이다。그矛盾을풀이는人生을지으신하나님이있을뿐이오外에는아무도없다。사랑하는子女나同生이붙니여갈때우리는愛의하나님이있는가疑心한다。敬虔한信者가도로혀苦生함을볼때우리는義의하나님이있는가疑心한다。몰은다。그러나안다。하나님은살아게신다。밋는者는살아게신그를안다。그럿타아무도하나님을보고밋는이는없다。밋음으로因하야보는대니른다。밋는者의하나님은살아일하시는하나님이다。다른것은다除하고라도二十世紀의青年이하나님을밋는다는其事實이곳그의살아게심을證明하는일이다——動植鑛物을배우고物理化學生物學을배우고社會學、歷史學、哲學、倫理學을배우는二十世紀의青年이오히려무엇에못견듸여「主여」하고업대리는그것이決코偶然한일이않이다。밋지않는者는그를가라처밋친者라할것이다。그러나萬一밋친者라면밋치게하는하나님이있어도있는것은事實이다。

살아계신하나님! 陣頭에親臨하시는그 우리右便에來立하시는그를볼때우리靈魂은勇躍한다。

하나님은살아계신다。아부라함의하나님이삭의하나님 야곱의하나님 예수의하나님 루터ㅣ칼빈의하나님田夫野人의하나님 蕩子를도라오게하고娼女를悔改케하는하나님은살아계신하나님이다。弱한人生죽을人生不幸에우는人生의바랄이는이살아계신하나님뿐이다。

二種의宗敎

世界의만흔宗敎들은二種類에大別할수잇을줄암니다。一은빛(光)을忌避하는것이오 二는빛을甚히즐거워하는宗敎임니다。前者는宏大한伽藍을建하야日中에도오히려燭臺를要하도록幽玄하게만드러노코加之에鼓聲打木의音律노써調和하야될수잇는대로陰沈迷宮을作하는것으로 要諦를삼슴니다。그러나後者는다만『오직眞理를나타내여하나님압헤서(面前或은眼前에서)各사람의良心에向하야스사로천거하노라』(고린도后四〇二)는外에는아모것도要치안슴니다。陽々한太陽의光線을忌避하는것은微菌類의特性임니다。그럼으로黴菌類를退治함에는充分한日光에曝露식히는것처럼簡易有効한것이업슴니다。

陽氣와하나님의面前 各사람의良心압헤曝露식히기에견대지몯하는宗敎는 모다黴菌의宗敎라稱할가。이에對하야예수는이러케區別하시다。

빛이世上에臨하되 사람이제行하는일이惡함오로빛보다어두은거슬더됴와하니 이거시罪를定한것이라。惡을行하는사람은빛을미워하야빛으로오지아니하나니이는그하는일이책망을볼가두려워함이오 眞理를좃는사람은빛으로오나니이는그하는일이하나님을힘닙어행한것을나타내고저함이라。

(요한三章十九의二十一)(敎臣)

唯一의事業

鄭相勳

祭司드리는것보다順從하는것이낫고 슈羊의기름보다말삼을듯는것이나으니라 (삼우엘上十五○二二)

너희가도라와서安靜하면救援을엇을것이요 잠잠하고依賴하면힘을엇으리라(이사야三十○十五)

이두豫言者를通하야發한여호와의두말삼은人類救援에對한根本精神이다。 그런대아담의子女들은이單純한眞理를그대로바더드리려하지안코祭典을行함으로獻物을多大히함으로儀式을華麗하게함으로 하나님께對한熱心을斂量하려하엿고또그로因하야自我의義를세우려하엿다。自我의修養과努力으로하나님의恩寵을代하려하엿다。 이두精神이舊約에잇서서는所謂宗敎家들과豫言者들의激烈한싸홈의中心이엿다。그것이新約에와서는바리새人과예수와의對立抗爭의張本이되엿다 그리하야예수는十字架에못박혀죽고바리새人은外形的勝利를어덧다。 그러나참勝利는예수의便에잇섯다。 참敗北은바리새人의便에잇섯다。舊約以來로慘憺한歷史를가진싸홈은여긔에니르러終局이되엿다。 예수의十字架에서律法主義는絶對의敗北을招致하엿고하나님의恩寵은絶對의勝利를獲得하엿다。 儀式的宗敎는粉碎되고사랑과恩寵의宗敎는確立되엿다。 그런대初代敎會의潑剌한生命이涸渴되자마자儀式主義는다시復活하야恩寵의宗敎를侵蝕하기始作하엿다。 이侵蝕이極度에達한것이羅馬天主敎會엿다。 이化石된宗敎에反抗의炬火를든것이루터—엿다。 恩寵의宗敎、信과愛의宗敎를다시한번世上에照耀식힌것이十六世紀의宗敎改革運動이엿다。 今日의新敎各派는이精神을繼承한者다。

그러나이精神은이미敎會에서死滅되고말엇다。 設或死滅되지아니하엿다하더라도睡眠狀態에잇다。 그들은羅馬天主敎會와가티敎會外에는救援이업다고大憺히公言치는아니한다。 그러나實狀은그들이反抗한天主敎會化가半만큼되여잇다。 보라、 그들의手足은洗禮式을擧行하기에너무나싸르지안은가 或敎會에登錄치안코信仰을가지는者가잇스면그들의口舌은罵詈中傷에밧부지안은가 이것은想像이아니고事實이다。이明白한事實이잇슴에不拘하고現在의新敎各派는스사로루터ㅡ와칼빈ㅡ아니예수와바울의精神에섯다고自矜하려하는가。

이와가티現代敎會의最大關心事는벌서하나님이아니다。그리스도가아니다。恩寵이아니요또愛가아니다。儀式이다制度다敎會政治다。一步를더나아가서事業이다。이事業이야말로現代敎會의特徵이요最大關心事다。그럿타信仰은곳事業이다傳道도또한곳事業이다。事業은敎會의使命이요存立의根本이다事業이잇슴은敎會가살山票요事業이旺盛함은곳敎會의旺盛을象徵함이다。그럼으로事業第一이다敎育事業、慈善事業、施療事業、救貧事業、農村事業、傳道事業、外國宣敎事業其外가지〳〵의事業이敎會의不可缺의要素가되엿다。事業의數도만음이여、그名目의優美함이여 吾人의마암을眩惑케함이크도다。

그런대이와가티優美한名目下에서經營되는數多한事業의참動機는어대잇는가? 이를生覺할때나는戰慄을늣기게된다。事實을엇지굽힐수잇스랴事實그대로적어識者의敎示를바드려한다。豫言者와그리스도와使徒들의攻擊의標的이든儀式主義者나律法主義者들은그精神이스사로義롭게되려는바리새的이엿고基督敎의根本眞理에서버서낫슴은再言할必要가업거니와그래도그들은그祭典과律法의行爲로써여호와를섬기고여호와를깃브게하려하엿슴은誤謬中에서도오히려同情할바이엿다。그러나現代敎會에는同情할것이한아도업서지고말엇다。그들의精神은前者와根底부터다르다。그들은하나님을깃브게하려함이아니고世上의歡心을사려함이다。하나님께順從하려함이아니요世上에順從하려함이다。世上과握手하고世上과野合하려함이다。來世에서榮華를어드려함이아니요現世에서榮譽를누리려함이다。勢力을페려함이다。이것이나다나社會奉仕가되고傳道事業이된다。아!얼마나野卑한動機랴。不信者도取치아니할動機로다。長老派敎會의支那宣敎事業가튼것은이精神의發露가絕頂에達한것이라하리로다。神聖한이事業이一部野心家의功名心에籠絡됨이여、그野心家의傀儡가되여마암에도업는事業을하는敎會의虛飾이여、이를愚라할가狂이라할가。그러나現代敎會의事業慾과世上에阿諛하려는心情은이에긋치지안는다或은形式을밧구고或은色彩를變하여서새事業을始作하고俗世의새歡心

을사기에寧日이업다。米國에서는敎會에娛樂場을附設하여두고사람을꾈으려한다하니 그의忠實한弟子인朝鮮敎會가이를模倣할날이갓갑지나안을는지알수업다。

내가무엇을가지고여호와압헤나아가서 놉흐신하나님께敬拜하오릿가。그압헤燔祭와一年된송아지를가지고가오릿가。여호와께서或슈羊數千이나數萬江水가튼기름을 깃버하시겟나냐 내가맛아달을드려 내허믈을贖하며 내몸의所生을드려내靈魂의罪를贖하겟나냐 (미가六〇六、七)

녯豫言者미가의이말은現代敎會의心意를銳利한칼로解剖한말이아니냐 事業을行하는者가信者요。한가지事業이라도만이行하는者가天國에갓가온者라하는者들의게여호와의答은이러하다。

너희가비록燔祭와素祭를내게드릴지라도 내가밧지아니할것이요。또너희살진犧牲으로드리는和睦祭도내가도라보지아니하리라。너는노래소래를긋치고내게서떠나라。너희거문고소래도내가즐겨듯지아니하리라。너희公義는물흐르는것가티하고義는큰江가티할지니라。(아모스五〇二二—二四)

또豫言者이사야는여호와의말삼을웨친다。

너희가드리는바 만흔祭物이내게무엇이有益하리요 슈羊으로드리는燔祭와살진즘생의기름이내게넉々하며 슈송아지의피와어린羊의피와슈염소의피를내가깃버하지안노라。너희가내압헤와서내마당밟기를누가너희에게要求하더냐。虛ㅣㅅ된祭物을다시가저오지말나焚香하는것이 내게可憎한것이되고 月朔과安息日에開會하는것도 내가슬혀함은거륵히모히면서兼하야惡을行함을내가또용납지아니함이라。너희의月朔과節期는내마암에뮈워하노니 그것이내게무거운짐이되여 메기에困하도다너희가손을펼때에내가눈을가리우며 너희가만히祈禱할때에내가듯지아니하리니 이는너희손에피가가득함이니라。

또소래잇서웨친다。닐으대

사람아主께서善한것이무엇인지를이미네게보엿도다。여호와께서네게請求하시는것은다만正義를行하며궁휼이녁이기를됴화하고謙遜으로네하나님과가티거름이아니냐。(미가六〇八)

이스라엘아 너희하나님여호와너희께要求하시

는것이무엇이냐　오직이뿐이니　곳너희가　너희하나님여호와를敬畏하야그모든길을行하고　그를사랑하고　마암을다하고뜻을다하야　너희하나님여호와를섬기라(申命記十〇十二)

눈이잇는者는넑으라　귀잇는者는들으라。數千의슈羊이무엇이며數萬江水의기름이무엇이냐　事業이무엇이며娛樂場이무엇이며宗敎音樂이무엇이냐　이모든것은여호와께서우리의게要求하시는것이아니다하나님께서要求하시는것은우리自身이다。우리의全人格全存在를밧침이다。그는우리의事業이나　知識이나才能으로滿足치안는다。우리의傷한　靈魂을어듬으로滿足하신다。罪투성인이대로醜한이대로　막기것을要求하신다。　그럿타그는無條件으로降服(Sullender-up)하기를바랜다　이것이信仰이다。하나님께서깃버하시는唯一한事業이다。使徒바울은「그리스도안에잇서서는割禮를밧는것도有益함이업고아니밧는것도또한그러하되　오직사랑으로行하는미듬뿐이니라」하엿다。또猶太人들이예수의게「하나님의일들(複數)을하기爲하야　우리가무엇을하오릿가」質問하엿슬적에　예수께서對答하사님아시기를「하

나님께서보내신者를너희가밋는그것이하나님의(깃버하시는)일(單數)이로다」하섯다(요한六〇二八二九)예수의答은分明하다。하나님을깃브게할聖意에適合한일이數多한것이아니며　또優劣이잇는것이아니요다만하나뿐이라하섯다。하나님께서보내신者即예수自身을밋는것이하나님의깃버하시는唯一한事業이라하섯다。그當時에드른猶太人들이그너므나革命的이요狂的임에啞然하엿슬뿐아니라今日의우리도이말을듯고發言者의狂者아닌가를疑心할만하다。예수를狂者라하는者누구뇨　스사로살피라自身이狂者아닌가를!이말삼이狂的이거나革命的이거나　事實임을엇지하랴!이한마대말삼에　猶太人이寤寐에닛지못하든偉大한宿題는解決되엿다。아니　人類의宿題人生의矛盾이闡明되엿다。一個의名詞의複數가單數로變한것即希臘語의a가on으로變한것이天地를更新식혓다。人類歷史의새紀元을劃하엿다。人間의前額에烙印되엿든死를除去하고새生命을가저왓다。儀文은가고恩寵은오다。拘束은풀이고自由는宣言되다。아!偉大한말이여、하나님의아달아니고누가能히이러한偉大한말을發하리요!基督敎를律法의宗敎　事業의

宗敎로맨들고敎會를그社會奉仕의機關삼는者누구뇨 하나님의聖意를傳하는聖書가하나님이要求하시는것은다만信仰뿐이라하는대　더구나그信仰도하나님쎄서주시는선物이요사람은다만그것을바드면足하다하는대　그러고이것이信者의唯一한事業이라하는대! 그러면웨! 그리스도를밋는信仰이信者의唯一한事業되는가를想考하여보려한다。사람은모다罪人이다義人은업다한사람도업다。罪의갑은죽엄이다。罪人인人類는그罪의當然한갑스로死에定하엿다。그러나하나님은義의하나님인同時에　愛의하나님이시다。한사람의滅亡함도그의願치아니하는바다。그는獨生子를주셧다。누구든지뎌를밋으면滅亡치안코永生을엇게하셧다。滅亡할人生이生을엇는것보다더偉大한事業이어대잇겟느냐「사람이萬一온天下를엇고도그목숨을일흐면　무엇에有益하리요。」이生命을엇는길이信仰이다。和睦祭의祭物이되여十字架에못박혀죽은그리스도를밋는信仰이다。이信仰이야말로하나님의깃버하시는바요。人間이成就할唯一한事業이요根本的事業이다。이根本이우리의게일우어질때우리는果實을맺는다。그러나그果實은우리自身의動機와意思로맷는것이아니다。우리가그리스도의게絶對의降服을하고모든것을맛길때聖靈이와서맺는果實이다。이果實에는여러가지種類가잇다。「사랑과喜樂과和平과忍耐와慈悲와忠誠과温柔와良善과존절」。가튼것이다 이果實들이다시이리接부처지고　저리接부처저서芳香한쏫도피고　甘美한열매도되나니　그것이即참傳道事業이오참敎育事業이요　其他各種의참社會奉仕다。이러한事業은淸冽한活泉이湧出하야사람이아지못하는동안에荒은原野를적시는것과갓하야　自然스럽다。純潔하다。올은손이하는것을왼손이모를만큼靜肅하다。거긔는現代敎會의事業가튼喇叭소래도업다。野心도업고虛僞도업다。또富門에低頭百拜하야乞財하는醜狀도업다。信仰의自然產出인事業이야말로信仰이참信仰인票요基督敎가한構想이나理論이아니요事實이요能力인證據다。世俗에阿諛하고世俗의歡心을사려는現代敎會의事實이무엇이냐　물너가라물너가라事業그自體에는　價値가잇슬는지모르나信者의事業참敎會의事業은아니다。더구나예수쎄서道破하신基督信者의唯一한事業은아니다。하나님의깃버하시는事業은아니다　事業〳〵하며南船北馬하는現代敎會의指導者들이여　暫間의때를타서　폐여넑으라豫言者의傳한하나님의聖意를! 그리스도의敎示를! 그리하야信仰이信者의참事業이요唯一하고또根本的事業임을배우라。

信者의 새生命과 새生活

楊 仁 性

生命이란大體무엇을일카름인가 그起源에對하야는種々區々의說이잇어오날까지科學的으로確證할수업는것이며將來에도또한그러할것이다。그러나우리가누구나다生命에對하야確實히아는것은그난「쉬지안코動作하며쉬지안코자란(生長)다」는事實이다。이는一般生命에對한普遍性을말한것이며또生命에對한定理라고도할수잇스리라。그러나또좀도리켜우리信者의生命을考察컨대이보다더一層뛰여난法則에서動作하며더一層奧妙한眞理에서자라가는것임을깨닷는다。

누구를勿論하고참마음으로예수안에들어올때새靈으로새生命을밧는것이니即從來에못가젓던예수의靈에다예수의愛를가지는것이다。이는눈으로볼수도업는것이며또손으로만질수도업는것이나靈의運動으로

새로난者는別노說明할것도업시解得할수잇는새現象이다。顯著한새生命의싹이다。即前에업던하나님을사랑하는마음眞理와正義를探求하는熱心、넘치는慰勞、限업는平和、洋々한希望等은다그生命으로솟사난새움의破綻이아니고무엇일가?!

이런貴重한靈의作用은예수의게서새로남으로말매암아생기는恩惠이니勿論이世上의貧富貴賤이나賢愚老若의別갓흔것은아모相關할것도업시다만眞實한마암으로예수안에屬하여잇는동안은繼續되는것이며또끗침업시솟사나는活動이나。即우리信者의生活作用은예수를無盡源으로삼은活泉파갓흔것이니、서나、안즈나예수로갓치하며一擧手一投足이예수몰으게되는일업는새生命의動作이된다。그럼으로眞實한예수사람의思想은발서하나님의思想을縮小한것이며그生活파그目的은발서예수의그것파달음이업다。또이것이야참基督信者의願하는理想이며그生活의目標일것이다。그러면우리는이理想을엇지하야完全히實現할수잇을가나는이제그두어點을들어論코저한다。

첫재로예수本位로사는生活이다。하나님을絕對의權能者로信賴하고예수를唯一의救主로처다보는生活

이다。하나님을두려워하야嚴父로섬기고예수를親愛하야兄弟로사괴는生活이다 이를日日의生涯에나타내는키ー(열쇠)는祈禱다、쉬지안는祈禱다 大體참祈禱란엇던것인가 하나님을思慕하는마음이懇切할때우리의마음이그를向하야(예수를通해서)活動하난作用을일카름이다。卽어린아이의젓思慕하듯하는純潔無垢의要求이다。이에서더單純하고優雅한要求가어대잇을가。

그런데우리는種々이世上의다른不純潔한要求를가지고主의게對하는일이적지안타。젓먹는襁褓의어린「애기콩밥」求하는대서더어리석은要求가어대잇을랴勿論그어먼이는最善을다하야애기의適當한滋養을줄것이며完全한健康法을取할것이안인가! 아ー우리는아모것도되지말고어린애기되자。單純한要求를가진無邪氣한生命의渴求者가되자!

또한方面으로보면우리의祈禱는하나님과의사괴이오예수와의交通이다 그러면우리實地經驗上世上의한高尙한人格者를벗으로사괴여도生活의變化가無限하거든하물며宇宙萬物을그뜻대로創造하시고처음브터始終이如一하게사랑과慈悲로다사리시는全能者를極히親密하게사괴게되엿스니그生活의變化야엇지다測量할수잇으랴 世上사람이信者의急轉的變遷을보고一種疑惑의눈을가짐도無理는아니리라。

그렇다하야참된사굄과참된祈禱라는것이엇던一定한方法과엇던獨特한方面이잇는것이아니다 다만우리의日常生活이甚히細微한대까지祈禱와感謝로化하야그가우리의生活上한自然要素가되는데에잇다。

印度의聖者『산다ー싱』은祈禱本質에對한說明에祈禱는特別한것을求치안코다만하나님을求하는일이다。마치만흔果實열린主人의게가서한두個빌어먹던사람이엇던方法으로그나무를가지게되면그날부터그나무를所有하는同時에그果實도모다所有하게되는것파갓치하나님이우리의所有(祈禱로사괴임)가되면하날의것이나따의것이나모다우리의것이되나니하나님은우리의아바지오宇宙의萬物은그의것인까닭이다。그러치안코萬若恒常가서빌어먹는者가되면一生을乞食으로始終하리라。그럼으로우리는주시는贐物보다는爲先그贐物의賦與者生命보다는그生命의主人公을求해야하겟다그리하면生命만엇을뿐아니라必要한贐物도더하여주리라고말하엿다한다。實노祈禱에對한

徹底한說明이라하겟다。우리는이제祈禱할때반다시生命의根源되시며 모든것의모든것이되시는하나님을예수를通하야眞心써求해야하겟스며또그리하여야그의聖意시며우리의懇願이신하나님의모든恩惠와福音을洽足히밧을것이다。

그러나우리가하나님과完全한사굄을맷자면爲先마음의不潔、從來의不順從또는驕慢·爭鬪、嫉妬等모든邪惡을깁히悔改해야하겟다。悔改업는祈禱는참된祈禱가못된다 悔改는祈禱의始作이라고한다 예수는빗치오우리는暗黑이니그빗치우리의게비최일때엇지自體의暗黑을깨닷지못하리오。이어두움을깨닷는것이悔改이다。아모리靈의눈이病들엇고感光의度가鈍할지라도예수의빗만은우리心靈의網膜을觸光식히지안코는마지안는發光體이다。唯一의照明燈이다。또아모리心靈的盲者라할지라도그눈構成體그것이根本的으로病든것은아니다。即우리의良心的瞳孔이나網膜이나水晶體갓흔모든器官은그대로잇다。다만暗黑가운대오래잇섯슴으로마치亞米利加만모스洞에產出하는一種盲魚의눈과갓치退化하여가는것뿐이다。아ー두렵도다淘汰의法則! 우리의良心的눈도그環境

(本來의不信的態度)을그대로두고는이法則을絕對로超越할수업다。

그러나우리(謙遜한信仰의所有者또는懇求者)의게한가지恩惠의法則이깃처잇다 突然變化의法則이다 一次예수의强하고도溫和한光線에接觸할때우리의마음은突然變化의法則에支配되지안을수업다 器官이器官대로잇는以上빗치비최면슬커나말거나그빗촌빗대로感치안을수업는것이빗의定理이다。그래서우리의마음은明과暗、醜와美를分別치안을수업게된다。아ー이暗과明、美와醜를分別하는눈이한번열리는때에나의不足한것과나의弱한것을깨닷지안을수가업다。限量업시驕慢하던마음은突變하여謙遜하게되며不順從과悖逆에넘치든心事는어느덧服從과溫恭으로變하게된다。以前의나와는달은내가되고그人生觀은轉換하야暗黑의天地난光明의宇宙로變化한다 陰沈寂寞하던人生의旅路도突然히變化하여陽氣滿溢한春風和日을가저온다。凡事에感謝아님이업스며가슴속에는때々로來世의希望과모든消息이往來하여一時의苦勞暫間의逆境갓흔것은草介갓치녁이는泰然의氣質도생기는것이다。寞然하던人生의目的도또모든價値도漸々明白해지며據然히한新天地新世界가우리主예수를通하야展開되는것이다。

그러나우리가예수의게接하야心靈의눈이열리기싸

지는만흔試驗과온갓恐怖와許多한威嚇이接踵하여오는것이다 「사탄」은우리를쓰으려제手下에넛코제멍에를메우려고온갓手段을弄한다。그럼으로우리의弱한信仰은때々로動搖하며넘어지려한다。여긔에우리信者의困難이잇고愁心이잇다。

試驗을밧고끗까지참는者는勝의冕旒冠이잇다하엿스며슬퍼하는者는慰勞함을밧으리니福잇다하섯다。

또바울의말에 「내가지금깃버함은너희가근심하엿던까닭이아니라다만(오직)근심함으로말매암아悔改한까닭이라……대개하나님의뜻대로하난근심은悔改를이르켜후회업는救援에까지이르게하나世上근심은죽엄을일우나니라」(고후七의九—十自譯)고하엿다 果然信仰의깁흔經驗에서나온말슴이다。우리의근심우리의恐怖우리의모든試驗은다完全한悔改를이르키랴는準備다悔改는새生命과새希望의嚆矢이다。勿論그근심그것이決코단잔이아니며조흔것이아니다。그러나그근심으로말매암아우리의靈이더完全하게되며더光明한것을차즈니貴한것이되며悔改그自體가決코平坦한것이아니되그로말매암아우리의게後悔업는救援이오는것이니엇지悔改를辭讓하리오 우리는반다시때々로큰悔改하기爲하야祈禱해야하겟스며또悔改하여더힘잇는祈禱를繼續해야하게다。그리하야우리의靈이날노〳〵主께서오는새靈을밧아새깃븜으로새生活을늘生活할수잇는것이다。

先知者(續)

咸 錫 憲

六、愛國者先知者

그들先知者는또한愛國者엿다。心血을솟아내는熱烈한愛國者엿다。그들은百姓을向하야叱咤하고責望하고怨望하고咀呪까지하엿스나그는도로혀極盡히사랑하기때문이엇다。強한愛의反面에는強한憎惡가있는것이다。極히사랑하는者가期待에反하는일을行할때에우리는불붓드시發怒한다。毒殺스럽은입설로꾸짓고怨望까지한다。그러나그는밉고亡하기를바래서그러는것이않이오사랑할새그러는것이다。慈母는그아들이그릇된일을行할때조곰도에처러워함없는듯이罰하나이는사랑의反動的發露에不外한다。이사야以下모든預言書는한결갈이敗하리라。辱되며亡하리라하는怒叱이나그는모도맘의깊은속과뼈속에서불어熱愛의激潮가솟아나오기때문이엇다。이世上에는그런熱烈한愛國心을가진는志士가없지않다。國民의意氣따에떠러지고營營貪利의餓鬼輩들이當路에들어앉어千萬古羞極慚極의歷史를演出한우리近世에있어서도　그들이없엇던들정말우리입에한마듸할만한말이없엇을것이오　正義의公眼앞에서들만한面目이정말皆無엿스리라하는幾個熱血男兒가없지않엇다。그러나先知者의愛國은한갓熱情의愛國이않이엇다。公道야엇지되엿던自國民의利益만을爲하엿스면그만이오眞理야엇지되엿던自國民의所有면盡善盡美라는偏見的國粹主義者도않이엇다。그들의愛國은唯一의하나님을섬긴다는것을根本國是로하고永遠의眞理、普遍의正義에依하야하는愛國이엇다。故로그들은敵을두려워하지도않엇거나와國民에阿諂하는일이없엇다義에反하고眞理에어긋날때에는躊躇없시假借와私情없시責望하엿다。그릇된國民의憤怒를사도좇코乃至그들의손에生命을일허도無關하엿다。同胞를사랑하지만　義와眞理에引導하려고사랑하엿다。한갓同胞의衣食의充足安樂을願하는것이않이오選民답은百姓을지으려하는것이엇다。故로그罪過를非難叱責하는대만止치않고其罪惡、其不幸의根本原因을指摘하야悔改를促하엿다。墮落한國民에向하야이갓치危險한일은없엇다。그러나怯하지않고敢然히行하엿다。罪惡을짓는者일스록自己의罪過摘撥하는것을미워한다。예레미야는義로써百姓과祭司長을責望한緣故로죽도록逼迫을받엇다。그러나그때에도義를굽펴謀避는않엇다。「불지어다나는너희손에있노니너희눈에보기죠흔것을내게行하라。그러나너희가이러한줄노알나。너희가萬一나를죽이면無罪한者의피가반다시너희몸과城과그가온대사는者에게도라가리라」(二十六章十四、十五)하야剛强하게忠告하엿다。

그러면그들은무엇을가저이스라엘의不幸의原因이라하엿나　하나님의사람이오義와眞理의사람인그들은목소리를갈이하야　그는여호와하나님을背叛한것이라고하엿다。이사야는其豫言劈頭에부르짓기를

「하날이어들으며따이여귀를기우리라。大槪여호와께서말삼하사대내가子息을養育하야길넛스나、뎌희가나를拒逆하엿도다。소는그임자를알고나귀는그主人의구유를알되이스라엘은알지못하며나의百姓은깨닷지못하는도다。嗚呼라罪를犯한나라이며허물을질머진百姓이며惡을行하는種類며스사로亡하게하는子息들이로다。뎌희가여호와를바리고、이스라엘의거륵하신者를만홀히녁이며背叛하야물

너갓도다」 이것이眞正愛國者의부르지즘이다。 그리고우리도또한이를바른것이라고認定한다。 弊端百出하고悲慘遍滿하는目前의缺點을들어攻擊하기보다는그由來하는根本을衝擊하여야한다。 臨時의部分的改造만을하여가지고는恒久의平和와眞正한自由는오지않는다。 罪惡을뿌리미테서부터削除한後에야비로소恩惠의이슬이나리는것이다。 그런故로百姓에向하야「平安합이없는대平安하다平安하다」 하는者도愛國않이오單純한感情으로만하는者도참愛國者가않이다。 血氣方强한모세는同胞를사랑하는熱情에몰니어서埃及사람을撲殺하엿다。 그러나하나님은그것을正當하다고許諾하시지않엿다。 그가참愛國을배우고이스라엘의救主가되기爲하야서는曠野하나님의學校에서四十年의진歲月동안을배우지않으면않이되엿다。 世上에自信過多하고短氣熱中하는愛國者社會改良家의깁히배울만한點이다。

愛國은熱烈하기를要求한다。 그러나單純히熱烈한것으로는不足하다。 엇더케사랑할것인가을알어야한다。 그리고거긔에는 全能하신하나님의意志에맛겨서사랑하는대서더나온것은없다。 先知者들은同胞를熱愛하엿스나 一毫도自己뜻을主張하지는않엇다。 오로지聖意의所使에依하야하엿다。 엘니야는바알의先知者들의邪惡을證明하고여호와의참神임을밝히엿스나勝氣를타서人意에몰녀殺戮을行하엿다。 그로因하야엘니야로서는가질듯도않은恐怖心이生기여逃亡하얏다。 그리하야曠野고요한가운대서여호와앞에다시謙遜히하고「내列祖보다낫지못한者로소이다」 하고自服한後에야비로소平安을回復하엿다。 (列王上十八章、 十九章) 人意人情으로하는일의結果가그러하다。 故로不平이있거던義의統治者인하나님에게伸寃을呼訴할것이오不幸이있거던愛의養育者인하나님에게眷顧를哀願할것이다。 참愛國者의取할길은그런것이다。

愛國者가朝鮮에많이나기를바란다。 모든사람이다眞實한愛國者가되기를切願한다。 하나님의義와愛에依하야同胞를사랑하는者가되기를바란다。 우리의生活은날노〳〵非運에빠진다。 困窮에빠진다。 우리는에레마야와같이哀歌를불으자!

漢陽(시온)의道路가凄凉합이어 그節期에나가

논사람이없고 그모든城門이頹落하고 祭司長이嘆息하며 處女들이근심하고 뎌희가困苦를밧음이로다。 뎌의對敵이머리가되고뎌의怨讎가亨通함이어 뎌희罪가많음으로여호와께서困苦케하십이니그어린子女들이對敵앞에사로잡혀가도다。 女子같은漢陽(시온)에그모든榮光이떠나가고뎌의牧伯이꼴을찾지못한사슴같히쫓는者압혜힘이없시가는도다……」(一章四—六)

그러나한갓哀歌만을불으는것이두슨所用이있을가義로써이百姓을責望하기를바란다。 오늘날當하는悲慘이그들의父老와그들自身이지은바罪惡의갑임을깨닷게가라처주어悔改식이기를切望한다。 우리는우리의意氣없슴을自嘆한다。 그러나罪에잡히고얽매여疲弊한者에게意氣가있을까닭이없다。 個人이고民族이고罪에서解放되여自由를얻은後에야비로소意氣가올온다。 生氣를振作하쟈하나罪의支配下에있는者에게生氣가存在부터하지않는다。

뜻있는者들아! 이百姓을사랑하거던그들에게主앞에도라와야할것을告하라 「내가엇지惡人이죽난것을깃버하리오오히려뎌가도리켜그길을떠나사난것을깃버하지않겟나냐」(에스겔十八章二十三)하시는하나님앞에도라오게하라。

젊은生命들아! 너의父老같이하지말어라。 義를爲하야싸화라。

젊은靈魂들아! 하나님을依支하여라 모세의하나님엘니야의하나님이사야에레미야의하나님을依支하여라。 順從하고謙遜하야이百姓의救援을爲하야피와땀으로祈禱하라。

젊은勇士들아! 이百姓을사랑하여라 그들의救援을爲하야生命을바치어일하여라 이百姓으로하나님의百姓을만들어라。

몬저그義를求하자 義로써責望하자 네몸을手術臺우에놓히고義의칼을들어罪惡의썩은살을삿々치어여내라。 한조각남김없시긁어내이라。 온갓不義를悔改할때에恩惠는이슬같이네우에나리어너는힘을얻고네靈魂은깃붐과平和를얻을것이다。

다시금소레있어불으짓는다——

「너희하나님이갈아사대너희난내百姓을安慰하고安慰하며善한말로시온(에루살넴)을慰勞하고웨처닐아대그戰爭이긋첫고그罪을赦하엿고 그모든

罪를因하야여호와의손에서倍나받엇다하라」(이사야四十章一、二)

「아름답은消息을傳하는漢陽이여너는높은산에올으고、아름답은消息을傳하는서울이여너는힘써소래를높히대두려워말고朝鮮모든城邑에告하기를볼지어다。너희하나님이臨하섯다하라。볼지어다主여호와께서勇士같이臨하사큰權能으로다사리시리니그賞給이함께니르며그報應이앞에있나니라 (同九十)

先知者는全能하신者의입으로하는이노래를들엇슴으로그에依支하고形言할수없는現在의困難悲慘가운대있어서도오히려빗나는所望을가지고不義와싸호기를膽大히하엿다。우리도이노래를들어빗나는希望을가지고許諾하시는날을爲하야믿고싸호와야할것이다

七、先知者와福音

마지막으로簡單히한가지를더말하자。以上에先知者의義와眞理와勇氣와그들의剛毅함 嚴肅함峻烈함을말하엿다。이는하나님의義와眞理와嚴肅의發露엿다。그러나하나님에게는義와同時에愛가있다。先知에게나타난것은主로그義와峻嚴한짝이엇스나、하나님의使者인그들은또그의愛를나타내지않을수없엇다。熱烈한愛國心을가지엇던것은이미말한바나그것만이않이오將次올愛의福音이이믜그들에게서暗示되여있엇다將次올福音을爲하야土臺를쌋코準備를하고預告하는것이그들의任務엿다。事實先知者에게서福音이이믜始作이되엿다。「내가子息을養育하야길넛스나뎌희가나를拒逆하엿도다云々」하는말슴中에는憤怒와共히限量없는슯음과아림과慈悲와愛情이가득차인것을늣긴다。故로다시꼿말슴하시기를「너희는나와같이議論하자너희罪가朱紅같을지라도반드시눈같이희게되고붉기가진홍같을지라도 반드羊의털같게하리라」하시엇다。그렇나그보다도더일즉히모세뎌려曠野에서배암을들게하엿을때이믜福音이始作되엿다。더구나이시야四十章과五十三章에니르러서는가장明瞭히나타낫다고하겟다。

이렇듯義를高調하는한便에부드럽고따뜻한빛을두어서、그너무峻烈함에견듸지못함을막으시며、背叛하는이스라엘을爲하야오히려限없는사랑을주시려고預備하고기다리고계시는聖心의懇切함을暗示하는가운대우리가우리自身을사랑하기보다도더極盡히더正하고善하게우리를사랑하시는하나님의面目이나타나있다。(一九二七・一二・一六)

打算心을바리라

우리가하나님을밋고眞理를바뎌드리고正義에服從할때 修養을하기爲하야할것이아니다。理想的家庭을엇기爲하여할것이아니다。나라를사랑하고同族을사랑하기爲하여할것도아니다。아름다운友情을엇기爲하여할것도아니다。信仰에나타나는藝術味를맛보기爲하여할것도아니다。宗敎的氣分을滿足식히기爲하여할것도아니다。모든利害의打算을超越하고結果의如何를考慮치안코다만밋을것이다。無條件으로밋을것이다。하나님은하나님이시닛새밋고眞理는眞理닛새바다들이고正義는正義닛새服從할것이다。이것이참信仰이요참受應이요참服從이다。(相勳)

現世는풀무이다

아모리生覺하여도나와갈히弱하며 愚鈍한者는到底히現代文明人ㅣ그들은强하고똑々하며잘난사람이다ㅣ들과는 生命을保存하기爲하競爭할수업다。맛치풀무의勢力잇는불을만난鐵이나銅과갈히怯나고무서울뿐이다。그러나풀마에녹인後가안이면光澤나지못하고더군다나조흔器具가되지못한다면 鐵과銅이엇지풀무의勢力잇는불을避할수잇스랴그럿타이世上이나의게는풀무와갓다그러나이무서운풀무를지난後에야 天國의그릇이된다면엇지하랴풀무속에서만勢力을가진불댕이들아너희가할수잇는대까지나를녹이며괴롭게하라나는너희로하여금훌융한그릇이될것이나너희들은풀무박게서는勢力을펄수업슬것이며또풀무속에서도쌔가되면재灰가되고말이라。(斗用)

餘錄

四十頁에차지못하는小雜誌를僅々年四次發行하는것이무엇이壯하라만은 우리의게잇서서는큰일이엿스며 또어려운일이엿다。一年을지내오는동안에 峻嶺과險谷이업슴이아니엿다。그러나우리의게善한「길잡이」가잇섯다。그는우리의손을잇글고 발을붓잡어서 우리로하여금 無事히峻嶺을넘고 險谷을것느게하여주엇다。이제다시芳草東山、잔잔한물가에니르게된 우리마암全幅은感謝에占領되여잇다。罪人의魁首가거룩한그릇으로使用되기는 甚히괴로운일이다。그러나光榮이다。이괴로움과光榮이길이罪人의魁首의게엇기를祈禱한다。

「아희가 場터에안져서로불너갈아대 우리가너희를向하야피리를불어도 너희가춤추지안코 우리가 슯흔소래를하여도 너희가울지아니하엿다」함은또한지금우리의할소래다。우리도지넨一年동안피리를불고슯흔소래를發하엿다。그러나우리의게귀를기우려준者가업섯다하여도過言이아니다。世上이그러하엿고敎會또한그러하엿다。우리의惡評이라도하는者가或잇슬가하엿지만그도업섯다。모다가無關心이엿다。左右側으로지내가는者는만엇스나 눈주어보려는者、귀주어드르려는者는업섯다。참으로不評判이엿다。冷情이엿다。아니存在의不認識이엿다。創刊의말에「汝의創刊日字以後에出生하는朝鮮人을待하야面談하라」함과「싀골로가라 山村으로가라 거긔의樵夫一人을慰함으로汝의使命을삼으라」한것이그대로實現될듯하고또實現되는듯하다。

이러한不人氣、不評判은 우리의失敗를말함이아니요 우리의成功을말함이며우리의恥辱을指摘함이아니요 우리의光榮을顯揚함이다。無神의朝鮮社會와 無信仰의朝鮮教會에서不人氣임은하나님과 名譽를난으는無限大한우리의名譽다。이名譽와 光榮의不人氣、不評判不認識惡罵와侮蔑! 이우리의 크게歡迎하는바다。

이즈음에神學研究次로渡米하는 두友人을迎送하엿다。甲은教會를牧하든이요 乙은靑年會事業에從事하든이엿다。年前에 그들이笈을지고東京에來遊하엿슬때 한學校한寄宿舍에서親히지낸因緣이幸히 筆者의게잇섯슴으로 그들의게朝鮮教會의內情을忌彈업시듯게되엿다。드른後에는듯은것이 不幸인것을늣기엿다。그러나하는수업다。

甲은京城市內教會의 百鬼晝行하는內幕을말하여주는中에「여보 京城市內某教會에서일보는某牧師는말합듸다(現在朝鮮教會의牧師가되자면惡魔가되여야한다)고」한 一節이잇섯다。나는놀내엿다。虛構의 말이아닌가를疑心하엿다。그러나疑心하기에는 前後의이야기의證明이너무나 明白하엿다。腐敗도여기에니르러서는 極하엿다할것이다。이우에더럽지腐敗할수잇스리요 基督教會自體가스사로그리스도의게 屬하지안코 사탄의게屬함을 表明하지아니하엿느냐。자랑하는四十年의歷史가이를齎來하엿는가 宣教師의宣教의成功이이를매젓는가噫哉라噫哉라。

乙은東京에留居할때 機會잇슬적마다筆者의게勸한말이「이믜土台가굿고 活動舞台의넓은教會內部에드러서서 그總會나老會를通하야우리의理想을實現식힘이 有益하지안느냐君도그러케하여라」이엿다。그러든 그가歸國하야얼마간 教會의傾況들目睹하고오드니하는말이「米國서도라오면 旣成教會에서일하지안켓소」이엿다。昨今의 變異의甚함이여! 教會의忠實한支持者이든그의口唇에서이러한말이 셔러질줄은몰낫다。그가教會를버렷는지 教會가그를버렷는지 나는몰은다。그러나分明한事實은 過去에教會의忠實한支持者、辯護者가 이제는그의否認者、罵詈者로變함이다。그가教會에 드러가지안켓다는理由에 나는반다시同意치는안는다。그러나그의말에依하야 教會의慘狀은可히忖度할수잇다。

「派守軍이여 밤이얼마나되엿느냐 派守軍이여 밤이얼마나되엿느냐」(相勳)

聖書朝鮮一、四、七、一〇月年四次發行

定價(送料共)

一部 二十錢

一年分 八十錢

注文은반다시先金

昭和三年四月十二日 印刷

昭和三年四月十五日 發行

東京市外淀橋角筈一〇〇
レバノンホール

編輯兼印刷人 鄭 相 勳

東京府杉並町阿佐ヶ谷
八四三 永井方

發行人 柳 錫 東

京城府堅志洞三二

印刷所 漢城圖書株式會社

東京市外淀橋角筈一〇〇
レバノンホール

發行所 聖書朝鮮社

振替口座京城一六五九四

聖書朝鮮

第五號

一九二八年七月一五日發行

目次

昭和三年七月十二日印刷
昭和三年七月十五日發行

오라! 또한보라

奧妙한 秘義가잇다 감조인秘義가잇다 이世上官員의귀로듯지못하는秘義가잇다 學者의顯微鏡쓴ㄸ으로도보지못하는秘義가잇다 瞑想者의心底에도올어오지아니하는秘義가잇다 사람의말이能히傳치못하고 사람의글이 또한能히描寫치못하는秘義가잇다 그러나 감초고숨기기爲하야서의秘義가아니다 하나님께서 사람으로하여금光榮을엇게하시려고 創世의처음부터 미리定하여두신秘義다 하나님을사랑하는者를爲하야 予備하여두신秘義다 그럼으로 사람의말과글은 이를宣明치못하고바로傳치못하나 하나님이스사로 이秘義를啓示하신다 하나님을사랑하는者 即예수그리스도를밋는者의게聖靈으로 나타내신다 宇宙의秘義를알어하는者여 오라! 스사로오라 世上을通치말고敎會를通치말고 宣敎師나牧師를通치말고 그럿타고아모中間介在物을經由치말고 直接으로 예수께오라 또한보아라 그리하야宇宙의秘義에叅入하라 人生의至高善이잇나니라 (相勳)

審判의恩寵

하나님은個人을審判하신다民族을審判하신다國家를審判하신다하나님의審判의막대기는쉬지안코 우리의苦難은끈이지안는다 甲의苦難이끗치면乙의苦難이오고 乙의苦難이지내가면丙의苦難이그뒤를따른다 或時에는甲의苦難이끗나기前에乙의苦難이오고또그우에丙의苦難이來添된다 이러한때마다우리는이苦難의意味를아지못하야煩惱한다失望한다或은自我나世上을詛呪하고甚하면하나님의存在까지疑心하게된다 하나님의審判의막대기는秋霜과가티嚴威하다 그러나그는無慈悲한暴君이아니다 法律의條文에拘束되여잇는判事가아니다 그는사랑이다 恩寵으로人類를救援하신우리의아버지시다 그럼으로그의審判의막대기는刑罰執行者의손에쥐인막대기가아니요 愛父의손에쥐인챗직이다 罰하기爲하야서의審判이아니요 원수를갑기爲하야서의審判도아니요 滅亡식히기爲하야서의審判도아니다 頑惡한우리의마암을부수기爲하야서의審判이요 더욱조흔祝福을주시기爲하야서의審判이다 미워하고또한사랑하시며審判하고또한救援하시는하나님이行하시는審判이다 그런故로그審判의內面에는恩寵이가득히차이여잇다或罰하기爲하야서行하시는審判이잇슬지라도그究竟의目的은祝福에잇고救援에잇다 그럼으로審判은嚴威한참審判이면서도審判이아니다 救援의過程이며 恩寵의反面이다 重壓하는患難辛苦中에잇스면서 오히려感謝와讚頌을마지아니하는 만흔信仰의勇士들은이眞理를배운者들이다。(相勳)

몬저生命을求하라

社會運動에熱血을쓰리는者여 참社會運動을하기爲하야 몬저生命을求하라 民族의大同團結을絶叫하는者여 참大同團結을일우기爲하야 몬저生命을求하라 經濟的破滅에悲泣하며 殖産을策하는者여 참殖産을興起식히기爲하야 몬저生命을求하라 文藝復興運動에參加하고敎育改善運動에從事하는者여 運動의善果를엇기爲하야 몬저生命을求하라 敎會의萎靡不振을嘆하는者여 大傳道會、大敎化運動을

信仰은 힘이다

일으켜南船北馬로水陸을헤매기前에 몬저生命을求하라 幸福을追求하는青年이여 참幸福을맛보기爲하야 몬저生命을求하라 理想을꿈꾸는이여 참理想을알기爲하야 몬저生命을求하라 民族의偉大한指導者의誕生을渴望하는者여 몬저生命을求하라또生命의福音을傳하라

예수께서는「사람이왼天下를어들지라도生命이업스면아모所用이업다」말삼하섯고東洋의聖人은「朽木은不可彫로糞土之墻은不可朽」라하엿다 그러타 生命은모든것의根本要件이다 生命업시는有도無요無도無다 敎會도無요 民族도無다 그럼으로나는「몬저生命을求하라」고높으짓는다 創造的이요生産的인生命을求하라한다 모든것을意義잇게하는生命을몬저求하라한다 卽참生命을몬저求하라한다 우리가出生하면서부터가젓다고생각하는生命아닌새生命을求하라웨친다 죽을生命아닌永遠한生命을求하라한다 예수그리스도께서주시는生命을求하라한다 아니 바드라하노라個人을살이고 民族을復活식히는참生命을몬저바드라하노라 그리스도께서는이生命을주시려고우리의마암門을두다리신다。(相勳)

信仰은힘이다 二

信仰은힘이다。말이안이다。生覺이안이다。思想이안이다。知識이안이다。理論도안이고學說도안이다。術도안이오方便도안이다。信仰은힘이다。살니는힘이다。말노써靈魂을救援하엿다는일늘듯지못하엿다 思想이나知識이나理論이나學說이나무슨術이나어썬方便으로써한낫靈魂을救하엿다는말을듯지못하엿다。죽을사람이그로써살엇다는말을듯지못하엿다 그러나 밋는者는살엇다는것을들엇다。들을뿐안이라 보앗다 볼뿐안이라實際로經驗하고잇다。信仰이안이엿던들내鈍한性質에不足한行爲에野卑한人格이나로하여금落心하여죽게하엿슬것이다 信仰이안이엇던들내不健全한人生觀이내淺薄한知識이나로하여금悲觀의地獄에떠러지게하엿슬것이다 내奔忙한世事가나를奴隷로잡지못하고 내罪惡이나를먹어치우지못하고온갓暗礁가나를밧아넘그지못하는것이全혀信仰때문이다 쓰러질듯하면서안이쓰러지는信仰의힘이다 이것이안이엇더면하면서脚下를굽어볼때소름이쭉씻친다 죽을者로살게하는것은信仰이다。信仰은힘이다。(錫憲)

朝鮮에基督敎는 必要하냐?

咸錫憲

우리는『今日의朝鮮에줄바最珍最切의선물은 新舊新約聖書一卷이잇는줄알뿐』이라 고 말하는者들이다(本誌創刊辭)。 까닭은 이것을가저 가장貴한것이라고우리가生覺하기때문이다。 그러나 그貴하다는것은 金銀이나珠玉갓치貴하다는것이안이오 石窟庵의彫刻이나高麗의靑磁器갓치貴하다는것도안이다 우리가貴하다고하는것은 曠野에서이스라엘사람에게만나가貴햇던것갓치貴하다는말이다。 그것을求하기爲하야서는『잇는財産을다팔아가지고』『父母나兄弟나妻子나同生을버려두고』떠나도록貴한것이다 밥갓치、물갓치、空氣갓치(事實은그보다도더)貴하다는말이다。 이것을貴하다는것은 이것을못가지어서는맘에섭々하고가지면남에게자랑거리가되여서하는말이안이오 이것을못가지어서는살수가업고가지면그로因하야死亡의골짝이에서뛰여나올수가잇슴으로貴하다는것이다 사람이왼天下를다엇고도그生命을일흐면 무엇이有益하랴——우리가聖書를貴하다함은 곳그안에生命이잇다는말이다。 우리가다 목말넛던者가거긔서타는목을축이엇스며 그물이가슴속에서샘으로소사永遠히목말음을免하게되엿고 우리가다 死亡의골짝이에氣運업시눕엇던者가거긔서빗을어더빗나는所望을가지게되엿고 그所望이우리를니르켜 어쪄한困難에라도견듸며나가려는勇氣를가지게하엿다 故로 聖書가 가라치는眞理는우리에게는唯一無比한寶貝요 또왼갓것을包含한全的寶貝이다。

그러나 聖書의眞理를우리가이러틋寶貝로녁인다는것이 그것이곳朝鮮에對하야서寶貝가된다고는못할것이다 우리게는貴하지만 다른사람에게는貴치안을수도잇다 南洋의土人이自己의至寶늘가저다紐育紳士에게준다기로 그것이紐育紳士에게至寶될理는업다 萬一 그러케주는선물이밧는便에對하야價値잇는것이되지못한다면 보내는이쪽의뜻을達하엿다고볼수는업다 또 정말그러타면 보낼必要도別노업다 보내는대는 爲先저便이貴하게녁일것이야만하겟다 貴하게녁이기보다도 저便에정말緊切히必要한것이야만되겟다。그러타 살기爲하야업서서는안이될것을보낸後에비로소 우리가朝鮮에對한사랑을나타내엿다할수잇다。

그러면福音의眞理는 정말朝鮮에必要한가? 이것을眞實하게 公平愼重하게 深思하여야할것이다 이러케뭇는말에 敎會의信者는勿論必要하다고다들對答을할것이다。그러나 어찌하야 어떠케必要한가하는대對하야는 對答이各々區々하다。或은 今日우리民族에는 進取의氣象이업는대 基督敎는佛敎儒敎가 消極的退嬰的인것과달나積極的進取的인故로基督敎를奬勵할必要가잇다고한다(나는 在日本朝鮮基督敎靑年會의幹部어느분이 이런意味의말을하엿다는것을들엇다) 或은 今日우리는大同團結이必要한대 信仰은團結을可能하게하는것임으로必要하다고한다(이것도日前서울基督敎靑年會의幹部어느분이講 席上에서學生들에게하는말을내가들엇다) 또或은『地上天國을建設하기爲하야』或은『예수의高尙한人格을模範하야』頹敗해가는道德을作興식이기爲하야 必要하다고하기도한다。엇지그것뿐이랴

四

其外에도種々이다 그러나 其外의것은以上數種中에包含할수잇다 이러한것이現今基督敎信者의大體의傾向이다 그러나 基督敎는果然이모든것때문에必要한것인가? 나는그러타고生覺지안는다。勿論聖書가가라치는福音의眞理를順從하면 이모든結果가올수잇다 그러나 그것이 基督敎를밋는根本理由는되지못한다。單純히 그런것만을爲한다면 반다시基督敎가안이면안된달것도업슬것이오 또萬一그모든것도基督敎가안이고다른것으로는不可能하다면 다시금더 根本的說明을해주어야할것이다 그런대 其核心眞理는 다아는줄노生覺하는까닭인지조곰도說明하지안코 한갓 가작다리엣것만顯揚하고잇스니 眞理를爲하야痛心事ㅣ다。그리고地上天國論에至하야서는 千萬에도업는空想이다。設令月世界에나 火星에往來하는날이올지언정 地上에天國은決코々々오지안을것이다。내가이러말함은 透徹한 歷史眼이잇거나 矛見이잇서서하는것이안이오 明々白々한事實이기때문이다。―『肉으로난것은肉이오 靈으로난것은靈이니 거듭나여야』하지거듭나지안코는 億萬年을進步하여도 사람의世上

은罪惡의世上이다 섭々한일이지만 事實이니할수업다 肉에서 靈이날수업스니無可奈何다。天國! 쏨에도안이올것이다。

朝鮮에基督敎가必要하다는것은 그따위가작다티의울긋불긋한것 外的向上進步를爲하야서가안이다 그런것이안이고 다른아모대서도求하야엇을수업는 根本眞理가거긔잇슴으로써다。福音의眞理는直히사람의靈魂에透入하야 그힘ㅅ줄과骨節을쪼개며 이로써完全히更生하야 生命에니르게하는能力이잇기때문이다! 오늘 우리는生活의破滅을當한者들이다。生耶死耶하는 生命의極限點에선우리들이다。우리는物質、精神을勿論하고 脚下에死의暗淵을굽어보고부르々떨고잇는者들이다。이제 여긔서더밀니운다면 새힘을어더 暗淵을건너뛰여光明의저짝에가거나 그러치안으면 발이선자리에서써싸러저싸々로暗淵에삼켜버리는것의어느한便이다。그러하야 밤낫으로 우리귀에들이는아우성소리가——

『힘을내여라! 希望을가저라! 生氣振作하라! 싸화이기라!…………』하는소리다。그러나 사람들은 마치귀먹은듯이잠々하고잇다。暗淵에서피여올으는冷陰한안개는 그들의그림자를 삼켜바리련다。불으짓는者들의터지게불으짓는목소리도그가운데사라지련다!……………듯지를못해그러냐? 안이다。뭇듯기는姑舍하고 듯지안코도다잘안다。(마치 夢魔에잡힌사람이四肢를옴짝하지는못하나다라나여야하겟다는것은 맑앗케아는것과맛천가지로) 알면웨힘을못내이냐?……………뭇지마라 어려석은者야! 힘이어듸잇나? 우리를몰아서 이死亡의斷崖에 세운者가누구인가를生覺하여보아라。四肢를쓰려하면서도쓰지못하는者가夢魔에잡히엇던者인것과맛천가지로 살길을찻즈려하면서도찻즐勇氣를못가지는우리는 罪魔에잡힌者다 死亡의아비罪가우리를잡앗다。罪다。그러타 罪다。우리를붓잡고얽맨者는罪다 우리로하여금 意氣를일케하고 元氣를일케하고 所望을일케하고 兄弟가서로싸호게하고 서로害하야死地에빠지게한것은 이『罪』다。살기爲하야罪에서의解放이다!

우리에게必要한것은이것이다——우리로하여금 罪의覇絆에서버서나 自由롭게하여라 勿論우리는 우리에게政治的經濟的自由가必要함을안다 大同團

結이必要함을안다。學問研究의必要한것도안다。學者、研究家、發明家가나지못함을恨하고애타한다。다잘안다。때로는남으리기도하고恨도하고自嘆도하고눈물도흘닌다。그러기에 進取의精神을鼓吹하는이 大同團結을부르짓는이 道德作興、生氣振作을絕叫하는이를向하야感謝를마지안는다。그러나 웨한가지만을말치안는것이잇는고?——가장必要한가장根本인한가지를! 『罪에서의解放!』

激勵를하기만하면나갈줄아는가?한가지信仰을가진다하고 七日에一次禮拜堂에모히기만하면團結이되는줄아는가? 부즈런히冊을보기만하면知識이該博해지고 研究를집히하면發明이能한줄노아는가? 努力만하면人格은完成되는줄노아는가? 決코 決斷코……。그런것이안이다。빗나는希望도 勇敢한進取力도 너옷을내몸갓치사랑하는사랑도 高貴한眞理도偉大한發明도 深蘊한知識도……모도다罪에서解放된靈魂의所有者ㅣ고서야可能한것이다。罪의비늘(鱗)이그의눈에서버서진然後에야 罪의귀창이그의귀에서빼저나온然後에야 罪의病原蟲이그의五臟六腑에서消滅되고 罪의가싀가그의가슴에서빠짐

거리기를그만둔然後에야——그런後에야비로소그의맘에참平和가오고 恩惠가 이슬갓치그우에나린다。아레平和로운맘의부드럽은흙이準備되고 우에서恩惠의豐盛한이슬이나리기始作한後에야 希望도、理想도、發明도、知識도、德行도竹筍갓치소사오른다。그때에눈은참奧妙한것을보아내고 귀는참美妙한것을들어내고 頭腦는偉大한것을發明하고筋肉은疲勞를이기게된다。

그러면 罪에서解放될必要는그러타하거니와 그를엇는길은어듸잇는가?이것이우리의最急最大의問題요 最根本의問題다。急、大、根本이라기보다도이것이問題의全部요이것이解決안되면그만이다——여긔다 우리의말하는것은이것이다——사람은그리스도를밋음으로말미암아서만(唯一)또밋기만하면(必然)罪에서解放되여自由롭음을엇는다 死亡에서쌔여나生命의門으로들어간다。까닭은簡單하다 우리에게——아담의系統곳肉의系統을밧어서난우리에게——罪惡을이길(卽完全히肉에서更生할)힘이업고또우리밧게 지음을닙은者中의아므에게도업고 오직 예수그리스도——肉으로가안이오 完全히罪업

는곳으로서낫고 몸소 罪의權威인死亡에까지들어갓다가復活함으로因하야罪와死亡을이기는權能잇슴을確實히證明하신 그리스도를밋음으로因하야서만 이罪惡의몸 서버서날수가잇슴으로써다。웨 밋음으로因하야罪를이기게되느냐하는대는 理由는업다 하나님이 自己의義와人類의救援을爲하야 그리約束을하시엿고 또事實 歷史上에 그言約을직히여 밋는사람들이 許多히이를立証하는것을 우리는알뿐이다。

우리가 朝鮮에基督敎가必要하다고하는것은 이런理由로써다 살어야하겟다――살기爲해서는爲先罪에서解放되는것이必要하다――罪에서의 解放은 그리스도업시는不可能하다 至極히簡單하고明瞭하다 數百頁、數千頁의理想國을쓸것도 업고興國策을쓸것도업다 鮮血과人肉으로裝飾하는革命論도안이오 社會改造論도안이다 오직 밋음으로因하야오는 『罪에서의解放』이다。

明晰한判斷力과 洞察力豊富한 頭腦를가진이는 곳反對하야 迂遠한것이오 非論理的이라고할줄을 나는밝히안다。 그러나 나는同時에 眞理는恒常듯고아는者에게는 遠迂한것이오 그를行하고사는者에게는捷經이오 權能인것도 더밝히안다。

그러면 이百姓에게이『舊新約聖書一卷』中에낫타난 하나님의約束을가저『最珍最切의선물노』볼낸것이거나! 그러타 보내라! 漢陽에도보내고 싀골에도보내고 漢拏山에서 白頭山에까지보내라! 그리하야 우리가犯罪함으로因하야엇은傷處를곳치고 不義로因하야매마저터진대를싸매여주심을밧아다시니러나生命의길노나가게하라。

(一九二八、五、二七)

朝鮮에必要한基督敎

朝鮮에는富도必要하다 힘도必要하다 人物도必要하다 學問도必要하다 偉大한作品도必要하다 그러나가장必要한것은基督敎다 그러나그것은不幸히基督敎靑年會의基督敎가아니다 敎會의基督敎가아니다 宣敎師들의基督敎가아니다 制度의基督敎가아니다 儀式의基督敎가아이다 十六世紀宗敎改革者들이体驗한基督敎다 바울의基督敎요 요한의基督敎다 聖書의基督敎다 靈的基督敎다 산基督敎다 卽그리스도다 그러타現在의朝鮮에緊切한것은基督敎요 그基督敎는살아게서役事하시는그리스도그自身이다 우리는敎會를要치아느나 그를要하며 靑年會는要치안으나그를要하며 制度와儀式을要치아니하나그를要한다 그를엇고우리는全部를엇는바되며 그를일코우리 全部를일케된다 (相勳)

卓上小話

루 ― 터

하나님의聖業에關하야

六十三

하나님의모든聖業은不可能探이요不可能言이라 사람의感官으로는到底히發見해낼수업다。 그러나信仰만은사람의힘이나도음업시하나님의聖業을把握할수잇다 죽을運命을가진엇더한被造物이라도하나님의凜威을充分히理解할수업다 그럼으로그가우리의게나타나실때에가장單純한方法을取하신다。

모든것에 가장적은被造物에 또그肢體에 하나님의全能하신힘과驚動할聖業이明白히빗최여난다。 누구가無花果에서無花果나무를맨들고 또다른無果를맨들엇스며 누구가櫻桃씨에서櫻桃를맨들고 櫻桃나무를맨들엇느냐 힘잇는者나 智慧잇는者나 거룩한者냐 또누구가하나님께서엇더케모든것을創造하시고 維支하시며 長成하게하시는지를 알엇느냐

六十五

이世上의盲目兒들의게는信仰의말은너무奧妙하야 理解할수업는것이된다。 卽세人格이唯一神이라함이든지 하나님의참아달이사람으로誕生하엿다함이라든지 그리스도의게神人兩性이잇다함이든지는모다 그런것이다 이러한말은虛構의말이나古談가티보이는故로 이世上의盲目兒들을부듸쳐 넘어지게한다 使徒바울은이를理解한者이엿다 골노새書에서일아기를「대개 하나님의一切豊盛하심이 그리스도안에서形體를일우어居하신다」하엿다 또일아대「그리스도안에는知慧와知識의보배로운것이 다감초엿나니라」하엿다。

六十九

하나님께서무슨偉大한일을생각하실때에는 貧弱한사람의손으로말매암아始作하시고 그의게힘을주신다 그럼으로그聖業을對敵하는者는征服되고만다 하나님께서이스라엘의子女들을長久하고辛酸한埃及의捕擄에서救出하사約束의福地에引導하실때 모세를불으시고 後에그兄弟아론을助力者로許給하심과 갓다。 처음에는바로가모세와아론의게强硬히對抗하

고 이스라엘百姓들을前보다더甚히 困苦케하엿스나 그러나맛참내 이스라엘을내여보내지아니할수업게되엿다。바로가그精兵을거나리고 이스라엘百姓을追擊하엿슬때 하나님께서바로를그兵馬로더부러紅海에溺沒케하시고 그百姓을救援하셧다。

이런故로하나님께서그百姓을決코버리시지안음을우리는안다 그奸惡한者ㅣㄹ지라도버리지아니하심을안다。設或그들의罪惡으로因하야 그들을길이嚴罰하시고辛苦케하실지라도 乃終에는반다시救援하심을안다。그와가티우리時代에서는하나님께서仁慈하심으로 우리를法王의酷毒한捕擄에서 건저내여주셧다。

七十一

하나님께서 한民族이나 한國家를罰하시려하실때에는 몬저그中에서 善良敬虔한敎師와說敎者를앗사버리고 그우에다시賢明、敬虔、正直한統治者와議政官을앗고 또勇敢、剛直、堪能한軍人과그外착한者들을앗사가버린다 그러면一般人民은俗되고宴樂하며 放縱에나아가서 다시眞理라든지 하나님의道에는留心치안는다。아니그들은 그道를嘲弄하고 盲目中에빠저버린다 그들은恐畏와眞實을全然히가지지안케되고 왼갓羞恥할罪에빠지게된다。거긔에서지금不幸히우리의周圍에보이는 紊亂하고荒凉하고 惡魔的인生活이일어난다 이러한生活이到底히오래繼續되지안는것이다。나는걱정한다 독기가나무뿌리에 노여잇서 곳나무를베여버리지아니할것인가라고 우리가그러한災禍를맛내지안케 하나님께서 그無限하신仁慈하심으로 우리를이世上에서옴겨주시기를願한다。

七十三

하나님께서最高의職務를可憐한罪人이며 聖意를傳하면서 自己는甚히不充分하게行하는傳道者의게막기심은異常한일이다。그리하야恒常우리의弱한中에서하나님의能力이 나타나면서前進한다。그는하나님께서 우리의게서 가장弱하실때가그의가장强하신때인까닭이다。

七十四

神께서얻더케 우리를取扱하실것인가 조흔날에는우리가견댈수업고 惡한날에는 우리가 참을수업다 하나님께서 우리의게富를주시는가 그러면

우리는傲慢하여진다 그리하야우리의周圍에사는者가아무도平和롭게살수업게된다 아니ㅣ우리는그들의게 들머지이여서 偶像과가티崇拜을밧게된다。하나님에서 우리의게貧窮을주시는가 그러면우리는懊惱하며 堪耐치못하고 하나님을向하야不平을일으킨다 이러케생각하여보면 우리의게가장조흔일은一刻이라도速히우리가흙으로 덥히여버림이다

七十五

어느사람이말하엿다「하나님은 사람이無辜한狀態로繼續하지못할줄알앗스면 엇지하야人類를創造하엿슬가」라고。博士루터ㅣ는우스며對答하엿다。「全能하시고偉大하신主에서는 그의집에下水樋과下水溝가必要함을아신다。確信하라 하나님은무엇을하실가를 잘아신다。우리는이러한抽象的問題을맑게씨서버리고 우리의게啓示된聖書를想考하지안으면안된다」하엿다。

七十六

博士헨닝이물엇다。「理性은信仰의問題에잇서서는집어내여버리지아니하면안된다하면 理性 基督信者에게는何等의權威도가지지못할것이냐」고 博士

(루터ㅣ)는對答하엿다。하나님을밋고알기前에는理性은다맛暗黑에지내지못한다。그러나밋는者의손에잇서서는理性은優秀한道具ㅣ다。모든能力과才能이敬虔치못한者의게使用될때에는有害한것이나 그러나敬虔한信者의게所有될때에는 甚히健全하다。

七十七

하나님에서그聖徒를待遇하심에 사람의모든知慧나知識에지나치는異常한方法을取하신다 그리하야하나님을 둘어워하는善良한信者가 보이지안는것에信賴함을배호고 또苦難을通하야再生의祝福을가지게한다。그는信仰의모든範例가明示함과가티 하나님의말삼은 暗黑을빗최이는光明인까닭이다 에서는詛呪을밧덧다 그러나그는繁榮하엿다。그는國家에서는君主가되고 敎會에서는祭司長이되엿다。그러나야곱은他國에逃亡하야貧窮한中에서流離하지아니하면안되게되엿다。

하나님에서敬虔한基督信者를待遇하심에敬虔치안은者와다름업시하신다 아니 或時에는 더욱酷甚히待遇하신다。그러케하심이一家의主人이그아달과家僕을取扱함과恰似하다。그는家僕보다 아달을더

激烈하게치고 더자주매를들어괴롭게한다。이러케함에도不拘하고 아달을爲하야서는遺産을累積하고 頑强不順한家僕은채쭉으로따리지안으나 門박에내여쫏고 遺産이란一物도주지안는다。

八十

奸惡不虔의徒는하나님의被造物의大部分을亨樂하고暴君은最大한權能과土地와人民을所有한다 高利貸金業者는金錢을가지고 農業者는鷄卵、밧터ㅡ、玉蜀黍、大靑、林檎、梨等을가지는대 敬虔한信者들은患難을當하고 迫害를밧고 햇빗과달빗을 울어러보지못하는獄中에갓치고 貪으로주리고 逐放을當하고 困苦를當하고 그外여러가지辛酸한고생을하게된다。그러나 언제나 事物이이보다더조와질날이到來하리로다。그들은恒常지금과가티 머물너잇슬수업다 우리는이모든悲境을介意치말고 견듸고참자 굿게純正한敎理를직히고 거긔서떠나지말자

八十一

우리의主하나님과惡魔는正反對의政策을쓴다 하나님은처음에는 사람을놀내게하고 後에눕히시며 다시慰勞하신다 그럼으로肉과옛사람은죽임을밧고 靈或은새사람이살게된다 이에反하야 惡魔는 처음에는사람을安全케하고大膽케하야 사람이畏怖를닛고罪를犯하고惡을行케한다 또罪에머물너잇게할뿐아니라 罪에잇슴을깃버하게하고 즐거워하게한다 또그들로하여곰 모다착한일만한다고생각하게한다 그러나 마지막에惡魔가와서 그들이極度로놀내게하고 餘地업시 짓밟어버린다。그럼으로그들은큰苦悶中에서죽거나 그러치안으면 긋에는 아모慰勞업시버림을當하고하나님의恩寵과慈悲를바래 못하게된다

八十三

하나님께서沈默을직히시고 우리의게말삼하시지안코 우리로하여곰罪의일을行하게하시고 우리로情慾이나快樂을追求하게放任하실때보다 더크게怒하신때가업다。己往千五百年間의猶太人이그러하엿다

아!하나님이어 비나이다 疫病과飢饉으로罰하소서 그外地上의왼갓災厄과疾病으로써 罰하소서 그러나 主여 우리의게對하야 沈默하지말으소서 하나님이 猶太民族의게말삼하섯다「내가손을폐고

와서들으라고웻것다 그러나 너희는말하기를 우리가듯지안으리라하엿다。

우리가이제그와가티한다 우리는하나님의말삼에厭症을내엿다 우리는우리를警誡하는純直하고善良하고敬虔한說敎者와敎師를가지려하지안는다 그럿타 우리압에하나님의말삼을純粹하게誤謬업시傳하여주고 거짓敎義를定罪하고 眞實함으로 우리를警誡하여주는說敎者와 敎師를가지려안는다 아니우리는그러한이들堪當치못하고 그들의게들으려하지안코 도리여그들을迫害하고放逐한다 그럼으로하나님이우리를罰하신다

八十五

이世上이얼마나不敬虔하고奸惡한지는言語로到底히나타낼수 다 하나님이刑罰의增加함을許諾할뿐아니라 그百姓을罰하시기爲하야 만흔刑罰執行者와絞首臺番人을任命하신일도因하야 이것이明確하다 卽惡한靈이라든지 暴君이라든지 不順의子息이라든지 惡漢이나奸婦라든지 野獸 猛惡한動物疾病等이刑罰執行者들이다 그러함에도不拘하고 이모든것이 우리로하여금 허리를굽히고머리를 숙이게하지못한다

우리가하나님을對하야怒하는것보다 하나님께서우리를對하야怒하시는것이 낫다 그는하나님은仁慈하심으로 쉬히다시 우리와融合할수잇는까닭이다 그러나 우리가하나님을對하야怒한때에는 그러한境遇를바랠수업다

八十七

萬若하나님이쉬임업시그聖手를 우리우에두시지아니하시면 우리의보든天稟과才能이 如何히偉大하다하더라도 一分의價值도업게다 하나님이우리를버리시면 우리의智慧 技術 思考 理解力은無益한것이된다 萬若그가不斷히 우리를도우시지안으면 福音에잇서서엇든最高의知識과經驗이나其外우리가得達한것은무엇이든지 다아모所用업게된다 그理由는이러하다 誘惑이나試鍊의때가오면 惡魔는 그奸計와巧智로써 우리를慰勞하고 우리의게힘을주는聖書中의句節를우리의게서奪取하고 그代身에무서운威嚇的句節을우리압에展示하고 우리를一瞬時에墮落의深淵에떠러지게한다。

그런故로 아모도 自身의智慧나다른天稟이나才

能을자랑치말고 謙遜하야 거룩한使徒들과더부러「아ㅣ主여 우리안에信仰을 强하게하시고增加하소서」라祈禱하여야한다。

八十八

하나님의선물이크면클사록 사람을그것을덜貴히녁인다 하나 써서우리가밧는 最高最貴한寶배는 우리가말할수잇고 볼수잇고 듯을수잇슴이다 그러나이모든것을 하나님의特別한선물로녁이는者는 적고 이모든것때믄에 하나님께感謝하는者는더욱 稀少하다 이世上이貴히녁이는것은얼마안되여消滅하여버릴富、名譽、權勢나 그外價値적은 들이다 그러나 盲人은(그가愚昧하지안은限에서는)視力을 엇기爲하야는 이모든것을깃브게 내여버리려한다 肉體에關한하나님의선물이이대지 輕視되는그理由는 그것이甚히一般的이며 禽獄의게도사람과가티 或은사람보다낫게 듯고보는선물을주시는까닭이다 그뿐아니다 그리스도가盲者를보게하고 惡魔를쫓차내고 死者를일으키섯슬때 그는스사로하나님의 百姓을爲하야獻身하엿다하는 不敬虔한僞善者의게서叱責을밧고 사마리아사람이라는嘲弄과 惡鬼들인者라는讒謗을밧게되엿다 아ㅣ世上은惡魔의것이로다 그것이前進하거나靜立하거나! 이러한대서 엇지하야 사람이하나님의선물과祝福을認知할수잇스랴 이에잇서서는每日의밥보다 林檎이나梨나玩具를더조와하는小兒나우리가 다를것이업다 보라 들牧場에나가는家畜을ㅣ그들안에 우리의說敎者、牛乳供給者 밧터ㅣ供給者、乾酪과羊毛의供給者를보라 그들이하나님밋는信仰을우리의게날마다 가라처주나니라 우리가하나님을 우리을爲하야 걱정하시고 우리를保全하시고 우리를養育하시는 愛父가치信賴하도록

九十

하나님은우리의試鍊을깃버하신다 그러나또한그것을미워하신다 우리의試鍊이우리를祈禱로몰아너을때그것을깃버하시고 우리를落心케할때그것을미워하신다 詩篇은일아기를「謙虛하고痛悔하는마암이 하나님께서깃버하시는祭物이라」고 그럼으로너희가順境에잇슬때에는讚頌歌로노래하며讚美하고 逆境卽試鍊이올때에는 祈禱하라「主께서主를두려워하는者를깃버하시나이다」라고 그리고그다음에는 이가튼말로繼續함이조타卽「하나님의善에所望을 두는者를하나님이깃버하신다」고 그는하나님께서 나즌者와謙遜한者를도우시는땜은이다 그가말삼하심을보라「내가도울수업슬만큼 나의손이짧어젓다고너희가생각하느냐」고 信仰이弱하다고늣기는者는 信仰이强하여지기를恒常바래라 그것이하나님께서우리안에서監味하시는滋養이로다。(相勳)

물우에씨를뿌리는者

咸錫憲

너난糧食을물우에뿌려라 대개여러날後에도로엇으리라(전도十一章一節) 야고보五章七、八節照)

우리는 여러날後에도로엇을것을밋고 糧食을물우에던지는者ㅣ다 곳물우에種子를뿌리는者ㅣ요期約업는비를기다려 結實을바라는者ㅣ다。

심으는者는 거두기爲하야심은다。 거두지못할줄을알고심으는者는世上에업다 심으는者는 가장收穫의豫望이確實한곳에심은다。 몃날쯤지나얼마만치거둘것을仔細히豫算한後에심으는者고서야비로소賢明한者라하겟다 흘너가는냇물우에種子를뿌리는者갓은것은미련하기分數도업는者다。 將次거두기는姑舍하고 方今떠러지는種子가 踪跡도업시물결에밀녀일허저바리는것을目前에볼수가잇다。 그는어리석은者ㅣ다。

그러나 닛지마라 信者의生活은 結局 물우에播種하는生活임을! 그것이아수한듯하거나 未安하거던 가라。 가는것이좃타 。그만두고가서 가장確實하다고生覺하는땅과 時節을골나뿌리는것이좃타。 떠러지는種子가 方今물결에일허지는것을보면서도怯내지안코 結實하는날이잇슬것을밋는者만이하나님을밋는者ㅣ다。

『네심으는種子는언제쯤結實하느냐』하고輕蔑의입을빗치는者도잇다(그들은 녯날에 苦롬中에잇는信仰의勇士를向하야『네하나님은어대잇느냐』하고終日門압헤시달니든者들의子孫이오 가장確實하고實際的인知識을가젓노라고 主張하는者들이다) 그러나우리는거긔對答지안으리라——우리는 거긔應할만한혀쯧과입술을가지지도못하엿고 또그것이所用잇다고生覺지도안는다

或은『너는네同胞와社會를爲하야 모처럼貴重한勞力과物資를그럿틋浪費할것이안이다』하야우리들을强迫하려는者도잇다(그들은 녯날에曠野에서 그指導者를가다쳐 空然히自己네를苦롭게하는者라하야辱하고저바리던者들의子孫이오 가장熱烈한愛國者로라고主張하는者들이다) 그러나 우리는 거긔도抗辯치안으리라——우리는 사랑의열매는 理

論의덩굴에열니지안는것임을안다。

우리는뿌리는者ㅣ다。 곳과때를가릴것업시 爲先뿌려야할者ㅣ다。 鴨綠江의急流에도뿌리고 豆滿江의激灘에도뿌려야할것이다。 結實을하고못하는것은 우리의能히할바가안이오 우리의할것은 뿌리는것이다。 또뿌리면반드시結實하는때가잇슬것을 우리는밋는다。 鴨綠江에뿌린것이大同江流域에結實할수도잇는것이오豆滿江에떠러진씨가漢江上流에도날수잇는것이다。 漢江에뿌린것이楊子江沿岸에가서나지못하리라고는누가斷言하며 黃河沿岸에뿌린것이錦江平野에나지못하리라고는누가말할수잇는가 심으는者는元來所望을가지고심으는者요 거두는者는뜻하지안인것을거두는것이다。 그러나심은것을나게하고 자라고結實케하는것은 거즛업고失手업는主宰者가하시는것이요 忠實하야어김업고私意업는時間이證明하는것이다。 사람이누가豫測할者가업스되 主의寶座에서흘너나오는時間의흘음이모든것을判決한다。 올케심은者도그날에그단을거둘것이오 그릇심은者도그날에그의失敗를目覩할것이다。

時間! 그는永遠한흘음이다。 主에서쓴치라命令을할때까지는흘을것이다。 그날이언제올가? 아는者가업다。 ── 우리의살님은 뜬구름보고내기하기로고나! 그러타 우리의하는것이 어느것하나바람잡이안인것이잇느냐! 아침에심으는者는저녁에그의단을안고도라오고 봄에뿌리는者는가을에그의가슴에안고도라오는것이잇는대 하나님을밋는者는아무것거두어오는것이업다。 저들이술醉한者라하야비웃고 阿片에中毒된者라하야誹謗하는것도無理가안인듯하다。

그러나 歷史는무엇을가라치는가 歷史는果然우리를虛空을치는者라하는가 人類以前의生命史는말할것도업고人類史에잇서서도 對答은이와는反對다 歷史가잇는以來로『이사람은참으로살엇다』할만한사람은 모도뿌리고간者로거두고간者가안이다 모도永遠의時流에헛뿌리듯시뿌려버리고 主宰者에게맛기고간者ㅣ다。 아부라함이그럿코 모세가그럿코初代基督敎의許多한勇士가모도그럿코루터ㅣ가그럿타釋迦도孔子도소크라테스도뉴ㅣ톤도모도뿌리고만간者다。 그代身거두어보려애쓴者는모도失敗를免치못하엿다。 그러치안으면 조고마한一時的成集을엇은것에不過한다。알네산더도 秦始皇도 카이자ㅣ도 로마帝國도쟈코빈黨도歐洲의列强도모도다失敗하엿다。——歷史는收穫의歷史가안이오 播種의歷史다 그리고期約업시물우에播種하는것이다。

確實하播種을하는者의節期는一年或은十年으로計算이다。우리의節期은「永遠」으로計算이다。져들은 하루갈이되는땅에봄에심어가을에거두나 우리는無限한宇宙의돌판에심어永遠한歷史의過程에맛겨培養케한다。그들의收穫은 하루에適當한것이오 우리의收穫은永遠하고無限한갑슬가진것이다。

오늘날 우리의하는것으로서 물우에뿌리는種子안인것이업다。時急한맘성으로는모도無意味한듯하고모도浪費인듯하나 우리일스록더욱물우에뿌려둘必要가잇다。우리所望을永遠의나라에두어야한다。——永遠의所望이고서야비로소우리를困窮에서쓸어내여 生命의길노引導한다。

물우에씨를뿌리는 이大膽！
永遠의秋收日을기다리는 이根氣！
全宇宙過程으로써一場의勝負로삼는 이雄大！
모든것을全能의主宰者에맛기는 이信賴와謙遜！

크리스찬을살니는것은 이信賴와謙遜에서 나오는 이大膽과根氣와雄大의精神이다。(一九二八、六、三)

一六

눈을들어山을보라

詩篇百二十一篇研究

鄭相勳

一、山을向하야 내눈을들겨나
내도움이 어대서오려는가
二、내도움이 天地를지으신
여호와께서(오도다)
三、여호와여내발이 움직이지안토록하소서
나를직히는이여 조올지말으소서
四、보라 이스라엘을직히는이는
조올지도안코 자지도아니하리로다
五、여호와는 너를직히는者로다
여호와는 너의올혼편손을가리우는 그늘이로다
六、낫에ㄴ해가 너를치지아니하고
밤에ㄴ달이(너를상치안으리로다)
七、여호와는 원갓惡에서 너를직히고
너의魂을 직히리로다
八、여호와는 너의드고남을
이제로부터 永遠히직히리로다(自譯)

이詩는예루살렘聖殿에禮拜하려 올나가는巡禮者의群衆들의遙遠히먼곳에雲霧가티 보이는시온山의

姿容을接할때應唱하야旅路의疲勞를慰癒하는同時에禮拜의마암準備를하는노래라傳하여온다。 그러나이詩에表現되여잇는畏怖와確信의強함과信仰에서信仰으로上進하여올나가는過程의優美精麗한편으로보아單純히旅路를慰藉하기爲하야서의巡禮歌로볼수업다 차라리人生行路의險한試鍊을當한一個의敬虔한靈魂이永遠한나라에서 빗최여오는希望의慈光에다시信仰을回復하고 여호와의護衛가完全함을發見한後에소래놉혀불은信賴와平和의노래로보는것이適當하다 一個의靈魂이겨근經驗은人生의荒野를헤매는萬人의經驗이될것이요 한詩人의거짓업는心靈의노래는또한萬人의노래가될것이다 그럼으로이詩가예루살렘聖殿을思慕하야 巡禮의길을催促하는나그내의愛唱하는노래가되엿슬것이며 또現代의우리가愛吟하야그안에서無限한慰勞를길어내는노래가된다。

一、山을向하야 내눈을들겨나
내도움이 어대서오려는가

二、내도움이 天地를지으신
여호와께서(오도다)

詩人은救援을求하야、들을보려안는다 權門에屈하려안는다 富門을두다리려안는다 學說에托身하려안는다 他人이나自身이나人間이란人間、따에屬한것이란모든데依賴하려하지안는다。이모든것에救援을求한마암은失望의채쭉에 쓰린눈물을아니흘일수업섯다 그러나여호와의探索의聖手는그눈물을씨서주엇다 그는눈물씨슷인때에눈에빗최는光明에놀내깨여눈을드려한다 山을向하야눈을들어도음을求하려한다 예루살렘의基台가되여잇고 여호와聖殿이잇는시온山 卽여호와의게시는山 生命의山 光明의山希望의山 歡喜의山을向하야 눈을드려한다 그럿타人生의最高善이存在한山을向하야눈을들여한다 다시말하면여호와그自身을向하야눈을들여한다。

그리하야詩人은혼자말하엿다「어대서오려는가내도음이」라고 그러나이自問은疑惑의發表가아니다다맛다음句를일으키려하는自問이다 그럼으로詩人은곳自己의게答하야「내도음이天地를지으신여호와께서오도다」하엿다 詩人은따에서求하야엇지못하든도음을여긔서어덧스며 人間의게求하야發見치못한救援을여긔서發見하엿다 또偶像神의게서맛보지못한福樂을여긔서맛보게되다。天地를지으시고永遠히統治하시는여호와를向하야눈을들때 고의게도음이왓다 罪에悲痛하는者여 눈을들어山을向하라逼迫에苦惱하는者여 눈을들어山을向하라 富者의暴虐에우는貧者여 强國의무거운멍에에 呻吟하는民族이여눈을들어山을向하라 너를도을도음이 오즉거긔에잇나니라。

三、여호와여내발이 움직이지안토록하소서
나를직히는이여 조을지말으소서

四、보라 이스라엘을직히는이는
조을지도안코 자지도아니하리로다

第三節在來譯의「너의다리」라함을「나의다리」라하는말로밧구면第一行의「내눈」이라는句와이句가對가되여잇슴이分明히나타나게되여漸昇의가락이鮮明하여질것이며 또全體의形式을祈禱의句로곳쳐「여호와나의발이움작이지안케하시기를나를직히는이가조을지안안키를」이라하면第四節과重複이됨을避하게될뿐아니라 四節의意味가倍强하여지게된다

世上을알고人生의行路을알고 또自我의愚와弱을아는者 더구나神의永遠한計劃과目的을알고自我의罪를意識한者누가可히 이祈禱의소래를吐하지안코견대랴 그는果然소래를질너불으지즐것이다「아！主여 不義는世上에차고 惡魔의誘惑은怒濤갓치쏠

여서 나를向하야오나이다 願하옵나니 나의발을붓드러주소서 나를직히시는여호와여願하옵나니 조으지말으시고 恒常깨여서 나와가티하소서 나의荒野의行路를처음부터 뭇까지 굽어보서주소서」라고

第四節을第三節에對한答으로보면意味深長한一節이되여 우리앏에나타난다 三節의祈禱에對하야四節은答하야「보라！이스라엘을직히는이는 조을지도안코자지도아니하리로다」라하엿다 이스라엘을직히는이는여호와다 天地를지으신여호와다 다른民族의神들과가티無力한神이아니다 그는모세를通하야埃及의멍에에서이스라엘民族을救出하신神이다 다윗을通하야 엘이야를通하야 아모스、이사야、예레미야、에제기엘、에즈라等의 預言者를通하야士師들을通하야 이스라엘을직혀온神이라 또예수와聖靈을通하야靈의이스라엘(全信者)를직히시는神이라 그는이世上의護衛兵처름 疲勞에못익겨 조을고 자는番人이아니다 永遠부터役事하시는하나님이시다。信實한護衛者요 全知全能한護衛者로다 九十九匹의羊을두고迷惑한一匹의羊을차즈랴고生命

을堵하는사람의護衛者로다　그럼으로그의護衛는完全하다　내가疲弊하여버리나懊惱에몰여싸이나그는힘의하나님　사랑의하나님되서　나를恒常護衛하신다　그리하야人生의荒野에서밤을맛날지라도나의生命은平安하다　근심은雲散하고平和의曲은나의마암에漣波를닐으킨다。오라暗黑、오라患難、오라迫害―나는山을向하야　나의눈을들이로다

五、여호와는　너를직히는者로다
　　여호와는　너의올은편손을가리우는그늘이로다
六、낫에는해가너를치지아니하고
　　밤에는달이（너를상치아니리라）

詩人의信仰은한層또한層으로漸々　上昇하여간다　그를따라그의信仰의發表도더욱〳〵堅實味를加하여젓다　그리하야잇스라엘을한民族으로직히시는여호와天地의創造者　萬有의主宰　살아계신하나님은나를직히시도다　여호와는나의올흔편손을가리우는　그늘되여　나를護衛하시도다하엿다　여호와는이스라엘民族의게가장갓가운者일뿐아니라　그民族의一分子인나의게도가장갓가운者다하엿다　이와가티살아계신여호와께서는靈的이스라엘인「거룩한公會」를직히시고　또그公會에屬한靈魂의一個〳〵을곳이保護하신다　그의護衛中에서行住座臥하는信者의게이보다더確實한事實이업다　果然그는우리의올은편손을가리우는그늘되여間斷업시우리를직히신다。여긔에「올은편손」이라하엿슴은能力의所有를示함이요「그늘」이라함은保護하여주는防牌를말함이다　그럼으로여긔에「여호와는너의올은편손을가리우는그늘이로다」하엿슴은全能하신여호와　조을지도안코　자지도안는여호와께서恒常우리의保護者되여同行하신다함니다　暗黑에서나患難에서나困苦에서나恒常우리를護衛하시는萬軍의여호와께서우리의右便그늘되여가치하시니　우리는그를차저敎會의門턱을건너드릴必要도업고修道院의鐵門을두다릴必要도深山幽谷에隱遁할必要도업다　우리가田野에잇스면그도거긔가치하시고　우리가書齋에잇스면　그도거긔에가치하시고우리가騷喧한市巷에잇스면　그도거긔가치하신다。

여호와는나의「그늘」이라는이眞理를熱帶의暴暑에苦惱하게되는　파레스틴住民이나盛夏의모닥불가치더운날　예루살넴行의巡禮者들은우리가想及치못할程度에서理解하엿슬것이다。이말이　고마웟슬것이다慰藉力을豊富하게가진말이되엿슬것이다　人生의旅

路 이와다름이무엇이랴 不義와惡의暴威는熱帶涉漠의烈日에뒤지지안치안느냐 貧者의最後의一人까지盡滅치안코는마지아니하려는形勢가아니냐 弱者여 貧者여「그늘」을어대서求하려는가 壓迫者의게냐 侮蔑者의게냐 偶像의게냐 社會運動에냐 大砲에냐 軍艦에냐 軍用飛行機에냐 唯物主義의僥倖에냐 自我의분투에냐 아!모든것은虛되다 人類의歷史는이를明證한다 弱者여 貧者여 그대의「그늘」은옛猶太의詩人의게 그늘되엿든「그늘」이다。「내가너와함께잇서 네가어대로가던지반다시保護하야이따로도라오게하고 내가네게許諾한것을일우기前에 너를떠나지아니하려라」(創二十章十五節)約束하신여호와하나님이로다 그의게「그늘」을求하야羞恥를當하고失望에悲泣한者는업다 그를「그늘」로삼은者마다滿足하엿다 歡喜와感謝의行進曲을울이며人生의새거름을始作하엿다 낫에ㅣㄴ焰々灼熱하는熱帶의暴光도 그를치지못하고 밤에ㅣㄴ冷氣도 그를傷치못한다 아ㅣ거룩한「그늘」이어 나의올은편손가리워주는아름다운「그늘」이어!

七、여호와는 원갓惡에서 너를직히고
너의魂을 직히리로다

八、여호와는 너의드고남을
이제로부터 永遠히직히리로다

이와가티信仰에서信仰으로 疑惑에서確信으로上達의過程을밟어가는 詩人은다시한번琴線을곳쳐張하야마지막曲調를울이려한다。

여호와께서는 이災禍 저患難에서救援하여주실뿐아니라一切의災患에서救援하서주신다 그는特히우리의靈魂을직히시는하나님이다。이것이人生에잇서最大한所願이다。우리의마암이흘려서淸澄치못할때에는이所願이明白히意識되지아니하나 우리가世上의喧嘩를버서나서 고요히寢床에누을때나 鬱蒼한樹林中에드러설때나 더구나死의자리에서는이所願이最大한懇求인것을안다또하나님께서이와가티우리의靈魂을직히는것이最大한聖業이다 이를爲하야그는獨生子를주시고 그아달을十字架에못박으섯다。하나님께서욥을사탄의게내여막기시면서도 그의生命은害치말나하섯다 하나님께서직히시는靈魂은卽生命이다。生命을護衛하신다함은人生의最貴한것을保護하신다함이다 人生의最貴한것을 保護하시는하나님은 그最貴한것이必要한것全部를또한保

護하신다

그럼으로詩人은八節에서「여호와는 너의出入을직히리로다」라노래하엿다 出入이라하엿슴은家庭을中心삼고或은田畓에或은隣家에或은魚場에出入함만을말하엿슴이아니다。모든出入行動、行住座臥의一切을직혀신다함이다。어머니가小兒의겻헤잇서그가넘어지면일으키고 잡버지면안어세우는것과갓치 하나님도우리와가티하야우리가失手하나失足하나 恒常護衛하야주신다한다。그럼으로우리는失手하거나失足하거나 여호와를瞻仰하고그가護衛의聖手를폐여주시기를기다리자 어린아희가 넘어질때 그어머니를 치어다보고 우는것과가티 그러면여호와씌서는 우리를왼갓患難困苦中에서 건저주신다한다 人生五十의이世上에서뿐아니라 永遠히護衛하신다 이世上에서도 저世上에서도 生에서도 死에서도 天國에서도地獄에서도 한갈가티守護하신다 어머니가그小兒를혼자버려두지안는것가티 여호와씌서도 우리를혼자人生의荒凉한旅路에放棄하시지안는다。

이事實을發見하고 이信仰에서서 이아름다운노래를붙은猶太人은 참으로偉大한民族이다。國家업시亡國의人民되여가진苦難侮蔑과싸우며 流離放浪의二千年의今日에 오히려世界를支配하는勢力이되여잇는일이由所업슴이아니다。設或지금 그들의게아모것도업서지고만다하더라도 이短詩한나가殘存하여잇스면 그들의光榮은永遠히世界를빗최일것이다。그러나 이詩는猶太의한詩人이나그民族을爲하야주신것이아니다 全人類를祝福하기爲하야하나님씌서猶太人을通하야全人類의게주신것이다。特히하나님을밋는者를慰藉하려고주신恩惠의선물이다。이노래에서 얼마나多數한信者가光明을보앗는지 希望을엇는지 慰藉를맛보앗는지數量할수업다 迫害의苦難中에서 生活한清敎徒는 이노래로勇氣를길우엇다하며 暗黑亞弗利加大陸의開拓者리빙스톤은 글라스고의家庭을떠나려는早朝 兩親과作別의祈禱會에서이詩를닑엇다한다 또그의後繼者인하닝톤은 그難旅行의早朝마다 이詩를소래놉히불어元氣를도앗다한다 最後에微小하고도가장微小한나도이노래를자주愛吟한다。患難을當할때 疑雲에에워싸일때 侮辱을밧들때 이노래를吟하고 다시勇氣와信仰을엇게된다 내魂아들어라 눈을 山을向하야

罪씨슴밧은者의祈禱

宋斗用

宇宙萬有를創造하시고太初부터主宰하시는하나님이시여! 모든榮光과感謝를당신의게돌이나이다。永遠히變하심이업는無限한사랑이신아바지시여! 測量할수업는罪人의모든不義와不法과不正을容赦하시고特別한恩寵을恒常베퍼주시오니眞實로感謝하나이다。

하나님의사랑은世上사람이生覺하며ᄯᅩ는가지고잇는그것과는判然히달삼나이다。自己를사랑하는사람만을사랑하며 自己를利益하게하는者만을祝福하며自己들을爲하야일하는이의게만感謝하는肉의사람으로서는推測할수도업고想像할수도업는完全無缺한사랑으로아바지게서는世上을사랑하시나이다。特히罪人과不義한者를사랑할수잇는사랑은하나님게서만가지섯나이다。

당신을無視하고存在를不信하는者、당신을侮蔑하고價値를否認하는者、당신의게悖逆하고犯罪하는者其他如斯한部類에屬한모든사람을사랑하시고矜恤히녁이시는하나님이시여! 당신의如斯한사랑이업섯던들、오! 世上에둘도업는나와갓흔罪人이무엇으로救援을맛볼수가잇사오며ᄯᅩ엇지당신의거룩한寶座압헤나갈수잇사오릿가? 果然眞正한사랑이신아바지게서는永遠하고完全하며ᄯᅩ無限한사랑을나의게주섯사오니참으로感謝하나이다。

오! 모든尊貴와榮光과歡喜와讚頌과祈禱를밧으심에가장適當ᄒᆞᆫ신여호와하나님이시여! 당신의게는無窮한智慧와知識과思慮와判斷이 ᄯᅩ偉大한權能과威勢와能力과權威가、ᄯᅩ無限한사랑과恩惠와矜恤과慈悲가豊富하며充滿하나이다。아바지께서가지신이모든것의하나라도敢히測量할者누구이며能히諒解할사람이어대잇사오릿가?

하나님은渾沌하고暗黑한空虛에서宇宙를創造하실때、우에는하날(天)을지으시고아래에는ᄯᅡ(地)를두섯나이다。그리고하날은日月星辰으로채우사榮光을나타내시고ᄯᅡ에는人間을비롯하야禽獸魚貝에이르기까지福樂을누리게하섯나이다。ᄯᅩ당신은이모든것을처음부터主宰하시고支配하시며引導하시고養育하시며ᄯᅩ祝福하시나이다。그런습니다。 당신은樂園에서追出、當한後에도悔改함이업시도리혀永遠까지滅亡할수밧게업슬만치罪惡에沉淪된全人類를爲하야서는가장사랑하시는獨生子예수그리스도를十字架에거심도躊躇치안으섯나이다。 오! 果然이와갓치하셔당신의智慧와權能과사랑은宇宙에萬物에　人類에充分히表現되엿나이다。

暗黑한世上을光明하게하시며墮落된人類를救援하시랴는眞實하시고사랑이신하나님이여! 당신은罪惡으로糧食삼고暗黑에서彷徨하며더할수업시墮落한가장큰罪人나의게光明과救拯을엇게하섯사오니眞心으로感謝하나이다。 아바지께서는絶望에선者의게所望을許諾하시고死亡에잠긴者의게生命을주섯나이다 인제는내가世上에잇스나世上에關係를끈흔者이며肉에사나肉과絶緣한者가되엿나이다。 世上이나의게무슨利益을주며肉이나의게무엇을할수잇사오릿가? 世上은도모지依支할수업스며肉의일은모다가헛됨을알엇나이다。 하날에는당신박게思慕할者가업고따에는당신以外에信賴할者가업나이다。 내가世上에잇슬때당신의聖靈의引導하심을밧아참生活을하게하시고肉을떠나는날天使와갓치구름을타고하나님의품속으로向하게하소서。

나의永遠한아바지하나님이시여! 당신은罪人을爲하야祭物이되신당신의아달예수그리스도를나의救主로定하섯사오니無限히感謝하나이다。 나는主예수를因하야하나님압헤義人이되엿사오니그보다더깁븜이업나이다。 당신은예수만을나의牧者로삼으섯고또내가예수만을밋는것이당신의가장깁븜이되며또나의게對한要求이심을約束하섯사오니나는마음과性品과뜻과힘을다하야永遠히예수만을밋겟나이다。 밋음는내가行할수잇는唯一의事業이고내가所有할수잇는唯一의特權이로소이다。 굿세고變함업는참된밋음을어린子息의게許諾하소서。

救援城이신예수여! 弱한나를둘너싸소서。 患難은無時로나를侵害하나이다。

避難處이신그리스도여! 無智한나를숨기소서。 惡魔는恒常나를襲擊하나이다。

牧者이신主여! 愚鈍한나를引導하소서。 世上은언제든지나를誘惑하나이다。

오, 主예수여! 당신이나를둘너싸섯사오니나를侵害할者누구며　당신이나를숨기섯사오니나를襲擊

할者누구이며 당신이나를引導하시오니 나를誘惑할者어대잇사오릿가? 나는主예수를因하야平安과慰勞와快樂을끈임업시엇나이다。

主여! 나의그리스도여! 당신은나의能力이시고당신은나의智慧시며당신은나의勝利로소이다。 내가弱할때에당신은나의게能力을주섯고내가愚昧할때에당신은나의게智慧를나리섯사오며내가敗할때에당신은나의게勝利를엇게하섯나이다。

오! 나를죵으로擇하신主여! 나는果然헛되며不足하오니당신이盈滿하고完全하게하소서。 나는甚히거짓되며비엿사오니당신이眞實하고充足하게하소서나는참으로醜하며惡하오니당신이아름답고善하게하소서。 나를牛膝草로淨潔케하시면내가깨끗할것이요나를洗滌하시면눈(雪)보다희리이다。

살아계신하나님의獨生子여! 나로하여금당신만을따르게하소서。 당신은하나님을밋으섯사오니나도당신을밋겟나이다。 당신은아바지를사랑하섯사오니나도당신을사랑하겟나이다。 당신은보내신者의게服從하섯사오니나도당신의게服從하겟이다。

나를救援하신贖罪主예수여! 나는主와갓흔生活을하겟나이다。 당신은나를爲하야苦難과恥辱을밧으섯사오니나도主를爲하야苦難과恥辱을밧게하소서。 당신은나를爲하야十字架를지섯사오니나도主를爲하야十字架를지게하소서。 당신은나를爲하야죽엄을맛보섯사오니나도主를爲하야죽엄을맛보게하소서。

主의主이시고王의王이신예수여! 당신은主人이시고나는奴隸로소이다。 主가게신곳에내가잇고主가안이게신곳에내가업나이다。 主의歡喜는나의歡喜가되고主의悲哀는나의悲哀로소이다。 主의榮光은나의榮光이고主의詛呪는나의詛呪가되나이다。 나의存在여! 깁븜이여! 榮光이여! 당신은하나님의맛아달이시고나의救主이신예수로소이다。

始初이시고終末이신全能의主예수여! 主는나의光明이시며權柄이로소이다。 내가당신과함께하야暗黑함이업고내가主를依支하야動搖가업나이다。 主는나의길(道)이시며眞理로소이다。 내가당신을因하야義를行할수잇고主를옷입듯하야 그릇됨이업나이다。 主는나의復活이시며生命이로소이다。 내가당신에잇서서死亡을익이고主안에살아永生을엇나이다。

하나님右便에게시사渴한者의게갑업시生命水를마

시게하시는萬民의主예수여! 主게신곳에는矜恤과誠實이서로사괴며公義와平和가입맛초나이다。主를讚頌하는나의게당신의矜恤이넘치오며나는당신을因하야誠實한者가되나이다。하나님을禮拜하는나의게主의義가豊盛하오며당신은나를平和가운대두시나이다。主의矜恤은나의誠實을産하고하날에公義는따에平和를일우나이다。

過去에게섯고現在에게시며將次오실主예수여! 당신은昨日에도今日에도그리고永遠토록變하심이업나이다。主는過去에萬物을創造하섯고現在에는하나님나라에서밋는者의處할곳을豫備하시며將次는天使들과함씌구름를타시고오실거룩하신예수로소이다。

主여! 당신이再臨하실때迎接할만한信仰을가진者는人類가운대가장幸福한者로소이다。오! 主의지으심을밧고당신안에삶을許諾하신나로하여금主를마즐때懈怠함이업게하소서。懇切히願하오며업대려서비나이다。일희가羊과함씌居하고虎豹가염소삭기와함씌누으며살진송아지와어린獅子가한가지로잇서적은童子라도먹이며소와곰이갓치먹고그들의삭기가함씌업대여戱弄하고잇는당신의나라는임이각가웟나이다。天軍의喇叭소래가들일때에나로써燈火를발킴에敏捷하게하소서。나는無益한종이오나당신의恩惠로써生命의冕旒冠을내가쓸수잇슴을確信하나이다。

오! 나의救主예수여! 엇지하야世上은이다지도覺醒이업나이가? 모든價値는顚倒되엿스며正義와眞理는짓발피나이다。世上은나를十字架에걸엇스며나도世上을十字架에걸엇사오니내가世上에무슨所望을가지오릿가? 世上에삶을拒絶當한나를主예수는밧으소서。내가向하야갈곳은하날박게업사오며나를救援할者는主예수뿐이로소이다。罪뎡어리인나를그대로全部들이오니主의功勞를因하야나를밧으소서。主는나의要求의全體이오며所望의모다이옵고生命의全部이옵나이다。오! 예수여! 당신은나의모든것의모든것이로소이다。

그리스도예수여! 主가내안에사시고나는主안에사나이다。하나님의사랑은나를삼키섯고예수의恩寵은나를마시섯사오니主와나는둘이안이고하나로소이다 나의存在는예수박게서차즐수업나이다。主예수여! 速히오소서。

오! 거룩하신하나님이시여! 宇宙萬物로부터의

모든榮光이永遠까지하나님께잇기를! 限量업는사랑이신아바지시여! 森羅萬象가운대무엇하나당신의聖意에억으러짐이업기를!

三位一本의神이신萬軍의主여호와여! 이罪人은임이블으심을밧엇스나너무도愚鈍하와聖父압헤들일感謝와祈禱를아지못하오나오즉聖靈의引導하심을밧아이不足하고不備하온感謝와祈禱나마聖子의功勞을힘입어들이오니救主예수그리스도의거룩하시고尊貴하신이름으로밧으소서。 아ㅣ멘

(一九二六、六、八)

하나님의게順從하라

하나님은全智全能하며永遠不變하니만치彼의經綸事는모다가積極的이다。 그러나사람은愚鈍懦弱하며動搖不絕하니만치彼等의行事는全部가消極的이다。 積極은實現을意味하며消極은拒逆을말한다。實現잇는곳에는進步와向上이따르고拒逆하는곳에는退步와墮落이좃는다。 따라서하나님의게는完成과成就가有하나사람의게는未成과廢棄가在할뿐이다。

이에吾人은하나님이建設的임에反하야사람은破壞的임을알수잇다。 그런대建設의內部에는生命이活躍하고破壞의裏面에는死亡이橫臥한다。 그러면사람은生命의所望을가지지못하고死亡의悲運에싸여잇슴도事實이다。 換言하면사람은하나님의게屬하지못하고사탄의게매엿다는것이다。

그러나死亡은決코사람이가질必然的運命은안이다다만사람이生命의源泉인하나님을離叛한結果死亡이사람을支配하게되엿슬뿐이다。 그럼으로사람은사탄을떠나하나님의게屬할때다시生命을엇을수잇슴은論할必要도업다。

그러면吾人은生命을엇기爲하야即하나님의게屬하기爲하야무엇을할가? 이는小問題인듯하나事實은人生問題가운대가장크고重要한問題이다。 이問題를解決하야人生의根本問題를解決하엿다고말하야도조곰도過言이안이다。 그럼으로이問題가얼마나重大한것인가를깨닷지못하는사람은人類가운대가장不幸한者일것이다。 그러나事實은이問題를解決하랴고努力하는사람은少數임을엇지하랴! 아! 이事實이사람은暴惡한사탄의拘束아래잇슴을證明함이안이고무엇일

가? 이明白한事實을아지못하는人類의不幸이여!

그러나吾人이사탄의拘鎖를버서남은決코不可能事가안이다。破壞하지말고建設하며拒逆하지말고實現할때即消極에서積極으로向할때사탄은敏捷하게도吾人을떠나고만다。그는破壞는사탄의特性이며兼하야사탄은拒逆을즐겨하고消極을사랑하는때문이다。

그럼으로吾人은生命을엇기爲하야 自由를가지기爲하야 更言하면하나님의게屬하기爲하야建設하며實現하는積極的人物이되여야한다。그러면積極的人物이되라면吾人은엇지할가? 그럿타 吾人이積極的人物이되라면即하나님의게屬한者가되라면한가지일이必要하다。오즉한가지일! 그는生命의源泉이며建設과實現의基礎가되는하나님의게順從함이다。

하나님의게順從! 이것만이吾人의建設이며實現이다。하나님의게順從하는以外에吾人이積極的人物이되며또하나님의게屬한者가되는方法은다시업다。換言하면하나님의게順從하는것만이吾人의生命이며自由요建設이며實現이다。또이것은吾人이하나님의게屬한무엇보다도큰證據가된다。(斗用)

基督者生活의原理(說敎)

鄭 相 勳

나는葡萄나무요 너희는가지니 뎌가내안에잇고 내가뎌안에 잇는사람은 과실을 맷치며 너와 내게서끈허지면 아모것도 할수업스리라(요한十五章五節)

요한福音十五章의말삼은예수께잇서서眞實로重要한때에하신말삼이올시다 弟子들과의最後의晩餐은맛초셧습니다 그동안에弟子中의한사람은背反하고敵에게달녀가버렷습니다 그리고 예수의죽음은刻一刻으로切迫하야왓나이다 弟子들과는멧時間도못지나서 서로作別치아니하면안되게되엿습니다 그러나그弟子들은羊과가티弱하고 世上사람은일희와가티暴虐하나이다 그들을뒤에남겨두고 떠나지안으면안되게된 예수의마암은實로感慨無量이엿섯슬것이외다 이제僅少히許諾되여잇는짤은동안에 가장深淵히眞理를.가라ᄎᆞ서야하시겟다고생각하셧슬줄아나이다 이러케생각하여볼때 이말삼이無限한底力

을가진音響처름 우리의마암을感動식히나이다 그러나나는이제그말삼全體에對하야愚想을陳述하려하지아니하나이다 다맛五節의敎示를따라 우리基督者生活의原理를그안에서생각하여보려하나이다

「나는葡萄나무요 너희는가지니」라하엿슴니다。「나」라함은即그리스도올시다 그 그리스도가「葡萄나무」라고말삼함니다 그리고「너희」는即유다背逆後에남은十一人의弟子들을가라친것이외다 그弟子들이葡萄나무의「가지」라하엿슴니다 다시한번밧구어말하면 그리스도는葡萄나무요 信者全部는그가지라함이외다。이는바울이그리스도와信者와의關係를「머리」와「몸」과의 關係比한것과가튼精神인대 그리스도와信者와의關係가極히密接하고 살ㄴ關係인것을表示한것이외다。即有機的關係가잇다는말삼이외다。그러나여긔서有機的이라함은兩者를對等的으로본것은아니외다 그리스도가本原(Principle)이요信者는그機關(Organ)이라는意味에잇서서의有機的關係라말삼한것이외다。또그리스도는主요 信者는그의게依屬하여잇다는意味에잇서서의有機的關係라함이외다。그런故로基督者는그리스도잇고서의基督者요 그리스도업시는基督者는업나이다 所謂그리스도를信仰한다는信者即그리스도와對立의意味에서의信者는잇슬는지모르나 그리스도의것인基督者는업슬것이외다 幹업는가지를全然히想像할수업슴과가튼理致외다。그리스도와의依屬的關係를가지지아니한者는 다른무엇일는지는모르나 基督者는아니외다。그럼으로참基督者는이믜自己와이世上에서죽은者외다。그眼中에사람업고富업고地地와名譽가업고 다맛그리스도가잇슬뿐이외다。自己안에다맛그리스도만을살이는者외다 即그리스도를生活의唯一한原理로바더드리고 그原理에自己의全心全靈을支配식히는것이基督者요 이原理에依하야사는生活이基督者의生活이외다 그리스도의하고자하는바를하고자하며 그리스도의늣기는바를늣기며 그리스도의깃버하는바를깃버하고 그리스도의슬퍼하는바를슬퍼하는者가 基督者외다 自己의形便이라든지利害得失의打算을버리고 그리스도의聖旨에絕對로服從하는것이基督者의生活이외다 그리스도로하여금왼갓것에왼갓것(all in all)되게하는生活이외다 내가삶이아니요 그리스도께서내게잇서살ㄴ다는使

徒바울의告白을 그대로自己의告白삼는者가基督者외다。그럼으로基督者의生活原理는그리스도올시다 그를生活原理로하는者만이基督者외다。그런故로그리스도와基督者와의關係는有機的關係라고말삼드렷습니다。여긔에한가지注意하서주시기를바라는말삼이잇슴니다 그것은原理라는말삼이외다。내가여긔에쓴原理라는말은 決코汎神論的이나 非人格的힘(force)을가라처말한것이아니외다 이러한意味에잇서서의原理는人格者인人間生活原理가되여사람의모든것을統御하며 支配하지못할것이외다。生命업는것이엇지하야生命잇는것을支配할수잇스릿가。非人格的存在가엇지하야人格的存在者의生活原理가될수잇스릿가。내가여긔서말한原理는決코그런것이아니외다。그리스도외다 지금도人格者로살아게시는그리스도를말한것이외다 그야말로人格의本源이옵나이다 우리人間는그의게連絡되여서 비로소참人格을엇게되는것이외다。

하나님의아달이신그리스도가葡萄나무요 우리죽을者들이 아무功勞업시義업시 다맛하나님의恩寵으로말메암어 그가지가되여 永遠히하나님의아달인그리스도와榮光을한가지한다함이올시다。眞實로놀냄즉한思想이올시다「나는葡萄나무요 너희는가지니」하는이말 이대로아모說明업시우리의靈에는明白함니다 또充分하나이다 길어도길어도 다함업는眞理가그안에잇들안슴닛가 그럼으로「主여우리가누구게로가릿가 永遠한生命의말삼이 그대의게잇사옵는대」라는말이제절로나오게되나이다(요한六章六十八節) 그리스도를우리의生活原理삼는대에 하나님의無限한사랑이나타나잇고 우리의救援이나타나잇나이다。

다음에그리스도를生活의原理삼는生活에關하야생각하여보려하나이다

「더가萬若내안에잇고 내가또더안에잇는사람은果實을만이매지려니와」라하엿슴니다 사람이란사람은누구든지卽君王이든지 平民이든지 强盜든지 娼婦든지 그가萬若그리스도안에잇고 그리스도가또그사람안에來宿하면 만흔열매를맷는다함이올시다。이世上의智者나學者나能力잇는者가 열매를맷는다하지안코 다맛그리스도를生活의原理로하야살㆑은者만이열매를맷는다함이외다。朝鮮譯에는

이意味가弱하여저잇스나 原文에는그리스도안에서살고 그리스도가그안에살아게시는者 곳그同一한者가만흔열매를맺는다고分明히나타나서잇습니다。나무가지自身의힘이나努力으로열매를맺지안음과맛챤가지로基督者가열매를맺는것은人間具本의自然性이나道德性이나 그思想이나修養으로因하야 열매를맺는다함이아니외다。사람이그리스도를生活原理로하고 살쌔에 그리스도의靈이와서 열매를 맷는다함이외다。 그런故로맷즌열매는 사람의品性이나努力의所産이아니요 루터ㅣ가말한것과가티福音의열매올시다。卽하나쎄對하야悔改하는것 그리스도를밋는것 生活과行動이聖潔하여지는것을新約聖書에서는普通으로 열매라일칼나이다。이와가튼열매는우리가아즉罪人이엿슬쌔에 하나님自身이 우리의게서맺는열매하고 우리의自力으로매즌열매가아닌것이明白하나이다。罪人이요 하나님쎄反逆한우리의게 엇지하야 이러한열매가 매저지리잇까 바울은聖靈이와서맷는열매를說明하야가라듸아書五章二十二、三節에「사랑과喜樂과和平과忍耐와慈悲와良善과忠誠과溫柔와존절」等이라고列擧하엿습니다 이것이卽여거서말하는열매의內容이올시다。그런故로(요한福音)十五章八節에「너희가果實를만히매침으로내아버지를榮華롭게하고 너희도내弟子가되리라」하엿슴과가티 이러케만흔果實을맺는것은하나님쎄榮光을돌이는것이며또참基督者의票가되나이다。萬若이열매를맺지안는基督者가잇다하면그는거짓基督者가아니면名目만의基督者일것이외다。이러한者는예수쎄서「나를보고主여主여하는者마다天國에드러가지안나니라」하신말삼의못드러간다는편에合當한者외다。야곱이「네가하나님쎄서 오직한분이신줄을밋느냐 그러케밋듬은조타 惡魔도또한밋고떠나니라」고道破한頭腦만의信者요 그리스도를生活原理로삼는 참基督者는안임니다 하나님의怒는그러한者를向하야發하여지고 그는滅亡을밧을것이올시다。

이러케말한즉 여러분은제各己 自身의信仰의效驗업슴을슬퍼하시고 嘆息하실는지모르겟습니다。恐怖의襲擊을밧드실는지도알수업습니다。果然罪에染浸되여잇는우리의肉의생각은 그리스도를拒絕하고 우리의生活原理로삼지안습니다。그따라聖靈이우리의게서 열매를매즈려하는役事를 눈妨害하게됨니다。 그럼으로우리의生活은理想과背馳하야甚히나즘니다。 우리도다맛名目만이나머리만이나口舌만의거짓信者요 하나님의罰을밧을者가안인지 하는不安에마음이쓸아리게되나이다。 그러나失望할必要는업슴니다。 하나님께서 우리를불으신것은 우리가아즉罪에잇서 하나님이무엇인지를아지못하든때이엿슴니다。 이처름우리안에聖業을創始하신이는하나님이요우리가아니외다。 恩寵과사랑으로이러케行하신하나님께서우리主「그리스도의날」까지에 그聖業을完成하실것이외다。 善을行하랴하면서善을行치못하고 도리여惡을行하게되는弱한우리는 이「날」을待望하면서日夜를보내여야함니다。 그럼으로聖書에우리는所望으로救援을밧는다고말하엿슴니다。 偉大한使徒바울도 宗教改革者 루터ㅣ도그現實의生活은그理想에副치못하엿슴니다。 여긔에그들의苦痛이잇섯슴니다。 그러나이와가티바람으로救援을밧덧나이다。 그他의만흔偉大한基督者들도 다그러하엿슴니다。 그런故로設或지금 우리가基督者로서의만흔열매를맷지못하나 失望하거나 落膽할것은아니외다。 다맛우으로서能力이臨하야 그리스도를全然히우리의生活原理되게하는날을기달일것이외다。 祈禱할것이외다。 이러한者가참으로그리스도안에잇는者요 만흔열매를매즐수잇는者로소이다。

이제부터그리스도를 生活原理삼지아니하는生活에對하야簡單히말삼드려보려고함니다 예수는곳처警戒하사말삼하섯나이다「내게서 쓴허지면 아모것도할수업스리라」고 이意味는이러함니다。 너희十一人은이제는 나를밋고 내가지가되여 내안에잇다 그리고 아름다운열쎄를맷는中이지만은 이는너희가내안에잇는연고요 다른理由가업다 그러나이러한境遇에잇는 너희도萬若내게서 써나가면너희는直時無能한者가되여버린다。 나무에서벼인가지가生命이업서저서果實을맷지못하는것과가티 내게서써나는者도그러하야 生命이업서지고 아모果實도맷지못하나니라。 그럼으로내게서 써나지말나는警戒외다。 다시말하면 그리스도안에잇는것이만흔열매을맷즘에反하야 그리스도께서 써나는것은死를意味하고 無能을意味한다는것이올시다。 이世上의智者 權勢家의눈으로보아 眞實로어러석기짝이업는말이외다 或은그럿는지모르겟슴니다。사람은 그리스도를떠나서 훌늉히장사할수잇나이다。政治家되여靑史에일홈을올닐수잇슴니다。思想家되고社會改革者되여人類欽仰의標的이될수잇나이다。善良한道德家도될수잇고 忠實한公民도될수잇나이다。이와가티 사람은그리스도를밋지안코도 그리스도와 살ㄴ交通을맷지안코도 그리스도의生命이나恩寵에 接하지안코도 能히凡事에서生産的이요또創造的이 될수잇나이다。그러나그能力 그事業이 하나님압에가저다내노일때 엇더한價値를保藏할는지요。그 能力이나事業이 그를罪와죽음에서救援하엿슬가요 救援할수잇슬가요 그의게永遠한生命을주엇을가요 줄수잇슬가요 그럿치안슴니다 決코그러치안을것이외다。設或그가그로因하야全世界를엇덧다할지라도 그는하나님의聖眼에는果實을맷치지안는가지올시다 잇서無用할뿐아니라 도리여 귀찬은妨害物이외다。그럼으로 박여버리여저서 말으게되나이다 그리하야 듸뒤여사람들이 모아서 불에던저 너어태우나이다。이것은比喩도아니요威脅도아니외다。人類의歷史에依하야明證되는事實이외다。過去의事實일뿐아니라 우리의經驗에빗최여明白한現在의事實인眞理외다。十字架의말삼이亡하는者의게는 어리석으나 救援을밧는者의게는하나님의能力인것과가티 이事實도亡하는者의게는 부듸치는돌이되나 救援을밧는者의게는 하나님의獨生子로말매암아確固하게保證된眞理올시다。即그리스도를生活原理로바다드리는者는無能者도有能者되나 그럿치안은者는有能者도無能者된다함이외다。

以上에 나는基督者의生活原理는그리스도라말삼하엿슴니다。孔子도아니요 釋伽도아니오 소크라태ㅣ스도아니요 말크스도아니요 또偉大한人物로生活하시고 聖者로豫言者로서 죽은 그리스도即한偉大한人類의先生으로본그리스도도아니요 過去에이世上에降臨하섯다가十字架에못박히여죽고 復活昇天하야 이제오히려 살아役事하시는그리스도라말삼드렷슴니다。그럿슴니다 다맛그만이 우리들信者의生活原理라고告하엿슴니다。이唯一한原理에依하야生活하는者가基督者요 그生活만이참된生活이요 열매를맷는有能한生活이라하엿슴니다 요한福音十五章七節에「너희가내안에잇고 내말이너희안에잇스면 願하는대로求하라 다알우게하리라」라하엿슴은어生活이如何히能力잇는生活인가를말한것이외다。 그러나六節에「사람이 내안에잇지아니하면 가지를 박게 내여버려 말은것가트리니 사람이주어다가 불에던저살오리라」한말삼은이原理에依치아니한生活의慘切한運命을指摘한것이외다。卽無能의生活이요 檳斥을밧는生活이요 生活그自體가어떠죽음연것을警誡한것이올시다 이러케말삼드리는나의생각 아니 聖書의思想은묵(古)습니다 또녯습니다。 文明의進步한今日 新思想의庫집이열여진듯한今 宇宙의曠漠한것이 發見된今日에이러케古且狹한思想의설틈은업는듯합니다。 그러나이묵고녯은思想以外에사람이依支할참길은업나이다。救援의길 生命의길은업나이다。 사람이 이길을取하고取치아니하는대따라그의運命은決定되나이다。그가이世上에屬하엿는지 하나님께屬하엿는지가判定되나이다 卽死인지生인지가區定되나이다 그리스도의게屬하지아니한生活卽그리스도를生活原理로삼지아니하는生活이새룹고 安易하고 潑溂한生活인것가티보일는지모르겟습니다。 그러나그生活이外見上 아모리아름다울고 아모리香氣롭다할지라도目的업는生活입니다。 生命업는生活입니다。 所望업고깃븜업는生活입니다。 열매를맷지못하는죽음의生活이외다。 이와가튼生活에무슨美가잇스며 무슨香氣가잇스랏까누구가이와가티無意味한生活에오래견대랏까 現代人의生活에조금도沈着한것이업슴은이에對한數個의例가되지안슴닛까 보기에依하여는市巷에出來하는모든現象이우리의게조흔敎訓을가라처줄줄아나이다 그리스도를生活原理삼지안는生活이이와가치目的업고 趣味업서 견딜수업슴에 反하야그리스도를生活原理로삼는生活은唯物思想과無神論의現代에잇서々도 오히려 새넙사귀를내고 꼿을픠우고 열매를맷습니다 果然참生命은그의게잇습니다 참所望은그의게잇습니다 참歡喜는그의게잇습니다 世上의버림을밧드면서도그世上의光明이되고 소곰이되는生活이되다 그럼으로理想的生活을求하는者는그리스도를그生活의原理삼아야그所願을達할것이외다。 祝福된生活 至高善의生活을맛보고저 하는者도 그리스도를그生活原理삼어야할것이외다。 歷史上에明星처름燦然히빗최고잇는人類의恩人들은 거진그리스도를 그生活의原理삼은이들임니다。 우리도名目만의信仰 頭腦만의信者가되지안코 참基督者가되려든 하나님의獨生子예수그리스도를우리生活原理삼읍시다。 이原理의役事가오날은어제보다 來日은오날보다 한거름식完全을向하야進展하여가도록 힘써祈禱합시다

故鄕還歸心

鄭相勳

먹이(鰻)는魚類中에서도 그性品이가장遲鈍한者다科學者들은 그안에서理性의片影도發見할수업다는者다。그러나이遲鈍、無理性者中에 現代科學의進步로도 理解할수업는玄妙한故鄕歸還의習性이잇다먹이의産卵地는오래동안學者의窺知치못하든바이엿다 近年에닐으러 겨우그産卵地가 古昔에希臘의大哲프라톤이 人類의理想鄕의存在地엿섯다고憶想한愛蘭의西南 大西洋의深底임을알게되엿다。여기에서 먹이는産卵되여 或은地中海 或은北米의沿岸에와시散布되고 或은발틱크의東岸에 닐으러河水를數千哩헤여올나가서 露西亞의深山僻地에와지일으러 거긔서七八年의歲月을 보내고또맛는다그러나故鄕에도라갈것을 니즌것이아니다。産卵期가 갓가워오면 그들은다시 長江을타고 바다를向하야 나려간다 河水에서安住의地를엇지못하고産卵의地 埋骨의故園을 차저出生地인大西洋의深底로간다 그러하야거기에서 産卵하고 生을맛친다。

西比利亞의曠漠한벌판 北氷洋岸 거칠게茂盛한葦荻中에서 쌀은여름光明에싸이여 孵化된氷鳥가 太陽의빗이살어지게되는立秋의頃이되면 發生地를뒤에두고 太陽의빗을따라南을보고날어간다。그러하야고비沙漠을건느고亞爾泰 喜馬拉의嶮을넘어 멀이印度의業林에올마 거기에서三冬의寒을避한다。그러나그들、故鄕歸還을닛지안는다。薰々히불어오는春風에놀내여 昨秋에날어온길을다시차자西比利亞의벌판으로도라온다。

性品이遲鈍한먹이가七八年의長久한星霜을陸水에서보낸後에 數千哩의長江을타고 그出生地인大西洋에도라오는것이나 小鳥가天涯無際의中天을날아地球周圍의四分之一의遠程을迷徨치안코春秋二回의往來를每年거듭함이 다 故鄕歸還의天賦의本能에依함이다。

秋風과갓치왓다가 春風에쫏겨가는 기러기도故鄕을차자 가고오며 봄에우리의家庭을訪問하여왓

다가 가을에作別하고가는 燕子도故鄕을차저 오
고가는者다 이와갓치魚類나鳥類가 다 그本鄕을思
慕하고憧憬하야 飛去飛來함은不可思議의宇宙의秘
義다 生物學者는祕義에對하야「動物은一般으로子
孫을엇기爲하야 그出生地에歸還하는것이다」함에
서더나아가서 說明을하여주지못한다。
우리가눈을돌너 人類를볼때 이還故鄕의本能이
얼마나强하게鮮明하게 나타나잇는 를 곳알수잇
다 邊境軍幕에서秋夜三更의搗衣聲듯는軍卒의마암
과 負笈離鄕 數萬里異域에서皎々明月을對하는孤
客의마암에 물어보라 이本性이얼마나 그들을孤獨
케하고 슯흐게하는지를可히 알것이다。깃븜을當
하여도故園懷抱요 슯픔을當하여도 鄕園憧憬이로
다 世上에는所謂世界人(weltman)이라하야 이宇
宙에넘처나는 本能을否定하려는者가잇다 그들自
身이깁히自身을反省하야보면 스사로그릇됨을곳發
見할것이다 宇宙學者훔볼트가훌니요ㅣ크山頂에다
음과가튼句를自罪하엿다는말을들엇다

Alexander von Humboldt.

In Deutschland geboren.

Ein Burger der welt.

獨逸國에서出生한 世界市民

알렉 산더 폰 훔볼트。

이句節에다른만흔意味가잇지만은 人類의故鄕憧
憬心이그中에 나타나잇슴을 分明히볼수잇다。
이마암에서發露된古今의詩歌는우리의到底히枚擧
할수업는바다。훔 스윗트호ㅣ므의歌謠나 歸去來辞
가튼것은그代表的이라할수잇다。우리信者가詩篇에
서 자주 닑게되는猶太人의思鄕歌도 이情緖의發
表로다(一三七篇)
그러나 우리人類의게는 이世上의故國을그리고
思慕하는外에 다른故鄕歸還의本能이잇다 靈의本
鄕 하나님의나라를憧憬하는마암이다 우리가罪에
서出生하야罪에서 자라나고 肉의壓迫下에잇서靈
의本鄕을肉의本鄕처음 懇切히戀慕치안으나 우리
의마암의深奧한곳에는 이것이潛在하여잇슴을안다
이本能이人類歷史의첫張부터 여러가지形體를엿고
나타낫섯다。그것이原始人類의宗敎요 또모든民族
의精神文化의原動力이되엿다 그러나이것만으로는
靈의本鄕을認識하고 목마른 사슴이 시내물 차

즘과갓치渴急히天國을求하지못한다　그러나한번天來의光明이　어두운우리의心底를빗최고　그안에새靈을　부어너을때　우리의心眼에서는魚鱗가튼것이떠러지고　우리는靈의本鄕을바로認識하고　그를戀慕하고　그를向하야노래를　불은다　그를엇으매一物이업서도　깃버하나　그를일으매　온天地를엇어도　滿足치못하고　슬퍼한다　모름즉이　詩篇을떼여보라　聖詩人들이얼마나　하나님의帳幕이나　큰뜰을思慕하는情緖를吐露하엿는가를可히알것이다。또新約聖書를떼여들면　예수께서얼마마　靈의本鄕을愛慕하섯는가를알것이며　使徒行傳과使徒들의書翰에일으면　그들이얼마나　靈의本鄕을熱々히憧憬하엿는가를알것이다　亞弗利加의聖徒은이心情을記錄하여「그대가　그대를爲하야　우리를創造하섯사오니　우리의마암이　그대안에쉬기까지는平安을發見치못하나이다」라하엿다토스카나의詩聖은天國의詩人이엿다　아니　信者는모다天國을憧憬하고살아가는者요　人類의信仰史는靈의本鄕인天國憧憬史라할수잇다　人類歷史의가장燦爛한때는이天國憧憬의熱々한때다　이에우리는故鄕歸還心의天賦의本能이며　우리信者의天國思慕心은하나님의救援의役事의一面임을안다。

三六

理想의人物

金　敎　臣

에화를만나보기까지는　적지안흔孤寂을늣기고잇섯다는　아담의古代史에溯及치안코라도사람은누구나업시외로움을늣기며　衣食이充足하고도오히려無限大의空虛를內心에感하는것은古今을通하야의全人類的事實이다。

內心의空虛!이를채우는唯一의方法은理想의人格(Person)을發見함에잇다。그러나에화를보고나의肉의肉이오骨의骨이라고讚呼하던아담이人生失敗者의한아이엿슴과如히우리는이「理想의人格」標準如何에依하야大多한恥辱을지거나奈然的失敗에歸함도不可避할것이다。襁褓赤兒의理想的人物은其兩親이라함은心理學者의말하는바며幼稚園保姆、小學校先生니兒童의絶對的信望을長久히占有치못함은周知의事實이다。回顧컨대周公을私淑한孔子를極度로敬慕하엿던我의게도數人의理想的人物이時를遷하야나의心底을占據하고잇섯다。아ㅣ내가過去의忠武의人에對하야表呈하엿던過度의敬慕를爲하야自責을마지못하며 近代의科學者에向하야抱持하엿던心志를爲하야나의 迷를부끄러워하며特히現代의宗教家에對하야評價하엿던나의標準의卑劣을想하야나의靈魂이戰慄하노라 嗚呼라모든코로숨쉬는者를理想의人格者인것가치戀慕하엿던나를悔改하노라。저들의或者는나의게惡보다益을더주웟다그러나나의內的空虛는依然히뷘대로잇고나의靈魂은드대여失望에다시써러지고말엇다。

理想의人物！年齒가더하여가고知量이加하여갈사록더욱全心全靈의敬慕를敢當하기에넉々하니。내가誠實치못하니만치그만치誠實自體이신니。내가못밋는니만치그만치篤信인者。羊과가치溫順하고劒과가치義烈한니。내가그를戀慕함애나의모든肉이나를害하지못하야萎縮하고다만나의靈魂이甘露에젓은것갓하야　굽혀젓는쭈子력이줄줄이픠여지고天空까지飛躍하야肉까지도自由롭게聖潔밧는權能의所產者。呼訴를둘지안코도正當全知하신니。나의理想그것까지도自己의標準까지끌어올여聖化식히는益友이고救主인人格者。아　나의理想의人物의全容을聖書記者의靈筆노서完全히그리게하라。

彼는罪를犯치안엇고　그입에虛僞를볼수업섯스며
凌辱을밧으되　도루凌辱하지안코
苦難을밧으되威嚇하지안엇고
오직正義로審判하시난者의게自己를委托하섯스며
나무우에달며우리罪를親히그몸에지섯는지라
이는우리가罪에서죽고義에서살기爲함이라
너히는彼의傷處에依하야恢癒함을엇엇나니라。

(베드로前書二〇廿二ㅡ廿四節自譯)

마태福音記者는如左히描寫하엿다。

보라나의擇한나의종
나의사랑하는　나의마암이매우깁버하는者라
내가나의靈을彼의게둘터이니
뎌가審判을異邦사람의게告示하리라。
그가다토지도안코부르짓지도아니하니
아모사람도길가에서그소래를듯지못하리라。
샹한갈대도꺽지아니하고
煙氣나는亞麻도끄지아니하야
勝利의審判을네리울때까지이르리라。
또한그일홈에異邦사람이所望을두리라。

(馬太十二〇十八ㅡ二十節自譯)

그를보고그와寢食을가치한者의記錄은멀이七世紀前에豫者한先知者그것과紡彿하엿다。

뎌가그압헤서發生하기를싹과가치하고
또한말은따에서나난根株와갓하서
模樣도업고맵시도업스니
우리가본즉　볼만한것과思慕할것이업도다。
뎌는사람의게蔑視를밧고슬혀바린바되엿고
悲哀와艱苦를아난사람이라

사람들이얼골을가리워보지아니하랴는것가치하야
뎌를蔑視하고우리가尊貴히녁이지안엇도다。
果然뎌난우리의苦痛을지고우리悲哀를메엿도다
그러나우리는생각하기를뎌가하나님씌매를맛고譴責을當하엿도다
그러나뎌는우리허물을爲하야쩔님을밧엇고우리罪惡을因하야傷함을밧은것이로다。
뎌가刑罰을밧은것은우리로和平을엇게함이오
뎌가채쭉에마진것을因하야우리가快癒하도다。
우리가다羊과가치길을일코
名其自己길노돌아섯더니
여호와씌셔우리무리의罪惡으로하여곰그의게다당케하신지라
뎌가壓迫을밧고괴로움을當하얏스나입을열지안코
사람의게끌을녀羊이죽을데나가는것갓치
입을열지아니함이어린羊이털싹난者압헤섬갓도다
뎌가곤고를맛나고拘留를밧고끌을녀갓스니
그世代中에누가能히。
뎌가산者의따에셔滅絕한것이
刑罰밧을내百姓의罪건을因함인줄생각하나냐。
무리가그의무덤을惡人으로더브러가치하더니
죽은즉富者의무덤에장사하엿도다
이난그가騷搖치안코그의입에거즛이업슨緣故니라
(이사야五十三〇二―九節)

斷想雙語

三八

一、傳道旅行의動因

主께서萬若許諾하시면 七月十八日釜山을以始하야京釜京元兩鐵道沿線地方에 傳道旅行을하려한다 勿論敎會의招待가잇섯슴이아니다宣敎師의後援이잇섯슴이아니다。 사람의게는誰某의게도 相議치안코主께서許諾하시니 가려고定하고 主께서命하시니나서려고決心한것이다。 그러나怒濤와가티世上을삼킬뜻이뒤구는 不義의威力과나의無力、無知、不信이너무나相異한對照가되여 나의眼前에鮮明이나타나뵐일때 더구나 나自身이罪人이며不義를行하는者임을明白히意識할때 나는견댈수업게두려웟다 나의作定 나의決心은餘地업시짓밟히이고말엇다。나는나의不明을嘆하고 나의召命感의誤錯을恨하엿다。그러나소래는다시들여왓다 나의不信을責하는소래엿다 나를다시興起식히는소래엿다 싸홈男氣와싸홈智略을주는소래엿다 쓴임업시주시겟다는約束의소래엿다 이에懦夫는勇將처름나서지안을수업섯고 罪人은義人처름 웨치지안을수업게되엿다

傳道旅行의目的

傳道의目的은文字가表示하는바와가치道를傳함이다 나의傳道의目的도이外에別다른것이아니요 이것이다 純粹히이것이다。 그럿타나의主義나 仰으로他人을說服하려함이아니요 濟를道로傳함이다 나와가튼信者들맨드려함이아니요 道를道로傳함이다 나의同志를求하고 나의黨派를糾合하려함이아니요 다만道를道로傳함이다 道即十字架의道를傳할뿐이다 眞理를眞理로宣明하고 光明을光明으로輝耀하게할뿐이다。 바든恩寵 어든生命을그대로證據할뿐이다 現在맛보고잇는所望과歡喜와和平를그대로干證할뿐이다。 이것이 나의傳道의目的이며理想이며 또한길이다 愚는는지狂일는지모른다 나의미듬과그미듬으로因하야 가지게되는隣人愛가나를몰아 이길에냇는다

不幸이다 그러나하는수업다

어느盟休事件을듯고

朝鮮의腐敗가今日에始作된바안이니 只今그腐敗의한好證을어덧다고 새삼스러히悲痛할것이안임을잘안다。아니 腐敗에對한感覺이발서萎縮하여저바려서 悲痛할나하여야悲痛치못하는境地에잇다 이러 에도不拘하고이번에들어오는平北某校盟休事件은 몹시도나의미암을쓸아리게하고 나의눈물을쏟다지게한다 나의親友가그盟休의對敵인까닭이아니다 眞理를좃고 義에서살어는一個의고운靈魂이侮辱을當 고迫害에 呻吟하게된까닭이아니다 熱々한同族愛에불타는 한젊은靑年이 自己의全生涯를바처사랑하는그同族의게서憎惡을바덧다는까닭이아니다。誠實로써敎導하려는한先生이 그눈瞳子와가치愛護하는弟子들의게 짓밟힌까닭이아니다。眞理의問題다 正義의問題다。民族休戚의問題다。自古로眞理를저바리고 正義를짓밟고義人을迫害한나라나 民族이繁榮하엿다는소래를듯지못하엿다 듣지못하엿다。나는그盟休事件의報告를接하고朝鮮의滅絕을予感치아니할수업다

그러나 不義와惡은우리를全然히征服할수업다 이絶望、이暗黑、이悲痛中에잇서우리의所望은오히려確實하여지고 우리의光明은그光彩를더하고 우리의歡喜는넘처난다。그는그리스도안에서사는親友가 이世上과참된싸홈을싸혼結果를 이盟休에서秋收하게 엇슴이다。그가소래놉히불으는 勝利의凱歌를들엇슴이다。그가人生의唯一한生路인 하나님의聖意에順從하고 人生의最大目的인하나님께榮光돌 을보앗슴이다。하나님께依支하는者를붓그럽게하지안코 직히고護衛하시는聖平의役事를分明히밋게되엿슴이다 하나님을讚頌하라 萬有의主께感謝하라

(相 勳)

餘滴

우리는山中에핀野花에배우고 世上에배우우지안으려함니다 그럼으로될수잇는대로商買的手段을取하는廣告와宣傳을避하고 愛讀하서주시는諸位의말삼파글을通하야 알이여지기를 願하고잇습니다 萬若諸位께서友人의게勸하야無害하다 생각하시거든紹介하서주심을바램니다。

聖書朝鮮一、四、七、一〇月年四次發行

(定價送料共)

一 部 二十錢

一年分 八十錢

注文은반다시先金

昭和三年七月十二日 印刷

昭和三年七月十五日 發行

東京市外淀橋角筈一〇〇 レバノンホール

編輯兼印刷人 鄭 相 勳

東京府杉並町阿佐ヶ谷八四三 永井方

發行人 柳 錫 東

京城府西大門町二、一三九

印刷所 基督敎彰文社

東京市外淀橋筈一〇〇 レバノンホール

發行所 聖書朝鮮社

振替口座京城一六五九四

昭和三年十一月十二日印刷
和和三年十一月十五日發行

聖書朝鮮

第六號

一九二八年十一月十五日發行

目次

清楚한코스모스窓前에픠고 秋菊의씃다운香氣 淸風에실여오는碧空燦星의가을이왓다。

봄은쌍에富하고 가을은하날에富하다。

봄의芳草와香花는 우리의마암을이世上을向하야 움작이게하고 가을의蒼穹落葉은 우리의마암을 저世上을向하야 잠목케하도다 봄에는肉의벗과사케기조코 가을은靈의벗과사켸기조타。

봄은榮華로운背面에死亡의暗影을감츈 肉의生活을象徵하는듯하고 가을은窮乏困苦中에 永遠한生命의싹을 감츈靈의生活을象徵하는듯하다。

더늘은봄노래를불으며 흐린봄氣分에살게하고 우리는 가을노래를불으며 맑은가을氣分에살자。

지내가는바람에 한입사귀두입사귀써러지는 그가지에 벌서 새生命이準備되여잇슴을알자。

벗을한나일흘때 새벗이 우리의門前에와서 뚜리고잇슴을알자。

밤이지낸後에아참이오는것을알자。

十字架가잇슨後에復活이잇는것을알자。

예수의사랑

예수는愛의人이라기보다 愛그自體ㅣ다 하나님의權威와智慧의具顯者가아니오 하나님의사랑의具顯者가예수ㅣ다 그는사랑할者를사랑하엿슬뿐아니라사랑할수업는者를더욱 사랑하섯다 宗敎家나道德家의賤待와蔑視의標的인稅吏와唱妓를사랑하섯다 貧者를사랑하시고 祖國의征服者 壓制者인羅馬兵丁을사랑하섯다 그들을爲하야 悲歎하시고 그들을爲하야눈물을 흘이시고 피땀을흘이며祈禱하섯다 그들을爲하야十字架에까지 못박히섯다 自己의百姓을사랑하시대 끗까지사랑하섯다(요한十三〇一)「强한神子 不朽의愛」가그極까지나타난것이 예수의사랑이엿다그사랑의自然스러움은 太陽의光熱發射가自然스러움과갓고그의사랑에接하야 新生命의創造가일우어짐은 太陽의光熱에接하야萬物이生成繁茂함과갓다 사랑의饑饉들인現代에도 예수의사랑은쓴임업시 흘으며 新創造의大業을繼續하신다 그러하야마지막에는一人의滅함업시 一物의亡함업시全人類全宇宙를救援치안코는마지안는것이 예수의사랑이다(相勳)

信仰과苦痛

患難은信仰의試驗石이다 참信仰은患難을當하야더욱〱그光彩를빗최우고 거짓信仰은患難이한번일으면 모래우에지은집가티 崩壞되고마는것이다 욥은아모不義를行함도업시 人生의밧을最大最深의患難을當하엿다 一時에全財産과사랑하는子女全部를일엇다 그러나그의信賴는變치안코「내가赤身으로어머니胎에서 나왓도다 또赤身으로저리로도라가리라」웨첫다 또惡疫이全身을덥혓슬때에도 그는「우리가 하나님게서福을밧엇스니 災禍도또한밧지아니하겟느냐」하고信賴함을 變치아니하엿다果然욥은理由업는채쭉이뼈와肉에사모칠지라도信賴하고不信의行爲를하지아니하엿다 이러한信仰이利害打算을超越한참信仰이다 信仰의報酬를期待치안코 信仰그것을目的삼는것이참信仰이다 地獄에라도 그리스도의命令이면그대로服從하고가려는것이純眞한信仰의態度다 이러한信仰은患難에견댈뿐아니라 그患難을이기고新生面을開拓하야남이맛보지못하는天來의祝福을享有하게되는것이다。(相勳)

朝鮮人의所願

金敎臣

今日의英國米國日本等比較的社會가安定된나라의有爲한靑年들은先을爭하야商科大學에入學하기를願하고未來의重役이나頭取를쑴꾸고잇으나 露西亞靑年의所願은期必코商科에잇는것이아니고 今日支那人의게는敎育者되는것도第一義的急務가아닐것이라함은至當한論旨이며 朝鮮을實際的으로생각하는者는 누구던지此에서부터出發하여야할것이다。昨日이나明日의論이아니고今日의朝鮮、米國이나支那露西亞의問題가아니고朝鮮의朝鮮人의第一義的急務는무웟이며 따라서 젊은朝鮮사람의所願은何處에嚮望할것인가。

大多數의朝鮮人이氣衰力盡하야 朝鮮을更生식히는事와如함은可想不可計의業인것처럼思料하고「이사람말말나니」하는標語下에生如死의浮命을延引하거나 獨善其身의陋習에蟄居하려할때에累々數千語로써組織體의偉力과義勇의本質等을說破하야 젊은朝鮮人된者의所願을披露함을보게될때에吾人은其結論을待함보다도그初頭의題目만에十二分의滿足을늣긴것이엿다。

紐織體에서偉力이發生하거든어서速히團結하여보라 眞勇이란如何한것인줄앎으로서小忿의人이義憤의士로變成될수잇거든어서速히一人도남기지말고二千萬의大義의民衆이되라。이것이모다全然不可能의事가아닌줄앎으로吾人은如何히하던지標的을向하야努力하기를贊하야마지안는바이다。

그러나兄弟여萬一組織體生活에失敗할지라도斷念치말고 義勇의浩氣가不生한다고自棄치말라。吾人은今日의問題요實際의第一義的急務로젊은朝鮮人의所願을披露하노니 朝鮮兄弟여先爲悔改합시다。神압헤自過를認識悔改하는 神과사람사히의正直性과사람과사람사히의信實性 이두가지는二樣一元의基盤이다。信實(Sincerity)을缺한個人들을모화完全한組織體를成하려함은마치세멘紛을석지안코砂粒만으로調合하려함과갓흔것이다。

듯건대小國丁抹이今日과如한富盛을致하게된主因은그나라特殊히發達된各種組合制度에잇고 그組合

와運用이至極圓滑함은그國民個人々々의信用(信實)에基因함이라한다。

朝鮮의政治와經濟를念慮하는이는爲先悔改하라義憤의氣慨를欠함을歎하는이도悔改하라 그리하야神과人의關係를正히함으로써人과人의사히에信實이生하고大憤眞勇의能力을受하야乃終에는異邦사람의求하는바多種의祝福까지도밧을것이다。

朝鮮의將來와基督教

(釜山永同地方에서講演한바)

鄭 相 勳

諸君은朝鮮에게서 朝鮮事情을잘 아실줄압니다 朝鮮의形便이엇더하며 우리兄弟의살님살이가 엇더함닛가 아마「말이아니라」하는것이 그情境을 쉽게表現한말이겟지요 滅絕의魔手가 와서 검어쥐려하는대 아니검어쥐이려고 손부를 발버둥도 못하고 그속에 쥐이고마는것이 우리의現狀이겟지요 果然 行路難 生活難의소래는都會나農村이나 山間이나野地나 北에나南에나 우리兄弟의足跡이印치이는곳에는 그어대임을勿論하고 一樣으로喧藉哀呼되는바가아니닛가 四野에黃金을결치는百穀보고 깃브게擊壤歌를르지못하고 空腹을욱여쥐고 눈물홀이며 哀歌를으는것이 農村의實況이아닙닛가 時和連豐하엿다는대도 밥을못어더먹고野草를뜨더다가 죽을쑤어서 連命하는것이 아니 그것조차一日三食을다차저 먹지못하고 一日一食或二食으로僅々히連命하는것이 우리의살님이 아닙닛가 이러면서도 遊衣遊食을高等生活 義務를伴치안코權利만을主張하는生活을理想的生活이라생각하는것이 우리民族의一般傾向이아니겟습닛가 어느民族 어느個人의게 이러한傾向이업스릿가만은우리民族은너무나甚합니다 우리民族은男女老少를勿論하고 모다가모다 權利만主張할줄알고 義務履行할줄은모르나이다 父는子의게父된權利主張은할줄아나父된義務履行할줄은모르며 子는父의게對하야 그러하고男便은妻의게對하야그러하고 妻는男便의게對하야그러하고 個人은社會에對하야그러하고 社會는個人의게對하야그러하고 富者는貧者

의게對하야그러하고 治者는被治者의게對하야그러하나이다。 그러하야價値判斷은轉倒하야버렷나이다 榮譽로운自主自立의生活은塵土의下에投擲되고恥辱의極인寄生虫的生活은萬人의憧憬하는바되고斯世의謳歌하는바되엿다、 이에達하려고民衆은迷信과僥倖心에依托하고識者는欺瞞陰謀、術數에그手段을求하나이다

이러한社會나民族이繁榮할理가잇겟습니다 이러한狀態가長久하면長久할사록그社會나民族이衰滅하여갈것은必然의運命이될것이외다、 이運命에當面한者가 우리民族이아니오닛가、 自滅의先驅인落望의黑幕은 벌서우리民族의마암을덥혓나이다 우리의前額에는落望의烙印이鮮明히 나타나잇고 우리의音聲에는哀怒의交響調가完然히울이지안습닛가이것은제가昨年에京城갓슬때에切切히늣기고본實感이외다。 저는그때瀏激의 너므나甚함을堪耐치못하야豫定의日字대로京城에留宿지못하고遑忙히시골로逃亡하여나려오게되엿습니다。 實로우리民族은 모다가이絶望의烙印과絶望의音聲을 가진者외다다맛이러한環境에中和되여서 그것을 늣기지못할뿐이외다

四

이곳에 來會한諸君은그럿치안타고 생각하나잇가아니외다 諸君도絶望의烙印을前額에가진朝鮮人의一部分이외다。 京城人의前額에찍혀잇는그絶望의烙印은諸君의前額에도찍히여잇나이다 京城人의音聲에나타나는哀然悽然한音聲調는諸君의말소래노래소래에도 석기여잇나이다。

어느西洋歷史家가朝鮮을論하야世界中에서第一慰籍업는生活(Comfortless life)을하는者라하엿스며 또世界에서第一頑固한民族이라하는支那人보다朝鮮人은더頑固한民族이라評하엿습은 깁흔洞察力에서 나온適評이라하겟습니다 그러나그歷史家는溫厚着實한學者라 無角한言辭로事實을부드럽게表現하엿습니다만은저로하여금忌彈업시말하라하면 朝鮮사람의生活은生活이아니고 存在에不過하다하겟습니다(not living, but existing)죽지안으려고살고 죽지못하야살어가는存在持續에汲々하는故로古를버리고新에나아갈勇氣가업고惡을써나善에올물氣力이업습으로因襲의奴隷가되여잇다고하겟나이다 그러나近年에는그生存이나頑固한固執도子子孫孫의傳承하여오든이錦繡江山에서維支치못하게되여 或은鴨豆兩江

을건너西北間島로가나이다 或은玄海의거츤물결에熱淚를뿌리면서日本으로가나이다 그러나그어대로간들福地가豫備되여잇고 桃源이配布되여잇스릿가더욱苛酷한侮蔑과虐待로衣服을삼고 怨恨과눈물로飯食을삼는것이 流浪兄弟의實情이아니오닛가。

아ㅣ이民族이어대로가오릿가 무엇을먹고 무엇을입고 엇지하야風雨를避하며살게되릿가 政權이업는대에財權이업고 財權이업는대에道德이또한頹敗하고宗敎가또한腐敗하여버리고말랏스니 이民族이엇지하야存續하여가게되릿가 獨逸의哲學者ᅋᅵ희헤가千八百七年末부터翌年初에亘하야佛軍에게蹂躪된伯林에서나포레온軍監視를바더가면서絕叫한有名한講演「獨逸國民의게告함」中에이와가튼말을하엿습니다「이제는獨逸國民은다만善良한人間이되여야만더욱存續할수잇고 粗惡한人間이되면必然的으로外國에同化되여버림을免치못하리라」고 이와가튼ᅋᅵ희헤의憂慮는獨逸民族의게는一片의杞憂가되고말엇스나우리民族의게는이것이事實化하여감니다 高速度로그羽翼을떼여오는이事實을直面하야나는肝腸千切의悲痛을아니늣길수업나이다。아ㅣ滅亡이외다 滅絕이외다 이러케哀呼하는나도滅絕이요 나의哀呼를듯는諸君도滅絕이외다 洶々한이惡浪을엇지하야阻止할수잇스릿가 征服할수잇스릿가 다시新生面을開拓할수잇스릿가

勿論우리民族中에도이逆境을 征服하려고發奮忘食하여가며努力하는이가잇습니다。싸우는者가許多함니다 英才의웨치는소래가들임니다 勇者의突喊聲이社會를振動식힘니다 이힘과소래가여러가지形體를씌고우리社會에叢立하여잇습니다民族을統一圑合하야共同戰線에세우자는것이그것임니다 社會革命의소래가그것임니다 文藝運動、農村問題其他무슨運動 무슨運動하고東馳西走하는先覺者들의絕叫聲이그것임니다 果然그들은그關心하는事業에一身을밧치고誠心誠意로役事함니다 妻子의飢寒에우는것도 도라보지안슴니다 囹圄의품도달게밧슴니다그이들의熱誠과 犧牲的精神에나는 衷心으로서의尊敬을가지나이다

그러나이러한死境에싸저잇는民族을統一하야 共同戰線에세운들 무엇하겟습닛가 死者는萬이모혀도死者요 億이모혀도死者외다 空은億萬倍를하여

도 空에지내지못하는것이외다 지금그들의事業의成果를 살펴볼때 이것이事實임을 엇지하오릿가 全民族을團合하야共同戰線에세우기前에 그團合統一을絕叫하며 同志를求하랴고海陸으로헤매는 그先覺者들自體안에 벌서互相軋轢이不絕하는現狀이아니오닛가 그럼으로나는우리民族의統一團合을策하기前에 解決할問題가잇다고 생각하나이다 또社會革命을부르짓는熱血革命者들은經濟組織만變革되면理想的社會는完成된다고생각합니다 社會의眞實한土台인 經濟組織卽生産關係가革命되면 그上部建築인意識形態卽精神文化는自然히變革된다하야그들의先達은말하대「人間은政治、學問、藝術、宗敎을經營하기前에 무엇은그만두고 매ㄴ몬저먹고마시고 居住하고 입지안이하면안된다」하엿나이다 그러하야그들은사람의 精神的生活의過程을決定하는것은 物質的生産方法이요 人類의意識을決定하는것은人類의 存在라하나이다 그들은이것을「唯物史觀」이란見地에서歷史的事實이라고證明합니다外的으로볼때그들의이證明은얼마간의眞實性을가지고잇습니다 그러나그들은적어도生命의偉力을모르고 生命의源泉에마시고나아온民族의歷史를읽지못하엿다할수잇습니다 그들이그經濟組織의革新으로 이와가티懈怠하고 依賴心만코 頑固하고 勇氣업고 氣力업는民族의게新生命을너어주고 이民族을救援하겟다함은智者一失의嘆을免치못할줄아나이다 屍體는高樓殿堂에두나 茅屋土房에두나 腐敗할必然性을 가젓슴은一般이외다 그럼으로나는經濟組織變革運動에着手하기前에解決하여둘根本問題가잇다합니다 文藝運動으로民族精神을改造하고 民族甦生의道를講하려하는이가잇습니다 文藝運動도上述한二者와다른것이업나니다 그들은感性에天賦의優越을가진者요그손에劍보다强한붓이쥐여잇습니다 그러나 그들의文藝上成果는무엇임닛가 近年에우리民族이겪거온길은 넉넉히偉大한文學을産出할好適의材料를提供하지아니하엿습닛가 그런대 어대偉大한文學이 産出되엿습닛가 어대 우리民族의歸趨를 보여주는理想의 炬火가잇습닛가 妓樓紅燈에서戀愛小說이나써서 곱게자라나는 우리의젊은兄弟나姉妹를毒하는것이 그들文士의文學的製作이아니오니가 輿論에屈하는民衆의俗氣에諛

하려는것이 그들의日夜의唯一한關心事가아니오닛가 그리하야言語의泄瀉症에걸인者처름熱頭未熟의淺薄한思想을 잇는대로 털어내여놋는그것이 그들의作品이아니오닛가 이것조차도 長續치못하고 어제詩文들쓰든者가 오날은散文도쓰지못하고 文藝線上에서 멀이그일홈을埋葬하여버리고마지안나잇가 그들의文藝上生命의短促함은우리의小中學校에數만흔小志士들의生命업슴과갓슴니다 生命일은個人이나民族의爲事는그무엇을勿論하고그結果는不言而可知이겟슴니다 그럼으로저는 이러한여러가지運動을일키기前에解決할根本問題가橫在하여잇다함니다

現今의朝鮮의病은制度나組織의不完全으로는든것이아니외다 이病의遠因은우리가生命을일어버린대에잇슴니다 近因은이와가티生命을喪失한制度와組織과形式이우리社會를支配하고指導하여온대에잇다고저는생각함니다 設或一步를讓하야外部手術論者와가티制度나組織의不完全으로든病이라할지라도이제는그病이우리의生命을 害하여버리고말엇슴니다 우리와生命을아사가고말엇슴니다。우리의現狀을들녀보소서 어대生命의躍動이잇나잇가 上下를勿論하고絶望의魔手가잡아당기는그대로 발버둥 숀쑤렴도하지못하고 屠獸場에끌여가는羊과가티애처렵게도溫順히끌여가지안슴닛가 生命이잇는者는그렷치안슴니다 보십시요 空中을나는 小鳥는바람을거슬너날어감니다 水中小魚는瀑布를타고올나감니다 보리싹은三冬雪寒凍凝한土塊들뚤코 소사올나오지안슴닛가 이와가티生命은힘이외다 逆境을征服하는힘이외다 唯物論者의主張대로 모든것이다만經濟組織如何로決定된다고決斷할수업나이다。環境을征服하는生命의힘을算入지안코人類의歷史는理解할수업는謎가되고말것이외다。今夜에여기오신諸君은 스사로生命이잇다고自處하십닛가 勿論참生命을가진이도或게실는지모르겟슴니다만은大部分의諸君은生命이업는者들이외다 너이는와가티눈이둥실〳〵하여가지고 네말은듯고잇는사람을對하야生命이업다하느냐하시며怒責하실분이게시겟지요그러나이러한말삼을하시려거든諸君의얼골에鮮明히나타나잇는失望의烙印을감추고와서 責妄하시기를바램니다。참生命잇는者는決코이러한失望의烙印을가지

고잇지안나이다。 이에나는基督敎的立場에서서 우리朝鮮사람은死骸가아니면死亡의危機에서잇다고大膽히斷言합니다 아니 基督敎的立場에서보지안는다하더라도希望도업고目的도업는者를死者로보는것이當然하지안슴닛가 그럼으로저는우리民族을救援하야甦生식히고 光輝燦爛한새歷史를다시한번記錄할수잇게하자면 現在京鄕間에喧論되는 여러가지運動이라든지 形式과儀式으로그存立의生命을삼는敎會로는不可能하다생각합니다。外部的手術로 醫藥될時期는 벌서지내엿슴니다。칸플注射와가튼姑息的手段으로一時를糊塗하여가려는者가잇스나 그것은너므나淺薄한생각이외다 너므나皮相的計策이외다。우리의사랑하는兄弟나子女나後孫의게對하야너므나誠意업고사랑업는생각이외다

그럼으로나는諸君과가티 한번다시생각하여보자합니다 根本的甦生策을講究하여보자합니다 여기에對하야諸君도各各 그意見을가지고게실줄암니다 그러나 지금은 제가意見을發表하는때오니 몬저저로하여금意見을發表케하여주시기를바래나이다。그러나저는名士가아니외다博學多識의學者도아니외

다。놉흔官職에잇는者도아니외다 또基督敎的立場에서잇다하나基督靑年會의會長도아니오總務도아니외다 大敎會의牧師도아니요神學者도아니외다 이社會側으로보나基督敎側으로보나一個無名의書生에不過합니다 그럼으로내自身이名醫ㄴ지庸醫ㄴ지모릅니다 또이것을期於코알려고도하지안슴니다 그러나한가지確實한것이잇슴니다 그것은저의게朝鮮을사랑하는마암이잇는것이외다朝鮮의休戚을나自身의休戚으로늣기는것이외다 그럼으로나의朝鮮에對한診斷은世上醫師가冷然히他人의病狀과生死를診察함과는그根本精神에東西의別이잇슬줄암니다 診斷의正과誤를超越하고瀕死者가自身의生을回復식히려하는眞面目한態度로 朝鮮救援의方途를생각하여보려합니다

사람의智慧가盡하는때가하나님의機會의始作되는때외다 우리朝鮮의現狀이이러한때인줄암니다 우리의힘 우리의智慧를傾注한모든運動과事業이失敗이엿슴은 하나님의聖業이始作되기때문인줄암니다 現今우리가當하는患難辛苦는하나님의救援의豫表인줄암니다 地上의所望을아사바린것은天上의永遠히

빗나는所望을 엇게하려한인줄아나이다 우리로하여금外的運動을中止하고內察할機을엇더 生命追求로方向轉換을식히려함인줄암니다 新生命을賦與하시고그生命에適應한新制度와新組織을加添하야주시려함인줄암니다 兄弟여 우리는지금新時代의黎明을目前에두고잇슴니다 天賜의이好機을 일치말고生命을마시고 우리民族의甦生을講하는것이 지금朝鮮에서生을享有한우리의 神聖한義務요 또特權인줄로밋슴니다 이義務에忠實하고 이特權을光輝잇게行使하는것이 朝鮮이 救援에일르는길이외다 이外에 다른길이업다고저는確信함니다 生命업는者를救援함에新生命으로한는外에他途가잇겟슴닛가 新生命이注入될때死者는蘇生할것이외다 蘇生한者는生命의힘으로逆境을順境으로變革하리이다寒冷의冬谷을陽光의春岡으로맨들것이의다

그러면이新生命을어대서 가저다가우리民族의게注入할것인지를생각하여보려함니다。우리朝鮮사람이全部다 死骸가아니면瀕死者라하면 이新生命은어대서 가지고올것임닛가 海外에잇는우리民族임닛가。아이이외다。그들도亦是우리와가티前額에 絕望의烙印을 바든朝鮮民族의一部分이외다。그러면어대서 가저올것임닛가 日本에선가 米國에선가英國에서ㄴ가獨逸에서ㄴ가 모다아니외다 그러케하는것은各民族의게特異性을주신하나님의聖意에거슬이는것이외다 하나님께서 우리民族의게도 우리民族持異의性品을주섯스니 이것을잘保全하시려하심은하나님의努力이오 또한우리의거륵한義務인줄아나이다。그럼으로우리의持異性은하나님便에서나(推想을許하면)우리便에서 한가지로힘써維支할것이요 또維支하여가여야할것인줄아나이다 그럼으로 우리民族의게注入할生命은他民族의게서 가저올수업나이다。그러나우리民族自體안에서 차저낼수도 업는것은몬저 말삼드린바와갓슴니다。이에우리는岐路에서게되엿슴니다 그岐路의하나는朝鮮人으로서의存在를닛어버리는것이요 다른한길은一大勇斷으로 生命의源泉까지飛躍하야 거긔서新生命을마시고오는것이외다。諸君은이두가지길中에어느것을取하려 하심닛가? 滅絕의길을取하려하심닛가 生命의길을取하려하심닛가 萬若諸君이滅絕의길을取치안코 生命의길을取하시려면 生命의源

泉에가야하겟슴니다　生命의源泉은　하나님이외다 天地萬有를創造하시고　人類의歷史를支配하시는하나님외다　太初에이하나님이　生命을人間의게주엇나이다　사람은이貴한보배를罪지음으로因하야　일엇나이다　現社會의諸惡　우리의모든苦痛　우리의死　이모든것의根本을케여보면　人類가生命을일코하나님과의正當한關係를일흔것에歸着하나니다　그러나人間은그本來가진　生命이自我의所産이아닌故로自力으로한번일흔生命을回復하고　苦難과死에서自身을救出할수업나이다

　그럼으로人類가다시한번生命을가지자면　生命의創造主인하나님께서　다시한번生命의賦與를밧더야하겟슴니다　罪로因하야滅亡하는人類의末路는至愛이신하나님의　堪耐하지못하는바외다　하나님께서는그獨生者를　이世上에보내사　사람의게生命을再賜하려하셧슴니다　사람의게서功績이나犧牲을要求하지안코自己의義와犧牲으로　人類의게新生命을賦與하여하려하셧나이다　그리하야사람을罪와死亡에서救援하야永遠한天國의市民삼으랴하엿나이다　이때문에　그리스도의이使命을가라처　福音이라함니다基督敎는死를업시고新生命을回復하는福音이외다

　그러면이新生命이란大體무엇인가　世上에神秘한것이잇다면　그것은生命일것이외다　한가지로　原素의集合이면서도　土塊에는　生命이업고　草木에는生命이잇나이다　生命의有無의差異는　無限이외다　同一한場所에잇스면서도　그內面에는絶對의差異가　잇나이다　生命의起原과本質은　現代의發達한科學의不斷의努力이잇슴에도　아즉　謎그대로남아잇슴니다　生命은　確實히거긔에잇나이다　눈으로보나이다　理性으로　認識하나이다　그러면서도그眞相은　알수업는것이　生命이외다　足下에짓밟히고　指頭에문대여지는　微虫안에잇는肉의生命이벌서　이와가티　不可思議의神秘외다　그런대　靈界의新生命의　神秘에일으러서야　그把握하기어려운것은不言而可知일줄암니다　그러나聖書는이러한奧理를가라칠때　決코理論의整然과思索의深淵으로하지안나이다　實際의事實을들어가라치나이다　聖書는그리스도를밋는者는　이믜生命을가진者라함니다　그리스도를아는것이生命이라하나이다　다시말하면　罪赦함을밧고　生命의創造者이신하나님의아

달이되여 그와交通하여 그를自己안에계시게하는者가生命을가진者외다 이러케말하면 아시는분은하나님께서예수를通하야주시는生命이무엇인지 잘아실것이외다 그러나 모르는분은了得치못할것이외다 차라리그리스도는누구며 밋는다든가 罪赦함을밧고하나님의아달된다함은 무엇을意味함인가하고疑惑에疑惑을加添하엿슬줄압니다 다시이世上에서알기쉬운例를들어말하면 英國의떼임쟝이번연으로하여금 世界에大文學者의班列中에들게한힘이외다 貧寒한鑛夫의아달 루터ㅣ로하여금 世界의進路를一變케한힘이외다 靑年리빙스톤으로하여금暗黑大陸亞弗利加黑人의벗되게한것이외다 迫害者羅馬의大帝國은 넘어지나 넘어지지안코 도리혀그帝國을征服하고 그感化의羽翼을全世界에펴者외다 說明하려면 이러케라도하야 諸君의理解를도우는수박에 다른조흔方策이업나이다 그러나이러케말하여도 그奧妙한것을說明치못하엿나이다 사람이所有한表現力의極으로도 이生命의眞髓는到底히說明할수업나이다 사람의表現力으로容易히解明할수잇슬것가트면貴하다할것도 奧妙하다할것도업슬것이외다 生命의本體를조곰이라도理解하랴면우리는스사로體驗하는수박게업는줄압니다

이러케말하면 諸君中에는 社會主義에서宗敎를가라처 阿片이라하드니 그正體가 여긔에暴露되엿다고 快哉를呼唱할이가잇슬는지모르겟슴니다

그럿슴니다 맑스가宗敎는阿片이라한後에 이말이露西亞法律에는明文이되여잇슴니다 맑스와勞農露西亞의憲法은내가이生命을說明하는대 한가지조흔道具를나의게提供하여주나이다 그들은宗敎를撲滅하려고 이文句를使用하엿슴니다만은나는敵의그毒器를逆用하야 그리스도안에잇는生命이무엇인지를 잠간說明하여보려합니다 阿片먹는者가阿片을먹음으로엇는 그快感을到底히言語나文章으로完全히表現치못하나이다 그러나阿片을 스사로먹어본者는 그不充分한說明을듯고도眞是眞是라웨치며同感의知己를 어덧다고깃버하나이다 사람의五官에觸感되는것도充分히發表치못하는것이 人間의表現力이아니오닛가 이와가튼人間이靈界의生命의秘義를 聽者가首肯하도록 表現치못함은當然한일이아니오닛가 現代科學의偉力으로도一莖의 無名雜草

의生命의起源과本質을闡明치못하는대 靈界의生命의起源을明示하고그本質의如何를略槪이나마 말하엿스면壯하지안슴닛가 이러함에도不拘하고 지금나의說明이諸君을首肯식힐만큼鮮明치못하엿다고諸君이生命의眞實을虛誕하다拒非하시면 諸君은輕卒하다는誹謗을免하기어려울것이며 또萬若나의無力을責하시면 苛酷하다는怨聲을아니들을수업슬것이외다

　阿片의例를 다시한번들어 말삼드림을容納하서주시기를바래나이다 阿片먹기 버릇든者가 그快感을口舌이나紙筆로說明은할지언정 그快感을忘却치못하고 戀々한心情으로快感을 거듭하기를그리워하지안슴닛가 財産이蕩盡되여도 그快感만은求하려함니다 自己의名譽 自己의生命을 도라보지안코 이快感을進求하야마지안나이다 阿片이가진이러한持質도 그리스도안에잇는生命의持性을說明함에도움이되나이다 예수그리스도안에잇는生命을맛본者는 그리스도를떠나서살수업게되나이다 迫害을밧거가 患難을當하거나 天地가업서지거나목숨이업서지게지라도 이生命을憧憬하고進求하나이다 이生命을엇고 그外의全部를喪失하여도 감사하고讚頌하나이다 이것이決코空想的抽象論이아니외다 事實이외다 이事實의나라는現社會的眼目으로볼때別世界외다 이別世界의事實을記錄한것을보시려든舊約中욥記를읽으소서 바울의書翰을떼여보소서 그外에許多한信者의傳記를보소서 거긔에서諸君은반다시놀낼만한이別世界의消息에接하리이다 이와가티阿片과基督의生命은 그사람을살을고거느름에잇서서는다를것이업나이다 그러나使命이다르나이다 前者는사람을恥辱과滅亡으로誘引하고 後者는生命과榮光과所望으로引導하나이다

　여러가지로 말삼을 만히드렷슴이다 만은眞理는아즉도說明되지안코그대로남어잇는듯함이다 宗敎的眞理는그것을 한번把握한者의게明明白白한間單한事實이외다만은 이를說明하기는極難함니다 設或說明이微를極하고細에徹한다할지라도 心靈의눈을뜨지못한者나 스사로體驗을가지지아니한者의게는理解되게어려움은몬저말한바와갓슴이다

　그럼으로千萬辭를羅列하야 理路整然히說明하는것보다 그리스도안에잇는 新生命을把握하는方途

를諸君의게紹介하야 諸君으로하야금 直接體驗케하고그로因하야 生命의本質을 體得케하려함니다 이生命에 일으는길은그리스도自身이올시다「내가곳길이요 眞理오 生命이라」하신그리스도가生命의源泉이요 또生命의길이요 또生命의糧食이외다 生命에關하야는 그리스도가手段인同時에目的이외다 讚頌歌한卷만들고敎會에出入하는것이生命을찻는길이아니외다 自我를謙虛케하여가지고 그리스도를迎接하야우리의主宰者되게하는것이 生命에일으는길이외다 即그리스도를信仰하고 그의喜怒哀樂을 自身의그것삼는것이生命에 일으는길이외다 그리스도와의合一 人格的融合 有機的關係를매즘 이것이生命의길이외다 아니 이것이곳生命이외다 永遠히석지안코 永遠히 光輝를發하는生命이외다 이와가티그리스도를한번把握할때 漠漠한蒼空을向하야소래를질으고 그反響을들으려함가튼 生命把握의難事도 明明한事實로 우리의게理解되나이다 그生命은곳우리안에서 役事를始作하야 우리를새創造되게하나이다 우리의世界觀 人生觀을根本的으로變革되여버리나이다 昨日의實은今日의虛로昨日의憂는今日의喜 昨日의暗은今日의明으로變하고마나이다 이것이新生命이외다 甦生이외다 信者生活의實狀이외다

이生命이 個人과民族을 救援할힘인줄아나이다 그런대 狂者ㄴ지 神子ㄴ지모르나 스사로生命이라하고 또生命을주러왓다고 宣言한者는有史以來예수그리스도한분뿐이외다 그러나어느個人이나民族이生命을 그의게求하야失望한者는업나이다 모다 배부르게먹고新生을엇덧나이다 그生命의힘은燦爛한歷史로 나타나낫나이다 우리의個人이다民族의新生도여긔에잇는줄아노이다 그럼으로우리는民族運動이나 經濟運動이나其他의 모든術策을算하기前에 몬저이生命을求하자함니다 그모든運動을實行할原動力을엇기爲하야 그모든運動을意味잇게하기爲하야 그모든運動으로有終의美를거두게하기爲하야예수그리스도의게 몬저나아가서 生命을求하자고나의사랑하는兄弟인諸君의게渴望하나이다 兄弟여 우리가自身을사랑하거든 몬저生命을求합시다 우리民族의將來를憂慮하거든 몬저이生命을求합시다 無邪氣한麗顔明眸에반긋〳〵微笑를띄우

고 우리를兄아 아바아 어마불으는 우리의同生들이나子女들을 사랑하거든 우리가몬저 이生命을求하고 그들의게이生命을 傳하여줍시다 이生命을傳하여주지안코 億萬의財産을 그들의게傳하여준들 그것이무삼所用이잇겟슴닛가 예수께서는 「사람이全世界를 엇들지러도 그生命을일으면 무삼 有益이잇스리오」라말삼하셧나이다 그럿치안슴닛가 生命업는者의게 財産이무슨所用이잇스며 國家가무삼所用이잇스며 文藝가무삼有益을기치릿가 深思熱考하시기를 바랩니다 生命으로다아가시렴닛가 依然히死滅의길을그대로 걸어가실렴닛가 諸君이여기서從來에因襲과罪過를 쎌처버리고 生命의新天地로突進할一大勇斷을缺한다하면 諸君의사랑하는 아달이나 쌀의前路에横在한暗憺한運命을엇지하시려하십닛가 狐疑逡巡치말고 飛躍을試하소서 우리는死와生의두가지길中에一을擇하지아니하면안될分岐点에서잇슴니다 저는決코一時의感情으로 이러케말삼드리는것이아니외다 古今의歷史와저自身의經驗에서 이것이우리民族이甦生하는唯一絶對의方道인줄로確信하고 사랑하는나의兄弟

의게呼訴하는것이올시다 諸君이여 우리한사람이左하고右함에 우리全族의將來가判定된다생각하시고 여러분의行路를作定하시기를바래나니다

最後에한마듸 더말삼드일것은 저가지금이러케말삼함은 決코 아즉基督敎信者아닌분만을向하야한말이아니외다 羊가온듸일희가튼 거즛信者 名目만의信者 讚頌歇信者 事業信者의게는 이말에더욱힘을넛코 詛呪의憤激을加하야 그들의悔改를促함니다 生命의宴席에 이미叅席하여잇스면서生命을所有치못한欺瞞者 反逆者는罪가 더욱큰者들이니 未信者보다 더한層深刻한罪의意識을가지고徹底히悔改하여야할줄암니다 그리하야形式과儀式과習慣性에서쎠나 靈과眞實함으로禮拜하는靈的宗敎生命의宗敎 即예수그리도의게로나아와야 名實相合한 하나님의嘉納하는信者가될줄암니다 生命의所有者가될줄암니다 그럿슴니다 우리朝鮮사람은全部 예수그리스도의게나아와야 救援을밧고 甦生할줄암니다 今日까지 信者로自處하는者들도다시한번크게 反省하고單純한마암으로 새길을차저야하겟스며 不信을자랑하든者들도살여는意思를가

지고잇거든 自身이罪人인것을 自覺하야悔改하고 새길을차저나아와살길을엇겟나이다 우리는우리의 生命探求를敎會나牧師의게一任할수업나이다 내自身의生命은自身이엇드려고 努力하여야하겟슴니다 내自身이生命인 예수그리도의게나아가야하겟슴니다 예수에서 주시는生命의빵을먹고 生命의물을 마서야하겟슴니다 내一個人의取하는 이態度가우리民族의復活과光榮이되나이다 이것이至愛의하나님에서 瀕死의朝鮮의게 가라처주시는唯一한活路인줄로確信합니다 諸君이여深思熟慮하시고 天來의嘉信을 밧드시기를바래나니다

밀톤의信仰詩三首

(三 眼 譯)

【一】

人生을半도안걸엇난대
이컴〻하고넓은世上에나의초불이꺼지고
감추으면죽을저한양충금이
나의靈魂은그것으로造物主에奉仕하야
그가돌아올때叱責아니밧게
를님업난計算書밧치랴몸시힘쓰나
나의게난所用업시되엿도다。
이것을生覺하면어르석은疑問이일어나
나난「하나님은불을쓰면서낫일을强請하나」뭇나니
忍耐난이不平을긋치게곳對答하난도다。
「하나님은사람의일도그가주신보배도求하지안나니
그의가벼운멍에잘지난것이第一큰奉仕니다。
그의權勢난帝王갓하야一命만하면
千軍이달여쉬지안코山을넘고바다를것느나니
서서기달이기만하난사람도亦奉仕하나니라」

【二】

사이리악여 이눈은것헤난아무흠업스나
三年前오날失明하여버렷네。
이所用업난眼球에난一年내
해도달도별도사내도여자도안빗치네。
그러나나난天意에反逆치도안코
勇氣와希望도조곰도안일코
恒常活潑하게前進하고잇네。
무엇이나를붓돌고잇너냐물을난가。

벗이여　다른것아니라나의高貴한일
저全歐洲가다아난自由辯護에
눈을너머써失明하엿다난意일세。
이生覺가지고나난더나흔案內者업서도
이虛僞의世上을봉사된대로滿足하야지내가겟네

【三】

主여虐殺된저당신의聖徒怨讐를갑허주세요
그들의ᄲᅧ난冷々하게앨프스山위에허터젓나이다。
主여잇지마소서 그들은우리先祖가모다木石을섬길ᄯᅢ
당신의眞理를初代와갓치純潔하게직혓나이다。
主여당신羊넌그들呻吟을당신冊에記錄하세요
殘忍한피ㅣ몬▲사람그들을
그들이살어오던羊欄속에세죽엿나이다。
어머니들아해안은채바우위에굴엿나이다。
그들의痛哭을골싹이山에反響하고
山은하날에反響하엿나이다。
主여殉敎者의피와ᄲᅧ들　三重冠을쓴暴王에
아즉도支配되난全伊太利드ㅣㄹ에심으시여
거기에서百倍의싹이나　그들이
당신의길을배워
速히바비론의災禍를피하게하십소서。

信望愛

信은그리스도를밋듬이다　그의게　自身의全身를하나도남구지안코　가저다맥김이다　내自身의宗主權을그의全任하여버리는것이다　그리하야그리스도안에서그리스도를사는것이다

望은그리스도의救援의完成을바래는것이다　復活榮化의날을待望하는것이다　義의太陽하날에照耀하고　愛의雨露ᄯᅡ에遍滿한新天新地、自由와平等과友愛의새社會　患難病苦　死別의悲哀를다시맛보지안는새나라에　出現을冀望하는것이다　卽우리主예수그리스도ᄭᅦ서榮光과權能를ᄯᅴ고　再臨하심을渴望하는것이다。

愛는그리스도의게對한信仰의眞實과熱情이世上에發顯될ᄯᅢ　피는ᄭᅩᆺ이며　맷는열막다　그리스도의十字架로因하야우리의게생기는　이웃과敵의게對한心境이다　남의게對接을밧고저하는대로　남을대접하는것이다　이와가티信望愛의中心을그리스도다　그리스도안에서信을望愛를걸우고　望은九天에羽翼을

畓히때고는信을가다듬코 나려와서는愛를慰勞한다 愛는信望의아름다운幻象에實在의嘉信을귀속한다。그리하야信者의生活을날로〳〵向上식혀가는것이可愛로운三姊妹의共同事業이다。(相勳)

卓上小話

鄭相勳

하나님에聖業에關하야

九十一

이世上에서 하나님은人民의十分之一도가지지못하신다 가장적은數만이 救援을밧게될것이다 世上은甚히不敬虔하고奸惡하다 우리國民이 이처럼福音에對하야 고마워할줄을모를것을 누가밋겟느냐

九十二

하나님께서 世上을統治하실때 眞理의말삼으로하시지안는것가티보인다 眞理의말삼을 貧弱하게옷입히고덥흐며 十字架의말삼을 侮蔑케할때 더옥그려케보인다 그것은이러한연고다 世上은眞理를가지려하지안코 虛僞을가지려함이다 卽世人은强制를밧지아니하면義와善은行하려하지안는다 世上은十字架를憎惡하고惡麗의快樂을따르려한다 祝福밧든救主예수그리스도의十字架를지려함보다宴樂의時日를享樂하려한다 世上이快哉를呼唱하도록世上을가장잘統治하는者는사탄이다 사탄은그副官法王으로統治케한다 그는世上을喜樂케한다 또엇더케하면自已의게世上이귀를기울줄것을怜悧하게잘察知한다 그는그의나라가世上이깃버하고 世上에適應한巨大한外華와名聲을가지고잇는까닭이다

九十七

나는恒常이러한質問을밧는다 亂暴한惡漢은이러케福스러운歲月을보내고 宴樂中에長壽하고 마암所願은다일우고 身體의健康과 훌륭한子女도가지게되고이世上의모든享樂을다맛볼수잇는대 웨하나님께서敬虔한者는災難과危險과苦悶과窮之中에그全生을보내도록하느냐 아니 그들中에는預言者中의最大한預言者이던洗禮요한과가티悲慘하게죽게되는者도잇슴은엇짐이냐고

모든預言者들은 그일에對하야만히記錄하야 엇

더케하야敬虔한者가그러한疑惑을征服하고 엇더케하야그모든患難中에서스사로慰勞하엿는지를가라처준다 에레미야는「엇지하야敬虔치못한者가繁榮하고 甚히反逆的으로行動하는者가福되느냐」라말하엿스나 다시그는「그대는그들을許諾하야 屠殺되려가는羊과가티自由케하라 또그대는殺戮의날을爲하야그들을準備하라」하엿다 詩篇三十七篇과四十九篇을아울러읽으라。

그럼으로하나님은設或自己의子女를責하고罰할지나決코自己의子女의게對하야怒치안으신다 그러나하나님께서는그리스도를하나님의아달 世上의救主로認定치안코 하나님의말삼을冒瀆하고侮蔑하는不敬虔한者의게는怒를發하신다 그들은하나님의恩惠와도음을期待하지못할者들이다 하나님께서는그리스도의게依屬하는少數의可憐한羊떼를侮蔑하거나打擊치안으나 그러나 그들이그리스도안에서주시는不可形言의恩惠와恩澤에對하야操心이업고感謝함이업슬때나 그의말삼에順從치아니할때에는 그들을懲責하야치신다 그럼으로하나님께서는惡魔로하여금우리의足踵을傷케하고 惡疫과禍患을우리의게보내게하고 暴君으로하여금우리를迫害케한다。그러하야우리를悔改식히고 우리로自己의게歸依케하고自己를불으고 그리스도를通하야오는慰勞와도음을追求케하신다。

九十九

우리가하나님께對하야能히行할수잇고能히보일수잇고 또하나님께서우리의게要求하시는가장조흔奉仕는우리가그를讚頌하는것이다 그러나우리가몬저하나님을사랑하지아니하면 그를讚頌치안음이요。우리가몬저寬仁하고善히行하지아니하면 그를사랑치안음이다 하나님께서仁慈하실때善히行하시고 罪를赦하실때仁慈하시다 하나님을사랑하는者가누구냐 그는이러한恩惠를認識하고 그리스도를通하야그罪赦함을밧든줄아는 信實한少數의羊떼들이다。그러나世上의子女들은이런일로煩悶치안코 그들은그偶像卽奸惡하고咀呪밧든맘몬을섬긴다 마지막날에하나님께서 그들의게갑흐실것이다。

百

仁愛하신主하나님께서는우리가먹고마시고 을거워하고被造物을使用하기를願하신다 그는하나님께

샤모든것을創造하신까닭이다 하나님께서는自己가 우리의게充足하게주시지안은것처름 우리가不平히 말함을조와하시지안는다 하나님께서는우리가그를 하나님으로認識하고 그의선물에對하야感謝함만을 願하신다。

百一

하나님을가지지안는者로하여금 그의願하는대로 다른모든것을가지게하다 그는富者의門의잇서 주려죽은 나사로보다더悲慘한者다 永遠히주리고窮乏하나뭍한방울도自己의힘대로하지못한것이 그들의 運命이될것이다。

百五

聖書는하나님께서嘉納하시는二種의犧牲을가라처 준다 第一은感謝와讃頌의犧牲이다 即우리가純直히하나님의말삼을傳할때 그말삼을信仰으로듯고또 밧을때 그말삼을認定할때 그말삼이넘이傳播됨에 有益한모든일을行할때 그말삼으로말매암아우리가 엇게된 여러가지形言할수업는祝福과 또그리스도 안에서 우리의게 許諾하신恩惠에對하야 衷心으로하나님께感謝할때와하나님을讃頌하고榮光되게할때等이 하나님께서嘉納하시는犧牲이다「하나님께 感謝祭를드리라」「感謝를드리는者가나를讃頌하도다」「主께感謝하라 그는仁慈하시도다 그의仁愛는永遠하도다」「主를讃頌하라나의靈魂이어 내안에잇는모든것이어 主의저룩한일홈을讃揚하라 主를讃頌하라 나의靈魂이어 닛지말어라 그의恩澤을」 이러케詩篇은노래한다 第二의犧牲은 온가지誘惑中에서悲哀에잠기고攪亂된우리의마암이 避難處를하나님안에求하는때다 眞正한信仰에서 그를불으는때다 그의도음을求하고 참고기다리는때다 主그럼으로詩篇은다음과가티웨처알왼다「괴로울때 主께알외니 主께서들으시도다」「主께서는悔悟의눈물흘이는者의게갓가히하시고 謙遜한마암가진者를救援하시리로다」「하나님께드리는犧牲은困惑한靈이요 傷하고痛悔하는마암이로다 아! 하나님이시어 업수이녁이지말지어다」「窮乏할때나의게알외라 내가건저주리라그리고너는나를讃揚하리로다」라고

百十二

사람이萬若하나님만을섬기지아니하면 確實히惡

魔를섬긴다 그는 하나님의말삼과命令을가지지안니하면 아모도하나님을섬길수업는때믄이다 그럼으로萬若그의말삼과命令이네마암에업스면 너는하나님을섬기지안코 네自身을섬기는것이다 하나님께對한正當한奉仕는하나님의말삼中에命令한대로各人이그밧든使命을行함이요 自身의判斷이조타고생각하는것을行함이아니다

百十六

悲慘한中에서우리를救援하려라하든忠告나助力에서 何等의手段이나方法을發見치못하면 우리는곳우리의知識에依하야 우리의形便을絶望이라고結論하여버린다 그러나우리가하나님께眞實히信賴하는때 우리의濟度가始作되는것이다 醫師는일아기를哲學이끗날때가 醫學이시작된다한다 이와가티우리도人間의도음이마지막된때가 하나님의도음이或은하나님의말삼에對한信仰이시작되는대라고말한다 苦難과試錬은救援에압서고 歡喜은救援을따러온다 抑制를밧고 困惑을當함은發生과長成과增殖을招致한다。

百十七

惡魔도快樂과喜悅을가진다 그것은하나님의聖業은妨害하고 하나님의말삼을사랑하고또굿게把握하는者를惱苦케함에잇다 그럼으로天國인참基督者는惱苦와壓迫을밧게되는것이다

眞實한基督者는艱難만흔歲月을보내지안을수업스며 幸苦를아니밧을수업다 우리의아담의肉과血은幸福과安易의歲月을보내게되고 何等의苦難을當하지아니할것이다 엇지하야이러한것이一致할수잇겟느냐 우리의肉體은死와地獄에내여주게될것이다。萬若우리의肉體가死와地獄과惡魔의게서건저내이려면 하나님의命令을직혀行하고 하나님의아달이요 우리의救主인그리스도를밋더야할것이요 또그리스도가우리를永遠히滅亡식히시지안코 이生活에서永遠한生命으로救援하야옴겨갈것을確信하면서 하나님의말삼을굿게服膺하여야할것이다 同時에 十字架를지는忍耐을가지고 또十字架를진他人의弱함을分擔하야도와야한다

그럼으로 自身이그리스도의弟子 即참基督者라고자랑하는者는幸福스러운날을期待하지말고 모든그의信仰과希望과愛를하나님과隣人으게로向하여야

한다 그런故로信者의全生은十字架와迫害와逆境과艱難外에아모것도아니다。

百三十

아비는不孝의子息을癈嫡할權力을가젓다 하나님은모세를通하야不孝의子息은돌로처죽이라고命令하엿다 그럼으로 아비는分明히子息을癈嫡할수잇다 이러한條件을가지면서도 改過遷善을바래고癈嫡치안코 養育하는것이아비의愛情이다。 (相勳)

예수그리스도 (三眼譯)

第二部

이때까지의예수의일은한갓그自身을發育식힘이엿스나 이제예일으러이發育이世上을爲하야열매를맷게되엿다。 밧고만잇섯던그난이제주라고한다。 即그의一生事業의第二期가展開되여公的活動이始作된다 무엇보다먼저그의救贖事業全體의基礎가되난聖淨生活을生覺하여보자。

一、聖淨、 聖書난예수의秋毫도汚點업난聖淨을말

한다 이斷言은예수의說話中悔改라난말이片言隻句도업다난 人類生活에例업난한事實이 그의를님업슴을證明한다。 果然이한生活에만은悔恨이라난자취도볼수업다 이事實의驚異함과確實함은 예수가他人보다 몃倍나謙遜하고 그의良心이他人보다몃倍나銳敏하다난事實노因하야 더욱〱明白히된다 聖淨生活이進步될수록罪의쎌늠이더욱날캅다。 만약조고만한不淨이라도잇스면 그는그것에對하야우리가深重한罪惡에對하야늣기난以上의쓰라림을늣겻슬것이다 그러나聖淨不欠은元來超人的所致가아닌가。 이난罪가人性의不可缺의要素가안인以上 또한사람이罪의責任을조곰이라도하나님自身에돌이랴안이하는以上 斷然히그럿치안타 故로여기에서可能하고當然한質問은單하나뿐이다 即예수의聖淨은사람의것인야 하나님의것인야 이質問은쉬웁게對答할수잇다 두特色이하나님의聖淨과 사람의聖淨을區別한다 後者는進步하고 前者는不動不變한다 後者는對敵奮鬪하야發達하고 前者는모든爭鬪에서버서난다 이두特色을 예수聖淨에適用하여보자 그의道德生活에는 進步가잇섯나 또한爭鬪가잇섯나。

그의進步에對하야헤브류書翰에이러한말이잇다。『그는苦難을밧어順從을배웟다』 헤브류五章八節。또한이러한말이예수의人性을否定或은極限한다는非難을밧는저요한福音에잇다 『저히들을爲하야나는나를聖別한다。이는저히들도眞理로聖別을밧기爲함이라』 요한十七章十九節 聖別과淨化와는同意가안이다 한사람을淨化한다할때는그사람이임이不淨함을뜻하나 한사람을聖別한다할때는다만그의靈魂과身體의天賦의힘을움직이지마자곳하나님께밧침을뜻한다 純淨은不淨의反對이나聖淨은神用이안인것即生來의것만의反對이다。

生來의힘그自體는善하지도안코惡하지도안타。그것이움지기기始作할때神用이라는도장을밧넌가或은恒常利己的인心情의씀으로그대로남어잇넌가에依하야或은善하게되고或은惡하게된다 때에依하야는聖淨이生來의힘을全然히犧牲식힌다 이는그生來의힘을그사람이밧은特別한天賦에쓸수가업는때이다 이럿케生覺하면進步는生得의賜物을하나님부터바든일에더욱〳〵맛치는대或은그것을全然히버려버리는대ㅣ바든使命에쓸수가업슬때或은右眼을빼버리고或은左手를끈어버리는대잇다。

예수의聖淨은이러한것이엿다。예수가全我를하나님께獻上하는것은 自己속에覺醒하는能力을全部하나님에附屬식히여自己使命에全然히밧치고 或은그救贖事業에不適함으로버리는 그程度를따러進步하엿다 예수는家庭生活의단맛을아는心情도가젓고文學과科學敎育의主因이되는知力도가젓다 譬話는그가詩人或은著名한書家래도 될수잇서슴을證明하고그의說話에는人望잇는卓越한雄辯家의特色을表示하는곳이만타 또한道德에關한그의말에는深奧한哲學者의風貌가顯著하다 그러나그가만약이中의어느것이되랴고自己를全혀밧첫스면 그는아버지가그의게任命한職分의成就를버려버렷슬것이다 즉어도어느程度가지그것을蹂躪하엿슬것이다。예수의잇서々聖淨의進步는그의個性에包含한全能力을人類의救主로서의그의일에專一히밧치난대잇섯다。그가「나는나를聖別한다 이는저히들도眞理로聖別을밧기爲함이라」말한것은 그의聖淨에이깁흔人間性이잇는까닭이다 그는自身에成就한그聖別을 밋음으로自己에

合자는모든사람의게將次再現하랴하엿다 저들의聖淨은예수가只今自身에實現한는것과반다시갓흘것이며定한때일으르면聖靈이저들의게그것을傳하여줄것이다 예수의聖淨의참人間性을이보다더確證하는것이또어대잇스랴。

그人間性은또한聖淨各階段의特徵이되는爭鬪가證明한다 사람의性質에는그대로는아무罪업는두傾向이잇다 하나는悅樂에對한欲求요 다른것은苦痛에對한恐怖이다 이傾向이自體로는아무不當한일이업스나 우리가밧은使命과衝突할때가잇다 그때는그傾向을犧牲식힐 이며따러가장天眞한사람이라도爭鬪를하게된다。

十二歲때에예수는처음宮殿에왓다 그는自己집에잇는것과갓치幸福스러웟스며 樂園과갓흔그속에서永久히잇스랴하엿슬것이다 그러나兩親이불느는소래가낫스며그는그속에하나님소래를들엇다。그는저들兩親에順從하야一함께너지렛에도라갓다 그러나이때勿論犧牲과內的爭鬪가잇섯슬것이다 여기에우리는가장純眞한悅樂이 決定된그의事業을成就하기때문에犧牲됨을본다。

荒野에서그는주리여죽게되엿다 이때本能의要求보다더當然한것이어대잇스랴 그러나그는躊躇안코이要求의充足을 하나님께信從하는道德的原理에從屬식히엿다 다시그는눈압헤權力의燦爛한光景이展開됨을보와 그는自己가그것을行함에가장適當함을늣기엿고또한그것을高貴하게쓰것다生覺하엿다 그러나거기에는한條件……。그의拒絶은絶對하고犧牲은빗치웟다。

受難前二三日前에수는또한번宮殿에왓다 外國巡禮者數人이그의게質問하엿는대 그것은그가只今向하고가는무서운죽음에對하야 압흔늣김을마암속에이러나게한다 이豫感은그를占領하야그를紊亂식히기가지한다。只今나의靈魂은紊亂하여果然괴롭습니다。아버지이때에서저를救하여주세요」하고여러사람압헤서불으지즌다 이는實노本能의불으지즘일것이다그러나그가當然히불으지젓슬이소래에 다른소래卽聖靈의소래가壓倒할만한힘으로對答한다 畢竟이소래는確乎하고眞實한祈禱가되여 爭鬪는긋는다。「아버지당신의일홈을榮光시럽게하옵소서」당신뜻대로處分하옵소서 당신께서저를通하야당신만의榮

光을엇으십소서。』人間性을大段집히가진이內的爭鬪의記錄은第四福音에잇다 여기에苦難의恐怖는그의使命이라는祭壇에犧牲으로밧치웟다。

겟세마네에서도이와갓다 첫번소래即本能의소래는「이잔을저부터떠나게하소서」불으지즌다。 다음에는一層高혼聖靈의소래即하나님이그의게課한일의소래가「저의뜻이아니라 당신의뜻을成就하옵소서」라말한다。

처음소래가다음소래에服從하게되엿스나 이는勿論예수가피땀을흘일만큼甚한苦鬪를한結果이다 犧牲식히야할性質을가짐그것에는아무罪가업다 그것은하나님이우리의게주신것이며 만약그것이업스면우리는그의게밧칠犧牲도업슬것이다 罪는하나님이그것을우리의게要求할때 우리가그것을拒絶함에잇다 예수는이러한拒絶을하니하면或은快樂이업서지고或은苦痛을밧게되더래도 決코拒絶하야聖意에反對한일이업섯다 그는맛흔自己事業成就에不適하면自己의欲求를하나도滿足안식혓스며 또한그事業이要求할진대如何한苦痛이라고밧기를拒絶치아니하엿다。

그의聖淨의特質은그의生涯를苦鬪의連續으로만드럿다 그러나이것이야말노그의聖淨에참人間性을주는것이며 또한이것으로因하야우리는그가참으로人類의最高祭司인쥴을알게된다 그가비로서猶太最高祭司이마에색인「主의게聖別된것」이라는銘을참으로實現하엿다。

二、敎訓 聖書에救主의敎訓을熟讀한사람으로그의神性에驚嘆하지안이하는사람은업슬것이다 同時에그敎訓이內容으로나形式으로나가장人間的임을새달을것이다。

敎訓의根源은무엇인가 예수가갈으칠때그의속에는內的生活이일어낫스며 이것을全部理解함이緊要하다 그의聖淨은聖意의衝動만밧기爲하야 그의意志를私情에서나오는모든感化力支配外에두랴고함에잇섯는데 그의敎訓도이와갓하서그의全努力은 利已에서나오는思想으로自已의知慧를支配안식히고 다만그才能을聖心에絶對로依賴식힘에잇섯다 그가사람의말을神知의器官으로만듬에成功한것은 아주單純한이方法을쓴싸닭이다 요한五章三十節에그는「나난듯는대로審判하나니 나의審判에는틀님이업나니라」말하엿다 卽그는말하기前에먼저心內의귀로들엇다 그러하야그가가만히아버지에게물은問題에對하야對答이업스면 그는思想을表現하지아니하엿다 故로하나님의審判은그의것이되고싸러그의審判은를님이업게되엿다 그는다른곳에서(요한七章十六―十七、八章二十八―十二章四九―五十)「나는스사로말아니한다 아버지가갈친대로 나는이것을말한다」하엿다 여기에그의敎訓이人間性과神性을具備한事實이說明된다。

그는사람의게듯기前에恒常먼저하나님의게물음으로그의가르침은神性에넘친다 그러나사람의귀가恒常神知의말을듯고사람의마암과知慧가그것을表現함」으로 그의가르침은또한人間性에넘친다。

이神性과人間性이巧妙히相依한見地에서 우리는人類의言語가여기에畢竟目的한運命에到達하야 하나님의眞理를表現하게큼되엿다말하지못할가 여기에우리는또한예수의眞人임을發見한다 그러나이眞人은完成된사람이다 예수는그의神淨에서는自己의意志를聖意에絶對로服從식힘으로因하야 하나님의最高祭司로地上에나타낫고 그의敎訓에서는自己知慧를神知에自發的으로服從식힘으로因하야 하나님의豫言者로나타낫다 이는처음부터사람의日的ㅣ사람속에빗친하나님의거름자ㅣ을構成한第二職分이다

三、奇蹟 예수의奇蹟의奧義는 그의誤謬업는敎義或은道德의奧義와本質的으로는 를이말안이한다 예수의가르침에는아무를넘이업섯나니 이는그가갈으칠때마다나오기쉬은 自己自身의말을눌너버리고하나님부터오는말을傳한까닭이다 이와갓치예수는奇蹟에서도自己의衝動을버리고自己의意志를神意의忠順한代理人으로만들엇다 故로그의意志는神意로부터自然을統治하는權力을엇고또한豫期한結果를엇는대必要한새器官을움지기는힘을엇엇다 예수는自己가病者를낫게하는것을說明하야『나는스사로는아무것도못한다』(요안五章三十)말하엿다 또『아달은스사로는아무것도못한다 다만아버지가하는것을보고한다』(요하五章十九)말하엿다 예수의全能한힘은純道德的立場에서스사로는아무것도못한다는그의無能에依하고 이와갓치그의誤謬업슴은그의任意의無知卽하나님부터안나온일은말하지못한다는그의無能에依한다。

故로그의奇蹟의힘에는神性도잇고 人間性도잇다 奇蹟은모다赤貧과信賴를가지고사람이하나님恩惠속에서엇는借金이다。

只今예수가聾啞를곤친다生覺하여보자 예수는손구락을聾啞귀속에늣넌다 이는將次생길奇蹟力이예수自身속에서나옴을明示한다 一面으로는그는한숨을집히쉬면서 먼저눈을들어하나를본다 이는이사람의게聽力話力을恢復식히는힘이 하나님잇는곳에서옴을또한明示한다 그가死人을墓에서불너낼때의말과祈禱를들어라 그는死人의누의에게「나는復活이고生命이라」말한다 이나그女子의게只今自己가成就하랴는큰일이大段緊密하게自己自身에關係됨을알게함이다 一面에는그는「아버지당신께서恒常저의말은들음을아나이나」라여러사람압헤서불으지즌다。일노그는自己가빌때는언제던지그權力을잘빌여주는神의萬能을明白히證據하엿다。

예수의모든奇蹟이이와갓다 그것들은人間性과神性을兼備하엿다 第一原因의點에서는神性이고 하나님이自己權能을깃버맛기랴는그代理人인點에서는人間性이다 神意의이實行은決코放縱한것은안이다 우리는放恣한性質노 밧은體力과知能을恒常濫用한다 言語라는훌융한賜物을우리가엇덧케쓰나조곰이라도反省하여보라 여기에우리는하나님이엇지하야그權能을안논와주는理由를알것이다 그것을가젓다하면우리는그것을엇더케쓸가 그러나自己의意志를하나님聖淨과사랑의支配에맛기는사람이地上에出現하면 그때는하나님은깃버自己權能을그의게全部래도줄것이다 이러하야사람의運命은畢竟에는 詩人이입이『당신은그로하야금 당신손으로만든것을支配식히고 萬物을그의발아래에從屬식혓나이다』(詩篇八篇六節) 다그런대로實現될것이다 이런사람의出現은깃븐놀냄을주는事件이나 或은하나님눈뿐을질겁게하는일은안이다 이는사람에關한하나님의永遠한目的을成就하는것이다 처음에하나님이사람에對하야가진觀念에는豫言者祭司外에帝王의職分도잇다 사람이하나님의權力、知慧、聖淨의代表가되여이세職分으로自身이地上에서 뫼이는하나님의서는것은 사람의榮光스러운運命과一致하는것이다。

四、變貌 이러한完成의極點에達한人生의最後結果는무엇인가 따른사람과갓치衰弱、老衰、死의法

則에從屬되야핫가　안이다　死는사람의게는罪의갑이다　그러나사람이하나님과갓치되면　그는肉體에固有한腐敗力을다업새버릴것이다　元來王道가그의압헤展開되여잇다　이길은純眞에서誘惑과道德的進步를지내聖淨에일으른다　이것이旅行의第一階段이다　다음에는聖淨에서肉體와精神의變化를지내榮光에일으른다（幼虫이蝶으로化成함이자주復活의象徵으로引用되나　이는그것보다는只今말하는이榮光의象徵이될것이다）이生覺이變貌이약이의열쇠가될것이다。

이事件은讀者들이다詳細히알것이다　그러나讀者들이注意치안은點이하나잇스니　卽이事件이예수의發達史上에占領하는地位이다　一面에는이事件이그의公的活動의絕頂을劃하고他面에는十字架로쏫나는下落의第一步이다　變貌前一週日前에가이살이야빌립피에서한저有名한會話를三共觀福音書에서또한번읽어보라　이난救主活動의決定的瞬間이다　一面으로는그난페트로와다른弟子들의熱々한信仰의告白에서그가過去三年間全心한勞苦의첫이삭을비엿다　他面으로는切迫하여오난그의苦痛과不名譽한死를처음으로저들의게알게하는새일을始作하엿다（마태十六章十三—　마가八章二十七—　루가九章十八—）故로이瞬間은예수의公的活動의絕項을劃하는同時에大膽히말하면活動서受動으로變遷하는点을색넌다

이와갓치예수는　이적지말하여온王法에依하면變貌로써따에屬한生活形式을떠나하날노올나가는生存의時期를當하엿다。變貌는이榮光스러운上昇의第一步이다。하날의발킴을밧은心內에서光輝가나　그의몸은勿論이고그의옷가지도光彩나게함은그의策化의처음이다　하날서나려와그의게나티난두使者는그를마저天國에案內할大使이다　最後에아버지의臨在하신不可議한象徵이되는저구름은聖淨하고正義인者가타고榮光의나라에갈王車이다。

그러나다음에는엇더한일이일어낫나　光輝가살아지고하날의使者가업서지고구름이것치엿다　그대로남은것은예수뿐이다　前과갓치그는弟子가운대잇다　그는이적지아무일도안일어난것갓치平然히이光景을目睹한弟子과갓치곳山을나려왓다　予期한것과는判然히달는이結局을엇지說明하면조흘가

이記事의한句節이　우리가바래는說明을하여춘다

「보라모세와에리아가그와이약이하고잇다 그들은그가엘루실넴서成就하여야할死(글자대로는出發)를말한다」고聖루가가記錄하엿다 그瞬間에이世上을써나는두及對方法이그의게提供되엿다 하나는그가聖淨으로엇은權利이고또한그의게는尋常한結局即하나님부터안써러젓슬때本來사람의게作定된榮光스러운變形이다。 그리하고變貌난이것의序曲이다 예수는이勝利의別世를할權利를가젓다 또한이것은그의聖淨에適當한報酬임으로 하나님이그것을그의게提供함은當然하다 그러나이와갓치하날에들어가면예수는혼자만들어가게된다 門은반다시그의뒤에꽉닷처즐것이다 그리하야人類는和解치못한대로地上에남어잇서 아주滅亡하기까지罪와死의쇠사실과싸우게될것이다 이別世의方法과갓치예수는엘루살넴에成就할다른方法을生覺하엿다 이엘루실넴은豫言者들을죽이고 만약그의肉의要求를拒絕하면하나님의聖者도亦그멸과갓치죽일것이다 그의生活의苦痛스러운이結局은그가舊約二大代表者와한談話의題目이엿스며이것을또한그는 그들의게宣言한거와갓치選擇하고밧엇다 그들이야말노예수가갈이는이別世와 그들의別世새이이對照로因하야 이選取를理解하기에아주適當하다 그中의하나는라비들이말한것와갓치하나님과抱擁함으로죽지아니하엿넌가 또하나는火車를타고上昇하지아니하엿넌가 그러나예수는그들의게完全愛의勝利를갈으처주엇다 그는그의압헤서서는凱旋門에등을向하고 死를지내여하날노가는不幸의길을斷然히決取하엿다 「사랑은死보다强하다」라고솔노몬의雅歌에잇다 그러나變貌는사랑이死보다强한것即하날과가장하날의마음을가진사람을잇그는하날의牽引力보다더强함을證明한다 예수는上昇의權利를가젓다 그러나그는自由選擇을하야下落을갈이고엘루살넴에가는길을取하엿다。

純眞한사람압헤노인일即完全無缺한聖者가되는일을成就한後 예수는그의勝利의進路에當然한褒賞인王冠을밧지안코버렷다 이는다른일即그가自己혼자뿐안이라 만흔사람도그를짜러上昇하는것ㅣ墮落한人類의復位ㅣ이그의目的이라면 不可缺할最後의일을안가닭이다。

故로變貌는예수一生의重要事件中最後에屬하난部分에것너가는다리이다

第 三 部

死 여기에서우리는임이全世界가다아는悲哀와苦痛의光景을또다시글이라안이한다 또한이慘酷한死가人類救濟에對하야갓는關係도探求치안코라한다。이探求는다음論文의問題가될것이다 只今은다만그의地上生活을突然히끈어버린저流血劇속에잇는예수의人類에對한關係를決定코자한다。

舊約聖書에이러한말이잇다 『「여호와의종」그의일은世上罪를贖償함에잇다 「主는우리의모든不義를그우에실엇다 그는우리의犯罪로傷하고 우리의不義로배젓다」(이사야五十三章五―六)』 그의피로埃及에서이스라엘을救助한踰越節小羊은古代로부터이종어고犧牲인者의任務를象徵하엿다 幕屋속에서傷한이스라엘을낫게하랴고막닥이위에올인眞鍮의뱀은亦이救贖의主가將次成就할任務의重要한象徵이엿다。

예수는이豫言과典型을自身의게適用하엿다 그는그속에그를기다리는運命이公表하여잇슴을보앗다。故로그가死刑을바드러나가랴할때弟子의게 『故로나는너의게말한다 여기에써잇는것은내가成就하여야한다。 即나는犯罪者와갓치取扱을밧넌다』(루가二二章三七、이사야五三章十二) 고말하엿다 그가겟세마네에서苦悶속에붙으지즌「아버지될수잇거든이잔을저에게서떠나게하십소서」말은그가이至上한일에着手할때이다 그의입설을지낸두句는그를기다리는終局을明白히뜻한것이다 『人子가온것은목숨을여러사람의贖罪로밧치랴함이다』(마태二十章二十八節) 조곰뒤에 그가最後聖餐때그의잔을弟子들의게주면서 『이것은贖罪하랴고여러사람을爲하야흘이는피이다』(마태二十四章二十八節)라말하엿다 예수는그의苦痛과死속에그가罪진人類의代表임을늣기엿다 그의흘이는피는그의눈에는人類의罪때문에하나님께밧치는贖金이고그의死의目的은兄弟의贖金을支拂함에잇섯다。

그는그의生에서理想의사람에指定한일을實現하고그의死에서隨落한사람의일을成就하엿다

이와갓치하나님에罪진人類의代表가됨에는 사람만이참사람만이증말資格이엿다 天使는이일을못한다 家庭의恥辱을밧으랴면그의一員이되야한다。또한大國家의罪를實노늣기랴면그罪진國民의하나가

되여야한다 同情이實際의一致 더하야는代身까지하게되면그는生을完全히共有함을豫想한다

過去의오래동안예수는他人의짐을지는대익숙하여왓다 그는肉의아우와누의와兩親이誘惑에싸지는것을보면兒孩로써 여러번그들을爲하야눈물을흘이며하나님께仲裁하지아니하엿다 靑年으로써그의마암의愛國의高貴한情操로넘치기始作할때 그는全이스라엘을同情하야그가熱々히사랑하는이國民의不義를여러번그의슬픈感悔의題目으로안이하엿던가 成人이되매그의憐愍은全世界에쌧첫다 過去現在未來의사람이라는사람은모다人子의無限한사랑속에自然히避難處를엇넛다 그는막을수업는그의사랑의힘으로隨落한人類의사는中心이되엿다 말하자면그는이病體의健全한心臟이다 洗禮요한이그를世上의罪를지고가는하나님의小羊이라불는것은이것을뜻한이다。最後에그는兄弟를爲하야 그의게當然한賠償을하나님에맛치고 사람의良心이畢竟은無條件으로하나님正義의要求를承認하기까지는하나님이버리지못할그것에事實노臣服하엿다。

罪진人類의예수의이代身은그의人間性의眞實性뿐

안이라完全한聖淨을뜻한다 最高祭司가백성을仲裁하기爲하야至聖所에들어갈때는반다시정한백모시옷을입어야한다 그리하고贖罪의祭壇에서반다시汚点업는犧牲의피를쑤려야한다 故로完全히聖淨한者뿐이罪를贖할수잇고罪人을爲하야仲裁할수잇다 事實이러한사람만이良心에 이씨서버려야할罪의忌憎性을늣기며 이反逆으로因하야하나님이밧는損傷의큼을바르게評價할수잇다 人類의罪의道德的賠償을하나님께밧치는사람은 異常한것이반다시罪와關係업스야하며써러良心에罪로因하야훼매고봉사가된사람들을써르는苦痛이업스야한다 罪를하나님이審判하고叱責하는것갓치慨嘆하고叱責하라면그사람은罪업는사람이야한다 隨落치안은사람만이隨落한사람을爲하야하나님께適當한賠償을밧칠수잇다

이것이예수가十字架에서成就한일이며 果然이일은人子만이ㅣ참사람인同時에完全한사람인그이만이實現할수잇섯다

二、復活 예수의苦悶의死는人類의罪에네린하나님審判의顯示이다 그의復活은이罪에對하야하나님이宣言한免除의顯示이다 報罪는復活이死의除去인거

와갓치罪의除去이다

十字架에걸인예수속에刑罰밧은人類를보는것이事實이라면 復活한예수속에의롭게된人類를보는것도事實이다 罪로因하야그의속에죽은것이우리라하면

罪의報함을밧어그의속에復活한것이또한우리가안이냐 그의사랑이우리運命과그의運命을全然히融合함으로 우리의死가그의十字架上의死가되고또한그의生이永遠界에우리의生의原理가되엿다 故로復活한예수는復活한人類의體現이다 그에잇서々비로소사람이眞實한사람이聖浮으로써罪을征服하고贖罪로써律法을解除하야 罪의律法에基礎를노혼死의王座를顚覆식혓다『死의가시난罪이고罪의심은律法이다』(고린도前書十五章五十六節) 한사람이恐怖의王손에王笏을주고 또한사람이그에서王笏을쌔섯다『사람으로因하야死가온거와갓치사람으로因하야死人의復活도왓다』(고린도前書十五章二十一節)

三、昇天 變貌때까지는예수는한자옥〳〵그들사람의完全한狀態까지發育식혀왓다 變貌後는그는隨落한人類의復位에그를全혀밧칫다 이二重의일을完成한그의生涯의頂点은무엇인가 變貌가발서그것을際로豫示하엿다 山上에서그의게實現되기始作한變形은中斷된進路를다시이여서 그것을完成한다。예수는그의全家族에天國門을열어놋키前에는榮光에들어가기를拒絕하엿다 그가變貌한山上에서앗기지안코拒絕한것을 하나님이橄欖山上에서그의게恢復식히엿다 「自已生命을일는사람은그것을엇는다」는것은道德世界의至上法이아이냐。

變貌때나려왓던두天使가 또다시그를마즈러나려왓다 神秘한구름이또나타낫다 이번은구름이열여그를밧어弟子들의眼界에서다리고갓다 世上의救贖은完成하야 이제는救主를마즈랴열이는天門이그가들으간뒤에도닷처질念慮가업다 그後로天門은예수의仲裁를밧으랴하는모든사람의게열여잇다

故로그는聖淨에서榮光으로올나감을承諾하엿다。또한그는그리하야 榮光속에서 그의同胞를그에갓갑게올이랴하엿다『아덕이당신을榮華롭게하게 아달을榮華롭게하옵소서……아달의게준모든사람의게永生을주게큼』(요한十七章一節二節) 이는그가처음으로또한單혼자만 純眞써聖淨으로올나가는저榮苦가득하고雄壯한上昇에對한賞이다 그가입이가젓

면無謬誤는 이제全智(하나님)로變하엿다 『너희들이아버지의게求하는것은무엇이던지 내가다하리라』(요한十四章十三節)그난열어저서感化를주더니 이제그는遍在하게되엿다 『世上이맛나도록나는너희들과恒常갓치잇다』(마태二十八章二〇)『나의일홈으로두셋이갓치모히면나는반다시그가운대에잇다』(마태十八章二〇) 그가祈禱하야借金으로엇엇던全能은이제그가實際로가지게되엿다 『天上地上의모든權力을나의게주엇다』(마태二十八章十八)

그러나그의이榮光스러운變形에서도그는조곰도人間性을안일넌다 죽난스데바노에나타난것은사람으로서다 『나는人子가하나님右便에서잇는것을본다』(行傳七章五六) 예수自身이이人子라는名稱을榮化하넌때의自已의게밀이썻다 『나는느의게말하노니이후로부터너희들이 人子가하나님右便에안고 하날구름을타고옴을보리라』(마태二十六章六四)

여기에우리는人性이 典型的代表者에서하나님이되도록發達함을보고그가至高者의思想과意志의器官이됨을본다 여기에우리는有限者와無限者와의間隔에 우리의種族의一員으로하야곰다리가질님을본다

하나님이사랑이라면 그가計畫한上昇의길으이러한終局의階段의되여야한다 이보다놉흔目的은生覺할수업스며 이보다나즌終局이면神愛의發達에아적不足한무엇이남어잇슬것이다。

故로예수는증말사람이엿고 이증말사람은完成한사람이라고結論하여도僭越하지는안타 搖籃서十字架까지 十字架서王座까지 일으르는그의一生의狀態는 피라도가第一먼저말하엿스나그의完全한뜻은몰는저「이사람을보라!」라는驚嘆을禁치못하게한다 나는正規의發達을成就한사람이다 써러저서그가맛은저審判의묵게에짭우라진사람이나 榮光스렵게復位된사람이다 最後에 사람의目的의絕項까지올나간사람이다 卽人類가첫거름을것자 마자그의귀에사람歷史의 最後到達点을表現하는句를속살걸이여敵이逆意로先鞭을친저「너희는하나님과갓치되리라」는말을實現한사람이다。

最後에일으러우리는물으랴한다우리가이적지考究하여온이모든場面은그것을이와갓치잘連絡식히여統一된全體로만드난한槪念에쏫차案出된사람의搆想에지내지못한다고一瞬間이라도生覺할수잇슬가 아아

우리난 예수의兒童時代와靑年時代 洗禮와變貌의詳細한이약이 受難과復活 의이單純하고無飾한이그림이 完全한사람의理想卽이모든譚話에서가장明白하게또한놀낼만한統一을가지고우리의마암에顯著히나터난그러나計算法의結果가안인「人子」에對하야人工的으로지흔劇作에지내지못하다 밋을수잇슬가우리가만약使徒와初代信者들이이러한非常히高常하고雄大하고壯嚴한槪念을案出하야그들이發明한連續寫眞으로自然스럽게神妙하게說明하엿다 想像하면아、우리난그들에게 다른때에난意見이아주좁고넓지못하다고한 그들에게絕大한名譽를 돌녀보네게된다 그러나그槪念은 우리가只今마암속에품넌것과갓치決코事實의어머니난안이엿다 그의아달이엿다 勿論이事件을나게한思想은確實히잇다 그러나그것은사람의것은안이다 歷史를만드난하나님의思想이나 永遠서부터사람의救濟와榮光을願한者의思想이다。

旅行記

七月十八日釜山에上陸한우리는京城서나려온宋兄을깃브게맛낫다 有朋이遠方으로부터오면또한깃브지하니하란말이잇지만 戰線에나서려는때 먼대서精銳한武器를가지고 한가지싸우려교 來會한벗을對할때 우리의마암에는 無限한깃븜이서로通하고우리의손과손은서로검워쥐고 노흘줄을몰낫다 數會長老와助事의案內로旅幕을定하야行裝을풀어놋코곳間寂한곳을차저가서感謝와讚頌과聖導를바래는祈禱를하고 우리의意氣는主안에잇서 衝天의慨가잇섯다

이와가티信仰에찬마암으로旅幕에도라오니 警察署에서出頭命令이왓다고한다 하는수업시出頭하야그들의要求대로 演士와 演題의屆出을마치고 도라와서 밤에講演會에臨하엿다 楊兄과내가 講演을하엿다 聽衆이우리의講演을 얼마나理解하여주는지 모르나 警官의調律맛지안는注意하라는소래外에는아모소래업시 三百五十名쯤되는聽衆이마지

막外지靜肅히들어주엇다 反對者의混入喧擾가잇지아니할가하엿든 우리의豫想는杞憂에 지내지못하엿다

十九日밤은雨天이되여會衆은前日에比하야少數엿스나正服私服의警官만은前夜의倍다 그리하야그들은祈禱外지도不穩하다야단이다 今夜의講壇은宋兄과내가맛텃다 聽衆은靜肅하고警官도昨夜처음싼소래를아니하여서 조왓다 그러나司會者가中間에山念佛打令典調인지무엇인지로讚頌歌한節을불으고게다가 廣告하기를 이다음에某處에서오는傳道隊는이러한曲調로노래도만히불너 자미가잇슬터이니만히옵십시요하는판에는얼이풀이고말엇다 분도나고怒氣도생기엿지만은그들이傳道〳〵하고 써들고단이는內容을알기된것은有益이엿다 朝鮮의各地方敎會에서開催되는傳道會라는것이全然히聖語를傳하려하지안코 聽衆의 一時的興을도두고 敎會員의數를 增加식히려하는듯하여 傷心꺼리가되엿다 또그後에 敎會當局者들의게서 各敎會의復興會라든지 査經會가튼것도그目的이 信仰의復興이나聖書眞理의探求에잇지안코 敎會費用의捻出策에지내지못한다는말을 듯고다시한번喫驚하엿다 아! 傳道의本質이무엇이며 敎會存立의根本基礎가무엇인가

二十日釜山을떠나大邱로向하엿다 驛頭에나가서大邱嶠南基督敎青年會幹部三人이出迎하여주어서初面의분들이지만舊面과가티 깃브게맛내엿다 旅宿을차저가는中路에 出迎幹部의口唇에서 아즉講演會準備은아모것도하지아니하엿다는 말을듯고놀내엿다 그러나이미그들의게막진일이니 무엇이엇지되든지 그이들이指導하는대로 따르려하엿다 이러케생각하고그들은集會에關한外的準備次로나가고우리一行은內的準備에着心하엿다 夕飯後所定의講演場에開會時間인八時半을맛처가니 聽衆이一人도보이지아니할뿐아니라 主催側에서도아모도보이지아니하엿다 우리는엇지한營門인줄몰르고 躊躇〳〵하다가 조용히안저祈禱하면서 來會者를기달엿다 그러나定刻까지에一人의來會者가업슬뿐아니라主催者側에서도 겨우한분와서 잠간얼굴을보이고우리의엇저면조켓냐하는質問에開會時間을九時로곳치자하여주고 어대인지 살어저버련다 形便이異常하게展開되여감을우리는看取하게되엿다 우리는

設或聽衆이보이더라도講演하지마자고決心하고 時間되기를기달엿다 九時가갓가히되니 東取西貫한聽衆이 얼마간보이엿다 하는것이 쑥지내가는乞人의게 富者가마지못하야 밥한술써주며 이것이나마먹고가라는것갓하앗다 처음부터講壇에도 서지안코마랴하엿스나 그러나동양주듯이 조금기우려주는듯한그것에對하야도 感謝나하고써나는것이禮節이겟다하고開會를하엿다 順序대로執行하여가다가 趣旨說明을한後에 講演을못하겟다宣言하고 그理由를說明히엿다

그理由는우리가禮節을몰나그런것도아니요 驕慢하여그럼도아니요 건방저그럼도아니엿다 常識에빗최워볼때 우리는괴로웟다 붓그러웟다 참으로主催者諸君의게나來會하신여러분의게는罪悚하고未安하기짝이업섯다 그러나하는수업섯다 사람이信者되고아니됨이 사람의게잇지안코 살어役事하시는하나님의게잇는것을確信하엿고 또大邱에서는講演하지안는것이 講演하는것보다 하나님의聖意를참으로傳할이되고 하나님에榮華를돌이는것인줄밋엇슴으로 사람의萬非難과 萬惡詳을무릅쓰고 講演을아니하겟다宣言하고 下壇한것이다 意外의宣言에主催者도놀내고 聽衆도놀낸듯하엿다

旅舍에도라와서 主催者는우리를非難하고 우리는우리의精神을辯明하기爲하야 얼마간相論을하엿스나 마지막에는 어느편이잘하고 어느편이잘못하엿든지 서로恩惠밧은것을事實이라하며 서로반가히作別하고 生疎한곳어두운길을 더듬어大邱驛에와서 金泉行車에疲勞한몸을실엇다

七月二十一日밤金泉南山町聖潔敎會에서 集會를하게되엿다 雨夜가되여 同地의敎會信者만이 모이엿섯다 그럼으로純信者의모임으로 諸般節次를직히엿다 講壇은楊宋二兄이맛도섯는대 二兄의眞實하고熱誠잇는說敎에 聽衆은多大한感動을밧든듯하엿다 會를畢함에 여러사람이握手를請하며 조흔말삼을둘엇다고감사함을마지안는다 그러고그翌日의主日禮拜를 引導하여주고가라는것이 聖潔、長老兩敎會의懇切한付託이엿다

二十二日午前에는聖潔敎會에서 楊兄이說敎하고 午後長考敎會에서는내가說敎하려하엿드니 宋兄의說敎를듯고십다하여서 그대로快諾하고 宋兄이敎壇

을맛게되엿다 그런대 뒤에나를敬遠하야그리하엿다는말을듯고 苦笑를禁치못하엿다

夕陽에永同에到看하여 聖書朝鮮讀者인咸兄과敎會側兄弟가出迎하여주어서 고마웟다 行裝을宋兄의外叔宅에풀어노코 夕飯을마친後에 講演場所인敎會에가니 여긔도大邱와가티 主催者로來會者도보이지안코 다맛우리와刑事各々다른생각을품고黃昏의庭園을徘徊하게되엿다 얼마잇은後에 主催者가한사람오고 聽衆이한사람오고 하여서 定刻이넘기와지에는 五六十名의聽衆이 될낙말낙하엿다 日氣가더어窓外에서서듯는이도만이잇는듯하엿스나 班卿이되여그런지 엇지하야그런지는 모르나 다고요히들어주엇다

二十四日도前夜와 다름업는集會를가지게되엿다

二十五日午後에讀者인咸、李兩兄의惜別의썻듯한말을들으며 京城을向하아出發하엿다 前夜에停車場에서나 뵈옵시다하며난인敎會側兄弟은한분도求景할수업섯다 우리가餞送을못밧다서 배가아티는것이아니라 그들의너무나誠實치안음이 슬펏다 그러고서야엇지참信仰을維持하여갈수잇슬가하는 疑惑이제절로닐어낫섯다 眞理의말삼을듯고 고맙다고 講壇밋에와서握手하고인사하는이는 간대마다만엇다 그러나 우리의宿舍를찻고 停車場에나와서作別을惜하여주는이는업섯다 眞理의말삼은 조화한다하면서 그말삼에敬意를表하고感謝를뭇할줄은 모른는것이一般의傾向이다 이것도在來의敎役者들이 너므나眞理를輕價하게取扱하여온果實이안인가한다

同日밤에京城驛에到着하니 龍山敎會에서來援하여달나는付託이잇섯다 그翌夜부터二日間同敎會에서힘잇는모임을가지게되엿다 여긔셔는五山서上京한咸兄이主掌하여 말삼하고宋兄과나는얼마간도왓다

이와가티하야우리의傳道旅行은 마치엿다 그旅行이成功인지 失敗인지 나는모른다 어느편으로보면敎會에對하야얼마간警告가된듯도하고 어느편으로보면全然히失敗하엿다 그러나成功失敗에不拘하고 우리는여러가지 만흔眞理를배우게되엿다 우리의눈에서 비닐이 한썹질더버서지게됨은우리의感謝하는바다(相勳)

餘滴

一

南에는旱災 關北에는水災 그慘悲을 極한慘狀은듯기만하여도 全身이戰慄하여진다 우리의瀕死의살임에對하야 너므나苛酷한채쩍이나 그러나하나님쎄서 살어게시고 그가義로우시고 그가사랑이시고 永遠한目的을가지고 宇宙를統治하여가신다하면 이러한懲責의채쩍과매는 반다시우리의게올것이안인가한다 우리는이慘境에處하야아니울수업다 그러나우리의울음은覺醒의울움이되여야하겟다 悔改의울음이되여야하겟다 하나님의救援에일으는울음이되여야하겟다 그리하야밤이가고아참이올때 깃브게노래할素材가되게하여야하겟다

二

識者나無識者 富者나貧者가한가지채쩍을마즈면서 識者는氣流와低氣壓이不順하야降雨가업다고科學者的口吻을吐하고富者는엇더케하면 貧者를搾取할수잇슬가하야計策한다 그런대無識者와貧者는旱魃의原因을國民이나個人의犯罪는돌여생각하고 內省自察하기를마지아니함을나는南鮮에서보앗다

人間의自然性은知識階級의 科學的判斷도아니오 富裕階級의惡毒한謀策도아니고 無識者 貧者의罪에對한恐怯가아닌가한다 所謂識者는譏笑할는지모르나 福이잇는者는마암이가난한者들이고 스사로무엇을가젓다하는者들이아니다 예수에서福音을듯고悔改하야救援을밧든者가바리새 사두개人이아니요 갈일니漁夫나稅吏나娼妓가튼者들이엿슴은意味깁흔일이다 今日의神學者牧師가참信仰을가지지아니하엿다고 조금도異常히녁일바아니다 이것이二千年아니 舊約時代부터의歷史的事實이다

三

이번號를또無事히發行하게되엿슴은 참깃브다 讀者도얼마가되지안는 이雜誌을發行하는것이 虛空을치는것도갓고 流水滄浪에씨를풀이는것갓기도하다고 종々생각한다 그런대 간혹가다가未知의兄弟의게서 땃듯한글을주어 우리를기다듬어줄때限定업시큰깃븜을맛보게된다 그리하야우리의하는일이全然히無益한일이아닌줄안다 報酬업는일이아니요最大한報酬를밧는일인줄알고 이러한遺業을주신이의게感謝한다

入信의動機

金敎臣

一人이悔改하고나사렛예수를主그리스도라고信從하게됨에는반다시聖靈의多大한運動이잇엇을것은勿論이다。 그와同時에사람편으로서는各其個性과周圍環境에따라特異의所願과動機가업지못하엿슬것이다

明治維新의新氣運을當한日本青年五十餘名이救國의精神에燃燃하야血書로相約하고基督敎에入信하엿다함은吾人이들을때마다그氣慨의壯하엿슴을羨歎하는바이며 人生의享樂을太半이나누리다가四十五十의人生頂嶺을지난後에 바야흐로前非와後福을介念케되여專心悟道에泰味하는例가統計上으로多數함을볼때에그事情의必要함에同情을難禁한바이엿다。

그러나 나自身의게는五十年前日本青年들과가튼高尙한野心이主動機가아니엿을분더러世俗에受痕한前非를洗하고幸에後生에極樂世界에入足하기를哀願할必要도업섯다。 나의關心事는死後成佛의問題가아니엿고徹頭徹尾現生의問題로만생각한것이엿다。 死後에天使로化하거나或은地獄熱火中에태히거나 이런것이나의心靈의奧殿에盤據한最大緊急의問題는아니엿다。 如何히하면나의現在의肉體와心情이대로가지고서現生에서一日이라도完全에達成할가 이것이나의最大關心事이엿다。

十有五而志于學三十而立四十而不惑五十而知天命六十而耳順七十而從心所欲不踰矩란一節을論語에서學習할時에 이것이야말노나의一生의課程表이요 孔子보다도十年을短縮하야「六十而從心所欲不踰矩」라고불너보리라고內心에期約하고日夜焦心하엿섯다。然이나焦心하면焦心할사록德不修學不講이吾憂임을垂嘆하게되여六十은姑舍하고八十에도從心所欲不踰矩의域을踐踏할希望이不見하야 자못落望ㅅ淵에近危하엿을때에余의게다시새로운希望과勇氣를주워、서게한것은青年傳道師를通하여온基督敎福音의소리엿다。

더는看證하기를非單七十歲後에完成할것이問題가아니라 只今現場에二十歲青年이라도信仰에入從하는同時로브터願하야不就할것이無하다하엿다。故로이것이야말노나의一生의所願인從心所欲不踰矩에達하는第一唯一의道인줄自解하고躍雀欣喜하엿슴이엇지無理이엿스랴。

(續)

聖書朝鮮年四次(一、四、七、十)發行
(定價送料共)
一部 二十錢
一年分 八十錢
注文은반다시先金

昭和三年十一月十一日印刷
昭和三年十一月十五日發行

編輯兼印刷人 鄭相勳
東京市外淀橋町角筈一〇〇レバノンホール

發行人 柳錫東
東京府下杉並町成宗六八

印刷所 基督教彰文社
京城府西大門町二丁目一三九

發行所 聖書朝鮮社
東京市外淀橋町角筈一〇〇レバノンホール
振替口座京城一六五九四

聖書朝鮮

第七號

一九二九年一月十五日發行

昭和四年一月十二日 印刷
昭和四年一月十五日 發行

目次

新年의 祈禱

夜半의고요한空氣를타고 傳하여오는 鐘소래 묵은해물이치고 새해마저드나이다 主여!나는지금新舊交替의이금에서서 지난해의恩寵를感謝하며 오는해의새祝福을비나이다 主여 나의비는祝福은이世上의金錢이아니외다 榮譽가아니외다 幸福이아니외다 主당신이나와가티하심이외다 하나님의아달 萬民의救主이면서 벳을네헴旅舍의구유에서 出生하신主께서나와가티하심이외다 曠野에서惡魔의試鍊에 익이신主께서 나와가티하심이외다 稅吏와罪人의동무이시든 主께서나와가티 하심이외다 겟세마네東山에서피와가튼 땀을흘이시며祈禱하시고하나님의聖意에服從하신 主께서나와가티하심이외다 十字架에서敵을爲하야祈禱하신 主께서나와가티하심이외다 復活榮化하신 主께서나와가티하심이외다 果然主여나와가티하소서 당신이가티하실때 무엇이두려우릿가 무엇이겁나릿가 惡魔의試驗어붓가를지라도그것이무엇이오릿가 扁舟를타고 갈일리바다의激浪을當한들무엇이겁나오릿가 荒野에서五千에大衆으로더부러 떡五個와물고기두마리를난호지아니하면안될境遇를맛낸들 무엇이애타오릿가 그럿습니다 主이 당신께서 가티하실때내게一物의所有가업슬지라도 萬物은나의것이옵나이다 땅의富도나의것이외다 하날의大도나의것이외다 昴宿參宿의美도나의것이며 大犬星의白金도나의것이외다 그러나主여 당신이나와가티하시지안을때내가設或萬有를가지나 나는아모것도가지지못한者외다 가장가난한者 가장불상한者는나외다 아 主여나와가티하여주소서 아참에가티하시고 저녁에도가티하소서 한발을드는때에도가티하시고 한발을내여드딤에도가티하소서 그리하야 지금맛는이새해를맛까지당신안에서 지내게하소서 이해를마치는날 感謝와讚頌의소래를놉허불으게하소서 (相勳)

새날의黎明을본다

社會는날々이 渾亂의度를加하여간다 그러나나는새날의黎明을본다 敎會는汚溝에몸을먼저 糞土로全身을칩바르고잇다 그러나나는새날의黎明을본다어느牧師는「朝鮮敎會의牧師가되자면惡魔가되여야한다」고말하엿다 그러나나는새날의黎明을본다 祈禱하는동안迎接委員은門기동에기대여서서外面하야콧속掃除하고 風琴手는厭症이난다는얼골로귀후비며 來會者는短杖으로덕괴이고조으는中에서禮拜는進行된다 그러나나는새날의黎明을본다 全朝鮮을에워싸고잇는漆暗을뚤고반짝어리는 새날의黎明을아는본다 社會運動에서胎生치아니한 새날의黎明을나는본다 敎會의宣敎運動으로말매암지아니한새날의黎明을나는본다 밤을불너드러고 아참을보내는者의게서胎生된 새날의黎明을나는본다 낫에는太陽을蒼空에달고 밤에는星辰을뿌리시는者의게서빗최여오는 새날의黎明을나는본다 우리를차저오는燦光麗澤의새날의黎明을나는본다 온世上이暗黑中에서悶絕하려할때나는새날의黎明을본다 (相勳)

福音의힘

基督敎는世上을익이는宗敎다 過去에도익이이엿고現在에도익이이는宗敎다 또未來에그勝利의完成을目標삼고前進하는宗敎다 그러나基督敎가 이러케世上을익이는힘은 그敎會의制度나儀式에잇지안타 그信者의數의多大에도잇지안타 그指導者인牧師나監督의傑出한人格이나篤實한信仰에도잇지안타 다맛福音에잇다 福音의힘이야말로 世上을익이는唯一한힘이다 初代敎會가羅馬帝國의불가튼迫害에勝利를엇은것은信者의힘이아니엿고 福音의힘이엿다 基督敎思想이異敎思想을征服하고 홀로世上을거느러온것도神學者의努力에잇지안코 福音의힘에잇섯다 一千九百年동안 안으로는腐敗沈淪하는敎會를生新식혀오고 박으로는迫害와싸와快勝을엇어온힘도 福音의힘이엿다 이權能의福音에順한者與하고逆한者亡한것은 우리의밝히아는바다 우리의게갓가운適例가잇나니 보라 이福音에逆한現在의朝鮮敎會를 그信者를 그들의腐敗를 그들의無力을그들의衰滅하여가는趨勢를! 이와가티福音을짓밟으

信仰과人生

려하든教會는 도로혀 짓밟힘을밧엇고 福音을唾棄하려든信者는 도로혀唾棄함을밧엇다 그러나權能의福音은짓밟든教會를짓밟고 唾棄하든信者를唾棄하고 새집을찻고 새일군을불너 새役事를始作하도다 그리하야福音은教會의 保護도빌이지안코 信者의努力도쑤지안코 福音自體의힘으로 世上의惡을익이고 教會의腐敗를익이고 信者의墮落을익이고온世上을救援의나라로引導하며前進한다(相勳)

學說과聖靈

하나님의말삼의 가장적은것하나를 알려고學者의門을두다릴때 甲의說은乙의說을導入하여오고乙의說은丙의說을領率하여온다 이러케뒤를이어 導入되는學說은於焉間에幽暗한欝林을일우고 나는그안에사로잡히게된다 나는脫出을策한다 그러나일우지못하고昏迷하게된다 때에눈을들어보라는소래가들인다 光明이빗처온다疑雲은개인다 나는學說의幽林을버서나서眞理의山顚에선自身을發見한다

(相勳)

信仰과人生 二

信仰은힘이다 苦痛을참고患難을익이는힘이다。周圍와環境을超越하고事情과立場을짓밟고蔑視하는偉大한힘이다。

信仰은所望이다。暗黑에서光明을보라는所望이다死亡에서生命을求하고腐敗한뿌리에서새싹을엇으랴는絕對의所望이다。

信仰은사랑이다。니웃을내몸갓치녁이는사랑이다敵을爲하야祝福하고逼迫하는사람을爲하야祈禱하는無限한사랑이다。

信仰은生命이다 萬世磐石우에굿게선生命이다。無邊無極하고窮하거나盡함이업는永遠의生命이다。

信仰은偉大한힘이다 絕對의所望이다。無限한사랑이다。永遠의生命이다。信仰이宇宙萬有가운대第一貴하고가장아름다움은이때문이다。그런즉우리人生이무엇보다도몬저가저야할것은信仰박게업다。

힘! 所望! 사랑! 生命! 이것들이綜合하야信仰을일우엇다。信仰! 이寶貨가뭇처잇는山이即天國이며이것을探求할者가곳人生이다。信仰을熱求함에人生의絕對價値가잇고信仰을完成하라는것이人生의最後目的이다。따라서信仰을가진者만이人生의最高勝利者이다。(斗用)

基督敎와道德

楊仁性

이廣範한問題를短少한紙面에論해낼넌지疑問이업지안이하나 그根本原理는우리의信仰과또聖書眞理에비최여알수잇슬줄밋는다。

우리가基督信者되여한가지異常한感을가지는것은道德보다또다른무엇보다信仰을몬저가르키는것이다 아부라함의信仰 욥의信仰 바울의信仰 루터의信仰모다가信仰이다 信仰으로救援을엇고信仰으로復活을엇는다한다 卽基督敎는徹底히信仰敎이라는觀念을到底히품지안을수가업는것이다 이事實은聖書를多少읽어본이는누구나다깨닷는바이다 더욱히바울의書簡을보건대羅馬書뿐아니라갈나듸아書 에베소書、골노새書等이모다上半에는信仰의敎義를充分히가르키고다음에道德問題에드러가는것이다 여기에爲先世上倫理家의道德觀과基督敎의그것의根本的差異잇슴을깨닷는바이다。

普通常識의길노할진대우리들日常生活에가장密接한關係가잇고또사람과사람사이에半時도여이지못할道德으로가르키는것이甚히適當한手段이며比近한方法(勿論在來의東洋道德實踐法은이것)이라할것이다 그런대基督敎에서는何必日常生活에因緣먼(다만世人이그러케生覺할뿐) 그러고알기힘든敎義를關頭에가르키고道德은第三次或은第四次的으로가르키는고하는疑問이업지아니하다 果然不可思議의하나이다 그러나基督敎는이信仰이모든것의모든것이며根源의根源인까닭이다 卽信仰은根幹이오道德은枝葉이다

이즈음에普通道德家또는未信의靑年들을對하여相論해보면大概는말하되오날々우리의社會는或은經濟或은敎育或은道德等모든實際問題가山처럼싸이여잇다 人類에對한이런緊急하고도切迫한問題를解決함에우리는오직날이不足하고時間이느진터이다무엇이沓々하여그날々人生々活에因緣먼信仰을가지고躊躇하랴社會改造도해야겟스며慈善事業도일워야하겟다 그러고또때로는無限한熱誠과同情을가지고그날々緊急치안은信仰問題는버리고實地問題에參與하라고까지勸하는이가잇슴을본다 그러나凡事에根本이며萬德에祖宗인信仰의眞理를깨다른우리들은百番이면百番다「노ㅡ」라고對答할뿐이다 웨그런고 神人關係

의問題가　人生모든問題中第一緊急한問題인까닭에 이問題가解決되는때에人生의許多하고도復雜한問題는소리업시풀일것이며圓滿히解決될것이다。

뿌리업는나무가茂盛치못할것은　明若觀火한理致가안인가! 그런대만흔世人은이不可解의事에營々逐逐하고잇는듯하다。個人과個人、社會와社會、國家사이의모든問題도이根本眞理에서出發치안으면언제까지던지完全한解決을볼수업슬것이다。要컨대基督敎는信仰問題가人生과道德과또그밧게모든問題의第一解明이라고가르키고力說하는바이다。

根本줄기가充實할때그枝葉이自然茂盛함은天然의한變치못할法則이니信仰이튼々한때그枝葉的으로나오는道德의實行갓흔것이야더길게말할必要도업는것이안인가。그러면이제우리는實地問題에드러가信仰과사랑사이의關係를生覺해보자　사랑은누구나다아는바와갓치基督敎道德의「알파」요「오메가」라한다 이런사랑을基督敎에서엇더케가르키는고『하나님을사랑하는者는또한兄弟를사랑할것이니이것은우리가主께서밧은誡命이니라(요、一四의二十一)』하엿다。이말삼은하나님을사랑하는者라야兄弟를사랑할수잇다는뜻이다　그러면우리가하나님을사랑한다는것은엇던形式으로나타나는고　罪와惡이充溢한우리가敢히하나님을사랑한다는것은到底히생각지도못할일이나그는自己의외아들을갑(價)업시우리의게주섯다。다만謙遜한靈으로그의게服從하며單純한信仰으로그의게依賴하면그를充分히사랑하는道理가된다。이일이우리마음속에完全히일워질때兄弟사랑하기는아모어려움업시實行되는것이다　卽信仰과사랑은根本同一의것인대하나님을向하야는信仰이되고兄弟를對하여는사랑이된다　이兩者의密接한關係가잇는것은우리들日常生活에서充分히經驗할수잇는것이니信仰이업슬때아모리全力을다하여兄弟를사랑하려하나到底히되지안는것이다　兄弟를네몸과갓치사랑하라는理致는充分히아나참으로사랑할마음이일어나지안음을엇지할고　그러나罪人의魁首인네가只今하나님의無限한사랑을밧고잇나니라는것을信仰으로알게될때나의마음은一變하여사랑하는者를사랑하는것은勿論이어니와나를미워하는怨讐까지도사랑할수잇게되는것이다。아! 信仰의偉大한힘이여!　크리스챤의怨讐사랑하는事實은길게論할必要도업는것이다。저예수

四

의十字架上祈禱로부터傳道하다가돌에마저죽으며敵을爲해祈禱한스데바나또그밧게自初至今의無數한平信徒의愛敵祈禱를엇지다一々히헤아릴수잇스랴。

다음에信仰과謙遜의關係를생각해보자 勿論東洋에도이謙遜에對한敎訓은自古로無限히만햇스며또重히녁여온바이다 그러나基督敎의그것과根本的差異가잇슴을否認할수업다 東洋在來의謙遜에對한文句를보건대「在位尊謙遜愈甚」「性謙虛未嘗論功」等과갓흔사람과사람사이의무엇을標準으로하여가르킨듯하다 그러나聖經에난『네게잇는것中에무엇이밧지안이한것이뇨임의밧앗슨즉엇지밧지안인것갓치자랑하나뇨(고전四의七)』하엿다 우리의모든것은하나님씌서밧은것이다 그가恩惠로주신것이다 이眞理를깨다를때뉘가能히才操만타자랑하며金錢이豐富타自尊하랴。

사람의게는아담 이부로부터自己를自己以上으로보는不謙遜이孕胎되여잇다 그러나한번宇宙를創造하시고그를한주먹에支配해가시는全能하신하나님을알때에엇지敢히不遜의行動을할수잇슬가 저十八世紀의爰々한信仰과非常한學識을가젓던大學者뉴ㅣ톤이宇宙의偉大함에比하야自己의智識적음을깨닷고붓그러햇다한다。엇지다만뉴ㅣ톤뿐이랴참으로自己智識을正當히깨다른者는 하나님앞헤謙遜히업드리지안이치못하더라 이밧게信仰으로나오는謙遜의한가지特異한點은自己價値以上의自己를보지안는同時에自己價値以下의自己를사람앞헤뵈이려힘쓰지안는것이다 世上의所謂謙遜이라는謙遜은大概이런虛僞的皮相的의것이니그가根本的謙遜이되지못하는것은勿論이어니와한번機會를엇는때非常한驕慢으로變貌하는것은우리가종々보는實例이다 하나님이사람을낼때各各其分에適合한技能과才操를주엇스니그를適當히깨다라過不足업시使用하는것이참意味의謙遜일것이다。

우에論한바와갓치基督敎는사랑과謙遜뿐아니라모든道德을甚히尊重히녁이나그道德自體를가르킴보다爲先 하나님을가르키고그를밋는健實한信仰을북도다그의枝葉的으로나오는道德은自然히茂盛케한다。

眞實

柳三眼

아브람이九十九歲가되엿슬때 하나님이그의게새契約과 새일홈을주시랴나타나사 처음하신말삼이「나난全能한神이다。내압헤걸어眞實하여라(創世記一七—一)」이엿다 眞實이라는말이聖書에처음나온곳은여기이며이말이偶然히信仰의아바지인아브라함에對하야처음으로쓴것은만흔暗示와意義와魅力을준다。이말이이外에舊約聖書에다섯번 新約聖書에열벗나와다。이計算은勿論同意語를除한것이며 만약同意語를다넌다면그數가百이넘을것이다 게랄王아비멜렉이아브라함의夫人사라를누의인줄알고妾으로삼으랴宮中에불너들이니 꿈에 하나님이나타나사매우꾸지젓다 이에對한王의말이「아브라함이나의게그의누의라하고또한이女子亦그를兄이라하엿나이다。나난眞實한마암과罪업난손가지고이일을하엿나이다」엿다。申命記에서 嚴格한律法과誡命을모세가이스라엘백성의게公布하난中에「너의神여호와의압헤眞實한者가되라(申命記一八—一三)」하엿다。요호슈아가이스라엘백성을시겜에모여先祖때부터그種族우에나린 하나님의恩惠를말하야只今그들속에파뭇처잇난偶像을벌이라꾸즈지면서勸한말이「하나님을무서워하고眞實과眞理로그를섬기라(요호수아二四—一四)이다。詩篇에서가장기ㄴ第百十九篇의第一節이「하나님律法에것고眞實한길을것난사람은幸福하다」이다。新約聖書에와서는이말이二大使徒의입에서나왓다。베드로가惡意詭計僞善嫉妬等을바리고「금방난兒孩와갓치靈의眞實한젓을바래라 베드로二—二)」말하엿다。바울은「眞實과眞理의누룩업난팡을쓰라(고린도前五—八)」「우리는이世上에서하나님의淸淨과眞實을가지고行하엿다(고리도後一—一二)」「우리난眞實하고하나님의것갓치 하나님압헤서예수에잇서서말하엿다(고린도後二—一七)」「너희들의愛의眞實을試驗하랴함이다(고린도後八—八」「願컨대眞實한사랑으로救主예수그리스도를사랑하는모든사람의게恩惠가날임을(에페소六—二四)「眞實한사랑으로모든일에서머리인그리스도에達하랴한다(에페소四—一五)」「그리스도의날까지너희들이眞實하기를（빌립보一ㅣ一〇）이라하엿다。

聖書에쓰힌眞實이라는言語는完全、正直、正義、純眞、無欠、無私、純潔等을뜻하야 以上에例擧한用處를보면그뜻이어느곳에서난完全이라는要素가만코、또다른곳에서난純眞이라는要素가多分히잇고또한無欠이라는要素가主要히된곳도잇다。各處에이한要素가主力이되여다른뜻을엇더것은만히엇던것은적게添加混合하야陰影多樣한眞實이라는言語를만들엇다 아브라함이하나님씌서들은眞實이라는言語內容은 요호수아가이스라엘백성의게말한眞實과난달느고 베드로가쓴眞實은 바울이쓴眞實과난달느며그리스도오시기前에쓴舊約의眞實과 오신後의新約의眞實과난달으다。갓흔眞實이것만은거기에歷史의그림자가들고地方色이빗치고個人의발자최가백히고宗敎의불이타고文學의꽃이픰으로用處에딸어그言語內容이달으다。하나님이아브라함의게眞實하여라할때거기에는무엇보다도여호와의命令에完全히좃츠라난뜻이明白하고그뒤에道德的行爲와信賴의마암等을適當히包含하엿다。요호수아가이스라엘백성의게眞實이라난말을쓸때 거기에는純眞이라난뜻異敎의雜神에마암을쎄앗기지말고한갓여호와한테만마암을다하라난뜻이顯著하다。詩篇의眞實은道德的行爲의뜻이며거짓이업슴을말하엿다。申命記의眞實亦道德上의것이며律法을完全히직히라는것이다。舊約의眞實은모다嚴肅한律調가븟헛고正義의여호와가秋毫도容恕업난誡律에對한要求이다。번개가치고쌍이흔들이며사람의靈魂이움지기지도못하게되도록恐懼와畏敬의念에넘치고무서운여호와압헤벌々써난늣김을주난眞實이다무서운眞實이며死를등에진眞實이다。여긔에救主예수그리스도로因하야甘露가나리고사랑의비가와서眞實은그性格을變하여버렷다。요한의옷을입엇던眞實은이제예수의옷을입고 嚴肅한얼골인그난이제웃난順한얼골이되엿다 單純、純潔、無欠이그의主要性格이되고 舊約에서는불수업던機能이생기여信仰或은사랑과結合하야生覺하게되엿다。男性的인眞實은이제女性的인眞實로되여만약冠詞를븟친다하면의레히女性의것을븟칠것이다。베드로가靈을말하야眞實한것이라할때거기에는眞實에對한아럿다운實體가表出되며 雜物업는純眞한白色의것을타고處女의靈이옴을늣긴다。이外에그것이정하고單一한뜻等을

眞 實 八

背景에굴인다 바울이眞實한누룩업난팡이라말할때거기에는淨潔하고聖別한뜻을欠업고석기지안이한뜻들과갓치表現하며 옛날踰越節儀式에쓰던팡이象徵하는言語로는到底히글일수업난本體를餘地업시우리靈에傳하여준다。또바울이眞實한사랑이라할때거기에나오는言語內容은무엇보다 純眞이라는要素가濃厚하고그背景에난踰越節팡象徵이가장갓가히서잇다그가또예수오시난날까지眞實하여라할때우리의게주는처음感銘은예수를밋난信仰에雜物이업서라는것이며 同時에基督의生涯와갓치道德的으로完全하라는것이다。베드로가쓴眞實속에우리는그의性格을그릴수잇고 바울이쓴眞實속에우리는또한그의性格을알수잇다。前者에는道德的純潔이그마암속을支配하고後者에는信仰이그마암을꼭잡고잇다 베드로前後書精神이한글자眞實속에凝縮하여잇고 갈라데야精神이또한이한글자眞實속에凝縮하여잇다。그러나二大使徒가쓴그眞實속에난어대까지던지예수로하여금온恩惠와眞理의烙印이박혀잇서 모세의律法의그림자가잇는舊約의眞實과는달으다。

眞實이라는言語가處女로이世上에나와人類사이에쓰게되엿슬때는 그言語가안이면表現을못할엇더한感情과思想이人類사이에그들이意識치못할때부터生長하여와畢竟열매를매즌때이다。그生長期限이얼마되는지는몰으나具體語보다그期間이질엇슴은事實이며 그語가誕生하기까지에는만흔人類의經驗이잇섯슬것이다。宗敎的信仰이잇섯고戀愛의悲哀가잇섯고交友의經驗이잇섯고商業의發達이잇섯슬것이다。多種多樣한變遷과發育이잇는동안에한感情과思想이생겨人類言語群에새말을만들엇거나或은이적지잇섯던그와近似한言語에이內容을느엇슬것이다 맛츰내眞實이라는處女語가人類表現群에나타낫슬적에는人類는새깃븜과새便宜를늣겻슬것이다 그리하고眞實의言語를予想하는感情과思想은民族에딸어地方에딸어生業에딸어달넛슬것이다。永遠者에對한엇더한生覺이그의先驅가된대도잇고愛人에對한情緖가그의先驅가된대도잇고벗에對한마암이그의先驅가된대도잇고一般約條에對한觀念이그의先驅가된대도잇고其他열어가지가잇슬것이며 이先驅가單獨히或은다른것을合하야그言語를만드는旅程을出發하엿슬것이다 希臘의文學을初期부터읽어보고拉典文學을또한初期부더읽어보면그두民族의이에對한觀念을詳知할수잇슬것이다。 其他다른民族의것도亦그러할것이다。 여기에學者的興味와好奇心이적잔히나나 이것은才能과時間과博學과言語知識을要求하나니 筆者갓흔淺學者는아즉希求치못할일이다。 英語의眞實이라는글자는拉典語의蠟안석긴꿀이라는뜻을가진말에서나왓다 拉典語의이말은 시골農民들이養蜂할때쓰던말이며 여기에새內容으로時代와地方을따러늣케되여마츰내語源와지일케되엿슬것이다。 이말을英民族이採用하야또새內容을너어拉典民族의것과난달은뜻으로쓰게되엿다。 單純서複雜으로複雜서單純으로또한옛날의主要意義를일코或은그것을第三次第四次의意義로하야새意義들主要의것으로하는等變遷無限하야眞實의歷史를글엿슬것이다。 英民族의이말에對한歷史를살펴봄도興味가잇스나至難의業이니그만두고 그民族을代表하는한詩人이이말을엇지썻나보자。 밀톤은이말을열엔써大概그뜻이聖書의것과갓허眞實한信仰眞實한써랑、 眞實한깃븜、 眞實한意志、 眞實한行動이라하엿고이外에聖書에업는뜻으로明確한證據、 不斷이의注意라하야眞實內容에明確이라는새要素와不斷이라는새要素를집어너 그만콤그內容을豐富히하엿다 그러하고밀톤의眞實이라는말은그內容이舊約의것이안이고新約의것이며 그의詩想이이말의靈을잡어그特色을남김업시發揮식혓다。 漢文의眞實이라는言語는엇지하야나게되엿는지몰으나 그것이처음文獻에나온것은勝鬘經의「所言眞實者應當修供養」이라한다 그뜻은虛僞가안인것이다。 眞이라는한글자도亦이뜻을가저後漢書馬援傳에「帝王自有眞也」라하야僞膺虛假의反對이다。 여기에또한道敎의奧義라는뜻도잇서이곳에서神氣妙理、 純粹라는轉義도생겻다。 實자한字亦또한이뜻을가젓다。 갓흔뜻을가진字가둘이合하야그뜻이더욱々々强하여저各한字가表現하는思想과感情을端的으로表出한다。 其他各國言語에모다眞實이라는말의獨特한起源과歷史가잇슬것이다。

各民放에眞實이라는言語가생겨또한자라나왓스며 따러그가表現하는感情思想이잇고 各個人의語彙에眞實이라는말이잇서 따러그의內容을가젓스며 그意義가民族에딸어個人에딸어時代에딸어적잔흔差異가잇스나 全差異를덥허버리는듯한感情과思想이잇슴은明白하다。 眞實이라는말을듯고늣기는모든內容

속에는古今東西의全人類를貫通하는갓흔要素가잇다 만약眞實이라는言語의靈이空中에놉히써世界全人類의心眼에뵈인다하면 그때의全人類의마암에는누구나할것업시갓흔琴線의소래가날것이다。사람마암에그리난이갓흔그림은 사람이産出한文化에 또한갓흔点을친다。詩歌에서第一重要한要素는眞實이라는것인대 詩歌의優劣은한갓이것이잇고업는대에依한다。詩人은眞實한詩想을가젓는가。詩歌에이眞實한것이言語의배를타고眞實히表現되엿는가。이詩歌에서쓰는眞實과其他文化哲學科學에서쓰난眞實에는共通한點이잇다。그共通한點은文化種別이업셀수업시크고强하다。또다시사람性格에나타난眞實을比較하여보면거기게또한一致點이잇다。孔子를眞實한사람이라하고소구라테스를眞實한사람이라할때 크롬웰을眞實한사람이라하고카라일을眞實한사람이라할때거기에는時空을絕하고個性을넘고한소래로울이는무엇이잇다。眞實이라는言語가이곳에쓰히고저곳에쓰히며 이사람에가고저사람에가며 이時代에살고저時代에사나 이것은그의表顯에지내지못하며 그것을表顯식히는正體가嚴然히잇다 이正體는眞實이라는言語로도完全히는表現되지못하니하물며그言語가副次的으로붓는곳에는正確을期待할수는업다。다만우리는言語를通하야物件을通하야그正體를直觀할뿐이다。여기서우리는어대서가장正確히眞實이라는正體를直觀할가하는疑問이생긴다。또다시그眞實이라는正體가人類生活에가장純粹히나타난곳卽그思想感情이人類의게생긴最眞最純한動機난무엇인가。하나님에對하여선가。父母에對하야선가 愛人에對하야선가 朋友에對하야선가 約條者에對하야선가 또다시어대에서眞實은그內容에가장適當한發達을하엿스며全人類의眞實을代言하여주난가 全疑問을合하면眞實은어대서그標準을人類의게指示하난가。

이對答을하기前에엇던때에 우리生活이第一眞實히되나살펴보자。異性에對한思慕가쏠어戀愛로되는近代人을陶醉하야마지안난그것인가하고보면그속에비ㄴ무엇을 늣기지안을수업다。友情友情하고人類의쏫다운情이며純潔한것이라말하난그속인가하나亦虛空한것이잇다。靑年이自己使命에熱中하난그瞬間일가하나亦不純한것이잇다。詩를짓난그때인가하고살펴보니亦不足한것이잇스며 眞理를追求하난그때인가하여도亦不足한것이잇다。 傳道書記者가喝破한우리生活은全部가「空의空」이다。 眞實의그림자도업고모든것이眞實의反對이다。 眞實은이逆境中에서겨우자러난싹에지내지못하고 人類가體得하랴고힘쓴理想의狀態에지내지못하다。 우리生活에眞實은업다樂園을放追된人類에서난眞實이永遠히살아젓다。 다만우리의게이眞實을恢復하여주고몸소그것을嘗味할수잇는한길이다。 信仰의길이다。 救主예수그리스도를밋난信仰、 거긔에만우러난眞實이될수잇고ᄯᅡᆯ어眞實여무엇인가를맛볼수업다。 自已라난것을다붙사러버러고한갓그의게먼저버리는그瞬間에비로소眞實이正體를나타내여준다。 信仰이卽眞實이라하여도過言이안이다。 여기에우리난信仰이무엇인가를傳하여주난聖書에도라가야眞實을알줄알으며 ᄯᅡᆯ어우리속에생긴疑問을풀줄을안다。 筆者의마암이眞實이라난글자를써자마자聖書속으로다러남도當然한일이다。

信仰의父에서眞實이라난말을 처음들음은當然하며이스라엘民族에잇서 眞實이라는感情과思想이다른民族과判然히달너하나님에對하야일어낫슴은先天的으로그民族이眞實의代言者가될야는作定이다。 對人關係에서일어난그思想、 感情이다른것에比하면훨신난것이나 그것을하나님에對한것과比하면말이안된다。 하나님에對한거기에는人에對하야의모든缺點을ᄯᅥ나고엇더한神聖味ᄭᅡ지붓허잇다。 이러한조흔誕生을가지고 眞實은이스라엘民族마암속에出發하엿다 그ᄯᅳᆺ의變遷은처음에본바와갓고 只今은眞實의正體를우리마암에가장깁게現出하여주는事實을차저보자。 아브라함의生涯는 하나님밋넌生活이엿스며信仰과갓치그生涯를特徵잇게하난것은眞實이다。 하나님압헤것는그의거름에난眞實이넘처잇고 이眞實은그가하나님밋어故鄕을ᄯᅥ나고이삭을밧치난그信仰的事實속에가장아름답게나타낫다。 하나님밋난信仰에그의마암과몸과行動이眞實의一字로貫通하야 當時代에그갓치眞實한사람은업섯다。 아브라함은그것信仰이아니라참말의眞實한信仰을가젓섯다。 하나님에對한그의밋음은 하나님에對하야의그의眞實한感情과思想의露出이다。 하나님에對한그의全人格의眞實한投棄이다 아브라함의生涯를生覺하야우리난眞實이라난것이무엇임을늗일수잇다。 그外에舊約聖書를形成한모세로始作한모든豫言者의生涯에우리는眞

實한거름을늣긴다。 그들의眞實압헤他民族의所謂偉人이라는眞實을갓다노흐면 우리는太陽압헤노힌月光임을늣긴다。 밤낫으로우리生活의虛空함을늣기여마지안이할때 舊約聖書의予言者들을生覺하면 우리마암에眞實한무엇을너어주어우리亦眞實하여지난듯하다。 他民族의偉人들은到底히이러한큰影響을주지못한다。 이予言者들떠나우리는眞實한感情의아릿답고明白한움지김을 솔로몬의雅歌와욥書에볼수잇다。 샤론의百合花라하난弱한一個處女가이世上모든眞善美를다한王者의誘惑에對하야凱歌를불느게된그마암깁흔곳에우리는무엇보다眞實이濃厚히들엇슴을直覺한다。 사탄의칼이外的으로內的으로석어들어올때꼿갓흔處女의前愛人에對한참된사랑의마암은眞實하고貞實하야조곰도움지기지안이하며다른女子들이前後左右로王者손에딸니랴왼갓驕態를다부리나이꼿다운靈은굿세고힘이잇다。 王者의讚美에對하야흘너나오는이處女의말에는眞實한피가가득하고 眞實이라는靈은그處女마암을꼭잡은듯하다。 그의입에에서나오는한말한말에眞實의기운이숨을쉬난것갓다。 古今文學에이만한사랑의眞實을描寫한대가업스며 이스

라엘民族은男女間戀愛의眞實함에對하야도代言者가되엿다。 그리하고이處女의對象者난普通사람이안이고 牧者의옷을입흔하나님임은만흔註釋者들이말하는바이며 여기에또한이스라엘民族의戀愛의特徵이잇고그特質에他民族이企及치못할眞實性이自然생긴것이다。 욥書를읽으면우리는 하나님의사랑밧는욥이더큰恩寵밧으랴 사람으로참을수업난苦難을겨는그身世에同情하난同時에 그속에서하나님을前과如히讚美하난純情에感激을禁치못하고우리信仰의불이일어남을늣기나 욥이漸々더하야오는禍難에畢竟하나님에對하야懷疑가생기여 그에對한怨訴가連發함에는 우리는엇더한不平이생기고그러찬엇스면하난앗가운生覺이나 그의災難을듯고멀이서온三人의朋友의말에同情업슴과形式에墮한것을크게憤慨는하나어느點에無理가안임을늣긴다。 그리하야욥이最後에하나님을보와勝利를엇게되고朋友에는 하나님이욥은바른말을 하엿스나 너희들은不義의말을하엿스니悔改하라는말삼을하면서犧牲을가지고욥게가 代身빌어달나命令하심에일으려서는 矛盾의感이생긴다。 劇作으로볼때이點은明白히失敗이다。 엇던사람

은第一章의理由로욥의勝利를當然하다하고또다른사람은욥의信仰을試驗하야본後 하나님이啓示하랴난眞理를啓示하엿스니그뒤에는의레히깃븜을줄것이라고한다。그러나욥의不平은依然히좃치못하며 하나님까지욥을꾸짓지아니하엿난가。그런대最後에하나님이욥은발은말을하얏다하셧다。朋友들의말에當時代의範圍안에잇서서난아무틀님이업다。더깁흔眞理를몰나따난非難의말은할수잇스나 들여따난말은할수업스며只今亦그들말에은敎訓을엇난點이적잔타。그러한대하나님은最後에不義의말을하엿다 꾸짓고甚하야는욥한테가代身빌어달나까지하신다。우리는이것을엇지解釋하나。劇作으로보와의失敗를心靈으로보와서는더큰傑作。으로만들수업슬가。나는이키ㅣ놋을眞實이라한다。욥의말에는 非雜할點이잇스나이것은그가하나님에對하야眞實한까닭이며 이眞實은그를懷疑에빠지게하고원망에팔이게하고 하나님하고쌈까지하게하엿다。그의朋友는말은조호나그것은冊에서엇은知識에지내지못하고 하나님에對한眞實한마암에서나온것이안이며 따러眞實함으로나오난욥의紊乱늘理解치못하엿다。그들은하나님에對하야眞實치못함으로그가무슨일을하던지泰然自若히안저神學等을生覺할수잇섯다。하나님에게自己全部를썬지난것이안이라 하나님께무슨일이이러나도對岸의불갓치볼수잇섯고 그生活에아무影響이업섯다。죽은神學만을알면足하고그것가지고知的批判을일노삼엇다 하나님이그들의全部가안이라 一部分이고그들全生活과는無緣한것이엿다。하나님에對한眞實이아주업난까닭이다。여기에反하야욥은하나님에對하야眞實하엿스며 그가그의全部이엿고 그의一動一靜이그의게큰關心事이엿다。그의全生命은한갓하나님에매달엿다。하나님이이적지보다조곰달느면그의生活도그만곰달녀짐으로 그난或은울기도하고或은분을내여 하나님을원망하기도하엿다。우리가自已親한동모라던지或은愛人이라던지에對하야움지기난마암을生覺하야보면이것을分解할수잇다。그가限업난懷疑에빠저苦悶하고잇는것은하나님에對한眞實한感情까닭이니 外形으로보면낫분그不平、疑問은그眞實한情의속업는左證이다。욥의神經은每事에銳敏히되여하나님을眞實히生覺하엿다하나님이하신욥은올흔말을하고朋友는올찬은말을하엿다는말삼은이意

味에서인가한다。 욥의勝利는當然하며 따러욥書는 心靈에對하야는아무矛盾업는劇이다。 욥은우리의게 眞實의如何함을알여주며 眞實함으로써의苦難을알여준다。 또하나님이얼마나眞實한깃버하심을갈으처준다。 詩篇에와우리는詩人이여호와에對한眞實한 感情과思想의純眞한吐露를읽넌다。 어느篇을보와도 眞實의情이가득히잇다。 어느다른詩에이러한純情을 볼수잇슬가。 사실이골작물을思慕하난以上詩人의靈魂은여호와를思慕하난情이眞實하다。 眞實의이슬이 各篇에서우리心靈에떠러지난듯하다。

舊約의偉人의生活、言語、思想을通하야發達하여 온眞實이라는言語는 예수그리스도에잇서서그絕頂에達하엿다。 舊約時代에그正體를部分식만나타냇던 眞實이라는靈은이제예수안에서그正體의全部를顯示하엿다。 아브라함의生涯에서始作한眞實한感情과思想行動은그後만흔變遷을하야 畢竟예수의生涯에와 그의理想의狀態에到達하엿다。 예수誕生에天地가다 깃버하엿다면 眞實의靈도그속의一部分이되여無限한깃븜에춤추엇슬것이다。 옛날부터그를完全히表現하야주는사람과물건을待望하엿던그眞實의靈이그希望을達하게되엿스니안깃버할수업다。 이스라엘民族의眞實이라는言語가예수에와서完成하엿슬뿐아니라 全人類사이에잘어나왓던그眞實의感情과思想이그에서極點에達하고 그안에서그들의代言도發見하엿다 眞實은即예수그리스도다。 그生涯의一動一靜或은하나님에對하난것이던지或은사람의게對하난것이던지 或은物件에對하는것이던지 全部가다眞實의精粹이다。 거짓의分子가하나도업고徹底히眞實그것이다。 兒童예수가宮殿에서 깃버하던때부터十字架우에서 「아버지저들을容恕하십소서」「이몸을당신의게맷기나이다」하는때까지일으도록眞實이印을박엇다。 예수에서眞實이그의正體를全部나타내엿스니 그眞實이라는言語가이적지업던意義를가지게됨은 이글처음에쓴것과갓다。 우리가只今眞實이라는言語에서글이는모든聯想은全部가예수가中心이며 그內容이豊富히되고淨化되고 强한勢力이된것은예수의힘이다 人類사이에眞實이라는感情思想이자라나왓고 只今우리속에도그것이날때부터마암속에잇스나 이眞實이强熱히되고또한무엇보다사랑스럽게되는것은 예수에依함이다。 그를生覺할때우리는眞實히안될수업고眞實의靈에안잇슬수가업다。眞實이靈은예수에 잇서서人類의게불으짓는것갓고 나를배우고알야거든 예수한테로오라난것갓다。

人類사이에眞實한感情과 思想이예수에잇서서그 絕頂에達하엿슬뿐안이라 하나님의眞實한感情과思想이創造時代부터잘어나와 예수에와서그의完全한 表現에일으렷다。舊約時代의그의이스라엘에對한眞實은勿論完全히잇섯스나 예수쐬서비로소 그것이 속일수업는事實이되엿다。人類는예수에잇서서 하나님의眞實을처음目睹하게되엿다。

이意味에잇서서도예수는 하나님의代表者요또人類의代表者이다。우리는眞實한사람이될야면예수그리스도쐬로가야한다。예수그리스도를밋어야한다。그들마암속에마저야한다。眞實은예수이다。

(크리스마스날)

歷史에나타난하나님의攝理

咸錫憲

살기가願이로구나!——이것이우리各自의靈魂의 奧底에서솟아나오는哀願이요 저들의살길이어데 잇는가!——이것이우리가骨肉을爲하야부르짓는 嘆息이다。哀願하는者는光明을求하는것이요 嘆息하는者는所望을찾는것이다。

所望의빗이願이로구나! 우리를慰勞하고우리에게元氣를回復식히고우리로하여곰勇氣를씀내게하는所望과眞理의빗이。

빗은어대로오는가 所望은어느줄기에달니는가하고두루차젓다。어린生命을날마다對하며그를직히고물주고하는것이自己의할일이거니生覺하매에그 願은더욱懇切하엿다。

混沌한中에도 오히려眞理의閃光이곳々에散在하고悲慘한中에도오히려生命의所望이때々로나타난다。오직우리에게서直接으로生命의光源에나가는

資格이喪失되지오래엿고 우리의智慧가우리눈과귀에비늘 못질을하야 우리로하여금그빗을알아보지못하게할뿐이다。 그러나『아들』을믿음으로因하야『아바지』를알수잇고 그가나타내는榮光이곳아바지의낫에本來부터잇던그眞理와生命의빗임을깨닷게된다는것을聖經은가라친다。 그리고이를아는것이곳우리눈에光明이요 우리맘에所望이다。

여긔쓰는一篇은 지난녀름에信仰의벗몃사람의要求에應하야『歷史에나타난하나님의眞理』라題하고말하엿던것을多少添削한것으로서 한낫微弱한靈魂이어떠케하야自己와自己의骨肉에對하야救援의所望을가지게되엿는가를보이는것이다。

一 宇宙와人生

人生은되々고실土臺를要求한다 建築에堅固한基礎工事가必要한듯이生活에는徹底한人生觀이必要하다。다시말하면웨살것이라는理由를說明하는明確한解答이必要하다。이웨에對한解答을가라처人生觀이라불으는것이요그人生觀에서붓허生活의原理와行爲의標準과思想의主張이誘導되여나온다。故로어썬사람이던지그가지는바人生觀에싸라그獨特의色彩와調

子와形式을生活上에가지는것이요또이事實이사람의生活과思想을多種多樣으로만들어주는所以다。眞實한生活의土臺를짓는것은眞實한人生觀이요深遠한思想의根據가되는것은徹底한人生觀이다。個人이나民族을勿論하고徹底한人生觀업시偉大할수업다。道德的義務에그保障을求하고文化의理想도여긔에그뿌리를박고서게된다。人生이가지는不幸中에不健全한人生觀을가지는것처럼不幸한일은업다。그는이것이自餘모든不幸의源泉이됨으로써다。學者가萬一畢生의努力으로徹底한人生論一篇을쓰면其功績이實로偉大하다할것이요 敎育者、思想家가어떤生命에게眞實한人生觀하나를세울만한指導를하여준다면 그의責任은다하엿다고볼수잇다。憂國志士가참으로 同族을사랑하거던그들을爲하야制度의改革을絶叫하여온가지生活改善을指示하는이보다爲先徹底한人生觀一片을너어주는것이낫다。人生의意義와價値에對한體驗은單純한思想으로만止하는것이안이요實로온갓生活々動의原動力이됨으로써다。

生活의土臺를일우는것은人生觀이나人生觀은또獨自로孤立하는것이안이다 孤立을두려워하는人生은

반드시그가依立할背景을求한다따라서徹底한人生觀은個人의內省으로만쫏차오는것이안이고歷史와社會에對한洞察을要하는것이요마츰내는宇宙的意味에外지밋는다 故로人生觀의背後에는宇宙觀이선다 世上에모든淺薄한主張과不健全한思想은모도人生을이宇宙的存在關係에서뜯어내여卑近한小事實에局限하는대서나오는것이不少하다 그러나宇宙觀에도여러가지가잇다 宇宙나人生은所與의事實이지만보는사람의心的態度如何에따라宇宙는單純히物質的微分子의械機的運動에不外하기도하고一定한目的에向하야進行하는有意的過程으로되기도한다。어느便을勿論하고論議로써저便을說破할수는업다單純한理論만으로한다면目的觀이自己의論據를가지는이만치機械觀도自己의論據는가지는것이요有神論이無神論을反駁하는이만치無神論도有神論을反駁할수가잇다 그러나人生의緊切한內的事實에빗추여볼때에우리는宇宙나人生을가라처必然律에依하야動하는機械的運動의過程이라고볼수는到底히不能하다 實로世上에는異常한心情의所有者가잇다 그는宇宙또는人生事實에對하야一種輕侮의念을가지고보는者다。그는生命에對하야조곰도崇高의念을가지지안는다 宇宙나人生은모도偶然한存在라고본다 目的도아무것도업다。따라義務도업다。따라서그들이一時的으로엇는物質的肉感的快樂外에는그들이當하는人生苦를辨償하여줄者는아무것도업다。그러나우리는人生이가지는肉體的精神的온갓苦痛은決코物質的快樂으로써報償할수잇는類의것이라고生覺지는안는다 우리는그들을가라처『偶然』의水面에서漂浪의存在를貪하는自欺者라고한다。眞實로可憐한者는그들이다。

그러한心的態度를가라처不敬虔或은不眞實이라고할수잇다 우리는그들이 그러한心態를가지는理由를몰은다。아마太初붓허誘惑과墮落을職能으로삼는惡魔에게降服한까닭이라고하는것外에더適切한說明이업슬듯하다 善과惡의差는宇宙의兩極에各立하는듯이甚하여보이나其實은一點의微細上에잇다。分水嶺의絕頂의一點에서敬虔과不敬虔과의어느便으로써러지는가하는데서善惡은난호인다 하나은生命의樂園으로들어가고하나은死亡의골짝이로써러진다。死亡의골짝이에서보면宇宙와人生은凄慘한暗黑속에서混沌과無意味의運動을하는蝸卷에지나지안는것이요

生命의빗밋에서보면整然한秩序와一貫한目的과遍滿한統治力의善的意志로써세운一定한푸로그람에따라向上의步武를나위고잇는有意的過程임을깨닷게된다

人生에永遠한目的잇슴을밋는者中에도宇宙의背後에서는全能의統治者를밋지안는者가잇다。 그들은말한다 人生은그自身內在的目的을가지고잇다고 그리하야『人格의實現』이라는것이그들의標語다 그러나그것이아무리人生의自尊性의歡心을산다하더라도結局은第二第三의파벨塔을쌋는대지나지안는다。惡魔의奸計는自暴自棄라는消極策略도쓰지만은自慢自信이라는積極策略도쓴다。 그러나人生은自棄者의生覺하는것갓치無意味한것도안이지만또自慢者의밋는것갓치스사로完全한者도안이다理論이야如何하엿던全能者의形像대로지음을밧엇스면서도罪中에墮落한것이人生의事實이다。 우리는『自己實現』의使徒들과建築의競爭을하지만그들이웬만々々하게엿게파고세운『內在的目的』의基礎보다는우리가깁히파고세운全能者의完全한統治에對한『信仰』의磐石이참으로堅固한것인줄을밋는다 그들이쌋는文化의塔이아직은絢爛을極한듯하나때가오면그地盤이動搖할것이오最後의날에불노써試驗할때에우리의것이야말노燃燒免할것이요그로因하야勝利의證明을엇을것임을밋는다。

그러타 우리는밋는다。神의攝理를밋는다 宇宙와그안에잇는萬物과人生은그가自己의뜻대로創造한것이요그의쉰침업는統治와推測할수업는經綸에依하야運行되는것이요마츰내는그가定한目的이完成되는날이올것을밋는다。 아직우리가患難中에잇스나落心치안코忍耐하는것은우리를爲하야豫備한生命의冕旒冠이잇슴을밋음으로써다 빗나는所望과恒久의努力과勇敢하戰鬪는孤立한自我을밋는대서오는것이안이오愛로써養育하고義로써統治하는全能者의攝理를밋음으로써엇는것이다。

哲學을가지고神을證明할수업는것갓치理論으로써攝理를證明할수가업다 그러나敬虔한맘과眞實한態度로宏大한大自然과悠久한歷史를바라볼때에許多한事實이우리의밋는바攝理를눈에뵈여주고맘에알수잇도록裏書하여준다。 안이다眞正한意味에잇서々歷史란全能의神自身이지으신宇宙舞臺의背後에서々親히監督하시며演行식이는一場의生命劇에不外하다 그는愛와義를經緯로짜신것이요永遠한時流의旋律로써

伴奏를식이시는것이다。 때로先明이잇고때로暗黑이오고기쁨의絶頂에설때잇고悲痛의最底에눕을때잇으나모든것는合하야聖曲을일운다 壯嚴과美妙함이여긔에만잇고참榮光과참尊貴가여긔서만나타난다。

그러나實際의日常生活에잇서々모든事件의攝理的意味를理解하기는매우어렵다 理解치못하는것은우리自身이그攝理안에잇스며그攝理를나타내는器具로쓰이는緣故다。 그러나適當한時日이지나가면비로소其事件의眞意를깨닷게된다。 마치山水의笑를그골짝이밋헤나江流中에바로섯슬때는참으로늣기지못하나거긔서떠나서 一定한距離에설때에도로혀그山水美의眞價를得할수잇는것과一般이다。 歷史上事實에서도어느事件을莫論하고背後에宇宙的大目的의完成을前提로삼는攝理的意味가潛在치안는것이업지만은그모든事件에一々히不斷의注意를주기는매우어렵은일이요어떤例外的大變動이잇슬때에야우리는비로소神意의所在를찻고反省을하게된다。 生覺하면이것도亦是感謝할攝理의一節이다。 恒常게으르기쉽고恒常誘惑에빠저聖意를닛기쉽은人生으로하여금때々로突發的事變의警告를밧아꿈을깨듯이墮落과彷徨의길에서니러나自己의밋트로찻아도라오고自己의敎訓을順從케하시는奧妙한意味가잇다。 故로우리가歷史의河底를흘으는攝理를찻어보려하는때에도모든事件을모조리檢討하는이보다는其中에더욱이特別한者에對하야生覺하여보는것이便하다 그러할때는太平洋中의孤島처럼處々에突立하는事件이事實은그모든것의밋흘貫走하는攝理의火山脈의標識的爆發임을理解하게된다

二 宇宙의創造

劇에는舞臺가必要하다。 壯嚴絶、美妙絶의宇宙劇은그演出舞臺인宇宙自然의創造로써始作된다。 大自然그것은事實의中心이안이지만舞臺의規模나樣式은劇의內容그것과比例하는것이요거긔符合하도록되는것이다。 故로그舞臺를吟味함으로써將次演行될劇의性質을大略斟酌할수가잇다。 우리가보려는宇宙劇의舞臺裝置는聖經六十六卷의首卷인創世記劈頭에 壯嚴하게美麗가게記錄되여엿다。

「太初에하나님이天地를創造하시다」

라는永遠의混沌과沈默을깨트리는偉大한一句로써始作하야以下一々히說明하야六日間에完成하신것을말한다。 거긔記錄된句々々을深思하여보면實로깁흔意

味와奧妙한配布와周到(라면語廢가잇스나)한注意가나타나잇슴을알겟다。 그지으신順序로라던지그命하신命令으로라던지그지으신方法으로라던지모도가다그럿타 이에對한說明은各自가創世記를熟讀하면覺得할것이니贅論할必要가업는것이고 더구나本誌四號에金敎臣君이매우滋味잇게쓰신것이잇슴으로그것을다시금叅考하기를바라고여긔에는畧하여버린다。

그러면그意味와構想의奧妙한것은그러하지만은그規模如何에對하야서는多少說明할必要가잇다。 爲先空間的으로얼마만한크기를가지고잇는가하면우리가棲息하는地球의直經이約一萬三千킬로(約一키로메트르가二、三八〇九五朝鮮里)急行列車로줄곳가도二百十時間이나가여야할距離다 그러나날마다우리에빗과熱을주는太陽은地球에比하면훨신크다 其直經은地球의것의約百倍다。 그런故로이제萬一地球를적은鷄卵만한것이라고하고보면太陽은四方九尺房한間에가득할만한球體가될것이요그둘의相距는約二九五米이될것이요달은콩알만한크기를가지고太陽에서붓터七十六糎距離에잇게되고太陽系의가장外邊에서도는海王星은 九、六키로밧게잇게된다。 그러면直經一萬三千키로의地球를僅々一寸으로한것이이러하나其實大로는太陽系의크기가實로莫大한것임을알수잇다 그러나이러틋巨大한太陽系도大宇宙에比할때에는滄蒼海之一粟에도不及한다。 天文學者의말을들으면우리가밤에보는銀河水는大略圓板形으로生긴것인대多數한恒星의羣集體요우리太陽系도其中의一이라고한다 그리하야萬一銀河의저便에서々바라본다면그러케廣大하다던太陽系도우리가저하늘에바라보는별의한아와同樣으로渺然한一粘에不過한다고한다 그러면그銀河의크기는얼마나한가? 놀나지말지어다萬若太陽系를中心으로測量을하면그넓이가實로直經二十萬光年(一秒間에三十萬키로速力의光線으로二十萬年을달여야밋는距離)이요그안에잇는恒星의數가三百七十億에至한다고한다。 學者는이大星團을가라처銀河系宇宙라고불은다 그러나다시금더놀라지말어라 無限한저空間안에는우리의이銀河系宇宙밧게오히려約二百萬體의宇宙가잇다고한다。 이즘에밤十二時나午前一時頃에北天을바라보면東北間으로北斗七星의ᄭᅩ리ㅅ별에갓갑게獵犬座라는星座가잇다 그星座에잇는星雲도亦是銀河系宇宙에近似한宇宙의一個

또크기도大略相同한것인대地球에서부터距里가百萬光年이라고한다。 이러한宇宙二百萬個가合하야大宇宙를形成한다。 이것은學者들의望遠鏡의렌즈에들어오는것이거니와그밧게오히려發見되지못한宇宙가얼마가잇는지들허아릴수도업다 그러면普通우리가漠然하기無限大의宇宙라하던것도여긔와서야비로소참으로無限大라고하는것밧게는形容할말이업슴을알게된다이것이곳全能하신손이裝置하신舞臺의空間的規模의大略이다。

그러면時間的으로는어쩌한가? 聖經은大宇宙의歷史를記錄하는偉大한冊인이만콤그記事가때로넘우雄渾簡明하야普通人間의頭腦를가지고는容易히觀念에너흘수업는일이잇다。 그럴때에는人間의學問的說明의演義를비는것이便하다。 宇宙의時間的偉大에關하야서도그렷타。 創世記에는날이라는時間의單位를써가지고六期에分하야宇宙의創造를說明하얏다。 그러나理解에便히하기爲하야서는學問的說明의풀을타서淡하게할必要가잇다 (여긔關하야서도本誌四號에揭載된金敎臣君의『地質學上으로본하나님의創造』를叅考하기를바란다)

全能하신神의寶座에서한줄기의흘음이흘너나와서하늘과따와그안에잇는萬物과그밧게二百萬體의宇宙들이모도그안에서浮動한다。 이를가라처時流라한다그흘음의길이를測量할者는하나도업다。 알파요오메가ㅣ신하나님당신外에는그흘음의흘너나기始作한날을알는者가업다。 우리가바라보는大宇宙의年齡도混沌한가운데서그것을지여내이신당신外에는한사람도이를알者가업다。 淺薄한聖經解釋者는일즉히創世記의皮相的解釋에依하야紀元前四千四年을가라처宇宙創造의해라한때가잇섯다。 그러나오늘날와서는이미이를밋는사람이업다。 學者들의말하는바에依하면地球는적어도二十億千以上의年齡을가지고잇다고한다이는多數한學者들이제各기想定하는것中의가장적은것을取함인則事實에잇서々는이보다훨신클넌지도몰은다。 그러나廿億이라는이數도입으로불을지언정觀念에는到底히너키어려온것이다。 無限이라할것밧게업다。 하물며太陽의年齡이나그밧게大宇宙를形成하는許多한恒星의成生에關하야서는想像조차도할수업다。 이러한時間이얼마나悠久한것인가를아는데는그것과人類의歷史와를比較하여보는것이便하다。 現代

의史學은人類의歷史를最古約七千年까지올나간다。七千年이라면檀君이建國하시기보다도約千七百年前녯일이다。 그러면이것도자못悠久한歲月이라할수잇다。 으러나이것을地球의年齡인二十億年에比하면微細한一點에不過한다。 即人類의全歷史時代인七千年을一秒라고하면地球의年齡은三晝夜八時가될것이요人類의出現을二十萬年前이라고하면二十八秒半이된다。 그러면人類의登場한것이겨우二十八秒前에不過하는데그것을爲하야舞臺을準備하시기는三晝夜餘라는——一秒의歷史時間에서보면無限이라불으는것이適當한——時間을쓰시엿다。 이것이그舞臺의時間的規模의一端을보이는것이다。

이空間的無邊과時間的無限에比할때에人類의存在는實로渺漠한一點에不過한다 。古來許多한사람들이이無限과偉大에壓倒를넙어悲觀의斷崖에써러진것도無理안이라할수잇다。 그러나비록그러나舞臺는結局舞臺요俳優自身은안이다。 舞臺의宏大는俳優를卑小케하는것이안이요도로혀그의美麗와壯大를돕는것이다。 萬一하나님이이大宇宙를지으시는날에어떤存在者가잇서서그가萬能의팔과목소리를가저이壯絶、美

絶嚴絶妙絶의大配布를하시는것을無限의門前에서々바라보앗다면 그는그偉大에놀내는同時에將次그우에나타날劇의如何할것인가를想像하고는意識을일치안을수업섯슬것이다。

그러나大自然이어써케偉大하다기로歷史가어써케悠久하다기로亦是하나님이한숨에자으신것에不過한다참으로偉大한것은그이요참으로能力잇는것은그이다『주여代々로우리의居한곳이되엿나이다 山이나기前과주께서따와世界를지으시기前에永遠부터永遠까지主께서하나님이로소이다。 主께서사람으로써흘에도라가게하시고이에갈아사대人生들아根本으로도라가라하시나이다。 大槪主의눈에는千年이어제날지남과갓흐며밤에한更點과갓흐니이다(詩九〇篇一—四節)하나님이이宇宙를그러틋偉大하게美麗하게奧妙하게지으신것은一時의氣分에서나온것도안이요偶然하게하신것도안이다。 지은것의偉大는지으신者의偉大의表現이요눈에뵈이는것의美妙는볼수업는것의美妙를象徵하는것이다。 낫에太陽이써뜻하고밝은것은그의사랑과光明을記憶하는때가만케하기爲함이요밤에天上에許多한星群이燦爛한것은그의榮光의빗나는것을推測케하기爲함이다二百萬體의大宇宙에서부터顯微鏡의렌즈밋헤서活躍하는아메ㅣ바ㅣ에니르기까지生覺하여보면그의榮光과攝理를보이지안는것이업다(續)

하나님의奧義와그啓示(說敎)

고린도二章六ㅣ十一節

鄭　相　勳

고린도는東西兩洋의交通　貿易의要地를占하야商業의繁昌한港口ㅣ엿슬뿐아니라　哲學文藝等에서도雅典에다음되는中心都市ㅣ엿다　만흔學派가거긔에잇섯고만흔사람들은그어느學派에나屬하야　眞理探求에盡心竭力하엿다　그文明의精華는燦然히照輝하야日月과그光輝를다투려하는氣勢엿다　그럼으로그들은自己들의가진智慧를尊崇하고　自已들의어든바知識을誇矜하엿다　그들의文化는勿論人間中心의文化엿다　그들의宗敎도亦是人間中心의宗敎엿다　그럼으로　하나님을中心으로한文化　예수의十字架를中心으로한宗敎는　그들의게는愚夢의한나에지내지못하엿다　이와가치人間中心의나라　卽人間의智慧와努力에依하야　宇宙의眞理를窮究하야　自他늘救援하려하는者들의게　使徒바울은聽함이업시大膽하개　十字架의福音을傳하엿다　그들이尊崇하고誇矜하는智慧와知識을물이치면서　이미련한듯이보이는十字架의福音을高唱하여왓다　이러케하는대에大使徒의面目이躍如히나타나잇다　그런대바울은六節에일르러　그論法을一轉하야가지고「그러나우리는장성한사람中에서는智慧를말하노니」하며지금은自身이이제와지排擊하여온　智慧를스사로　가라치려한다　矛盾이라면矛盾이다　그러나여긔에바울의確信이잇고信仰의勇氣가잇다。

그러면바울이가라치는　그참智慧라는것이무엇인지를　몬저考察하여보다　그는그智慧를說明하야「이智慧는이世上의智慧가아니요　또이世上의업서질官員의智慧도아니라」말하엿다　卽그참智慧는하나님쎄서나오는하나님의智慧요人間의智慧가아니라하엿다　이世上智者와學者들이永年心血을傾注하며一心精進하야엇은智慧가아니라한다　이世上에그起源을가지고　또이世上의사람들의稱讚欽仰의標的이되여잇는智慧가아니라하고奧義中에숨기어잇는하나님의智慧라하엿다　다시말하면하나님의宇宙的大經綸、人類의救濟의計劃과方法가지　이世上의智者와賢者의게全혀祕藏되여잇는奧義인　하나님의智慧라하엿다 하나님께서그獨生子를이世上에보내심이라든지 그보내시는方法에일으서도 이世上의王公의집貴公子로誕生식히지아니하시고 僻村나사렛의木手의貧家의아달로 규유에出生케하심이라든지더구나그를 이世上에서成功식혀榮華를極하게하야萬人으로하여금그를欽仰慕從케하지아니하시고 十字架上에서恥辱의慘死를식혓슴이라든 또이러케하야世上과人間을根本的으로 또永遠히救援한길을여심이라든지 이러한하나님의智慧 하나님의奧義를안者가업섯다 希臘의哲人소크라떼-스도아지못한바다 印度의宗敎家釋伽도아지못한바다 中國의聖賢孔子도아지못한바다 猶太의라비中의賢明高潔한힐렐이나가마리엘도또한預期치못한바다 이는眞實로人間中心의文明이全然히到達할수업는秘義ㅣ다 이와갓튼하나님의智慧 即靈界의秘義는生物學者의顯微鏡이나天文學者의望遠鏡가온대서는나오지안는다 宗敎學者의比較研究라든지 神學的理論에서도나오지안는다。 聖書의分析과批評的研究에서도나오지안는다 道德的修養이나宗敎的瞑想에서도나오지안는다 그러면 하나님의啓示를밧고깁흔宗敎的體驗을가진이의게서

배우면알것이냐하면또그러치도안타 萬若그러함으로하나님의깁흔眞理를了解할수잇다하면 一人의아름다운靈魂의體驗은萬人의體驗이될것이다 一人의바울 一人의루터ㅣ가잇스면 人類는다시하나님의役事를求치안코宗敎的深淵한奧義에得達할수잇슬것이다 그러나事實은그러치안타 知識이아닌하나님의奧義는 肉의關係即師弟의關係 父子의關係 兄弟의關係等의特典을가지고理解할수잇는것이아니다。 偉大한宗敎家를우리의師傅삼을지라도그는다맛우리에게하나님의眞理에對한발은知識을傳하여주고또우리가하나님의奧義를알도록우리의마암에準備의役事를할뿐이다 단테의神曲에比喩를들어말하면 그들은다테의地獄과煉獄旅行을引導한버-질의職分을맛흔者들이다 天國旅行을引導할베아트리최의職分은그들은堪當치못한다 그럼으로버-질의職分을맛흔偉大한先輩를尊敬하면서 우리는다시베아트리최의職分을맛흐신이를다른대에서求하지아니하면안된다。 即다시말하면 하나님의奧義는生來의人間의智慧나努力으로서는悟得할수업슬뿐아니라 偉大한信仰上師傅의게서배울지라도理解할수업다는것이다 이것

은決코나의推理가아니다事實을그대로들어말한것이다　萬若사람便의硏究나思索이이하나님의秘義를分明히顯揚식힐수잇섯드라면그들은榮光의主예수그리스도를十字架에못박아버리지아니하엿슬것이다　또今日의學者더구나歐米神學者나聖書學者들의恪勤한硏究가　이秘義를알엇드라면그들이精神的으로榮光의主하나님의아달을다시十字架에못박지아니하고그를나의主　나의救主　나의智慧의智慧　나의生命　나의所望　나의光明　나의歡喜　永遠히讚頌을밧으실하나님의아달이라하고그의압헤謙遜히물릅을꿀것이다　이러한敬虔한態度가그들의게보이지아니함은　그奧義가그들의게도　또한감초여잇는까닭이다。

그러나이러케감초여잇다말하더라도　하나님의智慧는다만감초이기爲하야감초여잇는것이아니다　숨기기爲하야숨기어잇는智慧가아니다　이는東洋에만혼密敎라든가秘傳의宗敎와는다르다　그들은陰蔽함으로써그權威를維持하고信徒를쇠긴다　그런대基督敎에서말하는하나님의秘義　하나님의智慧는所謂神秘가아니다　그것은사람으로「하여금榮光을엇게하시랴고萬世前부터미리定하신것」이며　하나님을사랑하는者를爲하야豫備하여둔것이라한다　그감초인하나님의智慧　卽사람의눈이아즉보지못하고귀가아즉듯지못하고　마암이아즉생각지못한바하나님의奧妙한理致가永遠한神秘로　감초여잇슬것이아니요　때가일으면사람의光榮을爲하야啓示될것이라한다　卽하나님의奧義는사람을爲함이라한다　하나님씌서太陽의照耀하는낫과　星群의燦爛한밤이一日一次식交替되게함도　사람을爲함이요　雨露를주사　따에草木을茂生케하심도　사람을爲함이요　樹林에禽獸를깃드리게함도　사람을爲함이요　歷史를引導하시고그絶頂으로　獨生子를주사　十字架에못박으시고復活식히심도　사람을爲함이라한다　이와가티　하나님의이宇宙經綸의目的과計劃이사람의榮光을爲함이라함은　確實히人間中心의秘義다　그러나이는近世的人間中心主義의意味에서의人間中心의思想이아니다　하나님씌信從하는人間本然의立場을굿게保全한우에서말하는人間中心이요　人生의目的이하나님의榮光을나타냄에잇다는人生觀에立脚한人間中心이다　이것을誤解하여서는안된다

말이좀岐路에드러갓다만은結局　하나님께는사람

의智慧와努力으로得達할수업는奧義인智慧가잇다함이다 그러나그것은奧義이기때문의奧義가아니요사람의榮光의爲한奧義라한다 그러면하나님께서는무슨方法이나手段으로이奧義를 사람의게敎示하야사람으로하여금이奧義에依據케하지아니하면안될것이다 사람으로하여곰그榮光에參照식히지아니하면안될것이다 여긔에 하나님께서는그奧義를사람의게보이는方法으로啓示의길을取하섯다

그러면하나님께서엇더케하야 그智慧即奧妙한理致를사람의게啓示하엿는가를最後에생각하여보려한다 바울은十節에일으러「오즉하나님의聖靈으로우리의게보이섯스니」라말하엿다 여긔서「우리」라함은八節의「이世代의官員」의게對한말이다 바울이이와가티이世代의官員들과對立식혀 「우리」라하엿슴이다른使徒들을마암에생각하고 말한것인지或은고린도敎會에關係잇는바울自身과그弟子데모데와실누아노를마암에품고말한것인지 輕忽이判斷할수는업스나이말은「擇함을입은者」「恩惠에參與한者」即一般信者의게거리낌업시適用할수잇는말이다 (골로새二의二六參照) 곳처말하면이世上의學者나政治家나

道德家나隱遁者의게啓示치아니하고 우리를 다만信仰하는者肉體 依支하야서는智慧가업고能한것이업고잘난것이업는凡庸한者들의게啓示하섯다하엿다(一章二十六節參照) 바울自身의말을빌여말하면「世上의塵埃와갓고萬物의때(垢)와갓튼」우리들의게啓示하섯다 그奧義의啓示를밧을만한秋毫만큼의資格도업는罪人인우리의게보이섯다한다 하나님의그와가튼啓示를밧고救援의恩寵에參與하기에는最後의人間인우리의게 하나님께서는創世의前부터豫定하여주신그奧義를보이섯다함이다。

이와가티貴한奧義를啓示하서도 우리의게아모것도要求치아니한다는것이바울의論旨요또精神이다。우리들의學究도律法의遵守도苦業難業의修養도要求치아니하시고다만 하나님自身이自發的으로聖靈을通하야啓示하섯다한다 이와가티하야하나님의奧義는何等의代價업시啓示되엿다即自由와恩寵의선믈로하나님의聖靈을通하야나타나게되엿다 啓示하엿다는動詞는過去(希臘語의Aorist tense)라 이미過去의歷史的事實로啓示되엿다함을말한다 이는아마바울自身이過去의어느때에하나님의奧義即그리스도의十

字架의啓示에接한體驗을回想하고한말인줄안다 信者인者는누구든지 밧은啓示의形式은서로달를지나다이經驗을가지고잇슬것이며아니가지고잇서야 비로소참信者일것이다 웨그러냐하면信者는하나님께서 이奧義의啓示를밧고信者가되엿고 하나님의聖靈은이것을人類의게啓示하시려고 晝夜의別이업시役事하시는까닭이다 하나님께서빗을善人이나惡人의게한갈가티빗최심과가티聖靈도모든사람의게이奧義를啓示하랴고努力하신다 그는自然을通하야 歷史를通하야 喜怒哀樂의連鎖인人間生活을 通하야이外왼갓機緣을利用하야이奧義를사람의게나타내려하신다 이러케하시기爲하야聖靈은恒常우리의것에서서 우리의마암門을두다리신다 이意味에잇서聖靈은偉大한探索者ㅣ다 至愛의保惠師다 사람의맘은마암이渴急히하나님을思慕하고絕命되리만큼宇宙의眞理에參入하랴고애쓰는것보다 聖靈은더욱더懇切한사랑으로써罪人을探索하시며 奧義를啓示하야恩惠를베프시려하신다

그러나사람은그의게손을내여밀여하지안는다 마암門을열여하지안는다 그리하야하나님의奧義의啓示를밧고 永遠한生命의잔채에서먹고마시려하지안는다 아니 無意識的으로人間은모다하나님의配設한잔채에서 먹고마시려한다 그러나먹고마시지못한다 그는그들의聖靈의불으는소래에귀를기우리지안코헛된곳에서求하는까닭이다 即그들이하나님의奧義를求함에 그것에相應한길로써하지안는까닭이다 科學의硏究에方法이重要한것과가티 하나님의奧義를求함에도그것에相應한方法이잇다 그方法은다만하나이니 곳信仰이다 이外에다른길이업다右便을通하는길도업고左便으로並走하는길도업다 信仰이唯一絕對의길이다 그러면엇지하여야信仰을가질수잇슬가하는것이問題다 信仰을가지자면몬저우리의自我中心主義의態度를버려야한다。하나님의奧義압헤서는自身의智慧가如何히淺薄한것이며 自身의힘이如何히微々한것인지를깨다라야한다 그리고全能하신하나님의權能에모든것을막기는것이참智慧요救援을밧는것이라는것을알어야한다 即自我中心에서하나님中心으로生活의原理를轉變식혀야한다。이것이基督敎에서일으는悔改요回心이다 또이것이信仰이다 即自身의宗主權을하나님께委任하고 하

나님으로하여곰自身을支配케하는것이信仰이다 우리가이러한心境을가질때하나님께서는聖靈을通하야우리들안에內住하야恒常役事하시는것이다 이聖靈은그리스도를通하야하나님께서나오는것이요 하나님의일을모조리아시는者다 바울은十一節에「사람의事情을사람의속에잇는靈外에는뉘가알이요 이와가티하나님의事情을하나님의靈外에는또한아는이가업나니」라말한것과가티 하나님의事情은 하나님께서나온이聖靈外에는아는者가업다 그럼으로하나님의事情을알여면이聖靈으로말매암지안으면안된다 우리가이聖靈에信賴하야引導함을밧을때 우리가虛荒한迷信이안닌가하고疑惑하기도하고 或은理解하려고苦心焦思하든하나님의奧義 即그리스도의十字架와復活과人類의救援等의秘義를聖靈이우리의마암에分明히가라처준다 여긔에우리의눈에서는비늘이버서지고우리의眼前에는新天新地가나타나고우리의입에서歡呼感謝의새노래가쏘다저나오게된다 예수께서「사람이물과聖靈으로나지아니하면하나님나라에드러가지못한다」하섯슴은自身에서죽고聖靈이주는生命에서 新生을살게되는이眞理를말삼하신것이다 바울이사람이聖靈을밧지못하면그리스도를主라불으지못한다고가라침도 이것을말한것이다 그럼으로하나님의奧義를밧는것은一世의碩學으로名聲을떨치는사람이아니요 王侯가아니요富者가아니요다만信仰을가진者即自己를十字架에못박고 그리스도안에서聖靈의引導대로사는者임을알수잇다 그가손에호미를가진貧寒한農夫일지라도 바다에그물을당기는漁夫일지라도 독기를메고深山欝林에드러가서나무베기를生業삼는樵夫일지라도 天下의大哲學을超絶하는 하나님의奧義에參入할수잇는것이다 即하나님의奧義는全人類의게區別업시啓示될本質을가진것이다 問題는사람이이를밧고안밧음에잇는것이요 奧義啓示의本質에잇는것이아니다 이것이基督敎의基督敎인까닭이며 獨生子를주실만큼世上사람을사랑하신하나님의하나님이신所由다。

보라 이와가티萬人의게啓示될하나님의奧義는肉의形體를쓰고 世上에降臨하서서 갈바리山上의十字架로나타낫다 이것을二千年前未開人의妄想이라하는者누구요 이는過去의妄想이아니다 現代의事實이다 이와가티말하는現代人의하나인나의生活의土臺가되여잇는嚴立한事實이다 누구든지聖靈의引導함을밧는者의게는太陽이東에소슴과가치明白한事實이다. 이奧義의啓示를밧고 하나님께서萬世前부터豫定하신榮光을밧는者는福잇는者로다

나의宗敎

宋斗用

나는基督信者이다 宇宙萬物을創造하시고그것을主宰하시며永遠히變하심이업는오즉하나이신하나님의아들그리스도예수를救主로밋는基督敎가곳나의宗敎이다

이에나는나의宗敎인基督敎는엇더한宗敎인가를말하랴한다 그런대諸君은異常하게生覺할는지도알수업다 二十世紀사람으로基督敎가무엇인가를아지못하는者가어대잇스며더구나基督敎會內에서이러한新奇하지도못한말을할必要가어대잇슬가? 하고或者는誹謗하며或者는嗤笑하고또或者는冷待하며或者는疑惑할는지도알수업다。

그러나나는우리가二十世紀사람인때문에더구나基督敎信者의모임인敎會인까닭에一層더이問題를解決함이가장必要한줄안다 그는現代人은三尺童子까지라도科學萬能을主張하며人生問題는科學만으로解決할수잇다하고소래치나事實인즉科學의原理가무엇이며科學과人生의關係가어대잇고또科學의必要의程度는얼마나되는가하고質問할때能히對答할者몃사람이되지못한다 또近者에는山中樵夫와僻村婦女들까지共産主義와社會主義를謳歌하며이것이안이면人生은살수가업다고號叫하나이것또한社會主義라는社會와共産主義라는共産의意味가무엇인것을아지못하는者가거의그들의全部이다。

그런대맛치이와갓치基督敎는世界的宗敎이니人類的宗敎이니하고써드는者는其數를헤아릴수업스며또宗敎따하면多數人은곳基督敎를聯想할만치된現代에잇서서도基督敎가엇더한宗敎이며基督敎의敎理는무엇이고또그原理는엇던것인가를아는사람은極히少數에不過함을우리는잘알고잇다 全世界는그만두고爲先우리朝鮮만을生覺할지라도朝鮮은五十年以上의基督敎歷史를가젓스며또幾十萬或은幾百萬의信者가잇다고자랑하며깁버하는者가所謂信者中에許多하다。

그러나朝鮮敎會內에基督敎를참으로理解하는者가몃사람이나되는가하고물을때朝鮮內基督敎信者는全部가基督敎를理解한다고快答할者가한사람도업슬것

나의 宗敎

은事實이다 그러면敎役者는엇더한가할때그答은一層더躊躇하지안을수업다。

只今우리는信者임을自稱하고敎役者임을自負할뿐더러自己는基督敎를理解한다는朝鮮內信者의答은엇더한가귀를기우려보자 그들의答은多種多樣이다。或者는基督敎는道德的宗敎이니人間修養에必要하다하며他者는基督敎는地上天國을建設함이目的이니人生生活에希望을준다고한다 또或者는基督은人類의木鐸이될만한偉大한人格者임으로그의宗敎는배울바가잇다하고或者는基督敎는博愛主義며平等主義니宗敎가운대가장훌융하다고한다 甚至於基督敎는社會主義나共產主義와도비슷한點이잇서誰人의게도好感을준다고말하는者까지잇다 그럿타모다가事實이다 나는決코反對하거나非難하랴고는안이한다

그러면果然基督敎는以上에말한바에지나지못하는宗敎인가? 決코안이다 萬若이러한것이基督敎의內容全部라면基督敎는다른宗敎보다조곰도나흘것이업다 싸라서基督敎는아모價値업는宗敎라할수박게업다 그러나多幸히도이러한것은모다가基督敎의下流나或은枝葉에不過하다 안이 참基督敎는이러한것을問題로삼지도안는다 이것은맛치俗談에잇는바와갓치수박(西瓜)것할기로基督敎의內容을잘理解하지못하는者의말인때문이다 基督敎는決코이러한淺薄한宗敎가안이다 基督敎는深遠하며奧妙하고神秘한宗敎이다。

噫라! 그런대도不拘하고現朝鮮敎會信者들은前述한바와갓흔實로貧弱한그것으로滿足하며그以上의것을要求하지안음은엇지함이랴? 그들은內容을바린後뷘器具만을가지고깁버하는者들이다 이와갓치眞僞의價値가轉倒된現世에잇서서더구나朝鮮에잇서서참基督敎는엇더한宗敎인가를論함은반다시閑人의弄言이라고斷言할수는업슬것이다 안이 마암잇는者의게는當面의先決問題가될것이다 더구나基督者된者로서는一次生覺하지안을수업는緊急問題이다。

그러면내가나의宗敎라고稱하는基督敎는엇더하것인가? 只今그것을諸君의게말하랴한다 그러나나는決코나의主義나主張하는바로써한사람이라도降服식히랴함도안이오또나의思想을宣傳하야한黨派를지으랴함도안이다 더구나내가이말로써傳道하야한낫의靈魂이라도救濟하랴함도안이다 그理由는나의말

함을따라諸君은自然히잘諒解할것임으로只今은말하지안는다　그러면本論으로向하자

나의宗教即基督教는따의宗教가안이고하날의宗教이며肉의宗教가안이고靈의宗教이며自力의宗教가안이고能力의宗教이며또議式의宗教가안이고信仰의宗教이다　그러면나는只今따의宗教와하날의宗教　肉의宗教와靈의宗教　自力의宗教와他力의宗教　議式의宗教와信仰의宗教를各々解剖하야其內容을調査하며組織을檢閱하야나의宗教인基督教의根本原理를探究하는同時에　또其本體를諸君의게闡明하게하랴한다

몬저따의宗教와하날의宗教를生覺하여보자　따의宗教라함은따에서난宗教即사람의게서난宗教를말하며하날의宗教라함은하날에서난宗教即하나님게서내신宗教를말한다　基督教는따에서난것이안이며사람이만든宗教가안이다　基督教는하날에서난것이며하나님게서나리신宗教이다　사람의智識이나富力이나思想이나意志로서만든宗教는곳사람의宗教이며따라서따의宗教이다　世上에는形々色々의宗教가잇스니或은學者의智識으로된것도잇고富者의權勢로된것도잇스며또는偉人의思想으로된것도잇고어느것은無智蒙昧한者들의迷信으로된것도잇다　例를들면儒教는智識의宗教라할수잇고回回教는權勢의宗教라할수잇스며佛教는思想의宗教라할수잇고　普天教는迷信의宗教라할수잇다

이에우리는佛教、儒教、普天教、回回教가모다사람의宗教이며따의宗教임을잘알수잇다　그러나基督教는決코이러한部類에屬한宗教가안이다　宇宙萬有를지으섯고人類를내신全知全能하신하나님게서無限히墮落하야罪惡에沈淪된오ㅣㄴ世界人種을救援하시랴고自己의가장사랑하시는獨生子예수를악기심과躊躇하심업시世上에보내사그(彼)로하야금세우신宗教가基督教이며또이것이나의宗教이다　基督教는잇다가업서지는一時의宗教가안이고永遠無窮의宗教이다　永遠히變하심업시사라게신하나님의宗教는萬世磐石에선生命의宗教이다　따라서基督教만이하날에宗教이며하나님게서내신宗教이다。

그런대하나님게서는참되시며또義로우심으로그의宗教인基督教는따의宗教와갓치虛僞와不義가업다。眞理와正義는基督教의標準이며基礎요根本이다　예

수게서『나는眞理라』하셧스며 또『몬저義를求하라』하심은이것을意味하신것이다 그러고하나님게서는公平하심으로基督敎는僻偏됨이업다 따라서基督信者가眞實하며公平함은自然일것이다 그럼으로公平이업스며眞實하지못한宗敎는따의宗敎임을잘알수잇다 예수게서는말삼하실때마다『眞實로〳〵』라하셧스니이것으로그의宗敎가얼마나眞實한가를證明하고도남는다 그때문에나는誰人의게든지主예수를밋으라고말하기前에너는眞實하여라하고말한다。그는眞實한사람은孝하는法이니肉의父母를아는사람이엇지自己를내신靈의아바지신하나님을찾지안을수잇스랴? 따라서父母의게孝할만치眞實한사람은永生의源泉인하나님을깨닷기만하면참信者가된다 나는이러한實例를一二次본것이안이며이는決코稀罕한일이안이다。

다음에는肉의宗敎와靈의宗敎를말하랴한다 肉의宗敎라함은肉의것으로생긴宗敎이며靈의宗敎라함은靈으로因하야된宗敎을말한다 그러면우리는몬저肉과靈이各々엇더한것인가를알어야만肉의宗敎와靈의宗敎를區別할수잇슬것이다 그런대世上사람은肉이라하면肉體그것만을가라치고靈이라하면或은마암을뜻하며或은精神이라生覺하고 또는魂이라도말한다 所謂基督信者라는사람가운대에도이와갓치알며生覺하고또他人의게가라치는者가多數인듯하다 그러나基督敎에서말하며 가라치는肉과靈은決코그렷치안타 참基督敎는우리가出生할때에가지고온것은오다가肉이라고말한다 따라서우리의肉身이肉인것은更言할餘地도업거니와우리의마암이나精神이나魂까지도亦是모다肉이라고基督敎는가라친다 다시말하면사람의게屬한것은모다가肉임을意味한다 예수게서그와갓치가라치셧고베드로와요한이그와갓치말하엿스며바울과투ㅣ더도그와갓치證據하엿다 그럼으로사람의게서난것은物質的의것이나精神的의것이나모다가肉의것에不過하다 보이거나안이보이거나사람의게서난것은 肉에屬한것이니그것들은곳모다가肉이다

그러면참意味의靈卽基督敎에서말하는靈은무엇인가? 그는곳聖靈박구어말하면聖神이다 聖神은天上天下唯一의神여호와하나님께서예수를通하야나온예수의靈이다 그런대그聖神을가진者만이可히基督

者이다　아모것이잇슬지라도聖神即그리스도의靈이업스면決코基督者가안이다　反對로아모것이업슬지라도聖靈을가진者는곳참意味의基督者이다。 싸라서靈「하나님의靈을뜻홈　以下同」이업스면아모리聖書智識이豐富한者라도그는聖書學者일망정基督者는안이다　또아모리神學校를卒業하고牧師나監督이되엿슬지라도　그는敎役者일망정基督에屬한者는안이다　그럼으로神學博士라고모다가信者인것은안이며牧會者라고全部가信者라고는認定할수업다　그는學識이나地位가하나님의靈이안인때문이다　싸라서하나님의靈이잇는곳에참敎會가잇고또하나님의靈을가진者만이참基督者일것이다。

　그런대聖靈은엇더한것인가?　聖靈은無限한智慧와能力을가진것이다　그럼으로聖靈은적은것을크게하고病든者를낫게하는것이안이다　聖靈은업는것을잇게하고죽은것을살게하는權威를가젓다　聖靈이잇는곳에는叛逆者가順從하게되고罪人이義人으로變하며懦夫가勇士노릇할수잇다　迫害者사울은다메섹途中에서하나님의靈을밧어　가장順從하며眞實한便徒바울이되엿고放蕩兒오가스틘은靈을만나聖오가스틘이되엿스며無名의僻村아이스레ㅣ벤에서出生된一鑛夫의子息인懦夫루ㅣ터는靈으로말매암아地上에서는自己만이하나님의權能을가젓다고自稱하든法王까지도怯내지안이하고中世紀에잇서々가장偉大하며또困難無比한宗敎改革의先鋒者루ㅣ터가되엿다　이것은모다가하나님의靈이活動하신實例이다

　그러나하나님은그의靈의活動을使徒바울이나聖오가스틘이나改革者루ㅣ터만의게許諾하심은안이다。自古及今에有無名의許多한信徒들도靈을가젓든것이다　事業의大小成敗를莫論하고참信仰을가진者면聖靈을마즐수잇다　이곳에모인諸君各個人의게도하나님의靈은活動하고게신다　이에우리는萬若靈을밧지못하거나또는靈의活動이업는者는다른무엇일망정基督者는絶對로안인것을알수잇다　아모리하나님을부르며　예수의일홈으로모든것을行할지라도靈의活動이업스면그것은모다僞善이며虛僞다　即肉의일이다그럼으로하나님의靈이活動하시는基督敎는산宗敎即生命의宗敎이다「오ㅣㄴ天下를엇을지라도生命을일흐면무삼利益이잇스랴」하고예수게서말삼하신生命은곳하나님의靈을가라치신것이다

나의 宗敎

그런대天文學者가안이면蒼昊의일을알수업스며地質學者가안이면地下의일을알수업는것과갓치靈의일은靈이안이면判斷할수도업고또理解할수도업는것이다 그때문에基督敎는하나님게서靈을밧을者만이理解할수잇는宗敎이다 따라서참基督敎와거짓基督敎의區別도하나님의靈만이能히判斷할수잇는것이다。『사람이거듭나지안으면하나님나라를보지못하나니라』하고니고데모의게가라치신것은『사람이肉身의出生만만으로는天國의일卽靈의일을아지못하나니靈의誕生이잇는後에야비로소靈의일을알수잇나니라』하고말삼하신것이다

그럿타 거듭난다는말을듯고警愕하며異常히녁이는者는니고데모뿐이안이다 科學을자랑하며物質明文을禮讃하고 그것에陶醉한現代人들은거듭난다는말을들으면警駭할것이다 안이 多數人의自稱信者들도이말에도嘲笑를마지안을것이다 그러나基督敎는靈의宗敎임으로하나님의靈을가지지못한者는絕對로또永遠히理解하지못할宗敎이다 그럼으로聖使徒바울도『하나님의일은하나님의靈以外에는아는者가업나니다』하엿고또『하나님의일은하나님의靈을밧은者라야分辯할수잇나니라』하엿다

그런대보라ㅣ 朝鮮敎會內에는얼마나만은反基督敎分子가잇는가를! 또거짓敎役者와거짓信者가充滿한것을! 그런대도不拘하고이것을깨닷는者가업슴은무삼緣故인가? 그는곳하나님의靈이朝鮮敎會에게시지안은무엇보다도確實한證據가안이면무엇이라?

嗚呼라! 나는朝鮮敎會內에羊의數보다도일희의數가더만은것을볼때에悲嘆의感이自然생기고落淚를禁할수업스며또憤慨안이할수업다 일희의무리가羊의떼를迷惑하는魔力은靈의나라에서는아모所用도업는이世上의智識과地位며또잇다가업서지는富力과權勢이다

諸君이여 諸君이萬若참基督者라면또참朝鮮人이라면무엇보다도몬저朝鮮內에잇는基督敎各團體우에또信者各個人의게聖靈의活動이쓴임업기를祈禱하기懇切히바란다。

이에우리는肉과靈의區別을잘알엇다 그리고靈의感動이업시생긴일은모다가肉의일이며 따라서基督宗敎以外의敎는모다가肉의宗敎인것도納得할수잇다

그럼으로예수게서 『하나님은靈이시니禮拜하는者도靈과眞理로禮拜할게니라』 하심은基督敎의가장큰敎理인것을깨닷기에어렵지안타。

그러면다음에自力의宗敎와他力의宗敎를살펴보자 文字와갓치自力의宗敎는 自己의힘으로만든宗敎이고他力의宗敎는自己의힘안인무슨다른힘으로된宗敎이다 따의宗敎와하날의宗敎를論할때에말한바와갓치基督敎는사람의能力을因하야난宗敎가안이다 따라서나의宗敎인基督敎가내自身이만든宗敎가안임은무엇보다도明白한事實이다 내가예수를밋게된것부터나의힘으로나내意志로된것이決코안이다 그러면엇지나의信仰을나의願하는대로變動할수잇스랴? 그는나의게그와갓흔能力도自由도업는때문이다

그런대自由를사랑하고즐기는現代人은全部가自由를부르짓는다 果然現代는自由의時代이다 그럼으로世上사람들은나의無力함과不自由함을嘲笑할것이다 그럿타 사람의게는自由가잇다 나도그것을疑心치안는다 안이나도自由를甚히尊重히녁이며極히사랑하는사람의하나이다 그러나自由도程度가잇스며範圍가잇슴을엇지하랴? 그러고自由라함은무엇이든지自己의意志대로함을말함이안이다 보라! 사람은누구나法律上自由를가젓다 그럼으로法律에抵觸됨이업는때에는언제든지自由일것이다 그러나一朝程度와範 를지내여犯罪할때는 그사람의自由는直時拘束을밧게된다 法律에抵觸됨이업다함은法律과矛盾됨이업다는말이다 更言하면法律에反對하지안는다는뜻이니反對하지안이함은結局服從함이다 그럼으로法律에抵觸됨이업스면自由라함은換言하면法律에服從하면自由라는말이라 이러하야自由는곳服從인것을알수잇다 自由와服從은各々自立을許諾치안는다 수레(車)에兩輪과갓치不可相離의關係에섯다

그런대服從이라함은自己의意志如何를莫論하고無條件으로쓸면쓸이고때리면마즈며또엇더한일이나엇더한때라도억임업슴을말한다 따라서나의宗敎는他力의宗敎이니만치그만치나의生活은全部가服從쁜이다 처음부터끗까지예수의게順從함이곳基督敎이다 먹든지굼든지벗든지입든지살든지죽든지其他모든것이나의뜻이안이다 따라서그것이모다나를爲하야가안이다 이까닭에使徒바울은『우리가하나이라도自

己를爲하야사는者가업고또한自己를爲하야죽는者도업나는지라 우리가살아도主를爲하야살고죽어도主를爲하야죽나니 그런고로사나죽으나우리가主의것이라』하고말하엿다 따라서基督者는決코自已의힘이나意志로서무엇이든지하여서는안이될것이다 안이우리의게는그러한힘도意志로업는것이다。

世上에는敎化運動이끈임업고傳道大會가붙일듯하나한낫의靈魂을救援치못하며査經會復興會其他여러가지集會는 이곳저곳에서벌떼(蜂群)갓치일어나나참으로悔改하는者는 도모지볼수업슴은무삼緣故일가? 그는사람의마암의頑惡함에잇겟지만모든運動이나大會가 하나님의聖意가實行됨이안이고사람의意志로써實現되는때문이다 나는그것이事實임을確信하며斷言함에조곰도躊躇치안는다 내가처음에말하기를나는只今傳道하는것이안이라하엿고 또其理由는나의말함을따라自然理解할것이라고한것도이때문이다 萬若聖意라면傳道者가업슬지라도만흔사람이悔改하고밋게될수도잇고 그와反對로世界信者가모다食飮을全廢하고晝宵의分辨업시傳道할지라도한낫의靈魂도건질수업는것이다 그럼으로나는하나님의命令만을順從하지안을수업다 하라는일만을할것이며가라는곳에만갈뿐이다 結果의成敗와成績의好否는나의게關係가업다 그는나의힘으로는아모리도할수업는때문이다 그러고사람을내신全能하신하나님게서엇지人類救拯을完成치못하실理致가잇스랴? 또弱하고어리석은사람의게만그偉大한事業을委囑하시랴? 願컨대基督者된우리는한가지도남김업시全部를主예수의게맥기고오즉服從만하기를!

엇흐로儀式의宗敎와信仰의宗敎를말하랴한다 儀式은흉내내는것即前例를따르는것이며信仰은오즉밋기만하는것을말한다 그런대儀式的이기爲하여서는形式과組織과制度가업지못할것이다 따라서儀式의宗敎에는律法과儀式이가장必要하다。

古代비리새敎와現代카소릭敎(天主敎)는곳律法의宗敎이며儀式의宗敎이라 이와갓흔宗敎에는燦爛한形式과緻密한組織과嚴肅한制度가緊要함은自然이라 그래서그네들이萬事를行함으로만成事삼음도怪異할것이업다 그러나基督敎는行爲를强求치안코信仰을要請한다 따라서基督敎는形式과制度와組織을要求치안을뿐더러도리혀不必要하게녁이며어느意味에잇

서〻는妨害로안다

그럼으로『하나님이보내신者를밋는것이하나님의일이니라』하고예수게서말삼하신바는곳基督教의根本原理다 이것이야말로基督教의中心이며絕頂이다。그럿타 이것만이基督教의全部다 이말삼은『하나님에서보내신하나님의獨生子이며人類의救主인예수만을밋는것이사람이하나님의게對한가장큰事業이며奉仕이라』는뜻이라 使徒바울은사람이救援밧음은決코律法을遵行함으로가안이요 오즉主예수를엇음으로서라고力說하엿다 果然바울의一生은예수를救主로밋기만하라는福音을傳하기에全部消費되고말엇다 그는雄辯으로가안이요 知識으로가안이요勢力으로가안이요 金錢으로가안이요 事業으로가안이요 오즉信仰으로信仰의福音을傳하엿슬뿐이다。

예수게서는언제든지가라치며말삼하엿다『怯내지말여또疑心하지말고밋기만하라』고 基督教는밋는以外에아모것도업는宗教이다 萬若信仰以外에必要한것이잇다하면그것은모다가信仰의附屬物이며隨從者이다 基督者는信仰함으로義人이되며또永生을獲得할수잇다 그럿타 基督教는오즉밋는宗教이다。信仰箇條도쓸데업고教派도所用업다 하나님의아달나사렛木手예수만을밋는것이참基督教이다 그것이나의宗教이다 그러면率直하게또單純하게主예수만을救主로밋기만하자 信仰은基督者의全生命이다

그런대朝鮮教會를보라 또信者들을보라 그들은살아게신하나님을奉仕한다하며그의아달예수를밋는다하며 바울을쌀는다하며또루ㅣ터를쏫는다한다。그러면서事實은모다가正反對이다 그럿타 形式은예수中心信仰本位인基督教이다 그러나內容은매몬中心外飾本位임을엇지하랴? 그들은羅馬캬소릭教以上의儀式을가지랴하며바리새教人以上의外飾을取하랴한다 안이 新教 Protestantism)의名義를가진캬소릭教人들이다 그들의思想、行動、信仰(自稱信仰) 集會等은그것을充分히證明하고도남는다(나는그들의缺點을一〻히들어말할수업다 그는맛치盲人이河川에빠진것을嘲笑하는것갓흔感이生하는同時에朝鮮의將來를生覺하야 眼前이캄〻하며가삼이沓〻함을抑制할수업는때문이다)。

내가憎惡하면서도바릴수업는朝鮮教會야 내가忌嫌하면서도잇게못하는朝鮮信者야 입으로말만하지

나의 宗敎

말고마암으로밋으라! 또참으로바울의게 배우며 루ㅣ터를쟐으라! 잠을깨고눈을들어山을보다 主 예수의발자최소래는각가히들이며 하나님의審判은 머지안엇다

이에우리는基督敎가엇더한宗敎인가를어슬푸시라도理解할수엿다 即基督敎는싸의宗敎가안이고하날의宗敎이며肉의宗敎가안이고靈의宗敎이며 自力의宗敎가안이고他力의宗敎이며儀式의宗敎가안이고信仰의宗敎임을。 그럿타 나의宗敎는하날의宗敎이다 靈의宗敎이다 他力의宗敎이며信仰의宗敎이다 이것이곳참基督敎이다 예수의宗敎이며바울의宗敎이고루ㅣ터의宗敎이다

그런대現代朝鮮敎會와信者는基督敎가엇더한宗敎인가를理解하는가? 基督敎의無限大한價値를認定하는가? 그리고그들안에 하나님의靈이活動하는가? 또예수만을밋는信仰이그들의게잇는가? 嗚呼라! 모다가全無임을否定할者업도다。

諸君? 諸君의信仰生活이戲弄이안이거든또僞善이안이거든即참으로救援을밧고義人이되며 永生을엇으랴거든밋으라 밋어야한다 아모것도그만두고 오즉밋기만하라 그러면諸君의願하는以上의恩寵과祝福이쌀으리라 事業을企圖하기前에 運動을일으키기前에 大會를開催하기前에그모든것의原動力인信仰을가지라 信仰만잇스면事業도일 것이며運動도成就하며大會도完成하리라 (諸君은誤解하지말나 나의말하는成、成就完成은靈的意味의그것이지肉的意味로가안인것을!) 그럿타信仰이第一이다

씃흐로우리는예수게서地上生活의마지막날밤에使徒들의게傳하신말삼을謹聽하자『하나님을밋고또나를밋으라』또가라사대『내가곳길이오眞理오生命이니너로말매암지안이하면아바지께로올사람이업스리라』

(昨夏南鮮에서講演한것)

發憤의心理

近代人의特性의한아는 周圍環境이란 文句를濫用함에잇다 모든當하여오난責任外지도 다周圍와環境에다 回避하려한다。 며들의學問이不進함은그父母의無識한緣故며 며들의讀書가不涉함은 靜肅한書齋의設備가無한所致며 며들이犯罪함은 社會의制度가不善한故이며며들의德行이 不修함은祖先의遺傳이影響함이라한다。 마치海岸의松林이斜立함은海風을因함이오 室內의盆栽가窓을向하야傾曲함은日光의影響임라同一하다。 그러나古代의聖者들은 이러한辯明을試치안코 오직自己를向하야義然히發憤하엿다。 善을向하야熱心치못한때義를보고行치못한때 오직自己를向하야秋霜갓헛다。 嗚呼라 盆栽의翬여。 (敎臣)

生命의階段

金敎臣

生命은어대로서왓는고? 누구나업시다가지는疑問이다。그러나 아무도對答하는이가업다。풀을보라 나무를보라 또한赤兒를보라 거기에生命이잇슬뿐이다。

파(葱)한뿌리에도生命을볼수잇고 그細根의尖端에서薄片을떼여낸데도生命의細胞가 細胞液과核와細胞膜等의生命單位인一王國을顯微鏡下에 나타내히고잇다。

파뿌리의一個細胞에들어잇는生命과 아미ㅣ바의單細胞生命과 昆布의生命과 고비의生命과 百合花의生命과 솔나무의生命과 벌의(蜂)生命과 猿猴의生命과 人類의生命사히에무웟이特異함이잇난고 다만單細胞에서多細胞로 單純에서複雜으로變化의程度가달으고發達의差異가잇슬일뿐이아닌가。또다시生命意識의存在로서標準하야下等植物과高等動物을比較할때에 現著한差別이잇는듯이보히나於間의各階段을서로比較하야볼때에 此亦是五十步百步의愚計임을發見한다。

猿猴類以下의모든生命과 人類의生命과의사히에巨大한溝渠을作하야 根本的으로生命의等級을二分하려는努力은 人類歷史上에特出한大役事이엿다。敎徒들뿐아니라異敎徒들도 이일만은共通의所願이엿다。萬一그所願대로가事實이엿든들筆者亦是얼마나多幸하엿스랴。

猿猴類를一段下劣한生命中에編入하려고許多한聖徒들이智囊을傾注하엿고더들을人類와同班에列케하려다가幾多의眞實한學徒가殺害를當하지안흐면死에次할迫害를當한過去를回顧할때에몸써리먼저치웟다

生來의自我와柵內에遊戲하는大猿小猴들과對照할때에 學者의理論은次置하고 他人의贊否는不問하고 나自身만은全然同程度의生命器官體임을承認치안할수업다憤하다면憤할넌지몰으나 그러나事實이다 特히그貪慾、食慾、性慾、生命에對한恐怖의本能等을볼때에 엇지그처럼彷彿한가고하기보담도오히려더들에對하야一種의羞恥心이업지못하다。嗚呼라나는猿猴類以下에位置할卑劣한 生命體임을發見하도다。『대개 내속 곳내肉體속에善한것이 한아도居하지아니하난줄을아노니善行하기를願하난마음은내게잇스나 그대로일우는거슨업나니라』고叫訴한 바울은猿猴의水準線에서超過함이업는同樣可憐한生命이엿다 마는彼의靈魂上에 一大變革이生起하야彼의입으로서『내가 그리스도와 함께十字架에 못박혓나니 그런즉 내가 산것이아니오 내안에 그리스도께서 산거시라。이제내가 肉體가

온대사난것은 하나님의아달 나를사랑하사나를爲하야自已自身을바리신니 을밋음으로사는지라』(갈二〇二十節)라고告白케될때에 바울의生命에一大躍進이생겻다。前者와는比較할수도업는本質的差異를가진生命原理가彼를支配하게되엿다。後世의吾人이敬慕하야마지아니하는偉大한使徒바울은 이우흐로서온生命卽靈으로支配된生命의結果이엿다。

오ㅣ가스틴 루터의一生에도이러한猿猴以下의劣等生命과 其以上의高貴한生命과의階段이잇섯다。

生命은貴한것이다 그럼으로「萬一그生命을일흘진대온天下를가진들무엇하리오」하며進化의低級에잇는微生物은 其生命의貴함을 그처럼認識하는것갓치보히지안하나 高級으로進化될사록漸々生命意識이强烈하야人類에至하야 그極度에達한듯이보힌다。 그러나人類에在하야는其標準에 轉換點이생겻다。天來의소래잇서가라대「무릇누구던지 그목숨을求하고저하는者는일흘거시오 오직그목숨을일코저하는者는 保全하리라」고 우리는 이標準으로서偉大高貴한生命을차저보자。거기에는와름스會場에起立한鑛夫의아달루터가잇슬것이며 國法에順從하야毒杯를避치안턴希臘의聖者소크라테쓰가보힐것이며 初代敎會以來의만흔聖徒가羅列하엿슬것이며 人類의처재偉人모세도만날것이다。그러하야온갓高原을지나고秀峯을넘은뒤에人類理想의最高峰의絕頂에達한때에우리는거기에 나사렛사람예수그리스도를우러러볼것이다。

生命은貴重한것이다。生物은生命의貴重을認識하는程度로써其進化의程度를表示한다。그러나生命이그貴重함을忘却하고其自尊心을投棄한때에 그生命은一段을飛躍한生命이오 一層더高貴한生命이다。그生命의極度完成을우리는예수그리스도에보도다。말삼이肉으로되시사世上에生活하섯스나 뎌는보내신니의意思에反하야서는한가지도한것이업섯고 보내신니의뜻에順從하엿어는 十字架에까지 無能한者처럼걸엿버렷다。曠野의試驗에서발서完全히靈이肉을支配하야勝利하엿던彼의一生은『아바지여萬一즐기거든내게서 이盞을 써나게하소서 그러나내뜻대로마옵시고 오직처분대로하옵소서』라는無私至順한決算으로써 마치엿다。至極히놉흔程度의生命이엿다。靈의原理대로산生命이엿고 眞理自體의顯現인生命이엿다 果然뎌의말삼에는거즛이 업도다『내가곳길이오眞理오 生命이니라』(요한傳一四〇六節)고 오 主여 사슴이내물을차지랴고渴急함과가치 내靈魂이 당신을차지려고 渴望하옵나이다。

新年斷想

新年이왔다하야 오고가는者 깃븜으로서로맛나며祝福으로서로난인다 果然新年의싸에는깃븜이넘처나고 新年의空中에는祝福이차잇다 그러나哀愁를감춘 刹那의깃븜이다 悲歎의그림자에싸인空虛한祝福이다 보라그들이지금은舊年의무거운짐을 버리고輕快한氣分에서깃버하고즐기지만은 깃버하는그感覺이살어지기前에世苦에 그들의마암이흐려지리로다 太陽은다시그光明을 감초아버리리로다 몹시도얄믜운깃븜 웨빗만보이고다시숨어버리느냐

그뿐아니라 나는그들의깃버하는그心情을理解하기어렵다 이世上에그全生을托하고이世上을가장잘亨樂하라는그들에게는흘으는時間으로因하야 星霜이한번變하면한번變하는그만큼그들의世上享樂은短縮될것이다 그럼으로이世上을生活의全部로삼는그들은 깃버하는대신에 근심하여야하고슬퍼하여야할것이다 아！世人의歡樂의가여슴이여

또보라 空虛한그들의祝福을 누구의게依하야이祝福을 實現식히려하는가 自身의배(腹)를神으로섬기는者들이니 自身의腹神의게依하야實現코자하는가 實現을期待함이아니요 말업시作別하기가서워하야이말을서로박굼인가 말이貴하고아름다워 이말을서로박굼인가 아！虛됨이여、아！虛됨이여 땅에넘처나는歡樂도虛되고 空中에찬祝福도虛되도다

그러나 우리의깁븜과祝福은 이러치안타 世人의歡樂은衰滅에일으는中路에서늣기는刹那의閃光이나 우리의깃븜은永遠히長成하는生命이 그完成을向하야한階段을나선깃븜이다 우리의눈에서눈물이싯처지는때가 무궁해를보내고 새해를맛는그마큼갓기워젓슴을즐기는歡喜다 新年의깃븜은世人을爲하야준것이아니요 우리信者들의게주신 하난님의祝福이다 그럼으로우리는新年을感謝하는同時에마암것즐기고깁버하자

世人의祝福은空虛하나 우리의祝福은萬有의여호와 이룰成就하서주신다 우리는主예수그리스도안에서 祝福하자 우리의벗을爲하야祝福하자 우리社會를爲하야祝福하자 朝鮮을爲하야祝福하자 亞弗利加黑人을爲하야祝福하자 北極의에스키모를爲하야祝福하자 萬有의主여호와께서 이를일우워주시리로다

信仰의先登인崔泰瑢氏께서 이번에다시困蘇의獨立傳道를開始하시고 兼하야「靈과眞理」라는謄寫版刷雜誌를月一回發行하시기로하셧습니다 本誌의 讀者諸位께서「靈과眞理」를本誌와아울너사랑하서주시기를바라나이다 그住所는

京城西大門外延禧面滄川里八〇이외다

聖書朝鮮一、四、七、一〇月年四次發行
（定價送料共）
一 部 二十錢
一年分 八十錢
注文은반다시先金

昭和四年一月十二日 印刷
昭和四年一月十五日 發行

東京市外淀橋角筈一〇〇
レハノンホール
編輯兼印刷人 鄭 相 勳

東京府杉並町阿佐ケ谷
八四三 永井方
發行人 柳 錫 東

京城府西大門町二、一三九
印刷所 基督敎彰文社

東京市外淀橋筈一〇〇
レバノンホール
發行所 聖書朝鮮社
振替口座京城一六五九四

『聖書朝鮮』第七號 昭和四年一月十五日發行(年四次一、四、七、十月發行)

昭和四年七月二十八日印刷
昭和四年八月一日發行

聖書朝鮮

第八號

一九二九年八月一日發行

目次

말삼의饑饉

旱天에依한饑饉이잇다。信仰의喪失에依한하나님의말삼의饑饉이잇다。뎌의害를察知하고 뎌를爲하야 悲歎하며 善後策을講究하며고 努力하는者만흐나 이의害를感得하고이를爲하야 悲歎하는者업스며 善後策을講究하는者업다。그러나 그미치는害는뎌와이를同一히論할바아니다。뎌는外部的이오 世人의注意를십게쓰으는 그만큼醫하기가容易하고 그害의미치는範圍은空間으로좁고 時間으로짧다。그러나이는內部的이요 世人의容易히感知치못하는바인 그만큼醫하기困難하며 그害의미치는範圍는廣汎하고 또長遠하다。旱災에依한饑饉으로亡한國家나 民衆이잇슴을 듯지못하엿다。그러나말삼의饑饉으로亡한國家나民族은西에도잇섯고 東에도잇다。旱災에依한審判이 이르거든 슬퍼하자 그러나 하나님의말삼의審判이 이르거든 머리에灰를쓰고熱淚를흘이고 痛哭하자 그런대 지금우리는 旱炎의饑饉에辛吟하면서 또極甚한 말삼의饑饉을當하고잇다。每日新聞으로雜誌로 社會問題、政治問題、敎會問題等에 關한 說話는 到底히 우리가다닑고 들을수업슬만큼 無數히發表된다。그러나 그안에말삼의饑饉에 주리고 목마른者를 蘇生식힐만한 말삼이얼마나吐露되는가 近日의天氣에雨를待望한는것처름 오는날〳〵을失望으로 보내지아니할수업다。그러면 聖書가論議되고하나님과 그리스도가 話題되는대에는 公義와誠實과愛의말삼이잇는가 다른대에는다업다하더라도 여긔에는 말삼의盛宴이配設되여 주리고 목마른者가豊足히먹고 마실수잇슬것이요 또먹고마시게되여야 할것이다。그런대엇더한가

목마른者가最大의期待를가지든 이오어시스(綠地)에서도 失望하고 도라서지아니하면 안될만큼 饑饉은酷甚학게되엿다。眞實로豫言者아모스가「主여호와 말삼하시대 볼지어다。날이일으면 내가饑饉을 이싸에보내리니 糧食이업서 饑饉이아니요 물이업시 목마름이아니라 여호와의 말삼을듯지못하는것이饑饉이로다。그들은이바다에서 저바다로 헤매여단이고 北에서東으로 내도라단이며 여호와의말삼을求할지라 그러나엇지못하리라 그날에는 아름다운處女와 젊은男子가 한가지로 목말나氣盡하여버리리라」한말의 最高度의現實이지금 우리의게 成就되엿다。糧食이업서肉體가주리고 말삼이입서靈魂이 목마르게된 이百姓이 하날에罪를지음이큼이여 詩가업고愛와誠實과所望이업서젓슴은 罪에對한하날의 遺責인가 아々

二 聖書를再讀하라

聖書라하면 그것이묵고낡은二千年前의녯冊인줄은아는者가만허도 그것이二千年이란長久한동안、가진試鍊을 익이고오히려生存하엿잇는貴한冊임에着心하는者는 稀罕한듯하다適者生存이宇宙의眞理라하면 八百餘個語로飜譯되고每年三千萬部를刊行하는 이聖書야말로 萬國을通하야萬代에亘하야普遍的으로生存할適者라할수잇다。또適者와가티하는者은生存할것이요 適者와가티하지안者는生存치못할것도眞理일것이다。

그럼으로다른書冊보다特別한生存力을가진聖書와한가지하는者는 그生存을聖書의生存과가티할것이요 聖書와한가지하지안는者는不適者의運命을免치못하야 淘汰되고말것이다。

이理法에버칙여 近年의朝鮮을볼때寒心을禁할수업게된다。一般社會는 聖書는耶穌敎의冊이라는一言으로 敎會와 聖書를아울너定罪하여버리고만다 그러면耶穌敎、더구나이聖書의眞理에立脚하고섯다는 新敎의各敎會는엇더한가 그들도不信社會와다를것이업나니 아니 不信社會보다 더甚히聖書를毒하고害하엿다。不信社會로하야금 聖書에對하야 그와가티侮蔑의態度를 取케한것도敎會의罪過라아니할수업다。萬若聖書에피가잇다하면 朝鮮에서의最大한殉敎者인聖書의피는 敎會 더구나 그敎役者들우에 도라갈것이아벨以下모든 豫言者의흘인피에對한罪가바리새敎人과書記官等의게 도라감과가를것이다。그들은 聖書를그敎壇에서죽엿다。그들의 日常生活에서죽이엿다。지금그들이가지고 잇는것은聖書의死骸다。靈을죽이는儀文이다。이러케그들이聖書를辱되게하야 自身을辱되게하엿다。이러케聖書를侮蔑하야自身을侮蔑하엿다。이러케聖書를殺害하고 自身의靈的生命을殺害하고말엇다 그들은 그심은열매를지금거두고잇나니 現在의無信仰、無所望、墮落、腐敗、紛爭、黑暗等無數한惡果가그것이니라。

그러나聖書그自體가죽은것은아니다。다맛聖書가敎會의手中에들어갈때에 죽는다。아니 聖書가죽는것이아니라 그들이死者임으로聖書의生命을發見치못할뿐이다。發見하랴고도아니한다。녯바리새敎人과 書記官들은聖書에서永遠한生命을차즈랴고熱心으로想考하엿다。(요한五章三九參照)

그러나現代의 所謂信者는 그熱心外지도가지지아니한다。그들은 도로혀聖書를侮蔑하고 時代의潮流에和하고阿諛함으로先覺者의榮譽를享樂하려한다。그리하야 基督敎를基督敎도아니요 社會團體도아닌朦朧한存在

로맨드러버렷다。사람이두主人을섬기지못하는것이眞理라하면 엇지敎會만은이規準에서버서나살수잇스랴 現代의敎會가두主人을섬기랴다가自滅의途程을밟게됨은 自然한歸趨라할것이다。

敎會가聖書에對하야 엇더한態度를取할지라도 그것은聖書가二千年동안겪겨나온迫害나試鍊의하나에지내지못한다。過去의試鍊의水火를거처서 여러번個人과社會를根本的으로更新하여온 聖書만이現代의渾沌을바로잡을수잇는줄안다。그럼으로 우리는聖書를再讀하자 敎會와가티 儀文으로가아니요 聖靈의불에비최여닑자 神學者와가티 敎理의論證을 求하기爲하야서가아니요 우리의生命의糧食으로닑자 聖書의提供하는光明과所望과生命에사자 여긔에朝鮮的基督敎가 첫거름을始作하게될것이다。朝鮮의救援이始作될것이다。아! 重大한意義를가짐이여 今日의聖書의再讀!

般若湯

金敎臣

하나님의審判을알아 죽을犯罪인줄알면서도 惡을自己가行할뿐더러 他人이犯함을즐거워하난것이(로마一〇三二節)사람의 通性임니다。다른例는次置하고라도 飮酒하는이가禁酒하는이의게勸酒하는그義勇(?)과 强勸하야成功한때의 滿悅을보와 吾人은聖經말삼의一句도割引할수업슴을 承認치안할수업슴니다。

某宴席에서佛敎信者인 靑年文學士가勸酒하야云曰

「나는부듸스트다。우리는酒를酒로飮치안코般若湯이라 變稱하여가지고飮한다。君等基

督者가萬一誡命에躊躇하는바잇거든 吾輩佛敎者에模放하야 酒의名稱을變更함이良策이아닌냐」云々。

이러케말하는佛敎者의眼球에는 自家宗敎의融通性과自己自身의雅量에 對한十二分의自信이發露되여보혓다。吾亦是그智慧의縱橫함에恍惚하야 宗敎의要訣이란 結局此에在함인냐고自問自疑數刻에及하엿다。

宗敎란무웟인고? 酒를飮하면不可한줄노알엇던것이 般若湯이라變稱하야良心의苛責업시飮할수잇는대에 宗敎의果果가잇다할진대 이는良心을銳敏케하는것이아니오 오히려磨鈍케하는것이다。此點으로보와萬一佛敎가宗敎라하면 基督敎는宗敎가아닐것이다。吾人은飮酒하는者를惡人、不飮하는니를全部善人이라고는速斷치안한다。그러나萬若酒를般若湯이라 改稱하지안코는法衣의師가飮下하지못하리만치非聖非善한것이라 할지라도 別名으로代稱함으로써良心의苛責을避한다함은 吾人基督者의到底히容許치못할것이다。般若湯을飮하는敎養잇는부듸스트보담도酒를酒대로 마시는無敎育無宗敎者의게 오히려取할바잇슴을 엇지吾輩만이賛言하랴。願컨대酒는酒라하고 물은물이라하라。宗敎信者가되기前에正直한學徒가되고 忠實한市民되랴。虛僞의 平安中에安心하고往生하나니보담、正直한博士존손과함씌死後審判에對한不安과恐怖늘품고此世를떠나기를。安心에서肥大하기보담不安에서瘦瘠하여지기를。魔痺에서浮生하기보담、覺醒에서苦悶하기를。오々事實을事實대로하라。此를蔭僞하는宗敎나、學者나、社會나國家나 모다滅亡하리라。또滅亡하라。

偶然과延期

咸錫憲

사람의日常使用하는말中에는 잇다금아모意味업는空殼만인것이잇다。이런것은얼핏生覺하기에는아조疑心업시明瞭한듯도하고 別로無害한듯도하나 其實깊이反省을하여볼때는 何等의事實的內容을가지지안는單純한槪念의死骸에不外하는것이요 그의幽靈的存在가生命의新鮮味와 躍動力을退縮식이는대잇서서 더구나信仰生活의硬化、靈的意識의朦朧化에잇서서 그힘이實로莫大한것임을깨닷게된다。勿論그作用은 漫性의疾病갓치極히漸進的으로되는것이다。

그런말로서普通흔히쓰이는것의하나는『偶然』이라는말이다。우리는 이偶然이라는말

을아주만히使用한다。——偶然한機會로、偶然한理由로 偶然히失手、偶然한成功、偶然한生覺、偶然한事端、偶然한災難、偶然한疾病……그저偶然이다。그러케간다면 個人도偶然、社會도偶然、歷史도偶然、人間萬事偶然안인것이업서질듯하다。事實許多한사람이人生을偶然한一時現狀으로 生覺하는듯하다。

그러나 果然그런가 人生에는偶然한일이잇슬수잇는가 우리로써生覺컨대 사람의一擧手、一投足一呼吸一瞥見이 文字대로 偶然한것이라고는하나도업다。또이人生만이안이라왼宇宙의모든現象이 개고리의짓거리고아메바의옴을거리는것까지 다그러야할目的이잇고 그러케되는理由가잇서서그러는것이다。모든事物모든現象은 人生을向하야自己네의靈的意義의闡明을歎願하고잇다。또人生에는그럴만한義務가잇다。그런것을거이半無

意識裡에慣用하는『偶然』이라는一語下에無視하여버리는것은 너무나도殘酷한일이요너무나도無智다。宇宙는이一言下에 暗黑속에싸진다。

元來이만은人生事實의硬化한形式의世界에서나온것이다。故로 偶然이라고生覺하는일이만으면만을사록그의靈的智識의貧弱을表明하는것이요 嚴密한意味에서無信仰을意味하는것이다。

또한나는『延期』라는말이다。오늘날할것을來日로延期하고 前週에畢하엿슬것이이週에까지延期하는等우리는延期하는일이만타。萬一우리가날마다 延期하는일이눈에볼수잇는體積을가지고堆積된다면 一生의마지막에는實로놉날만한山嶽이墓門압에솟을것이다。

그러나延期는 果然可能한일인가、오날할일을밀우면來日할수잇다。今年에할일을明年으로延期하면그때에 가서할수잇는가、이것도亦是어리석은일이다。오늘못하엿스면 오늘은일흔것이요 죽은것이다。來日하면그는來日일이다。그만치人生에는損이잇섯고生命에는浪費가잇섯고 靈에는敗함이잇섯고惡에는이김이잇섯다。故로生命에는延期가업다고우리는불으짓는다。이는肉體的生命에도그럿치만은 더구나靈的生命에잇서서그러하다。人生의煩悶이잇슬때에解決을 後日로(비록如何한理由가잇다고生覺하더라도)밀우는것은人生을그만치때여不眞實에팔아먹는者다。靈의목말음이왓슬때에참샘을求하기를(비록如何한肉的報酬如何한一時的淸凉劑를밧고라도)延期하는者는自己의靈을그만치自害하여罪惡에屈服케하는者다。

延期하는者는充分한理由를가젓다고 生覺한다 疲勞라던가 奔走라던가 安靜을엇을수업다던가 스승을기다린다던가여러가지가잇다。그러나그어떠한것임을勿論하고 結局

은道德的不忠實로봇어오는良心의悔悟自責을缺케하야 一時的自慰를엇으려는兒智的手段이나그러치안으면 努力的生活을슬혀하야現狀維持의苟安을貪하려는惰弱에서나오는것에不外한다。 이러한 自己生活의不眞實 自己靈魂의貧弱을證明하는 一時的魔醉醫療劑의服用으로도정말自己의想像대로 延期가되는줄밋고來日을기다려責任을다하려하는人生들은實로可憐한者들이다。 그들이그러케生覺하고잇슬때에 조곰만고요한맘을가지고조금만注意하여듯는다면『어리석은者여요늘밤에네靈魂을還索한則』어떠하겟나뇨하는소리가들닐것이다누가九章六十節六十二節의 그리스도의가라침은 여긔對한가장適切한敎訓이다。 그는瞬時刹那의餘猶躊躇도不許하는 卽刻的服從을要求하는命令이다。

偶然이라고生覺하는故로責任을벗는듯이誤想하고 되는대로살아도좃케되고 오늘못하면來日할수잇다고妄想하는故로奮鬪의勇氣를일케된다。前者는眞理를隱蔽하는觀念的幽靈이요 後者는實行力을消耗식어는精神的蜃氣樓다。許多한사람이이幽靈의불빗을따라。蜃氣樓를찾아肉體的乃至精神的一時의快樂을追求하야헤매이는동안에荒凉한砂漠의原頭에그의死骸를남기게된다。眞理의生活을하려는者는모름즉이이어리석은智慧의婢僕인두怪物에서버서나여야한다。

歷史에나타난하나님의攝理 (前續)

咸錫憲

三、메시야의出現까지

가을밤하늘우에燦爛한별世界를울얼어보면 반드시칸트갓은哲人이안이고라도 驚嘆과畏敬의念을禁할수업는것이지만은 그보다도더 驚嘆할것은 우리人類의歷史過程이다。보면 볼사록生覺하면生覺할사록그嚴肅함과壯麗함에눈물겨운感激을禁할수업다。그러나世上에는 우에도말한바와갓치 이두가지心情이잇다。하나는宇宙와人生에對하야 殘酷하다하리만큼冷々한態度를가지는者요 하나는感激과崇敬을가지고이를바라는者다。우리는前者에向하야 歷史의嚴肅味壯麗美를云謂할수가업다。그에게는歷史란單純한死骸의堆積에不外함으로써다。(나는所謂歷史을科學的으로研究한다는사람들의 적지안은이가모도이런사람임을可惜해한다。)

故로우리는이제後者——歷史에對하야感激을가지는 眞實한心情의所有者——에向하야 말한다。歷史는 愛와義와智慧와權能으로일하는、全能한神意의人事的表現이다。即하나님의宇宙經綸이사람의意志(或은生命)를通하야 나타난것이곳歷史다。그러나 이런疑心이잇슬수잇다——歷史上에는確然한「失敗」가 잇는대가잇지안은가고。果然이다。失敗가잇다正義가따에떠러지고淫亂이社會에가득하야 滅亡에니르는때가잇다。(그보다도어떤意味에서보면 오늘날까지가失敗의繼續이라고할수도잇다。) 그러나 그것이조곰도神의全能性을傷하지안는거이요 그것이조곰도그의攝理

의슨허진것을 意味하는것은못된다。 도리여
우리는그런失敗의歷史가잇는가운대서攝理의
潛在함을더욱잘알수잇다。 다시말하면 失敗
로내여버리지안코 그失敗를通하야 或은바
로그失敗그物件이곳貴하고 아름답은것이되
게하는聖意의活動이잇는것을 失敗의事實이
잇는것으로因하야 더容易히깨닷게된다는말
이다。 例를둘면 사람에게自由意志를許諾하
엿슴으로 順從치안는대니르럿고 그罪로因
하야樂園에서逐出을當하고 苦痛과死亡이人
生에게들어오게되엿다。 이는 分明한失敗라
고하겟다。그러나그것이그대로쓴치지안코 그
러케된結果로는 善惡을分辨할줄을알게되엿
고스스로니마에 땀흘녀먹고 受苦하야繁殖
함으로因하야 스스로깨닷는자리에나갈수가
잇게되엿다。 더구나「女人의後孫이네머리를
傷할것이요」 (創三章一五) 한대서하나님의
奧妙한攝理가人類우에 잇슴을알수가잇다。

그럿듯 사람이萬一不順의罪를犯하지안엇더
라면當初에樂園에두엇던그대로 어썬適當한
方法에依하야 主宰者당신의榮光을나타내엿
을것이나 不幸히人類가背叛하엿다하더라도
決코버리지안코 도로혀그로因하야당신의至
極한사랑을나타내시엿다。 여긔하나님의測量
키어렵운 智慧가잇다。 이眞理를깨달은이스
라엘사람들이宇宙史、自己네의民族史、個人
의靈魂史를쓴것이곳聖經이다。

人類의歷史는 그가하나님의形像대로지음
을닙는것으로써始作이되엿다。(創一章二七)
人類將來의歷史는(몃萬年이던 몃億年이던)
이믜이것으로써 그大體의性質이決定되엿다
고볼수잇다。 그리스도의말에「너희아바지의
完全하심가티너희도完全하여라」 (太五章四
八) 한것은이事實과前後呼應하야우리의歷史
를展開식일標準을말한것이다 。이事實을 念
頭에둘때에歷史上의모든事實의 眞意味를容

易히깨달을수잇다。、二三의史實을들어生覺하야보면——洪水審判에서 하나님은全人類를滅亡식이엿다。얼핏生覺하면하나님의仁慈로서는할수업는듯한이事實은 무엇을意味하는것인가。우리는 이것을單純한刑罰로만生覺하여서는到底히그奧義를깨달을수가업다。하나님의大宇宙經綸의完成이라는것을 맘속에두고生覺할때에 그眞意가明白하여진다。即하나님은自己의지으신것더구나 人生을至極히사랑하시엿스나 그가將次일울宇宙의完成을爲하야서는 墮落한人生을앗길수업섯던것이다。故로洪水審判은將來를爲한淨化라는데잇서서 其意味가深大하다。그墮落한人生이나또는그子孫으로서는 당신의大經營을實現하는대쓸資格이 到底히업섯슴으로不得已取한것이이方法이다。

바벨塔의 分散에서도가튼攝理의潛한것을알수잇다。바벨塔은 하나님에對抗하는人智文化一般의 象徵的表現이다。모든人種이言語와意思을統一하여가지고協力하야 文化의塔을 始作하엿던것은 人類文化史上에서實로慶賀할만한일이엇다。오늘날도言語의統一思想의融通을主張하야 人類의世界的統一을企圖하는思想家들이잇다。當時그事業을繼續하엿던들果然「無所不爲」엿을넌지도몰은다。만은 하나님은그것을破壞하고分散식엿다。외그리하엿나이도亦是宇宙를 一貫하는攝理에서나온일이다。萬一그대로人類의作爲에맛겨두엇더라면 物質文明은旺盛을極하엿슬것이요 埃及이나메소포다미아에서보다훨신더前에훨신더燦爛한文化가잇엇슬것이다。만은 하나님의生覺에 靈的基礎가업는우에肉的文化의宏壯한建築을세우는것은 도로여人類그自身의破滅을짓는것이엿다。故로將次올날을爲하야 旺盛하는物質文明에 一椎를下하엿다。物質文明의謳歌者는 不平을말하

歷史에나타난하나님의攝理

一二

겟스나 萬一 그럿틋 防止를하지안엇더라면 사람은自己의智慧의힘을더욱自信하고 하나님에反抗하야、도라올機會가永無한滅亡의길을걸어나려갓슬것이다。

그러나 이모든것보다도 우리는選民이스라엘의歷史에서 하나님의攝理의더밝히더奧妙하게나타난것을본다。그들은 選民인그만치 實로特別한保護와養育을밧아왓다。神話的、說話的또는 敎訓的史觀에서進步되엿다고主張하는科學的歷史硏究、더구나精神도、靈魂도업는唯物觀의歷史에잇서서는이스라엘民族에서부터選民이라는資格을쌔앗아버린다。그것이人類平等의思想에도맛고 民族的自尊觀念에서도벗어낫고 公正冷靜한主張갓다。그러나 우리로서이스라엘의歷史를가만히 깁이 吟味하여보면 選民의資格을쌔앗기에는너무나도特別한 注意을밧아온듯한點이만히잇다。그民族의起源이라던가 그民族性으로라던가 그國土、그位置、그盛衰變遷모든것에 一貫한意志의特別한計劃的活動이나타나온것을認定치안을수업다。그歷史의始作은信仰으로되엿고 그展開는約束과期待로되여왓다。아부라함의갈대아、우르出發로써始作이되는데 그이부라함이란英雄도안이요 妖怪的人物도안이요征服家도안이다。單純한信仰의사람이다。그리고 그에게許諾한가나안福地의獲得、그에게約束한메시아의期待、이것이곳그歷史進展의中軸이다。그들의埃及移住도이를爲한것이요 埃及을脫出하야曠野의 四十年彷徨도이때문이요 北方民族에侵略을當한것、바벨논에奴隸가된것 모도이것을中心으로하고生긴일이다。埃及에奴隸되엿던때는 두가지意味가잇섯다고 볼수잇다。하나는養育이요하나는鍛鍊이다。나일江口의三角洲平野는現今도世 界에드믄肥沃한쌍이다。「埃及의文明은나일江의선물이다」라고는古代希臘歷史家가말한바거니와 埃及人은이나일江域의豐饒한쌍으로因하야 일즉부터繁殖하야 燦然한物質文明을싸을수잇섯다。그豐饒한埃及에다가 하나님은自己의擇한百姓을보내여繁殖케하며 한便으로當時에旺盛한物質文明의온갓것을맛뵈이며 鍛鍊식엿다。그리하야 充分히맛본後에出埃及을命하엿다。이스라엘民族은이제 하나님이지우는使命에適當한者가되기爲하야 第二의階段을通過하여야하게되엿다。即砂漠에서四十年을헤매이며 將次들어갈福地를爲하야淨化를밧게되엿다。그들은埃及에서가지엇던것보다더貴한것을가지기爲하야 埃及에서가지고나온金銀을내여버려야하엿고 거긔서먹던고기맛을니러버리고 거긔서섬기던偶像을내던저야하게되엿다。그는決코헐한鍛鍊이안이엇다。故로잇다금은怨望도하엿고 反抗도하엿고多數한生命이업서지엿다。그러나 벗어저야할써기가다벗엇지고 除해버려야할分子가다除去함을當한後에야 비로소約束한쌍으로들어가는許諾을어덧다。

가나안福地라는것은現今파레스타인이라하야地中海의東岸에잇는나라다。크기로보면 廣이平均二百五十里長이約五百里一擧目에能히그全土의三分之二를볼수잇는조고마한地方이다。面積으로는고르틋些少한小國에지내지못하나 그位置、그地勢、氣候風土로보면實로世界無雙의獨特한點을가진곳이다。位置로는亞歐阿三大陸이會合하는곳으로舊時代에잇서서世界의中心이요싸라 世界的交通의大街路에當하는곳이다。그러나位置로그르틋世界의中心에當하는곳이地勢的으로는 全혀孤立한形勢를일우어가지고잇다。則西는地中海가잇서(現今은海上의交通을能히할수잇스나)當時는도로혀交通의障碍가되던것이요 東으로有名한요단峽谷이隣接地와의交通을아주끈엇고

다시금거긔다가그東便은砂漠으로둘너完全히隔離를식여버렷다。北에는레바논의山脈이소삿고南에는人跡不到의砂漠이가로놉엇다。氣候로는요단峽谷에서는熱帶地方의氣候요 레바논山에서는알프쓰의 高山植物을볼수가잇다。이奇妙獨特한짱이곳하나님이自己의擇하신種苗를기루기爲하야 定하신苗床이다。이리하야아부라함의信仰의씨에서 發芽를하고나일江口의肥沃한冲積平野에서初養育을밧고埃及의爛熟한物質文明으로鍛鍊함을닙고 曠野의타는듯한熱砂炎風으로淨化함을 밧은種苗이스라엘民族은 이自然의特別한配布에依하야 온갓異邦文化의暴風과 病蟲과 盜賊의襲來로부터隔離保障을밧은파레스타인의苗床에서成長하게되엿다。

그러나時代의지나감을짜라거긔도病菌이侵入케되엿다。元來파레스타인의土地가大槪南北으로二分하야北部는肥沃하야 農産이豊富하고 南部는瘠薄하야 勤勤力作하야서도오히려不足한곳이엇다。故로北部에사는者는幸福이요南部에사는者는不幸인듯하엿다。그러나事實은그와反對엿다。北部사람은 富饒한生活을하엿슴으로 어느덧世上生活에醉하야隣接한異邦人의文化生活을模倣하야 그들의風俗를쌀으고 그들의偶像을崇拜하는墮落에싸지엇다。不遇한南部人은(艱難하엿던까닭으로) 도로혀困難한中에서 불상한者의保護者인여호와 하나님을 더욱갓갑게依支하엿다。그하나님은 저희를埃及에서불너내신이요曠野에서引導한者엿다。저희는困苦한 生活을하엿는故로 曠野에서가젓던純潔 를保持할수가잇고 曠野에서가지엇던信仰을가질수가잇섯다。그리하야 南北이分裂하야 짠나라가되고 北方은信仰을일게되엿다。富者가天國에들어가는것이 駱駝가針孔으로나가기보다어렵다는것은古今을勿論하고 個人、

民族의別이업시眞理의말슴이다。

그러나南部에서도언제까지純潔을保存하여가지는못하엿다。病原蟲의寄宿主가 漸々生기엿다。或先知者를보내여警告하고 責望하고 敎訓하엿스나 아무리하여도斷乎한方法을取할必要가生기엿다。이使命을實行하려고歷史의舞臺에올너온것이네부가도네자르(느부갓네살)王이다。저自身은純全한征服慾에서나와서한일이엇스나 自己도自覺하지못하는동안에神의機械가되여이스라엘人의信仰의純化라는큰일을일우엇다。即 이스라벨民族바벨논은에七十年捕虜로잇는동안에不純全、不完全、不敬虔한者가모도淘汰를當하고 하나님의다른機械인키루쓰가나타나저희로 하여금自由로에루살넴에도라가게하엿올때에는다시새로운信仰이붓고잇섯다。바벨논을通過하여온結果로生긴것에는信仰의純化라는 事實밧게다시한가지가잇다。即그들의하나님에對한知識의進步라。여호와하나님이世界的神이라는觀念은그로부터엇은것이다。그前에는하나님은아스라엘의하나님이요 異邦人의하나님은안이엇다。그러나이제故國을써나民族的으로 破滅을當하고 異邦에奴隸가됨에비로소 하나님은이스라엘의하나님만이안이요世界全體어대를勿論하고 다사리는하나님이라고生覺하게되엿다。民族의區別업시世界的인故로또一面으로는個人的이다。即民族을써나個人은어대잇던지하나님은 저를保護하고監察한다。이럿틋이스라엘民族이當한바 外樣으로보기에悲嘆할만한일이 靈的으로는도로혀神에對한智識을넓히고또깁힌다는 貴한일이되엿다。大概攝理의奧妙함이이러하다。

以上에論迷한바와갓이이스래엘民族은到底히選民의 資格을承認하여주지안을수업스리만콤特殊한愛護 와使役을밧아왓다。祝福밧은民族이다。埃及도史家들의 말하는것과同

樣으로 上古에그러틋燦爛한文化를가지고도 무엇을爲하야 存在하엿던가疑心할이만큼世界史에對하야는 比較的關係가적엇섯다。그러나이選民의媬母가되엿는것으로 비로소그存在의意味가 잇어진다。나일江의肥沃한平野도選民을길너냇슴으로因하야 價値를發揮하엿다 할것이요 시내山의일홈도하나님이自己百姓을爲하야기거서모세를불으셧다는것으로써거룩하여짐을엇는다。그밧게어떤民族어떤國家어떤人物을 말할것업시몬저잇던것이나。後에잇던것이나 結局은저選民에關係되어서비로소存在의意味가明瞭해진다。

그러면 그選民은무엇을爲하야 擇한選民인가 그것을우리는마지막으로生覺하여야하겟다。가나안福地의許諾과메시야의約束이이스라엘歷史的모든變遷의中軸이라는것을 우에暫間말하엿거니와 이메시안의出現이야말노저들을擇한目的이다。人類우에救援의福音

을가저올메 시야가저들에게서나기로豫定되엿다。

「밋난女人에게福이잇도다」이스라엘의歷史는이福音을爲한準備의歷史엿다。異邦모든나라〳〵의歷史는直接間接으로이를補助하는歷史엿다。이것이잇서서人類歷史에統一이잇고中軸이잇고이것이잇어서世界史上에時代를劃定한다。그보다 前엣歷史가準備의歷史며期待의歷史오그보다 後엣歷史가實現의歷史요完成의歷史다。메시야를나아노은以後에이스라엘族은 그榮光의使命을다하엿다。벳올네헴의 밤하늘우에서天軍과 天使들이讚頌을하며

至極히놉은곳에서는하나님쎄榮光을둘니고
짜에서는 깃버하심을닙은사람들이 平安할지어다。

하던것은將次올(宇宙의完成을보는날)한때를내놋코는前史後史에 비길것업는最偉最美最

壯麗의讚美엿다。

다할使命을다한者는早晩間간다。 이스라엘도메시야를나아노은後는썩은담갓이문허젓다同情도할만하고哀惜도하고 疑心도나려하나責任을다한後는가도섭섭울것업다。 埃及도나일강에뜬가람갓티가버렷고 바벨논도매소포다마야原頭에 달그림字처럼 가버렷다。 歷史는 이제그기다리던이가왓고期待하던 結果가 生기엿다 이제불어實現完成의 歷史로들어간다(續)

예수의 進退

鄭 相 勳

歷史에나타난하나님의攝理

요단江畔에서 웨치는洗禮 요한의소래에應하야 始作된예수의公生涯는아모리길게計算한다하더라도 三年을넘지안는期間이다。그는이짧은期間에 席不暇暖할만큼南船北馬의生活을하섯다。 紛忙한處地에잇서 그가맛당히進할때進하고 退할때退하여서 그使命을完全히하엿슴은 驚異의한나이다。 사람들이 이驚異할偉大한事實에冷然한것이나의게는 異常히생각된다 더구나敎會의敎役者官界出仕者들의 進退가公明치못하고 또그適時를일어만흔害毒을 흘이고잇는이때 예수의進退에對하야考察하여볼 必要가잇는줄안다

그러나轉々周行으로 始終한 그公生涯의進退를一々히列擧하야 그때그때의그의心境을考察함의煩雜에 견댈수업다。實狀또그러케할必要도업는것이다。宇宙의雜然한森羅萬象이 한原理에統制되여잇는것가티 예수의 數만흔各樣各相의進退도 한가지中心原理의各樣의顯現에不過하다。그럼으로 우리는一二의例를배우면 그中心原理에到達할수잇슬것이다

예수께서 에루살렘으로行次하시려할때의그의態度를누가는記錄하야

맞참예수ㅣ올나가실(하날로)날이차오매 예루살렘에가려고 그얼굴을確固히向하시다(九〇五一私譯)

라하엿다 路上에往來하는 數多한사람의얼굴과 行步하는姿態를보고 그사람의게일의 有無를判斷할 잇다。 여긔에引用된路可의筆勢로推測하면 이떼예수께서는 무슨目的을 心中에가지고 예루살렘行을斷行함인것이分明하다。 그目的이무엇이엿든가 우리는그目的의說明을聖書에서들을수잇다。

예루살렘으로가는길에 예수압서行하시며니 弟子들은異常히녁이고 좃는者는두려워하는지라 다시十二弟子를다리시고 장차自己가當할일을 닐너가라사대 우리가 예루살렘에올나가면 人子를祭司長과 書記官의게 내여주리니 뎌희가 죽이기로結案하고 異邦사람의게 내여준즉 凌辱하며 춤배앗흐며 채직질하고 죽일것이요

三日만에 다시살아나리라하시더라 (마가二十〇十七ㅣ十九)

이로보건대 예수의心中에깁히決한바目的은死이엿다。 死의前影을보고 스사로死를조차간것이 이루살렘行이엿다。 그의얼굴에嚴肅한氣象이나하나고 그의全態度에緊張한빗이 充溢된理由를可히推知할수잇다。 이것이 되두모라하는도마로하여금「우리도또 가서가티죽자」(요한十一〇十六)고告白케하엿슬것이다。

그러나여긔에 사람으로서의疑問이잇다。 예수가웨 自殺가튼 死의前影을보고 발자최를催促하여섯는가 死은아즉遠方에서前影을보내고잇지안는가 지금은그死를避할時間도잇지안는가 世界는廣汎하지안는가 西으로希臘으로가고 東으로印度로갈수도잇지아니하엿는가 그리하야難을避하고 人類를더만히 더깁히 가라치는것이人類의救主된者의게相應치아니한가 그런대 예수는 우리

의생각을짓밟고 斷然히死의길을擇하엿다。愚냐狂이냐 그러나 예수가 降臨한使命은 그敎說에잇지안코 그死에잇다그敎說이 空前絶後하게 高貴하고 아름다울지라도 그것만으로는 예수의使命이成就되지못한다。그의使命의成就는 그의死에잇섯다。그高貴한敎說도 그의死라는太陽을맛다서 光彩를發하게되는것이다。그럼으로 예수의十字架死는 그敎說의生命이다 여기에 基督敎와他宗敎와의 差異가잇다。다른宗敎의敎理가아모리高貴하더라도 거기에는十字架死가업다。그럼으로그것은 生命의福音이되지못하고 人生問題의 哲理或은敎訓에지내지못한다。그러나사람의求하는것은 哲理가아니요敎訓이아니요 生命이다。卽萬人의게生命을提供하는것이예수의十字架死다 다시말하면全人類의 生命이 예수의十字架死에 잇는것이다。

예수의十字架死는이와가티 全宇宙의重함보다 더重한날이다。偉大한人物의게는誘惑도 偉大하고 重大한事件에는 困難도重大한 人生의經驗에빗최여보면 예수라는人物과 十字架死라는事件에따르는 誘惑과困難은 우리의推測을許諾지안는바이다。그럼으로예수의 十字架 死라는 한事件이決意되기까지에는 우리의想像할수업는試鍊의征服이잇고 凱旋이잇섯슬것이다。이眞狀의片麟을 우리는겟세마네東山의苦禱에서 보게된다。예수의게서 사람의생각이征服 當하고하나님의뜻이勝利를 엇덧다。卽하나님께對한信仰과 人類의게對한愛가凱歌를 불으게되엿다、그리고序曲이 이예루살렘行의前進曲이되엿다 이信과愛에사는者는二千年後인今日오히려 예수의凱歌를마암에듯고 그가내여드뒤는 발자최소래를 感官에 들을수잇슬것이다。

예수의 進退

우에도말한바와가티 十字架死는 예의全生의絶頂이요 또目的이엿다 그럼으로遂行이極難한 事件이엿다。그러나極難한事件인그만큼 사람의決意도深刻하여지는것인故로極難히보이는事件이 도리혀 쉽게遂行되고容易한事件에는 사람의注意가弛緩하여지는故로 어려운일에 成功한者가도리혀 쉽운일에失敗함은 우리의종々目睹하는바다。그럼으로 예수의小事에對한 態度를보기爲하야 그의退를봄에는 進을볼때와가티 重大한事件을擇치안코 사람의注意를別段 끌을지안는 적은例를들어 考察하여보려한다

가버나움을 떠나 가다라地境에 드러와서 예수는 맨몬저 邪鬼들인 사람을맛나게되엿다。그사람의게서 쫏겨나오는 邪鬼가 도야지안에 드러감을求함에 예수께서許諾하섯다。邪鬼들인 牧場의豚은 비탈로急히 나리다려 바다에溺死하여버렷다。그

地方사람들은 사람의再生을보기에盲目이되고 豚群의溺死로밧게되는被害打算에 마암이銳敏하엿다。그러하야 예수의臨在를堪當치못하고 예수의退去를求하게되엿다。예수는그들의要求대로 곳退去하엿다고 福音書記者의 붓은부드럽게나려갓다。오、너무나淡々하여보인다。예수는 무슨目的을가지고가버나움을 떠나이地方을訪問한것이아니겟는가。그런대 그의目的이무이엿든지豚群의沒死、아니 邪鬼들인者의再生으로 無慘하게도蹂躪되여버렷다。이때의 예수의心를 우리는 臆測할수업다。우리의 사람으로서의부끄럽는所願은 退去를要求한 그들의非들悔悟케하고 自己의目的을爲하야 조금더逗留하면서福音의빗으로 그들을빗최여주어스면하는것이다。그런대 예수께서는 여기서도 우리의予想을 무지러버리고 默々히그들의要求를듯고 우리를붓그럽게한다。

그런대 예수께서 웨 이러한態度를取하

섯는가 나는여기에서가다라사람의게 對한 憎惡를보지안코 도리혀그의懇篤한사랑을본다 思慮잇는父母가아즉 밥을먹을 年齡에 達치못한兒孩의게 밥을먹이지안는것이父母의아이의게對한 사랑의態度다。

아이의父母가가지는 이사랑이가다라사람의게對한예수의取한態度를 決定한힘인줄안다 福音의傳達을밀알한다이 따에떠러진後에期하고 그들의要求에默從하엿슬것이다。

여긔에 예수의아버지께對한信과 가다라사람의게對한愛가보이지안는가。即가다라사람의救援을後日의聖靈의役事에막기고 自己는 그맛든羊의게로 다시간것이다。

以上에보아온바와가티 예수의큰行動이나 적은行動이나 그를規定하는것은信과愛이엿다。한가지 精神이 하나님께對하야는信이되고 사람의게對하야는愛로 나타나는것이니 이信과愛는 다른것이아니요 同一한것이다。우리는이를말하야 사랑이라한다。

그런대 半知半解의福音을 他人의게强賣하려는者 뉘집아달들인고? 英米의宣教師ㄴ가 그들의샘에서 마신傳道者들인가예수께서는 스사로 남의게 自己福音을强押하랴하지아니하엿슬뿐아니라「누구든지 너희를迎接하지아니하거나 너희말도 듯지아니하거든 그집이나城이나 떠날적에 너희발에몬지를 떠러바리라」고가라치지아니하섯는가 예수의進退의態度는예수만의態度일것이요 그의教訓은 그當時派遣을밧든 十二弟子의게만 가라친것인가萬若그럿타하면 그뿐일것이요 今日教會에紛料를惹起하는 許多한醜鬪도怪異타할必要가업다。그러나예수의態度는 예수만이取할態度만이아닐것이요 十二弟子의게한教訓은十二弟子의게만限한教訓이아일것이다。그러면今日의教會는 深思反省할바가아닌가。예수의態度와 教訓이지기에 넘무나 무겁거든 君子之道는或出或處라는先祖의古訓에라도 귀를귀울지어다。君子도아니라하면 말하는者만시럽슨사람일것이다 그러나眞理의웨침을엇지하랴。

城西通信

四月에 發行되여야할雜誌가 인제야 겨우發行하게되엿슴니다 여러분께對하야 甚히미안함니다 그러나그동안 우리의事情을 아시면 諒解하실줄암니다。

東京서 나온後 우리의生活은 오래동안 安定이 되지못하엿슬뿐아니라、廢刊、續刊 어느것을 取할가하는것도 한가지問題꺼리 엿슴니다、게다가相勳의父親꺼지 別世하게 되는等 분수한中에 時日을 보내게되엿슴 니다。

그러나 이번에는 前에三十八頁年四次發行하든것을二十四頁月刊으로하야 今後에는 每月諸位와서로對하게된것만이、우리의 깃븜이되나이다。

이번에執筆하여주신金敎臣兄은 博物의敎鞭을드는科學의學徒요 咸錫憲兄은 歷史의敎鞭을드는 歷史의學徒외다 나自身은 지금아모것도 하는것이업나이다 그러나 平信徒인點에잇서々는 金咸兩兄과 一般이외다、또이번에執筆치는 아니하엿스나 將次執筆하실 楊柳宋三兄도科學者나文學者외古 그럼으로 우리의雜誌는純全히平信徒 더구나敎會와 아모因緣이업는 平信徒의産出이외다、여기에缺陷이 잇슬는지모르나 敎會嗅 基督靑年會嗅는업슬것이외다、다맛 그리스도의 十字架에新生을經驗한 朝鮮人의부르지즘이잇슬뿐이외다。

集會를하여보려고 基督敎靑年會에 貸室을 交涉하엿드니 拒絶을當하엿슴니다、無料로 빌이라고 하는줄誤解한줄알고 借室料를주겟다하여도 終乃拒絶하더이다、우리가 어느사이에이와가티 그들의敵이되엿는지모르겟슴니다。하나님을背逆하고 그리스도를否認하는世上의 別々團體보다 우리는그들의게 더惡한敵인가뵙니다 더甚한오랑캐인가뵙니다。

그들노하여금 米國의돈와、그돈으로된建物을所有하게하라、우리는 하나님을가지고 그리스도를가지리라。

(定價送料共)

一部 十五錢
六ヶ月 八十錢
一年分 一、五〇錢

昭和四年七月二十七日 印刷
昭和四年八月 一 日 發行

京城府外延禧面阿峴北里四ノ二
編輯發行兼 印刷人 鄭相勳

京城府西大門町二、一三九
印刷所 基督敎彰文社

京城府外龍江面孔德里活人洞 一三〇ノ三
發行所 聖書朝鮮社
振替口座京城一六五九四

『聖書朝鮮』第八號　昭和四年八月一日發行(每月一回一日發行)

聖書朝鮮

第九號

一九二九年九月一日發行

昭和四年八月二十八日印刷
昭和四年九月一日發行(每月一回一日發行)

目次

純基督敎雜誌다。
그러나 敎派의敎理나 信條를傳하려하지안는다。
敎會의制度나 儀式을辯護하려하지안는다。
所謂自由神學을唱說하려하지안는다。
米國의 所謂社會福音을提唱하려하지안는다。
信條의覊絆과 制度의掣肘를버서난 平信徒가
現代의思潮를 呼吸하는 朝鮮人이
聖書를 再讀하고배운
公義의말 眞理의소래 生命의福音을
獨立한立場에서 웨치려한다。예수의十字架에서 發見한 新生의消息을傳하
려한다。

나의事業

나의事業은雜誌發行이아니다。傳道가아니다 其外 다른아모것도아니다。나의事業은 밋는일이다。밋으랴하면서 밋지못하고밋덧다 생각할때 벌서不信에 도라가버린自身을 發見하게된다。生來의 내안에 흩으는 아담의不順의피는 나를이러케 괴롭게한다 그럼으로 내가밋음을 完全히하랴면 내속에 흩으는 아담의不順의피를 익이여야한다。이는곳生來의나의死를 意味한다。그럼으로 나의事業은 나를죽이는 싸홈이다。나를 내自身이 十字架에다 못박음이다。이는弱한 나의게는 不可能하리만큼 困難한事業이다。그러나 弱한나로서는 不可能한 이事業도 그리스도의 靈이 가티하야 行하서주심으로 可能하게된다。그리하야生來의 나는죽고 新生의나는 그리스도안에서 살게된다。

善行의 標準

이世上에서의 偉大한事業 반다시天國에서도 偉大한事業이안이다。이世上에서의 微々한 事業 반다시 天國에서도 微々한 事業이안이다。아니 참라리 이世上에서偉大하다고 讃仰하는事業이 天國에서는 無價値한바요 이世上에서 微々하다고 녁이는 事業이 天國에서는 無限한價値를 가지게되는일이만타。天國의數量法은 그外部에나타난바에잇지안코 그內部의動機에잇다 그럼으로 그內部의動機가不純할진대「목숨을주어 불살을지라도」天國에서는 一分의 價値를認定하여주지안는다。그러나 그動機가純潔할진대 卽그리스도안에잇는信仰으로 할지댄 목마른者의게 冷水一杯를줄지라도 그價値가 同一한動機에서 벗을爲하야 목숨을바리는 價値만큼 偉大하게녁인다。

生命의 發達

이것은西瑞의敬虔한 聖書學者고ㅣ데博士의「舊約研究」中에잇는 地上에서의生命發達의計劃이란一文을 英譯에서 再譯한것이다。 先生의敬虔한信仰과蘊蓄깁흔知識은 우리의게만흔敎示를 줄줄밋는다。 (譯者)

生命……누가그를아는가 누가그를보앗는가 그는사람의손으로 그面衣를벗길수업는 女神이시스와갓다。우리는 生命을 事實로 녀인다。生命의始初 發達 終完을確認한다。그러나그를解明할수는업다。生命을處理할때 歷史는맨들수잇스나 學說은맨들수는업는것이다。

그러나 生命의歷史란 엇더한것인가! 아모대서나 自體를보이고 또아모대서나視界에서 自體를감추는 이生命原理의 現顯은 無限한多樣多相을 나타내지안는가 生命을說明하랴함은 無限을度量하랴고 僭望함이

二

아닐가 모든要素即氣、水、土等이生命과飽和되여잇다。 錘糸를大洋에먼저보라 一千三百八十尺의深底에 達하기前에 여닯번이나다른動物區界를 지나가게될것이다。瓜哇의高原에 올나가보아라 數時間사이에六次나 植物區界가 恰似魔術로되는것처름 變化되여諸君의眼前에展開되리라 諸君의手中에쥐인흙에는 一千萬被造物의遺蹟이 담겨잇슬것이다。溜水의一滴을 顯微鏡下에두고보아라。地上에사는人類의數만큼한만흔數의浸液蟲類의生殖을 그안에서發見하게될것이다。그러나우리가 우리의眼界를 사람의게制限한다할지라도 얼마나만흔生命의系統을우리는 이한被造物中에서 볼수잇게되는가한個人안에잇는 모든活動만하여도 그것이얼마나複雜한가 五官의生活、理知의生活、愛情과欲望의生活、마암과意思의生活等너므나混雜하지안은가 個人으로家庭에나아가고

家庭에서社會로나아가보라 生命의中心火에서 새火焰이發射된다。거긔에工業과商業生活、政治生活、美術、科學、道德、宗敎生活等이잇는것이다。엇더케하야우리는 生活에이러케만히나타나는形式中에서 秩序를發見할수잇슬가 엇더케하야이러케無限한多樣性中에서 한計劃을分辨할수잇슬가 엇더케하야準則이 다른것가티보이는것을 測度할수잇슬가

나는한方法을取하려한다。即지금까지 우리가아는限에서는 生命의가장完成된梗槪요모든以前發達의結果와生命의 現在의中心과또生命의將來의모든現顯의 出發点이됨즉한것인實在者 即사람을 우리의標準으로삼아試驗하여보는것이다。

「사람은萬物의尺度라」고希臘의한哲學者가말하엿다。그것은다음과가튼말이안일가「諸君이生命發達의秘密을 發見하랴고願하거든사람을硏究하라。웨그런가하니 大體生命이라는것은 엄안에或은綱領안에 即사람안에發見될바인生命의伸長에 지내지안는까닭이다」實驗으로 우리는피타고라스의이思想을가지고出發하자 에듸푸스는사람안에 스핑크스의謎의解決을 發見하엿다。우리는사람안에生命問題에對한 鍵을發見하려고努力하자 우리는사람의內部組織을 檢察하자 그리하야이豫備硏究에서 地上即自然과歷史에서의生命發達의過程을說明하는 一條의光明이 빗최여나오나보자

一

사람이란무엇인가

이論文의題目에依하면 이問題를硏究하는길은 自然에 依하야 우리의게指示된다

처음에우리는聖書에依하면 사람을무엇이라하는지를 調査하야보아야한다。다음에는 우리自身의觀察에依하면 사람이무엇인지를 살

퍼보아야한다。이두가지研究의結果를 한꺼번에所有하고 우리의게提出되여잇는 偉大한問題解決에當面하려한다。이러케하야 아마우리는 生命의無限한迷宮을通하야 우리를引導하는一路를 發見할수잇슬것이다。

聖書의見地로보면 사람은두가지의要素의相異한本質과起源으로 맨들여저잇는混合的實在者다。사람의身體는 따흙으로되여잇다。그러나 이身體안에 하나님自身의靈感에相當하는 生命의呼吸이잇다。「하나님이 사람을따흙으로 비즈시고生命의긔운을 그코에불엇다」라고옛冊(註一)創世記는傳한다。이러한두要素의結合에서 일우어진存在者의本質이「산혼」(Living Soul)이란말로 表現되엿다 이리하야 創世記는니어서「사람이산혼이된지라」하엿다。이러한말은後에 바울이거진文字그대로(註二)再現하엿섯다。이「산혼」이란表現은 하나님의긔운그自身에나 사람의身體에서分離된것에는 適用되지안는바이나 그러나사람의全體 即두가지다른要素가 合成된結果인사람을描寫하는바인줄안다

四

聖書가萬若 魂(Soul)에 對하야말할때면 身體보다 하나님과더욱直接關係가잇슴을 明白히한다。聖書가魂이란名稱을 生命의原理라하야 또身體에生氣부어주는原理라하야 前述한要素의 前者에許함도또한 틀림이업는일이다。우리안에불어너어진것이 自體그대로나 또는身體에서分離되여 생각될때에는 靈이란名稱을가진다。(Runach, Pneuma) 그럼으로(註三)傳道書에는 다음과갓튼말이잇다。「흙은여전히 따으로도라가고靈은그주신하나님께로 도라가리라」고 또예수는復活한後에 말삼하시기를(註四)「靈은뼈와살이업나니라」하섯다。그럼으로聖書에서靈이라함은 身體에서獨立된것으로 생각된 하나님의긔운을意味하는것이다。魂(Soul)이라는것은 하나

님의거운일지라도 그것이身體에生命을 줄때에限하야 그러케일음을밧는것이다。

이로因하야 우리는다음思想을 理解할수잇다。即사람의 本質의根本的二元性임에도不拘하고(註五)聖書에서魂이靈과 종々區別되는일이 엇지하야일어나는가를 또바울이 사람의 完全한組織을 記述하려할때 몸、혼、령이러한三語를 엇지하야나란이 느러노앗는가를! 即(註六)「平和를 주시는 하나님이親히너희로 온전히거룩하게 하시고 또너희靈과魂과몸을 온전케하사우리主예수그리스도의 降臨하실때에 責망업게하시기를 願하노라」함과가티。(此稿未完) (相勳)

註一、創世紀二章七
二、고린도前十五章四十五
三、傳道書十二章七
四、누가二十四章三十九
五、히브리六章十二
六、데살노니가五章二三

그리스도를 따르는 生活

咸錫憲

「福音의大安賣!」라는 看板만이아직敎會門前에서지안엇다。「看板보다事實」이라는金言을아는故로그러함인가

福音이팔닌다。都賣商人의 손에서나가는썩은반찬갓치大廉價로팔녀나간다。이廉價의福音을사라고 所用이別로잇는것도안이요緊히求하던것도안이로되 하도廉價니사기로서큰損害야잇스랴(더구나外樣도훌늉하니 一時裝飾品으로라도괜치안코 그러나或事實所用이되는곳이잇슬넌지도몰으고)하는 鍾路街頭夜市店압헤彷徨하는듯한好奇心의顧客이敎會門에或出或入한다。家產의浪費를하는者는敗家子요그의뒤를따라가며 暴利를貪하려

는者는 그와同樣으로社會에害毒을씨치는奸商人이다。基督教를腐敗식이고墮落식이는者도福音의헐價放賣를하려는傳道者와그것을사서奇利를엇으려는世俗的教人들이다。우리는이「싸구려 福音이싸구려」하는福音安賣商의宣傳ㅅ소래들을울때마다 또는그것을사기爲하야狡猾한世上의아들들이神聖한(?)市店압헤서自己네의주머니를더듯는것을볼때마다 또는그廉價의既成服基督教를사넙은 眞實한(?)紳士들이神聖한(?)宴樂場안에서盞을드는樣을볼때마다 그리고몃날이못하야낡은신짝바리듯이冷淡과侮辱으로써 이福音의것옷을버서바리는樣을볼때마다 憤慨와激怒를禁抑할수가업다。예수씌서萬一오늘날저들에게오신다면일즉이바리새教人을向하야發하시엇던「禍잇슬진뎌!」를앗기지안으실것이다。

우리는 福音의安賣를하는傳道者를向하야불으짓는다――누가너희다려福音을팔라하더냐 누가너희게靈魂을사들이라고命하엿더냐 누가너희다려하나님의말슴에割引定價票를붓치라더냐。누가너희다려生命으로들어가는門을넓히고그길을平々하게말들어들어가는사람이만케하는善(?)을行하라더냐。누가너희더려지나가는者를誘引强請하야들여教會를興盛〳〵하게發展식이라더냐。누가너희의게하나님나라를너희손으로만드는權勢를주더냐。어리석고참람한者들아 福音은(네게萬一命令이나리거던) 오직잇는대로를傳하는것밧게는너는아모資格도가지지못한다。聖經에잇는대로를紹介하며 네게보여준것을證據할것뿐이요 强迫할것도안이고 팔것도안이다。네게는靈魂을救하는能力도업고權勢도업다。너는다른사람의靈魂의救援을爲하야 하나님씌祈禱懇願하고그를爲하야네게命令하실때에忠實히役使는할지언정네가다른사람의靈魂을爲하야 念慮하고네힘으로크리스챤을만들려고하는것은分外의일이다。또하나님이要求하시는것은「傷한靈魂」뿐이요多數한教人도안이요宏

大한社會事業도안이다。秋收雇軍에주지안은雇價도主를向하야 소리를發하거던(야고보五章四)하물며 속여減割을當한福音의갑이랴 安賣者는末日의두려움을記憶하여야할것이다。

安價의福音을사가지고 敎會로부터基督敎紳士의免許證을어든者들이여 우리는그대들을向하야告한다。그대들은爲先洗禮요한의曠野의怒呼를再讀하라——「毒蛇의種類들아 누가너희를가라처將來의怒하심을避하라하더냐 그런故로悔改함에合當한열매를맺고맘에生覺하기를아브라함이우리祖上이라하지말나」(馬太三章七八九節)。 아브라함——信仰의祖上이요하나님이그에게特別한言約을하엿던——의子孫이라는身分을가지고도 福音를살수는업엇다。그대들이누군관대 그대들의일홈을가지고크리스챤의資格을사려는고그대들은또한 베드로의證據를다시들어보라——「네生覺에하나님이주신것을돈주고사겟다하니 銀과네가갓치亡할지어다。」(使徒行傳八章二十節)異蹟行하는權能도그럿커던 況福音이랴。그대들이悔改치안으면 이믜산줄노生覺하던것을일흘뿐안이라 그대들의銀과함씌亡할것을記憶하고두려워하라。그대들은또한그리스도의가라침을넑지안엇는가——「바리새敎人은서서스사로祈禱하야갈아대 하나님이어내가感謝하옵기는 나는다른사람과갓치討索하고不義하고淫亂하지아니하고또한이稅吏와갓지도아니함이니이다 나는날헤에두번式 禁食하고또엇는것의 十一條를드리나이다하고……대개自己를놉히는者는반다시나저질것이요 自己를나초는者는놉하지리라」(路加十八章十一—十四節)自己의人格德行을가지고福音을사겟다는 그대들이여 律法主義의바리새聖人으로도하나님압헤義롭다하심을 엇지는못한것을알어두라。또한敎會의모든規模를잘직히고모든事業에熱心으로 盡力하는것으로救援을사려는그대들이여 하나님은그대들을爲하야이뫼先知者의입을빌어責望하야두엇다——「너희가들이난바만흔 祭物이내게무엇이有益하리오………헛된祭物을다시가저오지말나 焚香하는것이내게可憎한것이되고 月朔과安息日에悔改하는것도내가슬혀함은거륵히모히면서兼하야 惡을行함을내가또容納지아니함이라 너희月朔과節期는내맘에미워하노니 그것이내게무거운짐이되여메기에困하도다………」(이사야一章十一—十五節)。

生命의道을차즈려고煩惱하고彷徨히는靈魂들이여 그대들은저福音安賣者의宣傳에誘惑되지말나 또廉價의福音을사가지고假裝하여노은基督教紳士、基督教青年、基督教學生、基督教事業家의外樣에도속지말나。基督教를그들의傳하는것갓치生覺하고 信仰에들어가기들저들갓치하는것이라고生覺하고 그대들도한번그러케試驗하여보려고生覺하는者는어떤사람을勿論하고댝도업는失敗를하게된다。故로산眞理인基督教를밋으려는者는적어도다음갓튼注意를할必要가잇다。

첫재로 福音은사는것이라고生覺하여서는안이된다。살수도업고살必要도업다。一定한代價를支拂하고엇을수잇는것이라면福音이라고는할수업다。福音이福音된所以는代價업시누구나밧을수잇다는대잇다。이것이基督教의福音이學者의慰安의哲學이나 道德家의修養道德과달니特히福音이라하는까닭이다。그대는福音을엇기爲하야金을낼必要도업거니와同樣으로知識을낼必要도 才能權勢其他아무것을낼必要도업다。福音은恩惠의선물이다。그저밧는것이다。故로身分이나地位에依한差別이업다。누구나能하고누구나可하다。聖經中에는이것이明白히적혀잇다。讀者는몸소聖經의左記句節을차자叅考하기바란다。(마태三章九、同十一章二八、同十三章三三、누가十三章二一、마태二十二章一—一〇、누가十四章一六—二四、마가二章一七、요한三章一六、로마三章二八—三〇、同四章四—六、同九章二一四)

이明白한眞理가잇슴에도不拘하고 傳道者들은基督敎에들어오는대는 一定한代價의支辨이必要하다고한다。그리하야正直한心情의所有者를惱殺식인다。그러나오늘날은거긔다시一步를더墮落하야 支辨하야한다는그代價를至極히簡便紙廉한것으로하려고애쓴다。「代價를支拂하여야」라는것보다도(若干)「支拂하기만하면」이라는것이現今敎會의所論이다 그러케하야서라도敎人을募集하지안으면敎會를支持하여갈수업스리만큼오늘날敎會는墮落하엿고 無力하고 生命이업다。敎會가지은罪는여러가지지만은그中에도큰것의하나는 이福音에갑슬붓첫다(붓치되될사록低廉하게)는것이다。福音은거저밧는것은되나 廉價로사는것은안이다。거저밧는것은卑賤하여서가안이요갑스로써헤아릴수업시高貴함으로써다。

故로第二로基敎를易行道라고誤想하지말라 基督敎는어떤意味에서는人生이밟을수잇는길中最難最險의行路라고할수잇다。그리스도自身이이미여긔對하야 明白히말삼하엿다—「좁은門으로들어가라 死亡으로引導하는門은크고그길이넓어그리로들어가는사람이만코 生命으로引導하는門은좁고그길이險하야찻는者가적으니라」(마태七章一三、一四) 그러나讀者中에는或마태十一章末節을들어그리스도의말에矛盾잇슴을反問하는이도잇슬줄안다。果然矛盾이라면矛盾이다。前者에서는明白히좁고險하다하면서여긔서는쉽고가볍다한다。그러나이것이事實이다。그리스도의가라침의眞意를깨달을때에우리는이것을이대로首肯하게된다。即그리스도의命令대로그의멍에를메고그를배홀때에 곳이미맘이便히쉼을엇은것을깨닷는다。우리의가진바所有를다팔아가지고나선때에 곳至極히貴한寶貝는이미내것이되엿슴을깨닷는다。故로우리는福音의安價者가말하는것갓치웬만々々한代價가必要치안을것을아는同時에또들어누어서基督敎에들어갈수업는것을記憶하여야한다。聖書를精讀하여보면基督敎는모든사람에게無差別로開放되여잇는한便에또매우嚴格한要求가잇슴을알수가잇다。 福音書中낫타난것을大體로만 들어도如下하다마태八章一八ㅣ二二(누가九章五七ㅣ六二)마태十章三四ㅣ三九 (마가八章三五)마태七章二一、同十一章二九、同十三章一一、一二、(마가四章一一)同十八章三、四、同十六章二四ㅣ二六(누가九章二三ㅣ二七)마가八章三四)마태十九章一六ㅣ二二(마가十章一七ㅣ二五) 同二十二章一一ㅣ一四、同二十五章의세가지의譬諭 누가十八章二八ㅣ三十、同十四章二五ㅣ三五

故로第三으로人生을全然犧牲할覺悟가업서서는안이된다。 基督敎는修養도안이요改良도안이다。 한生活에서全然다른生活로變함이다거듭남이다。 그런故로人生全體를들어祭壇우에노와야한다。 若干의富若干의知識若干의才能若干의事業甚至於는안해한아 남편한아며누리하나、사외하나로基督를팔고사고하는者들은맛당히上記의聖經本文을차저熟讀할必要가잇다。더구나그中마태十章三四ㅣ三九(或은마가八章三五、누가十四章二五ㅣ三五)를넘어보면그리스도를밋는것이그러케수월한일이안임을알것이다。 일측히歷史잇슨以來로人生을對하야한要求中에이에서더嚴格한것이업섯다。 父母兄弟妻子를바리고 自己를이기고제十字架까지를지지안코는크리스챤이라고할수가업다。人生은이것을除하고무엇이겟느냐그런故로人生全部를抛棄하여야 犧牲하여야한다는말이다。 우리는아무것도支拂할必要가업는代身에全部를들이여야한다。果然그리스도는그의死로써生命의길을열엇다。 우리가그以下엣것을가지고 그에게서새生命을엇을수는업는일이다。

그리스도를따르려는者들이여 安賣者의말을듯고 이意外에險한陷井에빠지지말라 (나는陷井이라고한다傳道者들이그러케만들엇기때문에) 그대들은크리스챤이라고自白하기前

에爲先悲痛한覺悟가必要하다。

「길에行하실때에 或이稟하야갈아대어데로가시던지저는따르리이다。 예수갈아사대 여호도굴이잇고 空中에나는새도깃이잇스되人子는머리둘곳이업다하시고 또다른사람다려닐아사대나를따르라하시니 그가갈아대主여나를容納하야몬저가내父親을葬死하게하야주옵소서하니갈아사대죽은者들은 저죽은者들을葬死케하고너는가서하나님나라의道를傳播하라하니또다른사람이갈아대主여내가가겟사오니다만나를容納하샤몬저도라가내집안사람을作別케하소서하니예수닐너갈아사대손에쟝기를잡고뒤를도라보는者는하나님나라에合當치안이하니라하시더라」(누가九章五七—六二)

예수를밋어豊富한敎養을엇으려는者는가라社會에有益한事業을하려는者도가라 무슨利益을엇으려는者는첫재로가라 예수는오직自己와함씌十字架에못박히고自己에依하야새로살기를願하는者만을許諾한다크리스찬은（文字대로）生命을바리는者가되여야한다。

基督敎의礎石

요한三章十六節硏究

鄭 相 勳

聖書中에서 가장아름답고 가장貴한珠玉을차자내라하면 모든사람의눈이 요한福音三章十六節에 쏘다질만큼、基督敎의全眞理가 簡單한이一節中에 要約이되여잇다 그럼으로基督敎의眞理大要을 쌃은時間에알여면 이一節을熟讀玩味하면 足할것이다。果然이一節을 알게될때 基督敎를알게되는것이요 이一節을理解치못할때 참基督敎를理解치못하는것이다。

基督敎眞理의全幅이 僅々二十五字로 일우어저잇는 쌃은文句中에 庄縮이되여잇는그만큼、敎會에서貴히녁임과寵愛함을밧더왓다。그러나어머니의耽愛가 貴한子女를 그릇치는것과가티 敎會의眞理에서 버서난 貴히녀임과寵愛도 되되여이珠玉의生命을害하고 光輝를가리우게되엿다。獨逸어느聖書學者가 이句는新約聖書中에서 가장아름답고 깁흔意味를가젓스나 金貨가오래使用되여서 그光澤을 일은것가티 이節도敎會에서 자주使用한때문에 그光輝를減하엿다고 看破한것은 適切한觀察인줄안다。眞實로受洗者의敎理問答에이節이金科玉條와가티 使用되엿다。누구든지 이句節만機械的이든지마든지 政略的이든지마든지 暗誦하기하면滿點의조흔成績으로 入格된堂々한信者가되는일이許多하엿다 敎會員의增加를誇示하기爲하야서는 宣敎師도 牧師도 敎會員도 이態度를取하는 傾向이업섯다고 누가斷言할가보냐 내自身敎會의門을 처음두다렷슬때敎會內先輩의 好意로이句節을 맹랑으로 외오고 榮光스럽게 試驗에滿點通過한일을回想하고는그愚를閑笑치안을수업다。

이와가티愚에도屬할수업는짓을 行하야이節이本質의顯揚을막을지라도 이節그自體의光澤은減損되지안는다。中天에暗雲이가려워太陽의光輝가 우리의게빗최여오지안는다고太陽의光輝가減損된것이아니며 빗최지안는것이안님과갓흐다 그럼으로 가리웟든暗雲이것처지면 太陽은그爀々한光輝로빗최여옴과가티 요한三章十六節도 그우에덥힌 덥개만벗기면다시本然의珠玉이되여 光輝를發하게될것이다。나는지금 이寶玉을爲하야 聖十字軍이일어나기를 바래면서붓을 들고그길預備를하려하는것이다。그럼으로여러가지로論議하느니보다 珠玉自體를 나타내게하여보려한다。

그는하나님이 그獨生子를 주실만큼 이世上을사랑하섯슴니라。이는모든그를밋는

者가滅亡치안코 永生엇게함이니라(自譯) 이를다시原文의 逐字譯을하여보면 그意의잇는바가더욱明瞭하여질줄안다。

사랑하섯다。하나님은 世上을 그獨生子를 주엇슬만큼 이는모든밋는者가 그를 滅亡치안코 그反對로 生命 永遠한 엇게함이이다。

逐字譯으로보면 사랑이 全句節을通貫한 基調가된것가티 맨처음에나타나잇다。사랑이신하나님께서 사랑으로福音의첫머리를 꿈엿슴은 適合한일이다。그러면이사랑의全句節 아니 全福音의內容은 무엇인가 어머니가 貴한아달을 사랑하는사랑인가 벗이벗을親히하는사랑인가 女子가男子를 그리는사랑인가 아니다。이「사랑」이란말은 新約聖書時代에만 特別한槪念을가지고 使用되고 그前에도 그後에도使用되지아니한말이다 하나님께잇서서는 自然한心的態度이지만은 사람의게잇서서는 그自然性에反對되는 心的態度다。그럼으로 사람이이「사랑」으로 남을사랑하자면 從來의自然性을 죽이고 新生에서살어야 能히行할수잇는것이다 나는하나님께서 이世上을 아니、나를사랑하섯다할때 그사랑이사람의自然性에서 소사나는것이아니요 사람의自然性에反對되는사랑이기때믄에 그것이眞實함임을能히밋는바다 그러나그것이人性그대로의發露가튼 사랑이라하면 나는하나님께서 나를 사랑하섯다할때 그말을到底히 밋들수업다。그는「百八煩惱」中에 밋거라하실서록

의심더욱나옵기는
아모리 돌아봐도
고일무엇 업슬세지

라 을픈것가티 나自身을 보고볼사록 살피고 살필사록 하나님께서 貴히녁이고사랑함을 밧들아모것도업습을 分明히알게되

는까닭이다。 그러나하나님의사랑이 이러한사랑이기때문에 하나님을反逆한中에서 孕胎되고 또反逆하는生活을하여온나도 그사랑을 밧게되는줄밋고 罪투성이인 이대로빈손든이대로 赤身인이대로 더러운이대로그사랑을밧고 다시살게된것이다。

또한가지注意할것은 여긔에말한「사랑하섯다」의特別한意味다。 이動詞은漠然히사랑하엿다는것을 表示치안니하고 過去어느時期에 特別한方法으로 그사랑을나타내섯다는 意味를表示하고잇다 그獨生子인 예수그리스도를 이世上에주시는 그사랑을말한것이다。 그럼으로하나님의이사랑에 서잇는基督敎는哲學이아니요 思想이아니다。 歷史的事實이다。 基督敎를歷史的宗敎라함은 이를일음이다。

하나님이 사랑하섯다는 그對象인世上은엇더한것인가 여긔에「世上」이라한것은 世

界의全人類를 가라친것이다。 即過去永刧에生을어든 모든者 未來永刧에生을 어들者의總體를 가라친것이다。「義人이업다。 한사람도업다」는 不義한人類를 가라친것이다하나님의命令을 拒逆한者 빗보다暗黑을 더사랑한者 하나님께서 사랑으로보내신 참豫言者를殺害하고 거짓豫言者를迎接한者, 그獨生子까지도 十字架에못박아죽인者를 하나님께서사랑하섯다함이다。 이는眞實로놀내지아니할수업는일이다。 여긔에우리는사랑의힘을본다。 사랑의奇蹟을본다。 우리의적고不純한사랑도 우리가豫想할수업는 큰일을能히行하나니 하나님의無我의純愛가 不可能을可能되게하엿슴을엇지밋지못하랴 基督敎가 이사랑에 서잇슴으로 우리의게비로소福音이되는것이다。 死의烙印을가진 우리의게 이以下의것은 福音이되지못할것이다。 여긔에福音의無限한 價値가잇는것이다。 使

徒바울이 福音을봇그러워하지안는다는것은이意味의福音을 말한것이다。이福音의眞意를 알고누가봇그러워하랴 아니〱이福音을가지게된것이 큰持權이안닐가 無限한榮譽가아닐가

그獨生子는누군가 모든創造함을바든 萬物보다 몬저誕生한者다。太初부터 하나님과가티한者요 萬物을創造한者다。하나님自身안에잇서서하나님의사랑의對象이엿다 。아니 하나님自身의受肉降臨한者이다。即하나님께서는 自己의게叛逆한者를 救援하기爲하야 太初부터가티게시고 그愛의對象이든아달을 주엇다함이다。여긔에「주엇다」함은주어버렷다함이다。永遠히 주엇다함이다。(once for all)더구나自己의親友의게 주엇다함이아니요敵의手中에내어주엇다함이다。世上이 하나님의벗이라할지라도 그獨生子를내여주는대에는 슬픔도잇고 외로옴도늣기게될것이다 그러나참으려면 참을수업슬바도 안일것이요 斷念하려면斷念할수업슬바도 안일것이다。그러나그벗안인 敵의게 더구나 죽이기爲하야 내어주엇다함은 사람의 生覺이想及할수업는思想이다。病으로죽어가는것도 그父母의게는 참아견댈수업는斷腸千切의쓰림이어든 敵의手中에서 죽이려고산아달을 내어주는아티고쓰림이랴 이일를하나님께서는 能히行하섯다한다。

이러한思想에對하야 猶太人은嘲笑하며反對하야 말한다。아브라함이 그아달이삭을祭物로밧처 죽이려할때 그것을 막으신하나님이 엇지自己의獨生子를 죽이기爲하야敵의게내어주엇스리요한다。그들은一步를더나아가서 唯一絕對의實在이신 하나님께아달이 잇다는것부터틀엿다고 이句節에對하야根本的으로反對한다 하나님의게는 아달도업다는것이 그들의傳來하여오는 思

想이엿다。 예수當時에도 이思想은變함이업섯다。 그런대 萬若 이思想이從來의猶太人의게는 全然히업섯다하면猶太人으로出生하야猶太人으로서의 敎養을바든 요한이엿지하야여긔에이思想을가지고왓슬가 또新約聖書의記者들이 어대서가지고왓슬가 그起源에對하야 큰問題가提出된다。 예수의生涯를 처음부터目擊한요한이나其地新約의記者들이 이러한結論에達하게되엿슬줄안다。 猶太人의激烈한反對를밧더오면서도이眞理가 今日까지傳하여온것은 예수가하나님의獨生子인明白한證據라할수잇다。 그리고 하나님이그獨生子를 그敵의게주엇다는思想도理論으로는 猶太人의反對가正當하다하자、 그러나아모리不合理한思想일지라도 이것이事實인以上모든理論은事實압에서는붓그럼을當하고 그럼자를 감추지안을수업슬것이다。

하나님의 이처름無限한사랑을 如實히바들者即滅亡치안코 永遠한生命을바든者는 猶太人이라하지아니하고 敎會員이라하지아니하고 다맛밋는者라하엿다。 猶太人들은自己네를爲하야는 메시야의燦然한王國 異邦人을爲하야는 慘憺한審判을期待하고잇섯든것이다。 이것이하나님의義인줄밋엇고 사랑인줄만밋엇다。 그러나하나님께서는 그사랑을나타내실때 猶太人의期待를餘地업시 짓밟어버리섯다。 猶太人 異邦人의區別이하나님의사랑을밧고 못밧는區別이아니되게되엿다今日로말하면敎會員、 非敎會員이 하나나님의사랑을바들 基準이되지안는다는 말이다外貌로사람을보시지아니하는하나님께서 敎援을바들者를擇하시매 外的標準을撤廢하여버리고새標準을세우섯나니 그것이곳信仰이다。 하나님께서보내신者를밋으면 하나님의사랑을自己의게實現되게하여서永遠한生命을엇게되는것이요 밋지안으면 하나님의사랑은變치아니하고 언제라도사랑하시지만은 그 사랑을自己의게實現되게하지못함으로 救援을밧지못하고滅亡하게된다는것이다。 그럼으로하나님께서要求하시는것은 다맛信仰이요 信仰만잇스면 누구든지救援을밧게된다는것이다。 殺人强盜일지지도 娼妓일지라도食人種일지라도 다맛밋기만하면 滅亡치안코永遠한生命을엇게될것이다。 그러나누구든지밋지안는者는滅亡을當한다는것이다。 그現在의地位가 法王일지라도 監督일지라도 牧師일지라도 君王일지라도 참意味에서밋지안으면 滅亡을當하고말게되는것이다。 宗敎改革의氣運이開東하기 먼前十三世紀末로十四世紀初에 生을어든토스카나의詩聖단테가 地獄巡遊할때 맨처음法王을맛낫노라함은 實로偉大한思想이라아니할수업다。(神地獄篇第三章參照) 이러한思想은하나님의 사랑을 選民이라는確信에서 하나님의地上代表라는 自惚下에서 제各己의게만 制限하려하는猶太人이나天主敎會의許容치아니할바이다。또 天主敎化하여가는 新敎의堪當치못할것일것이다 그러나聖書가存在하여잇는동안 아니 設或聖書가다시네로나秦始王갓튼 暴君을맛나 모조리불살어지고만다더라도 이러한사랑을가지고 恩寵을人類의게 베프시려하는 하나님이永遠히게시오매 이眞理또한업서지지안코 求遠히남아잇서 滅亡할罪人의게 生命을傳하는福音이될것이다。

滅亡할罪人이 永遠한生命을어더 살게되는길이 얼마나簡單한가 다맛밋으면 된다함이다 條件이라는말을 使用함을許한다면밋음이그唯一한條件이라함이다。 그러나여긔條件이라한것은 決코律法的條件이아니요 恩惠的條件일것이다。 그럼으로條件아닌條件이다。 卽하나님의 絕對의恩寵이 自由선물로(Free gift)아모밧음즉한資格을 가지지못한

人類의게許與된것이다。信仰外지도先有條件으로要求치아니하고 그사랑이몬저 現顯하여서그사랑을實現되게하는條件인 信仰을促起식히는것이다。여긔우리는 再次놀내지아니할수업게된다。그러나基督敎가 우리의밋는바와가티 恩寵의宗敎일진대 여긔에徹底하여야 그實을宣揚하게될줄안다。

「滅亡치안코」라는滅亡이라는말은 甚히强한말이다。絶滅 絶無를意味한다。卽刑罰의極重함을가라친것이다。하나님의無限한사랑이예수그리스도로 나타나지아니하엿스면 絶滅과가튼重罰이 萬人의當할運命이엿슬것이다。果然罪의갑은死라하엿슴과가티 罪人인人類는死에 定罪되여 永遠히死의痛苦를겨지아니하면안될것이엿다。그러나사랑은奇蹟을行하야 永遠한死苦를永遠한生命喜로變하엿다。여긔에 暗夜를헤매는人類에게 光明이비최이고 所望이잇게된것이다。

하나님의사랑은 一部의特殊한人物을向하야 나타나지안코 全人類를向하야 쏘다진것이다。한사람의滅亡함업시 全人類가 救援되기를目的한것이다。이眞理는聖書全體가가라치는바다。九十九匹의羊을두고 길일은一匹의羊을찻는 牧者의比喩는 이眞理를가장簡明히例示한것이다。이러함에도不拘하고하나님의사랑을 獨占하랴는者만흠은 웬일인고ㅡ그가天主敎信者든지 新敎信者든지無敎會信者든지 하나님을瀆하는者다 이는基督敎를 行爲의宗敎로맨드러하는것과가티基督敎의眞理에서 버서난바리새的思想이다。이는예수께서 가장미워하신思想이다。예수안에사는나도 이思想을미워아니할수업다。敎會가敎會員이되여야하고 洗禮를밧어야한다하고 事業을하여야한다고할때 우리는敎會가金料玉條로녁이는聖句를살이여 다만예수를밋고 永遠한生命의祝福에參與하자。

入信의動機(續)

金敎臣

爾來로 다시한번 努力하기를始作하엿다 따암의所願인비 儒敎의道德은 基督敎傳道師가述하난바 聖靈의權能을借하야 速成하여 라는努力이엿다。뿐만아니라

『見義不爲無勇也』 라는孔子의말삼과

『義를보고行하지아니함은罪니라』는基督의말삼에는 그深刻한程度에大差가잇슴을보왓고

『以直報怨、以德報德』하라난人間的敎訓과

『敵을사랑하며 올흔뺨을打하는者의게 왼뺨을向하라』난超人的敎訓을比較함은 마치蓮池의幅과 大洋의그것을 견우는것이엿고

『已所不欲을勿施於人』과

『己所欲을施於人』하라는兩句等을 생각할때에 基督敎全般이 무엇임은未知하면서도 儒敎道德律노만보와도 基督敎의敎訓에는 儒敎의그것보다 훨신深遠高大한무엇이 잇음을窺知하엿다。遠大한道德律을發見할사록 基督敎에對한나의熱心은 漸高愈切하엿다。그리하야 山上垂訓의佳句는一點一劃의餘地업시 成就할것이라고自信한때에 道德峯을向하난 나의巡禮의前途에는 洋々함이잇섯다

때에 信賴할만한基督敎々師의게서 山上垂訓解說을聽講하게되여 나의基督敎觀이 그根底부터動搖케되엿다。孔子의言行보다도더完美莊嚴한基督敎道德律을 信者各人이 사라生前에實行大成하난대에 基督敎의基督敎인所以가잇난줄노信한다난 余의感話에對하야 敎師는率直하게 大膽하게此를否定하고聖書에 그根據가업슴을指摘하엿다。余의失

望이非常할것을 念慮하야 親切한先輩는 來世聖化의約束이잇슴으로써 나를慰勞하려하엿다。 그러나 死後或은來世云々의句는 나를慰勞하지못할뿐더러 失望이아니면憤慨를더할뿐이엿다。 떡을請하는者의게 돌을먼지니 무삼滿足이잇스며 고기를求하는者에게배암을주니엇지慰安이되랴。 나의願하는것은死後의聖化가아니라 來世의約束이아니라。 이肉身이대로가 사라生前에 一年이라도或은一日이라도 完全의域에達하기가所願이로다 이以上의것을 내가不要하며 이以下의것에내가不滿하엿다。 基督敎가萬一 이要求에應하지못한다하면 나는발서 더오래 基督敎에 머물너잇슬必要가 업는것이엿다。 그러나孔子의게로 도라가는것은 深刻한絶望을다시한번返復할것뿐임을잘알엇다。 嗚呼라나의求道生活은 此에至하야進退維谷이엿다。

努力에서絶望에 煩悶에서暴棄에 써러지려할즈음에 나는다시한번 自我를 굽어보왓다。 前에는내가 義를보고行치못함은勇氣업슴이라 는句를볼때에 果然現今의 나는少勇의人이나 漸次修養鍛鍊하면乃終에는大勇의人을成하리라고생각하엿섯다。

勇氣란무엇인고? 前에가젓던概念대로는나도善々修鍊하면 普佛戰爭의勃發에際하야佛國艦隊를一擧에仁川灣에서擊退하고서意氣揚々하엿던大院君의勇氣만치는 發育할質素를所持한줄노 自任하엿섯다。 그러나 모세와이사야 예레미야의勇氣를배우고 스데반과 使徒바울의勇氣를 듯고 예수그리스도라고는 天性된대로의 나의게는 秋毫도內在함이 업슴을發見하엿다。

한 사람이 두主人을 섬기지못할 것이라(太六〇廿四)함은明白한道理나 그러나此를實行함에는 월음쓰會議에立한 루터의決

心을要하며 이스라엘을 引率하고紅海를전너던 모세의意氣가必要하것만 嗚呼라 나의안에 엇지 이것을發見할고!

그런故로……목숨을 爲하야 무엇을 먹을가 무엇을 마실가 몸을爲하야 무엇을 닙을가 念慮하지말나……

空中에 나는새를 보라……

들에 百合花가 엇덧케 자라난가 생각하여보라……

너히는 몬저 그나라와 그義를求하라。

句々節々이至當한道理다。至當한道理를實踐함에는非常한勇氣를要한다。如此한勇氣의片影도 내안에內在치아님을 告白치아니치못하게되엿스니 痛歎한들洽足하랴。그러나나의게는 事實이다。사람은 몰으거니와。

나는果然 두主人 세主人을 섬기는 生活者다 내가 목숨을爲하야 焦慮恐惶함은 犬馬의本能에서 달을바업스며。

나는果然 空中에나는새보다도못하고 들에자라는 百合花보다도 不足한者임을보게되엿다。내가몬저求하는것은 그義도아니오 그나라도아니고 오직 貪慾의大塊임을보고 놀내엿다。내가 義를보고行치못함은 勇氣가少弱한緣故가아니고 義에應할만한勇氣가全無한所致인것을發見하엿다。前에는 내가性善說에信依하야 天稟의善한部分을 拔育함으로써 少弱에立志하여 老大에完成할것을期約하여보왓다。그러나 自我를좀더 明確하게알게됨에至하야 善한性稟이라고는한아도內在함이업고 또善을보고도 此를敢行할만한勇氣를全缺한 可憐한 罪惡의大塊임을알게되엿다。自己修養으로써 完全의域에達하여보리라던野心은 全然히 暴棄치아니치못하엿다。

『嗚呼라 나는괴로운사람이로다 이死亡의몸에서救援하야줄사람은 누군고』

하고 나는 急을呼訴하게되엿다。前에는내가太平洋의西岸에서서 엿지〳〵하면 彼岸의新天地까지 橫泳하여보히리라고 豪言高居하엿섯다。그러나只今은 내몸이怒濤에부덧기여 生命이頃刻에잇슴을보고 놀나救援을請呼하게되엿다。

『大槪 내속(곳내肉體속)에 善한것이 하나도居하지아니하난줄을 아노니 善行하기를 願하난 마암은 내게잇스나 그대로 일우난것은 업나이라』는悲痛한告白을 마지못하고서 至極히賤하고弱한罪人中의罪人한아가 至聖 全能하신王中의王압헤 降伏한것。自我의修鍊 發展이아니고 自我를否定하고自我를暴棄 自殺한 地境에 이른것이나의入信의動機엿다。道德的修養에서 倦怠하고破産當한 狀態의收拾에서困한者가

『健康한사람은醫員이쓸데업고 病든사람이라야쓰나니 내가 義人을부르러온것이아니오 罪人을부르러왓노라』

고宣言하신이의게 다름박질하여간것이 내가 예수씨로 따라간 거름이엿다。

城西通信 三

一、呻吟하는自然 지금내가 잇는阿峴北里에는 鬱寧園이라는陵이잇슴니다。陵의附近에는自然林 人造林의 鬱蒼한樹林이 욱어저잇슴니다。새와매암이는가지에서 노래하고버레는풀밧에서울어 鬱林의幽邃한 氣分을더욱도두워주나이다。그럼으로나는깃븐때에도鬱寧園을찻고 슬푼때에도 그를찻나이다。또마암이孤獨에 쓸아릴때에도 鬱寧園의鬱林을헤치고드러가서 안타가운心情을 그의게呼訴하려하나이다。그러나그를對할때 나의아리는마암은 더욱쓸알여지나이다。껍질을생둘너 벗기고 水分을上枝로올녀보내지못하야 눈물흘이는나무와 가지를傷하고 괴로워하는나무는 그설음과그슬픔을 나의게도리여呼訴하나이다。나의罪 우리民族의罪를 萬有의主의게 哀訴하고伸寃을切求하는듯함니다。그럼으로慰安을 엇으려갓든 나의쓸아리는마암은 슬픔과외로옴에 견델수업게되여 樹林과소래를合하야 하나님의뭇아달들이出生하기를 萬物의救援이實現되기를熱求하게되나이다。여기에 우리는「대게 創造함을밧든萬物이 懇切히 바라는것은 하나님의뭇아들이 나타나기를 기다리나니」云々의바울의自然觀의深刻함을 別다른

意味에서 볼수잇지안슴닛가

二、基督敎中毒治療 요사이朝鮮에는 모루히네中毒治療所設置라는말이 종々들임니다。勿論이것도必要함니다 그러나나는基督敎中毒治療所設置가 더욱急務일가함니다。基督敎中毒의害는 모루히네中毒의害보다 더욱甚함니다。그患者의數도 數十萬에達하는이만큼 만슴니다。朝鮮에참基督敎의眞理를심으자면 名醫가나서서 이中毒患者부터 고처야할줄암니다。이것은내가 서울서도 늣기든바이외다。만은 朝鮮의基督敎國으로自誇하는 西北地方에 가서 더욱切實히 늣긴바외다。中毒을 고치지안이하면 아모리새로운眞理라도그들의가진 前症에飽和되고말것갓슴니다 아!名醫여 나서지이다。名醫여 나서지이다。

三、奬勵하는소래 今般渡米하는某友의게서 다음파가튼葉書가왓슴니다。

前略今日은新局面에勇進한 聖書朝鮮을下送하여주어서멀이떠나기前에 兄님의意氣에 一層奮勵를밧슴니다。「聖書를再讀하라」에는同感〳〵!(中略)某敎會(京城府內一流敎會)의主日說敎題目「夏休에는登山이第一」「靑年男女의性的무엇〳〵」等可笑 靑年會의說敎「花晨에는風雨多」보다더욱甚함니다。兄님 準備가 이믜되엿스며마암잇는이들은 出現을기다리고잇스니 奮鬪하심바람니다云々

萬若敎會의 가라침이 이러타하면 우리가 想像하고잇는것보다 그墮落과腐敗는、더욱甚한가보다。아!이것을엇지하나! 敎會와因緣을끈치안이하려하여도 敎會의現狀이 이러할때 因緣을안이끈을수업다。

四、西北訪問記 八月三日午前九時發車로 京城以北에 첫거름을써낫슴니다。車中에서 닑으려든冊도 니저버리고 沿路의山水에 마암을빼앗기여잇는 동안에 車는開城驛에 到着하엿슴니다。나의마암은米國人의經營하는學校나 敎會를찻지안코 善竹橋를차젓슴니다。高麗朝에對한忠臣의 피가거기에흘넛다기보다。仁과義를爲하야 生命을버린 正義의殉敎者의피가 거긔잇는까닭이외다。지금우리의ㅣ는 이러한人物 義를爲하야는即사랑하는 弟子의赤誠을 吐露한切告도 물이치고 死를豫期하면서 所信을決行하는 勇者가 必要함니다。口腹을爲하야 聖職을 더럽히는 牧師輩傳道師輩가 아모리만흘지라도 朝鮮에救援의빗은 빗최지안을것이외다。그러나義를爲하야 生命을버리는者가一人이라도 우리의게 나타나면 우리가救援의빗을보게될것이외다。圃隱先生의調「이몸이 죽고죽어 一百番고처죽어 白骨이塵土되고 넉시야잇고업고 님(여기「님」이라는것을그리스도로生覺하면 이노래가 信者의心情을發表한것이되지안슴닛가)向한 一片丹心 가실줄이잇스랴」를 마암에울

城西通信

프면서 開城을떠낫습니다。

開城을지내고나니 몸에熱이나고 便通이자저저서 精神을 차리지못하게된몸으로 古邑驛에下車하엿습니다。驛에서 五山外지 五里나갓가히 되는길을거러서 敬愛하는咸錫憲兄宅에 닐으니 땀이全혀 풀여버리더이다。病든나그내에게對한 咸兄의쐬듯한友情과 五山醫院醫師林昌善氏외親切한治療로 八月六日에는 全快하게되엿습니다。

八月六日夜 五山敎會青年들의付託과 咸兄의勸告로 祈禱會를열고 거기서祈禱에對하야 感想을 말하고 七、八九、의三日連續하야 青年을中心한모임에서 講演하엿습니다。얼마나 理解하여주엇는지모르나 고요히들어주어서고마웟습니다。十日밤에는 五山農園에서 懇談會에出席하야青年몃사람들과 懇談하엿습니다。그純朴한마암과 態度가다른곳에서는 쉽게볼수업는것이엿습니다。

八月十一日 咸兄과함께 郭山에가서 敎會의 懇請으로午前、午後、夜間의세集會를 다우리가 맛허가지고 말하엿습니다。어린兒孩의왓다갓다하는소래 우는소래 그쌔라어머니들의왓다갓다하는 발자죽소래 어른들의出入等 會堂에嚴肅한 氣分은볼수업섯습니다。그러나우리의舌端에는불이붓흔듯하더이다 그들을警告하고 眞理의무엇인가에對하야말하엿습니다。아마一般이 듯지못하든 소래를들은것가터 놀내고 늣김이집헛든것갓흐더이다。老人들과青年들이 各々우리를 自己네의便인것가터 生覺하는듯하더이다그러나우리는 老人이나青年이나 그어느便에도 치우치지안이하고 우리가 밋는眞理를 그대로傳하엿습니다。

八月十二日 勉勵青年會에서 修養會를열터이니 引導하여달나는 付託이잇섯스나 謝絶하고 十二日一日間만 그들의要求에應하야 午後에質問會로 모이고 밤에講演會로모이엿습니다。오늘은두번다 咸兄과나二人이 戰線에서々싸웟습니다。참으로싸우는 氣分이엿습니다。마지막講演會에서 咸兄은敎會의福音大安賣의不當함을烈攻하고 나는現在의敎會와信者가 얼마나하나님의求하는바에서 [illegible]섯는가에對하야痛擊하엿습니다。勉勵會幹部는 우리가自己네의便이 안인것을發見하고 啞然한듯하더이다。그럼으로우리는 조금未安하여는대 牧師李寬屹氏가閉會하기前에 할말이잇다고하기로 우리의마암은 牧師의게서反駁이나 밧지안는가하고 더욱두군거렷습니다。

그러나牧師가登壇하야 우리의게서福音의骨髓를 들엇다하며 一般敎人의게 우리를挽留하야眞理를 더배우고저하는者는 擧手하라하니 모다擧手하야 贊意를表하더이다。나는牧師의 寬容한態度에놀내엿습니다。氏가頑固와固執의化身과가티一般이生覺하는長老敎會의牧師인故로 더욱놀내지안이할수업섯나이다。牧師의理解와 敎友數人의懇請은마암에 사모치게 고마웟습니다。그러나 우리의事情이 許諾지안이하여서 다시後機會를기다리기로하고 八月十三日郭山을떠나 五山으로 도라왓습니다。

十四日咸兄의 보넘을밧으면서 五山을떠낫습니다。中路에基督敎의總本山과가튼 平壤에들이고 십헛습니다。그러나 압길이밧버서 지내오고말게 되엿습니다。過去에는朝鮮의基督敎를 먹이고길우든 平壤이 지금은 그와反對로 腐敗케하고 化石되게하는 汚泉이되엿슴은 웨ㄴ일인가 平壤을爲하야 朝鮮을爲하야俱嘆안이할수업습니다。

午後四時에 黃海道沙里院에到着하엿습니다。여기는中學校때 不信者로 서로난외인同窓의先輩 同級三人이잇서 모다 信仰의길을것는다는故로 前부터한번차저보랴든곳이외다。벗의勸함을 저버리지못하야 疲勞한몸을 무릅쓰고 監理敎會의敎壇에 서게되엿습니다。監理敎會에는 싸듯한氣分이잇다는대 내가여기서 늣긴것은 차듸찬氣分이더이다。監理敎會에서 싸듯한氣分이업서지면 엇지하나하고 嘆息하엿습니다。

敎會는차다 이곳에잇는七敎派는 서로反目疾視가甚하다한다。그러나 넷同窓의벗들이 이제主안에서 兄弟와가티맛나古情을새롭게할때에는싸듯함이잇고 사랑이잇고 깃븜이넘첫습니다。十五日밤에京城으로도라왓습니다。

이번旅行은 傳道나講演을 하기爲하야떠난것이안이요 咸兄을맛나보고 그의게서얼마간 休養하고오려든것이 지내고보니 純全히 講演이나傳道旅行가티 되고말엇습니다。나의지낸일의 善惡의如何 또그結果의如何를 모다主예수그리스도께막기고 그가裁判케하고 그가 길우고 거두시기를 바래나이다。

(定價送料共)

一 部 十五錢

六ヶ月 八十錢

一年分 一、五〇錢

昭和四年八月二十八日 印刷

昭和四年九月 一 日 發行

京城府外龍江面孔德里活人洞一三〇의三

編輯發行兼印刷人 鄭相勳

京城府西大門町二丁目一三九

印刷所 基督敎彰文社

京城府外龍江面孔德里活人洞一三〇의三

發行所 聖書朝鮮社

振替口座京城一六五九四

『聖書朝鮮』第九號　昭和四年九月一日發行（每月一回一日發行）

聖書朝鮮

第十號

一九二九年十月一日發行

昭和四年九月二十八日 印刷

昭和四年十月一日發行(每月一回一日發行)

目次

信仰에徹底하라

그리스도를信仰하고 따르는生活은十字架의生活이다 十字架의生活이란 이世上에서 죽음을意味하는것이다 모든가젓든것을 버리는生活이다 그럼으로우리가父母를가젓스면父母를 버리여야할것이다 妻子를가젓스면妻子를버리여야할것이다 兄弟를가젓스면兄弟를버리고 朋友를가젓스면 朋友를버리여야할것이다 이것은그리스도께서 命하신바요 信者의누구나다잘아는바다 그런대우리의實生活을보면 죽여야할것이 죽어잇지안코 버리여야할것을 버리지안은것이만타 우리는예수를떠나서 죽지아니한部分으로父母를섬기고 妻子를사랑하고 朋友를親하고잇다 여긔에信者의二重生活이잇고 信仰生活의病源이 潛伏하여잇다

信仰生活의病源을 退治하기爲하야 죽지안코 남어잇는部分을마저죽이여야한다 아모리貴하고重한것이라도 버리여야한다 말로가아니요 思想으로가아니요 勇敢스럽게實際로죽어야하고 行爲로버리여야한다 그럿타 그리스도를爲하야는父母와妻子와親友를草芥와가티 버리고 그들을爲하야쓰든勞力이나時間을모도다그리스도께밧치여야한다

이러케한番 그리스도께밧처 聖別된勞力과時間으로 다시그들을 섬기고 사랑하고親하여라 또모든그리스도안에잇는者와 사기여라 여긔에信者生活의 眞味가감초여잇나니라 이에우리는「내가眞實로 너희게닐아노니 하나님의나라를爲하야 집이나妻나兄弟나父母나 子女를떠난者는 今世에서도여러倍를엇고 後世에서도 永生을엇지못할者가업나니라」하신그리스도의말삼에對하야中心으로아멘〱하게될것이다

長老派의敎會振興策

「眞生」誌는 長老敎會勉勵靑年會의 指導雜誌다 그九月號誌上에 敎會振興에關하야 名士들의意見이 發表되엿다 그十五人中에 二三人을쌔여노코는 모다敎會에生産機關을 일으키고 生活을安定식히는것이 敎會를振興식히는것이라는 大同小異의意見이다 다시말하면 信仰이라든지 眞理라든지 하는 묵고낡은것을 다치워버리고 그리스도니하나님이하는 妨害物도 제처노코 다맛먹고 배부르게하자 또먹고 배부르게하기爲하야 活動하고또活動하자 그리면「敎役者諸氏와 敎會에서設立한 學校와病院과其他宣敎師宅에서 從事하는家族外에는 敎人이라고 別로볼수업는」(眞生第五卷第七號五十一頁第三行에서第六行까지) 敎會가滿員의興旺을일우게될것이요 이世上에서尊敬을밧게되리라는 意見들이다

二

그討意되는問題가 基督敎나 信仰의不振과 그對策이아니요 敎會의不振과 그對策이넛外 모다達見이로다 모다名論이로다 모다卓說이로다 弟子는그스승보다 낫지못하다는대· 朝鮮敎會는 그師인米國敎會보다이點에잇서서만은 一步머 나아가랴한다 무엇이든지 世界第一을 차지하랴고 애쓰는 米國은憤하여하고 朝鮮敎會는 世界第一의 한나를 獲得하고 祝杯를기우릴것이다 그러나 基督敎가 운다 聖書가 운다 長老派의創設者칼빈이 운다 使徒요한이 운다 바울이 운다 예수그리스도가 震怒하신다 하나님께서 徵罰하시리로다

벤자민 푸랑크린의 敎會觀

金 敎 臣

北米合衆國의獨立史를 繙讀한者로써 B. 푸랑크린의 일홈을 記憶치 못한者는 잇을넌지몰으나 今日과가치 高層建築이 盛行하는 都市에잇어 그우에 燦然히 솟은 避雷針들을 보는니는 푸랑크린의 紙鳶을 聯想치 안는니가 업슬것이다。 그럼으로 푸랑크린은 秋風에 紙鳶올니는 可愛할만한 少童으로만 吾人의 腦裏에 印象되기 쉬우나 空中電氣의證明 푸랑크린暖爐 其他多數한 科學上發明或은應用等의 特殊한方面보다도 彼의日常生活그것에 平凡하고도非凡한것이잇엇다。 特히常識(Common Sense)이圓滿히 發達된 丈夫이엿다 智慧縱橫하면서도 正鵠을不誤하는判斷力으로써 事物에對하얏음으로 家庭에在하야는 호ㅣㅁ(Home)가튼 호ㅣㅁ을成하엿고 洞內에出하야는 衆議를 決하며 朋輩와交하야 腹心의友가되엿고 市政에叅하야 필라델퓌야市(Philadephia)의基盤을築하며 필라델퓌야大學의設立者가되엿고 國政에叅하야는 米國政治史의重要한頁을 差持하게 되엿음이全혀彼의 健實한常識의所産이엿다。

彼가 敎會에對한意見도 決코뎌가 科學者라는 獨特한立場으로서 狹隘과 不敬虔을 吐함으로써 일삼은것도 아니오 政治家의 輕薄을 暴露함도아니오 勿論 宗敎家로서의 偏見 固執을 主張함이 아니엿다。뎌는 單純히 健實한一個市民으로서透明한 常識의判斷을 記述할뿐이엿다。

敎會者輩의게는 永遠히 首肯되지 안할

벤쟈민푸랑크린의敎會觀

넌지不知하나 偏性되지안한 普通사람의게는 明々白々한事由다 푸랑크린은 如何히 敎會를 보왓난가 彼의自述한바一節을譯載한다

…그러나 彼(牧師)의說敎는 흔히 우리 敎派獨特한 敎理의論戰的議論이거나說明이엿다。 그럼으로 나의게는 甚히乾燥、無味、無益한것이엿다——道德的原則이라고는 한아도力說치도안하고 厲行치도안함으로 더둘의心算은 吾人을善한市民으로만들기보다 차라리長老敎人으로만들여함과가치보혓다。

乃終에 더는聖書를들고 빌닙보四章八節을차젓다。

兄弟들아 또 말할것이 잇으니 무릇 眞實하며 무릇 恭敬할만하며 무릇 義로우며 무릇 純潔하며 무릇 사랑할만하며 무릇 稱讚할마하며 무

四

삼 德이잇던지 무삼 榮譽가 잇던지 이것을 생각하라。

나는 像想하엿다 이러한 節句로써 하시난說敎中에서난 多大한 敎訓을 밧지안할수 업슬것이라고。 그러나 더는 使徒信經과 가튼 五個條目만으로 局限하여버렷다。 云曰

一、安息日을聖守하라。

二、聖書를 熱心히 읽으라。

三、義務的으로 公會에出席하라。

四、聖餐禮式에 恭席하라。

五、牧師의게 相當한 敬意를表하라。

이러한것은 모다 善한일일넌지 몰으겟다。그러나 이五個條에는 그節句에서내가豫期하엿던種類의 善한것이라고는 한아도업섯슴으로 나는 다시 더히들과會合하기에 絕望하엿고 嫌惡가 생겻다。 그럼으로 公會의說敎에는 다시 恭席치

안하엿다。云云。(自叙傳에서)

果然 牧師或은敎役者라稱하는 特殊한人形들이 아니고는 빌닙보四章八節에서 右와가튼 五個條의解釋은 到底히不出할것이다。푸랑크린은 敎會者의 그無識과 그不信과 그虛僞에 못견대여 드듸여 敎會에 失望하고 嫌惡하게되엿다한다

今日의 朝鮮敎會와 그敎役者들은 果然 如何한가。彼等의所謂聖神(?)이感動하심인지 右와如한 非凡한 演繹法을 能行하야 叅席한者를 失望식히난 異跡을 行使함은 東西와 古今이 無異하야 吾人도 種種此種의說敎들쎄에 嫌惡하엿다。彼等의 智囊을 傾注할진대 루터의立信을 促한聖句인 羅馬人書一章十七節을 읽고서라도 農村振興策에對하야 滔々數千言을 述할수 잇을것이며 또한번 力量을 다한다하면 오ㅣ가스틴와再生한聖句인 羅馬十三章十二節을 朗讀하고서 婦人斷髮論에對하야 數萬語를 吐할수도 잇슬것이다。하믈며 牧師의地位에關하거나 敎會의興盛、或은自己所屬敎派의敎義固執에關連한問題일진대 創世紀初節부터 默示錄末節까지 彼等이 利用치 못할句節은 全無할것이다。弟子는 師보다勝할수 無하다。米國에留學하거나 或은米國이派遣한 宣敎師의게서 學習한 今日의朝鮮敎役者及靑年會員들이 其師에 不出함이 無理가 아닐뿐더러 오히려 其師를善々模倣하엿음은 可賞한 일이라할가。

吾輩도 亦是 푸랑크린과함께 自初부터 敎會에反對한것이 아니엿다。될수잇으면出席을繼續하려하엿다。그러나吾輩는 熱心한長老敎徒或은監理敎派人되기보다도 善한朝鮮市民되기를 더願한다。固執偏性에安堵하기보담도 率直한學徒的不安을貪한다。人形되기보담도 活人되기를願하며 人工으로짜

벤자민폭랑크린의敎會觀

한摩天閣大建築物보다도 山谷에自若한一枝의百合花에 無限한 生命의驚異를 늣기고저한다。聖句를 함부로引用하여다가 自我의敎理와 儀式을建築하려는努力보다도 聖句自身이 抱含하고 잇난그대로의 生命泉에서 眞理를 마시고저한다。그럼으로 吾輩는 푸랑크린과함께 敎會叅席을 不得已斷念하지 아니치못하고 에말손、카ㅣ라일 킬케골、밀톤、크롬웰、헤니손、단테等과가치敎會와 敎派圈外의人되고저하노라。

(一九二九、八、廿四日)

六

往昔부터 아즉 한사람도信仰업시는 萬人이 指目하고 그때문에살고잇는幸福에達할수가업다 모든사람이不滿을가진다 王도百姓도貴族도勞働者도늘근이도절믄이도 强한者도弱한者도 學者도愚者도 健康者도病者도 모든나라 모든時代 모든年齡 모든境遇에서그러하다 이처럼長久히繼續된一樣의證據가잇스니 우리의努力으로 幸福에到達함은不可能한일을 確知하게될것인대 그러나證據는 吾人의게殆히가라치는바가업다∶∶∶∶現在는 吾人을殆히 滿足식히지안는다經驗은 吾人을속인다 그러하야不幸에서不幸으로 나아가吾人은死에까지닐은다 이것이永遠한混亂이다(파스칼)

生命의發達 (前續)

고ㅣ데

이것이聖書가 사람의 內部組織에關하야 우리의게 가라처주는바다 이問題에關하야 觀察은무엇을 가라처주는가 무엇을 나는 나自身과또나의同僚의게서 發見하는가

첫재로 他者의게보이는것即몸 둘재로他者를보는것 他者를보는以上을하는것ㅣ보고 또본것을反省하는것 肉眼이다맛그가내여다보는門으로 活動하는것 그러면서도그自體는不可見의것인것 肉眼의背後에서 默想하는것 即혼 마지막으로 나는나自身안에더욱高尙한 어느本質을發見한다 그것의도음으로 내가보고或은보이게되는 모든面衣을 뗴뜰고보면서 無數한不思儀의無限한創造者와直接々觸하게되는道具 即나안에잇는崇敬의機關神의感官인靈(로마一ㅣ九)을發見한다

어느基督敎哲學者가「나의肉體를通하야는 나는나以下의自然과 關係를맷고 나의魂을 通하야는 나의同等인周圍의사람들과關係를 맷고 靈을通하야는 나以上의하나님과關係를맷고잇노라」(M. de Rougement)고 말하엿거니와 몸、혼、령ㅣ生命의三系統 그러나다맛한사람ㅣ이것이사람이다 自我은 三頭馬車를驅하는御者에比하염즉하다 그러나 自我은 우리의複雜한本質이造成되여잇는三要素에 同等으로 關係되여잇는것이안이다 實際的經驗으로 우리의게알여진다맛하나인 現世의生存동안 한사람을늘그사람으로늣기는感情이그自身을 사람안에두는것처럼보이는것은 혼에對한것이다 自我가사는것은혼에잇는것이다 그럼으로 사람의生命에 中心地位를占하는것이魂이다 다른二要素는그機關과가티보인다 그들은魂을두世界即魂以上의世界와魂以下의世界와連絡식히려고한다

肉體로因하야는魂은物質的 現世的自然과交通하고 靈으로因하야는 보다놉고神的世界와接觸한다 魂이兩界의感化即感覺의길을通하야오는感化와 靈感의길을通하야오는感化를밧는同時에 魂은自由로 그들의게反動한다 前者에對하야는 肉體勞働으로因하야하고 後者에對하야는 祈禱의조곰도弱하지안은精力的이요또效力잇는勞働으로因하야하는것이다 傳道書에서引照한句節은人生이 最後瞬間에만 適用할것이안이다 사람의肉體는언제든지 그出生된흙으로 도라가는過程에잇다 그러하야흙에서 그힘을길우고 그活動의材料를求한다 이와가티靈은언제든지靈을주신하나님께 도라간다 그러하야집흔內的渴仰에依하야 自身을하나님께聯合식히려한다 이渴仰에對하야는 神的交通이그感應이되는것이다 魂은이두世界間을往來하면서 關係를맷고잇는 두機關의도음을바더서그兩者사이에 交換의體系를 建設하리만큼構成되여잇는것이 分明하다 그러하야 地上에天國을實現하고或은(가튼結果이나)地上을天國으로 變하려고役事하리만큼 構成되엿슴도 또한明白하다

觀察과聖書는여긔서 一致한다 即그들은靈이肉體와結合하고 그結合으로因하야 生命의三要素의中心인魂이 되엿슴을 사람안에서보고 우리의게가라처준다 自由와智力의生活 魂의生活 或은心靈的生活 感覺과有機的活動의生活 或은肉體的生活 渴仰과天的交通의生活或은靈的生活等이即그것이다

사람은呱呱의聲을發하는 그瞬間부터 이原理或은적어도 이三種生活의 能力을 所有하고잇다 그러나그들이다맛 順次로 그의게 나타나는것이다 처음에는 肉體生活小兒의먹고마시고 자고하는것이다 皮相的으로보면 純全히 動物로보이는 生後멧週

間을지내면 嬰兒의얼굴에 天的愛嬌의첫微笑가빗취여나오게된다 이는嬰兒의魂이 그어머니의魂과 接觸하야 漸々깨여나는것이다 처음부터 魂은거긔에잇섯다 그러나潛在하엿든것이다 그것이方今活動을 始作한것이다 그未來發達의豊富가 그現在의이첫顯現에 싸이여잇다 마참내 多年의間隔이잇슨後에 智力의燈이 点火되고 밝은光線을發散하는때ㅣ意思의샘이 날々이增長되는勢力으로 活動을始作하엿슬때ㅣ幸福스런一日을지낸後 或은그慈母의무릅우에서 喚起된愛情의한時間을지낸後 자려는瞬間에아이는 그의게알여진 모든存在을 아니自己의兩親을 抱擁할것보다 더욱豊富하고 더욱純한愛에 그마암(heart)이열이는것을 늣기는것이다 方今가삼에안어준 그아버지以上 그의게마자막接吻을하여주는 그어머니以上 그의눈은 그아버지의아버지 그어머니의 보이지안는벗을찻는다 그리하야 눈을감으면서 그는「나의하나님 그대의게感謝하나이다」라중얼거린다 魂의本質에屬한神의機關은 그對象을發見하엿다 萬若未來에 그活動이制禦되지안는다면 또靈이 이믜始作된 魂의生活을支配하리만큼 强하게자라면 萬若 그代身 魂이니어서더욱發達한肉體的生活을 統治하게되면 참敎職政治、는 그때確立이될것이요 神的秩序는사람의生活을 다사리게될것이다

이光景은 地上에서다맛한번 보게되엿다「아기가 漸々자라매강건하여지고 智慧가充足하며 하나님의恩惠가 그우에잇더라」(누二ㅣ四〇)고 닐음을밧든 그아기의生活에서보게된것이다 그의身長이자랏다함은 肉體에關한말이다 智慧가充足하엿다함은即道理의智識과道理를行하랴는意思로 充足하엿다함은 그魂을말한것이다 그는神의恩寵의모

든感化를 줄거이밧덧다 거긔에靈이잇섯다 肉體가魂에對하고魂이靈에對한 順當한이從屬關係中에調和와힘과 健康과安寧과十全과完全과 人間存在의眞實이 成立하는것이다

이三要素의各自의生活은 그獨特한特徵을가지고잇다 이特徵으로因하야 한나가 다른二者의게서 쉽게區別되는것이다 몸은그進展에關與하는意思도업시 出產되고 자라고 衰한다 肉體的生活은 그自體의活動을管理하지안는다 그는그自體의主人이되지안코 自體를쓰다내여놋는다 그는그所有者를기다리는資本이다

이期待된所有者가 魂이다 肉體와比較하야 魂의判然한特徵은그自意識과賜與를밧은智力과自由意思로因한 그自我統治ㅣ다 魂이엇더케肉感的本能과盲目的食慾에 誘惑될지라도 그들의게 降服하는것이 魂의意思인때를除하고는 魂은이러한低劣한原理에支

配되지안는다 그가選擇하는때에는 그는보다놉흔法의일홈으로 反抗하야 그들을征服할수잇는것이다 우리는魂에關하야 單純히그가잇다고 말할수업스나 그가잇스라고意思하는바인것이라고는말할수잇다 魂은그가스사로 되라고작정하는것이된다 그러나萬若그가 그러케하야 그自身의 主人이되면이特權은 自我耽溺과柔弱으로因하야 그自身의權利를 疎忽히하기爲하야서나 又는그가 自尊의偏狹과頑固로 自身을自身獨占하기爲하여서 그의게許與된것이아니요 愛의自由되고沈着한衝動에依하야 그自身을 버리기爲함이다 그런대 이것이即그의最高行爲는 다맛靈의도음에依하야 完成되는것이다

自我統治가 魂의生活의特徵인것과 꼭맛찬가지로 自我降服은 靈의生活의特徵이다 聖靈의主權下即사람안에잇는靈과 그自身을

結合하고 魂우에主權을確立식히며 또魂을 通하야肉體우에 主權을確立식히려고 우에서오는숨의主權下에서 우리가다음과가티웨치는때가온다「오ㅣ하나님이어 그대나를自由하게하셧도다 나는내自身을爲하야살수도잇고 어느賤한主人을爲하야내自身을 버릴수도잇나이다 나는이도저도하려하지안으리이다 나는내自身을 나보다나으시고萬有를超勝하시는그대의게 밧치나이다 以後나의自由意思를그대의器具로밧드소서 愛의聖火는 나를그대의종되게하고 또그대때문에모든나의兄弟의종되게하나니다」라고 이瞬間부터 靈的生命이 사람의게잇슬뿐아니라사람의게最高한것을 다사리는것이다

生存、自由、聖愛、이것들이 우리의現實或은可能한三種生活의 特徵이다 이特徵의成長과發達이 사람의生活의總體를 일우는것이다

여기말한바外에 더욱놉흔무엇을 想考하는것이可能한가 單純한生存우에 自由한生存이잇다 自由우에 그自身의全配布를達하면서 愛를爲하야 自身을 犧牲하는生活이잇다 이第三의生活形式以上에는 우리는아모것도 生覺할수업다 即하나님이사랑이신때문에 우리는 곳대여 아모것도업다고말하는것이다

첫재는 存在의範圍中에 가장나즌階級과接觸하는것이요 마지막은 하나님의本質에서의 流出하는것이며 둘재는 다른二者間에連結을 形成하는것인三種의生活을所有함으로말매암아 사람이 宇宙에잇서 生命의要約이요 綱領이된다면를엿는가 그리고우리自身안에 生活의이三形式을 發見하는동안에 우리는 그를疑心함이업시 地球上生命發達의 秘密을的中하지아니하엿는가

(相 勳)

沃野냐、曠野냐

創世紀十三章

鄭相勳

饑饉을避하야 埃及에드러갓든 아브라함은家畜과金銀으로 富饒한사 되여 一家를거나리고 떠나오게되엿다 그족하롯도 또한富饒한財産과 만흔사람들을다리고 아브라함과가티떠나왓다 北進하야널은곳은아브라함이前에天幕을치고살든 베엘과아이사이처음으로祭壇을싸코 여호와를 禮拜하든곳이다

그러나따는變함업시 前에長과廣 그대로이나 人口와家畜은만히 불엇다 그럼으로變함업는따는 增殖한사람과家畜을 길어낼수가업섯다 그리하야아브라함의牧者와롯의牧者사이에 牧草와물로 다툼이生起게되엿다 現代의말을빌이면 人口問題가일어나고아브라함과롯은 이問題를解決아니하면안될處地에잇게되엿다 適當한따를 擇하야서로分袂하는것外에 良策이업섯다 사랑하는者를보내고 依支하는者를떠러저가기는 人情으로참아못할일이다 더구나親戚古友를 멀이떠나온異鄕의외로운處地에서야 누가이를슬어하지안코 슬퍼하지안켓느냐 그러나그둘이所有한家僕과家畜을버리지안는以上 이쓰린作別이라도 참고견대지아니하면안되게되엿다

親을疎遠케하고 骨肉을相戰케하고 마참내破滅로 끄으러가고야마는富는 異山異水에외로히依支하고잇는叔侄의두孤影에까지그毒牙를떼여왓다 그러나아브라함은利慾에 눈이어두워저서 骨肉과서로다톨者가아니엿다 그는하나님을밋고 또自然을밋덧다 하나님이宇宙의主宰시고 自然이하나님의것인以上

하나님을依支하는自身의安全을밋지안을수업섯다 그러하야그는롯다러말하엿다

우리가 한骨肉이니 請컨대 나와너와 또내牧者와네牧者가 서로다토지말자 네압에 온짜가잇스니 請컨대 나를떠나라 네가左便으로하면 나는右便으로하고 네가右便으로하면 나는左便으로하리라

아! 얼마나 아름다운提言이랴 참으로叔父답고 信仰의아버지다운 提言이다 여긔에 信仰의人인아브라함이 徹底한平和의人으로 나타나보인다

이에롯은 눈을들어 요단의 平地를보니 소돔과고모라가滅亡하기前인지라 소아까지 넓은平地가潤澤하야 나일江畔의埃及平野도 갓고 祖先의出生地라傳하야오는 에덴의樂園도갓하엿다 롯은自己의뜻대로 요단의沃野를擇하고 아브라함은하나님의命令과約束에 依하야 瘦瘠한가나안의山地인曠野를 차지하엿다 그리하야 한나는東으로한나는西으로난이엿섯다

安逸을貪하는롯은 요단沃野——廣漠한芳草東山 文化의中心 享樂의都市소돔、고모라를擇하고 아브라함은信仰으로「재는줄이 나를爲하야 즐거운따에 떠러젓나니 올토다 나는아름다운遺業을 엇덧슬게나」(詩十六章六節) 라노래한 詩人氣分으로 山地―牧草도豊富치못하고 文化의風潮未到한曠野를 차지하엿다 信仰이利慾으로하여금 取코저하는바를取케한지라 利慾의要求한바를 信仰이악김업시내여준지라 이러케사랑으로써行하는信仰이問題 解決의鍵이되엿는지라 엇지 여긔에 猜忌가잇스랴 怨妄이잇스랴 壓制가잇스랴 싸홈이잇스랴 엇더한難問題일지라도 平和롭게 解決되지안이할수업슬것이다

이와가틔人口問題는圓滿히解決되엿다 그

沃野냐 曠野냐

러나人生問題의解決外지된것은아니다 人生問題解決은 他日을期치아니하면안될것이다 潤澤한沃野를 차지한롯은 文化의利를차지한것이요 瘠薄한曠野를차지한아브라함은未開의不利를 取한것이다 環境과條件이 사람의運命을 決定한다하면 롯은幸福이되고 아브라함은不幸하게되는것이 當然한歸結일것이다 그러나歷史는 그와全然히反對되는事實을 우리의게傳하여준다

어느때 東北에 割據하고잇는 엘남王그달나오머를盟主로한 四國聯盟軍이 요단의低地를來攻하엿다 싸홈은요단側의慘敗에도라가고 소돔王과고모라王이 다라나니 軍士의더러는 적칠구덩이에 빠지고 더러는山으로 도망하엿다 소돔과고모라의人民은사로잡히고 모든物資는掠奪을當하엿다 그逢難者中에는 롯도잇섯다 그는그財産과가티 敵軍의게끌이여갓섯다 스사로 文化의發達된 요단의潤澤한沃野를 取한롯이 그러한運命에일은것은 그의스사로求한것이라할수잇다

그러나이悲報가아브라함의게報達되자 그는奮然히 蹶起하엿다 信仰의人은義의人이되엿다 平和의人은戰鬪의人이되엿다 熟鍊한家兵三百十八人의少數를 거나리고聯合軍을追擊하야 長驅단에일르러 그들을攻略擊破하고 롯과아서간사람과財產을 모조리奪回救援하엿다 處地로보면當然히 救援하여야할 롯이 救援을밧고 救援을맛들處地에잇든아브라함이救援을하게되엿다

歷史의傳하는背理는 이에긋치지 안는다 소돔과고모라의文化는外觀의燦然함에反하야 그內面은甚히腐敗하엿섯다 墮落하엿섯다사람의눈에 보기조흔것이 하나님이보시기에도 조흔것이아니엿다 實로여호와의생각은사람의생각과다르고 여호와의보는바는 사

람의보는바와다르다 에덴樂園을回想하게하는 요단의潤澤한平地에서 사람들이安逸한生活을憧憬하야 사고팔고 밧갈고집짓고먹고마시고 장가가고시집가고하면서 泰平時代를 쭘꾸고잇슬때 여호와께서는 소돔과고모라의惡과不義를 참다참을수업게되여서滅亡식히려고 天使를보내섯다 이悲報를들은信仰의人은 愛의人이되여 滅亡되는소돔과고모라를爲하야 仲保의勞를取하엿다 이것이創世紀十八章의여호와와아브라함의問答이다

아브라함이 나아가 갈아대 義人을惡人과가티 滅하시랴나잇가 혹그고을에 義人五十名이 잇슬듯하오나 거긔잇는 義人五十名을 因하야容恕치아니하고 滅하시랴나잇가 그러마옵소서 義人을 惡한者와가티 죽이고 義人을惡한者와가티 대접하는것이 하실바아니오니天下를裁判하는이가 公義를行하지아니하시오릿가(中略)! 보시옵소서 내가재와몬지갓사오나 敢히主께告하옵나니 만일義人五十名中에 五人이不足하면 그五人不足함을 因하야 온고을을 滅하시랴나잇가(中略)主는怒하지마시옵소서 내 이번만더 말삼하겟나이다 만일十人을맛나면 엇지하시랴나잇가 갈아사대 十人을因하야 내가滅하지안니하리라云々

그러나소돔에 十人의義人도업섯다 소돔은 드듸여慘憺한最後를가지고 滅亡하게되엿다 롯은救援을바덧다「하나님이 들의城을 滅하시고 롯의居하든 고을을滅亡하실때에 아브라함을 생각하사 롯을滅亡에서내여보내시다」(十九章二十九)하엿슴과가티롯은아브라함의義로因하야僅々히 滅亡을免하게되엿다 그러나이러케 僅々得生한롯은巖窟속에서 過去의安逸을回想하고現在의苦

勞에울지안을수업는 暗憺한餘生을보내게도엿다 누가 文化가發達하고 生産이豊富한沃野를取한 롯의前程에 이와갓튼 惡運이潛伏하여잇슬줄 알앗스랴 누가 曠野를차지하게된 아브라함이마지막날까지 福된날을보내며 萬世에「信仰의아버지」로 推仰을밧게될줄알앗스랴 人生의行路가 웨이러한가 幸福을求하든者 不幸을검어리고울게되고 幸福을求치안튼者 도려혀 祝福을누리게되엿다 燦然한所望에뛰든者 落望에써러지고 所望이업서보이든者 도리혀燦然한所望을가지게되엿다

이것은四千年前 가난의따에서 일어난녯이야기다 그러나이것이 엇지 四千年前의녯이야기에 긋치랴 人類의歷史를 支配하는것은 요단沃野가아니요 가난의曠野ㅡ다 아라비야沙漠은 만흔豫言者를養育하야 지금도 世界를支配하고잇다 蘇國은土質이薄하고 氣候가不順하되 世界神學思想의中心地인觀이잇스며 米國을支配하는者는 肥沃한南部가아니요 磽确한北部라한다 人物로볼지라도 다름이업나니라 埃及王宮의安樂榮譽의生活을버리고 一個微々한猶太人으로서의 險艱耻辱의生活을 取한모세는猶太民族의埃及脫出의指導者가되고 그猶太民族의게서 그리스도가誕生하야 世界의救主가되지안엇는가 아모스、이사야、에레미야等豫言者들은 참으로人生의曠野를차지하고 그「눈를눈물샘」을삼을만큼 險惡한生活을하엿다 그러나그들이남겨둔豫言書로因하야三千年이나二千五百年後의今日 얼마나數多한사람들이勇氣를엇드며 慰勢를밧드며 所望을가지게되는가 官憲에잡혀毒杯를마시고 이世上을써난 소크라테ㅡ스는 只今오히려人類의師가되여잇지안는가 바울의曠野生路는예수의眞精神을 猶太主義에서건저내여 基

督敎로하여금全人類의宗敎로確立식히지안엇는가 코롬브스는人生의難行을取하야 亞米利加大陸을發見하고 人類를精神的으로또物質的으로 얼마나稗益하엿는가이外모든世界를支配하고 人類의福祉를 增進식힌偉大한人物들은 다아브라함과가티 人生行路의難程을取한者들이안인가 그러나이와갓티人類歷史를빗최고잇는 이모든群星우에 太陽과가티 君臨하는者는 예수그리스도ㅣ다 하나님의아달이 人間의가장卑賤한者와가티生死하니마치 그의生涯의曠野性은 모든偉人의그것에超絕한다 그를압섯者는 그를豫表하는그림자에지내지못하고 그의뒤를짜르는者는 그의刺戟과引導로매저진果實에 지내지못하는것이다 歷史의表面에 人生行路의易程을取한 롯系의人物이 나타나는일이업지안으나 그것은그人物自體에價値가잇서그런것이아니요 아브라함系의人物의光輝를더욱鮮明하게하기爲하야 쓰이는道具에지내지못하는것이다

安逸과享樂을 追求하야 주린獅子와가티 헤매는現代에서 人生의難程을取하야 다맛正義와眞理를 세우기爲하야 奮鬪한다하면 그의生活은 참아눈으로볼수업슬만큼 慘憺할것이다 正義를바라보는 炯々한兩眼을남겨두고는 生인지死ㄴ지를判別한수업슬것이다 아니그는마참내 그生命을犧牲하지안을수업게될것이다 그러나 그一人으로因하야朝鮮은새빗을보게될것이다 東洋은자랑거리를가지고 光明은東에서 오리라하고 기다리는歐米는 깃븐소식을듯게될것이다

曠野의길은예수의말삼대로 좁은길로 十字架를지고人生의바다를 건너가야할信者의길이다 信者된者는 누구나取하여야할이길도지금은取하는者가업다 信者라고하는者들도 基督敎中에서 自己네生活에幸福을 기

처주는便만取하려하고 이길은取하려하지안는다 그리하야 그들은世上과가리 基督教의提供하는 利点만取하야 自己네의安逸과享樂을 光彩내고 增進하려할뿐이다 果然宇宙의萬物은모다 그들의享樂을爲하야 豫備되여잇고 曠野를取하는者를爲하야는 一物도남아잇는것갓지안타 그럼으로 信仰길의曠野性은 一層深刻하게되엿다 이러한時代에잇서 信仰의自由와獨立을爲하야 社會를등지고 米國의金錢을풀이치고教會의羈絆을버서나는者는 曠野中의曠野를차지하는者다 그의前路가얼마나 暗憺할는지 우리는想像한수도업다 그러나이길이 참길이요또信者의게 當爲한唯一의길이니 信者는이길을取하여야하는것이다 先人의바든祝福에參與하게되거나 못되거나 社會나人類의게무슨貢獻을하게되거나 못되거나 그結果의如何를考慮치안코 참信者는 이길을가장感謝할조흔遺業으로 바다가지나니라 同志업슴을恨치안코 世上이나教會가 嘲笑하고迫害할때 그는

오! 世上이어 한목소래로 그대나를拒絶할지나

그대는 저편에서라 나는이편에잇슬터이니하는 노래로 그들의게對答하면서 恩惠의曠野길을 勇進하나니라

크리스찬의偉大

楊仁性

人生은果然不常한것이다。世上에偉人이라함을어든엇던者일지라도참으로人生을深思할때반다시 長嘆의一息을禁치못하엿스리라。

人生의이世上에서흔히最高理想으로부르는것이 壽福富貴가안인가 아々不常타 그壽福

그富貴七十이古來稀가안이던가 昨日의萬石君이今日의乞人되는것이이世上에서흔히보는常事가안인가!

누구를勿論하고自己를蒼海의一粟으로觀察할때 그안에아모希望이나自信을엇지못하리라。그러나한번눈을들여永遠으로永遠까지게신하나님의創造物임을깨닷고그와나사이에끈을수업는密接한關係를自覺할때果然自己안에無限大의尊嚴과價値를發見하는것이다。要컨대우리基督者의信仰은永遠히變함업는宇宙의主宰者에比하야우리人生의넘우나不常함을깨닷게하고제自身안에아모光明업슴을自覺케하는同時에 그의게(全知全能한여호와)全部를밧처信賴하고付託케하는일이다。

하나님과우리사이의關係는世上의다른宗敎에類例업는特殊한關係다 이關係가眞面目의境에갈때에아모世上의다른權威가尊臨하나끔작도안한다 人間界에잇서서第一密接하고끈을수업는關係는親子의緣일것이다 肉的父母의命令이크고어려우나眞理에서써날때에는斷然히拒絶케한다。그러나우리基督敎의하나님을아바지로自己를그의아달노깨닷는일은그親子(이世上)의關係를더一層深刻케密接케하는것이다。

예수는사람인同時에神이며神인同時에사람이라는말삼은甚히알기힘드는말슴갓흐나神人의第一緊切한關係를잘說明한말슴인줄안다。우리크리스찬은예수를兄弟라고도하며夫婦라고도하고또朋友라고도한다。이모든말슴이예수와우리사이를極히알기쉽게말햇스나또한層더나가서一身同體임을가르켯다 저葡萄나무比諭가곳그것이다。그는줄기오우리는가지다 그와우리와는끈흘애야끈흘수업는形便에잇다 또임의예수와一身同體이면하나님과도一身同體이다。우리는발서내혼자가안이다。하나님과갓치사는내이다。예수로더부러呻吟을갓치하는우리다。 아ㅣ偉大함이여ㅣ크리스챤의生活。

우리는아모리生覺해도내안에아모자랑할것이업스며또所謂世上의智者偉者라하는者도依賴치못할것임을充分히안다。 사람은다ㅣ코으로숨쉬는者다。 意氣潑溂한靑年의눈에는基督靑年처럼意氣업는者업슴을넌지폴은다。 그러나우리는人生의無常觀罪惡觀에서우리自身을完全히죽여權能者에게내여노앗다。 바울도그러하엿다。 오ㅣ가스틘도그리하엿다　또意志强大한獨逸人의典型이라할만한저루터도예수의종된것이다。 아니그들은모다이世上罪惡의종되기보다예수의종됨을無上의榮光으로生각하고만흔希望가운대서人生을보낸것이다。

이뿐아니라저英國의偉人크롬웰도예수의종되엿든것이다。 卽모든偉人들은힘의生活希望의人生을보낸것이다。 그힘은自己의몸自己의心情自己의智識가운대서어든것이안이다。 다만하나님을밋음으로어든힘이엿다。 絶對無限의神을누구보다더갓가히하는信仰으로나온힘이엿다。 이몸이암만强하다하나七十年이나八十年이면會計가난다。 自然界에서取得한모든智識과自信도이몸의衰退로더부러運命을갓치한다。 그러나永遠不變全知全能하신하나님의信賴하는者는永遠히衰退함이업다。 信仰과갓티漸々모든希望은强하여지고모든自信은實現되는것이다。 아ㅣ이信仰이우리마음에움틀때비록田夫野人이나關係업다。 저바울과　갓치「나는예수안에서不能한일이업다」라고胆大히確信잇게부르짓게된다。 偉大함이여크리스챤의信仰!

大膽

咸錫憲

人生을바리자! 知識을바리자! 偏狹한生活을하여서는안히된다면가科學的合理的生活을하여야만된다면가하는 이런모든念慮를大胆하게바리자!

自己完成의高尙(?)한慾望까지바리자! 該博한智識을가지지못한다면 그것이네게무엇이냐 또가진다면무엇이냐 文化史의一뻬지를네가차지하지못한다면 그것이무엇이냐또차지한다면무엇이냐

人生을바리자! 네게許諾하는대로命하는대로살것이요 네가愛着하기는그만두라 自暴로서가안히요 自棄로서가안히다 斷念이라면斷念이겟고 敗戰이라면 敗戰이겟스나 그러나人生을먹어치우는悲觀으로붓터는안히다。

「그」는人生을要求한다 내여바린人生을要求한다。「그」가人生을들어自己의압헤던지기를要求하는故로바리자는것이다 우리가忠實을직혀야할것은「우리」가안히요「그」自身이라함으로써다 「그」가自己에게忠實한者에게는가장適當한것으로 다른아모런사람으로써도代身할수업는것으로맛기는줄도우리는알다

그러나 바리면더큰것을엇는다는生覺까지도말고바리자 아조일허도愛惜해하지안흘覺悟로바리자 깁흔反省을하면할스록人生의事實이우리에게가라처주는것은 實로그것이스々로직히려고붓들어야할것이라는것보다는大膽하게바려야한다는것이다。

우리는大膽하게이러케부르짓는다。賭博者가全資産을들어最後의投機를試驗하듯이人生의一場을들어全能者에게대이라두려워할것업시써럴것업시말하거니와人生은어썬意味에서

投機事業이다 이러케듯고落心한者는하라그래도奮鬪할者는奮鬪한다。人生을한番다살아보고다시復習하는者도업고한體系의宇宙歷史가왓나고또갓흔것이다시反復된理도업는일인즉사는者는結局첫番으로單番으로試生이다人生을다알(悟)고살ㄴ다는者가잇거던말하라그의哲學의礎石은어대노엿나!

알는대로살는것이안이요밋는대로살ㄴ다。우리는投機를하거니와그것이이기는便임을밋는다。이를疑心할者는疑心할것이요否定한者는否定하다 靈界의知識을가지는資格은結局밋는者에게만賦與된다。

삶은예수그리스도

宋 斗 用

사람은 自己를凝視하야 一切의僞와惡을發見한다。 그래서 더는 甚大한 驚愕과恐怖를 感懷하면서 絕望의深淵에빠저 戰慄하지안을수업다。 그러나 사람은 한번머리를돌이어 예수그리스도를仰望하면 一切의眞과善을 차저내리라。 그래서 더는 絕對의歡喜와自由를 知覺하면서 希望의高臺에안저 感謝에넘칠것이다。

사람은 自己를 否定한後에야만 비로소예수그리스도의眞理를 啓示밧는同時에 罪와死亡에서 解放되는것이다。 그리고사람은예수그리스도를 肯定한後에야마음으로 自己의罪惡을 깨닷는同時에 救援과永遠의生命의 有를確信함에 餘儀업시 되는것이다예수그리스도는 太初부터 하나님과갓치게신 말삼(Logos)이시니 또한 하나님의榮光의光彩이시며 其本質의眞像이시다。그래서 예수그리스도는 世上의빗(光明)이시며사람의生命이시며 眞理自體이시다。

예수그리스도는 宇宙의根源이시며 사람

의眞隨이시다。 그래서 萬物은 예수그리스도로 말매암아 또 예수그리스도를爲하야 지음을밧엇고 예수그리스도는 萬物을支配하시고 또保存하시며게신다。 사람은 예수그리스도의形像대로 지은바되엿스니 모든 사람은 예수그리스도안에서(即뎌를힘입어) 生活하고 起動하며 存在하는것이다。 그러하기때문에 宇宙萬有의創造와 人類歷史의 意義、目的、中心、絶頂、完成은 예수그리스도의게 잇는것이다。

玆에 吾人은 以上의創造原理를 通하야 사람으로서의우리가 참살기爲하야 무엇을할가 또참삶은무엇인가를 스사로 또明白히알수잇다。 眞正한意味의人生은 自己를否定하고 憎惡하고 또써나며 죽이는(即自己에죽는) 일인同時에 예수그리스도를肯定하고 사랑하고 또갓가히하며 살이는(即그리스도의사는) 일임을 簡單히말하라면人生은 信仰에사는일이라고할수잇다(그는自己를肯定하고 사랑하며 살이는것은 곳不信이며 反對로 自己를써나 自己안에 예수그리스도를 迎接하야 肯定하고 사랑하며 살이는일은 信仰인外닭이다) 또다시말하면 人生은 예수그리스도(안)에사는일이다。 참「삶은예수그리스도니라」함을 實現함이다 그래서 人生의一切(即意義 目的、價値)는 모다 예수그리스도의게잇다。 웨? 그는 예수그리스도만이 참으로 살아게신最高 絶對 唯一의 하나님이시며 또救主이신 때문이다。

安逸을삼가라

城西通信

一우리가 敎會에依屬치안코 信仰生活을하며 또敎會主義를써나서만 참信仰이存在한다고 생각하고 그생각대로 살어가낫까 우리를 命名하야 無敎會主義者라함니다 이러한意味에잇서 우리는無敎會主義者외다 이名稱을 우리는깃브게 밧슴니다

그러나 그들이 無敎會主義者란 敎會缺點의 攻擊者로 녁이는것은 全然히틀이엿슴니다 勿論우리는 敎會攻擊을 하는때가잇슴니다 그러나敎會攻擊이 우리의主旨가아니외다 이世上에 누가缺點업는 사람이잇슴낫가 晩秋의樹林아래 싸이는落葉가티 數만흔 나의缺點을 덥허두고 엇지他人의 缺點을指摘하고非難할수잇스랏가 스사로罪人의괴首임을 發見한者는 누구나 他人의缺點에對하야 同情아니할수업슬것이외다 無敎會主義者는 自己缺點을깨달지못하리마큼 鐵面皮가아니외다 그럼으로 無敎會主義者即敎會攻擊者라고 생각하는것은 「錯誤의喜劇」이외다

그러면 웨敎會를攻擊하느냐고 하심낫가 그것은 敎會를攻擊하고 그를倒壞하려는것이아니외다 우리의目的은眞理의闡明에잇슴니다 眞理가 무엇에가리여 잇슬때 나안에잇는 眞理를생각하는熱心이 아모러케라도하야 眞理를덥흔面帕을 벗기고 사랑하는兄弟의게 眞理의正體를 보이고야마러하나이다 「主의殿을생각하는熱心이 나를삼켜滅하게하나이다」)詩六九ㅣ九)라웨친詩人의心情이 나의眞理에對한態度에 反響을일으킨듯함이다 이에 나는 그眞理를 가리우고잇는것이 敎會면그敎會에對하야그리스도안에잇는愛의暗涙을흘이면서 敎會를攻擊아니할수업나이다 敎會攻擊이 目的이아니면서도 敎會攻擊을 하기되는 나는攻擊을밧는敎會그自體보다 더욱쓸아림을 늣기나이다 事實그럿슴니다 只今까지 나의攻擊을밧든 敎會는別段痛痒을늣기지아니하는듯합니다 아니 차라리 나를卑下하고 嘲笑하고잇나이다 그러나敎會를攻擊한 나는攻擊하는말이 내입에서 나오고 글이 내붓으로 쓰여지는때 또그後에 얼마나마암에 괴로워하는지 모르겟슴니다

無敎會主義를 敎會攻擊하는것이라고 생각하는이는 모름즉이 無敎會主義는 敎會攻擊보다 더욱高尙하고偉大한目的을 가젓는것을알어두소서 그目的는純福音의徹底에잇나이다 그러고이純福音은 敎會主義와兩立지못하는것만은明白한일이외다

二、어느監理派敎會의牧師가 우리와가튼態度를取하면朝鮮서는成功하지못하리라고 말하엿담니다 그牧師의意味하는 成功이란무엇인지 明白히알수는업슴니다 그러나前後語脈으로 推測하면 아마만흔同志를엇지못하고 大伽藍을짓지못하고 基督敎界又는 一般社會에一大勢力으로나타나

지뭇하리라는 말삼이안닌가하나이다 萬若이것이그의成功이라는말의意味라하면 앗김업시 이러한成功은監理派敎會에 내여드리고그들이失敗라고 말삼하는것을 滿腔의感謝를 가지고 차지하려하나이다 예수께서는 우리의게 世上의一大勢力되기를 要求하시지안엇나이다 그가우리의게 要求하는것은 信仰이외다 그럼으로우리가 信仰만維持하게되면 다른아모것도가지지안터라도그리스도안에서는 成功이외다 信者곳成功은이外에업슬것이외다 더구나 現代와가티 信仰이업서진時代에잇서서는 一生을通하야信仰을維持하는것보다 더偉大한成功이업슬것이외다 우리가成功이라고보는것이 監理派某牧師의게는 失敗일것이외다 그러나나는 이失敗를 光榮으로녀이고 이길을거르려하나이다

三、우리는 每主日孔德里金敎臣兄에宅에서모이나이다 어느獨特한人物의信仰經驗이든지 數理의說明을 듯기爲하야 모이지안나이다 또集會를하기爲하아서의 集會도아니외다 信仰의自然한 發現으로모이나이다 信仰하는것은 各自이나 信仰한者의生活은團體的이외다 無敎會主義는 어린羊의新婦인「에그레시아」를 否定치안습니다 그리스도의 몸인敎會(에그레시아)는 個人이아니외다 天國은 一個人一個人이 別居하는곳이아니외다 信仰生活은 孤立生活이나 隱居生活이아니외다 하나님께對한 信仰은 반다시 사람의게對한 사랑으로나타나는것이외다 사랑업는信仰은信仰아니요 信仰이업은사랑은 사랑이아니외다 그리고 이사랑은集會로 나타나는것이當然합니다

四、本誌를 書店을通하야 購讀하심도조흡니다 그러나서로 信仰으로交通하고 그리스도의 몸으로서의 有機的機能을 圓滿히하기爲하야는 本誌購讀을 本社로直接으로하시는것이 조흡니다

五、創刊號부터 各號殘部가잇사오니 願하시는 이는 註文하서주시기를바랍니다

六、雜誌發送은 先金制를決行합니다 先金이盡한後에 送金이업는 이는本誌가必要치안타는이로 생각하기때문에 雜誌發送을하야우리의思想을 그의게强抑하는態度를 가지기는우리의 참아못하는바외이다

(定價送料共)

一 部	十 五 錢
六 個 月	八 十 錢
一 年 分	一、五 〇 錢

發本定價 一ー七七號外지 〇、二〇
八、九號 〇、一五

昭和四年九月二十八日 印刷
昭和四年十月 一 日 發行

京城府外龍江面孔德里活人洞 一三〇의三
編輯發行人兼印刷人 鄭相勳

京城府西大門町二丁目一三九
印刷所 基督敎彰文社

京城府外龍江面孔德里活人洞 一三〇의三
發行所 聖書朝鮮社
振替口座京城一六五九四

『聖書朝鮮』第十號　昭和四年十月一日發行（每月一回一日發行）

昭和四年十月二十八日 印刷
昭和四年十一月一日發行（每月一回一日發行）

聖書朝鮮

第十一號

一九二九年十一月一日發行

目次

生命을 그대로두어라

生命을 爲하야 神學의옷을 짓지말어라 信條을 탈을 맨들지말어라 制度의枷鎖를 싸지말어라

生命을 生命그대로 두어 솟는샘과가티 淸洌하게 潑剌하게 소사오르게하라 自由로 흘르고 자라나게하라。

흘으는 生命물을 爲하야 洑을싸코 墻垣을 둘으지말어라 生命물에 渴한者를向하야 나의싸와노흔洑에와서 마시고 나의둘너노흔 墻垣에와서 나와가티 살자고强要치말어라 眞實한靈魂은 人造의洑에가서 汚濁한溜水를 마시기에는 너므나淸淨하나니라 人造의墻垣에가서 살기에는 너므나自由롭나니라 그들의洑은 自然이니라 그들의墻垣은 宇宙니라 그들은 自然의活泉에서 마시고 宇宙의넓은墻垣에서 自由롭게자래려하나니라

生命을그대로두어라

宗敎의 革新

世上萬事가革新되니 宗敎도革新되여야하겟다한다。旣成政黨을破壞하자는意味에서 旣成宗敎를破壞하고 새宗敎를創設하자고한다。從來의敎理는陳腐하여젓스니 새敎理를主唱하야 現代를救援하자한다。소래는세롭고權威가잇서보인다。그러나宗敎의眞理는世上의事理와다르다。宗敎의革新은學問의革新과다르다 學問의革新은舊를버리고 新에나아감에잇다。그러나宗敎의革新은 새것이란自覺下에서 唱導되는그새것에잇지안코 녯것이란意識下에서 녯것을 그時代에살이는대잇다。歷史가 傳하는宗敎改革이나。信仰復興運動은 모다 녯에도라감에잇섯다。源泉에도라감에잇섯다。그럼으로 나타나는形式은時代를짜라다르나 그根本眞理에잇서서는 언제든지그源泉에도라가는대 宗敎의革

一

新이잇다。予言者의宗教에나타난進步나 革新도그것이새것을 唱導하는대서 結果한것이안이요 녯것을傳하는대서 結果한것이엿다 더구나하나님의完全한啓示인예수씌서降生하신後에는 宗教의모든革新運動은 그의새로도라간다。聖書로도라간다。어느時代어느階級의魂이라도 聖書에나타난 眞理經驗에불붓틀때 그生活에革命이니러나는것이다。여기에宗教의進步와革新이잇는것이다。

人性과十字架

「내가願하는 善은行치아니하고 도로혀願치아니하는 그惡은行하는도다」 이嘆聲은모든것을버리고眞理를追求하고 義를渴慕한바울한사람의 嘆聲이아니요 모든사람의嘆聲이다。놉흔者의소래며 나즌者의소래다。聖者의소래요 惡漢의소래다。富者의소래요貧者의소래다。學者의소래요 無學者의소래다 惡을行함에快感을늣기고 善을짓밟음을자랑하는것처름 假飾하는者라도 그心中깁흔곳에서는 이嘆聲을發하면서 괴로워하는것이사람이다。그가意識하는善의概念에는 程度의差가잇스나 누구든지善을行하고저하는意欲을全然히가지지안은사람은업다。善을行하려든 손과발이 惡을일우워노와도 그마암은오히려善을생각하고 善을行하려고願하는것이사람이다。善을行하려하다가 넘어지고 또넘어질지라도 傷하고 또傷할지라도 善을行하기를 斷念치아니하는것이사람의像態다。

웨 사람은 求하여도엇지못하고 힘써도達치못하는일을爲하야 애쓰는가 人類의歷史가 오랜그만큼 오랜時間의証據를가지면서 또自身의그날그時의 쓰린失敗의慘狀을目前에보면서 努力하는가 사람이란이대지無感覺한것인가 이대지愚鈍한것인가

그러나 사람이感覺이[illegible]서 그럼도안이요

愚鈍하여 그럼도아니다。善이사람의일은本然性인故로 사람은니즌것을 차즈려하는것이다。그럼으로 사람은 그것을찾지안코는 自身을完成할수업스니 찾는것이다。歷史가 그努力의虛ㅅ됨을 가라처주어도 차즈려하고 自我의一瞬前의經驗이 目前에分明한 證據를 보이고잇서도 차즈려한다。그저無條件으로 차즈려한다。

이사람의 要求에應하야나타난것이 예수의十字架다 여긔에 人類가 求하든善이일우어저잇다。누구든지 十字架에나아오는者는努力하야求치못하든 善을아모代價업시엇는다。그리하야「嗚呼라 나는괴로운사람이로다。누가이死亡의몸에서 나를救援하랴」하든소래가끗치기前에「우리主예수그리스도를由하야 내가하나님께 感謝하노라」하는 소래를 웨처게되는것이다。이것이 속임업는良心生活을하는者가 十字架에서 自我의完成을發見하고發하는 歡喜의노래로다。

밀론語錄

柳錫東

一、사탄아! 너의目的을내가아나 네가여기옴을命하지도안코 禁하지도안는다。하나님이許諾하시난대로하여라。너는그以上은決코못할터이니。

二、勝利의事業英雄의活動이가삼속에서불일어난다。먼저이스라엘을로마束縛에서救하고 다음에世上에잇난모든禽獸의暴力과暴王의越權을破碎하고征服하야 眞理를釋放하고平等을恢復식히자。그러나이난사람답지도안코하나님답지도아니하니 먼저順한말노깃버딸어오랴난사람을잇글자。勸告로써이무서운事業을成就하자。스사로가안이고不知中에남에딸이여罪를짓난저 그릇된靈魂들을갈으치자、다만頑惡한무리만征服하자。

三、貧窮하여도큰일을하고 帝王이주난財

物도拒絕한사람들이야말노훌륭하다。 나亦貧窮속에서도큰일을할수잇다。財物을讚揚말나、그난愚人의게난蹄係가되고賢人의게난係蹄난안이되나重負가되며　精力을痲痺식히여일다운일을하나도못하게한다。

四、自己心中를統治하난사람即激情、慾望恐怖를統御하난사람은帝王以上의帝王이며賢德한사람은모다이境涯에到達한다。 여긔에到達치못한사람이自身은心中의無政府에隷屬하야無法한感情에支配되면서多數한人民即亂雜한衆生을統治하랴한다。 그러나救濟의敎訓으로國民을眞理의길노引導하고　過誤에서잇그러하나님을알게하고발으게禮拜하게하난것이더帝王다옵다。 이것이靈魂을잇글고사람의가장貴重한部分ㅣ心中의사람을다사린다。

五、榮光이란名聲의光輝即民衆의稱讚（純眞하다하고）에지내지못하지안느냐。民衆이란混雜한獸群、烏合의衆、野卑하고　深思하면아무價値업난일을讚揚하난무리에지내지못하지안느냐。 그들은무엇인지도몰으고누구인지도몰으고　다른사람에쏠이여稱頌하고嘆服한다、 그들의게稱讚밧고그들의입설에올으고그들의혜에올너야무슨깃븜이잇스랴。 그들의게辱먹난것이적잔흔名譽이다。 이난훌노라도善하랴하난사람의運命이나。 民衆中에난智者賢者난少數이며이少數부터여간하야稱讚밧기난어렵다。참榮光참名譽난무엇이냐、하나님이世上을나려다보시고義人이라認定하야모든天使의게公布하시고天使들이찬으로그를稱讚할때이다하나님은욥을이러케하셧다。

六、遠近을征伐하고大國을蹂躪하고勝戰하야大都會를僭取하난것을榮光이라生覺하난사람은틀엿다。 이所謂훌륭하다난사람들은遠近의平和한國民을도적질하고뺏고태우고죽이고잡어가난일外난아무것도아니한다。 그들은捕虜보다自由를몰으난사람들이며　그들이가는

곳마다破壞만남겨놋코 平和의盛大한事業을모다부서버린다。 그들은이것을자랑하고 사람들은그들을하나님이라 人類의大恩人이라 救濟者라하야神社、祭司、犧牲으로禮拜한다

七、忍耐잘하난사람만이조흔일을할수잇스며服從잘하난사람만이다사릴수잇다。

八 軍備의完全은사람의强大함을証據하지안코도로혀사람의弱少함을証據한다。

九、自身을몰으고 하나님은더욱몰난사람들이엇지다른사람을가라치며 指導할수잇느냐。

十、쉴새업시讀書하나읽난冊과同程度或은나흔程度의思想과判斷을갓지못하난사람은恒常不確定하고動搖하게된다。 그난冊에난深遠하나自身에난淺薄하고未熟하며醉하야 價値업난特殊題目硏究에 海岸에서魚貝줏난兒孩와갓치所用업난瑣事를모음에지내지안는다。

十一、娼婦얼골에발는분과갓치두덕이진燦爛한形容詞를그들글에서쌔면 남난것은아무利益도喜樂도안주난헛가비뿐이다。

十二、이스라엘을피리스틴羈絆에서救濟하리라난約束을밧은내가안이엿던가。 그런대이大救濟者난只今엇지되엿는가。 가사에서두눈을다일어버리고 다른奴隸와함께방애를찟코 이와갓치救濟하리라난그自身이피리스틴羈絆에매여잇지안는가。그러나不平을말하지말자。 하나님의豫言을 輕卒히疑心하지말자。 만약내自身의過誤가안이엿드면豫言全部가實現되엿다면엇지할가。내自身外에누구를怨望하랴。내가하나님부터맛흔强力의큰賜物을沈默하야保存치못하고 强請과눈물을못익이여女子의게그賜物이매여잇난곳을가라처주어、바로그强力을쌧기지안이하엿난가。

十三、나난어리석은사공과갓치 우에서맷긴배를 잘만든배를 한말、한줄기눈물싸문에破船식혓다。 참어리석다。 하나님의秘密의

賜物을奸婦의게말하다니。

十四、데리아그난外貌조흔妖物이며배암갓치敏捷한惡魔이다。그러나只今내가苦生하고잇난것은그의第一原因이안이고내自身이만든것이다。내가그말에저서그의게沈默의城을비여주엇다。참弱하도다。

十五、腐敗한國民、自己罪惡으로他國의奴隷가된國民、그들은自由보다奴隷를사랑한다奮鬪하난自由보다安樂한奴隷를사랑한다。따려하나님이特別한恩寵으로그들의救濟者로세운사람을蔑視하고嫉妬하고疑心한다。

十六、이節制가무슨所用이잇스랴。만약이보다더힘잇난誘惑을익이지못하면。한문으로防禦하나딴문으로敵을드러오게하야弱하여지게되엿스니 무슨所用이잇스랴。일노하야나난失明하고失望하고恥辱밧고羞恥當하고敗滅하엿스니 只今은나난쓸곳이업다。무엇가지고나라에奉仕하며 무엇가지고하나님이맷긴일을하랴。다만房안에가만히안저다른사람의게신세만질뿐이다。차저오난사람의게구경거리가되고불상하다난소래만들을것이다。이머리가나서존반갓치되나아무所用업고 다만强力의헛된記念이될뿐이다。畢竟에年久의靜坐로다리가痲痺하야부러지고 불상하고賤한일음도업난老人이될것이다。

十七、背信者야! 가라。이것은맹세를버려고속이고背叛할때의너의常習手段이다。너와갓흔奸婦의常習手段이다。너난悔改한것갓치順從하고哀願하고거짓悔恨으로和解를求하고自白하고큰變化가이러난것갓치말하나 事實은悔改한것이안이고너의男便이얼마나忍耐하나엇던길노그의長点、弱点을攻擊할가를試驗함이다。그리하야더욱細密하고圓熟한手段으로犯罪하고난또다시順從한다。또다시업난賢人善人이悔改하난사람을背棄하지말고恒常容恕하자난道德心따문에 갓음、이術計에속아

即殺을안當하면가삼을毒蛇에감기여 悲慘한一生을보내게된다。내가너로因하야이럿케되엿스며 後代의한反省거리가될것이다。

十八、軟弱이너의口實이된다면殺人者、背信者、殺親者、생피붓흔者、聖物竊取者亦그것을口實노삼을수잇다。모든罪惡은軟弱한대잇다。故로그口實노하나님에서나사람에서나罪의赦免을엇을수업다。

十九、참으로高價하게산復讐이다。榮光스러운復讐이다。그대난살으나죽으나이스라엘에豫言된그대의事業을實現하고 只今그대가죽인死者가운대에勝利冠을쓰고누어잇다。

二十、只今은悲嘆에빠질때가안이다。또한그럴理由도업다。삼손은삼손갓치그의義務를다하고 英雄의一生을英雄답게맛추엇다。敵의게난悲嘆을 이스라엘에난自由를自身과家庭에난永遠한名譽를남겨놋코。

「後記」前에밀톤의信仰時數首를飜譯하고이번에난그의「復樂園」「勇士삼손」속에서有名한數節을選擇하야大意를飜譯하엿다。信仰이一時的氣分이안이고美的陶醉가안이고 生命의붙이고샘인사람의게난 밀톤은永遠한벗이될것다。

歷史에나타난하나님의攝理(前續)

咸錫憲

四、基督敎와西洋文明

그리스도의出現으로因하야歷史에는一大轉換이生기엇다。그前의歷史에서도그리스도가그中心이요主人인것은聖經이가라치고實地事實이立證하는것이지만 그리스도의誕生以後로부터는그가直接으로모든史實變遷의核心이되고모든時代推展의中軸이된다는대잇어서그의出現은새歷史의出發點이다。그러타 이「나사렛사람」이야말노歷史의모든上部建築이되[illegible]고서는礎石이다。그가업시는歷史의집흔理

解에到達할수가업다。 歷史上에는許多한「스핑그쓰」가잇어서 希臘神話에잇는그것과同樣으로 難解의謎語를맛나는사람압헤提出한다。 古來로多數한사람이그謎語를풀지못하야暗黑의바다속에投入함을當한다。 希臘의「스핑그쓰」는「사람」이라는正答을한사람이잇엇슴으로더自身이怒濤속에그림자를永遠히감추엇다고傳하나。 歷史上의이「스핑그쓰」아페서는오히려만흔사람이「人子」라는告白을躊躇或은拒絶함으로因하야人生을들어渾沌의怒濤속에犧牲하야버린다。 그들은말한다——公平하기때문에拒絶한다고。 宗敎的獨斷 無知한偏見에잡히지안코 公平冷靜하기때문에 그리스도를가저歷史의中心이라고하는대는反對한다고。 公平은貴하다。 그러나 이淺薄한公平은무엇을우리에게주는가。 무슨徹底한人生觀 무슨深遠한宇宙觀、 무슨眞實高尙한生活原理를暗示하여주는가。 그보다는 이「나사렛사람」을中心으로하고모든것을吟味할때에 歷史의깁흔意味를體驗할수가잇지안은가더구나다음에列擧하는數個의史實에就하야吟味할때에 그리스도出現의劃時代的意味가明瞭하여진다。

一、알넥산더의大帝國과 및希臘語의分布

紀元前三百三十六年한사람의靑年이歷史舞臺우에올나왓다。 當時겨우二十歲인이靑年帝王의眼光에는眩惑할만한野心과活動力이번쩍이고잇엇다。이것이有名한 알넥산더大王이다。 그는僅十年內에서쌜칸半島에印度西北部에亘하는前古未曾有의帝國을建設하엿다。 그러나이大帝國은 그建設이疾風的이엇던것갓치그갓치또電雷的으로崩壞하엿다。 그가征服을畢하고歸路에登하야國都에도라오기前途中에서죽자 그럿틋큰大帝國은四分五裂하야바렷다。그리하야 그는歷史上에스핑그쓰와갓치서게된다。 그의功績은무엇인가。 그는무엇때

뭍에왓던人物인가。 그가模範的征服君主로讚嘆을밧던것은 過去、英雄崇拜時代의일이요只今은발서말하는者가적다。 그러면 그는果然、만은사람이말하는바와갓치 希臘文化의傳播、東西文化의融合을計劃하엿던가。 그러타。 그가果然人類文化를爲한다는純眞한生覺에서그랫는지 或은單純한野心을 實現하기爲한手段으로그랫는지몰으나 엇잿전 스々로希臘文化의傳播者로自任하며 東西文化를融合식이려고努力하엿던듯이生覺되는點이열마음잇스며 또그自身은비록早世로因하야失敗하엿슬지라도그의遠征으로서始作이된東西의交通、希臘文化의東漸은 그의死後도繼續이되엿다。 이點에잇어서 그는文化에貢獻을하엿다고볼수잇다。 그러나 이는 그의登場의모양이非常히幻惑的이엇던대比하면 너무도不足한듯한感이잇다。 그러타。 그의한일은이밧게더큰것이잇다。 그는埃及의바로와、바벨논의네부가드네자르와同一한命을가진人物이엇다。 그가意識하지못하는동안에 神의機械의職能을다하엿다。 即、그의遠征으로因하야 希臘人、希臘文化가傳播되기始作하엿고따라서 希臘의言語가當時文明諸國(支那、印度以東을除하고)에퍼젓다。 그리하야 예수가誕生하던當時에는 이믜今日의英語처럼世界語로通用이되는形便이엇다。 聖經의原文은이希臘語다。 아마、예수當身이이말로傳道하엿을것이요 十二使徒도 바울도이말로傳道하엿을것이다。 將次人類全體에줄福音을爲하야그담는그릇도目的에相當한것이準備되엿다。 이러하야알넥산더는將次올福音을爲한準備라는 自己가計劃하엿던것보다는훨신더永久的인 自己가實現한것보다는훨신더高貴한일에貢獻을하고갓다。 이것이야말로果然젊은英雄의氣慨에相當한事業이라할수잇다。

二、유대人의分散이다。 選民이스라엘族은

複雜한歷史的變遷의過程을지낸後、듸々여國家를일혓다。따윗、솔노몬式의王國再興의理想은 紀元前二世紀의마가비家의回復運動을最後로、아주水泡에돌아가고말엇다。에루살넴은征服을當하고 可憐한 選民의子孫들은祖國을떠나 世界의구석々々으로分散하기를始作하얏다。高貴한使命을맛튼이百姓들은、最後에 自己解體라는悲痛한運命까지지면서그使命을다하지안으면안이되엇다。이러말하는것은 即、뎌희의流離分散、그것까지가겁흔意味를가진다는말이다。庭石갓치世界의到處에흣터저잇는유대人은 그리스도의福音이나타나자 곳、그를全人類 全世界에分布식이기爲한媒介者로準備한것이엇다。實로하나님의집에서는 意味업시바림을當하는것은하나도업다。

三、그리스도의出生方法이다。그리스도는特別한方法으로世上에誕生하엿다。普通사람

이밟지안는길을밟엇다。即、童貞女마리아에게서낫다。그리고 純朴하고微賤한牧者에게밧게는알녀지지안코낫다。이것이 만은사람을失敗식엿다。바리새敎人을써꾸러트리고敎法師를써꾸러트리고 學者를넘어치고 紳士를넘어치고文明한사람을넘어친다。猶太人은落膽하며排斥하고 現代人은疑心하며嘲笑한다。그러나 그리스도가世上의救主、靈魂을罪에서건지는者라는事實을念頭에두고生覺하면決코 落膽할것도疑心할것도업서진다。도리여 넘어나도事理에適合한것임을알수잇다人類의救主가 사람의形狀을가지고「人子」로誕生한것이 아무疑心되거나期待以下의일될것이업다。人生을救하겟는故로人生의모양으로낫다。그러나 罪를罪로씻을수는업는故로罪로나는人生이밟는常道에는依치안코낫다。그것이 아모異常할것이업다。異常치안을뿐안이라 도리여 그것이必要하지안은가。그

리스도가 萬一、當時에만은사람이期待하엿던것갓치 世上的메시야엿더면 世上의中興君主나民族指導者나 社會의教師엿더면 王家나門閥家에地位잇게나며 ᄯᅩ는自己宣傳의策略을베퍼勢力獲得에努力하엿슬넌지몰은다 그러나 그리스도의일은 거긔잇지안엇다。그의나라는 ᄯᅡ우에잇지안엇다。그의술은낡은부대에너을것이안이엇다 새것이엇다。새부대가必要하엿다。人類를救하기爲하야 第二의創造가必要하엿다。아담의밟은길이안인새길이必要하엿다。故로그리스도는 만은사람을失敗식이러만큼ᄭᅡ지意外엣길을取하엿다 實로 그리스도의受肉、밋그處女降誕에는極히奧妙한歷史哲學的意味가潛在하야잇다。이點에關하야는 바울이이믜깁흔解釋을하야說明한것이 新約中에잇다。

以上에說明한二三事實은 그리스도의出現이 特別한經論과配布下에서나온것 ᄯᅡ라서 그로붓터새歷史가出發되는것을證明하기爲하야實例로든것이나 其他如何한事象에서도同一한歷史原理를發見할수가잇다。歷史는結局福音의歷史、卽人類救援史다。어ᄯᅥᆫ民族이나어ᄯᅥᆫ國家나 戰爭이나平和나 모도 이原理에依하야解釋할ᄯᅢ에 그正當한地位를歷史體系우에發見케된다。이에對하야가장簡便한方法은 어ᄯᅥᆫ時代에던지 그時代의主人公의地位를占領하는民族、國家、或은人物에就하야生覺하야오는것이다。그리고 이方法을實地로行함에依하야 우리는 다음갓튼定理를엇을수잇다。卽 어ᄯᅥᆫ時代에던지 그時代의主演者의使命을밧는民族、國家或은個人은 그時代의福音史의展開에(卽하나님이人類를사랑으로써指導하여가는대) 가장必要한方法에對하야가장適合한資格(民族性、制度、學問、才能、武力、國土……)을가진者다。그리고 그餘모든民族國家는 直接、間接、그主演者

를助演하는것이다。 그러면 우리는이제 論題인西洋文明의土臺를노앗다는 羅馬의歷史에 이定理를適用하여보자。

그리스도의出現으로 福音이世上에들어왓다。들어온後는 이제붓터는 그를넓이傳播하는것이일이다。故로紀元初世에歷史舞臺의重要한地位에서는者는 自然 福音傳播에가장適合한資格을가진者가안이어서는안될形便이엇다。그러하야 여긔當選이되여 偉大한職能을다하기爲하야 登場한것이 곳羅馬다 一般이말하는바와갓치 羅馬人의特長은 統一力、組織力、活動力이豊富하다는대잇엇다 自己보다前埃及이그나일江의豊産으로 메소포다미아가그武力的壓迫으로 希臘이그의호ㅣ머ㅣ와 그의七賢人과、그의 소크라테쓰와 그의美術과 그의中庸의德으로다듬고닥거온 言語로、福音을爲한準備에貢獻하엿던것갓치 羅馬는 그의티벨河畔七崗우에서、

아페닌山脈의樹林속에서、或은에트루스키人或삼니테ㅣ人、或은希臘人、或은페니캬人사이에서鍛鍊하고發達식인、統一力、組織力、建議的活動力으로써、福音의傳播에貢獻하얏다。써ㅣ자ㅡ도、아우구스치누스도、콘스탄친누스도、그리고、네로싸지도 여긔서 各々그存在의意義와活動의價值의眞正한闡明을밧는다。비울、베드로의발길이 羅馬에니르고 그리스도敎가、羅馬人에게들어가자、法律的、組織的機能이豊富한그들間에서 信者의모힘은 곳組織的團體로 卽敎會로發達케되엇다。그리하야 當時羅馬帝國의各處에니르는廣大한軍道、그制海權下에保障되는地中海의交通은곳그들의利用하는바가되엿다。現今은西洋文明의支持者이지만 當時는아직中歐北歐의森林속에出沒하는蠻族이던 게르만人이文化의域으로들어오게된것도 敎會의傳道에依하야始作된다。이리하야 基督敎는自

己를撲滅하려고必死의努力을하던羅馬帝國을도리여 그器機로써서 그로하여금高貴한事業을하게하엿다。皇帝유리아누스가「갈닐니사람이여 네가이기엿구나!」하고불으지젓다는것은 有名한니야기지만 이는單히유리아누스의입으로불으지즌것이안이요 實로羅馬帝國、乃至異邦文化全體가불으지즌것이다。福音의힘은 이世上文化의勢力을이긴다。只今도이기는것이요 또永遠히이길性質에것이다。또그文化그自身을爲하야서도 福音의힘에삼키우는것이必要하다。그리하여야 墮落을免하고腐敗을防止하야 永遠한生命을가지게된다 우리는이實證을 羅馬以來의西洋文明의變遷過程에서 밝히본다。

有名한歷史家랑케는 羅馬를가저湖水에다比하야 그前엣모든文化가 모도그리로流入하고 그以後엣모든文化가 또거긔서붓터流出한다고한다。果然、羅馬는여러가지意味에 잇어서 近世文化의土臺石을노앗다。羅馬는 偉大하다고讚嘆할수잇다。그러나 우리는닛저서안이될것이한아잇다。卽 그羅馬는 그리스도敎가업시 偉大할수가잇엇슬가하는것이다。다시말하면 羅馬人에依하야統一이된古代의모든異邦文化는 基督敎라는소곰에삼키우지안코도能히完全한腐敗를免하야近世文化의土臺로生命을維持하여왓슬수가잇을가하는말이다。羅馬人의民族性이나 그道德程度에對하야 여긔서一々히討論을할수는업스나 엇겟던 精神文化의方面에잇어서는 그前의希臘民族에比하야서는 훨신後하엿던것은事實이다。그러한羅馬로서 오히려偉大한使命을다할수잇엇던것은 다른防腐劑의힘에依치안코는할수업는일이다。卽基督敎의힘이다。勿論이러말함은 羅馬人이모도完全한크리스찬이라는말은안이다。個人으로본다면 基督敎의信者도잇고 信者안인사람도잇다。信者

가안이고도 훌늉히學者도될수잇고 政治家道德家도될수잇다。卽文化人이될수잇고 社會에貢獻하는사람이될수잇다。 만은 社會全體로볼때 或은種族全體로볼때 基督敎의眞理업시 價値잇는文化、高尙한文化를産出할수잇는가。堅牢한建築에堅牢한土臺가必要하듯이 健全한文化에健全한種族的、社會的根本訓練이必要하다。추ㅣ톤民族이오늘날世界文化의指導者라고하나 그추ㅣ톤族이모도數百年來新敎의信徒임을生覺하면 그것이決코偶然이안임을알것이다。西歐文明이今日까지繁盛하야온것은 그發達의初期에잇어서 羅馬人에依하야基督敎的土臺의敷設을밧은것이그原因이라하여야할것이다。或은西歐諸國의歷史上의許多한非人道的事實을들어基督敎를非難하나 우리는 도리여 이러케對答하는것이合當하다ㅣ그러틋非人道的所爲가잇음에도不拘하고 오히려全然腐敗滅亡을免하야온것은 微弱하게나마 基督敎의가라침을밧어온緣故가안인가고。十九世紀는物質文明의全盛期라하나 그物質文明의發達까지도 長久한時間에基督敎에依하야含蓄된精神的、道德的勢力이업섯스면 單純한物質慾만으로는到底히不能하엿슬것이라고 우리는生覺한다。

西洋의文明史、思想史에서 希伯來主義와希臘主義를 對立식이는것은 一般이다承認하는것이지만 聖書의立場에서말한다면 兩者가同位的으로對立한다는것보다는 希伯來主義가잇어서希臘主義의文化에生命을賦與하여왓다고하는것이 찰아리適切하다。사람生活의純人間的方面、卽地上生活을代表하는希臘思想은 어썬時代를勿論하고 말할수업는魅力을가지는것은事實이나 그自身안에生命을가지지못한다。故로 아모리自由론發達을遂成하더라도結局은死滅을不免한다。비록死滅이 野卑한享樂主義로봇터崇高한(?)自殺

에싸지種類는極히만타하더라도。故로 希臘主義가今日까지存續하야온것은 그自身의生命에依하는것이안이요 다른어떤「永遠한生命」잇는것에指導乃至統制를밧어온때문이다 그「永遠한生命」이라는것은 곳 基督敎의福音의힘이다。勿論 그동안에許多한衝突과浮沈이잇다。그러나 이는 暗黑을삼키려는光明이經驗하는 解産苦에지나지안는다。中世의暗黑時代도 福音의淨化라는點에서보면歷史에서업서〻는안이될一節이된다。羅馬帝國과싸화그를이긴基督敎는 이기엇기때문에墮落하엿다。그리하야敎會는 世俗的文化機關으로化하야버리고 福音의빗은 法皇의玉座미테감초여버렷다。事實、當時에法皇의손에쥐엇던것은 天國의열쇠가안이고 靈魂의監獄쇠엇다。福音은그안에서 진淨化의時代를通過하지안으면안되엿다。우리가 中世史를넘어서 매우좁기는하지만은 또어덴지깁흔맛이잇는대接하는것은 이싸닭이다。萬一이酸性의時代를通過하지안엇더라면 西歐의文化는甘軟한希臘主義에일즉붓터墮落하엿을것이다。따라서 그다음에오는自由의生活도엇지못하엿을것이다。自由는貴하다。그러나自由가사람의손에건너오기까지에는 그만한修練의時代가必要하엿다。故로淨化가充分히된때에自由의發揚이許諾되엿다。即、이른바文藝復興運動이다。그러나 普通、希臘古典의復興에依하야勃興하엿다고生覺하는이自由運動도 單純한希臘主義의復興만으로는 完成할수가업섯다。輕快한南歐사람의게서니러이希臘主義運動은 얼마못가서 곳享樂氣分에墮落하야버리엇다。

그리하야 近代人生活의中心原理인自由의精神이完成되기爲하야는 峨峨한알푸쓰의峻峰을넘어 着實하고 敬虔한北獨逸의農民의손에거너가여야만하엿다。即、自由의精神도

福音의生命안에攝取되여서야만 산것이될수잇엇다。이意味에서 룻터ㅣ는 近世의第一偉人이라하겟다。歷史에는 우리로하여금잇다금、식음침을삼키게하는때가잇다。全世界를돌어 百尺竿頭에놋는듯하는대가잇다。바울의발길이마게도니아로向하는가 亞細亞로向하는가 살나미쓰海戰에 希臘이이기는가波斯軍이이기는가씨ㅣ자ㅣ가루비콘河의南岸에한말을내여놋는가 물니는가에依하야 世界의歷史는 左로갈수도잇고右로갈수도잇다만은 우리는 ᄲᅵ름쓰의會議場에서는룻터ㅣ의모양을바라보는때갓치緊張한精神狀態를가지는때는업다。그瞬間에 全世界는 實로그存亡의運命이 그의입술의一振動에달녓섯다 그는 그가萬一、그刹那에法皇에降服을하엿스면 宗敎改革이失敗되엿을것이요 宗敎改革이失敗되엿스면 福音이아조일어젓을것이요 福音이아조일허젓스면 新敎도닐어나지못하엿슬것이요 世界의歷史도死滅의길에向하야直進하엿을것임으로써다。만흔사람이 自由의貴한줄을알고 文藝復興運動의重要한줄을알면서도宗敎改革의더욱重要한것과 룻터ㅣ의功績의큼을알지못하는것은 그릇된일이다。그러나또한 宗敎改革을말하며룻터ㅣ의偉大한것을云謂하면서도 全人類를救하는福音의完成을爲하야 아니제나하의한鑛夫의아들을세워서그런偉大한事業을成就식인全能者의偉大한經綸과奧妙한眞理에想到치못함은 다시금더痛嘆할일이다。

그럿트시 希臘主義는 恒常福音에依하야攝取或은廓淸됨에依하야만腐敗를免하얏다。그때에限하야 그는 人類文化의生活內容을豐富케한다는 適當한任務를다할수잇다。그는 우리의眼界를廣濶케하는대貢獻하엿다。自由에對한自覺에 우리를引導하는대도움이잇엇다。 우리가 自然界에나타나잇는 造物主의榮光에對한知識을넓히고 그美를追求는 熱心을가지게된대도 그의功勞가多大하다。 그러나 그以上에것은 許諾되지안엇다。사람이 自己理性에絶大의信賴를두고 物質文明의潮流가全世界를잠그려할때에 全人類가 全能者에向하야反抗하려할때 그는 二千七百萬의生命과 三千八百餘億圓의物資를犧牲하고 全人類의八分之七을들어戰禍中에던지기를 앗기지안엇다。이 有史以來未曾有의 慘禍를지내고 人類는벌으로셜엇다。만은더 회가萬一悔改치안으면 그는 그以上의懲戒라도 앗기지안을줄을밋는다。人類永遠의救援과 宇宙大經綸의눈으로볼때 六千年의文明은 「그러스도의福音」과밧구기에는 너무나갑이싸다。人類와文明은 그것이 福音의 眞理에順從할때는 福이잇을진뎌! 그러나거 거거사릴때는 禍잇을진뎌! (續)

歷史에나타난하나님의攝理

하나님의求하난者

鄭 相 勳

아담의墮落以後로 宇宙에는 들이지아니하나 그러나偉大한소래가 울이여잇다。詩人이

이날이 저날의게 말삼을傳하고
이밤이 저밤의게 知識을보내도다。
널아지안코 말하지안음으로
그소래 들니지 안으나
그소래 온따에 通하고
그말삼 따끗까지 니르도다

라言表한 소래가 山을울이고 들을건너서 온宇宙에 차고넘친다 봄은봄으로 여름은 여름으로 가을은가을로 겨울은겨울로。따는따로 하날은하날로 그音聲과態度는 다르나 한實在者의게서 오는소래를 傳하고 잇다 이소래가 무엇인가 나는이것을 하

나님께서 널어버린사람을 차저부르는소래라생각한다。

이와가티 하나님께서는 쉴새업시 쓴임업시 宇宙의森羅萬象을 通하야 自己를背叛하고떠나간아담을 차저求하신다 그러나 때로는 그代言者인豫言者을通하야 사람의말로 이소래를 나타낸다 예레미아五章一節에

너희는 예루살넴城을 도라단니며 보고 또살히며 그거리에 차즈랴 너희가 萬一한사람이라도 公義를行하고 眞理를求하는者를맛날것갓트면 이고을을 容恕하야주겟노라

하엿슴과 에스겔二十二章三十節에

城을 쌋코 이따를爲하야 그城문허진대에 서서 나를막아 滅하지못하게 할사람을 그가온다서 찻다가 엇지못하엿노라

한것은 그代表的인것이다 하나님께서는 아담이 떠나간後 間斷업시 自然을通하야 그代言者를보내여 사람을차즈랴고 努力한다 그러나그結果는極히少數의 例外를除하고는 언제든지 하나님便의失望으로 나타낫다 소래는 열매를맷지못하엿다 아! 이얼마나悲慘한일인가 사람은만치안는가 法皇도잇고 神父도잇고 祭司長도잇고 監督도잇고牧師도잇고 또數만흔信者도잇지안는가 그러나하나님의求하고 찻는者는 祭司長이라일홈가진祭司長이아니엿다 予言者란일홈가진豫言者가아니엿다 法皇이란일홈가진者 牧師란일홈가진者가아니엿다 君王이아니엿다 道德家가 아니엿다 高位大爵의政治家가 아니엿다 富者가 아니엿라 文士가아니엿다 하나님께서 이러한稱號을가진 허수아비들을 求할냐하엿드면 그選擇의키에 걸여남는者가 언제든지過多하엿슬

것이다 하나님의 探索의소래는 虛하게도 라오지아니하엿슬것이다 그러나하나님의차저求하는者는 公義를行하는者엿다 眞理를求하는者이엿다 하나님의나라와 그義를求하는者들이엿다 다시新約以後의말을빌인다하면 그리스도를밋고 그를爲하야사는者이여다

아모打算업시義를義인때믄에 行하고 眞理를眞理인때믄에求하는者 하나님을하나님인때믄에 섬기고 그리스도를 그리스도인때믄에 밋는者 이러한者들 하나님께서는求하신다 舊約에서 한例를 들면 욥과가티 利害禍福을 超越하고 하나님을 하나님이닛가 밋고 섬기는者다

그러나 욥은 어느時代든지 늘잇지안넛다 그럼으로 義人을찻는하나님은虛되히役事하엿다 그러나 義人을엇지못하면 그는義人을엇기爲하야 人類를敎育하기爲하야審判을始作하신다 이것이나타날때 或은苦難이되고 或은疫病이되고 或은被征服이되고 或은國家의敗亡이 되는것이다 하나님께서노아때에는 洪水로 地上의淨化를策하엿고 소돔 모라때에는 硫黃불로써 그聖意의成就를計하엿다 예레미야때에는 예루살렘의荒廢와바빌논의俘囚로그百姓을 敎育하려하셧다 이몃가지顯著한例에 나타난하나님의攝理는 언제든지 나타난다 지금우리朝鮮에도 그와가튼소래가들이고 그과가튼攝理의손이 役事하고잇다 京城은 소래를듯고應하는가 朝鮮이이攝理의役事를 認識하는가 宗敎家는어대잇는가 名士는무엇을하는가 詩人은무엇을보는가 新聞記者는무엇을듯는가「문허진城에서서 나(하나님)를 막아滅하지못하게 할사람이」우리의게업는가업스면 우리도 노아의洪水나 소돔고모라의硫黃불에 비길무슨方法에依하야 滅亡을

免치못할것이다

이滅亡을 能히막고 城이나、나라를 救援할者가잇다 그는所謂「偉大한政治家」가아니요 勇强한將軍이아니요 無名의一人의義人一人信者라고 聖書는 가라처준다 義人은 世上에서迫害를밧으면서 迫害하는 그世上을爲하야 仲保의職分을 맛다잇고 世上은 自己들이 數에도計算치안는 信者로因하야 滅亡치안코 救援을바더간다는것이다 이사야五十三章에 世上罪를지고 呻吟하는悲切慘切한生活은 이스라엘의生活인同時에 그리스도의生活이엿고 또그리스도를 밋는信者들의生活이엿다 果然그리스챤은 世上의빗이요 소곰이다 이빗과소곰으로因하야世上은腐敗치안코 滅亡되지안는것이다 歷史는 이觀察의差誤을 證明하지안코 眞正함을 證明하여주고잇다 羅馬는將軍의 缺乏으로 亡하지안코 道德家의缺乏으로亡하엿다는 俗言은 이를明示하는바인줄안다。世上의때와갓고 몬지와 가튼信者가 때와몬지로맛처지지안코 이러한偉大한役事를 擔當하고잇다 거리에나서서 그職分의高貴함을 웨치지아니하고 군박을밧앗스나 스사로 謙卑하야 입을열지아니할지라도 그는偉大한事業을 하고잇는것이다 無爲의한信者는 萬代에英雄이란稱頌을 밧는者들보다아니 이世上不信者總和보다도 더偉大한役事를 일우는것이다 얼마나高貴한가 偉大한가 世上의權力이무엇인가 富가무엇인가時代思潮가무엇인가 다信者로因하야 救援을밧더가는것들이아닌가 信者는自己의이高貴한職分을알고 自重하며自尊하여야할것이다 그런대 現代의信者는 이高貴한榮譽에눈이어두워저서 權力과富와時代思潮에 屈하야 그命脈를維支하려함은 원痛한일이아닌가 이에敎會는墮落되고 社會는渾沌하여지고 나라는敗亡하여진다 그러나이墮落하는敎會、渾沌한社會、敗亡하는나라를維支하여가는者는 無名의義人、世上의때와가튼信者들이다 하나님의求하는者는이러한者다

苦痛의價値

咸錫憲

○ᄯᅡ우에살는人生이가질수잇는幸福中에 모든일에서靈的意味를發見吟味할줄알는睿知와心情을가지는것처럼貴한것은업다。 그리고이는 그리스찬의特有다。 더욱은 至極히些小한中性的事實에서나 견될수업는悲痛에서도 오히려 聖意의潛在하는것을찻어낸다

○苦痛은排斥할것이요 失敗는避할것이다라는것이世上의人情이다。 그러나 우리는 때로苦痛의安樂보다더必要함과 失敗의成功보다더貴重함을깨닷는다。 이스라엘民族에 바로가必要하엿고 그리스도의生涯에 유다도所任잇엇든것과一般으로 苦痛과失敗는 人生의靈魂史의完成에업지못할必要事實이다。

○苦痛은罪에서原因한다。 그러나 罪의人生일스록苦痛은더술여한다。 萬一누가잇서더희에게長生不死를約束하면 더희는두손을들어喜躍할것이다。 그러나 나는말한다 —— 더희에게 病苦와死滅은 生存과同樣으로必要하다고。 더희에게萬一苦痛과死亡이업엇드라면今日보다더速히 더甚하게墮落하엿을것임으로써다。

○人生中에어썬者는 찰아리大部分은 人生의歷史의多波瀾、多悲慘을 남으련다。 來日이라도完全한制度가實施되고 이제라도豐富한科學的發明이生기면平和、安樂을누릴이라고妄想한다。 그러케될理도萬無하거니와 設或누가 그러케해준다하더라도 우리는辭讓하리라。 지내야할産苦를지내지안코는産兒는안이나온다。 萬一나온다면 그는可憐한未滿朔童이다。

○故로 社會의不安이여 올대로오라。 天災여나릴대로나려라。 事業의失敗여繼續할대로繼續하라。 敎會의墮落이여될대로되라。 福音의淨化와 聖徒의鍊鍛을爲하야는 이以上엣것도우리는참고견듸리라 찰아리懇求하리라

祈禱하자!

祈禱하자! 祈禱는 信仰生活의土臺이며 根抵이다。祈禱업는 信仰生活은 虛僞이며 外飾이다。信仰生活은靈의生活이니 靈의生活은 靈이신하나님과 깁히사괴여 하나님의靈을充滿히 밧어서始作되는生活이다 肉인사람이 靈이신하나님과 사괴이며 또하나님의靈을밧들수잇는 唯一의方法은 祈禱박게업다。그럼으로祈禱는 靈的生活의最良의糧食이다。靈을북도다주는 不可欲의養分이다 그러면靈的生活 即信仰生活하는者로서 엇지祈禱를輕率히하며 게을이할소냐?

主예수께서는 祈禱를 甚히重要視하섯스며또 恒常祈禱에熱心이섯다。며의地上生活을 簡單히말한다면 祈禱의生活이라하야가장適當할것이다。그럿타 예수께서는 十字架上에서도 祈禱하심을 잇지안으섯다。果然 예수는 祈禱의人이섯다。그리고 예수를따른者 即예수의게 屬한者는 모다가며를本밧은 祈禱의人들이엿다。베드로 요한 야곱、스데반、바울、오ㅣ거스틘、프란시스 루ㅣ터、칼빈、웨슬레、번연、무ㅣ데、其他有名無名의모든聖徒들은 全部가 祈禱의人이엿다。그러면우리도祈禱하자 祈禱는 信仰生活의案內者이다 횃불이다。現代와갓치어두운時代에는 더욱祈禱가必要하다 兄弟들아 誠心誠意엇祈禱하자!(斗用)

(二四頁에서)

것을밧치려하나이다 그럿슴니다 生命이必要하면 生命이라도 깃브게밧치려하나이다 兄弟들이어 우리는 하나님의참종이 朝鮮에出現하기를 祈禱합시다 그리고現在에우리의게 주신모든것即 힘 時間 知慧 所有等을 밧처그의길準備役事에 參與합시다 이것이 그러스도를 아는우리의게 許諾된特權이 안닙닛가 이特權을 活用함도우리게잇고 埋沒하여둠도 우리게잇나이다 그러나 하나님압에 설때한나는稱讚을 밧들것이요 한나는罰을밧들것만은聖書가 分明히 가라치나이다

城西通信

가을이와서 空氣는 맑거지고 하날은놉하지며 별들은 다투워 나타나 제各己가진 光澤으로 오는밤〳〵의 하날을 아로색이오니 朝鮮에잇는 우리도 이가을에만은파레스틴이나 아라비야나 바벨논에서보게되는별들의 光輝를 不足하나마 맛볼수잇는듯함니다 詩人는 저하날의莊嚴한것에 늣김을밧더

하날은 하나님의榮光을 드러내고
궁창은 그손으로지으신것을
나타내여 보이도다 (詩十九篇一節)

라노래하엿슴니다 또어느때에는 그無限壯大한 威嚴에누눌여서

내가 主의손가락으로
맨드신 하날을 보고
主께서 베프신바 달과별을보니
사람이 무엇이관대 主께서 뎌를생각하고
人子가 무엇이관대 뎌를권고하시나닛가

라고 하나님의 能力과事業의 나타남인 宇宙의無限大에 對하야 自我의存在의 極히微々한것을 늣기엿나이다 近日의科學은 宇宙의無限大에對하야 우리의知識의範圍를擴充하고잇슴니다 지금 우리의게 알여진宇宙의無限 天界의無際에比하야 우리의存在를 昔日의形容句인 滄海一粟의內包로서 到底히比較形容할수업게되엿슴니다

眞實로 宇宙는無限함니다 星座한나가 無限함니다 별과별사이距里가 無限이라는말이 過去에서無限이라는말이 가시든內包그만큼 無限함니다 그런대 이無限한宇宙、億萬々의별들을하나님께서 맨드시고 하날에 配布하시엿다는것이 詩人이나予言者의 소래요 또한 無名한우리信者의소래요 밋듬이외다 이하나님께서 지금도 살아게서밤마다 반자거리는 저별들을 그數대로 적은것이나큰것이나 그일홈을불너한나式〳〵쏩아내여 하날에 쇼자두신다는것이 予言者이사야의思想이외다 다시말하면 우리는이와가티 큰能力과强한權勢를 가지시면서도 微々한것이라도 그일홈을記憶하시고 돌보시는하나님을 아버지로 가젓다는것이외다 天地萬物이 크나적으나 모다 하나님의攝理中에잇다는것이외다 이러한思想이 우리의靈에 쉬기일때 우리의生活이 根本부터 變革되지안을理가업나이다

그런대 現實을살펴보면 우리는 입으로나 글로는 하나님께서 살어게시다하면서 그生活에서는 죽은하나님을밋고섬기고 잇나이다 卽 一般信者의게는 하나님이살어게심은 그槪念이나思想에서요 實生活에서가아니외다 그럼으로結局 하나님은 그의게죽은하나님이되고마는것이외다 여긔에 生活의潑潮한活氣가업서지고 沈滯한中에서惰性에올

城西通信

이는生活을하게되나이다

우리가 참으로하날파 그우에잇는日月星辰과 따와 그우에잇는萬象을 멘드시고 적은참새한마리도 加護하시는하나님께서 지금도살어게서役事하신다는것을 確實히 밋드면 우리가 무엇을근심하겟습닛가 무엇을 거정하겟습니다 空中나는 새를먹이는하나님이 우리를주리게하겟습닛가 들百合花를입히시는 하나님이 우리를헐벗게하덧싸우리의게 업는것은 쌩이아니외다 衣服이아니외다 信仰이외다 산信仰이외다 하나님께對한 산信仰이우리의게잇슬때 우리의生活은새와가티 自然스러울것이외다 모든것을하나님께 막기면서도 부스런히生活하는 그만큼信者의生活이奇異하고도 自然스러워질것이외다 兄弟들이어 따을보지마소서거긔에서는 救援이오지안나이다 救援은 하날에서오나이다 하날을올려러보소서 더구나 가을하날을 올려러보소서 거기에나타난 하나님의啓示를 靈讀하소서 그러면諸兄은世上을익이는勝利者가되리다

○나는 새것을 傳하려안습니다 무근것안에 새것을發見하야 그것에살며서 現代에또한 살이려함니다 그리고나는 感激보다 眞理를더욱 사랑함니다 眞理는 때로五旬節과가티 感激으로 나타남니다 그러나 五旬節이 聖靈의運動에特別한現象이엿든것과가티 感激은 眞理의나타남에特別한現象이외다· 特別한現象인 感激의連續을 求하는이는 우리의게 와서失望하리이다 아니 이믜 그런것을求하다가 失望한이가잇습니다 그러나 그는 우리의게서 求할수잇는바를 求하지안코 求할수업는것을 求하려다가 失手한것이외다 우리는 우리의立場에 세웨노코 批判하여주시기를 바램니다 自己의 思想으로 우리를想像하다가 對하여보고 自己의想像에 틀인다구 이러니 저러니하는이가 잇스나 그들은 그自體가 異常합니다 너므나自己中心이외다 自己의思想과主義에 忠實한同時에 남의그것도 좀 尊重히 녁어주어야합니다 그러고 思想이맛지안코 主義가틀이거든 서로난입시다 나는나보다 或은나와다른思想을 가지신이를 가라치려고도하지안코 또事實가라칠수도 업는것이외다 나의不足한것이라도 求하시는이가잇스면 그의게傳하겟고 그런이가 한나도업다하면 그만둘뿐이외다 같이는가소서 그러나 올이는오소서

○여러분은 내나 나의同志멧사람의게 너므나 큰期待를가지지마시기를바람니다 나는 諸兄이待望하는그가아니외다 나도 諸兄이待望하는그의出現을 苦待하는一人에 지내지못하나이다 지금내가하는것은 將次올그가 行次할길準備에 가장적은돌한나를 치어내려고 힘쓰는者외다 萬若나의게주신 하나님의恩惠가 나로하야금 그적은돌한나를 치어내게하면 나의게잇서큰榮光이외다 나는 이를爲하야祈禱하고 이를爲하야 努力하나이다 나의게잇는모든

(二二頁에)

(定價送料共)

一　部　十五錢
六個月　八十錢
一年分　一、五〇錢

殘本定價　一ー七七號外지　〇、二〇
八、九號　〇、一五

昭和四年十月二十八日　印刷
昭和四年十一月　一日　發行

京城府外龍江面孔德里活人洞
一三〇의三
編輯發行兼印刷人　鄭　相　勳

京城府西大門町二丁目一三九
印刷所　基督敎彰文社

京城府外龍江面孔德里活人洞
一三〇ノ三
發行所　聖書朝鮮社
振替口座京城一六五九四

『聖書朝鮮』第十號　昭和四年十一月一日發行（每月一回一日發行）

聖書朝鮮

第十二號

一九二九年十二月一日發行

昭和四年十一月二十八日印刷
昭和四年十二月一日發行（每月一回一日發行）

目次

聖誕을마즈면서

宇宙의創造者인 하나님이 계신다 그가 살어계신다 그가全知全能하다 그가聖하다 義롭다 그가하날寶座에게서 人世를支配하시고 마지막에는 不義로充滿한이世上을審判하야 公義를세우고 不義를넘어트릴것이다 올타 그렷타 모다 올혼思想이요 바른知識이다。

그러나 하나님의屬性이 이에맛치고 그의人類의게對한關心이 이에서 지나치지안라면 道德家아니요 高德한聖者아닌 우리罪人의魁首의게 그대지 高貴한實在者가아닐것이다 차라리 우리로하여금 無限한恐怖를품게하는者일것이요 우리의生活을 더욱暗憺케하는者에 지내지못할것이다 그럼으로 우리는 그러한하나님보다 正義와眞理를 爲하야自身을犧牲하는者 他人의罪를지고 辛苦하는者 他人의聖潔를爲하야 애써勞力하는者 即지금外지人類歷史에 나타난 하나님의證人이니預言者들을 더욱尊敬하고仰慕할것이다。

그러나聖書의 가라치는 하나님은自然神敎의하나님과가티 宇宙를創造하여두고 無爲히잇는하나님이아니다 그全知全能을 썩구고잇는하나님이아니다 九天의高座에안저서 人世를支配하며 마지막審判日의來到를기다리는하나님이아니다 살어게실뿐아니라「지금外지일하시」는하나님이다 全知全能을死藏치안코 全 全知全能을利用하야 일하시는하나님이다 九天의高座에서 義로支配하실뿐아니라 人世에나려와서 義의싸홈에先鋒이되여 싸우시는하나님이다 그의어느使者보다도 힘써싸우는者다 正義를爲하야불붓는者다 엇더한 天使보다도 敏速하게

聖誕을 마즈면서

戰線에서 싸우는者다 實로이사야가말한바와가티「여호와께서 勇士가티나가시며 軍士가티熱心을發하시며 웨치고 크게블으며 힘써모든對敵을치시」는하나님이시다。

그러나 하나님은 이와가티 義를爲한熱心으로만불타서 모든不義를滅絶식히는하나님이아니다 하나님이義만의 하나님이라하면 우리가엇지 그압에서 견듸랴 그러나 하나님은 불태우는義의하나님인同時에 愛의하나님이다 아니 차라리 愛를그本質로가진하나님이다 요한이말한것가티「하나님은 사랑이시다」사랑그自體시다 사랑은憐憫한다 同情한다 他人을爲하야 自身을犧牲한다 그리스도께서말삼하신바「사람이 親舊를爲하야 목숨을바리면 이에서 더큰사랑이업」다는 사랑을 하나님은 스사로몬저 人類의게對하야 가지신다 여거에 우리의罪와不義에對한 참음이잇고 하나님自身의 受苦가잇다 世上사람들이 하나님의存在와全知全能과義만알고 그의愛를모르는때문에 世上에不義가차잇슴을보고「너희하나님이 어대잇느냐」하며 信者를 逼迫한다 그러나 하나님이 사랑이신때문에 世上을참고 그逼迫者를寬仁하는것이다 아니 그들을爲하야 애쓰고 受苦하는것이다 그들을救援하기爲하야 그獨生子를주는것이다(요한 章十六節參參照)그러하야 하나님自身을 十字架에못박는것이다 하나님의獨生子가 肉體로나타나심은 하나님이義이신同時에愛이기때문이다 親舊 아니 敵을爲하야 自身을犧牲하는대에 聖誕이잇는것이다

二

그럼으로 聖誕은 嚴肅한愛 그自體의 顯現이다 이사랑이신하나님의聖誕이 우리안에잇슬때 弱한우리는가장强한者가된다 가난한 우리는 가장富한者가된다 賤한우리는 가장高貴한者가 된다 罪의우리는 그

리스도와가티 가장거룩한者가된다。
兄弟여 살し信仰으로 살し聖誕을마즈라 義로싸우는 하나님을마자 不義와싸워라 사랑의하나님을 마저 兄弟의괴롬을지라 그리하야 모다 小그리스도가되여 제各己應分의十字架를지라 이것을信仰에잇서 行하는대에 우리가 聖誕을 맛는참意味가 잇는것이다。

한가지所願

基督敎는 基督敎요 다른아모것도아니다 이는 하나는 하나이라는 말과가티 새삼스러히말할것이아닌理致다 모든사람은 이理致를 잘알것이다 그리고 그들의基督敎觀察의焦點은 여긔에잇서야할것이다 그런대 實狀은그러치안타 社會의名士들뿐아니라 基督敎々師들外지도 이처럼平易하고明白한理致를 니저버리고 基督敎를 倫理運動이나 社會事業가티 生覺하고잇다 그리하야 그릇된焦點으로 觀察한結果를 立論敷衍하여가며 實行하려한다 그러나 出發點인 그根本精神이 틀엿는지라 엇지 그倫理運動이 眞正한基督敎의倫理運動이되고 그社會事業이 엇지眞正한基督敎社會事業이 될理가잇스랴 그리하야 그들은 그運動과 事業그自體를生氣업고不徹底하게할뿐아니라 基督敎의일홈을 쒼그마치 基督敎를瀆하고 잇다。

이것이 나의게는 견델수업는怨痛함이다 그럼으로 나의아츰 저녁의所禱는 正當한 焦點으로觀察된 基督敎의正體가 朝鮮에鮮明하여짐이다 이일을擔當할일군이 만히産出됨이다 그리하야 基督敎가 그本然의狀態대로 社會에나타나고 基督敎의참道德과 참社會事業이 그燦光을照耀하는때가 어서

到來하기되는것이다。

나의祈禱가實現되는날이 基督敎가朝鮮에 오는날이다 暗黑한朝鮮社會에 光明이빗최여오는때다 이러케生覺될때 似而非의基督敎와似而非의基督敎事業이 더욱믜워지고 바래는그날이 굿이업시 그리워진다 아々이번해에 크리스마스를告하는 殷々한저鍾소래 모든묵은겁더기 울여내고 새되고참된것 울여드려주지안으련가

義와惡

咸錫憲

惡은魅力을가지고 義는權威를가진다。惡魔는 人生의野卑한部分에그活動舞臺를가지는故로 魅力으로써誘惑한다。許多한사람이 이魅力에쓸니여罪惡의구렁으로들어가는것을 每日目擊도하는바지만은 무엇보다도爲先 各自의生活을反省하야보아서 惡이이길수업는魅力을가지는것을自認할수잇다。술은물보다醉하는맛을가지엇고 담배는空氣보다당기는힘을가지엇다。實로 惡의무섭음은 分辨키어렵은대잇기보다는그魅力을이길수업는대잇다。故로 人類罪惡의原因을 알지못함에두지안코(알고도)惑함에둔聖經의가라침은 分明한眞理다。이것만도 人類에는不幸이지만 다시금더異常한것은 惡은 그것을惡으로알면알스록魅力이더强하야지는것이다。맛치溺死者가벗대일사록더빠짐갓치

○義은 그의統治權을 生命의高尙한部分即良心우에가진다。故로權威로써 그의自從을要求한다。權威라고하야 決코 武力이나威力으로써臨하는것이안이다。차라리 이와는反對되는것이다。이는 賊子로하여금스々로얼굴을避케하는義士의眼光에잇는權威다。손으로盜賊하는者로하여금 惶怯한눈으로四方

을살피게하는 가슴안에잇는權威다。不義를 行하면서도 그成功을爲하야 오히려 義의 假面을빌게하는良心의權威다。반드시嚬聲叱咤를要하는것이안이요 반드시威壓抑制를求하는것이안이다。가늘고 弱한 그러나無視할수는업는소리다。敗하는듯 써지는듯하면서도 오히려 宇宙를支持하는 恒久不變의原理인것을스〻로證明하는正義의權威다。故로 禁斷의果實을내손으로따먹은것이로되 그손으로또한 無花果葉의치마를짓게되엿고 먹고偉大하여불여하엿던몸이로되 그몸을도로혀 컹컴한陰影속에감추지안이치못하엿다。

魅力이잇는故로 誘引되기가쉽고 스〻로誘引되여自身으로서求하는故로 自由라고生覺한다。

○權威인故로 良心이이를두려워하고 이에反抗하는勢力이甘言으로꾀이는故로 拘束이라고한다。

그러나 魅力에許하는自由는 墮落의奴隸에終局하고 權威에服從하는謙遜은 眞理의自由에到達한다。

前者는쉽고 後者는어렵다。그러나 單純한 難易의差만이안이라 兩者가相反相攻한다。하나는 銳利한刀劒갓하서寸毫의假借나妥協이업고 또하나는 검처쥐는덩굴갓하서온갓手段 오갓機會를다利用하야詭計를베푼다。하나는 永遠의眞理를 그防牌로하고하나는 刹那의享樂과趣味를 그낙시로한다。兩者의싸홈은 常時로 到處에서 進行이되고잇다。그戰場우에人生은 無慘한屍體를曝露케된다。그의死苦가絶頂에達하자 人生은絶望的煩惱로부르짓는다—「嗚呼라나는苦로운사람이로다 누가나를 이死亡의몸에서救援할고」。

正義의權威는滅할수업는것이요 惡의魅力은끈치지안는것이다。그러하면 더가살는대

는 惡의魅力을無效케하야그隸屬關係 그陶醉狀態에서뛰어나오게하는것밧게업다。그러타

罪惡은 그리스도의十字架로因하야 人生의野卑한自我를못박아버리고 그에게서오는새生命이 惡의香냄새와粉盛粧과 誘引에對하야 嫌惡憤怒를가지게하는길을除하고는엇던者라도 지음을닙은者는 그誘惑에서벗어날者가업다。即 고ㅣ데ㅣ의닐은바 生命의第三階段 靈的生命이創造되지안코는우리의肉身도 魂도 모도罪惡의奴隷를免할수업다。

惡은 故로 두려워避하야이길수잇는것이안이요 靈의힘으로正義를사랑함으로써야만이길수잇다 道德과社會改良을말하는者들이깁이生覺할點이다。

世上에것은(學問이나 藝術이나 事業이나其他무엇이나 오직名利 오직趣味 오직亨樂오직땅을爲하는限) 結局은 美粧한淫婦에不外한다。全部가淫婦가안이라면 그남은것은그보다못하지안은그의媒介者다。緊要한것은그正體를둘너보는 X光線이다。그리고그빗은 빗의根本인뎌를밋어서야만잇는것이다。

惡을征服하려는者는 어리석은者다。그런倫理는 人生을그릇치는倫理다。惡은 征服하지안터라도 밉어하면 제스々로업어진다그러나 惡을밉어하는맘은 義를사랑하는맘보다行先하는것이안이다。前者는 後者의結果다。義의表示는 惡에對한反撥力이다。

하나님을밋고 하나님을사랑하고 그의義를사랑하라 그러면 惡魔는 自己의古宅인地獄으로물너가리라。

生命의發達 (三)

고ー데ー

(一) 肉體的生命이 人生의出發點이요 魂의能力을 覺醒하는 仲介者를構成하는것과 맛찬가지로 地球上에서도 動物植物의 有機的生命의無限하고鬱葱한發達은 人間魂의出現에 압서서 道德的生命의到來를 準備하엿다

有機的生命은 永遠前부터 이地球上에 잇는것이아니다 地質學은 生命의始作된時를 大略決定한다 植物이나動物의形跡을 絶對로 볼수업는 어느古代地層우에서 地球의여긔저긔에 露出한어느種의岩石에 有機的存在物의첫痕跡을 突然히보게된다 이런것이 藻或은 甲殼類다 이甲殼類中에는 近代의木虱비슨한것이잇다 觀察하여볼수록 이世界의舞台에서의 生命의始作은 가장愼重한態度로 發生한것을 알수잇다 生活機能의構成을가진生命의 이첫努力을繼承 한것이 植物性生命의偉大한發達이다 이發達의形跡은 石炭層이 保有하고잇다 億萬年後에. 우리의產業에 物資를供給할만하게豊富히貯藏되여잇다 植物性組織이 甚히優勢하든 이期間에 動物的生命은 徐々히 上進運動을 繼續하고잇섯다 그러나 그는 第二位에 머물너잇섯다 그의참時代는 아즉일으지안엇다 動物的生命이 威力을가지고發達한것은 이偉大한植物의創造가 맛친後이엿다 이動物生命의發達은 二期로繼續하야 創造되엿다。最古의것은 朱羅紀의地層이 形跡을 남구워잇는것이다 이紀期에잇서서는 地球의主長住者들은 蛇頸龍、魚龍、斑龍等屬가튼水陸兩棲의怪物들이엿다 그리고 羽龍과가튼他種의怪物이 나타낫다 蜥蜴類의王朝라할

만한 이첫偉大한創造의뒤를 繼承하야 나타난것은 全혀다른性質을 가진것이다 그가장現著한特性은 舊象、巨獸가튼따위의 第三紀層期間의 巨大한哺乳動物들이다 이러한尨大한被造物等의 最後生存者가 最初의사람들과 同期이엿슬듯하다。

　人間出現前 모든生命이發達하여온 億々萬年동안 地球에는 무엇이잇섯든가 植物의無意識的成長 動物의盲目的體慾感官生活의無制限한支配 外에 아무것도업섯다고 科學은對答한다 即 物體的出生과生活과死外에는 아무것도업섯다한다 自己存在의目的을 意識하는被造物이나 或은自己의行動에對하야 責任感을 가진被造物은업섯든것이다 世界는 아즉 道德的生命에 到達하지못하엿다。

　그러나 우리는 이尨大한事業이 不規則하여보인다고 그를支配하는 아모法則도업섯다고 想像하여서는아니된다 이러한動物들의形態의繼起中에 進捗이잇섯슴을 識別할수잇다 그들은 一步〳〵 現世의動物形態에 接近하여왓다 더구나 보이지아니하나 이神秘한進化를 支配하는理想인 人間型에一步〳〵接近하여向上하고잇섯다 近代科學이 一句一句 一篇〳〵 改編하고잇는 이創造의긴詩는 單一한理念即사람에의渴仰의理念에서 創造된것이다。이모든形成物中에 어느것이나 이러한異常한被造物中에 어느것하나이라도 太初에企圖된 이目標을向하야 上進하는路程의一步도스사로 進展식히지못하엿다 우리個人生命의 形成過程이 胎中에서 軟體動物로부터次々로 水陸兩棲動物가튼時期를 지내서 背柱動物가튼때 일으는經路를밟바서 마참내 生命의光明을보기되는最後의機構에 到達하는것처름 動物形態의繼起이엿든 自然의偉大한事業의過程

도 오랜迂回曲節을通하야 最初의雙殼貝인 그出發點에서 그目的地——即사람의게까지 上進하여온것이다

(二) 그러나 人類에잇서理知的이요 自由인魂의現在의最初形跡이 天空에서 突然히發射하는 光線처름 本能的이요肉體的인生活機能의中途에서 俄然히 顯現하는것과꼭 맛찬가지로 地球上에서도 植動物生命이 오래동안役事한後에 한實在者가 他界에서 와서 自然의한가온대서 獨立한本質을가진한生命을 發展식하려고 出現하엿다。

사람이 참얀누스神 即兩面을가진神이다 一面으로는 사람은 그의肉體로因하야 自然과 密接한關係를맷고잇다 사람은 自然의要略이로다 웨그런고하니 바록今方말한것가치 사람은胎生에잇서 自然의모든狀態를 지내나왓는때문이다 사람이 自然의最後目標點이다 웨그런고하니 우리는 사람의出現後에 植動物의世界에서 아모 새創造를 發見하지못함이로다 結局 사람이 自然의冠이다 그는 사람이 自然의傑作인까닭이다 勿論 動物中에는 사람보다强한것이잇고 그의어느獨特한機關은 그것에相當하는 사람의機關보다 더욱完全히發達한것이잇다 그러나 엇더한動物이라도 사람처름 모든感官이 잘調和한것이업스며 또組織의均衡이 사람의그것처름 驚嘆하리맛곰 잘整齊되고 結合되여잇는것이업다 우리는 過去의모든努力의目的이 지금이만즘한程度에 達하엿다고 늣기며 또 只今까지의動物生命의모든進展이 이사람의肉體를作出하는것을 그最高目標로 삼아왓든것을늣기게된다 自然의天職은한奉事者되여서 이사람의肉體를 自由와意識을가진魂即自然의未來의主權者의게 提供하는것이엿다。

이람이 그肉體의現象으로서 創造의 全

前行事業을 幕닷는同時에 賦與된 一層高尙한生命으로 새紀元를 開始하는것이다。世界舞台에 人間의出現으로因하야 自然은 休息點에 達하고 歷史는始作되엿다 人間이 世界舞台에到達하기前에 일어난激變은 漸次로 업서저갓다 高尙한世界의 이被造物의出現은 그가맛든役割을演出할劇場(地球)에 平和를 齎來하는功果를 가진듯하다 地震 火山의爆發 特別單獨의激變 大洪水가튼 部分的震動만이 아주 生命이 이때와지 開拓하여온 進行을 撤回하여버리는 일이잇다 自然의모든勢力이 整齋된中에서 사람은 自我特殊한事業을始作한다 사람은 世界를熟考하여보고 自身이 그와다른것을 늣긴다 사람은 自己가이아름다운 領域의後嗣인것을 確認하며 知識과動作의 二重役事에依하야 이世界를 所有하랴고 努力한다 聖書的表現에依하면 사람은「東山

을농사」한다 사람은 物象이各々다른것을區別하고 그物象들의게 名稱을주는대에서 自己의모든힘을 實行하여본다 그는 前途에 目的을세워두고 그目的을達하는、手段方法을 講究한다 그는 自己의所願과必要에合當하도록 事物을 修正한다 그는 自己의 聰明과意思의無限한資源ㅣ即두雙胎姉妹 우리의모든活動의忠實한代理者들의無盡藏한資源을 啓發한다 同時에 그의感情은 눈뜨고 그의마암은 家族生活의 甘味한愛情과 自然에對한純眞한快樂을 맛보게된다 魂의生活의演劇이 지금始作하는것이다 이演劇의終幕이 엇지될것인가 自然은 不絕히 사람即自由者를 渴仰하고잇고 사람은 完全한存在者인하나님을 渴仰하고잇다 사람은 그才智中에 宇宙知識의秘義에接하는能力이잇는 道具를 가지고잇다 그의自由意思中에는 하나님께서 거륵하심과가티 거륵하게되는힘과 이러케거륵하여짐으로因하야 하나님의全能한意思의代理者되는힘을 가지고잇다 그러나 이目的이 사람의게너므나高遠한故로 사람은 渺漠한遠方에서 이를熹微하게想望하고잇다 이目的에到達하기爲하야 사람은 自身을降服식히는것이必要하고 降服식히기爲하야 自身의主人이된여야한다 그리하야 맨몬저 사람은 自身을征服하여야한다 그러나 사람이 征服하지안으면안될 敵은무엇인가 우리의自治를妨害하는것은 우리의게律法을課하는 主人의權威라는것이 普通생각이다 이것이 사람이 힘써 하나님의思想에서 버서나랴하고 또 엇더케하든지 하나님思想에서 그注意를脫却식히려하는理由다 이러한思想은 가장甚한誤想이다 우리의自由를脅威하는危險은 우리의 感官的肉慾이나 本能的嗜好가든 나즌本性의힘에잇다는것이 더욱참되다 여기에 우리自由의敵이잇다 自己否定이란勝利의連續으로 이敵을征伐하여버려야한다 自然的傾向으로하여금 必要에迫하야 잠간동안 意思의셈이讓步하도록하라 그러면 거긔에自由의終末이잇다 사람은 벌서自身의主가아니요 動物과가티 自然의奴隷가되고만다 그러면 이두가지中에하나가 남을것이다 即사람의本性이寬仁하면 溫順한羊의게同化될것이요 萬若사람의本性이殘酷하다면 大食하는蜥蜴의게同化될것이다 自由롭게創造되엿스니 아마 우리는 盲目的本能을意識的意思로恒常勝利함으로써 實際로 그러케될것이다 이勝利를엇기爲하야 우리의意思는肉慾보다優越한法則 即義務感中에서만發見할수잇는擁護를求한다 正當한것과適合한것사이에잇는衝突狀態은 危險한同時에榮光스러운境遇다 萬若사람이 무슨指定을가젓다하면 即道德的으로自由者라하면 그當

面하여야할곳이 이境遇다 道德的責任과自然性사이에 이런現實的衝突이업스면 사람은 自己가自己의게기치는害를疑訝하는일싸지업시 無邪氣하게自己의自然性의傾向에讓步하엿슬것이요 그의自由는 永遠히沒收되여버렷슬것이다。人類의敎育者가잇다면 神的敎育者의첫일의하나는 義務와快樂사이와意識的意思와盲目的本能사이에 싸홈을挑發식히는것일것이다 이것이 사람이服從하게된太初의試驗의意味다「네가먹지말나」라는하나님의命令은 本能을制抑하고그侵入을防禦하는 한아버지의손으로 세운防禦하는墻垣이엿다。그것이自由意思의防衛物이엿다 열마나한危險이여긔잇섯스랴 義務感에擁護된意識的意思가自然性의傾向을勝利하고 그리고 그로因하야 本能의支配에서解放되면 그는前途에새爭鬪와더욱榮光스러운勝利의生涯가展開됨을보게될것이다 그러나 反對로 萬若本然性이勝利한다면 사람의意思는다시奴隷가되고 이服從으로因하야 自身의自由處理權을빼앗기고 肉의支配下에서 漸々墮落할것이다 이危機가그時에 不可抗的인同時에決定的이엿다 何如何 單自然性生活에서歷史的發展에의 變遷은 사람의게 必要한것이엿다。

(相動)

歷史에나타난 하나님의攝理

成錫憲

五、未來의展望

우리는 以上에서 歷史의 瞥見에依하야한史觀을말하야왓다。거긔依하면 歷史는 우리先祖들이生覺하얏던것갓치慘酷한運命의變轉도안이요 그들의敎養잇는子孫들이말하는것갓치世界의征服도안이다。 또는 一部思索家의말하는바神秘로운生命의流轉만도안이다 歷史는 恩惠의歷史다。 本來붓터잇는者와 그 지은者와 지음을닙은者우에나리는恩惠이것이歷史의세礎石이다。

「잇는者」에게는終限이업다。 지음을닙은者는完成되여야할運命을가지엇다。 恩惠에는내바렵이업다所望잇는未來가잇다。 우리가 이제붓터보러는것은未來의歷史다。

歷史라고하면 過去에만限한것으로普通生覺하나 그러나決코過去만이안이다未來의歷史가잇다。 적어도 우리게는잇다。 盲目的運命과豫測할수업는流轉과無慈悲한自然의征服과單純한物質或은械械力에依하는歷史에서는未來는暗黑이다。 그들의未來에關한知識은人智의적은燈불이빗치는발부리압페限한것이요그때에理想이라고하는것은 그들의大腦를通하야暗黑우에投寫되는過去의影像이다。 우리도過去의歷史를吟味解釋하야 將次올것을깨닷는것이업지안타。 우리가 이글첫머리에서붓터只今까지取하야온길은바로이것이다。 그러나 그때에라도 쓴침업시 어던빗출우으로부터밧어서빗추어온것이事實이다。 우리의理想은 過去의投影이안이요 그外에 神自身이우으로붓터智慧로써直接우리에서示現하야주는것이잇다。 故로 우리의理想은 豫想이나 假想이나計劃이나慾求가안이고 事實인未來의歷史다。 이點에서 그리스도人은이世上ㅅ사람과 根本的으로生活을달니한다할것이다。 勿論 이럿타고 우리로써歷史를固定하고 人類의生活을硬化하야그可動性彈性을업시하야바리는것이라고誤解하야서는안이된다。 그리스도人이라도 歷史의建築케일하는人類意志의自由를否定하지안는다。 그러나 그는決코臨時々々의氣分이나或은되여가는대로맛겨두는것은안이다。 그가恩惠의攝理

라는第一石을노을때에將次짓는建築의輪廓과骨筋은이믜明瞭한것이다。即 우리가只今보는것이 흐린거울을보는것갓치朦朧하나 우리압페나타난바恩惠의歷史的 現實的最大事實인十字架의그리스도를봄과 져를미듬으로因하야우으로붓터밧는 聖靈의智慧에依하야將次얼굴과얼굴을對하고볼때에모양이完全한者져와갓틀것을안다。

그러면 그만치限하고 未來의歷史는어떤것인가 이를 우리는 다음과갓치셋으로난화生覺할수잇다。

一、個人的으로 우리에게가장直接的인事實은우리靈魂의救援이다。各自의信仰生活의經驗에빗추어볼때에 우리가只今이믜救援을엇은것도事實이지만 未來永遠히쎄러짐이업시맛츰내는 져와비슷한모양으로일우어질것을밋는다。우리가 或은成功或은失敗대로平安대로不幸으로世故의부대기는波浪에나붓기여去趣를풀으려할때 或은거긔서도리키어 自己의弱하고醜하고하잘것업는모양에視線을던지어煩悶과苛責의밋치는불길이압플가터러할때 或은울다잠드는어린애모양으로悲觀과懷疑에疲困한靈魂이暗黑속에잠가지려할때 或은길일흔羊모양으로우리의맘이凄凉한曠野로헤매이려할때 머리우에明星갓치빗나우리를잇쓸어내고우리의갈길을빗취는것은이밋듬이다 져는나를永遠히救援하리라。萬一未來의歷史에서이한事實이쌔진다면 모든것이내의게對하야는零이다。

二、世界的(或은歷史的)으로 全人類의子孫이神에게로도라옴이다。萬一 내靈魂의救援이確實한事實이라면 全人類의救援도그만치確實한事實이다。聖經의論理로하면 하나님이 헤매이는한낫靈魂을사랑하기를헤매이지안는아흔아홉보다더사랑하는것인즉 其中에至極히적은것하나라도내바릴理가업슴으로써

다。 그러나 이는單純한論理에만멈추지안는다。聖經에서 論理는곳事實이다。故로聖經안에는 그리스도당신의가라침中 或은使徒의입을빌어서將次왼人類가救援을엇으여야할것을말하엿다。또聖經에쓴안이라 하나님당신의經綸을몸소나타내는歷史上의事實에서實證할수가잇다。

이스라엘은選民으로뽑히엇고 그外모든民族은神을모르는異邦人으로자라낫다。選民에關하야는 이믜말하얏거니와 異邦人우에나린攝理가 本來異邦人으로자라난우리게는더욱興味잇는일이다。우리는오래ㅅ동안하나님을찻즐줄몰으는文化를가지고왓다。마치遺業의配當을밧지못한子息갓햇다。 그러나 苗床도結局은全畓面에移植할種苗를길으기爲한것인故로 때가와서恩惠의비가왼논에넘칠때에거긔도푸른苗의십기움을볼것이다。그런故로때가오기까지 바람을當한것갓튼것까지도 其實은바람을當한것이안이요 準備엇던것을알수잇다。果然 釋迦의가라침 孔子의가라침 소크레쓰의가라침을밧은우리가 永遠히헛된것으로終止하리라고는生覺되지안는다。그들의가라침은 비록完全한것은안이라하더라도헛된것으로도라가고말기에는너무앗가운것이다。어듸나반드시適當하게쓰이어그眞價를發揮하는대가잇으여야할것이엇다。그리하야이는 그리스도의福音안에發見되엿다。이제그리스도敎가 世界의各民族各구석에안이간곳이업슴은 決코偶然이안임을알수잇다。그리하야 우리의歷史도決코無用한彷徨만이안이엇고도로혀必要한階段이엇던것도알수잇다。

이즘은 人類의歷史는어떤곳으로向하는것인가 사람은어떠케하야서거긔對하야意識的으로努力할수잇는것인가 世界의平和는어떠케하야成就할것인가하는問題를 자못眞實하게生覺하는사람이적지안타。그러나 이모든것은 人類가다갓치救援을엇고 唯一神을섬기는대니를것이라는밋듬과바람업시는結局헛것이다。人類가아모련努力을하더라도唯一의神아래모히지안코는 그들의平和事業은絶望이요 福音안에서지안코는 各種族의文化는適當한評價도相互의尊重도밧을수업기때문이다。우리는 神의攝理를밋고그로因하야 各民族各國家가 그의百姓으로될것을밋는故로비로소 日本人에對하야도 中華人에對하야도 西伯利亞의추쿠지 歐羅巴의白人 阿弗利加의붓슈만 北極의에스키모 南洋의喰人種 亞米利加의인듸앤에對하야도 兄弟의稱號로불을수가잇고 眞正한友誼로써사괼수잇고그들이제各기가지고오는선물을 즐거움으로稱讚할수잇다。全아담의子孫이다갓치하나님의膝下에돌아와무릅을꿀때 이것이크리스찬의理想이다。

三、萬物의靈化다。하나님은宇宙의主宰者ㅣ故로 그의뜻을自己의生活原理로삼는크리스찬의歷史的理想은 宇宙問題를無視하고完全한것이될수업다。하나님은 肉體를지어서個體靈魂의居할집으로하고 宇宙를지어人類의居할집으로하엿다。그는 人生이居하야主宰者에서榮光을돌니기에適當한집이엇다。그러나 아담이墮落하엿슬때 이아름답은집은變하야醜한것으로되엇다。肉體는疲勞와疾病의苦痛에종이되여마츰내는死滅할運命을가지게되엿고 生命의完成에有効한使役者가되엿슬모든精神的機能은 도리혀人類를墮落으로잇ᄭᅳ는誘惑者가되여버려사람은肉身의苦痛보다더한克己의苦를經驗치안을수업시되엿다。ᄯᅡᆼ은저를向하야가시덩굴을내이고 獅子는발톱을다듬고배암은毒을품게되엿다。純美하얏을大自然은져로因하야만은不調和와不完全을가지게되엿다。自然은罪의人類에適當한罪의집이되엿다。

故로 이自然은 이人生과同樣으로 지나갈運命을가진것이요 이대로永生의나라ㅅ터가될수는업다。故로個人의靈魂이更生을엇들때에거긔相當한靈化된肉體의賦與即復活이必要한듯이 人類의全子孫이 救援을밧을때에 져들의舞臺가될靈化된自然곳新天新地가必要하다。우리는이것이어떤 方法으로되겟는지 어떤處所에되겟는지 또는언제되겟는지 그를몰은다。그러나 언제나반드시오는때가잇지안코는안이될리라고밋는다。宇宙가萬一所定의方向업는永遠한變化의連鎖만이라고하면 이러케無意味한일은업다。만은聖經은 그렷치안음을가라친다。

이것이科學의證明하는것인지안인지 그것을우리는몰은다。그러나 歷史잇는以來 이에서더깁고 이에서더놉고 이에서더넓고 이에서더壯嚴美麗한人生觀 世界觀宇宙觀잇슴을듯지못하엿다。萬物이모도 人類의墮落으로因하야 뭇그렵어하고 밤낫으로嘆息하야 하나님의뭇子女가낫타나기를바란다는（로마八章十九）이러틋宇宙의밋까지을꿰뚤너보는 哲學이世上에어대잇나。新郞을爲하야丹粧한 新婦갓튼新天新地에義가居하더라는 이러틋 아름답고 壯하고 高尙하고崇嚴한理想이世上에어대잇나。우리는 空中에빗나는數百萬體의宇宙群이봄동산의아츰해빗밋헤서춤을추는少女의무리갓치永遠의平和를춤추는大宇宙의中心에 더는新郞이되고 贖함을넙은全人類는그의新婦가되고 萬有主며自身이우리눈에서눈물을씻어주시고 우리에게셔苦痛과死亡을除하시고 쎄지여날는天使의音樂에마추어『榮光이世々에하나님에게도라갈지어다』讃頌할때에 壯嚴과 平和와사랑과 義와 아름답음과깃붐이 全天과全地에넘처흘을것을 보고는 우리의偉大한聖바울과갓지『이제困難을밧는것과將次우리에게나타날榮光을比較

하면足히比較할수업다』고부르지안을수업다 그러케볼때에 우리가눈물과憤恨으로뒤집는 四千年의朝鮮歷史도 하나님의집에서다듬아 내는宇宙史의連鎖中에서 全能한마치에바로 맛기를避하려다가빗마저꺽어나온아름답지못 한一節에지나지안음을알수잇다。

오 깁도다 하나님의智慧와知識의富饒함
이여
그審判을測量할길업스며 그길을차즐길업
도다。
누가主의맘을알며 누가主의議士가되리오
누가몬저主에게들어고서그갑품을엇으리오
무릇
萬物이하나님에서나오고 하나님으로말미
암고 하나님게로도라감이니
하나님에게榮光이 永遠한날까지놉아갈지어
다。아멘。 (로마十一章三三—)

一八

世苦의解除者

鄭相勳

날이 저물매 弟子들이 바다가에 나려와서 배를타고 바다건너편 가버나움으로 가는中이러니 이믜어두어첫고 예수는 그들의게 오시지아니하시고 또큰 바람이 부러 波濤가 니러낫든지라 弟子들이 배를저어 十四里나或은十七里즘 갓슬때 예수ㅣ바다를밟고 漸々배로 갓가히 오심을보고 두려워하엿는지라 이에 예수그들의게 일아사대「내니 두려워 말나」하시니라 이때문에 弟子들이 깃버마자 배에올으게하니 배가 곳 가고저하든 따에니르럿더라(直譯)

이記事는 누가福音에는업스나 마태 마가 요한의三福書에는 記錄되여잇다 이세

福音의記事가 서로一致되지안는데가잇스나 問題되는重要한點에 잇서서는 서로共通한다 即예수께서 것친물결치는 바다우으로 步行하여오섯다는말과 그가닐음으로말매암아 弟子들의게 平安이니르렷다하는것은 三者가붓을 나란히하야傳한다。

그러나이事件이 事實인가 或은事實이아니고 構想인가에對하야는 二千年後의吾人으로는 이럿타고도斷定할수업고 저럿타고도 速斷할수업다 理學上으로보아 사람이 물우으로步行할理가 萬無하다면 比重의理를 아는우리는 그것이正當하다고 首肯아니할수업다 그러나우리가 우리의눈으로 目睹하지못하엿다할지라도 그것이確的한事實이라하면 理學上의比重論은 事實압에서 두말을못하고 降服하고말게될것이다 飛躍과變異를 默認하는科學이 이러한態度를取하는것이 當然하다 아러케科學上으로보아 事件의可能不可能을 討議하는外에文字解釋上으로 이奇事를否定하랴는學者가 만히잇다 예수께서 바다우으로步行하신것이아니라 바다편으로向하야 陸地를步行하야오신것을 弟子들이夜闇으로因하야明察치못하고 바다우으로오신다고 誤認하엿다는것이 그한나이다。이解釋은epi(우으로)라는前置詞와「배를저어十四里나或은十七里즘가다가」라는見證者的陳述이 許諾지아니한다 아모리夜闇일지라도 갈닐니바다를 집가치녁이는 漁夫出身인弟子들이 그바다測度에全然히 失敗하엿슬것갓지안타 또幻影說이잇다 弟子들이風波에惱苦하면서 그師를思慕함이 懇切하엿슴으로 예수의幻影을보게된것이라함이다 그러나이說은예수의幻影說에對하야反對하며 예수가사람이라는것을前提삼고 그우에서서 그가하나님의아달인것을證明하랴는 요한傳의根本精神에 빗최여보아서 到底히肯定할수업슬뿐아니라 同船한 만흔弟子들이 一時에幻影을 보게될理가업슬것이다 이外에도 예수와弟子들과의 復活後의相逢을 豫言的으로象徵的으로 暗示함이라든가 예수께서 이世上을떠난後 오래遲滯하다가 奸惡하고動搖無常한世上에 再臨하실것을 象徵的으로敎訓한것이라고보는 說等 一々히枚擧케귀찬을만큼 各色各樣의 說이잇다 그러나福音記者들이 무슨目的을 두고 이記事를적엇다하면 注意도加筆되엿슬것이요 註釋도添附되엿슬것이다 그런대 여긔에는 그러한자최를 차자볼수업다 記事가構想的說話이기에는 筆者의態度가 너므나自然스럽다 너므나簡潔하다 너므나生氣가잇서보인다 이러한便으로보면 이記事를 무슨目的을두고 構想한것이라고할수업고事實을事實그대로敍述한것이라고主張할수잇다

그럼으로 이記事의事實性을 否認하는대

에도相當한理由가잇고 事實性을肯定하는대에도 또한相當한根據가잇다 그러나 어느편이라도斷案은되지못하고 다맛推理가아니면 憶測에지내지못한다 그럼으로 이러한 奇跡에對한 우리의態度는 各自의信仰狀態와性格을따라다른것이다 어떠한權威라도 信仰을强要치는못할것이다 더구나이奇跡을 밋는것이救援의必須要件이아님에랴!

그러나信仰生活의體驗을 가진者의게는 이記事가單히 自然界에닐어난 한가지奇跡을 記述한것에 맛치지안을것이다 이事件이暗示하는 무엇이自己의信仰上經驗과 合致하는點이잇슴을發見할것이다 이에그의物理學의知識은 이記事를否定하려하지안을것이다 차라리 이記事가聖書안에 잇슴을 깃버할것이다 無限한慰安의活泉을 傳하여준記者의게 衷心으로感謝하게될것이다。

아모敎訓的目的업시쓴記事에서 우리의心

靈의糧食을 길어내라함은 記者의精神에背叛될는지모르겟다 그러나나는 지금이안에서 信條을세우려고안는다 또信條의根據를 어드려고도안는다 다맛이記事가 우리의信仰生活의實驗과 엇더케氣脈이相通하는지를 보고저할뿐이다。

듸베라海岸을떠나 가버나움으로 건너오려는 弟子의一行은不時에 니러나는風波(갈릴니바다에는 이러케急히風波가 니러나는일이만타)와 싸우게되여 밤이거진맛치도록저어간것이 中流를겨우 넘을락말락하엿다 이러케苦楚를當하고잇슬때 弟子들은 무엇인지 바다를밟고 漸々배로 갓가히오는것을보앗다 狂風怒濤에 놀내지안튼 그들일지라도이不意의現象에는 놀내지안을수업섯다 그러나그것은 두러워떨 妖怪가아이요 弟子들을「씃까지사랑하시」는 예수ㅣ엿다 예수씌서는 그들을向하야 부드러운中에도 威嚴잇는소래로「내니 드러워말나」하시고 弟子들은 그를반가히맛고 배는가고저하든곳에쉬히到着하엿다함이다。

聖書에서는 不安 動搖 戰亂等의連續인世上을 물이나바다로 表號하는일이만타(默示錄十七章十五節、二十章十三節、아사야五十七章二十節等參照)이러한聖書의用語例의暗示에依하야 여긔에바다라한것을 이世上으로生覺하야보면 우리는그안에서 깁흔眞理를發見할수잇다 예수는 바리새、사도개徒의惡毒한陰謀術數의惡浪을밟고 泰然自若한態度로步行하면서 自己의使命을다하셧다 그런데예수를떠난 弟子들은 不義한世上의逆風怒濤에 씌달여서 그目的地에 達치못하고苦楚를當하게된것이다 그러나 한번예수의소래가 그들의귀에들이자 그들의마암을 괴롭게하든 恐怖는사라저버리고 예수의발자최가 그들의게니르자 그들을惱困케하든 風浪은잔々하여지고말엇다 그뿐아니라 예수와함씌 平安과喜悅과所望이 그들의게臨하엿다 이에그들은 樂園이란 예수와한가지함이요 苦海란예수를떠남인것을切實히 깨다랏슬것이다 이것은 배타고 갈릴니바다 건너가든弟子들의經驗인同時에 二千年의後世에 예수를따르는 우리의經驗이다 이러한經驗이잇기때문에 예수를따르는것이 虛空을치는것이아닌줄알며 또聖書의記事가녯글이아니요 우리의每日經驗을證明하여주는 살은글로늣기여지는것이다 그럼으로 우리의物理學의知識은 이記事를不合理한것이라하야 輕忽히버리지아니하고 도리혀이記事가 聖書에잇기를要求하게되는것이다。

예수를다시十字架에못박은現代는 所謂信者라하는者나不信者나 만흔苦惱를 두억개에갓득질며지고 그것을버서나지못하야 허덕이고잇다 利를보기에敏捷한 商賈들은現代人의弱點을 察知하 煩悶解決號가튼 雜誌를出版하야 利를貪하려하고 苦惱에못견듸여하는者들은 그안에서무슨光明이나 어더볼듯이 腐魚에쉬파리 언겨붓듯이 그煩悶解決號雜誌를 爭先하야購讀한다 그러나 幾人이나 그로因하야煩悶의解決을밧엇슬가 그煩悶解決文을쓰는 그네自身의두억개를 누르는煩悶은엇지하고 남의煩悶을解決하여주겟다고 붓을드는가 무당이남의굿은하나 제굿은못하는格으로 그들도他人의煩悶은解決하여줄能力을가젓스나 自己의煩悶을解決치못하는가 아! 自己를속이고 또他人을속이는名士들이여 그假面을벗고물너가라 正義와眞理는 그대들을뮈워하나니라。

그러나예수를아는者는 비닭이가티順할지나 또배암과가티 슬기로워서 그들의奸惡한廣告術에 속이지안는다 우리는不義한世

上의惡浪을對할때마나「내니 두려워말나」하는소래를 마암귀에듯는다 이소래가들일때 不安定이極한바다를건너 安全한陸地에니르게된다 世上은언제든지 不義의波濤洶々하다 그러나예수의소래를듯고 예수와가티하는우리의게는 平安이잇다 喜悅이잇다 燦爛한所望이압길을빗최고잇다 世人으로하여금煩悶解決號에一時의鎭定劑를 求하게하라하고우리는예수안에서 永遠한勝利와所望과歡喜를 맛보는 感謝、讚頌의生을가지자。

城西通信

一

누가 무어라하든지 싸와든財貨업시 누구의援助를 올어러밧든일업시 十指를만히넘지안는 讀者를가진雜誌를 한號〱거듭하여가는것이 異跡이아니라 할수업나이다 異跡的으로 거러나온過去를 보고그길을引導하서주신 우에게신다맛한분의게 感謝아니할수업나이다 그러나 우리의信仰의거름은 回顧의거름이아니외다 現在에잇고 또未來에거름것을仰望하고 前進하는生活이외다「여호와께서 너희 압흐로 行하시며 이스라엘의하나님께서 너희 뒤를 보호하시나니라」「그러니 너희는 압길을 두려워말고 뒤ㅅ일을 걱정말고 다맛前進하라」는소래가 우리의귀에 들이여 오나이다 그럼으로 우리는弱하나不足하나 어려석으나 가난하나 前進하여가려하나이니 아니 그소래는 부드러우면서 嚴하고强하야 避할나하야도 避할수업고 抗拒할랴하야抗拒할수업나이다 그리하야 우리는 스사로 즐거워하나 실워하나 前進또前進을 하게되는것이외다。

二

眞實한靈魂을 가진참朝鮮사람들은 벌서敎會와敎職者를 떠나버렷슴니다 그들은敎會에所望을 두지안코 敎職者를信用치안나이다 그러나 그러면서도眞理를求하나이다 生命을 찻고잇슴니다 異常한現象이외다 그러나分明한事實이외다 우리朝鮮에서만의事實이아니고 英米에서도顯著히 나타난 事實이외다 現在의敎會는 살ㄴ信仰업서진 形骸만을 검어지고 그것이 넘어지지안케 애쓰느라고 이참된靈魂의 所有者들을 도라보지안나이다 그럼으로 그들은敎會를떠나서 살여하나이다 敎會를爲하야 참으로 可惜할일이외다。

城西通信

三

米國프린스톤 神學校에잇는 尹仁駒兄께서 다옴과가튼 簡單한葉書가왓슴니다。

「프린스톤으로보내주신 聖書朝鮮고맙게보고 또伴북에잇는某君의게郵送하야 보게하엿슴니다(中略)저는米國이 이럴줄알엇지만 米國와서 더욱이 속은感이잇슴니다。神의 도우심이 兄의事業우에 늘게심빔니다 米國이란 일업는 사람이올곳이지 朝鮮사람의올곳이안인줄암니다 배울것도만코 가저갈것도마켓지만 우리朝鮮에 오즉 그리스도게시면 다른모든것은所用이업지안슴닛가 그이만으로 우리朝鮮은充滿될줄암니다 米國의文化은必要치안슴니다」云々

尹兄은 米國을나초워보려는 先入主를가지고事物을볼이가아닌줄아나이다 그런대그의게서온短信이이와갓슴니다。우리가 날로듯는그나라의腐敗와墮落의소문이 決코假誇이아님을알수잇슴니다 米國이그러케되엿슴은 全人類를爲하야 얼마나슬픈일인지모르겟슴니다 米國의腐敗는 남의일이아니외라 우리의腐敗나 다름이업나이다 英國이나歐洲大陸사람들가티 米國의文化를尊敬치안는나라들에서는 米國의惡影響을別로밧지아니할것이외다 그러나米國을每事에 讚仰하는東洋 그中에도 우리의形便과處地에서는 그害毒이물미듯이 밀어올줄아나이다 이러함에도不拘하고 아즉 米國을天國가티생각하고 米國宣教師들天使로仰拜하는教會人과 米國留學을無上한名譽 또出世之道로생각하는 牧師를 多數히가진 朝鮮은얼마나 禍이겟슴니가 朝鮮을救援할者는 米國의文化가아니외다 米國의派遣한宣教師나 또 그들의金錢이아니외다 朝鮮사람이가진 쓸아린마암과 아타가운生覺을그대로가지고 朝鮮사람의 원갓괴로운處地에스사로서는者라야 비로소朝鮮을救援할수잇슬것이외다 即朝鮮사람을爲하야十字架를 지는사랑이잇는사람이라야 朝鮮을救援할줄암니다 그럼으로 宣教師의게知識이잇고 金錢이잇고 事業의諸機關이整備되여잇다할지라도 그들은朝鮮을 救援할者가아니외다 米國宣教師 그럼뿐아니라 外國人이란外國人은 그가宣教師거나 政治家거나 무엇일지라도 朝鮮救援을 그들의게 期待할수업나이다 朝鮮의救援은 弱할지라도 朝鮮人自體뿐이요 知識이업슬지라도 朝鮮人自體뿐이요 가난할지라도 朝鮮人自體뿐이니외다 그럿슴니다 朝鮮사람은 아모「能力도가지지못하엿스나 朝鮮의 쓰아리고 아타가옴을 自身의것으로가지는마암을 가젓슴니다 朝鮮에對하야 가장집흔사랑을 가젓슴니다 사랑은能力이외다 사랑은異跡을行하나이다 이사랑의所有者가 朝鮮를救援하는것이외다 그리스도는 全人類를사랑하야 全人類의게救援이되엿슴니다 朝鮮사람은 朝鮮을사랑하아 朝鮮의救援이될것이외다。이사랑은 그리스도의게서만오나이다 그럼으로 朝鮮을救援하는 張本人은朝鮮人이아니요 하나님의외아달 예수그리스도외다 朝鮮의靈魂을救援하는그의게 榮光이잇슬지어다 아멘

四

某新聞記者가 宗教란 어느宗教든지 다 時代의思潮에背馳하는것이니 어느宗教를勿論하고 밋을必要업다고 말하엿슴니다 아마이思想은 그記者만이 가지는思想이아니요 青年思想家 文士等이 擧皆다가지는思想일것이외다 그리하야 그들은自身이 가장進步한者로 賢明한達觀者로 自處하고잇슴니다。

그런대 그리하아 그들은우서운 矛盾에 떠러저잇는것이외다 그들은 스사로進步者로 自處하고잇지만은 實狀은反動者외다。 웨그런고하니 歷史의進步를 自己의立場外지만 認定하고 그以上歷史의進展을認定치안코 精神的으로阻止하고잇스니外 다른反動者나 그根本精神에잇서 조금도다른것이업슴니다 萬若다른것이잇다하면 그것은後者는 過去의어느時代에다 歷史의進步를局限하려는대 前者는 現代에다 아니 自己自身에다 그와가튼일을하는것뿐이외다。

그들이 아모리現代의思潮를 神聖視하고 絕對視할지라도 思潮은思潮외다 바다의干滿과가티 지내가는時代를 따라 지내갈思想의一波에 不過하나이다 그러나 그들이 「時代의思潮에背馳」된다고 쓰러버린宗教는 萬代의 모퉁이돌이되여 萬世를支配하나이다 第二이사야의記者가「풀이 마르고 쯧이 시들대 오직 이호와의말삼은 世々토록잇도다」한말은 일곱번불에鍊鍜한精金과가튼 참된眞理외다。

(定價送料共)

一 部	十五錢
六個月	八十錢
一年分	一、五〇錢

殘本定價 一-七號外지 〇、二〇
八號以後 〇、一五

昭和四年十一月二十八日 印刷
昭和四年十二月 一 日 發行

京城府外龍江面孔德里一七四
編輯發行兼印刷人 鄭 相 勳

京城府西大門町二丁目一三九
印刷所 基督教彰文社

京城府外龍江面孔德里活人洞一三〇ノ三
發行所 聖書朝鮮社
振替口座京城一六五九四

『聖書朝鮮』第十二號　昭和四年十二月一日發行(每月一回一發行)

昭和五年十一月三日印刷
昭和五年一月五日發行(每月一回一日發行)

聖書朝鮮

第十三號

目次

恩惠의一線

一九三〇年이왓다　恩惠의一線이새로그려지고　새엘우사렘에對한우리의仰慕는더집허가고더쓰겁게된다　하나님의장막이우리의게나려여그이가우리와親히함께게시고　우리눈이그를보와얼골과얼골이서로對하난날이　一年더갓가워젓다。우리의눈물이씻기여지고哀痛과苦難이살아질때가一年더갓가워젓다　하나님의經綸이實現되고그가오래동안豫言者를보내고畢竟에난自己獨子꺼지보내여아참일쪽이전역늣도록힘쓰든거룩한일이成就되여그의榮光이사람과슴생과自然속에남김업시發現되난그날　이사야가그리고요한이그린나라보다더完全하고眞實하고壯美한나라가세워질때가한거름더갓가워젓다　人類全證의最後目的歷史의終結아담과에화가樂園을걸어나올때始作하야예수十字架위에絕頂에達한人類의새事實새理想　救援밧은靈魂속에저절노글여지난쑴이　完成될時期가한자옥더갓가워젓다　恩惠의一線을그리고또그리고잇난동안에이큰날은畢竟에올것이다　우리의깃븜의잔이넘치고魂奧底에서讚美가自然히울어나와살어게신하나님과救主예수그리스도를禮拜하게된다　一九三〇年은새로그려진恩惠의一線이다　우리속에役事를始作하신하나님이쏫침업시그것을繼續하시랴고우리속에그신約束의線이고實行의標的이다　낫엔구룸기동이되고밤엔불기동이되난거룩한그양반의길이다　하나님이우리靈魂속에오시난大道이다　聖靈과恩惠가쉬음업시흘너오난시온山에서뻐친한줄기이다　우리난이恩惠의一線에서勝利曲을울이면서나갈쑨이다그外에여러가지일은하여도좃코안하여도좃타　다만이一線이우리의生命을賭하야잡을것이다　一九三〇年初頭에倫敦에서世界軍備縮少會議가열이나우리는過去의여러會議와가티큰期待를안가지고모든것의根源이되난恩惠의一線에마암을다하고精神을다하야슬쑨이다

(錫　東)

愛의必然性

톨스토이가晩年에畢竟家庭을버리고農民속으로드러갓다 오래동안主張하던그의思想과사랑은自然이러한結果를매젓스며 그가그들과갓치呼吸하고먹고마시기까지그는恒常隔靴怪痒의感을禁치못하엿슬것이다 愛난그의對象과同一한水準에스기까지난滿足털못하며客觀化한다난것이그의一特徵이다 愛난對象을爲하야난自己에屬한全部를버리고生命까지도앗기지안넌다 하나님이人類를사랑하신다할때그난決코十誡로만豫言으로만思想으로만이안이고即高處에서우리와난아주떤存在로써게시난것이안이고그난畢竟사람이된것이라 우리와갓흔피를갓고肉을가진生存者가된것이라 하나님의榮光을버리고死의運命을가진사람이된것이라 그의人類에對한사랑은必然的으로이러케되엿다 肉의예수의出現은그의사랑이自然히매진열매이다 그의사랑은예수가되여비로소滿足하엿다 舊約의기ㄴ歷史ㅣ하나님이사람을찻난記事난畢竟自己自身이사람이되여서完結하엿다 客觀化난사랑의必然性이다 우리의사랑도하나님의것과갓호야하며 우리가眞實노하나님을사랑한다하면우리의게屬한모든것을버리고習慣을버리고傳統을버리고生命自體를버리고그와갓치되어야한다그와갓치完全하여야한다 小그리스도가되여야한다。

우리의사랑이극진할진대自然이럿케안될수업다 우리가안살고그가우리代身살게될것이다 우리의사랑은이때비로소滿足한다 愛난自己를업새버리고對象의살님을산다 톨스토이가最後에自己生活을放棄하고貧民속으로드러간것은 사랑에매이여하넌수업섯다 우리의朝鮮에對한사랑이또한이러야한다 朝鮮과갓흔空氣를마시야하고그와갓흔피를가지야한다。우리의사랑이純眞할진대의레히이럿케된다。言語와思想과主張에만긋치지안코그와갓흔生活을하게된다愛난對象化하기까지난견대지못한다

(錫 東)

解放의喜音 (一)

鄭相勳

一

예루살렘에서바빌논에

우리는 흔이萬全之策이란말이 政治家나 社會評論家들의 口舌에올임을듯는다 그러나 그들의「萬全之策 이란그實은十全之策도 되지못하는 虛慌한言語의戲弄에 지내지못하는것은 누구나容易히 看破할수잇는바다 그들의「萬全之策」이란 놉히가업고 깁히가업고 또永遠性이업다 다맛一瞬間 一局部의彌縫策도 되지못하는것을曰「萬全之策」이라誇張宣傳하야 世上의無知를속인다 그럼으로背德이다 말의幽靈이다 그러나萬全之策이란업는것이아니요 잇다고 나는생각한다 나는萬全之策이란 普遍妥當性을가진「至上善」을 通俗化한말일줄안다 다시말하면 古往今來의 왼갓被造物의生活의 唯一한基準이 되는것을 萬全之策이라 말하여야할것이다

이러케말하면 「그것이야말로 空想이다言語의幽靈이로다 有史以來의모든賢哲들이그것을發見하랴하엿스나 畢境發見치못하고마지안엇는가」하고反問할는지모른다 올타 그러타 希臘의哲人들도失敗하엿고 印度의宗敎家들도 失敗하엿고 近代의物質文明의建設者들도 이眞理發見에는 失敗하엿다 그러나 사람은 失敗의歷史를反復하엿스나하나님은 失敗하시지안엇다 하나님께서는長久한古往에 이眞理를啓示하야 묵고낡은옛册 舊約聖書 그中에도 가장묵은册中에드려가는申命記中에 記錄하여두게하엿다。다맛 사람은 그罪性으로因한無知로말매아며 그古今을通하야不謬하는 萬全之策에 눈을주고 귀를기우리지못하엿슬뿐이다 그러면

解放의 喜音

그萬全之策이란 무엇인가 曰

너는 마암을 다하고 성품을 다하고 힘을 다하야 너의 하나님 여호와 를 사랑하라(六章五節)

이簡單한말이다 이것을 다시現代的말로表示하면「너의全人格으로 하나님을 사랑하라」는一言에 要約될것이다 나는 이簡單한一言中에 普遍妥當性을가진至上善 即왼갓被造物의 生活의唯一絶對의基準이 잠기여잇다고 生覺한다 아니 予言者들의 모든絶叫의焦点도 여긔에잇섯고 예수그리스도의全生活 全敎說의中心도 여긔에잇섯다 眞實로 하나님의人類에對한 最大關心은이眞理를가라처주는대잇섯다 이基準의普及을爲하야 나라를일으키고 나라를넘어트렷스며 民族을興하게하고 또衰하게하엿다

그럼으로 全世界의人類는 하나님의 이攝理下에서 모다 그歷史를 展開식혀왓다

四

그러나 하나님께서 이眞理를 처음부터全人類의게 分明히하시지안코 이스라엘民族을 擇하야 이眞理의苗田或은使者삼으려하섯다 그리하야 하나님의 이眞理敎育의關心은 이스라엘民族의게 集中되엿섯다 이使命을爲하야 하나님께서 이스라엘을 創造하고 母胎로부터 지으시고 도으섯다(이사야四十四章二節參照) 그러나 이스라엘은 하나님의 불음에眞實히應하고 그敎育에誠實히 順從하지안엇다 그러나 하나님께서는 擇하엿다 그럼으로 어대까지라도 敎育하고야말랴하엿다 이스라엘民族이 모든被造物生活의基準의啓示를 몬저바다 그첫열매가되니만큼 그眞理宣布의使命을 밧든종이되니만큼 그들의生活이 이基準에서버서저나갈때 하나님의怒는激烈하엿다 그손에든 채직은 酷毒하엿다 여긔에 이스라엘民族의 悲切慘切한긴歷史가始作된다 지

금 내가 말하려하는 猶太人의 바빌논俘囚는 이하 님의敎育史中에서 가장著明한 事件中에하나이다

紀元前六百二十一年으로부터 六百二十年에亘하야 猶太에는 宗敎改革運動이 니러낫다 오래동안버려두엇든 律法卷物은 發見되여 編修되고 百姓들은 모다 하나님의律法을깃브게듯고 그生活을「萬全之策」을基台로하고 세웟다 그리고各山頂에잇든偶像과그山堂을 撤廢하고 여호와 하나님의禮拜를 예루살렘에集中하엿다 그리하야人民의生活은 「萬全之策」에서서 安定을엇고 國家의萬事는 繁榮을向하야 步調를가다듬엇섯다 이에 王과人民은 여호와를 더욱 讚仰하엿다 그러나 그들의 神觀은守護神觀念에서버서나지못하고 그信仰은物質的境界線을넘어서지못하엿다 그들은 自己의野心은모다 여호와가嘉納하야 成就하여주리라고만밋엇다 그리하야 요시야王은 必勝을꿈々고 埃及을向하야 意氣揚々히出陣하엿다 그러나結果는 予期에反하야 메기도의會戰에 慘敗를 當하고 王은戰死하엿다 猶太人의理想은 粉碎되고 여호와께對한信仰은墜地하고말엇다 이로因하야宗敎改革에對한激甚한 反動이일어나고 國民의生活을一變하게되엿다 다시말하면 戰爭의敗因을 여호와의게 돌이고 여호와를輕蔑히 녁이게되엿다 이에上下가모다 生活의基準을일코 헤매이게되엿다 여호와의聖殿에 祭物을들이든 손으로 偶像압헤가서 焚香하고 偶像압에서 安全을빌든 무릅은 다시埃及에屈하고 앗시리아에屈하엿다「萬全之策」을 집어던진 그들의生活이 얼마나 가엽슨것인가는 예레미야記에가득히 記錄되여잇다

더희가 나를바리고 이곳을 더렵게하고여기서 自己와그先祖와 밋猶太王들이

解放의喜音

아지못하는神의게 焚香하고 또無罪한者의 피를 이곳에 가득하게함이라 또며희가 바알을 爲하야 山堂을짓고 불로써 自己의아들을 살와燔祭物을 삼아드리도다(렘十九章四節)

이것은그一例이나 이러한極端의愚를 行하면서도 敬虔한信者처름 聖殿을 밟기를 넛지안코 나아와서는 우리가救援을 어덧다말하엿다(렘七章十節)予言者이사야가 웻친바와가티 그들은 입설로는 하나님을恭敬하되 마암으로는멀니하엿다 모든것이形式的이엿다 儀式的이엿다 假飾의制度에서 虛僞를行하고잇섯다 이럼에도不拘하고 거짓予言者들은 百姓의罪를認識치못하엿다。다맛傳說의空殼을 검어쥐고 以前予言者들의말을 뒤푸리하야 예루살렘과 그聖殿의 安固를 告하며 悲慘한破滅이 迫頭하야옴에도 着自치못하고 平康〱하며 泰平樂을 울이엿다 그런대 예레미야은 예루살렘과 聖殿이 破滅을當하고 國民은바빌논에잡혀갈것을 予言하엿다 그러나朝廷과宗敎家들은 그의웨치는萬全之策에귀를기우려지안코 마암을剛愎히하야 그의生命을산양하고잇섯다

六

그러나 예레미야의予言의實現을 볼 날은 그거름을 催促하고 잇섯다 바빌논王네부갓네살이 예루살렘을 攻略하고 多大한人民을 俘囚로잡아간것은 紀元前五百九十八年或은七年이다 이때에俘囚로잡아간사람이 二萬五千名以下는되지안으리라고 年代記家는말한다 그러나猶太의打擊은 그數에잇는것보다 그質에잇섯다 王族과大官들을以始하야 有力한中樞人物과 또各階級의優秀한者는 모다잡혀갓다 即民族의中堅國民의精華가 모다 잡혀가버렷다 예레미야의말을빌이면 「새극히 아름다운無花果」

는 사로잡혀가고 「凶하야 먹울수업는 無花果」만이파라스틴에 남어잇섯다

이러케 예러미야의予言이 文字대로 實現되고 보니 國民의마암은 큰衝動을바덧다 그리하야 예레미야의게 對한 態度가 變하야 尊敬을가지게되엿다 그러나 그들의마암 即「萬全之策」에對한 그들의關心은 變치안코 依然히形式的에 지내지못하엿다 그럼으로 그를의마암에 悔改가널어나지안코 차라리 俘囚의몸이되지안코 파리스틴에 멈을너잇게된것을 自慢하는生覺이나서 더욱〳〵「萬全之策」에서 버서나게되엿다 宗教上으로 바알神암헤 무릅을꿀고 政治上으로 埃及의庇護下에서 隣近諸族을 糾合하야 바빌논을擊破할陰謀를 얼거매는使臣을 頻々히來往식혓다 그리하야 그들特히 예루살렘에잇는거짓予言者黨과 바빌논에 사로잡혀간거짓予言者黨은 서로呼應하야 바빌논의破滅의날이 갓가워오고 또한 俘囚의解放될날이멀지안엇다고 宣傳하얏다 이에對하야 예레미야와 에스겔의두予言者는 그들과全然히 反對되는 予言을하엿다 예레미야는 謀反의策略의不當을 責하고하나님의 使者(民族的 物質的宗教에서 世界的靈的 宗教로 上進하는대한手段으로 使用되는使者)인 바빌논王네부갓네살의게歸順하라 그러치안으면더욱慘憺한敗滅이오리라고 警告하며 一便俘囚된者들의게는 長文의書札을보내여 速히解放되리라는 虛言에귀를기우리지말고 비빌논에 安定하야밧갈아農事짓고 장가드러 子女낫고 또그子女들 장개들이고 싀집보내라고 勸하엿다 이러케 예레미야가 예루살렘에서 바빌논을祝福하면 俘囚의몸되여 바빌논에 잇는 에스겔은바빌논에順從치안으면包圍와饑饉과 俘囚로 因하야 餘地업시敗滅 荒墟될것을

解放의喜音

予言하엿다 그러나 한번軌度를써난生活이 도라오기는 어려웟다 그들은 두予言者의 斷腸의忠言에 귀를기우리려고는 하지안코 도리여 마암을悃愎히하야 予言者를죽이려고 애쓰며 陰謀術數에 餘日이업섯다

그러나예레미야의 予言이實現될 悲切慘切한날이 그나래를페고 파레스틘을向하야 西進하야오게되엿다. 세데기야王九年即紀元前 五百八十七年에 바빌논王네부갓드네잘이 猶太의謀反의偵報를듯고 忿怒하야 예루살렘을向하야 進擊하여왓다 그러나 힘밋든 埃及은 猶太를爲하야 擧軍치 아니하엿다 이에 예루살넴은 곳包圍를 當하게되엿다 이包圍가 예루살넴의敗滅로 局을맷는때까지의十八ケ月 에루살넴렘에는 予言者의予言과가티 饑飢과疫病이잇섯고 黨爭과內亂이 일어낫고 敵의게 가만히逃亡하야가는者가 續出하엿다 예레미야가 熱々한愛國者로참아할수업는有名한予言 即

네가 또이百姓을 向하야 여호와께서 이가리말한다하라 불지어다 내가 生命의길과 死亡의길을 네압헤두노니 이城邑에 머므는者는 劒과饑飢과 瘟疫에죽을지니 그러나 너희를 치며 웨어싸는 갈대아(바빌논)사람의게 나아가서 降服하는者는 살것이요 그生命은 自身의로략하는物件이되리라……이城邑을 바빌논王의손에 부치러니 뎌가 불로써 이城邑을불살을지니라

八

한 自己가生命보다 더사랑하는同族과城邑에對하야 이러케意氣沮喪할말을하엿다 그러나 그것이眞理요 하나님의聖意인以上 그의손에 잡혀잇는 그로는 그러케말치안을수업섯다 하나님의종됨도 괴로움이여

예루살렘은 包圍된後十八ケ月만에 陷落되엿다 憤激한征服者는 王의子女와多數한

臣民을 王의目前에서 慘殺하고 王의집과 여호와의집과 그他大家에는 불을노와태어버리고 타지안은堅固한城과담은 돌우에돌이 첩노이지안으리만큼 문허트려버렷다 그리고 세데기야王은 그눈을 외려빼고 만흔國民과 한줄에 묵거 바빌논을 向하야 三千里의沙漠의길을 催促하엿다 이것이눈물겨운 第二次바빌논俘囚의길을이요 猶太의敗亡의終局이다(네부갓네잘은 若干의農民을남겨두고 土地를耕耘케하엿다 그러나 그들도 內紛이生起여서 모두 埃及으로逃亡하여가고말엇다 이에 파레스틴은 이스라엘民族의幽靈도 머믈너두기를 실혀하는것처름 猶太人의그림자도 남구어두지안엇다 이리하야 俘囚는徹底하게 쏫을막게되엿다) 이것이「萬全之策」을 내여던진 百姓의게對한 하나님의敎育法이면 그안이두렵잔은가

하나님은무엇을 要求하시나

咸憲錫

只今은 그리스도敎는文化人의宗敎로定評을밧고잇다。 그리스도는自己네를爲하야一身을犧牲한偉大한先覺者요 그의가라침을누가밧던지無害한것이라고하는것이 世上이예수에向하야주는承認이다。 그리스도敎徒도 또한 自己네의主가世上(그의敵인)으로붓터이承認을밧는것을즐거워한다。 오늘날은 朝鮮社會에서도 그리스도敎를밋음으로誹謗을밧는일은업고 그리스도敎를밋는다하야그子息을내여쫏는父母를別노보지못한다。 果然世上은그리스도化하얏다。 故로 今日에잇어서 社會에有益한事業을하려면 그리스도敎에依하는것이그리스도敎를利用하는것이第一의方法

하나님은무나엇을要求하나

이다。 그리스도敎는博愛의宗敎다。 平等의宗敎다。 文明한宗敎다。 ── 그리스도敎는좃다

그러나 그러나 이것으로써眞實로조흔가 敎會는 이를爲하야祝盃를드는것이조흔가。 안이다。 나로서願하는것은 될수잇다면 文明한사람이밋어서無妨한宗敎로서의그리스도敎가滅亡하기다。 方便으로서의그리스도敎의 斷絶이다。 문은에달넌가축오래기갓흔博愛事業社會改良事業을하기爲한그리스도敎의解體되기다。 우리의主가世上의입으로붓터稱讚을듯기보다는 惡言呪咀를듯기다。 世上이그이아페무릅을쑬어서하는稱讚이면 엇지이를排斥하랴만은 오늘날에잇어서 그리스도아페무릅을쑬ㄴ世上보다는 그의從者의손으로贖志로世上아페무릅을쑬니인예수의像을 우리는보고잇다。 그런故로 차라리 더를十字架에못박은채로罵倒하야주기를願한다。

方便의그리스도敎! 이를밉어하는것은、

내가안이요 그他누구도안이요 예수그리스도의아바지하나님당신이다。 그는決코自己의외아들을世上이方便으로쓰기爲하야보낸것이안이다。 그는自己의아들을보내여世上의모든人生으로부터 肉身靈魂의全的捧獻以下에것도以外에것도要求치안는다。 그리스도의일홈을利用하야 그의가라침을利用바야 有爲한事業을하랴는것은 果然怜悧한手段이라하겟다。 그의智慧도용하거니와 그의識見도발다 그리스도는살신者요 그의가라침은살ㄴ가라침이요 그것이사람의맘에들어갈때는 더의살ㄴ곳을움즉이여 살ㄴ事業까지낫타나게된다 참으로社會에有益한事業이그리스도人의손으로붓터야만나올것을우리도밋는다。 그러나하나님이、 嫉妬하는하나님 宇宙에唯一의主宰唯一의權能 唯一의智慧로서시려는하나님이 自己의成功을爲하야하나님의經綸眞理를方便으로따서 利用하려는智者를 決코許

諸할理가업다。 그는네나이제나變함업시 또 未來永遠히 全人類에向하야 나를爲하야네 生命의全部를밧치라하시면서 宇宙우에儼然히서신다。

「하나님의말삼」의發見

(皮魚善高等聖經學院學生의게述한말)

鄭相勳

聖書가 하나님의말삼이라는가라침은 내가敎會에 발을드려놋차마자 들은眞理다。 그러나 그때나는 그것이무엇을意味함인지 몰랏섯다 敎會의先輩들이 聖書의말삼에서 感動을밧더 感激한言調로 그感想를吐露함을보고는 나도저러케되여보앗스면하고 부러워하기는하엿지만 엇지하야그러한지는理解할수업섯다 그럼으로 聖書가基督敎의唯一한經典이닛外 基督敎를알자면 聖書를알여야하겟다하고 넑기는넑엇지만 참으로盲目的으로 넑엇섯다 高貴한道德的敎訓을接하는外에 남들이말하는 聖神의感動이라고는보지못하엿섯다。 그럼으로 남들이 聖書를「하나님의말삼」이라 써드닛外 그런가보다하엿지 내自身으로 聖書안에「하나님의말삼」다운權能이나生命을 發見하지못하엿섯다

얼마동안그러케지내다가 나는居住를옴기고 信仰과學識이 兼全한先生들의門下에 드러가서 一週에한번式 聖書의講筵에出席하야 그講解를듯게되엿섯다。 그先生들의 굿든信仰과넓은學識은 나의게聖書의偉大性과 하나님의말삼性을 나타내여주기始作하엿섯다。 나는感激과驚異를가지고 先生들의講解를傾聽하엿다이러케하야 六七年의星霜을보내는동안 나의感激은高潮에達하게되엿다。 나는果然聖書의偉大함과永遠한眞理임을 밋기되고 그안에서 만흔靈感과힘을엇게되엿

「하나님의말삼」의發見

다 그러하야 나는聖書의말삼우로살고 聖書의硏究로一生을 보내려고까지決心하엿섯다 힘이밋치면 그永遠한眞理를사랑하는者의게 傳하야 그를그眞理로救援하리라고까지生覺하게되엿다 이러케하야聖書에對한 나의感銘은깁혼듯하엿고 나의尊敬은極한듯하엿다

그런대異常한것이잇섯다 그러케 聖書에對한나의態度가 懇切하여지고 또熱々하게되여젓다고 스사로生覺하고잇는대 내안에어대인지 빈대가잇고 잇슬것이업는듯하고全心靈를 꽉검어쥐고 잡아흔드는힘이 소사나오지안음을늣기지안을수업섯다 그러하야나의聖書에서밧는感激도寒暖計의水銀이外氣의熱度를따라 올으락나리락하는것처럼 外界의刺激을따라 올르고나리고하엿섯다 即先生들의講筵에參席하야 그靈魂에서쏘다저나오는 그聖火焰을對할때에는 나의靈魂에붓는靈感도 벗적타올랏다 그러나그講筵을떠나 그先生들의불타는 靈魂과의相距가時間으로 또空間으로 次々멀워지게되면 그멀워진程度에比例하야 나의靈에붓든불의火勢가感退하여짐은 숨길수업는일이엿다 내스사로聖書를읽고밧는靈感이 全혀업섯슴은아니나 甚히弱하야生命이 길지못하엿다이로써보건대 그때까지의 나의聖書에對한知識과尊敬과 또聖書를通하야밧은靈感은 하나님의靈火가 나의靈속에轉火되여 타나온것이아니요 先生들의靈에타는 하나님의靈火의焰光이 나의게反映되엿든것이엿다 即內部에서 타서나온것이아니요 外部에서反映되는빗에 타는듯이보이엇든것이다 그러케그것이外部의火焰이엿스나 强烈하엿든그만큼 나의靈이 그火焰의導傳으로因하야어느程度까지熱々하여지고 또若干의自燃을일으킨것도事實이엿다 그러나 外部의火焰은

그것이안모리强盛하야도結局外部의것 他人의것이요 內部의것 내個有의것은아니엿다 그리고내안에 타기始作한自然은 獨立으로 나의全體를 태워버릴만한火力을 갓지못하엿섯다 그러함으로 聖書를하나님의말삼이라는 信念을가지고 聖書에對하야마암쏫 尊敬하고잇스면서도 全能한하나님의能力을 그말삼안에서切實히感得지못하엿듯것이다 다시말하면 聖書가「하나님의말삼」입은 나의思想과觀念에서그러하엿고 나의生命에서그러한것이아니엿다 聖書에밧친 나의尊敬도 나의思想과觀念에밧친 尊敬이엿고 나의生命에서밧친尊敬이아니엿다。

그런대나는어느때外지라도 先生들의講筵에參席하는幸福을 누릴수는업섯다 講筵에出席하야 眞理의쌍으로 더욱배불이고 靈感의잔으로 더욱醉하는時間을 길이延長하야 나의靈을길우려하는所願은 懇切하엿다

그러나 나의形便은 그懇切한所願을 짓밟어 나의眞理慾과知識慾을 抑制하여버리고말엇다 그러하야 나는배불으지못한眞理慾을 가삼에픔고 敬愛하는先生들의門下를 써나게되엿다 그런대 나의게는이러케高明한恩師를拜別하는슬픔外에 쏘한가지 슬픔이잇섯다 그것은尊敬할書籍을 써나는괴로움이엇다 高明한先生과尊敬할書冊을 한거번에離別함은 하나님의奧義를追求하는學徒의게如干한悲哀가아니다「나는 以後에 엇지하야하나님의말삼을 깁히알어볼수잇슬가 나의게길이막혀버리지안엇는가」하는離愁에 시달인발을들고 親愛한骨肉과寶貝를남겨두고홀로曠野로써나가는 나그내와가티 先生의門下를써나왓다。

그러 悲哀와寂漠을 늣기면서歸國한나를마저주는 辛酸한世苦의惡浪과 싸우며 얼마間지낸後 나의마암속에燃燒를助長하든先

「하나님의말삼」의發見

生들의靈火가 그威力을次々거두워가든즈음인 어느가을 맑고고요한밤이엇다 온하날을 아로삭이고잇는 뭇별들은莊美한威觀을뭏하고잇섯다 마침 나는 그즈음 이사야四十章以下 學者의所謂第二이사야를工夫하고잇섯슴으로 나의生覺은 제절로 하나님의天空과星群의創造에올마가게되엿다『萬若… 萬若! 저「하늘을 휘장가티 베프시며 펴신」이가「日月星辰을 그數호대로 나오게하시고 그일홈대로불으시매 그의큰能力과強한權勢로因하야 그中에 하나도 빠진것이」업게하시는이가 지금이밤에도 살어게서 저數만혼 별하나하나를 뽑아내여 하날에달고運動케하시는것이事實이라하면 아니 내가지금까지 全知全能한하나님을 참으로밋덧다면 하늘에별의일홈을 하나도닛지아니하시고 밤이면 그들을불너내는것가티 空中나는 참새한마리를마암에두시고우리의頭上의머리털하나라도 빠주지안코 세시는 하나님을내가 참으로밋엇드라면』이러한想覺을하면서 별을치어다보고잇슬때나의마암은 電光가티 나려쏘는異常한感銘을밧엇다 그것은瞬間의일이엇다 그런대나의게는革命이일어나고 새眼界가문득展開되엿다 그時間으로부터 聖書는나의게 全然히새冊이되엿다 聖書의한마듸〳〵의背後에서그實現을期하고잇는全宇宙보다 머큰威力이나의케強迫하여옴을 늣기엿다 이에 나는「올소이다 聖書는 하나님당신의 말삼이외다 나는 그가장적은 말 한마대도能히堪當할수업나이다」라 웨치게되엿다

거긔서 나의信仰이 觀念의탈을벗고 生命의凱旋冠을 쓰게되고 聖書觀도 觀念의境地안에서의「하나님의말삼」에서 生命의나라에서의 「하나님의말삼」으로 一變하게되엿다 이러케 살은信仰의눈에 비최은 새

聖書는그一句一言이 生命이오 光明이오 所望이엿다 滿足이오 感謝이엇다 詩人이

여호와의 律法은 온전하야
靈魂을 蘇成하게하며
여호와의 證據는 堅實하야
어리석은者로하여금 智慧롭게하시도다
여호와의 命令은 正直하야
마암을 깃브게하며
여호와의 誡命은 淨潔하야
눈을 밝게하시도다
여호와를 敬畏하는道는
깨긋하야 永遠까지 니르며
여호와의 規例는
確實하고 또지극히義로오시다
金보다 더思慕할것이오
만흔精金보다 더思慕할것이며
또꿀보다 더달며
꿀송이보다 더 달도다」

라 노래한것이 곳 나의生命 나의靈魂의노래가되여서 나의입에서 터저나오게되엿다

水平線을넘어

柳錫東

저水平線넘어서한소래들여온다。詩人테니손의別世의노래에「한소래明白히들인다」난句가잇난대 詩人이臨終에들은그소래가낫이면낫밤이면밤恒常水平線건너便에서들여온다。가늘고도强한소래이며 그소래때문에마암이썰이고只今것고잇난이世上거름의모든習慣風俗속에서도모지견댈수업난不安과焦躁를늣긴다。깁히든잠이깨여지고世上에뺏긴넉이발은일어나서큰動搖를일어내킨다。무서운소래이며쓰라린소래이다。이사람하고옷고저사람하고우서둥굴게平安하게지내랴하면이소래가귀를칠느난듯드려오와가삼속을캄캄히하여버린다。妻子와단꿈을매저家庭의享樂을누려랴하면이소래들이여마암을깨셔버린다。大事業을成就하야사람의榮華를갓자하면이소래들여와

水平線을넘어

反省의눈물을나게한다。社會遊泳術을배워登龍門을올나가랴하면이소래들여와어트석음을씃짓넌다。金錢에머리를숙이여燦爛한生活을하랴하면이소래들여와머리씃을잡어다넌다。아 이무슨소래인가 良心의소래인다 自我의소래인다 道德의소래인가 朝鮮의소래인가 아니다 아니다 그소래로난너머威嚴이잇고너머生命이잇다。너머잡어다니고쇼난魅力이잇다。이소래난하나님이나를불느난소래이다。山을넘고골작을지내고들판을지내며 九十九頭의羊을뒤에두고이저버련한마리羊을찻난사랑과恩寵이가득한아버지의소래이다。내아들아!내아들아!依持할곳업난旅程을어대서것고잇나냐!어대서너혼자彷徨하고잇나냐!내아들아!내아들아!速히도라오너라!고눈물흘이면서哀願하난아버지의소래이다 나의가넌곳마다쌀어다니며 어대가너냐고뭇난소래이다。救主예수그리스도가나의마암문을뚜듸리난소래이다。速히문을여러라!나의外套도벗고나의구두도버섯다。速히문을여러라!하난소래이다。이러나라!나의사랑하난者야!이러나라!速히나오너라!겨울도지내고비도긋치여 쏫이피고새우난소래가들이며 庭園에난香氣가가득하다。速히나오너라!速히나오너라!速히나오너라!고불느난戀情의노래이다。밤이깁허새벽이갓가웟다。닭우난소래가들인다。잠을깨여速히이러나라하난覺醒의소래이다 十字架위에서苦難을밧으면서 오너라오너라!고웨치난救主의말삼이다。수고하고무거운짐진사람들은다내게오라。내가너희를편히쉬게하리라 나난마암이온유하고겸손하니 나의멍에를메고나를배호라」하시는참사람의소래이다。

이소래ㅣ하나님과예수그리스도가불느시난소래ㅣ水平線넘어서들여오난소래듯고엇지가만히잇슬소냐。詩人테너손은이소래듯고무서운砂洲를平安히것너갓단다。 나도이소래듯고이水平線밧게나가야겟다。 水平線下에모든生活을버려버리고한소래만따러一直線으로거러가야것다。 소래여나난가나이다。 잇그러주시옵소서水平線下의모든일은참으로우수워요。 義이니眞理이니하난것이하나도업고全部가사단의詭計여여요。 罪惡이主人이고正義와眞理난修身敎科書를채우난글자뿐이여요。 바른말하고바른일하면危險人物이되여스파이의눈이대번번쩍거거리여요。 信任이라난것이업서요다른사람을너머띄려고잡바틔리여망칠나고만하여요。 무서운世上에요。 金錢이第一이고胃가第一이고업이第一에요。 生活이人生의最大目的이되여요。 眞理를爲하야生活安定을犧牲식히난사람을씨할내도求할수가업서요。 이무서운水平線下의現象은큰勢力을가지고兒孩서부터老人까지全部를痲痺식해요。 당신의新婦까지도이毒을먹어墮落을만히하엿셔요。 저도其中에하나임니다。 몟번이나이水平線下에셔려진지몰느오며이世上과妥協할나한지몰으나이다。 제靈魂이썩어문드러질나고한지數次이옵나이다。 그러나당신의소래가긋치지아니하고불느고불느심으로겨우免하야只今이라난只今은당신의소래만듯고깨여이러나문열고나가나이다。 水平線넘어가나이다。 한소래만듯고가나이다。 다른것은다헛되나이다。 소래여소래여! 잇그러주십소서。

水平線넘어서불느난대아무리木石갓혼맘이고鐵面皮인들水平線을안넘어설소냐。 水平線을넘어서자。 옛날聖徒가다이소래물이칠수업서全部水平線을넘어섯다。 나그내가되고巡禮가되여世上사람의게 낫唾棄를밧엇다。 水平線넘는것은어려운일이나 이소래안들은체하난것은더어려운일이다。 水平線을넘어설수밧게업다。 아브라함이故鄕을바리고親戚을뒤에두고이소래를좃차나와버렷다。 모세가이 스라엘을挨及고기냄비를버리고이소래를좃게하엿다 이사야난엇더하엿난가。 그난自己의不淨한입과自己가不淨한百姓의하나인것을嘆息하야마지안터니畢竟에난이소래듯고「내가여기잇사오니보내줍소서」라하엿다。레레미야난엇더하엿난가 自己가兒孩님을말하야躊躇함이오래더니畢畢에난이소래들어預言의大業을成就하엿다。 예수가나를좃츠라하니十二弟子가 或은그물을버리고或은광이를버리고或은地位를버리고곳좃찻다。 바울이다멧삭途上의소래에좃차一生에 그가한일은눈물을내게할만콤悲壯하다。 오가스틴의一生은엇더하며 후란사스의一生은엇더한가。 모다이소래를좃차水平線을넘어섯다。 聖徒들은이소래에到底히거역할수업섯고 苦難、苦痛、逼迫、迫害속에서勇敢스럽게이소래만짜러갓다。 우리만이소래안짜러갈수업스며 이소래가靈魂의行進曲의콘닥타이니 우리것이중말의靈魂일진대의레히이소래에좃차갈것이다。

저水平線넘어서불느난소래들여온다。 旅裝든든이하고짜러가자。

生命의發達

고ㅡ데ㅡ

첫誘惑의記憶을 우리의게傳하여주는 聖書의記錄이 誘惑의結果를 우리의게가라처주지안엇스면 모든사람이 道德的奴隷狀態에서밧는 쓰린經驗이 그것을알게하여주엇슬것이다 自由意思를拘束하고잇는 自尊自愛의사슬을 버서던지랴고 數만하 힘써보지안는者가 누군가 그러나 그結果는 다맛그사슬의重量을 더욱分明히 깨닫게함에지내지못한것이 아니엇든가 「나는肉體에붓혀서 罪아래 팔녓나니라……내가願하는善은 行치아니하고 도로혀 願치아니하는

그惡은行하는도다」(롬七章十四、十七)하는 바울의 깨트려진마암의深奧에서 소사나오는 告白을 종종듯지안은者가 누군가 그 使徒가自由을 엇기前에 發한生의 悲歎即 「오호라 나는 괴로운사람이로다 누가이死亡의몸에서 나를救援하랴」(롬七章二十四節)는歎聲으로써 悲歎의終幕을 맷지안는者가 누군가 이普遍的經驗이 人類歷史劇에 上場된 深刻한苛責의結果가엇더한것인지를 明示한다 即그結果는 性癖이 義務觀念을 익이고 사람의意思는 그性癖의奴隷가되여버린것이다。

人性이 이러케 그行程의初頭에서 墮落하야 그固有의行方을 일어버렷슴으로 하나님께서 그人性을 消絕하여버렷슬줄안다 그러나 하나님께서 그러한態度를取함은敵을對하야 退却하는것이되엿슬것이다 하나님은 罪를 놉히超越하야 게시는故로 罪와衝突하기를두려워하지안는다 하나님은試誘에勝利한사람의게 그의各樣能力을 進展하는길을 열어주섯슬것가티 墮落한사람의게 사람의各樣能力을發展식히는길을 열어주섯다 하나님은 親히 人間魂의모든能力이 各方面으로 活動하도록 促起하엿다。 사람은 德의純潔한雰圍氣中에서 行하지안어서는안되엿슬것과 맛찬가지로 罪로因한汚損된雰圍氣中에서 自身을 알고 自身을處理하기를 배우지안어서는안되게되엿다。 그는그의知性이 設或朦朧하여 절슬지라도 全然히絕滅되지안엇고 그自由는 그것이設或束縛이되여잇스나 全혀喪失되여버리지는아니 하엿슴이다 原始人의 尊貴한職能은 이點으로보면 墮落한사람의게도아즉 머믈너잇다 人性이 그自體를探索하는것은 사람의墮落이업섯드라도 아담以來人類歷史의內的意義가되엿슬것인대 墮落이잇섯슴에도

生命의發達

오히려 人類歷史의內的意義가되엿다 白晝에 燈明을들고 사람을찻는 犬儒學派의哲人은 이森嚴한實在의 奇怪한表徵에지내지못하다

古代史에서 우리는 征服의 連續以外에 아모것도보지못하는 일이잇고 또 그外에 아무것도 指摘할수 업는때가 종종잇다。廢墟된都市 撲滅되거나或은 俘囚로사로잡혀가는國民을 背後에남겨두는 腥血의戰爭의連續外에 아모것도 볼수업는때가잇다。古代世界의이러한큰動亂의背後에 사람들은 참歷史ㅣ即人間性이 사람ㅣ即참사람을 붓잡을랴고 自我을理解할랴고 또그참사람을 나을랴고애쓰는歷史를 識別하지못한다 人類出現前時代에서와가티 怪巨한羊齒 大食性水陸兩棲動物等과奇形의四足獸等의背後에 우리는基本的으로 다맛한가지일을 認知한다 即사람에게 그目標를두고 向進하는自然을 認知한다이와가티 그리스도의 誕生前時代에 하나式뒤를 니워닐어나는 强大한王國들도 그때그때의歷史의舞台를 擔當하엿든것이다 即앗수리아 바빌논世界는그 撲滅的武力으로 메도 파사王國은 그强한行政組織으로ㅣ希臘民族은 그無比한美術的天才와科學的天才로ㅣ羅馬帝國은 그政治的中央集權으로ㅣ歷史의各舞台를擔當하여왓다 即참歷史家는 한가지것即人間性은 그多樣한能力의充分한發達 人間性自體의支配 世界의支配를 追求하고잇슴을 認定하며또사람은 아즉分明히 了解치아니한運命을豫想하고 사람自身을 完全히所有하고 自發的自我降服을 完全히하랴고努力하고잇슴을認知할것이다

이것을爲하야 四千年의時日이 너므나長遠하다고말할수업슬것이다 人間魂은 深井과갓다 그깁히를 測量하자면 時間이必要

하다 프라토나소포크레스의繙讀은 사람의自覺이란 얼마나精力을가지고잇습인것을가라처준다 罪로因하야 生起여난混雜과錯亂을 除去하는것을 熟考하면 心靈的人類가 그自身을알고 그自身을支配하기를 배우는대 四十世紀의空間을許한다하더라도 異議는업슬것이다 그러나罪는 이러케長久한準備期間도 오히려不足하게맨드럿다 墮落한사람이 道德的悲境에對한耻辱的經驗을 徹底히밧어야할것과 그自身안에서 發見하는二重의無能을 이嚴格한學校에서 認識하게되여야할것은 重要한일이다 即첫재로 하나님께서주시는 새賜物업시 自力으로는그心靈(이것이 純潔한때라도)을 靈的生活로變化할能力이업다는것이며 둘재는 그本然的生命이 한번 罪로因하야 汚損을當한때그本然的生命을 다시 그原始的純潔에 恢復할能力이업다는것을 認識함은重要한일이다

그러나 그本然的모든힘을 各方面으로活働식히는 青年의게 더욱놉흔存在를渴仰하는 靈的感官即그의本性中에잇는 하나님과交親하고저하는機關이 그의最深處에서 發見되는것과가티 이와가티 古代人類中에한民族이잇서 다른民族이 그들의魂의모든힘을 活動식히며 地球을熱心히耕耘하고잇는동안에 그民族自體와 世界우에사람을놉히는 靈的憧憬을 進展하는高尙한使命을 가진한民族이잇섯다 東邦의偉大한國民들이征服의慘酷한快樂을耽하고잇는동안에 財利感에支配된 페니기야人들이 商工業을開拓하고잇는동안에 希臘人들이 그美術的傑作과文藝的傑作中에 美와眞의理想을 具現하기를 힘쓰고잇는동안에 마지막으로 羅馬人들이 그들의天賦의賜物인實際的才能을發揮하야 未來幾世紀間을支配할正義의觀念을슬기롭게形成하고잇는동안에 한國民이잇서그

들의宗敎的傾向에依하야 이모든心靈的人間性과判異한特色을가지고잇섯다 그宗敎的傾向이 그國民을 일으면 地上에서 나그내로면맨드럿다 그國民의主要目的은 征服도아니요 工業도아니요 科學도아니요 美術도아니요 純人間的意味에서의 義그것까지도아니엿다 그生活을占領한것은 禮拜엿다 이禮拜는 하나님의 사람의게對한要求다、이禮拜는 모든事物의未來의秩序다이未來의秩序中에서 하나님의이要求가 地上에實現될것이다 거긔에지금 게시고또將來게실여호와가잇다 거룩하고榮光스러운 하나님의나라가잇고 거긔에하나님의어마어마한審判이잇다 그國民의賢者들은 豫言者들이엿고 그藝術家들은 讚美歌作者들이엿고 그國民의英雄들은 至高者의代理者로서 活動한者들이엿다 그英雄들은때때로일어나서 그國民生活의中心力이면서도 警醒을밧지아니하면虛망하게도 消失되고만는 그民族의게賦與된渴仰心을 그國民의마암속에 깨우처일으키엇다 이하나님의使者들이 이스라엘民族의게對하야가진使命은? 이스라엘民族이그餘의人類의게對하야가진使命과갓헛다 이것이곳古代의心靈的生活가온대에서 人間魂中에具存한宗敎的能力의體顯이며 또하나님의靈으로 自我를채우려하는 사람안에잇는靈의體顯이다 그럼으로 하나님께서「여러百姓을 容納하야 各々그道를 좃게하」야 그들도하야곰 絕對善에得達함에自身의無能함을經驗하야알게하면서 이스라엘은 溫柔하고도强한敎育의멍에아래두사肉에全然히從屬되지못하게하섯다 豫言이 이民族의게對하야 勇猛한軍馬를 내닷게하는拍車와갓흔것이라하면 律法은 그性急한運動을 制御하는 굴네와갓튼것이라할수잇다 異敎民族들도이에類似한것을 가진것은事實이다 그들의게잇서서는 良心이「그들의마암에 삭인 律法」(롬二章十五節)이엿라 그리하야그異教民族中에서 全創造의中心에서와가티 完全한自由狀態를 思慕하는嘆息이 소사나온다 이自由를爲하야 사람은 自身이創造되엿슴을 늣기고잇다 그러나 이스라엘以外에서는 모든것이 다맛사람의道德性에서나오는自發的이나無効한反動에지내지못하다그런대이스라엘中에서 그에應하는힘即豫言과律法은實際的이오 또그目的에到達하는 神的教育의結果다 이差異는 治療을밧는患者와治療를밧지안는 患者사에잇는 差異와갓다 이스라엘은 하나님이親히 古代人間性안에잇는 靈的感官을鍊鍛하기爲하야 配布한機關이다 이機關이 將次到來할靈的生命에對한 直接準備를構成하고잇다 異教民族은그自體에막겨둔바되여서 그將來할靈的生命에對하야 消積的 間接的準備가됨에 지내지못하엿다

사람이 罪업시 生存하엿다고想像하여보자 그러면 이四千年동안準備한結果로 人間性이 그自體를徹底히理解하고 그自體를支配하는대일으럿슬것이다 그리하야自身을降服하고 聖潔로엇은 自由의冠을 하나님의足下에 버서던지는 境地에 일으게되엿슬것이다 그리고 하나님께서는 이歸順을그의靈의賜物로 곳報答하엿슬것이다 그러나罪가이過程을妨害하엿다 그러나罪가이結果를絕對的으로 破棄치못하고 그結果을獲得하는 形式을 變하게하엿슬뿐이다 人間性은 그罪로因한오랜經驗으로因하야 스사로自身의願한바運命을實現하는대 即하나님을發見하고 그와自身을融合하는대 自身의無能함을 理解하게되엿다 그러나人間性은그들의高貴한代表者를通하야 이榮光스런完成을憧憬하야 甚히歎息하여왓다 일으면人間性은 무릅을꿀고 懇切히要求하는 神的援助를懇求하여왓다 人間性은 이사야의입

을빌여「願컨대主는 하날을갈나지게하시고 降臨하소서」(六十四章一)라고 웨첫다 聖靈은 强制로 人間性우에나려오게된新郞가티 人間性의想像에다 自身을나타내지안코 人間性가장깁흔사랑을밧을 約婚者와가티 人間性의想像에다 自身을提供하엿다 危機에다다러人間性은 졂은猶太의한女人을通하야 다음과가튼森嚴한말을發하엿다即그女人은人間性의代表者가되여서 神的召命에應하야「主의계집종이오니 말삼대로일우어지이다」(눅一〇三八)라웨첫다

새決心

眞理를차자 眞理에서살고 그眞理를 傳하야 사랑하는朝鮮을 救援하자 朝鮮을섬기자 하는것이 나의決心이엿다 그러나나는不足한決心者엿다 弱한決心者엿다 그러나 不足하고弱한以上 나는어리석은者엿섯다 나는 나를살이고 眞理를죽여왓다 다시말하면 人間的打算으로 敎會나 信者가부듸처넘어지지안케하랴고 謙遜의美德이니「敎壇의禮儀」니 하는 灰色面帕으로眞理를덥허싸서 世上에 나여노으려하엿다 이러케하야 나는나를살이고 眞理를賣하야 十字架에못박어오게되엿다

그러나 眞理는 나보다强하다 그는나의게죽임을當하여오면서 나를征服하엿다 나를自己의것으로삼고 나의게 재決心을促한다 自己를爲하야 나를밧치라고命한다 지금까지와 反對로 眞理를살이고 나를죽이라고命한다 이에나는眞理의威力에누즐여서過去의 나의愚를 버리고眞理의命令에 順從하려는 決心을하엿다 이것이 나의새決心이다 이제後로는 이새決心우에서셔 나아가려한다 이새決心의行軍眞理에쓸여가는거름에 敎會의虛가脫露되여도 나는모른다 나는信者의僞가 顯露되여도 나는모른다 나는다맛命令을受한一兵卒로서 忠實히行軍할뿐이다

城西通信

(一)

孔德里集會에서 나는 九月以後로 지난 十一月一日末日갓지 이사야書四十章부터五十三章外지의大意를 講解하여왓습니다 그하나님의종은 多數에서少數로 少數에서一人으로 精選되여가고 그종의使命은 予言에서殉敎로 殉敎에서代受罰을包含한代贖으로進展하여갓슴을 보앗습니다 그모든文字가 언으것하나 偉大치안은것이업섯나이다 그러나 五十三章은그偉大한思想의絕頂인만큼 그한字〳〵가 金玉과가티貴하더이다 그런偉大한思想이 二千五百餘年에發表되엿슴은 一大驚異외다

그러나 우리의마암을 더욱옴작이게하는것은 이사야書五十三章에 니르러 予言의目標가 예수그리스도의게向하야 잇슴이分明하야짐이외다 學者의說明은紛々하나 이사야五十三章의予言은 아모리보아도 예수의게 와서成就됨이確實합니다 그글을記錄한予言者自身은 그「受難의종」을 理想的이스라엘이라生覺하엿든지 其外누구를두고말함이든지 歷史上에서는 예수밧게 그予言을成就한者가업슴은 事實이외다 그「受難의종」이 理想的이스라엘民族의擬人化라하면 예수야말로 그理想的이스라엘의顯現이아니겟슴닛가

(二)

東亞日報의報導에依하면 方今予審中에잇는 吳某가 舊新約聖書一卷을 通讀하고그思想이一變하엿다한다

基督敎를反對하는者라도 그가萬若誠實한마암으로 聖書를一次通讀만하면 그思想이前記吳某과가티 또基督敎를反對하기爲하야聖書研究를始作하엿다가 基督敎의辯護者가되여「그리스도復活論」을쓴「길버ㅣ트ㅇ웨스트」와「바울回心論」을쓴「릿틀톤」卿과가티 一變하게될것이다 說敎하기前에 神學論을說하기前에 聖書를 사람들의게주어라 聖書야말로 사람을回心에引導하는唯一한冊(The Book)이다

(來月號부터十五日을發行日로하겟슴니다)

(定價送料共)

一部	十五錢
六個月	八十錢
一年分	一、五〇錢

殘本定價 一ㅣ七號外지 〇、二〇
八號以後 〇、一五

昭和五年一月四日 印刷
昭和五年一月六日 發行

京城府外龍江面孔德里一七四
編輯發行兼印刷人 鄭相勳

京城府西大門町二丁目一三九
印刷所 基督教彰文社

京城府外龍江面孔德里活人洞一三〇ノ三
發行所 聖書朝鮮社
振替口座京城一六五九四

『聖書朝鮮』第十三號　昭和五年一月五日發行（每月一回一日發行）

聖書朝鮮

第十四號

昭和五年一月二十八日(第三種郵便物認可)
昭和五年二月十五日發行(每月一回十五日發行)

目次

信仰의獨立

國家의獨立은일코　悲憤慷慨할줄안다　經濟의獨立은일치안으려고　애쓰고걱정할줄안다　그러나信仰의獨立은일코　이를悲憤하는者업스며　恢復하려고힘쓰는者업슴은異常한일이다　國家도外部的이요經濟도外部的이다　그러나信仰은內的이다　生命이다　生命이隷屬되는百姓의게　國家의獨立이잇스면　무엇하나　經濟의獨立이잇스면　무엇하나　그中心이隷屬되엿스니　그屬性의하나둘이獨立을維持한다하여도　그것은獨立이아니다。

基督敎傳來後四十年　나희도먹을만큼먹고智慧도들만큼들고　物情도알만큼알게되엿다자이러나서자　우리의信仰을獨立식히자　몬저宣敎師의게서　다음에이世上엇더한牧師나先生의게서　그러하야우리의信仰이하나님과直接關係를맷게하자

最大幸福

裕足한財産을가지고　드러오면安樂한家庭이잇서마저드러고　나가면노픈名望이잇서贊仰으로마저주는者를　만히가지면幸福을누린사람이라한다　그러나참幸福은　이世上에서安樂을누리는대잇지안코　受苦하는대잇다。사람과가티함에잇지안코　하나님과가티함에잇다　愛와義때믄에　人類의疫病을지고　人類의근심을메고　晝夜로受苦하는　하나님의生活에參與하야그와가티愛와義때믄에受苦하는대에참幸福이잇다　微々한一個罪人이　萬有의主하나님과苦樂을가티하는以上의幸福을나는생각할수업다　自己滿足이最高度로實現한것을　最大幸福이라思惟하고　그幻影을渴急히겸어잡으려하는現代人의게는　그것이最大不幸일것이다　그러나最大幸福은　그들이封建思想의遺物이라하야　물리치는겨긔만잇슴을엇지하랴

예수와聖人

金敎臣

世界의四大聖人이라든가 或은十大聖賢이라稱하야 支那、印度、希臘의聖者들과함께 나사렛사람 예수도 一指를屈하야 合算하는것이 世間識者의 常例인듯하다。 그러하야 聖賢의道라하면 모다一般이라。學하야 不可할것이無하고 行하면有德한줄노 알엇섯다。 그結果로서 個人으로는「修身」이되고 家族的으로는「齊家」의享樂을누리며 國家와 社會로서는「治國平天下」의 大理想을實現하는것인줄노期待한것이다。

이러한 在來의槪念이 影響된것이엿던지 近來에至하야 不信者로서도 오히려 예수를一大聖賢或은最大의聖者로써 尊崇하며 自己는 그敎訓대로 信從치안흘지라도 그子弟의게는(或은夫配者의一方이 他方으게는) 이聖訓을 信受케하는것이 安全하다는생각을 가지게된者 顯著히 만하졋다。喜賀할것인가? 또한悲痛할現象인가。

二

예수께서는 이러한 漠然한崇拜者들의게 다시〳〵反省을促하섯다。

무릇 내게오난사람은 그父母、妻子、兄弟、姉妹와 및自己목숨까지도 미워(憎)하지 안으면 나의弟子가 될수업나니라。

누구던지 제十字架를 지고나를 좃지안난者는 또한나의弟子가될수업나니라。……이와갓치 너희中에 누구던지 잇난바를 다 바리지아니하면 내弟子가될수업나니라。(누가十四〇二六―三三節)

以上의 두어句節만 들을지라도 예수를 功利的으로利用하려든輩와 그敎訓을 漠然한 聖訓으로써 尊崇하려든 群衆은 富裕한靑年(마가十〇廿二)과 갓치 머리를숙히고 愁心깁히 退去할것이다。

只今 基督의敎訓의性質과 그人物에關하

야 좀더 詳細히考察하기爲하야 新約聖書中의數節을 左에列記하야吟味하려한다。

(一)나를因하야 너히를辱하고 逼迫하고 모든惡하다하난讒言으로誹謗하면 너히게福이잇나니라(마태五○十一)

(二)萬一 네 올흔 눈이 너로犯罪케하거든 빼여버리라。네百體中에 하나흘 일흔것이 全身이地獄에 빠지난것보다 有益하고 또한萬一 네올흔손이너로 犯罪케하거든 버혀바리라。네百體中에 한아흘 일흔것이 全身이地獄에 빠지난것보다有益하니라。(太五○二九、三○節)

(三)내가 네 行爲를아노니 네가 차지도아니하고 더웁지도 아니하도다。네가 혹 차던지 혹 더웁기를願하노라。(默三○一五)

其他에도 右에類似한句節를 一々히 찻을진대 우리는 新約聖書의分量마치 그마치 筆記할手苦뿐이다。大體로 基督의敎訓과 또그取하신生活方針을보와 우리가 첫재로驚異하난것은 그가大聖이라함에도不拘하고 그言行이 中庸의道가아니고 大端極端의道인것이다。보라 그의弟子될려거든父母 妻子뿐아니라 自己의 목숨까지 미워하여야 한다하며。예수를 좃츠랴거든 十字架의刑台를 질머지고서 死刑場에臨하는準備로써 나오라 하지안난가。누가 그를追從할者ㅣ고。犯罪한 눈은 修養訓練하라기보담도 빼여버리라하며 赤熱치 아켓거든 차라리 灰冷하라하지 안는가。누가能히 이에 견딜者ㅣ고。過不如未及으로 中庸의道만니 大聖의極致라고 思惟하여오던 우리朝鮮人이 基督으로써 四聖의一人云々하게된것은 基督의人物과 그敎訓의眞相을誤解한所致인것이分明하다。적어도 安全第一主義의 中庸의道에서 呼吸成長한 東洋的標準으로서는 極端主義의 基督으로써、老僧의頭骨가치 圓滑、圓滿無缺한 聖人의列에班케함은 到底히 不許할것이다。예수는 世上이 稱하는 聖賢보다는 一階段 나즌

예수와聖人 四

人物이거나 그러치 아니면 一階段 놉흔 자리에地位할 特異한분이엿다。그런대 所謂基督信者까지도 예수를 四大聖人의一人으로列케하여노코 快然하여함은何故인고?

둘재로 우리가 注意할것은 以上의數句에서 보와도 알것이어니와 예수를 좃난일은 全혀 非常召集이오 來世經營이 問題의中心이된것이다。 死者로써 死者를 장사케하고 너는 날를 따르라하며 누구던지 손에 장기를 잡고 뒤를도라보난者는 하나님의 나라에 合當치아니하다(路九〇六十、六十一)하신다。나(예수)를因하야 逼迫과 誹謗을覺悟하라하시니 그러고야 人間에서 엇지견대여살며 올흔 눈을 빼여버리고 바른팔을 베혀바리고야 現世에서 무삼볼일이엇으랴。 더옵거나 차가보다 미지그런한것이 融通性이豊富치안한가。白이나黑보다 灰色이有利하지 안혼가。智者曰 治世에는方으로處하고 亂世에는圓으로處하라고。

吾輩는 確信으로써 말한다。예수의敎訓을 自我의珠板으로써 適宜히割引하야 밋으려함은 차라리 不信함만 不如하다는것。君子는 危險한데不近할것이며 仔々修業하야 立身揚名於後世가 所願일진대 何特무엇을 즐겨워예수의非常召集에應할것인가。只今도 늣지안헛으니 智慧로운 築塔의主人과 가치 미리안저서豫算하라。 怜悧한戰國의王과가치 爲先和平을乞할것이다。無難平安을求하는者 圓滿中庸을思慕하는者 社會改造를目的하는者로써 예수의門을 두다련者는 다 한번다시 그敎訓을吟味할것이다。그러고 새로운決定이잇어야할것이다。

예수의敎訓은 極端으로서極端을 가라킨다。두主人섬기기를不容한다。하너님께 아니어든 金塊에 절하라。東이아니면西로 天

國이아니어든 地獄으로。

예수의人物은 決斷코 世人의槪念과如한 圓滿無難한것이 아니엿다。萬一 治道用의 砂利와 가튼모나지 안코 角陵도업난圓滿을求할진대 洛東江이南海에臨하는곳 或은 漢江이西海에注하는下流에가서 求하라 그려나 地殼一片의 巨岩大石이 龜裂된대로 그陵角이 아직 江流에 부대기지안코 그 結晶이 아직天然의姿態 대로顯現된것을보랴는者만은 上流로溯할것이며 主嶺으로登할것이다。

聖賢을 찾는者 安全을欲하는者 中庸을 踏하려는者의게는 다 便한길이 他에잇을것이다。오직 하나님을 보려는者 天國을 엇기爲하야서난 所有를 盡賣하고 近親도 미워하며 自己肉身의 肢體一部식을 버혀 바릴覺悟를가진者만이 예수의非常召集에應할것이다。

成三問과 스데반

咸錫憲

白雪이山河를뒤덥는이겨울날에 南山우에 푸른소나무만이웃둑하고서는氣象을바라볼때면 저것이 成義士의넉시로고나하는生覺이 니러난다。

이모비주거가서 무어시될고하니
봉래산데일봉에 락々장송되여이셔
백설이 만건곤할제 독야청々하리라。

이노래를을퍼서 겨울에는추이를니즐수잇고녀름에는더위를몰을수잇다。義氣ᄯᅡ에ᄯᅥ러진오늘날우리나라에잇어서도 이노래를을플때만은 ᄯᅳ거운血潮가方寸之間에澎溢함을늣길수잇다。

成三問은 우리의代辯者다。全世界사람이 다들어부터서 朝鮮사람의나체침을밧어도 그

成三問과스데반

가흘노니러나서 우리를爲하야辯明을한다。四千年歷史의全部는몰은다하더라도 적어도近世五百年一代에잇어서는 뎌를中心으로한六義臣의死라는一節을빼고는모도가零이다。우리로하여금 禽獸의일홈을免케한것은 이한事實이다。이로因하야 朝鮮사람에게서 義가 永滅하지안엇슴이證明되엿고 우리도오히려붓그러움을참고나츨들수가잇다。죽은三問한아가 산二千萬보다더生氣잇게살엇다。

우리는 그를向하야말노할수업는敬意를가진다。敬意보다도思慕、思慕만안이라愛慕를한다。뎌의事蹟을닑을때마다 우리는熱涙의솟사나옴을禁할수업다。뎌를爲하야눈물을흘니지못하는가슴은 朝鮮사람이안일뿐안이라사람이안이다。爲先은그가一命을던지어義를직히며四千年의歷史를救한것을爲하야感謝하는눈물이요 다음은 그의最後의悲壯을因하야하는感激의눈물이다。天地가잇는날까지는

六

義의法則이그를다스릴것이요 義가살는날까지는成三問의일홈이업어질수업다。子孫萬代에니르기까지그는歷史우에燦然한비츨發한다

우리는 우리가敬仰愛慕하는이義士를爲하야 萬丈의氣焰을吐하려는者다。그러나 우리는 그를爲하야흘니는눈물이또한아잇다。이는感謝나 感激으로부터나오는것이안이오悲痛悲哀로부터나오는것이다。그의最後가말할수업시寂寞함을因하야흘니는同情의눈물이다그가刑場을向하야出發할때의詩라는

擊鼓催人命 擧頭日欲斜
黃泉無一店 今夜宿誰家

一首를닑을때는 實로 寂寞荒凉、比할수업고抑制할수업는悲哀에거이自我를일흘여한다。義를爲하야一身을犧牲하는그의最後가 엇지하야 落日이西山에지면서도다시금새빗츠로來日東天에솟슬것을約束하며平和와希望裏에가는것갓지안코 마치殘星曉頭에孤燈의꺼짐

가치寂寥하게슬어지고말따름인가。 이것이우리가그의意氣의헌앙함、 志操의高潔함을敬慕不已하면서도 一便으로니즐수업는不滿을가지는까닭이다。

무엇인지不足이잇다。 좀더잇엇스면! 좀더잇어서 그에게一家宿을許하야주엇스면! 좀더잇어서 그에게그가어대로가는것임을밝히가라처주엇스면!

義는則義나 그를「永遠」에連結하여주는것이업슴을엇지하나。 壯은則壯이나 그에게聖愛의不足함을엇지하나。 우리는 이를스데반의最後에比하야兩者間에건널수업는空谷이잇슴을안다。 하나는자고 하나는一宿店이업는死의나라로갓다。 이는『獨也青青』이나 뎌는『이罪를뎌사람에게돌니지마옵소서』다。 우리는 成三問의人物이스데반에밋지못한다는것이안이다。 우리는 우리의愛慕하는義士에게서그가한바그以上엣것을要求치안는다。 사람인그에게 그以上을바랄수업다。 도로혀 우리는 只今우리를爲하야代辯하는그가 이다음날에우리를審判할줄을밋는다。 우리가哀惜해하는것은그가單純한사람이엇던것이다。 스데반에서보는것가튼 사람以上의무엇을보지못함이다。

義는곳義나 이義가잇고뎌義가잇다。 이義는사람의義요 뎌義는하나님의義다。 勿論사람의義도그根源이하나님에서나온것은말할것도업는것이나 그러나 그는結局本源에서쓴어저웅덩이에괴인물이다 。激할때는곳能히數丈의飛沫을空中에던질수잇으나 大洋의巨濤가萬丈의海底에서솟사浪勢天地사이에넘치는것의類가안이다。 葡萄나무가지는 줄기에서떠나도 亦是포도나무의性質을가진다 義가根源인하나님을넛고도 義의일을한다 그러나 떠러진포도가지의 生命이一時인것갓치떠러진義의生命도一時다。永久的으로世上을말키는義는하나님에다根源을두고서야나온다

生命의發達 (前續)

고ー데ー

三、이强熱한渴望과이스라엘우에 하나님의靈이오래동안役事한結果인 이勇敢스런自我降伏은 將來할時代ー即生命歷史에서의第三期의苗種들이다 그때出現한新事實ー即敎會의成立은 地上에새世代의到來、靈的生命의到來를表示한다。

使徒바울은 예수그리스도를第二아담 또는「마자막아담」이라하엿다(고前十五章四五、四七)이두가지말을밋는者의마암과理性을爲하야 偉大한思想의富庫가잇다 첫아담이肉體的生命發達의마자막이되고 心魂的生命發達의始作이된것갓티 예수그리스도는心靈生活의發達을맛막음하고 靈的生命의到來를開始하엿다 아담은살魂이엿다。하나님은物質的創造中에秩序와調和와平和를齎來하기爲하야그를自然界의動亂中에 먼저두엇다 生命을주는靈인예수그리스도는 사람魂안에잇는騷亂을鎭定하랴고 하날서오셧다 그는우리의諸能力行使에 또家庭에서나社會에서의우리의個人生活에 秩序와調和를齎來하야 神的秩序의靜穩으로하야곰다스리게한다。

이第二아담은 또한마자막아담이다 우리가바랠究極은 마자막아담인예수요 우리는그보다더高貴한것을바랠수업다「아버지와한가지 게시든永生이 우리의게나타낫도다」라요한은말하엿다(요한一書一章十二) 예수는 사람으로實現한神的生命이요 또接近할수잇고接觸할수잇는形體로나타나니 모든사람의게關連되려고 自身을提供하는神的生命이다。「말삼이肉이되엿다」는것이다(요한一章十四)이샘에서마시는것은 神的生命이被造物에接近할수잇는程度에서 그神的生命에關與되는것이다。

이最高生命이 엇더케나타낫는가 그生命이엇더케自身을 사람안에서發展식혓는가 그生命이엇더케自身을 人類의게傳達하엿는가

肉體的生命이 처음地球에나타날때 가장穩當한方式으로하엿슴은우리의이미아는바다 그와가티靈的生命이 예수그리스도의人格으로 降臨한것도 가장謙卑한境遇로써하엿다 神的生命을實質的으로가진 적은아이를바든者는마구엿다 木手의일간은 자라나는少年의勞働의證人이엿다 不潔과死의表象인洗禮를밧는때 그는青年을뒤에두고壯年階級에一步를올여드되엿다。 그洗禮는또한 그가더욱世界即그의使命이 모든사람의게公開되는境地에 드러가는方途이엇다。 恐怖로써門을닷은다락房은 새生命이홀너나온中心이요 또五旬節以來世々에傳播된새生命의中心이엇다

이새生命은 그첫貯藏場이요 그永遠한原理인예수그리스도의게서 漸次로자라낫섯다 그의受肉으로因하야 그가神的人格을한가지선물로 우리의게준그瞬間에 確實이그는自身의主이엇다。 모든基督信者의自己獻身의典型이요 源泉인 自己獻身의이行動은 한自由者의그것이엇다 그러나한번사람으로태여난以上 그는 모든다른사람과가티 道德的進步의法則에服從하엿다。自制할能力을엇기爲하야는 自我를征服함으로써始作하지안을수업섯다。 이것이 나사렛隱居에서 보낸三十年동안의 예수의事業이엇다 그는 自身의本質을穿鑿하기도하고 自身이將次무엇이될것인가를豫知하기도하엿다。 聖書中에서豫表된自己의人格과事業을보앗섯다 또聖書中에서 그自身의使命이라고會得한使命의梗概를溯考하기도하엿다 그使命은 예수가大海에 地上生活의苦鬪와暴風雨의한가온대나서기까지는 열어볼수업섯든 한封한편지나그의아버지가미리맨드라둔指令과갓탓다 우

生命의發達

리의게알여진 그의生活部分에依하야 알여지지아니한다른部分도 괴로운試鍊을겪엿다고쉽게推論할수잇다 周圍에잇는者들의모든罪를爲하야 흘이는눈물을언제든지同伴삼는예수의祈禱는 自己에關한記錄이가득한聖書를理解하는 主要한註釋中의하나이엿다。

이러케하야 그는道德的成熟期에 到達하엿다 첫三十年동안에 그는 全過去時代에서의 人類의全勞作을그自身의게서뒤푸리하엿다할수잇다。이準備事業이完成된때는 洗禮요한이 갓가워오는하나님나라를엇기爲하야洗禮를밧고淸淨하게되라고 모든백성의게웨처告하든때이엿다、예수가그백성들과가티이聖禮式에參與할때 그는그때까지의全發達中에서 엇든바 아니차라리成長한自身의人格中에가젓든것을가지고 參與하엿다 卽完成된心靈的人間 聖靈이人性안에나려오기爲하야 바래든純全하고살ㄴ聖殿을가지고 그거룩한禮式에參與하엿던것이다

一〇

예수가道德的으로나理智的으로考察하야 人性의過去全生活의總和나絕頂이라하면 特히그는猶太人의良心의表現이엿스며 律法의訓鍊의열매인精妙한道德感의表現이엿다 豫言으로사람들안에點火된 熱々한渴仰의表現이엿슬것이다

예수께서 自己獨特한心境에서스스로洗禮를밧으려고 요단江에나려갓슬때그의마암의깁흔門을열엇슬때 그의祈禱가 하날에達하엿슬때 그때하날은應答을하엿다 하나님의靈이非常히 이獨一한存在者、聖靈을人類의게傳達하는것을 그使命으로가진이獨一한存在者우에降臨하엿다 典外聖典의하나는 이瞬間에聖靈은아름다운思想을 發表하엿다고한다「내아달아 모든豫言者中에서 나는네가오기를바래고기달엿노라 네안에나의安息을엇기爲하야 너는永遠히다스릴 나의첫아들이로다」라고 方今예수自身의意思가關係를매즌

聖靈의衝動을밧다 곳그는曠野의試誘에對한 勝利로써 自身을하나님의게몬저밧치고 그 다음에는世上에서의奉仕로써 이스라엘에바치고 마자막에는贖罪的犧牲으로써온世上에 바치엇다 그리하야사람으로써成就되고 或은能히想像할수잇는바 가장크고 가장完全한自己降服의行動을實現하엿다。最偉大한것ㅣ即하나님에絕對的自己奉獻을하는同時에最微賤하고 最下卑한것ㅣ即도든罪人中에도가장惡한者의게도絕對的自己奉獻을하얏다。이러한것이 우리가예수안에서본 人間的生活이다 그리고그는神的行動이行하는것과가티 自身의人格안에그러한生活을할수잇섯다 이것이참으로 靈的生命이엇다。人間魂은나면서 그靈的生命의能力과感情과豫感과本能을 所有하고잇다 그러나그靈的生命은 그리스도의게서 맨몬저完成된聖靈과 聯結合一되지안으면 決코實現될수업는것이다。

예수는 이生命의 最高型을實現한後 그의榮光의자리로다시올나갓다 그것은人間性을제대로버려두고 다맛가장純潔하고가장아름다운記憶을남겨두려고 그리하엿슴이아니요 榮化된生活에서 自己가이地上에서實現한完全한生命을 人類의게부어주어 人間性을自身의게까지 向上식히려고昇天한것이다(요한十七章二)이靈的生命에서出現한것이敎會다。그럼으로이敎會를 그리스도의몸이라하는것이다(에베소一章二三) 그리스도가完成한贖罪는하나님의罪赦의恩惠에參與하는權利를 全人類의게주는것이다。이러케엇든罪赦는 各사람의게한가지새主張即靈을所有하는대에對한主張을賦與하는것이다。五旬節以來 예수는自身의게이主張을하는모든사람의게 最高好意를許與하기를決코긋치지안엇다。예수는그奉仕中에서 地上의生涯를 우리의게擴延하고 그죽엄에서는 우리를爲하야寶血을흘인後에 그

生命의發達

는自己의靈으로써 우리를自身의榮化되고또 살는人格에分關하게한다 聖餐은 이至大한 선물의可見的表現이라。 그러나聖靈을가지는 것은 우리各自의生命과 深妙하게融合하고 또우리의全存在의完全한降服을豫想한다 그럼으로靈의所有는우리意思의絕對自由行動을 包含하지안으면안된다。 그럼으로우리의肉體의生命과魂의生命을 즐거히우리의게賜與할때 이러한서물은 더욱조흔선물이請召하는 것에지내지아니함으로 우리의同意를要求하지안는하나님은이最後祝福을주려할때 만흔 留保를두신다。 好適한때가到來하엿슬때 하나님은 이最後의祝福을우리의게주는대에만 專心專力한다 그것이敎會(그리스도의몸인敎會)와敎會의품안에서養育된奉仕를 手段으로하야 福音을傳하는目的이다。 客觀的으로構成된敎會가잇스면그는靈을애모의게도强押하지안코 모든사람의게提供하기때문이다。 우리各사람이地上生命을享有한것은더욱高貴한 目的에 일으기때문이다 ― 即靈을通하야 사람이그名稱에可適한唯一한生命을 享受하기때문이다。 우리의魂이 自由와才智를가젓스면 그것은우리의魂이自進하야聖靈과 이聖靈을通하야 榮化된예수그리스도의殿과代理者가되기때문이다。 우리안에사람이잇스면그는사람인하나님의形像으로 自身을나타내기爲함니다(롬八章二九)우리自身의心靈的生命을 持保하기爲하야天的그리스도의 이生命을우리의게서내여던지는것은 이와갓다。 即宮門이우리압에열엿슬때 우리는스스로自身을獄中에幽閉하기를選擇하는것과갓다。 아니 차라리 그것은가장無意味하고殘酷한一種의自殺行爲다 自我을聖靈의게降服하는것은 自我를發見하는길이다。 그러나聖靈이함께함에도 不拘하고 自我를爲하야서의自我持保는 自我를일어버리는것이다。 예수는종종이眞理를

一二

말하야「누구든지 제목숨을살이려하면 일흘것이요 또누구든지 나를爲하야 제목숨을일흐면 차즐것이로다」라하엿다 이는참사람다운모든사람의게對한究竟의法則을表明한것이로다。

解放의喜音 (下)

鄭相勳

征服者바빌논兵丁의督促을밧고 집을써난俘囚一行의무거운거름도 一步〳〵싸어고싸이어 맛참내유ㅣ프라테스와틔그리스의河畔바빌논의짜에到着하엿다 凱旋한王과그軍士그들을마지한國民의 즐거운棧이넘처흐를때猶太人은눈물을흘이면서 俘囚生活의첫거름을내여드되엇다。侮蔑의視線、嘲弄의말憤怒의채직ㅣ이모든것의관여이되여 살어가는괴로운生活을 더욱괴롭게한것은地勢의差異엿다 猶太는山國이오 바빌논은두大河에貫流된一望無際의平原이엿다。地勢의相異는그들의게 單調의괴로움을주엇고 또그들의生活樣式을急變케하엿다。그럼으로그들은더구나故國의山河와文物를晝夜로思慕하고 바빌논生活을실어하엿다。

우리가바빌논河水가에안저
시온을記憶하고 눈물을흘녓도다云々의詩는這間의消息을 우리의게傳하여주는貴한文字다。

이러케敬虔한猶太人들이 예루살렘을思慕하고 하나님께呼訴하고잇슬때 僞豫言者黨과卜術者群은 바빌논이敗亡하고猶太人이解放될날이二年안에오리라하엿다 民衆은그들의豫言을信聽하고 깃븐그날이옴을派守軍이아츰을기다림가티苦待〳〵기달엿다。그러나그날이오는喜報는오지안코 도리여祖國의荒廢 聖殿의灰爐 同族의虐殺當한悲報를가지

解放의喜音

고오는俘囚의一隊 눈쌔인王을先頭로한俘囚의一隊를 마지하게되엿다。

이事件이猶太人의게준 衝動은甚히컷다。그들이僞豫言者들과가티叛하든 謀反의計策을버리는同時에 하나님께對한信仰까지도 버리게되엿다。 그리하야그들은하날과따에 依支할곳업는者들이되엿다。 이러케그들이絕望의暗夜에서 헤매고잇슬때 하나님의期約은 들임업시왓다。 絕望의暗黑을쫏는 黎明의빗이부드럽게 東天에소사올낫다。 期約의到來를告하는첫소레는 壯嚴한音樂의序曲가티부드러우면서도强하게 고요하면서도힘잇게들여왓다「安慰하라 너희는내백성을安慰하라」고、 이仁慈한첫소래를니어 第一聲의本曲이 웨처젓다。 무엇인가 우리는들어보자

第 一 聲

너희하나님이 가라사대
安慰하라 너희는내백성을安慰하라

一四

예수살렘의게 알들이말하고웨처일하라
服役의期約 이미마처젓고그罪을赦하엿고
그모든罪로因하야 여호와의손에서 倍나밧덧다하라고

「너희하나님」、이스라엘의하나님「傷한갈대를 꺽지안코 꺼지는燈불을 쓰지아니」하는全人類의하나님이 바빌논의壓迫下에서「傷한갈대」가티傷하고「써지는燈불」가티微衰하게된그選民이스라엘을 다시차젓다 그러나 무슨要求나試驗으로하지안엇다。 恩惠의宣言까지도留保하엿다。 그들의荒凉한마암이 그것을堪當할수업슴을 察知하고 仁慈한말삼으로써몬져安慰케하엿다。 아ㅣ사랑의內察力의周到綿密함이어!

예루살렘의게알들이말하라

사랑은安慰의말로 끗을막지못한다。 사랑은自體를表明하고 또그內容을具現하고야만다。 그럼으로安慰가잇슨後에 사랑의宣言이 따른것이다 여긔에예루살렘이라하엿슴은파

레스틘에荒廢하여 風雨에曝晒되는예루살렘城을일음이아니요 猶太人의荒廢한마암을 일음이다。이스라엘을하나님의恩惠의受領者、救援의對象으로볼때 예루살렘이라일으는것이다。그傷하고衰한예루살렘의게말하대 거츨게하지말고「알들이말하라」한다 이말의本意는 마암을向하야속삭인다는것이다 即男子가女子의게求婚할때 或은戀人의게情답게말할때 使用되는말이라한다。權威나理論을버리고 다맛사랑이그自體의힘으로써 남의마암을感動하려는語法이다」—(스머스)征服者의威嚴과驕慢으로써 神이나文化의强壓을밧든그들이이부드러운사랑의소래를接하고 얼마나慰安을밧덧스랴 罪에懊惱한적이잇는兄弟여 諸君이罪로因하야 괴로워할때될이든소래가 고요하고가는이소래가아니든가

이와가티하나님은 우리의理性과經驗에呼訴하지안코 傷한마암에다 몬저은근히속삭어렷다 그러나傳할使信은 너므나偉大하엿다。너므나普遍的이엇다。그럼으로은근히속삭이기만할수업섯다。온世上에「웨처告하라」하는것이다。부드러운가락으로 거츠러진마암에入口을엇든後에는 나팔가락을놉혀山과골에울이게告하라는것이다。

이러케속삭이고 또웨칠그使信의內容은무엇인가 하나님은무엇으로써 俘囚의쓸아린마암에告하려하는가

服役의期約 이미마처젓다그罪를赦하엿다服役의期約即俘囚의期約이 이미마처젓다한다。그罪科에對한適當한報復이되엇다한다。이스라엘이기다리다〱 根氣가모자라落望하고만俘囚에서의解放의喜音이다。俘囚의原因인罪科에서의解放의喜音이다。온이스라엘의귀에 들여오는解放의라팔소래 이엇지喜音이아니랴。

그러나罪에는罪의갑시잇고 喜音에는喜音

의갑이잇는것이다。 하나님께서 아무갑업시 이스라엘의罪科을赦하고 그들을服役에서解放할理가업다。 그理由로豫言者는
「그모든罪로因하야 여호와의손에서倍나밧엇다」 고한다 그러나이스라엘이언제 罪갑을갑핫는가 그들은罪를悔改치안코 도리여 유ㅣ후라떼스江畔에서 바빌논의偶像과姦淫을하지안엇는가 지금오히려바빌논의貨財와姦淫을하면서 여호와를이져버리고잇지안는가 그런대누가 그들의罪의代價를二倍나支拂하엿는가 파레스틘의猶太人인가 猶太人外에어느民族인가 義人은업다 한사람도업다 罪代價를 갑는다는努力그것이罪를머보태게되는것、 이것이罪에서出生한사람의運命이다 그러면누가 그들의罪代價를 갑핫는가 우리는여긔서 그것이여호와自體이라고 結論아니할수업다。 五百年後에 골고다에서 獨生子의死로써 全人類의罪를處分하신여호와는 지금도그罪를自身의게서處分하고 俘囚의이스라엘의게 恩惠로臨하야 罪赦를宣言하고 解放을宣布한것이다。
　사랑이다 恩惠다 사람의비뜨러진마암이 想像할수업는 사랑이요恩惠다。 그럼으로 예수께서「天國은어린아이가타 밧을것이라」하엿다。 사람이어 智慧를버리라 知識을버리라。 驕慢을버리라。 그리고罪의멍에에서 解放하는十字架의喜音을들으라。 거긔에光明이 잇나니라 救援이잇나니라所望이잇나니라 永遠한生命이잇나니라。 人生의참幸福이잇나니라。

第二聲

이는 여호와의입에서말한바로다。

하나님의恩惠는나타낫다 罪赦은宣布되엇다。 解放의라팔소래는 山野를울이엇다。 그러나하나님께서는 罪赦와解放의宣言만하고 그만두지안는다。 그는반다시恩惠 다음에는

攝理로써 사람의게臨한다。即하나님自身이臨하야宣言한恩惠를 現實化하고야만다。그리하야하나님과사람의關係가 다맛內的感情에지내지못하다는 嘲笑者의驕慢을紛碎한다

소래잇서 웨치대
曠野에서 여호와의길을豫備하라
沙漠에서 우리하나님의大路를곳게하라
모든골싹이를도도고 모든山과메뿌리를나초고
놉고나즌것을平坦케하고 험한것을平地되게하라
그리하야여호와의榮光이나타나고
모든血氣잇는者가 함께보리라

信仰이實質잇는事實임을 辨護하신다。그럼으로第一聲의恩惠의宣言에第二聲의攝理의事實이잇서야한다。

「소래잇서 웨치대」소래가들여온다。어대서 누가웨치는소래인지모르나 恩惠의宣言을들은者들의귀에 錚々히들여오는소래가잇다。가라대

曠野에서 여호와의길을準備하고
沙漠에서 우리하나님의大路를곳게하라。

王者가行御하려한다。恩惠의宣言者가 그恩惠를事實化하기爲하야 來臨하려한다。그럼으로소래를웨치는者는 그大王의길準備를命令한다 길準備할곳을가라처 曠野라하고또沙漠이라한다。이曠野와沙漠은어대를말함인가 俘囚에서解放된이스라엘이 橫斷할바빌논과파레스틴間에橫在한沙漠과曠野를 말함인가 이말은그것을文字대로 取할것이아니다。勿論實在의曠野와沙漠의暗示와餘韻이그안에잇슬지나 그러나 여긔서意味하는것은바빌논다시말하면現世로볼수잇다。一步더나아가서曠野와沙漠가티 荒廢하야潤澤업는俘囚의마암에 現世에사는모든罪人의마암에하나님을마즐準備를하라는것이다。그러면準備란엇더한것인가 曠野에서웨치는소래인洗禮요한은悔改하고洗禮를밧으라하엿다。하나님을마지하는길準備은 마암悔改다。그의外形

이무엇이든지 悔改하지안으면하나님을맛지못한다。「마암이淸潔한者는福이잇나니 뎌희가하나님을볼것이다」란말은 예수의입에서나온이眞理의表明이다

모든골짝이를도도고 모든山과메뿌리를노초고
놉고나진것을平坦케하고 험한것을平地되게하리라

압선二行의言調가 命令的임에對하야 이二行은宣言的임이 우리의注意를喚起한다。曠野와沙漠에 여호와의길準備가되여 오시려하는이가오면 모든놉고나진것이업서지고平坦하여질것이라함이다。

우리의마암에 하나님을마저드릴準備인悔改가잇스면 우리의性格에깁히뿌리박고잇는諸惡을除去하는難事가將次일우워지리라함이다。우리가十字架에나타난 하나님의絕對의恩惠를밋고 마암을悔政하면 聖靈이우리안에來臨하야「나랑과喜樂과和平과忍耐와慈悲와良善과忠誠과溫柔와존절」等의아름다운 열매를맷는다(가라듸야五章二二)그러면우리의苦行難業의修養으로도 能치못하든聖潔이 獲得된다함이다 사랑이欠除한골짝이는도도아지고 스스로高慢하는山과뫼뿌리는나추와지고 굽은奸惡은곳아지고 험한性癖은溫順하야지리라함이다。

「여호와의榮光이나타나사 모든血氣잇는者가보리라」길準備가되고 모든障碍가除去되여 俘囚의이스라엘이 예루살렘으로歸還할때 하나님의榮光이나타나 온世上사람이보리라함이다。지금까지여호와를 업수히녁이든바빌논人도보고 波斯人도보고 에돔人도보고오늘우리도보리라함이라 洗禮요한이와서 길을豫備함에 그리스도께서하나님의榮光即가리엇든하나님의本質을 나타내섯다。今日우리가 그그리스도의十字架에나타난 하나님의恩惠를信受하고 聖靈의열매를매즈면이不信의世代 不信의나라에서 하나님의榮

光을나타내는것이다。罪人으로서 하나님의 榮光이나타나는器具되는것이얼마나名譽ㄴ가 兄弟여!「이는主여호와의입에서말한바로다」 이眞理는 神學者의소래가아니요 哲學者의 소래가아니요 科學者의소래가아니요 萬有의하나님自身이親히 하시는말이라하야이告知가 萬世의磐石가티確固함을 保證한다。君王의말은君王의權力만큼 權力이잇는것이요 하나님의말삼에는 하나님의權能만큼、權能이잇는것이다。그러면이보다더實現力가진말을 누가想像할수잇겟는가。

第 三 聲

소래잇서 가라대
웨치라
가라대
내가무엇을 웨치리잇가
肉體는모다풀이요
그榮光은모다꼿과갓다
풀은마르고 꼿은시드니

그는여호와의 긔운이불이로다
백셩은 진실로풀이로다
풀은마르고 꼿은시든다
그러나우리하나님의말삼은永遠히서리로다

다시소래가 바람결가티들여온다。여호와의恩惠와攝理는 宣布되엇다。俘囚이스라엘은荒廢한마암에 準備를가추어 여호와의來臨을기다릴뿐이다 解放의소식으로는 발서洽足지안은가 그런대다시들이는소래가잇다 웨치는者는 더重大한眞理가잇슴을 알엇스나 自身의게는確的치못함으로 反問하엿다「내가무엇을웨치리잇가」 이에答하야들이는소레는 가라대

사람은 모다풀이요
그榮光은모다 꼿과갓도다。

사람은그가아모리 强하여도 들풀과가튼것이요 그의才操로싸화노흔 그들의榮光인文學이나、政治나、學說이나、財産이나그外왼갓일은 꼿가트니라。그런대「풀은마르고

解放의喜音

꼿은시드나니라」그러니 俘囚의이스라엘아ㅣ바빌논사람과 그政治와軍隊와金力을 드러워말나 그들이예루살렘을陷落하고 殘忍한破擊을할때에는 예루살렘의荒廢와바빌논의繁榮은 地平線우에서은두直線과가티 永遠히並行할줄알엇다。그러나「풀이마르고 꼿이시들」때가왓다。하나님의긔운이붙어온다 俘囚의이스라엘아 勇敢하라 解放은하나님의聖意다。이聖意에逆行하는힘은업다。逆行하려는者가잇스면 敗亡이그의運命이니라。이스라엘아 勇敢하라는것이 웨치는者의뜻이다。

六千年의歷史를 떼여노코보자 사람의所產으로마르고시들지안은무엇이잇는가 희그리스 유후라테스平原의앗시리아바빌논文明 나일河畔의埃及文明、印度文明、支那文明、新羅文化、이모든文明의美花는 모다어대로갓는가。時代의여긔저긔에나서 榮華를누리든그英雄들과그事業은 다어대갓는가 모다마르는풀 시드는꼿이아니엇는가 이와가티지금傲誇하고잇는 앵그로삭슨文明도 凋落할날이머지안으리라 露西亞의共產主義文明은 이와가튼運命에到達치안으리라고 누가保證하랴 人類는쥴이어스、씨ㅣ사의입을빌어「갈일니사람이어 네가익이엇도다」를恒常뒤푸리하고잇다

웨사람과그文明의運命은 草花의運命과가티가엽슨가 이에對하야 사탄의毒을마신사람의소리는 自然陶汰、自然法則、環境關係惡人의執權、進步의結果等여러가지로 나타난다 그러나들이어오는소래는「하나님의기운이 그우에불이라」한다 即宇宙를統治하는偉大한意思가잇서 모든것의盛衰興亡이 그意思에依하야 結定된다함이다。사람은이宇宙觀에矢毒를쏘기를마지안는다。그러나微動도아니하고섯다。

웨치는者는 이眞理의確實함을 永遠한磐石우에 노으려하는듯이말을니어 「백성은 진실로풀이로다」 라한後에 소래를一段노펴

풀은마르고 쏫은시든다。
그러나우리하나님의말삼은永遠히서나니라。

사람도가고 文明도가고 英雄도가고 그事業도가되 永遠히가지안는것이잇다 그것은하나님의말삼이다。너희解放을宣布한하나님의말삼은 天地가업서질지언정 一劃一角도업서지지아니하나니라。그러니 너희는다맛이에굿게依支하고서서 그實現을期待하라 그러면반다시닐우워지리라함이다。豫言者가사람과그光榮을물이치는同時에恩惠와攝理의根據를「하나님의언약의궤」나 聖殿이나祭司長이나 宗敎的制度와儀式에도두가지안코 하나님의말삼에둔것은 바빌논俘囚로因한 宗敎의靈的進步의一面이다。우리가眞理의根據로삼을하나님의말삼은 舊新約聖書一卷에收集되어잇다。그러나그舊新聖書에나타난 하나님의말삼은 예수그리스도의게서 肉體를取하고나타낫다。그럼으로우리의究竟의根據는 예수그리스도요 그예수그리스도를아는길은 舊新約聖書一卷이다。이에우리는聖書를배워알必要가잇다。

聖書는果然永遠히서는가一瞥하여보자 世上에産出된書冊中에 聖書와가티기구한運命에飜弄된것은업슬것이다。이冊은어느時代에서든지 人類의多數를그敵으로가젓다。그敵들의聯合攻擊은 처음에는政權敎權의暴力으로나타나서 聖書의絶滅을期하고 一邊그讀者의게는死로써臨하엿다。그로나그政權敎權은풀과가티마르고 쏫과가티시드러젓스나、聖書는넘어지지안엇다。그다음에는理知로써聖書의信憑할수업슴을 證明하려하는것으로나타낫다。이攻擊은暴力以上의힘을가젓섯다 그러나必竟聖書는넘어트리지못하엿다。今日

解放의 喜音

도攻擊의銳鋒은날카롭다。 그러나聖書는그攻擊으로因하야 더욱光彩를빗내이고잇다。이러게過去의歷史現在의事實이 하나님의말삼의永遠性을 證明하고잇다。

풀은마르고 꼿은시든다
그러나우리하나님의말삼은永遠히서나기라

第四聲

노픈山에 올으라
喜音을시온에傳하는者여
소래를힘써노펴라
•喜音을예루살렘에傳하는者여
소래를노피되드러워말고 猶太모든城邑에告하라
너희하나님을 보라고
볼지어다 主여호와權能으로오서서
그팔이 다사리로라
볼지어다 그의賞給이그와함께하고
그의싹이 그압페잇도다
그는牧者가티 그의羊떼를돌보고
팔로 모호리로다
어린羊을 품에품으며
젓먹이는것들을 고요히인도하리로다

하나님의恩惠로 俘囚이스라엘의罪는 赦하여젓다。하나님의攝理로 罪赦의恩惠는 열매를매즈리라 。俘囚는解放되리라。하나님의榮光은나타나리라。「永遠히서」는하나님의말삼은 그를保證하엿나니라。豫言者는 그를確信하엿나니라。豫言者自身이 歡喜의소래를웨첫나니라。그것이이第四聲이다。

이깃븐消息 五十年間異邦征服者의채직밋에서呻吟하든俘囚의몸이解放되는消息、하나님이그일은백성을 다시차즈시는消息、黑暗中에서光明의消息、絕望에서所望의消息、이깃븐消息을 시온에傳하는者여 노픈山에올으라 힘쏫소래를놉펴라 두려워말고웨처라 그리하야猶太의크고적은고을이듯게하라山과山이울이게 골과골이應하게웨치라 解放의主將하나님을보라고

볼지어다 主여호와權能으로오서서
팔노다시리로다

볼지어다 그의賞給이그와함께하고
그의싹이 그압페잇도다。

預言者는오시는하나님을 君王과가티勇敢스럽게그린다。 오시는그의게는解放을完全히할權能이잇다。 統治가잇다。 賞給이잇다。 報酬가잇다。

義와權能으로써 모든反對勢力을 씰어업시한後 그하나님나라를다시리는原理는 變한다。權能이아니요 사랑이라。 卽解放의創業은將軍的이지만 解放된백성의歸還은平和的일것이다。 그럼으로豫言者는 來臨하는이의形容을 武君에서 善한牧者로變하야

그는牧者가티 그羊떼를돌보고
어린羊을 품에품으며云々

이라하얏다。이스라엘의大衆이 曠野를旅行하는形象이 우리의눈에완연하지안는가、善한牧者가튼하나님은 大衆과가티하야 迷惑하야헤매면차저오고 써러지면안어올이고 훗터지면모와드리어 한사람의빠짐업시 故國에歸還케하리라함니다。 하나님은解放으로因하야喚起된同族愛에 그손을페여서 善한牧者의일을일우엇슬것이다。 이리하야눈물로써난거름이 이제깃븜으로 도라오게되엇다 아ㅣ解放의나팔을불고 牧者와가티 그羊을引導하시는하나님 信實하진당신에永遠히榮光이잇슬지어다。

「아!ㅣ하나님이어이와가티 그대의恩惠로우리를도우소서 그대의聖業에우리를마저드리소서 이와가티 그대의말삼의能力을 우리의게나타내소서 그대의完全한王國의理想이 녯그대의豫言者의게서와가티 우리의게도分明하고갓갑게하소서 또우리가그理想의靈感밧든宣傳者되여 永遠히그所望中에서일하게하소서 아ㅣ멘」G、A、스미스氏는 이一段의解說을 이러한祈禱로씃을매젓다。 이分明하고갓가히到來할解放의라팔소래를듯고

우리도이와가튼祈禱가 마암속에터저나옴을 禁할수업다。아ㅣ喜音이어 바빌논俘囚解放의喜音이어 그때猶太人의게주든 그힘과그깃븜과所望으로써 二千五百年後의나의靈魂에들일지어다。그리하야 모든不義에서나를解放하는喜音이될지어다。

禁斷의열열를먹자

에덴東山에는 하나님의禁斷한열매가잇섯스나 朝鮮에는宣教師의禁斷한열매가잇섯고 또지금도오히려잇다。宣教師들은우리의先人들의게對하야「우리가너희게指示하는果實外에는먹지말나 萬若그外ㅣㅅ것을한個라도 너희가먹으면 곳죽으리라」고 엄마〳〵하게 宣告하엿다。우리의先人들은 그禁令을 하나님의말삼과가티尊敬하야拳々服膺하여왓다 너므나彈力업시 너므나順하게服從하여왓다 아니 生命업는傀儡와가티 그들이잡아댕기는그대로 이리저리쓸여단엿슬뿐이요 스々로一步압프로내여드될려고도 뒤로물너드될여고도아니하엿다。그럼으로或누구나이禁令을犯하려는者가잇스면 그들을宣教師의선소리에和하야「그를烙印하라 그를黜教하라」고 떠들어재첫다。그러나그들이指示밧은 그열매가純正眞善한生命의열매그대로가아니요西洋의風土에變質된것이엇다。그러케變質이되엿더래도 朝鮮人의靈性培養에適合하엿스면 無妨하엿슬는지모르나 그러치못하고甚히不適合한것이엇다。그럼으로그열매를먹게된朝鮮人의靈性은畸形的成長을하게되엿슬뿐아니라。畸形的成長그것外지도 營養不良症에걸여 지금은氣息이奄々하게되여잇다。

우리는衰滅하려는우리의靈性을 救援하기爲하야새營養劑을求하자. 宣教師의禁令을불살어버리고禁線을突破하고드러가서 禁斷의열매를힘껏배대로따먹자 그리고 智慧의눈을써서 宣敎師의指示한 열매即그들의基督敎中에서 純正한基督敎와西洋人의性品과傳統과 風習의缺陷과를分析하야 取할것을 取하고버릴것을버리자 그리고우리는智慧의열매로뜨인눈을가지고 一步더깁히드러가서 우리의靈性 培養에 適合한營養素를차저내자 이第一着手로 우리는宣敎師와敎會의禁斷한열매를먹자

缺點의指摘

缺點을指摘하는者에 둘이잇다 하나는眞友의忠信이 밧그로나타난것이요 하나는敵의猜忌가 밧그로나타난것이다。 그럼으로하나는建設을爲한사랑의所産이요 하나는破壞를爲한憎惡의所産이다。 그러나罪로色盲된世上은 이두가지를區別하지못하고 眞友를敵으로對接하는일이만타 忠臣의게對한暴君의態度가그것이엿고 預言者에對한宗敎家들의態度가그것이엿다。 物換星移 時代는가고時代는왓다。 文時은進步하엿다。 燈잔불은업서지고電氣燈은 밤을낫과가티맨든다。 그러나사람의罪는업서지지안엇다。 罪로因한色盲症은治癒되지안엇다。 그리하야오늘도忠臣을죽이는暴君이잇다。 眞理로새警醒을促하는者를逼迫하는基督敎人이잇다。 十字架、十字架、 그리스도의十字架업시는濟度할수업는人生이로다。

(定價送料共)

一部	十五錢
六個月	八十錢
一年分	一、五〇錢

殘本定價 一ー七號까지 〇、二〇
八號以後 〇、一五

昭和五年二月十二日 印刷
昭和五年二月十五日 發行

京城府外龍江面孔德里一三〇
編輯發行兼印刷人 鄭相勳

京城府西大門町二丁目一三九
印刷所 基督敎彰文社

京城府外龍江面孔德里活人洞一三〇ノ三
發行所 聖書朝鮮社
振替口座京城一六五九四

『聖書朝鮮』第十四號　昭和五年二月十五日發行（每月一回十五日發行）

昭和五年一月二十八日(第三種郵便物認可)
昭和五年三月十五日發行(每月一回十五日發行)

聖書朝鮮

第十五號

目次

眞理와妥協

合同은　今日朝鮮을　흘너가는　潮流에서 들여오는큰소래中에하나이다　그소래는　웨처갈라대　合同은곳힘이요　多數는곳眞理니 合同하라　社會는社會와合同하고　教會는教會와合同하고　社會와教會는서로妥協하야野合하라　엇더한代價를치를지라도　合同을完成하도록하라　眞理도이合同으로因하야　비로소保存될것이다그러니　다맛合同하라　合同을爲하야힘쓰어라한다

이에對하야　나는웨친다　眞理는合同보다貴하다　合同을爲하야眞理를犧牲치말고　眞理를爲하야　合同을犧牲하라　엇더한代價를칠을지라도眞理를維持하라　眞理에立脚한合同이야말로참合同이다　生命이서로通하는有機的合同이다　힘을産出하는合同이다　合同을爲하야眞理를버릴때合同은일우어지지안으나眞理를爲하야合同을버릴때　참　合同이일우어지는것이다

教會中心의弊

基督教々師나指導者의關心은　一에도教會요　二에教會요　三에도教會다　모든것이教會요　또教會다　教會外에그들眼中에는　아모것도업다　그들의겨정은　教會의不振에잇고信仰의墮落에잇지안코　生命의枯渴에잇지안타　그들의傳道도教會振興에잇다　農村事業도　教會勢力의進展에잇다　보라　그들이近日떠들며南船北馬하는　倍加運動이라는것을。그들이얼마나數와勢의觀念에종노릇하고잇는가　모도가우리教會의出席數　우리教會의勢力이로다　그리하야　眞理일지라도　이教會員의數와勢力에　惡影響을미치게하는것이면

弊履와갓티 버린다 그러나예수의精神에 거슬이는것이라도 數를불우고 勢力을떼는대에 可合하면 叩頭三拜하고 그를모서드린다 그리하야敎會自體는淫婦가되고 基督敎는억지로抱主를맨드러버린다

큰 食 物

咸 錫 憲

基督敎는保守的인가?

基督敎는保守的인가? 이題目이발서讀者의머리속에興味의물결을니르켰슬것이다。더구나 새敎育을밧는靑年에잇어서 그러하다。그는 글로쓰기前에이믜 맘안에는問題가내결녀가지고잇기때문이다。우리는只今그럴만한雰圍氣中에살고잇다。歷史는그의宗敎的干潮期를내리닷고잇다。露西亞는國家的으로宗敎撲滅을힘쓰고 露西亞가안인 朝鮮에서도中等學生까지가 宗敎에關한것이라면뭇지도안코一笑에付하야버리는時代다。勿論 우리는이것을가지고正常狀態라고하는것도안이요이러하야서可하다는것도안이다。도리혀 이것이一種變態的異狀時代요痛嘆不已할것임을말한다。사람들이生命의問題에關하야이러틋冷淡하엿던때가업섯고 그들의가슴에서 敬虔의念이只今갓치衰한때가업섯다。人生이그自身에依하야 神이그自身의 百姓에依하야일즉히이러케虐待밧은일이업섯다。그러나痛嘆이아모리痛嘆이라도 事實은事實로 只今이「녯信仰이動搖하는때」임은否認할수업다。

그리하야基督敎는保守的인가하는問題에對하야興味를늣기는이만치 그만치「그럿타」하는對答을듯고快하야하려는 傾向을가지엇고또한거름을더나가서그對答을要求하려하는生覺을가지는것이一般靑年의心的狀態다。

이러한世相은우리로하여금 基督敎는果然時代에떠러진保守的思想인가하는生覺을 眞實하게거듭또거듭하게한다。基督敎는 정말過去의遺物인가。그를밋는다는사람은 그러케다꿈을꾸는것이나안인가。假飾者가안인가。오랜習慣으로서生긴宗敎的心理의陶醉狀態에잇는者나안인가 敬虔한信者란仁慈溫厚한 그러나時代에는떠러진 불상한사람이나안인가 基督敎란結局社會主義者가말하는것갓치過去時代에어떤階級의利益을擁護하기爲하야生기엇던바 排斥할만한毒物이안인가 이것을밋어서時代錯誤의愚事를지을뿐안이라 人類文化의妨害者가되는것이안인가。밋는者가올흔가保守的이라고비웃는者가똑똑한가。現代사람의가슴에疑惑이니러나는것은當然한일이다。

이러케生覺한結果、또는、基督敎信者의生活、基督敎敎育者의敎育、基督敎事業家의事業、基督敎傳道者의說敎、基督敎團體의活動基督敎敎會의信仰、이모든것을보고듯고한結果、또는 이支店인朝鮮이나日本이나뿐안이라 그本店인英國、米國、佛國、獨逸等基督敎國의實際狀況、基督敎國、基督敎家庭、基督敎學校、社會에서자라난그의思想家、經世家들의하는것、倫敦에서하는것、쩨네바에서하는것、華盛敦에서하는것을들은結果는 우리로하여금 이問辭에對하야 「그럿타」하는對答을하게한다。이것이섭섭한일이라하더라도 엇지할수업는事實이다。歐羅巴에서나、米國에서나 其他어대서나 現今에基督敎로써國民精神을指導할수업는것은事實이다。그說敎가이미正直한가슴에 感激을주지못하고그青年會가이미젊은魂의犧牲的活動을자아내지못하고 그家庭이이미아름답은少年을길너내지못한다。그리하야敎會는現狀維持에汲汲하고잇다。그러나 基督敎는時代에떠러진遺物이안인가하고質問을當할때에 告白은안는다하더라도 아마 緊要處를닷치우는듯한不安을늣기지안을수업을것이다。基督敎의運命은決定되엿다。

그러나 한가지生覺할問題가깃터엇다。그러틋現在의基督敎界를보아서 그것이이미時代遲의物件인것이事實이라하더라도 그基督敎모든機關、國家、或은大多數의個人이代表하는것이果然基督敎ㄴ가하는것이다。則 所謂基督敎가果然基督의가라침 그의眞理 그의生命을가지고잇는가하는것이다。萬一、現在의基督敎이대로곳基督의가라침이라면足히議論할것도업스나 反對로 現在의基督敎에基督의生命이업다하면 兩者는分明하게區別하지안으면안이될것이다。基督敎를一種文化形態로論하는者는 희거나검거나 現在의形態로의基督敎로써 基督敎라할것이다。그러나 우리가말하는것은 그런一種慣習으로본宗敎로서의基督敎는안이다。形態는어대까지形態요 眞理는어대까지眞理다。眞理는살아서生命을다스리는것이요 形態는眞理와갓치或자라는수도잇고 眞理에서떠러저 或死骸로깃는수도잇다。그리고 基督의가라친眞理가、오늘날世上에낫타나잇는形態와天地와갓튼差가잇는것은 이미우리가말하야온바다。故로 保守的인가하는이質問이 眞理인基督敎에對하야發한것이라면 우리의對答은 躊躇업서强한「否」로나간다。

敎會의解體期

그러케말하면 두가지質問이잇을수잇다。現在의基督敎會는엇지되는것인가하는것이하나요 엇지하야保守的이안인가하는것이또하나다。第二問에對한對答은後에말하는바잇을터이요 爲先敎會는엇지될것인가하는대對하야말하려한다。

敎會는解體할것이라고하면 敎會는論者를

向하야怒할것이다。 그러나 萬一한사람의中學生이나 或은그의스승노릇을하는 二三卷乃至數十卷(또數百卷、數千卷이라면엇지나그것도過去數千年間의眞實敬虔한幾千萬의靈魂에比하면말수업시貧弱한것이안인가)의唯物論或은社會主義硏究를넑은사람이 그들을向하야 無神論或 基督抹殺論을하야도 一言의對辯을할勇氣을가지지못하얏다。또한다하더라도所用이업다 그것이敎會를救할것이안임으로써다。敎會는潮水갓치滔滔하게흘너오는敗頹의勢力을防止하려고잇는힘을다써볼것이다。孤城을직히여現狀維持를努力할것이다。敎人을모으기에힘쓰고 復興會를하기에힘쓸것이다。夏令會를하고幼年主日學校를힘쓸것이다。 그러나 敎會의信仰이復興되지는못할것이다。 敎會의運命은決定된것이다。敎會가現在의狀態에서完全히죽기前에는 決코살아나지못할것이다。勿論 이러말함은 神의子女의純潔한會合體인 基督을中心으로하는敎會를가라처말함은안이다。論者도 그永遠한敎會의存在를否定함이안이다。只今말함은現在의人的組織體로써의敎會를가라침이다 그敎會는 일즉히로마敎會에서生命이떠낫던것갓치生命이떠나갓다。그敎會가現狀을維持하려함은 멧테르니히가 膨張하는自由主義에抗拒하야專制主義를維持하려고힘썻던갓치그갓치無意味한徒勞다。敎會는復興도안이오改良도안이요 곤처나지안코는안이된다。스스로땅속에들어가썩어버리고 살는者는새움이여야한다。過去에로마敎會는죽고信仰은살어나왓던것갓치現在의敎會도亦是죽고信仰은살어나오여야眞理는자랄것이다。時代의變遷으로因하야遺置되고만바一種의文化形態로서의現代敎會는 現代에잇어서 소곰의職責을하기는到底히不能하게되엿다。故로 憤慨하기보다도 痛嘆하기보다도 挽回策을硏究하기

큰食物 六

보다도 벗슨몸으로悔改하지안으면안이된다 벗어야한다。組織의 治理의 儀式의옷을벗어야한다。 그리고새롭은成長을하여야한다。그리고敎會自身이안이하더라도 神은그몸소의經營을그대로行할것이다。그리고 우리가보기에는 現代의모든思想과 學問은 埃及王의軍士가되여가지고聖徒의뒤에서이를强迫하고잇다。그리하야 낡은敎會가解體되고 生存한神의眞理가이를삼키고 뛰여넘어 一層더놉고一層더깁고 넓고 一層더奧妙하고아름답은것을나타낼줄을우리는밋는다。

永遠히生存하는者

敎會는지나갈것이라고 우리는말한다。그것이 다시더壽命을延長한다하더라도 아모意味를가지지못하는것이요 그것이只今업서진다고하야서 人心에나 文明에큰危期가새로히올것이안이다。現世에無用의長物이잇다고하면敎會를놋코밧게업다。적어도朝鮮안에잇어서事實이다(이러生覺하고 그안에잇는幾多의善男善女를爲하야섭어함을마지못한다) 그러나 거듭하야말하거니와 敎會가그럿타함은 決코基督敎가그럿타는말은안이다。反對로 基督敎의眞理는가장進步的이다함이可하다。그리말함은 基督敎가 時代의流行思想에가장잘迎合한다함은勿論안이다。 그런意味의進步라면 우리는基督敎를가저가장保守的이라고말하기를써리지안는다。(近時、敎會는 이런意味의進步的이되지못함이그不振의原因인줄로生覺하고 時代의流行思想의後退物을밧기에힘쓴다。만은 이것이큰길거리에안는女子의모양과다름이무엇일고 더에게侮辱과 侮蔑이더도라갈뿐이다。)우리가進步的이라함은 그眞理가 永遠不變엣것이기때문이다。永遠히變動업는生命力이기때문에쓴침업시 새론成長새론發達을할수잇다。밤나무의生長力은變치안는것이기때문에年年이 새가지 새닙 새열매를맷는다。그러나 누가밤나무닙이나 가지나 썹질을가지고 밤나무의生命보다새롭다할者가잇을가。生命의歷史에잇어서도맛친가지다。가장오랜生命의眞理는가장새롭은發達의眞理다。모든國家가지나가고 모든時代의產物이지나가도 最后에깃고남는者 그것이곳가장進步的인者다。그것만이生命의밋테잇어서 온갓發達의原動力이되고 온갓時代의統制者指導者가되고온갓生命의歸依處가됨으로써다。그리고 우리는이를基督敎의眞理에서본다는말이다。

이러한일은 歷史의證明에依하야明瞭하다 나사렛木手의아들예수로말미어啓示가되엿고 갈닐니바다의微賤한漁父群의입으로證據되고 傳播된이眞理가 맛츰내는猶太敎의舊殼에서 벗서나고 異邦民族과 그宗敎와 文化를삼켜버리고 希臘의哲學을삼키고 로마帝國을집고넘어서고 스코라哲學을婢僕으로쓰고 中世의暗黑時代도 十五六世紀의自由運動도 그以後의啓蒙思想、새로운發見、發明、그리고 十九世紀의科學의文明도 或은容許하고或은牽制하고 삼키우는듯하면서삼켜버리고 妥協하는듯하면서超克하야버리고 노흘것은놋코 다릴것은다리어서오늘까지왓다。그살ㄴ活動이躍如하게眼前에잇다。故로 우리는 이眞理가過去에살엇던것갓치 또未來에도살어永遠히生存하는者가될줄을밋는다。

큰 食 物

以上에말한바와갓치 基督敎는 모든時代모든民族、모든文化를消化하고超克하야왓다 또未來에잇어서도이는王者가안이어서는안이될것이다。이러生覺할때에우리는 오늘날聖徒들의입에큰食物의褓子가펼처노혓슴을깨닷는다。이는基督敎가일즉히삼키엇던 엇던食

큰 食 物

物보다도 훨신크고 强한것이다。 뎌는이를 삼키기에큰困難과努力을要할것이다。 그러나 삼기지안을수업는것이요 삼키는날은 只今 우리가보지못하는榮光의發達을볼것이다。

일즉히베드로압에노혓을때에命令하엿던것 갓치 오늘날도 이모든食物을죽여먹고消化하기를命한다。내여버릴것도 對敵하야放逐할것도안이다。날마다나가는科學의發達도、蔓延해가는唯物思想도 共産思想도모도다、삼키어야할食物이다。進化論을先鋒으로하엿던十九世紀의科學萬能의時代를삼켜먹고살어나왓던것갓치史的唯物論을그最后의武器로삼는現代의思想的巨獸도삼켜먹고나지안으면안이될것이다。現今의世界相은 漸漸더 우리가非常時에處하엿슴을告하여준다。基督敎가萬一過去時代의感情的沈澱物에不過하는것만이안이라면 或은人爲的方便物에不過하는것만이안이라면 이때에그自身이이時代를超克

八

하고살아나감에依하야生命의眞理인것을實證하여야할것이다。그러지안는以上從來의歷史도모도無에歸함을不免한다。

그러면 現在의基督敎에 그만한生命力 그만한消化力이잇는가하는것이問題다。사람은누구나여기確言을할수는업다。그러나적어도敎會가(現在의모양으로)이를堪當치못할것은事實인듯하다。그러면누가이큰責任을하는가누가이큰일에機械로씨우는가。우리는말한다現代에잇어서도 二千年前에와갓치 갈닐니의漁父들이하지안으면안이된다고。富를가젓던것도안이요 智識을가젓던것도안이요 權勢를가젓던것도안이요 아모것도가진것이업스되 오직正直한心情과예수를그리스도요生存한神의아들이라고밋는것만은가지엇던뎌희갈닐니의漁父들이 맛츰내는 뎌들을危險視하고逼迫하던者를이기엇고 뎌들이먹기를써리엇던猴子의온갓食物을다먹고자라날수가잇엇다。歷史는變遷하얏스나 이갈닐니漁父의種子는오늘도잇다。朝鮮에도잇다。儀式도업고 方式도업고 才能도업고 事業도업스나 自由로神을밋고 自由로生命속에살고 漁夫와갓치素朴한自由獨立의信仰人이잇다。神은더들을세워 眞理의勇士로삼기爲하야 큰食物을더희압에주엇다。

누게로가오릿가

柳錫東

예수가洗禮요한의紹介를밧어蟄居生活에서나오게되고漸次天國의福音을傳하게되매이때까지보지못하던것을그의게듯고보고한유태사람들은東으로西으로모와들어예수를쌀어단니엿다。예수의傳道生活은그처음에잇서아주成功하난것갓혓고 길릴이湖水의물결은잔잔하야그의希望은限업시展開되는것갓혓다。예수가가난곳마다群衆은북적〱거리며좃차와그가그들을避하야다닐만콤群衆이예수싸문에大騷動을일으키여帝王을迎接하난것갓혓고또凱旋將軍을歡迎하난것갓혓다。福音書처음에記載된群衆의예수에對한態度난이世上繁榮의絕頂에達하난듯한늣김을주고 유태거리와들과물가에다니난큰行列이눈압헤明白히나타난다빵을먹은數千人의記事가잇고 그를强制로잡어王으로섬기랴난大衆의記事가잇다。배를타고그를차저다닌무리의記事가잇고 山麓에안저그의說話를熱心으로듯난群衆의記事가잇다그들이예수에對한尊敬과期待와熱中은果然컷스며 그의名聲은自然유태地方에넓게썰치엿다。

예수난의레히群衆의게몸을맛기여그들이조화하고바래난바를하사民衆의歡迎을더욱〱밧으야할것이엇다。그러나그난몹시쌀어오난群衆을저바리고홀노山으로海邊으로茅屋으로

누게로가오릿가

숨어가시엿다。歡迎에對하야背斥으로應하난것갓혓다。「여러사람이그行하신이적을보고그일홈을밋으나 예수난그몸을더히게의탁지아니하시」엿다。예수난群衆의歡迎에아무참된것을못늣기고 그들이求하는것이充足될때뿐의一時的自家滿足의소래인줄알엇스며 조곰도自己가傳하랴난것을깃버밧난感謝의노래가아님을確實히늣겻다。그들이贊揚하난그입을가지고얼마안잇스면 그를침밧고욕할것일줄을그난미리알엇다。歡迎속에발서背斥의그림자가써러지고그의希望가득한傳道生活의첫거름에발서失望의두자가박히게되엿다。예수가그들의歡迎을깃버할理由가업섯다。만흔群衆이예수를밋고쌀어온그動機난아주皮相的의것이엿스며 或은배곱흘때예수께서쌩을주십으로배充足함으로깃버쌀어다니난乞人根性이엿고 或은死人을살이고病을낫기고물을술노變하난奇蹟에놀내여서쌀어다니난迷信根性이

一〇

엿고 그以上의아무것도아니엿다。예수가豐足히주랴하난生命의물은그들은바래지도안코알나고도아니하엿스며 다만이世上에必要한安價한滿足과慰安이엿다。그들의예수에對한歡迎은이구접스러운마암속에서나온一時의아첨의소래엿다。故로예수가그들의게이滿足과慰安을줄때가지의歡迎이며 한번그가그것을안들아보면대번敵으로變할무서은歡迎이아니라배부른자의코노래이다。

예수의群衆에對한同情은自然움저기여必要한때그들의게쌩을주시고病을나사주고또다른奇蹟을行하시기도하엿스나 이것은決코그의使命이아니고말하자면餘興에지내지못하엿다그의使命은 生命을賭하야成就할事業은 天國의福音을傳함이엿다。永遠의生命을사람의게줌이엿다。各사람의靈魂깁흔곳에 참生命의불을느어주난것이엿다。예수난이使命을成就하여야하엿스며그가行하야淺薄한群衆이깃

버한奇蹟도이使命을다하난데의一方法이엿다 그난生命의福音을굿굿히單刀直入的으로傳하기始作하고 群衆에對하야그들의틀님을말하고이生命의糧食을밧으라秘告하엿다。너히들은奇蹟이나빵이나하난것을求하지말고永遠한生命을求하라。永遠히배곱흐지안코목마르지안난生命의糧食을求하라。나난곳生命의糧食이다。하날서나려온生命의糧食이다。이것을먹난사람은永遠한生命을엇으리라。내가주난糧食은곳내살이다。나의이살과나의피를먹고마시지안으면生命은업다。나의살을씹어먹난사람과나의피를들어마시난사람이永遠한生命을갓고죽지안는다。나의살이참양식이고나의피가참물이니 이것을먹고마시난사람은내안에살고나도그안에살어 生命의一體가된다。너히들은이生命을엇으야한다。外部的여러가지일은풀과갓치시들고꼿과갓치떠러진다。永遠히업서지지안코恒常넘치난이生命을求하야갓게하여라。이런말을群衆이알수난到底히업섯스며 充腹과奇蹟이唯一의所願이던그들은예수의이말에蹉跌하기始作하야그에對한期待난漸々사라젓다。 이런말을하난예수난우리가잘아난工匠요셉의아달이아닌가。하날에서나려왓단말이웬말인가。또그의살을우리의게먹게준다니이무슨말인가。아、이모다어려운말이니 이것을누가알이요。群衆은이런不平을부르지즈며그들의그런꿈이사라지난悲哀를늣기면서 못딸어다니여애쓰던예수을쑥쑥떠러저나갓다。이로써데자들이만히물너가고다시따르지아니하더라。」群衆의예수에對한歡迎이아무實質업고浮浪함은여기에餘地업시暴露되엿다。예수난처음부터그들이이러함을몰은것이아니엿마는 自己를그처럼따러오고밋넌다난弟子들이하나도自己의如何함을몰느고自己가줄랴난生命을하나도깨닷지못하고떨어저가난것을보고난 人子로써의마암은안傷할

누게로가오릿가

수업섯고 比할수업난悲痛한눈물은그의가삼을쎌넷스며 希望잇게보엿던그의傳道生活은暗雲에쌔여버리여 그의입에서난十二弟子에對하야제절노悲慘한말이나오게되엿다「너히도또가고저하나냐」。이말속에난無限한눈물을감춘悲嘆의曲調가물결치고잇다。예수를써바치던群衆은畢境예수의게서이러한사람으로써發할가장슬푼소래를나게하엿다。木石갓흔群衆이오呪咀밧은弟子들이로다。또한불상한群衆이로다。어대所謂弟子들의取할點이잇느냐그러나여기조고만한무리잇서 다른사람이全部떨어저가나依然히남어잇서그를참으로섬기고사모하고알고귀하게하야마지안엇다。快男子시몬베드로가이무리를代表하야「주여우리가뉘게로가오릿가。주난永生의말삼을가즈섯나이다。主가살어게신하나님의아달그리스도인줄明確이밋고잇나이다。우리가主를버리고뉘게로가오릿가。넓은宇宙에主以外에저들의

一二

갈곳은업나이다」。라率直하게對答하엿다。이아주少數이나아니單一人일지라도예수의그슬픈마암을充分이慰安할만한힘이잇섯고 全世界의贊揚보다나흔價値가잇섯다。自己를정말理解하여주고自己가주난生命을참으로밧난少數의사람 이永遠한生命때문에다른곳에到底히떨어저갈수업난眞實한무리 예수부터흘너오난生命이그들속으로甘露갓치들어가난香氣가득한生命의弟子 예수난果然만흔慰安을밧엇슬것이다。貴한弟子이며全宇宙보다갑만흔사람이로다。祝福밧은弟子이로다。하나님의豫定속에그의일홈이鮮明히記錄된사람이로다「뉘게로가오릿가」라난시몬베드로의靈魂속에서自然히흘너나온부르지즘은 二千年을지낸只今예수를밋고그를生命의主로섬기고잇난우리의부르지즘이다。우리가건성으로예수를따러다니난群衆이아니고 이世上모든것을버리고우리自身生命까지버리고十字架를짓브게

지고그를따려가난무리일진대 우리가삼깁흔곳에참生命의糧食을迎接하야無限한生命의歡喜를가줄진대우리난只今이世上사람이全部예수를背斥하고또예수따문에이世上幸福이全部다러나고이自身生命까지업서질지라도 우리난예수를버리고갈수가업다。아、그를버리고뉘게로가며 어느곳으로가랴。사람이만코事物이만흐나우리의게生命을주난이난다만예수뿐이다。우리의全靈魂을磁石과갓치끄잡어다니난이난다만나사렛사람예수이다。그난우리가갈前無後無한唯一의사람이다。이예수를써나우리가어대로가리요。참牧者를버리고羊이갈곳은하나도업다。時代의英雄이라하고聖賢이라하고人物이라하야만흔사람들이崇拜하고좃차가나 한번예수의게서甘露보다더달고맛잇난生命을맛본우리난갈나야갈수가업다。그이들은훌융할넌지난모르나 그것은우리의外部的興味를조곰잇글뿐이요 우리의靈魂을잇글지는못한다。예수가주난것에比하면그것은다헛가비갓다。生命의主여우리가당신을버리고뉘게로가오릿가。도모지갈곳이업나이다。

偉大한解放者 (上)

이사야四十章十二節以下

鄭 相 勳

사랑은 남이보지못하는바를보고 남이듯지못하는바를듯는다 自然에對한詩人의사랑은 自然의奧義를넑어내고 하나님께對한預言者의사랑은 하나님의攝理를들어낸다。숨어잇는宇宙의理法은 그들로因하야 사람의興味圈內에드러오고 無關心한未來는 現在의關心事로맨드러진다。

우리의第二이사야의預言者도 하나님께對한사랑때문에 온百姓이하나님을或은버리고或은疑心할때 혼자信賴를끈치안엇슴으로온

偉大한解放者

世上이잠들엇슬때 혼자깨여잇섯슴으로 남이듯지못하는하나님의嘉信을 들엇다 낫이나밤이나 기다리고기다리든 解放의嘉信! 信仰의虛妄치안은證據를들은 마암은깃버뛰며즐기엿다 그러나 혼자만즐길수업는嘉信이다。이嘉信를기다리다가落心背信한同胞가잇다。이嘉信의到來를疑心하는兄弟가잇다。마른나무 시드는풀에 新生을催促하는甘雨가되여지라하고 그는嘉信을힘잇게웨처告하엿다。(二十一節)

그러나마른이스라엘은蘇生하지안는다。偶像압헤꿀든무릅은 依然히꿀고잇다。바빌논財貨에빼앗긴마암은 依然히빼앗거잇다。文化에陶醉한精神은 依然히陶醉하고잇다。疑雲에싸인이스라엘은 疑雲을버서나지안는다 하나님의能力과사랑을疑心하는마암과 바빌논의軍隊를 드러워하는마암은依然히그들을意氣阻喪한中에 붓드러둔다。이에預言者는

先覺者만이맛볼수잇는 獨特한悲哀와孤獨의잔을 마시게되엿다。그러나그는落望치안엇다。百姓의마암이 아모리頑固할지라도 들이어오는嘉信이 全能者의말삼임매 반다시그대로成就될것을確信하엿다。그럼으로그는幻滅의悲哀에넘어지지안코 새힘을어더가지고 자는兄弟의마암을 깨우려한다。하나님에對하야國民的遺傳으로가지는 眞理를回想케하려한다。偶像과그燦爛한行列에 오래동안接함으로阻止되여잇는 一神敎的想像을回復식히려한다。所望을일은者의게 새所望을부어주려한다。

그럼으로文體또한그目的에適應하게되엿다 即그는全然히하나님을아지못하는國民의게對함가치 三段論法으로挑戰하거나議論하지안코 質問體로써 奬勵하며 回想케하며 確信을일으키게하며 또한새힘을約束한다。

이러한目的과文體가 方法에置重할理가업

다。 그럼으로이一段의글월을 區分지어난으기는어렵다。 그러나大略區分하면十二節ㅣ二五節까지는 偶像崇拜者의警醒을促한것이요 二七ㅣ三一은意氣阻喪한者을鼓吹하는것이며 二六節은前者의게最後의猛省을促하면서 後者의게向하는準備가된다。 即兩者를잡아매는다리다。

偶像崇拜者들의게

누가 손바닥으로 물을되엿스며
누가 뼘으로 하날을재여보앗스며
따의 띄끌을 말에담아보앗스며
山들을 저울질하엿스며
뫼뿌리들을 달아보앗느냐

울러러 高遠한하날을보라 그廣漠無際에 놀내리라 그러나그를한뼘에 재는者가잇다 굽으려洋々한大洋을보라 그汎々한물에너희는啞然하리라 그러나그를손바닥으로되는者가잇다。 廣大한따、全地를構成하는흙을말에담고 泰山과雄峰을저울대에다는이가잇다。

智慧로宇宙를創造하고 힘으로支保하고 命令으로써萬象을거느리는者가잇다。 그가누구냐 사람이냐 偶像이냐 아니다 너희가번린여호와하나님이그로다。 그의뜻이아니면一滴의물이흐르지못하고 一片의띄끌이날지못한다 ○그의힘 그智慧로因하야 天地는渾沌(Chaos)하지안코 整然秩序를가진宇宙(Cosmos)로서의存在을이어가는것이다。

누가 여호와의靈을引導하엿스며
누가 그의謀士가되여 가라쳣스며
누가 뎌를 敎訓하엿스며
누가 뎌의게公平한道를가라쳣스며
누가 뎌를 明覺의길로指示하엿느냐

하나님의靈을 引導하겟다는者 누군가그의謀士가되여顧問노릇할者가 누군가 그를敎訓하겟다는者 누군가 그의게知識을주어明覺을엇게할者 누군가 智者나愚者 모다그의게서지음을바든者가아닌가 지음을밧은者가 지은者를 엇지指示할수잇스랴 萬若

偉大한解放者

그러케하겟다는者가잇스면 그는無知가아니면 狂愚일것이다 일즉自己가 하나님의創造에關與하엿드라면 宇宙를이보다조금더훌늉하게맨들게하엿스리라한 西國의어느皇太子는 이中에하나일것이다。하나님께서그러한愚者와相議하엿드라면宇宙은 渾沌하야 별서그存在를일엇슬것이다。그러나하나님은完全한智慧、無限한知識으로써혼자생각하고혼자定하고혼자行한다。그럼으로宇宙는整然、自然은悠々하다。

이러케預言者는 하나님의智慧의完全、知識의無窮、計劃의無齟齬를分明히하야解放을씌할智者업슴을 歎하는可憐한俘囚를慰勞하고警醒한다。

보라 저는모든國民을 수롱의한박울물가티 저울대의 띄쓸가티 녁이시도다
보라 며는 셤들을 문지가티들도다
레바논은 불때기에 不足하고,
그즘생들은 燔祭드리기에 不足하도다

萬國이 하나님아페서는 업는것갓고
그가 보시기를 空虛하야업는것갓티녁이시도다

世上에나라가만코 그國民이만타 그러나數만흔그들도 하나님과比較하면 無나다름업다。그들이一體가되여 그數와強과富와智를總合하야 무슨運動을일으킨다하더라도그것이하나님아페서 무삼權能이되랴 그들이天地를뒤집흘듯이 써들더라도 宇宙的公眼으로볼때 수롱의한방울물 저울대의一片의씌글의增減과가치 大勢에아모影響을미치게하지못하도다。設或수롱에서 한방울물이줄고 저울대에서一片의씌글이업서진다하더라도 그들의가는곳은 하나님의바다 하나님의大地임을엇지하랴 그러타國際聯盟、軍縮會議、모다하나님이보시기에는 한방울물이흐르고 一片의씌쓸이날는것갓다。

萬國의百姓이生活의本據를삼고잇는六大洲 하나님께서는그를 적은씌쓸가치들어서 여

거저거던지신다。하나님께서는 그섬들의存滅이 自己의完全과充足에 一物의加減이되지안는것가치보시도다。그의게必要가잇스면 萬民과그섬들을 無에서끄집어낸것가치다시 無로돌려보낼것이다。

레바논의鬱々한栢香木을 모조리베여내라 그滿山의즘생을 아조리산양하여내라 이즘생 이나무를가지고 하나님아페燔祭를드리면 그것이무엇이되랴 靜肅한禮拜、壯嚴한儀式이 全世界에서한날한時에執行된다하더라도 그것이그稜威에무엇을加하랴 그는사람의모든燔祭와犧牲、祝福과讚頌이미치지못하는대노피게시도다。眞實로사람으로하야금 그數와權力과智慧를合하야 謀計를세우게하라 사람으로하야금 그富의總額을傾盡하야 燔祭를드리게하라 하나님은그들의謀計를업는것가치녁이시고 그燔祭를眼中에두시지아니하시고 自己의目的과計劃을 거리낌업시 進行하야가신다。

그런즉 너희가무엇으로 하나님을比較하며
그를爲하야 무삼形像을맨들겟느냐

하나님의膝下를떠난사람은 스스로하나님을차저 그아페서걸으려하지안코 하나님을 自己아페설으려다가것게하려한다。그러나하나님은그들의게설여오지안는다。이에그들을 하나님을무엇에比較하고 그를代身하는形像을맨드려한다。

天地와그萬物은 모다하나님의創造한바다 하나님의智慧와힘이그안에잠겨잇지안는것이업다。그러나하나님은 이모든것을超絶한다 神學者의所謂絶對他者(Das ganze andre)다 그럼으로그의本體를 나타낼것은업다。그를比較하고類推할것은업다。土器匠이와土器가 서로다름가치 하나님과그의被造物은다르다 이明白한事實을무릅쓰고 무슨被造物로써하나님을나타내는것은 眞理를虛僞로맨들고榮

光을恥辱으로變하는것이다。하나님을侮辱함이 이에서지나칠것이업다。사람은時代가가나오나 그愚를버리지안는다、아니 罪때문에 그愚를버릴수업다。그리하야 그들은하나님을自己의能力과比較하고 財產과比較하고 名譽와比較하고 戀人과比較하야 하나님을버리고 그것들을하나님以上으로 섬긴다。信者라하는우리까지도 實生活에잇서서는 하나님第一이아니고 名譽、地位、財產을第一로녁이는일이만타。

사람의 이러한心理가赤裸裸히나타난것이 所謂偶像이라는것이다。金屬으로 或은나무로偶像을맨드러 여긔저긔모서두고 그아페 무릅을꿀고 焚香하며 福을빈다 自身의所作物에 福을비는愚를行하는것이 아담의後孫들이다。現代人은이偶像을賤視하고 그崇拜者를悶笑한다。그러나그들이또한偶像아페 무릅을꿀고 그一生의幸福을追求하고잇지안는가 그들의偶像은 저들의偶像에比하야進化하얏스나 被造物로써 被造物의所產으로써 하나님을代身하랴함은一般이로다 또名譽나財產으로 하나님을代身하지안는信者라도 하나님을그自身대로보랴고하지안코 그를우리의局限된想像에制限하려할때우리는分明히信仰的偶像을맨들고잇나니라 보라 얼마나만흔사람들이 그리스도를改產하고 聖書를改編하랴하는가 이는모다偶像을짓고偶像을섬기려하는者로다。아ㅣ果然이世上을支配하는者는偶像이로다。하나님을그本然의姿體대로모시고섬기는 참信仰만이 이偶像의支配에서解脫이된다。이信仰이업는者는 아모리그의게知識이잇다하더라도 路傍의木像의게무릅을꿀는愚婦와다를것이업다。

너희는 아지못하고 듯지못하엿느냐
太初부터 너희게傳하여주지안엇느냐
싸터 세울때부터 깨닷지못하엿느냐

하나님의無限함 獨一絕倫함 이는사람의

自然性에屬한原始的知識이다。 그럼으로이를
배우기爲하야 神學이나哲學의구든門을 두
다리지안을지라도 귀를속으로기우리면 直
覺이가라처줄것이다。 눈을박으로向하면 自
然이 그를속삭어려줄것이다。 그러타自然은
그創造의太初부터 이眞理를傳하고잇나니라
詩人이「하날은하나님의榮光을나타내고 穹
蒼은 그손으로지으신것을 나타내여보이도다
이날은 저날의게말삼을傳하고 이밤은저밤의
게知識을베프도다」 라하엿슴은 하나님의偉
大를證明하는自然의소래를들은것이다。 이穹
蒼은지금도그消息을傳하고잇지안는가 直覺
은 지금도그消息을가라치려하지안는가 自然
性의光明은 지금도그知識에일으는길을 비
최우고잇지안는가 現代의스피ㅣ드文明(速
力文明)이어 잠간발을머물르고 이消息에
귀를주고 이光明에눈을向하라 그러면하나
님의偉大를보리라

여호와는 ᄯᅡ휠신우에안저
ᄯᅡ에사는者들을 멧ᄯᅮ이가티보시도다
하날을 絹紗가티폐시고
居할帳幕가티 치시도다

사람은 하나님을보려한다 그러나하나님은
보이지안는다。 하나님이보이지안음은 非實
在이기때문이아니요 그가ᄯᅡ우에노피안저게
심이로다。 無限하시기때문에보이지안음이로
다。 우리의視覺에 그全幅을나타낼수잇는하
나님이면 우리의讚仰을全注할者가되지못하
는것이다。 이와가티 그가보이지안는다고사
람은偶像으로써 하나님을代身하려한다。 그
러나그는 사람의그愚를悶笑하고 아로색인
緋緞가티펜無限한蒼穹 居할帳幕가티친高遠
한大空의 至極히노픈聖座에안저서 하날의
軍萬을거나리고 ᄯᅡ의萬國을다스린다。 사람
의子女ㅡ그들의最大最强한者라도 그의아페
는無와갓다。 地上의無數한居住者는 微弱한
메ᄯᅮ이와가티 그의게보이는것이다。 高慢한

偉大한解放者

者들이어 너희들의高慢이 그의아페서는메뚝이의高慢에지내지못함을알나 너희俘囚들이어 이매뚝이들의權勢와 高慢에萎縮지말나!

모든權勢잡은者들을 업시하고
따의判士들을 廢하시도다
저희가 겨우심기고 겨우뿌려저서
그뿔기가 겨우따에뿌리박으대
하나님이 그우에부시매 말나서
겨와가티 회리바람에몰여가러로다

모든權勢잡은者들 모든判士들 그들의背後에는國家의權力이잇고 民衆의支持가잇다 그들은全國民의强한그만큼强하고 全國民의智慧로운그만큼 智慧롭다。 그러나하나님께서必要하신때에는 餘地업시廢하야埋葬하여버린다。

그들의多年의努力에依하야 勢力이扶植되고 感化가미처서 그들의地磐이 겨우굿게뿌리박으려할때 熱風이불어와서 그들의多年의辛苦의成果를 水泡에돌려보낸다。 九天에나올나간듯하든 그들은卒地에九底에떠러저버린다。 그리하야 그들은차저도볼수업게된다。 그들의잇든곳에물어도 그자최를모르게된다。 이러한大變遷을옴여내는者 누군가、 하나님의한呼吸이 그로다。 아! 사람이란果然코로숨쉬는것이로다。 동무여그들의게依支하지말나 그들의權力을두려어하지말나 世界의歷史는 사람의權勢와 그의게依支하는것이아울너虛됨을가라치고 하나님의聖意의成就를傳하는攝理史로라。 英雄은일러낫다가넘어지도다。 國家는興하엿다가亡하도다。 하나님의呼吸이 그우에불미로다。

거륵하신者가 가라사대
너희가 누구로써 나를비겨견주려느냐

겨륵하신者 即하나님自身이말삼하시기를 「너희가 누구로써나를비겨견주려느냐」하신다。 누구로써 偶像으로써 政治家로써 將

軍으로써 帝王으로써 아! 누子로써 하나님을比較하며 代身할것인가 天地萬物을超絶한그를 누子로써 무엇으로써比肩할것인가 그를잴尺度는업고 그를담을말은업다。「나를나의本質대로肯定하라 그리고 너희의解放과運命을나의게一任하라 아—어리석은이스라엘이어」라고그는웨친다。

弟子된者의滿足

金敎臣

【一】

吾輩의게서 倫理、道德에材料될 말과、글이나오지 안한다하야 不滿하여하는니가 一方에잇다。그와同時에 吾輩의게서 雷聲電光과가튼 「唯靈的」基督敎의出現을 期待하다가 자못失望嘆息하는兄弟도他方에잇슴을안다。또物質을等閑視한다고 忠告하는니도잇다。

이에對하야 吾輩는 多技多能으로써 모든사람의게 各其各樣의要求를 모다充足식히지못하는者임을 슯허할뿐이고 만흔辯論은 하고저안한다。생각건대 吾輩는倫理敎師도아니오 또雲表에 솟아올나 靈界의特殊한神秘를 쇠잡어나려다가 異談新說을唱導하는 所謂天才的宗敎家도아니다。첫재로「宗敎家」가아니오 平信徒다。길가의 돌이다 宗敎라하면 異像을보는者、默示를밧는者、術法을말하고 熱狂叱咤를 일삼는者라야만 談할것이라는 見解를固執하는니는 섭섭하나마吾輩와는 談論할바盡하엿을것이다

여기에는 現代의通常敎養을바든凡夫가예수를 스승으로모시고 基督敎를世上에傳播하기보담도 예수를學함에 예수를먹고 마시기에沒頭하는者 平安이업는때에平安하다平安하다하야 남을慰勞하기보다도 爲先自

第子된者의滿足

我가 넘치는慰安에感淚를먹음고 變態아닌者로서 常識과常態의사람의게 自明한人生道理를 機會잇스면傳하려는것뿐이다。우리는左의一節를읽고 예수를놉히고 그를따루려고所願이다。弟子된者 그스승을 처다보는데에서 더큰滿足과歡喜가 또어대잇스랴?

비유컨대 아희가 장터에 안저 서로불너 갈아대우리가 너희를向하야 피리를 불어도 너희가 춤추지안코 우리가슬흔 소래를 하여도 너희가 울지아니하엿다함과갓도다。대개 洗禮요한이 왓어 떡도 먹지아니하며 술도 마시지아니함애 너희 말이 사귀가 들녓다 하며니 人子는 와서 먹고 마시매 너희가 또말하기를 먹기를貪하고 술을즐기난 사람이오 稅吏와罪人의 친구로다。하니 다만지혜는 지혜잇난 모든사람을 인하야 올흠을 나타내나니라。(路七〇三二ㅡ三五節)

弟子된者로서는 主예수가 당한對接을 당하면 그것이滿足의極이오 예수가 바든誤解에 近似한誤解를 바드면 그榮譽 이에 지날것이업는것이다。

【二】

二二

或親切한先輩들은 吾輩를向하야 事業經營의秘訣을累說하야마지안한다。『그러한方式으로는 朝鮮에不合하니 失敗하리라。如此如此히하면 빵집고헤염치기로 成功은確實하다云々』이러한말을 多十年間 敎役界에 經歷가진 牧師님들께서 들게됨이 再三次뿐이아닐때에 吾輩는 거이失望에 갓가웟다。吾輩를 仁川期米나 하는줄노指目하엿든고?하고생각하면 憤慨도 禁키어려우나 그러나 그態度의親切함을보와 好意를逆說노써駁하기는躊躇하엿섯다。써지난 燈불을 끄지말기로하고 다만 內心에 如此히思料하엿다。

驢馬는生殖器만發達하고 여빈개가 게(糠)탐을한다던가!朝鮮에基督敎들어온지半世紀에 처음부터 뭇까지 念慮한것은「成功」二字엿다。自己네들길에 念慮하다가못하야 路傍의 돌뎅이와가튼平信徒까지 붓잡고 成

功々々ᄯᅩ成功이다。이런때에聖句의眞理性이 切々히感銘된다。曰

너히중에 누가能히 念慮함으로써 목숨 一刻이나 더하겟나냐?(太〇二七節)

고。누가能히 念慮함으로써 成功을穫得한者ㅣ고?。ᄯᅩ 말삼이잇스대

쇼경이 能히 쇼경을引導하나냐 그러면 둘이다 구덩이에 ᄲᅡ지지아니하겟나냐!(路六〇三九節)

吾輩도 쇼경일넌지不知한다。그러나 吾輩를引導하려는그들은 쇼경이分明한것을確實히안다。그들을 ᄯᅡ라가면 둘이다 구덩이에 ᄲᅡ지고야말것이다。過去와가튼四十年을 今後에延長하야 失敗八十年을 朝鮮基督敎史上에 남겨두고 地下에서 聖訓의適切符合을 合掌할것이다。

다음에一考할것은「成功」이란 大體로 무엇을指示함인가? 雜誌의發行部數가 數百或은 數千에達하고 宏大한會舘과 大衆의

集會를引導하게되는것이 果然「成功」일가? 萬一成功의標準이 그럿타면 基督敎史上에 果然成功하엿다 할니가 幾人이잇을가。

成功主義者의 眼目으로 볼진대『主예수여 내靈魂을 밧으시옵소서……主여 이罪를 뎌사람들의게 돌녀보내지마옵소서』(使七〇六十)라고 말을맛치고 잔사람 스데반의 一生도 可憐한失敗의生涯엿든것이다。그러나 成功한 百千의傳道者보다도 失敗한 스데반一人이 이百姓中에 出現되기를 吾人은 所願하야 마지못한다。

大使徒바울의一生에도 所謂成功이란것은 全無하엿다。드로아에서 마게도니아사람하나이 懇請하는 異象을 볼때ᄭᅡ지 小亞細亞에는 慰勞밧을만한成功을 세운것이업시 不得已他大陸으로건너가게되엿다。마게도니아첫城 빌닙보에서 騷動罪로因하야 投獄當한以來로 羅馬에서『그말을밋는사람도잇고

밋지아니하난 사람도잇서 서로 맛지아니하야 훗터저」 감을보고 이사야의 말을引用하야 그百姓을歎息할때까지(使十六〇以下參照) 그의게 볼만한成功이업섯고 大使徒의末年은極히 寂寥한것이엿다(데모데后四〇十一節以下) 俗眼으로보와서는 다시議論할것업시 바울의生涯는 失敗의一生이엿다。그러나 바울自身은 決코失敗라고 생각지 안엿다。아니 失敗그것을「成功」으로計算하엿다。그럼으로 그의末年은 오히려 凱旋將軍의 氣槪와歡喜가잇섯든것이다。

내가 善한 싸홈을 싸호고 나의 달녀갈길을 다가고 밋음을직히엿으니 이제後로는 義의冕旒冠이 나를爲하야 備置되엿다 그날에 이르러 義의裁判長이신主가 이것을 나의게 주시리라。(데모데后四〇七、八節)

이것이 失敗者의 悲鳴이냐! 바울은 이勝利를 穫得하기爲하야 『모든 것을 일허바리고 糞土로 녁엿다』(빌닙보三〇八節) 이 바울의成功을 成功으로 알지못하고 이와反對의것을 「成功」이라稱하야 吾人의게勸勉하거나 或은指導하려하는者는 그가如何한學識을 가젓던지 그의게 幾十年의經歷이잇섯던지 그가 얼마나한 情分으로써親切히 忠告한다할지라도 吾輩는 斷然코예수의 말삼을 反覆치아니할수업다。

사탄아 물너가라! (마가八〇三三節)고

萬一우리의机上에 잉크병이 노혓다면 當然히 뎌의 口唇을向하야 投擲되여야할것이다。

「成功」이란 무엇인가? 예수가 이것을가르켯고 바울이 이것을向하야 다름박질하엿고 스데반이 이것을取得하고서 讚美의 잠을잣섯다。創世紀로부터 默示錄까지「人生의成功」을 이처럼明白히 敎示하엿것만 그처럼 解得치 못할世代야 어대잇으랴。바로 알고서도 行할能力이업다면 同情이나하려니와 왜 任意로 眞理를割引하는가 왜 自己流의 處方으로써 加味湯을 만들어가지고 世上을 惑하고 다른 소경까지 구덩이에 써러터 는고?

넘어도明白한道理임으로 이것을 다시聖句로써 引證하는徒勞를 略하고 東洋에『主의道를預備하며其捷徑을곳게하려』고왓던賢者의敎訓에서學함이 잇고저한다。

梁惠王이『叟不遠千里而來하시니亦將有以利吾國乎』잇가하고 물은때의 孟子의對答은 웬간한朝鮮사람은 거의다알것이며 또알어두워야할것이다。『對曰王何必曰利잇고亦有仁義而已矣』니이다라고。吾國을吾敎派로보라。何必曰利잇고?何必曰「成功」일고?

朝問道而夕死可矣。를 입수리에부처暗誦한지가數十年間뿐이엿든가幾百年間뿐이엿던가。독사의種類들아 何必曰利잇고何必曰成功일고? 三十年五十年의 信仰生活을回顧하면서『내가前에졂다가 지금 늙엇스나義人을 바리신것과 義人의子孫이 빌어먹난것을 보지못하엿노라』(詩三七○二五)고後進을奬勵하는老人은二千萬分之一도업단말인가。물스지도안코請치도 안난대 何必曰利잇고 何必曰成功의秘策인고? 朝鮮靑年의게는 義에對한 感應力과 眞理에向한 執着力은零無하얏는가? 何必曰成功의餌로써 靑年을꾀려고하는고。

基督敎는不信할지라도 孟子의敎訓은感歎할것이다。그럼으로 成功의秘傳에는 그처럼 큰興味를 가지지못함을容納하라。

吾輩는 스데반의橫死에 「成功」을본다。使徒바울의寂寞한生涯에서 勝利의凱旋冠을본다。『여호도 굴이잇고 空中에나난새도 집이 잇으되 오직人子는 머리둘곳이업다』하시고 나종十字架우에 慘敗의極을當하신 예수그리스도 안에「成功의實」을보고 宇宙征伏의眞理를 보왓다。一에도眞理 二에도

眞理 三에도眞理다。眞理를 배호고 眞理에살아 失敗도成功이오十字架도成功이다。예수의主幹한雜誌가 幾千部의讀者를가젓든가? 예수의所有하엿던會堂이 얼마나高廣하엿던가? 예수所屬하엿던敎派의敎徒가幾十萬을計하엿던가? 를吾人이淺識하야 알지못한다。

예수以外의 길을求치안코 師에過하는成功을願치 아니하니 弟子의滿足이이에잇노라。

城西通信

【一】

나는雜誌十四號 編輯을마치서 總督府警務局圖書課에提出하여두고 一月三十日(舊一月一日)夜京城을떠나 馬山으로向하엿다。馬山은敎會分裂로有名한곳이다 그敎會分裂이 엇더한原因으로 엇더케되엿는지 나는모른다나의아는것은 馬山에는 한편에는長老敎會가잇고 한편에는分裂하여나온 馬山獨立예수敎會가잇서 主日이되면두곳에서鍾을울여 馬山市民을警醒하고잇습니다。그러고 또나의아는바는그馬山獨立예수敎會는 그指導精神이 나의信仰과一致되는點이만흠이다 이點에잇서 馬山獨立敎會는 朝鮮에여긔저긔散在한獨立 或은自治派敎會와 다르다 이것을아는때문에 傳道者아닌나 그따라 남을가라친다든가 傳道講演을맛타가지고좀처름나서려고하지안는나도 獨立敎會의金山兄의請을들어 이번길을떠난것이다。

一週日間 나는나의밋는대로 나의아는대로 聖書를講解하엿다 나의게서 듯지안는 長老敎會員들은「예수의일흠도모르는者를다려다가 聖書를배운다」고 獨立敎會信者를非難攻擊하엿다。그러나나의게들은獨立敎會信者는 예수를아는眞理를배엇다하엿다 어느편이올코 어느편이그른지 나는모른다 아니 兩便이다올을는지모른다 나는아모리생각하여도 長老敎會의信者資格試驗에合格할수업다 나는敎會에出席하지안는다 洗禮와聖餐等儀式을重히녁이지안는다 敎會制度를否認한다 이러고야엇지敎會에서 信者免許證을어드랴 그러타 나는長老敎會의말하는대로不信者다 그들의意味하는바에잇서서는 예수의일흠도모르는者다。

한가지더말할것은 馬山獨立敎會信者들의信仰이살어잇습니다。그들은살」信仰때문에烈烈한싸홈을싸와왓다。 그러고지금도싸우고잇다 그들이獨立信仰을그生活의中心으로삼고 그를爲하야 서로사랑하고 서로握手하야 힘이잇는者는힘으로 財產이잇는者는 財產으로(獨立敎會信者는 典型的으로 다가난하다) 知識이잇는者는 知識으로써 獨立敎會를維支하여감은 今日朝鮮社會에잇서 一大偉觀이다 朝鮮民族의雪辱이다

그런대長老敎會에서는 朝鮮民族의자랑의하나를挾擊하야업시하라고 駐在宣敎師를增員하는等여러가지手段을弄하고잇다한다。 噫々

【二】

微々하야數에도 드러가지안는 우리의信仰的關合、微風에라도 날여가리만큼 열븐이雜誌가 조금식問題가 되여가는모양이다 或은가다듬어주고 或은協同한다하야 自己네의手中에너으려하고 或은合同이라하야利用하려하고 或은非難攻擊한다 사람의아들이어 그만두라 녀름에솜옷입히듯한保護를그만두라 일어나는봄을 부채질하는듯한非難攻擊을그만두라 하나님의뜻이면 설것이요 하나님의뜻이아니면 곳넘어질것이다 겨징말고그만두라。

【三】

雜誌의頁數가적어서 얼마실을수업다 그러나當分間은이대로나가려한다

(定價送料共)

一 部	十五錢
六個月	八十錢
一年分	一、五〇錢
殘本定價 一ー七號까지	〇、二〇
八號以後	〇、一五

昭和五年三月十二日 印刷
昭和五年三月十五日 發行

京城府外龍江面孔德里一三〇
編輯發行兼印刷人 鄭相勳

京城府西大門町二丁目一三九
印刷所 基督敎彰文社

京城府外龍江面孔德里活人洞一三〇ノ三
發行所 聖書朝鮮社
振替口座京城一六五九四

『聖書朝鮮』第十五號　昭和五年三月十五日發行(每月一回十五日發行)

昭和五年一月二十八日(第三種郵便物認可)
昭和五年五月十五日發行(每月一回十五日發行)

聖書朝鮮

第十六號

目次

復活

咸錫憲

오늘은復活主日이다。敎會歷史家하르나그로하여금「우리現代의基督信者에는復活節의信仰은잇스나 復活事實의信仰은업다」라고말하게한世界到處의敎會에서는 盛大한復活禮拜가잇슬줄알다。우리갓튼 無名의自由크리스챤은 盛大한禮拜와形式的祝辭는必要치안타。만은敬虔과感謝의念으로 이深奧한眞理에對하야生覺함으로써 좀더깁히復活을經驗함이必要하다。우리는 一日의復活節을직히고三百六十四日을無復活로지내여서는안이된다。復活節을직히지안는代身에每日이復活의날이여야만한다。크리스챤으로서 每日죽엄에서다시살어나오는經驗이업는者는살ㄴ者라할수업다。

그리스도의復活을 不自然한 일이라하야一種의迷信으로葬死하야바리랴는信者까지가잇다。만은 그런어리석은일은업다。基督을밋지안으면그만 그러나 萬一밋는다면復活을내놋코는無意味한일이다。그리스도의그리스도된所以는 即救主된所以는 그의復活에잇다。바울의말한것갓치 그리스도가萬一다시살지안엇스면 그는헛되히죽은것이다。누구나아는것갓치 바울의信仰의重心点은 그의 贖罪觀에잇다。그런대 그贖罪라는것은舊約時代에羊으로代身하던모양으로單純한代身죽음만이안이다。그보다도 죽엇다가 그死亡의權勢를無에歸케하고榮光으로다시살엇다는點이緊要하다。故로그리스도의復活이업시는 十字架의죽음도헛것이요 基督敎全體가決局은헛된것이다。외。우리의바래는것은正히 죽을것에서벗서나 生命에삼키우랴하는것이기때문이다。基督敎에萬一復活의福音

二

이업다면 우리는그를밋어現世까지를밋씨는
愚事를짓고십지안타。그리스도復活하엿는故
로 우리는그압헤主여하고降服을한다。依托
한다。맛긴다。(왼世上이우리를가라처人生의
自侮者라고罵倒까지하는것을견되면서) 그런
대萬一그그리스도로서 死亡을이길힘이업는
即우리와一般인第一部類의人間에不過한다면
그는挾雜군이요 하나님도협잡군이요 使徒
들도협잡군이요 룻터ㅣ도 칼빈도 무ㅣ디
ㅣ도 리빙스톤도 其他歷史上에生存한幾多
의靈魂도다협잡군이요 그들을信用하는우리
는어리석기짝업는者라는말이다。그러나 우
리는 그럴理가잇스리라고는生覺지안는다。
그런협잡의하나님과예수가오늘까지生命을가
지고歷史를推轉식이는原動力이되여가지고잇
스리라고는生覺지안는다 그야말로不自然中
에도不自然이다。그런故로 우리는復活의事
實임을밋는다。그밧게도復活의事實임을證明
하자면만히말할수잇는것이나 證明보다도爲
先基督敎라는것이本來그리스도의復活의證據
로부터生기엇는대(使徒行傳叅照)即換言하면
基督敎는復活敎라고해도可한대 그基督을밋
는다고하면서 그의復活을 밋지안는다함은
어리석음에도分數업는일이다。基督敎를支持
하는것은 復活의기둥이다。故로 復活의信
仰을明確히告白할수잇기前까지는 우리信仰
은든든한것이라할수업다。

그리스도의復活을否定하는者는 이를 弟
子들의僞宣傳이라한다。即 예수의屍體를隱
匿하고復活하엿다고宣傳함에依한다하는말이
다。만은 그런협雜手段이二千年間數萬億의
人類를(그안에는天才가잇고 偉人이잇고哲
人이잇고聖人이잇고 學者가잇고 藝術家가
잇다) 속여왓다는 그런不自然한일이업섯을
것이라함은우에이미말하엿다。或은 이러케
沒常識하게말하는것보다좀智慧롭게 宗敎心

理學的으로說明하는者도잇다。即 그리스도實地復活하엿슬理는업는것이나 그弟子들이너무崇拜思慕하엿던탓스로 一種의幻像의그리스도를보앗다。이를그리스도의生來로밋엇슴으로되되여基督復活論이生긴다라고하는말이다。果然그럴듯하다。그러나 우리는 일즉히 宗敎的法悅狀態가數日間繼續하엿다함을듯지못하엿다。하물며二千年間! 더구나數百千萬人이! 그야말로奇蹟 奇蹟이안이라乖理다。

외復活을밋지안나。뎌스스로가生命을渴求하지안키때문이다。死의恐怖를늣긴일이업기때문이다。뎌스스로가人生에對한深奧한煩憫과經驗이업기때문이다。종이갓치엷은人生에復活은必要치안타。만은 人生의깁피가加하여가면갈스록그奧底에서切實한復活의要求가올나온다。眞實한人生은 뎌의滅亡을견되지못한다。汎神論에서말하는것갓튼寂滅에도견되지못한다뎌는。自己의生命의永遠한個體的存在를要求한다。그러케살고십지안는者는、永遠히쉬일에돌아가라하라 만은 永遠히生存하기를願하는者에게는復活은업서서안이될일이다。

엇더케하야 이한番은반드시죽을몸에서復活하나。그것이正히 그리스도의復活에서發見이된다。그는몸소 죽음의멍애下에屬하누니肉體를가지고世上에나서 거긔一旦屬한後、그의全能한生命의權能으로 이死亡의權勢를이기고永遠히生存하者가되여 뎌를밋는者에게生命의權能을賦與하고잇다。그리하야 뎌는 第二部類의人生의첫이삭이되여 하나님의압페서人類의代辯者가되엿다。그런故로 우리가뎌를밋으며 이문허질帳幕안에잇어서오히려 生命에삼키우는때가올것을待望하고잇다그리고 將次엇을復活을밋을뿐만안이라。사람이아침마다地下室에서그날의糧食을ᄭᅳ내

復活 四

오는것갓치 우리도 每日復活의眞理를吟味함에依하야 날마다날마다復活의生涯를經驗하고잇다。

將次復活할때에 우리는어썬形像으로復活할것인가。 거긔對하야우리는完全한智識을가지는許諾을밧지못하얏다。 이가장興味잇는問題는 그날이올때까지기다리는수밧게업다。 아마 우리의肉體가墓門에갓가히설때에 열마쯤仔細히볼수잇을것이다 우리가肉體에居할때는主의집에居하지못하』 는것이니 只今은旅行中에出生한子息모양으로 아바지의집을될수잇는대로아름답게像想하는즐거움을가지는것이無上의幸福이다。 그러나 只今도 흐린거울을보는것갓치朦朧한가운대바라볼수는잇스니 이는 그리스도復活의狀態를熟讀함과 모든聖徒들에게啓示된바에依하는것이다 한가지注意할것은 或이生覺하는것갓치 只今에이肉體가요모양으로生來하는듯이誤想하는일이다。 이는 大部分이 이肉體的享樂의延長을願하는生覺에서나온것일뿐더러 原理上그럿지못할일이다。 이肉體는이미墮落에依하야情慾을發하야罪下服從하기에適當하게된것이요 聖別된靈의住屋으로될資格이업슴은明瞭한일이다。 故로이몸이대로가안일것만은確言할수잇는일이다。 우리는이消極的條件에依하야이러케推定할수가잇다 即復活할때에우리가밧는몸은靈化한肉體라고。 우리가다、이不自由한몸에서벗서나 自由롭고靈과의間에아모衝突이업는아름답는몸을가지게될때! 이는모든生靈이목을늘이어기다릴때가안인가 또 모든萬物이기다리는때가안인가。 그때그들은新婦갓지盛粧하고復活한人生을기다릴것이다。 生存한者에게榮光잇을지어다。 아멘。

復活은 勿論、死後의問題다。 그러나 死後의問題인이만침 現世에밋치는影響이至大하다。 復活을 잇어도조고업서도조흔 純全

한宗敎上의問題로簡單히生覺하야치어버리는 것은잘못이다。復活을밋는가안이밋는가에싸라 現世主義가되나 來世所望을가지는가가 갈닌다。그리고 世上에現世主義갓치現世를 그릇치는것은업다。모든野卑淺薄한享樂主義와殘酷無責任한破壞的行動이여긔서나온다。反對로高尙한來世思想은 모든困難을견듸고 이기는奮鬪力과 完全한安心으로부터오는豊富한創作力과 健全한義務感을주어向上의生涯를可能케한다。復活의信仰이업는民族은可憐한民族이다。 一九三〇、四、二〇

舊約과新約

鄭相勳

모든宗敎는 그眞理를가라치는 글월을가지고잇다 그것을그宗敎의經典이라한다 佛敎에는八萬大藏經이라는 巨大함經典이잇고 回々敎에는 코ー란이라는經典이잇다 基督敎에도 우리가「聖經」或은「聖書」라불으는經典이잇다。

基督敎의聖書는 한사람이 어느時期에記錄한한卷이아니요 一千五百年이라는 오랜동안에四十餘人의손을거처記錄된 六十六卷의冊이 모히여서聖書라는 한卷의冊이되여잇다 그러므로聖書는 오랜時日을두고 만흔사람이쓴便으로보면 近日出版되는全集들과가티 여러典籍의集成이지마는 그內容으로보면 即그六十六卷의題目이 하나님과 또그의人類에對한關心으로一貫하여잇는便으로보면 어느短時間에 어느사람이一氣呵成으로記錄한書冊가티보인다 이点으로보면가장完全한一卷의冊이다 그러므로聖書는 여러卷의冊이면서 또一卷의冊이다 아니 여러卷의冊이라고하는니보다 普通우리가聖書란말로 그것을表現하고잇는것가티 一卷의

舊約과 新約

冊이라고보는것이 聖書의內容을잘나타내는것이된다。

이六十六卷으로써 完全한一卷의冊이되여잇는聖書는 前後兩篇으로 난히여잇다 그前篇은三十九卷으로되엿는대 그것을舊約이라하고 後篇은二十七卷으로되엿는대 그것을新約이라한다 그리고舊約이라는 前篇은그예수께서誕生하시기前 即紀元前까지에記錄된것이요 新約이라는後篇은 예수의一生과그精神을 弟子들이記錄한것이다。

聖書가할卷이라하면 前後篇으로난호면그뿐일터인대 왜新約이니 舊約이니하고 난흐는가 더구나왜「約」이라는 글자를쓰는가우리말로「約」이라하는것을 英語나獨逸語에서는 拉典語譯聖書의用語를따라Testament라하엿다 그러나 이는拉典의誤譯을 그대로襲用한것이다 原語인希臘語 diatheke 라는말에는「遺言」이라는뜻과契約이라는두가

六

지뜻이잇는대 拉典語 Testament에는 遺言이라는뜻박게업다 그러나聖書에서는 차라리契約이라는뜻을 重히녁인다 近日에飜譯하는이들은 이뜻을明白히하야 舊契約 新契約이라한다。

이契約의契約者는 하나님이요 被契約者는사람이다 人類中에서사람의代表로 뽑은이스라엘이라는民族이다 이民族의代表로서맨처음에노아라는사람을 相對로하야 하나님이 그言約을세엇다 그言約의內容은 救援이엿다 그러나그救援은 노아의義우에서잇섯다 그後에아브라함이라는이스라엘民族의祖先으로더브러 그契約이뒤푸리되엿다。그러나그때의契約은信仰即하나님께에의絕對服從에 그土臺를두엇섯다 그後에이스라엘民族이 埃及에가서살다가 그壓制를벗서나올때 言約이更新되엿는대 그때에는律法的色彩가 濃厚하엿다 即하나님의命令을잘직

히면 이스라엘民族을祝福한다는것이다。이 思想이 우리가舊約이라부르는冊의날이되고 씨가되여잇다。그러므로이스라엘民族을選民이라고도하고 或은契約의百姓이라하며 하나님과그들사이에 言約을적은것을契約의書라한다。

그런대우리가舊約이라하는 聖書의前篇은 이律法的契約으로 끗을막지안코 그律法的契約의絕頂에 일으러새契約을 세우겟다는 宣言이잇다 그것이예레미야라는冊에 적혀잇는대 다암과갓다。

여호와께서 갈아사대 볼지어다 내가이스라엘 집과 유다집에 새언약을 세울날이니르리니 그言約은 내가 뎌희손을잡고 애굽따에서 뎌를인도하야 낸날에세운것과갓치아니한지라 내가 뎌희의게장가드럿슬지라도 뎌희가 그言約을 파한다함도 여호와의말삼이라 그날後에 내가 이스라엘집으로 더브러 言約을 세울지라곳 내가 내律法을 뎌희속에 두고 그마암에 삭이게하리니 나는 뎌희의하나님이되고 뎌희는 나의백성이 되리라함도 여호와의말삼이라 사람이 各々그리웃과 그兄弟의게 가라처널아기를 너희는다시 여호와를 알나하지아니할것은 적은者로부터 큰者까지 다나를앎이라함도 여호와의말삼이라 내가뎌희의불의한것을 赦하야주고 그罪를다시記憶지아니하리로다」

이새契約의豫言이 예수그리스도의게서實現되엿다고 聖書의後篇中에잇는 히브리書란冊을 記錄한이가 밝히말하엿다(八〇六ㅣ十三、十〇十五ㅣ十七)이러케본것이 딱마즌지 아니마즌지는 모르나 예수께서 十字架에 못박혀서 피를흘리고죽기前에 마즈막으로 그弟子들과 저녁을 가티잡수섯다 그때 저녁을마치신後에 포도酒잔을축사하시고난허주시면서「이잔은 내피로 세운 새言約이니 곳 너희를爲하야흘인것이라」고 말삼하섯다 바울이라하는有名한예수의弟子는 이새契約의執事로서 불음을밧덧다하엿다。

이새契約의內容은 하나님便에서는 아무

條件업시恩惠를 베프러주심이다 即사람의 罪를赦하야주고 罪갑인死에서 사람을解放하여주는것이요 사람便으로 믿음으로 이 絕對의恩惠를 밧는것이다。

예수의게서 이새契約이 完全히成就되엿슴을 經驗한그의弟子들이 各地方信者들의 集合에 예수의精神으로 편지한것과 예수 그의生涯에關한記錄이 나타나 그것들이모히여서한冊이되엿다 이때까지에는 猶太敎에서나 基督敎에서도 舊約을唯一한經典으로녀여왓다 그런대이제基督敎에는 새經典人格이한卷생기엿다。그러나그새로集成된冊을 곳新約이라고는 命名하지안엇다。이冊에 그名稱이確定되기는 三世紀初頭 오리겐이라는사람이「舊、新約이라는聖書」云云의 말을쓴때이다。

그러나舊約 新約이라하야 그것이딴冊이 아닌것은 몬저도 말한바와갓다 萬若다룸이 잇다하면 舊約은義가 主가되여잇고 新約은 愛가高調되여잇슬뿐이다 그러나그義는愛가 업는義가아니요 그愛는義에서지아니한것이 안이니 舊約과新約은 사람으로더브러 言約을세운 同一한하나님의氣脈이 一貫한完全한한卷의冊이다。

偉人의意義

金敎臣

「聖書朝鮮」은 偉人을相對하고 發刊하는 것이라함애、듯는니도 놀나고 말하난 余自身도 놀낫다。

福音이라하면 누구나 들어도 알것이며 信仰에關한것은 無代로 엇을것인줄노알고 宗敎問題란 愚夫愚婦나 이것을 일삼을것이라고 世上은 信憑하고잇다。

때에 余輩는 웨처말한다。「聖書朝鮮아 全土를彷徨하면서 一人이라도 偉大한사람을만나보라。偉人이 아니어든 도로오라。凡衆은 네가關係할바아니니라」고。

「山村으로가라。거기의樵夫一人을 慰함으로汝의使命을삼으라。」는本誌의主旨를 記憶하는니는 그矛盾의巨大함에 疑訝를禁치못할것이다。大體、偉人이란 무엇을稱함넌가 얼마나한 學識을가진넌가 얼마나한事業과 經歷을 싸힌넌가。聖書朝鮮의讀者될만한偉人은果然朝鮮에 몃사람될가?

念慮하지말나 記者의稱하는바 偉人이란것은 山間의樵夫그사람을 指摘함이다。

現代日本의所有한 가장博學者의第一人者인新渡戸稻造博士는 偉人의定義를 左와如히述하엿다。『偉大한人物이란것은 或은그行爲 或은그言語、或은그人格의 힘으로써、他人의 마암에 現著한變動을 招來케하는者를謂함이라』고。彼의博學에相應하야 甚히抱容的이다。예수도偉人、가롯유다도偉人 와싱톤도偉人 張作霖도偉人일것이다。그러나 우리는 좀더素朴한定義와 適確한實例가아니고는 그漠然하고空虛함에 못견대겟다。筆者의 본바偉人의한아혼如此한것이다。

業은小作農이오 學識은國文聖書를 겨우解讀하는程度엿다。더는幾年間의信仰生活에 潮汐가치 밀려드는 온갓逼迫과嘲哢을 견대다못하야 하로는 夏日의黃昏에 자라가는버들그늘에다 몸을숨기면서 예수 하직하려는祈禱를始作하엿다。「차라리今後로는 당신을몰은다고하겟습니다」라고。땀흘니고 눈물뿌려 싸르던主를 하직하고 버들밧흘 나설즈음에 더는祈禱의친구 한사람을偶然히만낫다。森嚴悲莊한人生의巡禮에 더들은 다시 버들밧속에 예수의일홈으로 祈禱를 始作하엿다。矛盾이라면矛盾이고 미련하다면 미련하겟다。 뎌는其後에도如前히城川江邊에서信仰을繼續한다。

트라팔갈海岸에서『英國은 그國民이各其本務를 다하기를期待한다』고 救國의精神을噴火한것은 英國의偉人 넬손提督이엿다『皇國의興敗此一戰에잇스니 各員奮勵努力하라』고 火山島國의 熱情을吐露하니가 東鄕平八郎氏이엿던것은 讀者의記憶에새로울것이다。 西와東 戰死와生還의別이잇섯스나 丹誠의極致 吾人을 움즉이지안코는 마지아니함은 彼此一般이다。 莊嚴하도다 生榮을斷念한者의一言一句。

宇宙의主宰이신 全能하신 여호아하나님 아부라함의하나님 모세의하나님 루터의하나님을밋는 하나님의子女한아가 肉의緣故로 그하나님을 否定하고 그의獨生子救主예 틀告別하려는決心이 心中에 생겻슬때에 아는者만은 알것이다 여기는 트라팔갈海戰보아도 日本海戰보다도 더큰運命을決定할大戰이이러난것을 自由意思로써 全生命全人格을獻하야 信從하던 主예수를正氣로써 하직하려할때의心事 이를 넬손提督이信號를 揭揚할때의心事에比한들 엇지足하다하랴。天上天下에唯我獨尊이란意味의全幅은未詳하거니와 墮落이아니고 發狂이아니고서 基督信者가信仰을 버리려고 致誠의마암을 가질때 이는單只一身의自殺뿐이아니오 實노宇宙의崩壞그것이다。生命을일흔者는 全世界를所有하여도 無益한故이다。그럼으로 吾人은말한다 無識한小作農夫일지라도 人間能力의窮極에到達하야 絶對絶望中에 深刻한煩勞를體驗한사람 그를稱하야偉大한人物이라하노라。

自殺은問題의解決이아니다。그러나自殺의決心에까지逐窮을當한經驗이업시 一生을마침은 그는人生을生活한것이아니고 通過한것이다。(단체地獄篇칸토二一)그들이世上에옴은 春霞가地面에 가리움과 갓하야 太陽이中天하고 바람이 지나가면 잇섯던곳에 다시 볼수업는人生들이다。

一枚의窓紙보다도 두텁지못한生涯를通過한者는 그의게 요란한貴譽와 모든學識을 부친다할지라도 뎌를 天秤에 걸진대 無보다도 오히려 輕할것이다。

넓은世界와 無際한宇宙에 生長하엿것만 그 靈魂이 드러가 숨길 구멍은 찻지못하야 헤매고、나라가 避할天體를 잡지못하야 숨차하다가『嗚呼라 나를救援할 사람은 누군가?』고 다소 사람 바울과가치悲鳴을發하지 아니치못할 生涯에、正面으로 衝突하여본사람、그러고 主의恩惠를 힘입어『이는 우리主예수그리스도 인故로 感謝하노라』(로마七〇二四節)는凱歌를 發하여본사람 即한번 죽고 거듭난 사람 初生之人이아니고 重生之人을 稱하야偉人이라 하노라。

『내가 너히다려 말하노니 女人이 나흔 사람中에는 洗禮요한보다 크니가 업나니라。그러나 하나님의 나라에서는 至極히 적은者라도 뎌보다 크니라』(누가七〇二八節)

(四月十日)

人生의目的

鄭相勳

사람이무엇때문에 出生하엿는가 무엇을 爲하야 苦海라는이世上에서 가진苦楚를겨으면서 살랴고애를쓰는가에對하야 생각하여보려함니다 이를생각히는대 나는사람의目的이무엇이겟다는問題를解明하기前에 實際로 사람들이무엇을目的삼고 그날그날의生을經營하여가는지를 몬저살펴보고 다음

人生의目的

에基督敎에서 무엇을사람의目的이라말하는가를 말삼드리고 마지막으로사람의現實的目的과 基督敎의人生目的觀과의關係를말삼드리려함니다 그럼으로나는이考察에서는哲學者들이나大思想家들의人生目的觀에 言及치아니할것임니다 또아무目的업시 盲目的本能의奴隸가되여서 다맛먹고마시고 입고 장가들고 싀집가서 아들딸이나게되닛가 그들을또한自己네와가티 먹이고입혀길우어갈뿐이요 그以上의아무欲求업시사는生活 即人生目的에對하야無意識的生活을營爲하는者도 考察圈外에 버려두려함니다 그리고나의考察을 우리日常接觸하는 또接觸할수잇는大衆의게限하려함니다。

그러면 우리가쉬이接觸할수잇는大衆、即우리들의親舊들은 무엇때믄에 밧갈고 고기잡고 장사하고 工匠질하고 버슬하는것임닛가 「살기爲하야」ㅣ올습니다 살기爲하

一二

야서입니다 그러나單只살기爲하야 그러한辛苦를當하겟습닛가 그以上무엇이업겟습닛가 萬若그以上무엇이업다하면 人生에는解釋하지못할 수수겨이가너므나만치안습닛가 끗이업는사람의欲望는 무엇으로說明하겟습닛가 親한사람이죽을때의슬픔은 무엇으로說明하겟습닛가 이外에도 說明치못할것이甚히만흔줄압니다 이러한說明못할事實을덥허두고 사람은다맛살기爲하야 復雜한生活을經營하여간다고는 쉽게論斷할수업슬줄암니다 苟々히살기만爲한다면 사람의마암이이대지刻薄하지안어도 조치안켓습닛가 주리지안을만큼먹게되엿스면 그로써滿足할것이아니겟습닛가 富者는饑死의慘境을 둣고보면서 그庫집門을굿게닷들必要는업는것이아니겟습닛가 音樂이라든지 美術이라든지文藝이라든지 이러한것들은업서도相關업는것이아니겟습닛가. 이러케사람은 먹고입

는것으로만은 滿足치안은것이 사람의現實生活이아니옵닛가

이疑問을解明하여주는것이 幸福이외다사람은언제든지 現在보다 좀더잘살어보자함니다 좀더넉넉하게 좀더貴하게좀더즐겁게좀더便安하게 살어보려함니다 다시말하면좀더幸福스럽게살어보려고함이다 個人이그러할뿐아니라 家庭이그러하고國家가또한그러함니다 近來에는階級意識이 發達되여서한階級이單位가되여가지고 幸福을求하고잇슴니다。社會主義運動이란結局이階級意識에눈뜬사람들이 最大多數의最大幸福. 다시말하면 人類의多大數를차지하고잇는無產大衆의幸福奪還運動에지내지못하는것인줄암니다

이러케全人類가모다 不滿을가지고 幸福을求하고잇슴니다 貧者도求하고富者도求함니다 弱者도求하고强者도求함니다 平民도求하고貴族도求함니다 王도求함니다 모든나라 모든年齡 모든時代 모든境遇에서 그幸福을求하고잇슴니다 여긔에競爭이생기나이다 戰爭이생기나이다 鬪爭이생기나이다그리한야弱肉强食이라는 비리내나는熟語까지도 나오게되엿슴니다 그러나弱하야肉이된者의게 幸福이업섯슬뿐아니라 强하야食한者의게도幸福이오지안엇슴니다 그러하야그들은다시幸福을 차즈려고 出船하나이다그러나幸福의港口는 發見되지안나이다 幸福의幻影을 조차서一灣에이르면 그幸福의幻影은 건너灣에서 소래치고부르나이다。다시그灣을征服하야 入港하면 그幸福의幻影은 또다시건너灣에서 손짓하고잇슴니다이러케잡을수업는幸福의幻影을조차단인발자최가 아담이樂園에서 쫏겨나온以後의人類의歷史외다 이러케오랜證據가잇스니까 우리의努力으로는 幸福을達할수업슴을알만도한대 우리는깨달지못하고오히려찻고잇슴니

人生의目的

다 그리하야幸福을求하지못할뿐아니라 그 幸福을求하든손이 도리여不幸을더듬어쥐게 되나이다 詩聖케ㅣ테가

寶貝를 파랴든손으로

지령이를 파노코 깃버함은 가련한일이다라 한것은이를말함인줄압니다 幸福을찻든者가不幸을當하게됨은 果然가련한일이외다 그러나사람은가련한處地에빠지면서도오히려幸福을求함니다 아니 가련한處地에빠지면빠질스륵 幸福을求함니다 그리하야不幸에서不幸으로 나아가서 마지막에는無限한不滿을 가삼에안은대로 무덤속으로나려가게됨니다 이는佛蘭西의思想家파스칼이말한바와가티 「永遠의混亂」이외다 人生永遠의悲哀외다 이「永遠한混亂」을 깨닷지못하는것이人生이외다 아니 設或깨닷는다하며라도 이에對한아모方策과能力을가지지못한것이 또한人生이외다 그리하야사람은 이

「永遠한混亂」이란배에실여 捕捉할수업는 幸福의幻影을자차가는것이외다。

그러면 웨時의古今 洋의東西를通하야萬人이모다求하야도到達하지못하는幸福을사람은부즐업시求하고잇슬가요 이에對하야는깁흔理由가잇는줄압니다 사람은原始부터不幸中에잇는것이아니외다。創造함을바든그대로의사람은幸福이잇나이다 그러나그幸福을喪失하엿습니다 그러고그後에는그喪失된幸福의記憶만남어잇게되엿습니다 이思想이人性의深底에잇는니만큼 또사람의現實生活이不幸하니만큼 사람은속으면서도 속는줄도모르고 왼갓企圖中에서 그幸福을探索하고잇는줄암니다 自己안에서찻고 밧게서찻습니다 그러나 아모리찻더라도 喪失되고업는幸福이 차저질理가잇겟습닛가 그리하야被造物中에 幸禍찻든모든손은 失望의잔을 지게미까지마시게됨니다 그러나幸福探求를쓴

치지못하는것이 사람의悲慘한運命이외다。모든生來의사람은 이悲慘한運命의멍에를지고 嶮峻한人生의行路를 것게되나이다 이멍에가 辛酸한그만큼 樂園을좃겨나온아담의後裔들은 이멍에벗기를即喪失한幸福回復을 그生의目的삼지안을수업나이다 그러나 幸福을 이미所有하고잇는者 即幸福을喪失치아니한者 創造함을밧든 그대로의사람은 幸福探求를 그目的삼지안을것이외다 그의게 이와다른目的이잇슬것이외다 이에우리는 사람의創造에關한記錄을가지고잇는 聖書와基督敎에 눈을옴겨살펴보려하나이다。

基督敎에서 사람의目的을 端的으로表明한것은 十七世紀中葉 英國웨스터민스터ㅣ會議올시다 그會議에서作定한敎會問答書의第一問에「사람의根本目的이 무엇이냐」라는말이잇슴니다 이第一問의答은「사람의根本目的은 하나님을榮華롭게하고 또그를永遠히즐기임로다」라하엿슴니다 傳하는바에依하면 問題가提出되엿슬때 그問題가너므나 큰까닭에 容易히答하는者가업시얼마동안滿場이默々히祈禱하고잇다가 어느절믄敎役者가 嚴肅한態度로起立하야 前記의答을함에一同이贊하야 그로써第一問의答으로決定하엿다함니다。

그러나 이思想은前記의會議에서 비로소發表된것이아니외다 聖書의첫머리부터 마지막까지 一貫하여잇서 어대를쭈시드라도쏘다저나올思想이외다。

이思想이 무엇을意味하는것인가를 알기爲하야「하나님을榮華롭게」한다는聖書的意味를 살펴보아야하겟슴니다「하나님을榮華롭게」한다는것은 하나님께서 모든것에쎠어나서 榮光과尊貴와權勢를 바드시는것이合當하다고 認定하는것이아니외다 萬若그러타하면 惡魔는엇더한信實한信者보다도더

人生의目的

「하나님을榮華롭게」할것이외다 그러나惡魔는하나님을榮華롭게하지못함니다 도리어하나님의尊貴를잘아는 그知識으로써 더욱하나님을辱되게함니다 「榮華롭게」한다는動詞의聖書的意味는 爆發한다든가 보이게된다는것이외다 曙光이暗黑을헤지고 燦然히나타나는것가티 幕이것치고 그內容이보여지는것가튼것을말함이외다。

그럼으로 「하나님을榮葉롭게」한다 함은 하나님의榮光과 尊貴와權勢의獨一絕對임을認定함에긋치지아니하고 하나님을나타내보이는것이외다 即하나님의本然한姿態를 나타내여보이는것이외다 그러면하나님의本質은 무엇이나 하는問題가일어남니다 하나님의本質은 그의創造物인宇宙의萬像을通하야더구나사람을通하야 알수업는것은아니외다그것은甚히不完全한斷片的知識에 지내지못함니다 그런대한사람이잇서 「나와아바지(하나님)는 一體라」하고 또「나를본 사람은 아바지(하나님)를」본者라하엿슴니다그러고그가世上에出生한後로二千年동안 만흔眞實한사람들이 그의말이참되다고밋어왓슴니다 그들中에或者가證據하야 「말삼이肉身이되여 우리가온대居하야 恩惠와眞理가가득하매 우리가 그榮光을보니 獨生子의榮光이러라」(요한一〇十四)고도하고 또「대개 하나님의一切豊盛하심이 그리스도안에形體를일우어居하시다」(골二〇九)라고告白하면 그外에사람들은 모다그들의證據가참되다고 肯定하여왓슴니다 이러한證據를바叫者가 나사렛木手의아들 예수그리스도올시다 이예수의게 하나님의絕對의啓示가나타낫다고 尊崇하는것이 或은틀엿는지도보르겟슴니다 그러나基督敎는 이信仰에서잇슴니다 그럼으로이信仰이否認될때 基督敎는업서지나이다 적어도聖書的基督敎는 그

立場을일케되나이다 그럼으로基督敎를論하려면 이思想을除外할수업나이다 우리가이를肯定한다면 그리스도의生活은 그全部가 하나님을 나타내는것임을 肯定아니할수업나이다 그러나生活全部가 하나님을나타냄인 그의生活에도 다른누구生活에도 잇는것과맛찬가지로 中心이잇슴니다 그것은 그生活의絶頂인十字架임은 누구나肯定하는바외다 그럼으로예수가 하나님을나타내는行動은十字架에 壓縮되여잇다고볼수잇슴니다 罪를仮借하지안는義와 敵을救援하기爲하야 自을죽이는사랑이외다 「하나님은 거륵하시다」라든지 「하나님은 사랑이시다」라한 그하나님의사랑이 예수의十字架에나타낫슴니다 敵의罪를罰하기爲하야 自身을죽이고 敵의게生命을許與하는대 스스로 滿足과 깃븜을가지는것이 하나님의義와사랑이외다 그義와사랑이곳하나님이외다 그럼으로하나님을 나타낸다함은 義와사랑을나타냄이외다 兄弟를爲하야 예수가진十字架를지는것이 即「하나님을 榮華롭게」하는것이외다。이것을基督敎에서 사람의目的이라함이다。이眞理는 「하나님이 自己形像대로 사람을創造하시다」한創世紀二章에 이미나타나잇슴니다。

基督敎에서말하는사람의目的이이러타하면 그얼마나世上사람이 目的하는바와다름닛가 東과西가 다른것가티 서다르지안슴닛가。即하나는 하나님中心이요 하나는自己中心이외다 다시말하면 하나는 自己犧牲이요 하나는自我滿足이외다 自己中心思潮와 享樂氣分이 그絶頂에達하엿다할수잇는現代人이基基敎의人生觀을 蛇蝎과가티 忌避함은 當然한일인줄암니다 그러나그現代人이 이를아모리厭惡할지라도 또基督敎信者라하는者 그牧師라하는者이를아모리忌 避할지라도 이것이基督敎의人生目的觀이외다 이目的觀에堪耐치못하는者는손을싯고쎠날뿐이외다。

그러나基督敎의人生目的觀을 좃는生活이不幸이며悲慘이요 世俗의人生目的觀을 좃는生活이幸福이요 快樂이라고는할수업습니다。

우리가 서로서로의幸福만을 求하고잇슬때에는 決코幸福이 우리의게일우워지지안나이다 그러나우리가自己의幸福을 度外視하고하나님의榮光을 나타내려할때 即自己를犧牲하며남을사랑할때 求하야도엇들수업든幸福이 제절로實現되나이다 그럼으로幸福에 일으는길은 幸福을버림에잇습니다 그러고幸福을 버리는길은예수의十字架를 依支하는대잇습니다 예수의十字架를 依支할때 우리의게喪失된生命即創造된그대로의生命이 回復되나이다 그原始의像態가 回復됨을따라 우리는幸福을現有로가질수잇게됨니다 이에우리는 人生本然의目的을 目的삼고 生을營하게됨니다 即愛他의生活을하야 하나님을榮華롭게할수잇니다 하나님을榮華롭게함으로말매암아하나님의 本質인그愛와義가 世上을支配하게됨니다 이러할社會가成立될때 사람의現有의幸福은 그지업지增進될것이외다。現世의不幸은 그制度의不備에잇지안코 이愛와義의缺乏에잇나이다 그럼으로大衆이 낫밤으로 求하야마지안는幸福은 各사람이「하나님을 榮華롭게」하는것으로 그人生의目的삼음에잇습니다。이사랑에依한 否定의길을두고 幸福이獲得된例가업습은 歷史의가라치는바明々한事實임니다。

設或自己의幸福을求하는企圖가實現되여모든幸福을求하든者가 幸福을누리게되고 義와愛의生活을하야 하나님을榮華합게하는일이 文字대로의十字架라합시다 사람에幸福을누리면 몃해나누리며 十字架를를지면몃해나지게됩닛가 길어야七十年이아님닛가。自己享樂도七十年 十字架의愛他도七十年이아님닛가 그러면自己享樂으로七十年을보내는것보다 十字架를지고 그리스도의苦難의못자람을 모래는것이 얼마나貴하고아름다운것입닛가 이도一生 저도一生이면 貴한一生을擇하는것이 얼마나한榮光입닛가

우리의새使命

楊仁性

歷史家는現代文明을評하야 日耳曼(German)이라는新材料를希臘(Greek)羅馬(Roman)라는 古代熔鑛爐에녓코基督敎라는職工이陶冶加工한것이라고한다

이짧은말이 果然現代文明의淵源을 確實히우리의게가르칠쑨만아니라 이文明의將來싸지도暗示하여준줄밋는다 오날날歐米文明의그始初가저羅馬나 希臘과는달니猶太民族이가진神本位의思想으로 創設된것이다 即日耳曼族이古代로브터以色列(Israel)百姓이가지고온여호와 하나님을두려워하는 知識의根本되는 智慧(箴言一의七考照)를土台삼고세운文明이니 以後로도그精神으로運行되여야 이文明이永久할것이다

자ㅣ그러나이제우리는 그들의信仰狀態가어쎠한가도라보자! 저四百年前루터先生의改革精神이只今歐米各國그들敎派中에어대잇는가? 三百年前英國크롬웰 가튼淸敎徒的政治家가어대잇나? 또六七十年前米國의奴隷解放者링컨가튼義의勇者가어대잇나?

아ㅣ그들은最初의참智慧를이저바리고只今은이世上小智로써漸々敗亡의길노가는듯하다 이때에우리는이참智慧를배워水遠한祝福을밧

고그의새後嗣로擇함을밧는것이우리의새使命이안인가생각한다. (四月三日)

生命의發達

고ㅣ데ㅣ

世紀를無數히지내는동안 物的生命은自由롭게 大自然中에서그自體를展開하여왓섯다 아담이生物의이첫形態와더욱高貴한形態即自由한心魂의形態 사이에架橋가되엇다 四千年동안 이後者가녯人類의게서進化의過程을繼續하엿다 그後에드되어 예수그리스도가降臨하섯다 그는心魂의生命에서 한層더完全한生命ㅣ即사람心魂안에來住하는聖靈의生命에의轉換을行하엿다 二千年동안 이靈的生命의火焰이 敎會안에타고잇섯다 그리하야그火焰은 人類안에서 그自體를維持하기必要한資質을發見하면 어대든지傳播되여가섯다 이것이終局이엿든가 可能性은消盡되여버렷는가 或은그러할는지모른다 예수自身안에서實現하고 또天國에서우리의게傳하여주는生命보다 더욱高尙한生命을 우리는생각할수업스닛가。 그러나 設或그럿타하더라도 年紀는終이되지안엇슬것이다 發達이그終端에到達한後 다시한發達을始作하야同程度의發達을마치기까지는發達이完成되는것은업슬것이다「未來는다맛過去에의歸還이다」라는 프란스敎授의有名한말이잇다 靈的生命이 그絕頂에達한後에 사람이 前에밟어올나온低級의生活을回想하더라도 그것이羞恥될것은업다 사람의첫過程이든物的生命일지라도 羞恥感을일르킬理는업다 그物的生命도또한 神的智慧의印刻을 씌고잇지안는가 肉體를輕蔑히생각함은 참되고健全한靈性의態度가아니다 예수는 죽어그肉體에서解放되엿슬때 그肉體를니저버려두지아니하엿다 그는그肉體를무덤에서다시차저내여서 復活함으로써 그肉體를살엿다 昇天하실때에도 即그本然의神的生命에다시드러 가실때에도 예수는肉體를버리지아니하시고 그것을變化하엿다 그리하야全能의機關됨에適當케하고 또바울이「하나님의一切豊盛하심이 그리스도안에形體를일우어居하신다」라말한神的生命의機關됨에相應하게하엿다(골로새二章九)이榮光의秘義에對한豫感을 우리의게주는것이 變貌의한目的이안니엿든가 長成한사람이 그눈이처음光明을보든 搖藍을冷淡히생각할수업다면 聖의境地에達한 하나님의아들은 처음에는自己의心魂이 個人的意識을自覺하는대그릇이되고 또後에는그의靈이天的生命에參與하는대 그릇이된그肉體를侮蔑하지아니할것이다 地上에서일지라도 聖靈이사람의肉體를聖殿으로삼을때 聖靈은肉體의形狀을高貴하게하지안엇는가 聖靈은肉體의表情을비최우고 그衰强하여지는힘을更新케하고 그强함을도아주지안엇는가 지금사람의肉體안에는 한엄이담겨잇다 聖靈과우리와의聯合을通하야 肉體는壞滅되여갈지라도 그엄은成長을始作한다 이러케하야靈에適當한새機關은 그自體를形成하야간다 바울은이를「靈體」라고大膽히말하엿다 우리의現在의肉體가 地上에서 우리의人格의바탄인心魂의機關이되는것가티 靈體는 靈이우리의生命이될때 靈의機關이될것이다「血氣의몸(心魂의生命으로사는)이잇슨즉 또神靈한몸(靈의機關으로奉仕하는)이잇나니라」고바울은말하엿다(고前十五章四四)지금 聖靈이 죽을運命을지고잇는肉體우에役事하야이미이地上에서 떼때로奇事를行하엿다하면그聖靈이 그自身의創造요 그의傑作인 그새몸에서 무엇을맨드러 낼것인가 바울은우리의現在의몸을「알곡」에比하고 未來의몸을 地上에떠러진不完全한엄에서자라낫스나形體와色澤이完全한植物에比하엿다 그러면이靈體의燦光과生活力이 얼마나偉大할것이랴!

그러나이것이 全部가아니다 우리의現在의몸안에 두개지系統即動物性과植物性을보는것가티 우리의未來의몸은 空虛와死의法則에서解放되여서 更新되고榮化된自然의中心이될것이다 사람뿐이아니라 바울이말한것가티 온被造物이 本能的으로憧憬하야마지안는理想이 實現될것이다 地上에서의生命의源泉이된 物的存在는 그것이外樣으로는甚히粗笨한것일지나 그러나 그것이聖靈의도음을바더서새主인 靈體의活動과諸德의榮光스런舞台가될것이다 物質은必然的으로靈의監禁者가아니며 또靈의活動에障碍도되는것이아니다 우리는이證據를 藝術家의부드럽고도 全能한손에본다 그藝術家가그러케偉大한結果를産出하는器具안에서 그證據를본다이제는藝術이 後日聖潔의燦然한王冠이될榮光에對한 序幕에지내지못하다

지금까지말한바를 綜合하여보면 自然의舞台우에서 無意識的生命이 活動하여왓다 그러나그生命은感官에對하야 종노릇을하엿섯다 歷史의舞台우에서는 사람의魂이 自意識的이요또自由인生命이 그豊富한內包를展開하여노왓다 敎會에서는(가장靈的意味로이말을理解하야서의) 새것이자래나서 그自體를發達식혀왓다ㅣ 即예수그리스도안에實現되고 또그가우리의게傳達하여준 聖愛의生命이 그러케 發達하엿다 마지막으로우리가 天國이라고불으는 最高한處所에서그本質은神的이요 그形體로는人的인 이完全한生命이 榮光된物體를通하야 擴張되여四方으로비최여나갈것이다! 이러한것이 事實에關한우리의觀察을 聖書的啓示에順應식

혀본 生命發達의要領이다 時間이잇기前에 考案되고 또그莊嚴한 結果가 時間을다시 永遠에도라오게한 그計劃에對하야 우리는 엇지感嘆함을앳길수잇스랴「모략이거묘하고 지혜가아름다운」하나님의思想을 여기서認定하지안고엇지하겟는가 詩人과가티「主여 당신의일은 甚히偉大하고 당신의 思想은 甚히깁도소이다」라고 웨치지안코 어이하랴 聖바울은 이神的計劃을 簡短한말로總括하엿다 그것은人類歷史의수수겨이에對한 열쇠者요 또모든基督敎哲學의敎本다——即 血氣잇는者가 몬저요 그다음에는神靈한者이라」(고前十五章四六)(終)

敎會의古今

楊 仁 性

우리는敎會의腐敗를나날이보고또歷史的으로도잘아는바이다 더욱히오늘날朝朝敎會의 無力腐敗를잘안다면누구나다一驚을禁치못할것이다 그러나余輩는그러케놀나지안으며또그腐敗無力을새삼스러히校正하며廓情하려고도안한다。

敎會는腐敗하는것이다 저牧會書翰이라는「듸모데前後書와듸도三書翰」을보라 예수昇天한지不過百年內에아니그의直接敎訓바든十二弟子가아직世上떠나기前에基督敎會는餘地업시腐敗햇든것이안인가? 이三書를近者聖書批評學者들은비울의쓴것이 오르니아니니하여論爭의焦點이되고잇다하나如何間예수世上떠난지얼마안되여敎會안에여러가지不祥事가勃發햇슴은不誣할事實이다。

예수의福音은儀式이나信仰個條로써由持할것이아니다 靈으로만알것이며眞理로써야만生命잇는것이다 基督敎는모든밋는사람을救援하는하나님의能力이다。(羅馬一의十六—七節參照) 아모리聖書에能通하며한번說敎에

數千사람을感服식히는權能이잇다할지라도하나님이우리의게許諾하신永遠한眞理即예수의靈的生命을밧기前에는참信者가아니며眞情한意味의敎會者가아니다。信仰은生命이다 生命은無限히자라나니그를無理히一定한形式에넛코拘束할때自然히腐敗함을免치못하는것이다。

牧會書翰을펴처라 所謂初代敎會안에서今日의敎會와다름업는腐敗의種種을보지안는가? 땋인머리와金이나眞珠나갑진옷으로端裝한婦女(듸모데前二의九)一口二言하며 술醉하고더러운利를貪하는執事(듸모데前三의八)驕慢하야한나도하난것업시辯論과 말의다툼을조화하며 嫉妬와分爭과毁謗과惡한生覺을일삼고眞理를일허바린信者의만흠(데모데六章四節以下叅照)을잘아는바안인가이와가티牧會三書翰에서 現代敎會와別다름업는腐敗를發見하며따라서사람의힘으로맨드러노흔組織的敎會란얼마나잘腐敗하며形式化함을推測할수잇다。

純粹한使徒의信仰과熱心으로도不過一世紀內에敎會는이러틋썩어젓거늘오날날우리는오히려참生命의信仰을敎會밧게서自由스럽게가지려하며또機會잇는대로兄弟의게傳해주려한다。

敎會者들이여당신들은우리의敎會밧게서自由스러히밋는信仰을盲目的으로敎會反對或은反基督者로만녁이지말나敎會는 古至今에腐敗그物件임으로우리는그自矜하여驕慢하며恩惠를저버리며거륵하지안코不睦하며착한것을뮈워하며燕樂을사랑하기를하나님사랑하는것보다더하며敬虔한模樣은잇으나敬虔한能은바린現代敎會(듸모데后三의二ㅡ五)에참을수업노라우리는다만牧會書翰의너희는이와갓흔者의게서도라서라는命令을遵守한것뿐이라고밋는다。 (一九三〇、四、二十日)

城西通信

○鄭兄이事情에依하야 本誌의編輯에專力을 다하지못하게되엿다。그럼으로 事實上鄭兄單獨으로 經營하나 다름업든本誌는 그存廢問題에逢着한것이엿다。前四月號가 休刊되엿음도 그까닭이엿나이다。

○第十六號부터는 내가 그任을 爲先擔當하게되엿다。執筆者는 前과다름이 업스나雜誌에關한一切責任을 一身에지려할때 새로운躊躇가 업지 아니치못하엿다。今後本誌에對한責망이나羞辱은 나홀노當할作定인故이다。

○첫재躊躇는使命論이다。傳道者는 使命을밧어서서고 그目的의雜誌가 또한그러하다함은 올흔말이다。本誌는 鄭兄도 使命에立脚하아編輯하엿던것이아니엿고 余亦是他에職業을가진사람이다。元來本誌는創刊當時로부터 非凡한啓示와 特殊한使命을顯揚하고서始作한것이안이엿다、말하면吾人信仰生活의餘滴을蒐集한것에不過하엿다。이点은今後도不變할것이다。이러코도此種의雜誌가繼續될것인지 아닌지난不問에附하고。

○慈善事業家로서 世上에特殊한人物이잇고愛國者로서代代孫孫이 一國에出衆한家系가잇음을안다。그러나慈善事業은 그方面의專門家에게一任하고 國家民族의 일은獨特한一家閥에委任하고서 安心하라는데는업다。慈善事業中에 하나님의 말삼을 分配하는일보다 더큰것이 업슴을 吾人이아난故로專門家의 눈에는 우숩게보일넌지몰우는 이런조곰한일을 아직도繼續하노라。

○따럿어 이雜誌는幾百號의紀念號까지發刊하리라는 아모成算도업고 期於코成功하리라는固執도 안가젓다。餘滴이잇으면蒐集될것이고 업스면 언제든지廢止될것이다。

○本誌는刊創辭부터 農夫나漁夫를 벗삼기를目的하엿으나때로 넘어難解하다는注意를밧은적이 적지안엇다。街學的이라는非難도잇엇다。우리의未熟한所致도잇엇겟지만 또한一方에는 世上의智者와 敎內의大家들이우리로하야금 肉身으로는猶太人中에猶太人이오 生後八日만에如此如此하엿고學業으로는誰某의門下에修業하엿다는것을 一一히列擧하지아니치못하게 衒動식히고잇음도事實이엿다。

○今後로는 十字架外의論難에不叅하기를더욱決心하엿다。新進의學者와批評家가무에라고하던지吾人은聖書에 도라가겟다。特히敎會에叅與한일업시基督敎를알고저하는兄弟를眼中에두고 聖書를工夫하려한다。이번號에鄭兄의「舊約과新約」이란一文은 全혀이主旨의實現이다。本誌를 傳道用으로쓰시려는니의게는舊號一部에 十錢식으로드릴수가잇겟슴니다。널이利用하시기를바람니다(敎臣)

社告

지금까지 六人의合作으로經營하여오든聖書朝鮮社는이번에形便에依하야解散하엿슴니다。今番號까지 鄭相勳名義로發行케되엿스나、今後의經營은金敎臣單獨히當하겟슴니다。

昭和五年五月日 聖書朝鮮社

(定價送料共)

一部	十五錢
六個月	八十錢
一年分	一、五〇錢

昭和五年五月十日 印刷
昭和五年五月十五日 發行

京城府外龍江面孔德里一三〇
編輯發行兼印刷人 鄭相勳

京城府西大門町二丁目一三九
印刷所 基督敎彰文社

京城府外龍江面孔德里活人洞一三〇ノ三
發行所 聖書朝鮮社
振替口座京城一六五九四

『聖書朝鮮』第十六號　昭和五年五月十五日發行(每月一回十五日發行)

昭和五年一月二十八日(第三種郵便物認可)
昭和五年六月十五日發行(每月一回十五日發行)

聖書朝鮮

六月號(一九三〇)第十七號

李昇薰先生記念號

目次

李昇薰先生謹影

沙洲를넘어서며

테니손作
鄭相勳譯

日沒、明星
날 불으는 [一]한明朗한소래!
沙洲[二]여 悲曲을 알외지말나
내가 큰바다ㅅ길 떠날때

조으는듯 흘으는潮水
차고차서소래도업고 거픔도업네
無限한深海에서 나온者
다시 그집 차저갈때

黃昏、晩鍾
그뒤엔 어두움!
離別의悲哀여 업슬지어다
沙洲를넘어셔며

내가 배에 올을때
時空의限界를 넘어서
물결이 나를 머나멀이실어갈지라도
나의 [三]길잡이를對하야 뵈오리
내가 沙洲를 넘나설때

註、(一)死。(二)生死의境界。(三)그리스도

附記、이拙譯은 테니슨이 이世上을떠나기二年前의作인데 그의辭世詩가된것이다、極히簡單한文句와 極히鮮明한譬喩中에 幽玄深邃한思想과信仰을 담거노은것 實로後光이비최는Swan-song이다

나는 테니손의이詩를譯하야 義와信의渴求者로서 義와信仰의人으로서 一生을보내신 故南岡李昇薰先生의靈을삼가追悼하노라

詩第百二十一篇

金敎臣

詩篇第百二十一篇은 찬송가第三十章으로서 信者면 누구나 다 잘부르난노래다。이詩가 聖殿에 올나갈때에 하난것이라기보다도 暗黑大陸앞흐리가의探險家요 黑人의傳道者인 다윗•리빙스톤이第一次로앞흐리가를向하야發程하려든 一八四〇年十二月七日아참에 그家族과함께 朗讀하엿다는것으로써 깊히記憶을준다。前後三四次、文字대로의暗黑大陸을縱橫하면서 쩨쩨•파리에中毒하고 獅子입에서 쁘리우고 鬱林에가치우고 飢渴에斷食하면서 드듸여 방웨올로湖畔에서 앞흐리가大陸과黑人의將來를爲하야祈禱하고서 운명할때까지 八節未滿의이小詩가 뎌의게 다시금〱蘇生의動力이되고 希望의源泉이되엿다한다。

二

이제 앞흐리가密林보다도 더 鬱鬱하고 사하라砂漠보다도 더 荒凉하며 獅子보다도 더 暴惡하고 쩨쩨보다도 더 성가신 朝鮮半島에왓다가 能히 그開拓의業을 마치고 乃終에• 그사랑하는者를爲하야白骨까지를 밧치랴는遺言으로써 一生을畢하신南岡李昇薰先生의 偉大한靈魂을 보내려할때에 리빙스톤과함께 詩百二十一篇을 다시朗讀하고 讀者와 함께 그純眞한詩句의意味를 다시吟味하고저하노라。

一 내가 눈을들어 山을 바라노니
나를 돕난것이 어대로부터 오리오
二、나를 돕난것이 여호와께로 부터、
곳天地를創造하신者시로다。
三、너로 실족지안케 하시리니
너를 직히난者가 졸지안흐시리로다
四、볼지어다 이스라엘의守護者는
졸지도안코 즘우시지도 안하시도다

五 여호와는 너를 직히난者시며
더는 네 올혼편에서 가리우난者로다
六 낮에 해가 너를 치지아니하고
밤에 달이(너를 치지아니하리로다)
七 여호와 너를직히사
모든禍를 맛나지아니하게하시고
네靈魂을 직히시리로다。
八、여호와께서 네出入을 직히시대
이제또부터 永遠까지 하시리로다。

이詩는簡單平易하야 누구던치 誦讀하난니는 그大意를 알기에 어렵지안하며 더욱이 찬송가로서 和唱할때에는 天眞嬰兒와가튼詩人의信賴가 내가삼을壓倒하여옴을 늣길거시다。 只今 數句를解明하야 誦唱을 도으려한다。

詩第百二十一篇

第一節에「山을 바라」ㄴ다함은 每年大祭時에各地로서 예루살렘을向하야 上京하다가 아직 遠距離에서 예루살렘山城을바라봄이라는學者도잇고 또 다니엘이 바빌논에捕囚되엿을때에每日三次二層에서예루살렘을向한窓을 열치고祈禱한것처럼天涯萬里의異域에서 故國을向하야懷抱를依托하려할때에眼界에 들오는連山들을 바라보난것이라고도하고 或은 여호와의玉座잇난곳이라는「聖山」即시온山을 指示함이라하야 學說이區區한模樣이나 우리平信徒의게는 期於코 어느편一說을固定하여야할必要는 업슬것이다 大槪어느國民으로보던지 神이自己를現顯하난곳은 山上을擇하엿다。朝鮮의檀君史가그러코 日本의上古史가同然하며 여호와께서 十誡命을 모세의게授與한것은 시내山上이엿다。 그럼으로 失望落心한者가 山을向하야 눈을 드난것은可然한일노알수잇는것이다。이詩의作者는人生의苦海에서 外로世上과 內로自己와 激烈히싸혼後 慘敗의 쓴잔을 맛보고 絶望의窮極에 쓰러진者인줄

三

詩第百二十一篇

알때에 詩의意味가 얼마나明瞭하여질것이다。

『나를 돕난것(扶助)이 어대로부터 오리오』信者가 박게敗하고 안으로衰하엿을때에 嘲哢하는소래가 들닌다。「너의 밋난 하나님이 어대잇나냐?」고 쌔를 어히는소래가。絶望! 信者만이 맛보는絶對絶望이다。 뎌는 自己의게失望한者다 다시自己안에求할바힘이 업고。 友人 親戚도 오직幻滅의悲哀를 深刻케할뿐이다。 뎌의空虛는 地球와宇宙의 全幅을 가지고도 오히려 채울수업난것이다。 果然뎌는 그萬物의創造者여호와 한분만을 찾난까닭이다。

第二節「나를 돕난것이 天地를創造하신 여호와께로부터。」라난 一句로만 뎌의 눈물을 씻을수잇고 뎌가蘇生할수잇을분더러 나의內的衰弱이 얼마엿던지 外的敗退가얼마나慘極을다하엿던지 이一句가 곳힘이요 慰勞요 全局의 아멘이다。 웨? 돕난것은天地를創造하신全能한니의게서만 와야하겟고 또 올것인故이다。

四

그러나大體로 全能한 여호와神이 나의 扶助者임을 알어 絶望은消散하고 希望의 感淚를 먹음엇다할지라도 여호와神의創造한宇宙의廣漠을 짐작하고 地球우에生存하난十六億萬의한아인 六尺도 못다차는微物임을 생각할때에 信仰조차 薄弱한것이果然全能한이의愛顧에價値할가는念慮가 업지 몯한다。 그러나 여호와 께서는 졸지도안코 즘우시지도 안하시면서 一錢에 두마리하난 참새 한마리도 天父의許諾업시는 따에 써러지지 안토록 萬物를——特히그 信賴하난者를 직히신다는것이 第三、四節의大旨요 五節以下는 여호와神이 직히선다는 뜻을 返複한것뿐이다。 單純한信賴의 詩形으로서는 詩篇百五十篇中에도 다시比

할수업는眞珠라한다。

第五節에 「올흔편」이라함은 保護者나辯護者가 通常右便에 서는因習으로 쓴것이며 「가리우난者」란것은 炎暑에綠陰의意로써 亦是 保護者와同義로쓴것이라한다。

六節에 「해가傷한다」함은 日射病을稱함이오 「달이 害한다」함은 十五夜의 月光을 받음은 癩病、間歇熱等의原因이 된다는一種迷信에서 나온것이다。現今도 아라비야人은 月光이 失明의原因인줄노 믿난다한다。七節에至하야 「너」라는데 滿足지못하야「네靈魂」이라하엿고 八節에난 다시「네出入」을직히신다하며 다못現在에 그럴뿐아니라 「永遠」까지 守護하신다하엿다。

人生에 나서幸福을求할진대 차라리基督教信者되지안함이可할것이다。不信者의게는大歡喜가 업슬넌지몰우나 또한絕對絕望의쓰린苦痛도업는것이다(단테地地獄編칸토三)그럼으로絕望의谷底에 써러진者여 너는希望의上峯에 올나올것임을알나。눈을 아래로向할째에希望잇난데가 어듸인가。倍加運動엔가 農村事業엔가 老人엔가 青年엔가 教育事業엔가 社會運動엔가 支那엔가 露西亞엔가。그러나 눈을들어 山을바라보라十字架를처다보라。여호와 직히신다 졸지도안코 좀우시지도안코。」信受하기 어려운말이다。그러나 이것을믿는다。朝鮮過去에聖靈이役事하엿음을 말하난니가種種잇다。그러나 우리는 近日에도 여호와 직히시난中에살고 또직히시난中에世上을 써난니를朝鮮안에서 보왓다。半島안에서 一人이라도 직히심을 받어 希望으로써 살엇음은 即朝鮮全土가 여호와의 직히심을 밧고잇는證據다。賤微한 나도또한 여호와의監視알애에잇음을 이에서 알도다。兄弟여 이백성도 직히심을 입고잇음을記憶할지어다。

南岡李昇薰先生

咸錫憲

筆者는 南岡先生의門人이요 只今五山高等普通學校에잇는者요 그의特別한사랑을밧은者요 그의집흔꼿을아는者요 그를限업시敬慕하는者다。이제그가우으로불녀감을當하야無量의感懷를禁할수업다。愛慕하던先生당신과筆者自身을爲하야서도그럿치만은 더구나朝鮮을爲하야서다。이眞理의偉大한勇士의面目을갓튼眞理의벗에傳함은義務로生覺하는故로아직도鎭定되지못한가슴을가지고이글을草한다。

한자루燭불이잇서서 왼房안에빗춰이되고 한사람의참生命이잇서서 차기어름갓튼社會에따스한맛이잇다。 그러나 하나면하나인이만치 그불이꺼진때의寂寞은더甚하고 그사람을일흔後의冷寂味는더甚하다。 지난三月二十八日에日本의眞理의使徒內村鑑三氏의감을보고日本의天地가컴컴해진듯하야섭섭함을禁치못하겟드니 이제한달이겨오넘자 우리가이를經驗케되엿슴은 實로슯으고아픈일이다

南岡은果然朝鮮에서燈燭이엇다。 나는이때것 저만큼光輝잇게 저만큼뜨겁게 저만큼氣運차게 저만큼참되게산이를보지못하얏다。이제그가감을보고내가늣김은 겨울房안에光明삼아煖爐삼아 붓들고직이고안젓던외로운燭불의꺼저바림이다。寂寞하고 無聊하고 답답함이다。最近에잇서서 朝鮮에서義의脈搏이繼續되엿다면 그가唯一까지는몰나도 한두줄기밧게안이되는動脈中에서가장큰줄기이엇다。 眞正한朝鮮사람을골은다면 그는第一몬저뽑히여야할一人이다。 그는 지난五月十六日그의永訣式을擧行하는자리에서哀辭를말하던曺晩植氏의말과갓치「朝鮮에낫고 朝鮮을爲하야울고웃고 朝鮮을爲하야죽엇다。」그는참朝鮮사람이엇다。참朝鮮사람이엇던故로 참사람이엇다。 或은 참사람이엇는故로 참朝鮮사람이엇다。 朝鮮을참사랑햇는故로 그에게참사랑이잇엇고 至誠이잇엇고 犧牲이잇엇

다。그는朝鮮의指導者라기보다도 朝鮮의實貝엿다。朝鮮生命의運載者엿다。그가간後에朝鮮에燭불이꺼젓다고하야서誇張의말이안이다

先生은 一八六四年三月二十五日定州邑에낫다。寒微한農家엿다。母親은生後七個月에父親은十歲에도라갓다。敎育은漢文書齋에一年餘단인것밧게아무것도업섯다。家勢는赤貧如洗요十一歲부터鍮器店에使喚노릇하엿다。環境에잇어서惠澤을닙지못한사람이잇다면先生은그一等에잇슬사람이다。사람은環境의產物이란말은先生에잇서서 餘地업시否定을當한다。그後로奮鬪하야四十當時에大實業가되엿고 四十四歲時에時勢形便에憤慨하야斷髮禁煙하고心機를一轉하니 이것이그의公的生涯의始作이엇다。五山學校를創設하야 오늘날까지오기二十四年間、하루갓튼熱誠으로왓다。五山學校、朝鮮、이둘이그의맘의全幅을占領한것이엇다。그동안獄中에지나기前後三次에十年間、思想上으로나 事業의方針上으로도變함이적지안으나 五山學校을爲하고 朝鮮을爲하는맘은一貫不變이다。五山學校을經營함도 名利나 主義宣傳이나 使用者培養을爲하야서가안이라 結局은朝鮮을爲하야서다。그가朝鮮이나五山學校를爲함은 言語와想像을超越한다。主義나理論으로나宣傳으로가안이요 그는實行으로써하엿다。일즉히는學校經營이極度로困難하야 家族을모아놋코「밥그릇은팔아學校에붓치고우리는밥장사하자」라悲痛한一言을發하기까지하얏다。그때에마츰三一運動이니러낫슴으로 그는獄中의人이되고學校는一時廢校가되엿다가一般有志의힘으로復活이되엿다。出獄한以後는如前히學校에全力하엿고 學校를通하야朝鮮사람의살길을열기에힘섯다。내가 五山學校에들어오기는一九二一年即復活된지바로後엿고卒業하기바로前에 先生이出獄하얏다。故로그때까지는

先生을아는대니르지못하얏고 其後日本에數年잇는동안에도間間히뵈엿스나 亦是깁히알지는못하얏다。 그러하얏더니 一九二八年 日本으로부터도라옴에 비로소先生을갓가히보게되엿고 그의偉大함을알게되엿다。 그러고 그의偉大에對한내理解는漸漸깁어가서오늘날까지왓다。最近三年의時間은 나에게다 先生의生涯는完全히朝鮮에밧친것이요 그의맘에는「朝鮮」이잇는밧게는一毫의私心이업다는것을 어떤사람을對하야서던지證據할수잇는理解와確信을주엇다。이것이내가 先生의性格으로나 信仰으로나 多少符合이되지안는點이잇슴에도不拘하고 두터운愛慕와깁은尊敬을들인所以엇다。

나는先生을偉人이라고불은다。내가불으지안어도世上에서불은다。 만은내가偉人이라불음은 一般世上이불으는것갓치 그의事業、그의性格을보고불음이안이다。 그의魂에偉大한것이잇슴을말함이다。이는모든사람이다아는것이안이다。아는者만이안다。 그러나 이것이야말로 先生의참偉大한点이요 이것이잇어서 世上이아는外表의偉大함이잇다。世上이아는것은結局것옷의偉大에不過하다。그時代와共히 世上과共히지나갈偉大다。現在에잇어서부터 先生에對한誹謗이世間一部에잇는것을우리는몰으지안는다。 그러나 이毁譽는모도一般으로것헤關한것이다。속사람南岡을알지못하는者의일이다。萬一속사람南岡을안다면 누구나「降服」지안을수업다。나도그럿틋降服한사람의一人이다。「降服」이라한다。果然그에게는 偉大한征服力이잇엇다。征服力이라하야 威儀나 風采나 能辯이나 巧飾이나 手段의征服力이안이나。高貴한「사랑의征服力」이다。만은證據를다그만두고 오직한가지만은들자——

오늘날朝鮮에 죽은後에五百名사람이痛哭

南岡李昇薰先生

하야永訣할사람이잇슬가 五百은姑舍하고 五十名이라도잇슬가 잇다고하면 그를엇던人物이라할가。이것이正히南岡先生에낫타난일이다。그의遺骸는땅에무더썩이지말고 標本으로製作하야學校에두라는遺言에依하야 五月十六日午后九時半列車便으로그의柩를실어京城帝大病院을向하야出發케되엿다。五百名의學生이 敬慕不已하던先生의遺骸를最後로보내기爲하야驛頭에나왓다。모든準備가다畢하고 汽車가한소래놉히呼笛을울닐때 五百名의健兒는 一時에「先生님」하고痛哭하얏다 汽車는발서가버리고 初夏의밤하늘에별만이깜박거리는驛頭에는도라갈生覺도못하는그들의痛哭聲만이繼續되엿다。良久한後에 父兄들의慰勞로간신히발길을돌니엿스나 痛哭은긋칠줄도업고 五里넘는校庭까지를 허방지방울음으로들어가서 새로세운恩師의銅像앞에쓸어저업대여 呼天呼地하는그光景은 朝鮮歷史가잇슨以來의大事實이엿다。나는勿論痛哭을禁치못하얏다。그러나눈물이暫間것기운때에生覺하얏다——이는一大奇蹟이라고。이는사람에게果然잇슬수잇는일인가고。내입에서는 참을수업는祈禱가다시울음과共히爆發되엿다。事實이너무도崇嚴함에 너무도偉大함에 너무도헤아릴수업슴에 너무도感謝함에못견듸여서。그러타 이는果然奇蹟이다 朝鮮에서더구나 奇蹟이다。卒業式場에서先生을毆打하는이朝鮮의이時代에 이는너무나도헤아릴수업는일이다。

몸부림을하는學生들을간신히慰勞하고 어루만지어서 오랜後에야햇처보내고 바른주먹을불근쥐여 平生에하던語調대로「決斷코……」하려는듯시 그의性格을如實하게表示하는恩師의銅像臺밋헤서 컴컴한가운대를徘徊하며나는生覺하엿다——우리先生은偉大한征服者엿다。偉大한犧牲者엿던故로偉大한征

南岡李昇薰先生

服者엿다。 그는自己의全部를朝鮮에밧친닷으로 全部를엇엇다。 이리生覺하는동안에 우리先生은永遠히살엇다는것이가슴안에漸漸明瞭하야젓다。 또 平日에 先生은엇더케하야서 그럿틋至誠一貫인가生覺하던것도더明朗하야젓다。

내가 이偉大한事實을들어證據함은 이것을말하자는것이目的이안이다。 그보다도더偉大한事實이잇슴을말하기爲한것에不過한다。 이는 아마全鮮을通하야서 不過數十人밧게알지못하는일이다。 그러나 事實은 이것이가장참이요 가장偉大한것이다。 萬一朝鮮이이를몰은다면 先生은朝鮮의恩人이되기보다最后의審判者가되고말嚴肅한事實이다。 世上은 寒微에서나서自助自立한南岡을알고 自學自修한南岡을알고 天禀의偉大한南岡、勇邁進의南岡、果敢剛毅의南岡、事業成就의南岡、獨行獨立의南岡을안다。 民族愛의化身인

一〇

南岡、義士南岡을알ㄴ다。 만은그밧게ㅅ南岡을몰은다。 우리는다시더아는것이잇스니 信仰의人南岡이다。 이것이 내가말하는바·數十人밧게몰으는큰事實이라는것이다。 勿論、그가일즉히基督敎를밋엇고 神學校學生이엇고 敎會의長老엿던것을世上은잘안다。 그러나 내가말함은 그것을가라처말함이안이다 그는最近에는 도리혀敎會에서나왓고 敎會에對하야는斷念하엿섯다。 敎會는只今朝鮮을爲하야서는조흔일을하는이보다 도로혀害되는일을함이만타고하는것이 그의말이엇다。 故로 그가近來로는 所謂信者는안이엇다。 그러나 그는偉大한證據를하고갓다。 하나님은 그를처음부터마지막까지偉大하게썻다。 그의門人이 그의紀念銅像을 母校校庭에세우고 그除幕式을하던날 그는順序에넛치안은것을司會者에게强請하야 다만한마듸만을하겟다하고壇에올넛다。 그러하야數千의群衆

앞에서다음의말을하엿다。一般人이듯기에는 神通치도안코 期待에도벗서지고 豫測치못하엿던말이엇다——

「내가오늘까지온것은 내가한것은조곰도업슴니다。모도神이나를그러케만들엇슴니다。여러분이다아시는대로 내가在來不學無識함니다。아모것도아는것이업섯스나 神이나를이러케잇끌어서오늘까지왓슴니다。이後도그럴줄밋슴니다。」

이것이무슨말인가。이것이南岡李昇薰先生의입에서나온말이라고하면 朝鮮사람은거이全部가異常하게生覺할것이다。異常은姑舍하고直接들은數千의群衆에서도 이를注意하야留心한사람은別로업슬것이다。그 무슨말을하나 하는것쯤으로흘녀보앗슬것이다。그러나이것이朝鮮의偉人南岡이自己一生을回顧하야最後로朝鮮民衆을向하야發한公的證據임을朝鮮은記憶하고生覺하는바잇스여야한다。이告白을한翌日인 五月四日聖日에 그는우리五山聖經硏究會(昨年秋부터六七人의모힘이잇섯더니 最近에와서會員이約二十名쯤되엿고 처음에는업던會名을臨時로붓친지가三週재된다南岡先生은 이會를니르켯고 늘叅席하야왓다。)에서前日말한바를 다시더明白하게說明하며 自己一生의일을들어힘잇게證據하엿다只今와서生覺하면 이는自己의가실 準備요우리에게준바最後의가라침이엇다。그要義는이러하엿다——自己는本來無識한사람으로아모것도할만한힘이업섯다。自己가오늘까지온것을自己自身도 엇지하야서그러케하야왓는지를몰은다。그러나한가지아는것이잇다。即 自己가眞理를찻고 義를思慕하고 그義를爲하야自己를이기고일하야나가고저하는힘은聖經을보는가온대서生겨나온것이라는事實이다。그런故로自己는이를生覺하기를 神이그러케하시엇다고밋는다。自己가聖經을그러케갓가히하기는監獄中에서엿다。故로마츰내는監獄이조곰도苦로운것이안이되엿다。젊은사람들도다슬혀하는뚱통의掃除를 自己가率先하야 獨占하야가지고하엿다。손으로는뚱을만지며祈禱하는말이「主여感謝합니다 바래건대 이門에서나가는날 이百姓을爲하야이뚱통掃除하기를넛지말게하여주십소사」하엿다。只今도自己는밤中에눈이띄우기만하면올니는祈禱가「主여이때까지이기고오게하야주셧사오니感謝합니다。그와갓치 이後도이기고나가게하야주십소서」다。이것이 그가몸소우리를놋코하나님의앞에서한證據다。 이제우리는알엇다。 그의生涯가엇지하야서偉大한光輝를가지고잇슴을알겟다。 엇더케하야서五百의健兒을통채로쓸어안을수잇엇는지를알겟다。남이몰으는동안에 그에게 이러틋偉大한信仰이잇섯는故로 그만한열매가잇엇던것이다。이를몰느는者는 南岡을몰으는者다。

그의偉大는그의信仰의偉大요 그가깨달은眞理의偉大요 그가依支한하나님의偉大엿다。民族運動者나 五山學校의아버지인南岡을알고 監獄안에서新約聖經을逐字하야百讀하고舊約을二十讀한南岡을몰으는者는 그리고밤마다祈禱하든南岡을몰으는者는 盛裝하고내서는壯士만을보고 그의먹는飮食의調製와그의저녁마다하는武藝의練習을몰으는者나一般이다。 사람들이 만히 先生의剛直을말하고至誠을말하고 信實無僞를말하고 公明正大를말하고그活氣을말하나 이는모도根源이잇서서 發露되는것이엇다。한마듸로말하면先生은舊約中에先知者式의사람이엇다。故로그가恒常힘써말한것은 「義」엿다。學生을對하야말할때에도「義」라는말을할때에는 그허잇한수염난입술이를부들々々떨니는것을볼수잇엇다。마지막證據를하던날에도「將來일을알수업스니 이다음은몰으겟스나 只今까지는

義를爲하야죽으라면 조곰도辭讓할生覺은업서」라고하엿다。監獄에서그가깊히깨달은것이이것이엇다。하나님은義롭다 故로自己가그義를직히기만하면 조곰도두려울것도念慮할것도업다는것이엇다。宋丞相文天祥은 天地의正氣를길너서「哀哉沮洳場、爲我安樂國」이라하엿스나 先生은 監獄안에서 바로實地로 팔과다리를넷들거려가며춤을추엇다고한다 하나님의義를직히는것이 너무도즐겁어서。남이몰느는이것이 그의모든美德의原動力이된것이다。

이證據를한지바로五日後에先生은世上를떠낫다。朝鮮에이런偉人이잇섯슴을 朝鮮은아는가몰으는가。그보다도 이런偉大한魂을通하야朝鮮우에일하는全能者의攝理를朝鮮의子女들은아는가몰으는가。五百名의少年을밤새도록痛哭식인그는 自己가죽지안코산者인것도證明하엿거니와 이朝鮮우에오히려生命의一線이남아잇슴을 이우에쉬지안는攝理의일함이잇슴을 힘잇게證明하엿다。「믿는者는永生한다」「義人은信仰으로산다」는眞理가 朝鮮의第一人인그를通하야實證되는同時에 이百姓우에는 크고感謝한慰勞가나리엇다。크의訃音을듯고 四百餘通의吊電을보내기보다도 百餘團體가合하야社會葬을지나기보다도 數百를의輓章弔辭와 數千圓의賻儀金을보내기보다도 一萬의會葬者가千里驛路에連하기보다도 우리가願하는것은 이攝理를깨달음이다。죽은南岡보다도산南岡、살南岡을通하야산하나님의經綸을앎이다。

鍮器店의使喚兒우에 하나님의經營이잇고그우에하나님의靈이나릴때 義를爲하야一身을앗기지안코 사랑하는者를爲하야白骨을밧치고 一生을남을爲하야살고 自己를爲하야서는아무것이업는偉人이나왓다。偉大한것은하나님의眞理요 偉大한것은하나님의사랑이다。(一九三〇、五、一八)。

選民이스라엘!

金敎臣

우리가 舊新約聖書를通讀할때에 구원의 大旨는 누구던지 알수잇다할지라도 그特殊한問題에關하여서난 大學者라도 오히려 難解할것이 許多함을볼수가잇다。特히 처음으로聖書에接하는니의 難關의 한아는猶太民族獨特한 選民思想이 그것일것이다。

하나님은 何故로 人類中의一民族을選別하야 特殊한約束을매즈시고 舊新約에 記載된바 許多한奇跡과寵愛로써 그族屬을引導하실必要잇섯나? 또擇하신다면 何特猶太族을擇하섯나? 猶太族은 엇더한長處或은美点이잇엇서 그選別에價値하엿는가?

問題는一民族의問題가아니라。하나님의全宇宙經綸에關係한것이니 알고십흐나 知悉하기어려운바잇도다。余輩는 管見의獨斷을避하고 다만 이러한宇宙大의問題를 包藏한者의가삼에 때때로 放射하는電光에依하야 하나님의行하심을 義롭도다 아멘!으로 和答하는 찬송이 우리마암에 업지못하도다

擇함을 입은것은全혀 擇하시난이의意思行使에屬함이어니와 또한選別된 이스라엘自身이 아름답지 아니함도 아니엿다。

『하나님께보다 너희게 더順從하는것이하나님 압헤서 올흘터인가 너희가判斷하라 우리는 보고 들은대로 말하지안할수업다』고 官員들의審問에 答辯한것은學識업고名聲이업섯슴으로 世人이 놀나던 갈니니漁夫 베드로와요한이엿다 。(使四○十三ー二十節)

今日의警察署나裁判所法庭에서 審問밧는것을 倂想하면서 이글을 읽어보라。答辯하는使徒들의大膽도大膽이어니와 이런對答이通用되는警察署나裁判所는 他에어느民族이가젓던가。

사람의게보다ㅡ사람의制定한因習法律等모든것의게보다하나님께順從할것(使五〇廿九節)은猶太民族의게 잇서서는再議할餘地업난定則이오公理엿다。良心의處斷업시는個人으로나 團體로나 行動할수업는子孫들이엿다。昨今의鍾路街頭에淫行한女人한아를 잡어세우고 「罪업난사람부터 몬저 돌을던지라」고 立札하여보라 더는畢境 數刻을지나지못하야 殺傷을當하고야말것이다。그러나猶太人에 잇서서는 女人이 오히려生命을保存하엿던것이다。(요한傳第八章)

이것이果然 淫行에對한憎惡의念이 猶太民族의것보다 朝鮮民族의것이 더强烈한所致인가? 猶太民衆은全部 罪잇는사람들이고 朝鮮民衆은全部 罪업는사람인緣故인가? 아담의後裔 누구의게罪업스리만 朝鮮人에比하야 猶太人이 選民되엿음은 果然至當한事이엿다。 더희의게失手가잇섯고 固執이잇섯스나 그러나 이스라엘이다。純情의百姓이요 良心의民族이다。우리는 하나님의行事에 萬百번의 아멘을 들일것을躊躇치안커니와 또한白衣族을向하야 姪婦의게投石하려는 彼의右腕의健筋이 斷絕되고深刻한羞心이 그心情을支配하는날이 速하기를願하야 마지못한다。盲人이 毒蛇를 두려워안함은 大膽이아니다。귀를막고 방울을훔치는것은 怜悧한 所以가 아니다。朝鮮民族의게 各自의 罪의意識이 全無하다하면 果然이것이 喜賀할일인가。또한痛歎할바인가。

이스라엘百姓의게固執이잇섯다。그러나그것은 復活한 예수의 손을 만저보라는도마와 갓은固執이엿다。더희들끼리失手가만핫다。그러나그것은 베드로와 갓흔失策이엿다。그固執、그失策이 다 率直한心情의所産이엿음은 一般이엿다。(四月十五日)

內村鑑三先生을追憶하며 【一】

內村先生이돌아가신제近二個月이나되엿다 돌아가신當時에늣기던슬픔 적적함이거이다 살아질때인대 엇지한일인지도로혀漸漸더깁허간다。日本全體가문허진것갓고 히마라야高峰이문허진것갓하야 이世上을걸어가면갈사록 先生이안게신것이顯著하고 그로因하야생긴虛空이더욱커가 말할수업는간절한늣김이때때로마암을잡어버린다。

先生의存在난果然컷스며 그가나의게준感化는아주强하다。그의熱熱한生命이이조고만한存在에던진彈丸은말할수업시힘이잇섯다。過去十年동안日本에서밧은全教育의總和보다先生이나의게준힘이몃倍나더强하며 그난나의게對하야明星이엿다。只今도어젯일갓치生覺이된다。내가十八歲되던해朝鮮서中學을맛치고只今生覺하면우스우나무슨큰일이나할것갓치 當時朝鮮全體에일어나난뜨거운피에잇글이여 日本으로뛰여다러갓다。무엇보다知識〳〵自由〳〵解放〳〵이라불으짓던나난무슨因緣으로大手町에서처음그의說教를듯게되엿다。그의한마듸〳〵말이어린나의靈魂을쏙쏙쏄으고「예수그리스도의囚人이야참自由人」이라난말은더누나나의心底까지울이여들어갓다。나는여기에이적지듯지못하던말을듯고보지못하던異常한사람을보와 나도이런사람이되엿스면 하는生覺이나서 이때부터 先生에對한尊敬思慕난깁허젓다。每日曜를손을곱아기달이고 그날이되면工冊을가지고그의一言一句를하나안빼놋코筆記하고 집에도라와서난그것을淸書하엿다。또그雜誌를읽고그의著書를읽어 어쩐때난밤을새고 어쩐때는그글의힘에全靈을빼기여울기도하고 어쩐때는

그가주는새思想에못익이여 밤중에혼자 별을바라보며쓸쓸한수풀속을돌아단엿다。先生에對한崇拜가始作되엿다。그러나한번도先生을個人으로訪問을아니하엿다。밤낫으로先生의눈이내압헤보이여 낫분일을할나야못하고 어린내맘으로는恒常緊張한거름을거러왓다。그러난동안에내눈에서비눌이써러저 先生뒤에서잇는양반 先生을움지기고잇는힘을 明白히보게되엿다。예수 그리스도라는生命自體를發見하야 十字架를바라보게되엿다。이때부터先生은나의게洗禮요한이되엿고 그러나 先生에對한尊敬은 조곰도줄지아니하엿스며 또이적지업던感謝의마암이생기게되엿다。이리하야예수를밋게되고信仰이란무엇인가를알게되여오날에일으럿다。內村先生이업서쓰면나난生命이무엇眞理가무엇信仰이무엇인가몰으고헛된人生觀을가지고지내게되엿슬것이다。先生은나의게큰恩人이며 나의게는또다시업는참先生이다。

이先生이도라가셧다。父母가 도라가신것보다도더쓸쓸하며슬푸다。書齋에잇는寫眞을바라보면어느덧눈물이양뺌을흘는다。柏木宅에누으시여最後의숨을쉬시난先生의 그림자가 눈압헤아릇하게나타난다。아 先生님이도라가셋나。全日本이나의게죽은것갓고 이적지多少間因緣이잇던日本은이제아주업서지는것갓고 晝夜로東京으로다러나던나의마암은인제는아주끈어지는것갓다。內村先生잇서서의日本이지 업서서무슨日本이냐하는生覺이 마암속에무럭〱이러난다。

先生은참日本의代表者이고새日本의豫言者이다。全日本이西洋文明에醉하야分間을못하고그것을마시고잇는동안에 先生은그文明의根本을觀破하야 日本人으로써그것을엇지取하여야할것을깨달어 當時政府의敎育方策에反對하고 所謂名士들의게反對하야 홀노三十年의遠視眼으로 日本黎明期에잇서서긋세게불으지젓다。참日本새日本이先生靈魂깁흔곳에서出發하엿다。여기에代表者、豫言者로써의先生의苦難은始作되엿다。(續)

「基督敎와永生」

楊 仁 性

論語、孟子가儒敎의眞意를가라치며 大藏經이佛敎의참精神을가라치는것처럼 新舊約聖書는基督敎의眞髓를우리의게가르켜준다。그런대朝鮮의所謂敎人또는敎會者들은基督敎의枝葉인敎會政治 或은治理等法的制度와儀式的모든規則은하려하면서基督敎의眞髓인永生、復活、再臨等靈的모든眞理는等閑視하고잇다。

그럼으로우리는永生과基督敎의關係를明瞭히하야從來의모든그릇된生覺을곳티며同時에새生命의基督敎를알아더한層갓가히하나님나라를思慕하며그나라를向하야이世上暫間의生活도더一層聖潔하며靈化하기를바란다。 一體基督敎의永生이란무엇인고? 요한福音五章三九을보면『너희가聖經을詳考하난것은그가

운대永生이잇난줄아난까닭이다』하엿다。卽우리가每日聖書를읽고그가운대서無限한힘를엇난것은永生의眞理를깨다라알고또그로써사는까닭이란말슴이다。

永生의原語는 조ㅣ엔 아이오니온 joen aionion이다英語로普通Eternallife라고飜譯한다。永遠히存在하는生命이라는뜻이다。그러나우리東洋사람은이永生이라는데對하야만흔誤解를가지고잇는줄밋는다。卽이世上을써난后天堂에가서永遠히사는것만으로永生이라고한다。只今글쓰는나自身도그처럼解釋하고미든때가잇엇다。그러나이예수의말삼(요한五의三九)은決코그런生命를가르켜永生이라고한것이아니다。그內容인즉自己를미워하며猜忌하든猶太人을向하야하신말심인대 내말을듯고또나보내신이를밋난사람은永生을엇고定罪하난대니르지아니하리니死亡에서나와永生으로드러갓나니라。(요한五의二十四)하섯다

「드러가리라」가아니고「들어갓나니라」다。未來가아니고過去다。미드면발서永生에드러간것이다(요한五章叅照)

또좀더기피생각한다면 이二千年前에예수씌서 發하신簡單한말슴가운데는最高至善의完全한生命이라는뜻이숨어잇는줄밋는다。우리東洋流의死後神仙行或은天堂生活이아니고너희가每日내말即聖經을詳考하난것은그가운대最高至善의生命、恒久不變의生命이잇는줄아는까닥이라는말삼이다。이生命은時間를超越한過去、現在、未來를通하야永遠히價値를가진最高의生命이다。그럼으로다만二千年前猶太人의게뿐아니라오늘날까지어느時代어느사람을勿論하고適用되는大眞理이다。基督敎의永生이란이런貴한生命임을모르는故로우리는때때로異常한智者(?)들의말슴을드러왓다。나는中學時代에어썬怜悧한先生씌서다음과가튼傳道를드럿다

「너희들이只今브터예수밋지말고人生의享樂(이뜻은이제이르도록내머리에 確實한解釋이오지안으나아마前后辭를推測하야酒色雜技를意味하고말슴하든것갓다)을다하다가한六、七十되여밋고天堂가도록하라」

果然怜悧한頭腦의所有者다。아니怜悧者라기보다도우리東洋人의永生을解釋하는在來의精神을遺憾업지發表한傳道辭인줄밋는다 만은예수敎의참永生이란무엔지秋毫도모르는無識者의妄言이다。人生의最高至善한生命을하루도살아본일업는低級生命의生活者다。그러나그도永生을誤解하고잇섯슬지언정永生求하는마음은잇섯다。六七十되면밋으라는勸誘만드러도 生命은貴한것이다 다른아무것으로서도밧굴수업는것이다 漢詩에도「人間五福壽爲先」이라는말이잇고마가八의三六에는『사람이오ㄴ天下를엇고도自己生命을일흐면무엇이有益하리오』하섯다。東洋의 英傑이오人間

基督敎와 永生

世上의豪奢를남기지안코다해보든秦始皇도이生命長生코저童男童女五百人을식혀不死藥을求한것이안인가。建章宮에銅盤을맨드러天露를바다먹든漢武帝의承露盤도이永生을엇고저演出하던一場의滑稽事이엿다。

基督敎의永生은決코그런意味의生命을가르킨것이아니다。即예수의가르킨求生은生命中第一貴한生命이다。우리가每日聖書읽고祈禱하고禮拜하는本意가全혀이貴한生命을生活하는대에잇다그럼으로늙어죽게된때에悔改하고天堂갈것이아니라참人生이무엇이며참永生이무엇인지알여면한나젊은때에예수를알고그의산生命을生活해야하겟다。

예수는『내가곳길이오眞理오生命이니나로말매암지아니하면아버지께로올사람이업나니라하섯나 (요한十四의六)

「내가곳生命이다」。「永生이다」의聖書는나를爲하야證據하는것이다」라고。果然大膽한말이안인가。世上에누가能히「나는永生이고生命이다」할者ㅣ고。예수안이고는敢히입밧게내지못할말슴이다。狂者의말이아니면하나님아달의말슴이다。狂인지正인지 虛言인지眞正인지는時間이證明을認定하고現在의七億萬이이永生을首肯하는것이다。(七億萬中참信者가幾人인지는모르나) 어나點으로보던지人生의最高至善은나사렛예수의게잇다 그예수를나의生命으로하는者는이世上肉에잇스나발서靈으로永生을맛보고잇는者이다。그리고이일을우리의게밝히證明하는것은聖靈이고또聖經이다。果然그럴진대우리의每日드리는祈禱와聖經研究의目的도大槪明曉할것이다。

이永生即참生命을生活하는者와그러치못한者가운대는큰差가잇다。비록富貴榮華가世上을놀낼만하고學識이豊富하야博物君子의名聲이世界에썰칠지라도永生眞理를맛보지못한者는아직人生을모르는者다。비록身分은田夫野

人이고每日하는일은호미와지게로벗삼아그날그날을지내는者일지라도이永生의主人公나사렛예수를알고그를證據하는聖經을읽는特權을가진者는果然偉人이다。智者이다。人生의가질바를다가진裕福者라하겟다。個人이가지면그個人의生活이그만콤意味잇고또한家庭、한社會、한國家가가지면그團體가各各그만콤活氣잇고價値잇는것이다。

아ㅣ朝鮮의敎人아너들게웨生命이업는고?朝鮮의敎會야너들의過去四五十年間하고지낸結果가무엇인고 敎會復興이엿든가?敎會事業이엿든가?敎會勢力이엿든가? 모다모다空이다 아모것도업나니라 다만깃흔것은生命업는制度、規則、虛式뿐이다。죽엄은날이갈수록썩어질뿐이오 死殼은언제까지死殼일것이다「生命업는敎會여速히在來의死殼에서나와永生으로드러가라悔改하고覺醒하라 참生命을어드라。그리하야예수本位로밋는純信仰者를만히내기를懇切히바란다。또임의이永生을맛보고그로써重生함을바든우리靑年은더욱거륵한野心으로이땅에널이永生의眞理가곳게심어지기를힘썻싸워야하겟다。(五月廿日)

生命의所在地

金敎臣

生物學을學習하는者、必曰大學者가아닐지라도 다 가치共通한所願이잇다。植物노서動物에、下等生物노서高等生物에 배우며또實驗할때에『大體生命이란 두웟인가?볼수잇는것이거든 한번 보왓으면……만질수잇는것이거든 한번 만저보왓으면』하는생각은 天才나凡夫나 先生이나學生이나 다가치 품어잇는好奇心이요 또한懇切한欲求가아닐수가업다。

古人은 가삼(胷)을重히녁엿고 今人은 머리(腦)를 貴히녁이니 모다 生命의本部가거기에 잇는줄노 推測한緣故인듯하다。그러나 心臟에는血液의出入、頭蓋骨속에는腦髓의 들어찬것、그박게는 아모 보힐것도

生命의所在地

알것도 업섯다。草木은 입(葉)보다 줄기(莖)보다 뿌리(根)에 生命의 根據가潛在한듯이 보혓다。그러나 生命을 보려는者 만지려는者의게 失望을 주기는 一般이엿다。

智者는말한다。生物體의 單位는 細胞에 잇스니 生命을 알녀거든 細胞에 차저보라고。細胞膜으로 原形質이란半液體를 싸고그안에核이란點과 其他等等은 볼수도잇다。그러나「生命의本體」는 細胞안에도 드듸여볼수업다。하물며 손으로 만질수 잇스랴。三十萬種의植物、六十萬種의動物、人體의神秘、古生物의幽遠、一一히 알기도困難하거니와 알必要도업다。다만『生命의本體를 나의게 보히라 그러면 足하다』고 어느때나 充足될欲求인가?

뵈지안는것을議論하며만질수업는것을實在하다고 함은 이것이 全혀 虛構가아닌가『主여 아바지를 우리게 보여주옵소서 그러하면 우리의게足하겟나이다』(요한傳十四○八節)라는 빌닙의欲求는 다못靈界의消息뿐이아니라果然科學者의絕叫가아니면안되겟다。實體를 보히라。本體를 보히라。本體를 만지게하라。이보다 以下의理論으로 滿足지못하겟고이以上의演繹을不要하것만!

生命을顯微鏡아래에 잡을수업고 望遠鏡視野에 만날수업섯다。이것을心臟속에서 블수업섯고 腦髓안에서 만질수업섯고 細胞中에서發覺할수업섯으니 차라리 그存在를 否認하는것이 輕快하지안할가。問題의解決이아닐가。

그러나事實은 넘어도强大하다。生命은存在하다。新綠의 엄을보라。보리밧헤 너즐이노래를 들으라。竹筍을보라 메구리노래를들으라。生命은잇다 여기에도 뎌기에도 하나님을 否認하는者의게向하야 바울은

對答하엿다『대개 하나님의 볼수업는 永遠한能力과 神性은 만드신 萬物을 보아 創世以後로 明白히알수잇으니 사람이 핑게하지못할지니라』(로마一○二十節)고。

히브리詩人은韻律노써 우리를敎導한다。

하날은 하나님의榮光을 드러내고
穹蒼은 그손으로 지으신것을보이도다。이날이 뎌날의게 말삼을 傳하고 이밤이 뎌밤의게 知識을 베프는도다。方言도 업고 말삼도업스니
그 소래도 듯지 못하는도다。
그 소래가 온 따에 通하고
그 말삼이 따 끗까지 니르럿으니
主께서 그사히에 해를爲하야 帳幕을 베프셧도다。
(詩第十九篇一―四節)

빌닙의欲求에對한 예스의對答은엇더한가

我는 길이오 眞理오 生命이라。나로말매암지아니하면 아바지께로 올사람이업스리라。너희가 나를 알엇더면 내 아바지도 알엇스리니 이제부터 너희가 알고 또 보왓나니라……빌닙아 내가 너와 이 갓치 오래 잇스되나를 아지 못하나냐 나를본 사람은 아바지를 본것이라。엇지하야 아바지를 보이라 하나냐?

生物體內에生命의本體를 찻다가 찻지못하고 宇宙안에 하나님을 찻다가 보지못하도다。오직 보난눈을가진者는 볼것이오 들난 귀를 가진者는 들을것이다。

城西通信

(五月二日)

○去年晩秋의 하로夕陽에 聖書朝鮮社에는 意外의珍客이 來訪하엿섯다。西大門外孔德里라하면 黃海道親舊들이 모혀서 누룩덩이나 만드는곳인줄노 世上이알고잇는곳으로 南岡李昇薰先生이來駕하셧으니 엇지珍客이 아닐수잇으며 오신손님은七十長老요 마주는主人은志未立한靑年이니 엇지惶悚치들안엇으랴。鄭兄이 호올노(柳、金은不在中)接對하는동안에 東으로뵈는京城監獄은 先生의一生에記念할場所이엿든것 信友會의龍頭蛇尾를痛惜하는等 두어談片을 남기시고 歸市하셧다

○其後數日을지난 一九二九年十一月十日(日曜)午后六時를期하야 우리는鄭、柳兩兄과함께安國洞某旅館에 南岡先生尋訪하엿다。返禮이意味라기보다도 鬱積하엿던 舊懷를 푸러버리고말엇다。先生은 우리를最終電車로써還家케하엿섯다 內金剛에旬日을보내다가外金剛을向할때에 嶺上에서

城西通信

東海의淸風을 한입에다 삼킨것갓흔 가삼을가지고 누룩만드는孔德里로 도라왓섯다。내가南岡先生을뵈옵기는 이것이처음이엿다。 呼嗚라 또한 마지막 對面이될줄이야?

○一九三○年五月十七日아참에 鄭兄과ㅏ께活人洞製墟所모통이를지나 人間地獄을象徵하난 刑務所大門압흘거처十分以內에ㅏ丈을 쏘을수잇는 孝昌園솔밧헤 이숨을차면서京城驛으로다름박질하엿다。白骨標本으로製作되기爲하야 大學病院으로運搬되는 南岡先生의遺骸에 最後의敬禮를하기爲함이엿다。汽關車뒤에連한靈柩列車가 白旗를 날니면서驛區內로突進할때에는 敬禮하기보담도나의 가삼을靜制하기에專力하지안이치못하엿다 저標本을指摘하면서敎授할先生과그壇下에서 처다보면서筆記할生徒들의 光景을推想하면서南山이霧霞의弔服을착하고 霖雨쓸쓸한바람에 실려愁心을갑게하는長安의길로 先生의靈柩車는 解剖室을向하야써낫다。

○本號는意外에 南岡先生記念號가되엿다。또우리의恩師內村鑑三先生의追憶이실녓다。粗漏한것은 다음號에도繼續할바 잇겟다。

◎五月二十五日午后二時에 韓泳哲君의追悼會를열엇다。君의祖母母親婦人과아즉돌도안도라온 嗣子東九도出席하엿다 現代靑年인君은生前에난信仰이잇난것갓지도아니하야 君의性情을보나外貌를보나信者갓흔點은하나도업섯스나 病床에누어서부터別世할때까지의君의靈魂은主예수에 아주갓가워或은집흔悔改의눈물을흘이고 或은벗에게祈禱를하여달나고하고 或은天國에간꿈을우어 病苦와死의 恐怖난하나도업고맛치自己故鄕에도라가난것갓치 喜喜樂樂하난中에이肉의장막을써낫다。只今君은 一에도信仰二에도信仰이라말노만웨치난사람을慚死식히며 하나님품안에편안히잇슬것이다。

◎오래동안躊躇하엿던우리市內集會난이제決定되여 六月一日午后二時에宗廟近處에열게되엿다。場所는 純全한배락이여 現代敎會堂文化를버서남이甚하나 우리朝鮮사람信者에난가장適當하고 人數난少數이여 多數가힘인現代思潮에뒤짐이甚하나 예수만을쌀어가며우리에게난아주田然하다。讚美歌를부르고祈禱를하는동안 우으로부터우리마암속에힘이나려난것갓헛고 때에비가주룩주룩와서世上의騷音을업새버리고 우리靈魂은靜謐하게우으로올나갓다。 眞과靈으로恒常하나님을禮拜하게되기를빌며 또한聖書에집흔우물에서生命水를恒常써먹게되기를빈다。

○六月八日午后에 第二回로 市內에 모히다。實科商工學院敎室에。今日부터一般의게公開하다。

司會金敎臣。 聖書研究會의態度를말하엿다 첫재로會場을使用케한商工學院에對하야感謝하엿다。여호도 굴이잇고空中에나난새도집이 잇스되 오직 우리들ㅅ集會할場所가업섯다。우리의게善한사마리아사람은 中央基督敎靑年會가아니고 實科商工學院이엿다。感謝할일이다。

둘재로 特別한使命을밧어가지고 大運動을 일으키려고나선者가아니라는것이다。自他가 다 우리의게過한期待를두지말자。每年一千三百萬圓의酒草稅는내면서도 二千萬圓의大學은永遠히 못되는것이朝鮮사람의일이다。信友會도朝鮮에일어난일이엇다。우리도朝鮮靑年이라 무엇을囑望하랴다만書堂에서論孟을講解하던것처럼 聖書를講解하면서말하는者와 參席한者 힘을合하야運動할것은 하나님便에서朝鮮에經綸하신役事를實施하시도록一心祈願할것뿐이다。

셋재로 우리中에는所謂天才的宗敎家라는것은업다는것。

馬上에서떠러젓거나 非夢似夢間에異像이라도 본일업시는 宗教를 말치못한다고 생각하는니는 올것이업다。우리는通常의凡夫通常의教養으로자라면서 數學、博物、物理化學을工夫하난것처럼 基督教를 배와온者들이다。

柳錫東兄은「信者의十字架」란題로써生來처음의信仰告白이엿다。고린도前書一章二十六節그대로의光景이엿다。鄭相勳兄은 누가福音研究의第一講、緒論으로一ㅣ四節을말하엿다四福音書의比較、學識相當한記者、歷史的事實에立脚한傳記等을力說하엿다。各其詳細히發表될것임으로玆에略記。

○柳錫東氏는 지난四月부터府內昭格洞一五八番地로轉居。

宋斗用氏는永同으로서부터 五月十日上京하야 우리의信仰을扶助함이 만타가 今六月初에는 全家族이 모다 東大門外昌信洞舊居에還來하엿습니다。

楊仁性氏는 平北宣川에서 北境을직히고 咸錫憲氏는 五山聖書研究會를獨擔으로引導하고잇습니다。兄弟의加禱를願하나이다。

鄭相勳氏는 아직城西에 머믈너잇습니다 孔德里는 누룩장사들 사는곳이라고 門안人士들이蔑視할때는 本社를 둘너메고 三遷之教의거름을 떠남勇氣가 업는것도아니나 누룩은 三斗의澱粉全體를醱酵식히너니라(마태十三〇三十三節)는信仰의人을迎接할때마다 孔德里를 저바리지못하엿고 活人洞이 참말活人洞이될것이라는 老長의寄托을 밧을때마다。그寄托을 우리의祈願으로품지안을수업섯다。活人洞은孔德里內의一小區域이다。그러나샘물은活人洞에서만난다。孔德里附近의千餘戶口는 고개를넘고 끌작이를지나 그물을 길케된다。그럼으로井邊의光景은 야곱의우물을聯想케하이 마지안한다。活人洞쌜내러는特別히純白하여진다하야特別히머러온 쌜내는 다 모여든다。밤三更에도 오히려 방망이소래ㅣ周圍에보이는것은 풀과나무 初更에는 맥쫑이소래와반듸불구경 때로江風에 실녀오는 菜園의흙냄새 풀냄새 거름냄새等의加味湯냄새鍾路街路의 文化냄보다健全味가 잇다는것이西城의자랑。

社 告

今六月第一日曜日부터 聖書研究會를 左記대로 市內에始作하엿나이다。

一、時 每日曜日 午后二時三十分부터
(略二時間)

一、所 鍾路四丁目六〇實科商工學院教室

鄭相勳氏의 누가福音研究를爲主로하고 其他의 柳、宋、金三人의添講이잇습니다。

聖書朝鮮讀者는 누구던지 出席할수잇습니다。

그러나 出席하실때에는 左記事項을 직혀주시기를바랍니다。

一、舊新約聖書及讃頌歌를持參할것
一、時間을嚴守할것
一、應分의會費를支拂할것

以 上

(定價送料共)

一 部	十五錢
六個月	八十錢
一年分	一、五〇錢

昭和五年六月十二日 印刷
昭和五年六月十五日 發行

京城府外龍江面孔德里一三〇
編輯發行兼印刷人 金 教 臣

京城府西大門町二丁目一三九
印 刷 所 基督教彰文社

京城府外龍江面孔德里活人洞一三〇ノ三
發行所 聖 書 朝 鮮 社
振替口座京城一六五九四

『聖書朝鮮』第十七號　昭和五年六月十五日發行(毎月一回十五日發行)

昭和五年一月二十八日(第三種郵便物認可)
昭和五年七月十五日發行(每月一回十五日發行)

聖書朝鮮

七月號 (一九三〇) 第十八號

目次

唯一의宗教

主예수를 멋으라 그리하면 너와 너의집이 救援을 엇으리라。(使十六〇三十一節)

이밧게 다른이로 말매암아 救援을 엇을수· 업나니라。天下人間에 우리가 救援엇을만한 다른 일홈을 주시지 안엇나니라。(同四〇十二節)

예수를 밋어야만 救援을엇고 그밧게는 別道、별수가 업다는것이 右聖句의 傳하는 뜻이며 또聖書全體의 主旨다。信者되기보다도 사람되기를願하고「安心」보다도「眞理」를渴求할만한 眞實한人間巡禮者어든 이러한句節을 信受하기를 爲先은 躊躇하여야할것이다。正直하여야하겟는故로

그러나 時期가도라왓어 基督敎는 다만 世界大宗敎의一일뿐아니라 果然救援엇는唯一의 길이오 天과地 神과人에通한 唯一의大道임을알게될것이다。이는聖靈의役事다 (敎臣)

二十世紀의出埃及

咸錫憲

暗黑이全地를덥혓다。世界는混沌가운대彷徨한다。支那는오히려夢魔에서벗서나지못하고 印度는只今밋친듯이必死의몸부림을하고 露西亞는바로갓치北方에屹立하야宗敎撲滅을힘쓰고 亞米利加는巨人갓치우락키山脈에걸어안저黃金의暴威를휘둘으고 歐羅巴는온不安과疲勞를늣기면서歐洲聯盟을불으짓고大英帝國은해이미가울엇다는消息을傳하고東隣에日本은國民思想作興에잇는 힘을다쓰고 世界는구석에서구석에까지動搖와不安과混沌과摸索이다。녯날것은거이다。埋葬의宣告를밧엇고或은이미破壞를當하얏고 새것은아무것도밋을만한것이建設된것이업고나갈길의指示된것도업고 人類는只今 맛치埃及을써난

二十世紀의出埃及

이스라엘民族과갓다。 二十世紀의出埃及! 그러타 우리는只今三千數百年前에이스라엘族모양으로出埃及을經驗하며行하고잇다。우리가떠난것은阿弗利加의나일江域이안이요二十世紀의文明世界다。 만은兩者가다 物質文明인點에서一般이다。 하나님은 이스라엘族은一時埃及에맛겨養育하엿던것갓치 基督敎를歐洲文明에一時맛겨發達식엿다。그러나더에떠날때가잇엇던것갓치 이에도이제떠날때가왓다。이미떠낫다。歐洲戰爭에서歐洲의物質文明은 그長子를일헛다。나일江域에울녓던것보다더크게 더悲痛하게더深酷하게 哭聲이 ᄲᅩᆯ가河와다뉩河와라인江과미시십피江域에振動하얏다。이滅亡의都城을뒤에두고基督者는뒤에낫다。더들은이제어대로갈것인가 渺漠한沙漠의알수업는길을아페놋코 喊聲이天地를움즉이는埃及의强兵이背後에急迫함볼때 이스라엘人의맘은焦燥와恐怖에잡히엇

二

고 발서부터 出埃及의無謀와 降服하고埃及에도라감의安全함을말하는者가잇엇다。그와갓치 現代의靑年도 思想의砂漠의入口에서서 二十世紀의바로의所任을하는露西亞의猛烈한唯物論의追擊을밧고는 나도나도하고續續降服을한다。그것이가장 安全하고怜悧한일이라生覺하기때문이다。그러나 二十世紀의靑年이여記憶하라! 이스라엘사람이救援을엇엇슴은 平坦、分明한길로말미암어서가아니요구름과불기동의豫測할수업시잇스는引導에依하야서임을。그리고 우리도또한구름기동과불기동의헤아릴수업는길을따라江海를건너고 시내山을지내고그曠野를겻처서야가나안에들어갈것임을。이것이어렴업는迷妄갓거던갈것이요 무섭어도갈것이요 享樂의뫼츠락이가生覺나거나 自己崇拜의金송아지가戀戀하여도갈것이다。그러나同時에記憶하라 이모든것은 早晩이잇을지언정 한번

반드시滅亡하야헛된대도라가는때가올것을。逃亡할것이다。뒤를도라보지말고逃亡할것이다。追擊하는者는追擧하는者대로두고 우리는沙漠이오거나 바다가오거나火山을當하거나熱風을맛나거나 보내는데로갈양으로逃亡할것이다。埃及式의辯論을掛念할것업서나설것이다。江海의물결이제절로열리고 시내山의震動이갓가이할수업서니러날때 우리는우리가는길의意味가次次알녀질것이다。

이渾沌한世上에서信仰維持의許諾을엇엇슴은더할수업는恩惠다。우리스스로도라보아奇蹟이랄것밧게업다。果然「肉身이이를네게알게함이안이요 하늘에게신아바지가알게하심이라」다。어느時代에나그런것이지만은더구나이時代에잇엇서 밋는者는特別히뺀者다。二十世紀의여호수아와갈넵은 이러틋뺌을넙어順從하는者들이다。그러타 苦難은 順從으로써對할것이다 出埃及의歷史는順從으로完成할것이다。埃及의天地는暫間바로軍의跳梁跋扈에맛겨두는것이좃코 우리는眞理에順從하야砂漠에서헤여나갈것이다。여긔다四十年두면四十年을 四百年두면四百百年을 順從하야참고견듸고 바래고 光明의날이오기를빌면서잇을覺悟로나갈것이다。

이時代는 痛嘆할時代라하야悲憤慷慨하는사람이잇다。末世라하야밉어하는사람이잇다 새롭은 人間의時代라하야謳歌하는사람이잇다。그러나 크리스찬에게는痛嘆할時代도밉어할時代도 謳歌할時代도안이다。順從하야眞理의明示되기를기다릴時代다。젊은크리스찬이여! 기다릴것이안인가。목을느리여기다릴것이안인가。苦難과窮乏과煩悶과迫害의오랜行軍後에 새에루살넴의山頂에서、기쁜讚頌의喇叭을원생이震動하도록 불때가오기까지祈禱와希望으로기다릴것이안인가。

二十世紀의出埃及　三

內村鑑三先生을追憶하며 【二】

柳錫東

先生은明治初年의所謂先覺者와는對蹠的立場에섯슴으로他人이推測할수업는悲愴한일이만히잇섯슬것이나 先生부터直接듯고또한日本一般社會에서도잘아는 先生一生에가장쓰라린事件은第一高等學校不敬事件과無戰論主唱이다。前事件그自體에對하야우리外國사람은우서버릴것이나 그것으로因하야先生에게밋친苦難은果然컷스며 先生은一時는日本全國에머리둘곳이업서지고이곳에가나저곳에가나國賊〳〵부름을듯고 多感多恨한先生은極度의神經衰弱까지걸엿다한다。또어늬때熱이四十度갓가히되여前後를몰느게夫人看護밋헤누어잇는대所謂志士들이 竹槍들을가지고와

「國賊內村이를내라 곳썰너죽일터이니」라난境遇도當하엿다한다。이때先生을文士高上樗牛는홀노ㅣ렌스에서追放를當한단테에比較하야 先生의게神曲과갓흔글을쓰는것을勸하기까지하엿다。先生의苦難에는想像以上의것이잇섯고 所謂先覺者들이自己思想에熱々하고困難하는만콤一般民衆이헛된愛國心에熱中하는만콤先生에對한迫害는甚하엿다。이苦難과迫害가先生의마암을씻고얼골을색엿다。後事件非戰論主唱當時日本國民이日露戰爭에힘을다하고누구나다그올음을말할대 先生은홀노그것에反對하야戰爭의不可함을主張하엿다。그때先生은萬朝報社에잇섯는대 이獨特한主張으로勿論退社하야生活의安定을이저버렷다 先生은夫人을불너말하기를「只今一個月分生活費의貯蓄만이잇고이것만쓰면日本天地에밥먹을곳이업스니우리는餓死하자」고。社會全體의精神的壓迫以外에先生은餓死할覺悟까지하

여야만될窮乏한物質的逼迫가운대에잇섯다。只今先生이數年前에自己壯年時代를回想하며말한「餓死하자餓死하자」한소래가　귀에쟁쟁하다。先生이이覺悟를할때의그悲愴한마암은무엇에比하리요。先生의生涯는이두事件이證據하는바와갓치　처음부터쯧가지苦杯의連續이고戰鬪의繼續이엿다。한時代한나라의代表者豫言者가되라면果然이러하여야하는가하는生覺이난다。明治年間의各方面의人士는제아모리偉大하고特殊하다하여도모다眼界가當時를一步도못써낫고當時社會를一寸도더못들어갓는대內村先生은홀노三十年의遠視眼으로當時를觀察하고當時社會의根本을觀破하야自己가可타하는新日本建設에努力하엿스니　俗人들이헛된熱과그릇된理論으로이사람을排斥하고逼迫하고追放한다는것은當然한일은當然한일이다。옛날서부터先生과갓흔일을하는사람은모다이러한境遇를當하엿스니　先生만이엇지홀노이苦難을안밧으리요。

先生은이러한逆境을지낼때　사람으로써의그의마암은限업시슬퍼하엿고두번이나死를願하기까지일으럿스나　그의靈魂깁흔곳에별과갓치빗나는하나님에對한信仰은이모든苦難이모든눈물　이모든戰鬪를다익이고　恒常남모르는至極히平和한샘을가젓다。故로先生이부름을밧기前에「萬歲、感謝、滿足、希望、進步、正義모다善한일……그러나惡한일은우리諸君우에將來未來決코오지안넌다。宇宙、萬物、人生全部가다可하다라난말을하엿다」이것이人生을安樂히지낸사람의말이라면그다지異常치안으나　千軍萬馬가橫行하는듯이一日도平安하지못하고싸우고싸워그心臟은깨지는것갓고그頭腦는써러지는것갓치　不安苦難中에지낸사람의말이니우리는이것을常識으로는理解할수가업다。다른偉人이갓지못한信仰이잇서야만이럴수잇다生覺한다。또다시말하면先

內村鑑三先生을追憶하며

生속에信仰이잇섯슴으로 그와갓흔戰鬪를하개되엿고그戰鬪에익일수잇섯다。 先生의信仰에서戰鬪가自然히나왓고先生의信仰이自然히이戰鬪에익이게되엿다。 따러여러苦難風波속에도저녁이슬과갓치조용하고단平和가그의마암속에깃드릴수잇섯다。 先生의信仰이모든苦難、苦痛、逼迫의原因이되고또한先生의信仰이이것을익이고참고하야平和의샘을엇은原動力이되엿다。 따러先生이明治年間의다른名士들과矛盾되고衝突되고또한그들이볼수업는것을밧고生覺할수업는것을生覺하고듯지못하는것을듯고主張치못하는것을主張한것은即그들과判然히달는것은先生의信仰이이엿다。 信仰이야말노先生一生의키ㅣ노트이엿다。 先生이새日本참日本의代表者豫言者라는것도이意味이고 西洋文明의根本을觀破하엿다는것도이意味이다。 三十年의遠視이라는것도이意味이다다른사람이形式이니制度이니써들고항옷하야

六

무슨思想이니무슨主義이니불으짓넌대 先生은人生問題의根本、宇宙의根底 文明의根本을 即信仰을端的으로잡고웨첫다。 이個人의根本이되고國家의根本이되고宇宙의根本이되는問題를가지고그生命을賭하야日本全國에부르지즌사람은內村鑑三先生一人뿐이다。 여긔에先生이國家觀念을써나우리를잇그러버린다

內村先生의信仰은 그를참義人으로만들고참사람의사람으로만들고眞理의人으로만들고自由의人으로만들고獨立의人으로만들고理想의人으로만들고實行의人으로만들고熱誠의人으로만들고徹底한人으로만드럿다。 그가넓은宇宙에다만하나님과예수그리스도만밋고 그他는全部二次三次의일노삼고依賴치아니하엿슴으로 일이한번하나님의일 그의正義에關한일 예수의十字架에關한일 眞理에關한일에 關係케되면그는熱火와갓치일어나生命을다하야싸우며굿굿히거러나갓다。 그의不敬事

件、非戰論도이見地에서나온것이며　그것이自己生命을犧牲하는結果를致來하는것이라도正義에關하고眞理에關하면그는조곰도躊躇안코범과갓치突進하엿다。明治年間에基督敎를밋는것은一大難事이며　더구나西洋의補助를밧는敎會에反對하고홀노밋는것은生覺할수도업는일인대　先生은그것이참信仰을갓는사람으로는當然한일이야하야조곰도걸이키지안코그좁은길을갈이엿스며　일노하야先生은敎會에서는異端者라는말까지듯고죽는最後까지敎會사람들한테는好感을못샀다。先生은예수를밋는것을一生事業으로하엿는대敎會사람들은先生을가지고異端者甚한사람은惡魔라고까지도하엿스니　先生의苦衷을可히헤알일수잇다先生의信仰의性質上　그것이條文이아니고타는生命의불이엿슴으로　自然히形式과儀式를拒絶하고自由스러운靈魂속에서自由스럽게움지기엿고　짜며先生은文化的인整然한敎會보다野趣가득한粗蕃한生命을擇하고　自己集會에잇서서도다른敎會가門戶를開放하야萬人을歡迎하는것과對角線的反對로가ㅣ끔會員整理를斷行하엿다。先生은牧師가아니고生命이넘치는野人이엿다。아모스와엘레미야와갓치。先生은하나님만을依賴한다는徹底한信仰으로思想은勿論이어니와經濟的으로는絶對로獨立하엿다。信仰을가진사람이다른사람의補助를밧는것은一大羞恥라하야　先生이이일에對하야　平時에말할적에는다른때보다도더힘을되렷다。先生이이일에對하야自己經驗을말한때의光景이눈압헤아렷하게나타난다。米國留學時代에가지고간돈을다쓰게되고學校는올마안남엇는대　先生은當時米國人의補助를밧어學校를卒業할가　그럿찬으면學校를그만두고歸國할가하야깁히생각하다가　어느겨울날눈이쌔인米國野原에나가하나님께祈禱하야　무엇보다못다운獨立을取하고學校를中途에廢止하

內村鑑三先生을追憶하며

고歸國하엿다한다。先生의面目이이事件에瞭然이나타나며靑年時代부터先生의信仰이얼마나熱熱하며 따러獨立을얼마나굿게實行하엿는지엿볼수잇스며더구나米國人에게補助를밧난것을當然한일노生覺하는當時에잇서서의일이라하면可히놀낼만하다。先生은恒常예수그리스도안에안겨서거러나갓고 따러自己압헤當하여오는萬事에基督信者良心으로直觀하야하나님의道理를보고眞理를보고經綸를읽어그대로處理하고順從하엿다。先生의하는일에는모도가다그根源에잇서서하나님心臟속에들어갓스며 罪人한테는些小한일에不過하는일이先生에게는큰일노뵈이고 罪人에게大事갓치보이는일이 先生에게는아주小事로빗치엿다先生의마암은恒常우으로치웃치고 그의머러속에는永遠의問題 生命의問題 人類의問題宇宙의問題 國家의問題、眞理의問題正義問題가充滿하여잇섯다。先生은恒常나에게이러

八

한問題以外는뭇지말나고말하엿다。 그러하야先生의祈禱는個人의問題보다도이러한큰問題에對하야일어낫스며 全部가罪人의生覺밧겟것이다。이러한곳에先生이興味를갓게된것單思想問題知識問題가아니고 先生信仰속에서自然히생겨나는結果엿스며 또한先生이日本一流名士보다各方面의知識이곱고깁고한것은先生의信仰속에서自然히생긴知識熱眞理熱때문이다。先生의靈魂이宇宙의中心인基督에맥이게되매 이여러가지조흔열매를맷게되엿다

信仰의人內村先生 하나님이自己의길을人類에게傳하랴胎中부터擇한金그릇 內村先生은 하나님의靈과힘에잇글이여그의使命을다하고「人類의幸福과日本國의隆盛과宇宙의完成을빈다」遺言을남겨놋코 하나님품안으로올나갓다。그를일흔地球는쓸쓸하고슬품이싹이업스나 하날에서는天使들이그를맛고 예수는바울루ㅣ터에게주던그義의冠을주엇슬것이다。

산信仰

咸錫憲

信仰은 嚴正한意味에서말하면 生死의區別이업다。信仰이란것이곳 하나님과ㆍ산生命과의두사이의關係임으로 信仰이란곳산信仰이요 別로히죽은信仰이란것이存在할수가업다。죽은信仰이라함은 마치 죽은生命이란말과갓치矛盾이다。그러나 世上에는事實로似而非의信仰이잇고 似而非의基督信者가잇기때문오로特別히區別하야말한다。

산信仰이라면엇던것이산信仰이냐고反問하는이가잇다。勿論이는 大概、基督敎를밋는다는이다。그때에우리는 對答하기가매우困難하고 또즐겁지도못하다。大概두가지理由가잇스니 第一은 그들에게는自己流의旣得知識이잇기때문이요 따라서第二는 對答하는바가 곳外形的으로首肯(誤解)되여버리거나 그러지안으면惡用되여버리기때문이다。그러나 우리는 이似而非의信者、이미免疫性을가진基督敎徒에對하야는말하지안는다하더라도 그들로因하야서 좀하면地獄子息의迷路로들어가기쉽은 尊敬할만한 靈的生命의出發途上에잇는靈魂들을爲하야若干의말하는바가잇지안을수업다。인제우리는 敎義나敎理를말하지말고 直接눈에볼수잇는明瞭한事實에依하야 산信仰이如何한것인가를簡單히말하야보자—

第一、산信仰은 明瞭한自己意識을가진다即 自己의살어잇슴을안다。더仔細히말하면自己는 하나님을밋음으로因하야그리로서生命의賦與를밧엇다는기픈意識이잇다。信者라고하는者가 여러가지敎義나 儀式을직히고信仰의習慣을가지면서도 이意識이업스면大腦가업시反射運動的으로여러가지機能을行하는者가動作으로는산者갓트나 이미完全한生

삶信仰

命의所有者라할수업는것갓치 習慣的으로는 基督敎徒나 삶信仰의所有者는못된다。

第二、生長機能이잇다。生長은 肉體的生命에서도 그特性의하나이거니와 더구나信仰에잇어서그럿타。그는個體的으로나 種族的으로나 다자람이잇다。그智慧의자람 能力의자람 淨潔의자람이잇고 짜라 그빗의밝음 그맛의짬 그삭이는누룩의힘이漸々世上에퍼저간다。敎會信者의多大數가十年一日의踏步를하고잇슴은 그信仰이삶것이되지못하는證據다。反對로 이삶信仰이잇슬때는논골 밧골버들 밧속工場구석에서 學者와思想家와宗敎專門家가놀내고물너가게되는智慧와힘이흘너나온다。녀희가本來不學無識한갈닐니사람이안이던가하고불으짓던말은 이삶生命의榮光과能압헤놀내고降服한이世上의告白에不外하엿다。果然聖經에말한것갓치 信仰에서信仰으로자라나 마츰내完全한데니르는것이삶信仰이다。

第三、强한消化力을가진다。即、모든것을삼키고다시리어 그를理解하고利用하고 整理하고 이기고 살리는힘이다。깃분것이나 슯흔것이나 適當한것이나 困難한것이나넷것이나 이제것이나 人物이나 時代나 科學이나 經濟나 道德이나 主義나 思想이나 무릇어쩐事物임을勿論하고 모든것을自己의서는바 信仰의立場에서觀察하고 接하고批判하야 그가지는靈的眞理를發見하고모든것을各各適當한자리에두어處理하는힘이다이힘이업시 살앗다할수업다。그런데現今의基督敎人은 이힘은거이全無의狀態다。故로信者는 萎縮하고衰弱하다가마지막에는凋落하야버리게되고 時代의統御者요 指導者여야할敎會는 도리어時代의波浪에밀니어(靈的活動은姑舍하고)一個의高貴한精神的團體로서의社會的活動까지도하는것이업다。生活

機能이最小限度에까지萎縮된今日의基督敎人들은 맛당히强壯劑를쓰고消化力을養하여야할것이다。勿論 이는 生命의根源인하나님과두사이에十字架의運河를터노음에依하야만오는新生命力이다。

第四、漸々活潑해가는代謝作用이잇다。삶生物의體內로부터는不絶히排泄物이나오는것갓치삶信者도恒常내어바리는것이잇다。體內의老廢物과有害物이新鮮한空氣와滋養에依하야代謝되여서야身體의淨潔과健康이保持된다。信者는肉의部分을날마다々々排泄하고靈의部分을時마다々々々살닌다。그리스도의生命이漸々充溢하야올스록 罪의씨가漸々씻기어나간다。더는이를 日常의수준한크리스찬人格의擴充으로行하고 犧牲的사랑의實行으로도行할수잇스나 때로 心血을吐하는痛悔의祈禱와決死의覺悟로하는棄世의行爲에서行하게된다。이때에 하나님의말슴은 左右에날선劒으로活動하야 그의內部에大手術을行한다。그리하야 그는그리스도를더욱사랑하고罪惡의世上을더욱밉어하는맘을가지게된다。

第五、恒常祈禱한다。祈禱라함은 禮拜堂에서나公會席에서하는것갓튼長々流波의形式的言辭를입으로羅列하는것이안이다 혼자隱密한中에서 直接그리스도와하나님을붓잡고하는通事情이다。그中에感謝가잇고懇求가잇고 痛悔가잇코 하소연이잇다。그의祈禱는滔々한것이안이요 激流의흘음갓치때때로만히嗚咽한다。言辭는咄納하고澁滯하고 말을일우지못하는때도잇다。그러나 이는全身에서쥐어짜내는말이다。혹은목이메여질듯이 하늘이어생이어하고소리를놉혀불으짓는때도잇고 或은 一言半句도發치못하고 無言中에맞치는수도잇다。그의입은 흘으는시내가운대사는고기갓치恒常물根源에向하고잇고그의눈은香爐에피어노은香갓치恒常우으로向하고잇다。 그러하야 그의生涯그것이곳한낫산祈禱요讚美가된다。

以上에列擧한것은信仰으로부터發露되는事實中에서가장一般的인現著한數個實例가될뿐이다。 우리는산信仰을가지는靈魂이 그서는바境遇와處地에따라許多獨特의光耀와香氣를發함을안다。 그러나 그奧底에는언제던지다름업는信仰의불길이붓고잇을뿐이다。生命을내던지어十字架를붓들고그를通하야하나님의恩惠에매여달니는信仰의불길이。

恩師內村鑑三先生

宋 斗 用

一九三〇年 三月二十八日! 이날은아참八時五十一分에 나의恩師 內村鑑三先生은뎌의地上生活을 古稀(七十)로맛막고 뎌가平生思慕하고 憧憬하든 榮光의나라이며永遠의樂園인 天國을向하야길써낫다한다。나는몬저 大阪朝日을通하야이슬픈消息을알게되엿다。(當時 나는 忠北의南端이오 秋風嶺北下인 黃澗골싹에서 水車屋(물방아직이)노릇을하고잇섯다)。前부터病患(心臟病)으로苦生하심은 임이알엇스나 또 年老하심으로 늘安心하지못한것도 事實이엿스나 그래도 이첫所聞을 接할때에곳밋어지지는안엇다。아모리 信用할수잇는新聞의報道이지만은。 그러나 其後繼續하야或은新聞 或은雜誌等을通하야 先生의逝去에對한詳報를屢次接하엿다。인저는事實如何를 疑心할餘地가업시되엿다。

아! 나의恩師 內村鑑三先生은 참으로世上을써낫다한다。아! 슬푸다!

× × ×

內村鑑三! 뎌는나의恩師이다。나의精神에異常이업는限에는 或은내가世上에서써나기까지는 뎌는決코 나의記憶에서 업서지지못할者이다。나는 滿二個年半동안을直接師事하엿스며 滿五個年間을 뎌의雜誌或은著書를通하야 靈의養育을밧은 因緣깁흔內村鑑三先生을 只今追憶함에臨하야 몬저先生自身을余輩가본그대로써보랴한다。그리고다음에는先生과余輩自身의關係에對하야좀쓸가한다

余輩가본內村先生

內村鑑三이라하면 日本에서는勿論이고朝鮮에서도 뎌의일홈을 或은뎌自身을 아는者不少하다。그리고國內國外의識者間에는말할것도업거니와 웬만한사람은男女老少업시뎌를잘알만치 뎌의일홈은 世間에藉藉하다或은學者로서 或은基督教教師로서 或은思想家로서 或은宗教家로서 或은日本基督教開拓者로서 或은無教會主義創始者로서 或은國賊으로서 或은愛國者로서(甚히큰矛盾이나事實이다)。或은ᄭᅮᆷᄭᅮ는者로서 或은予言者로서 甚至於 外國宣教師排斥者로서 또는米國忌厭者(或은詛呪者)로서 其他여러가지名義로 世上은뎌를불넛다。나는果然뎌가世上에서 이러케多種多樣의名稱을붓치기에適當한者인지안인지를 全然히알지못한다。그러나 뎌가學者이며 基督教教師이며 思想家이며 宗教家이며 日本基督教開拓者이며 無教會主義創始者이며 國賊의陋名을밧은者이며 愛國者(뎌는眞正한意味의愛國者이엿다)이며 ᄭᅮᆷᄭᅮ는者이며 予言者이며外國宣教師排斥이며 米國忌厭者이며 其外에도무엇이나무엇이나하고 世上이불너를임업는者인것만은淺薄한余輩로서도是認할수잇는事實이다。그러치만은 余輩는이모든것에對하야一一히說明하랴고는하지안는다。더구나余輩의게는 決코할수잇는業이안이다。그러면 나는偉大한뎌를보아 直感한한모퉁이를말하랴

恩師內村鑑三先生

한다。 그러나 다만한모퉁이라할지라도 나의直感이 或은觀察이 를임업다고 斷言못함은勿論이어니와 도리혀 더의偉大함을더렵히지나안을가 두려워함을마지안는다。 그러면서 小人의눈에보인 그대로의偉人을그려봄도아조쓸대업는일이라고만 녁일것이안아라는 自信(無用의自信인지도알수업스나)을가지고붓을들어 記錄하는바이다。

內村鑑三! 더는아모것이안일지라도오즉義의사람이엿다。이것이 내가본內村先生이며 또내가더를評할수잇는 唯一의言辭이다

古人은말하엿다「義人은업다 한사람도업다」고。그러고余輩는甚히偏狹한者이며 몹시庸劣한者이다。따라서余輩는 他人을評하야決코寬大한者는안이다。더구나 他人의눈에잇는 티끌을보면서 自己눈에든 들보를깨닷지못하는余輩는 恒常他人의短處와缺點을너무도잘指適하는者임을 免할수업다。그러한 余輩가 內村先生을보고 말하기를「더는義人이다」하엿스니 이것이엇지 先生의게對한 寬大한評이라고 볼수잇스랴? 決코안이다。그러고 余輩는조곰도 先生만을놉히보랴고하지는안는다。事實 나는 先生의여러가지偉大한點보다도 적은缺點을잘알고잇다 그러나 果然 內村先生은 義人그것이엿다。나는義人이라는말의眞意를 잘알지못한다。萬若 言語의學的意味를 明白히아지못하고는 말할資格이업다면 余輩는말의一言一句를 입박게낼資格이 조곰도업는者임을自白한다。그러나 아모리學的으로는를엿스며 이世上에서는適用할수업는지 알수업스나 적어도 聖書的으로보아서는 內村先生을評하야「더는義人이다」라고말하여서決코 큰잘못이업다。

그러면 基督敎에서 말하는義人은 엇더한사람인가? 그는決코 道德과倫理에빗처

完全無缺하고 圓滿無欠한사람을意味하지안는다。萬若 이저한사람만을 義人이라할수잇다면 아마도 內村先生은 義人이안일는지도알수업다。勿論 뎌는 倫理나道德으로서도 사람의뒤지지안을것이다。그러나 내가말하며 聖書가意味하는義人은 이와갓흔種類가안이다。基督敎에서는 이러한사람을義의사람이라고는 斷然코말하지안는다。

우리는 聖書에서 「아브라함이 여호와를밋는지라 여호와 이것을 義로녁이시다(創一五의六、로마四의三、同四의九、갈나三의六)」라는 句節을배웟다。이에 우리는 聖書的으로보아 참義人은 엇더한것인가를容易하게알수잇다。우리의先祖 아브라함은여호와를밋엇다。即 하나님을밋엇다。하나님은 그밋음(信)을義로녁이섯다。即信仰을義로삼으섯다。換言하면 아브라함이 하나님을밋으니 그信仰때문에 하나님은 아브라함을義人이라고불으섯다。그래서 아브라함은信仰까닭에 義人이되엿다。그런즉 信仰을가진者는 義로운사람이며 反對로 義로운사람은 信仰을가젓슬것은 更言할必要도업다。그럼으로「義人은信仰으로사나니라(하박 二의四、로마一의一七、갈나三의十一)」하엿다。

內村先生은 道德과律法의人은 안일는지그것은알수업다。그러나 뎌는 確實히 信仰의人이엿다。그럼으로 뎌는 또한確實히義人이안이여서는 안이된다。웨? 그런가하면 뎌는 아브라함이밋은 여호와를밋엇스니 아브라함의밋음을 義로녁이신 하나님은 반다시 뎌의밋음도 義로녁이실것은疑心할바업다。그러면 하나님게서 義롭다印치신者를 하나님의지음을밧는사람으로서누가 敢히 뎌는義롭지안타하랴? 果然 內村鑑三先生은 참義人이엿다。따라서 뎌가

恩師內村鑑三先生

참밋음을가젓든것을 肯定함은 決코 無理가안일것이다。

信仰! 얼마나 貴하고도寶貝로운가? 나의 恩師內村先生은 이貴하고 寶貝로운信仰을 十六歲以後 世上을떠나든瞬間까지維支하엿다。五十有五星霜을 하로갓치 오즉信仰으로만 生活한者 몃사람이나잇나? 더나구 現代와갓치 不義하며 日本과갓치不信의나라에서! 뎌는 信仰의勇士로다。

先生은 十六歲때에 北海道農學校에入學할때까지 日本武士의家庭에잘아나 오즉武士의精神만으로 一身을裝飾하엿섯다한다。그래서 처음 札幌(삽뽀로)에갓슬때비로소 움돗는 耶穌敎를 몹시憎惡하고 忌厭하엿다한다。그뿐이랴 多神敎로는 印度와억개를견우는 日本에서난뎌는——日本사람들은「八百萬의神」이라는말을쓴다 그리고 各家庭에 神閣과佛壇은 말할것도업거니와 日本全國 어느곳에神社업는대는업다 이것으로뎌희 神에對한觀念을 엿볼수잇다——日本固有의神道를마음을다하야 밋엇다한다。그레서뎌가때때로 神社에가서「日本에는日本의宗敎가잇스니 日本人은斷然히 西洋의宗敎나神을撲滅하도록 日本의神은 도으소서」하고 祈禱하엿다함은 無理가업슬것이다 그러든 內村先生은 얼마되지안어 基督敎의福音에 귀를기우려 其眞理를깨닷고 거긔서 永遠의生命을맛보고 처음으로 人生의價値와目的을알게되며 至今까지想像치도못하든깁븜 感謝 平安 慰勞를갓게되엿다한다 얼마나 不可思議한일가보냐?

이에 先生은 宇宙萬物의創造主 統治者永遠부터永遠까지變하심이업는 오즉 홀노참되시고거룩하신者、至極히慈悲하시고 無限히恩惠로우신者、生命의源泉이시고 빗의根源이신者、正義이시고 眞理이시며 사랑이신者、萬軍의主여호와하나님을 讚揚하지안을수업스며 그발아레 무릅꿀고 祈禱하지안을수업섯다한다。 그리고 밋는者의 智慧와 義와 거룩함과 贖罪가되시는 救主예수그리스도를밋고 따르지안을수업섯다한다。 하나님의獨生子 나사렛에서木手질하며 갈닐니바다의漁夫와 稅吏 娼妓等의同伴이든예수는 여의父母나兄弟나妻子나朋友보다도 財産이나地位나名譽나學識보다도 안이自己生命보다도 貴한것이되엿스며 업서서는到底히살수업는것이되엿다한다。 여의生命所望 깃븜 慰勞 其他一切이 예수의게만잇게되엿다한다 그래서 여는 예수의안에살고 예수는 여의안에살게되엿다한다。그런즉 내가산것이안이오 내안에 그리스도께서산것이라 이제 내가肉體가운대 사는것이 하나님의아달을 밋음으로사는것이니(갈나二의二○)」「내가 사는것이 그리스도요 죽는것도유익함이되나니라(빌닙一의二一)」「내가간절히기대리고 바라는것은……죽든지 살든지 내몸에서 그리스도로하야곰 尊貴케하려함이라(同一의二○)」한것은 內村先生自身의信仰이엿스며 또마음이엿다한다。

內村先生은 一生을「밋음에서 밋음으로」나갈뿐이엿다。果然 여의一生은 信仰一貫이엿다。 여는 삽보로農學校를맛치고神學을硏究하기爲하야 渡米하엿스나 참信仰에는神學이그다지必要치안은것과 또 米國에서는 참信仰을엇기어려운것을깨닷고—其外에도理由가잇섯스나(學資의窮乏等)—斷然코歸國하엿다한다 某米人이 學資를當하겟다하나 그것은 拒絶하엿스며 또 歸國當時某大漁業會社에서 東洋의代理人의地位를 提供하랴하엿스나 또한 물이치고말엇다한다 이는모다 여의信仰의發露이엿다。一便에는

恩師內村鑑三先生

世上의地位때문에 信仰을바리게될가하는念慮도잇스며 다른便으로는 오즉 뎌의靈의깁흠에서 쏠어나오는 하나님의게對한 信賴와 福音眞理를그대로 감출수업서 自己의同胞와 全人類의게웨치랴는熱心를 到底히抑制할수업는까닭이엿다。뎌는 信仰때문에 家族의게義絶當하고 同志의게更斥밧으며 敎會에서쫏겨나고 社會에서迫害와嘲笑를免치못하엿다 뎌의苦痛 煩悶 悲哀는 무엇으로도形言할수업섯슬것은 斟酌하기어렵지안타。뎌의가삼은 畓畓하기짝이업스며 뎌의눈에는 눈물이쓴일새업섯다한다。그래서 大隈重信은「內村이란者는 밥에도눈물을석거 먹을것이다」라고까지 말하엿다한다。뎌의 所謂不敬事件 非戰主義提唱事件 其外에도 무엇무엇을 一一히말수업다。一言으로하면 內村鑑三은 信仰에업지못할 苦難과試練을남김업시격것다。뎌의救主인예수命令과要求와約束대로 참기어려운十字架를지고 마시기힘드는 苦杯를마섯다。참生命을엇기爲하야 生來의生命를바렷다。自己를完全히죽이고 예수를完全히살엿다。뎌는果然 참크리스찬이엿다。

內村先生은 信仰의人인同時에 獨立의人이엿다。뎌의標語는「하나님의게는 絶對信賴사람의게서는 絶對獨立」이엿다 뎌의生活은뎌의標語의實現이엿다 뎌가 米國에서學業을맛치지못하고 歸國한것이나 歸國後도學校의講師 敎會의敎師 新聞記者等 모든地位를뺏긴것도 結局 뎌의信仰과獨立性이남긴 表示이엿다。뎌는 末年에도「젊은사람이 老人의게서獨立할 必要가잇는것처름老人도 한젊은사람의게서 獨立할必要가잇다」고말하면서 今年正月부터 斷然코自己의經營事를獨單으로하기를 宣言하고 即時에實行하엿다 그病中에。아! 果然 先

一八

生의獨立性의 偉大함이여! 굿셈이여!
참信者의게는 共通한것처름 內村先生도 한予言者이엿다。予言者의特徵은 決斷코 사람을보지안코 오즉 하나님의命令만을직히는것이다。予言者는 世人을 警戒하며 叱責하며 指導한다。그래서 조고만한不義와 罪惡도 容恕업시 指摘하야 그에對한刑罰을말한다。그럼으로 모든사람의게서 憎惡와反對맛는것이 普通이다。따라서 予言者는孤獨하지안을수업다。予言者의한사람이엿든 內村先生도 孤獨를免하지못하엿다 오! 世上에서孤獨하엿든 先生우에 主의祝福이잇기를!

內村先生은 詩人이엿다。뎌가 文學上으로보아 詩人인지안인지를 나는아지못한다 그러나 하나님을信賴하고 敬畏하는 뎌는 하나님의創造하신自然을보고 노래하지안을수업섯다。山을보고 시내를보고 空中에나는새를보고 물속에히염치는고기를보고 또 봄의꽃과 가을의丹楓을보고 詩를을품은先生의常事이엿다。詩學上으로보아 韻이나律에맛지안을는지모르나 참信仰者로서 누가 蒼空의星辰과明月 山野에뛰여노는크고적은 즘성들을보고 엇지感謝와깁븜의노래를 불느지안을수잇스랴? 이意味에서 內村先生은 信仰的大詩人이엿슴을 否認할수업다。

內村先生은 日本에서는勿論이고 現代에 잇서서는 찻기어려운愛國者이엿다。先生은 누구보다도 뎌의祖國을 몹시사랑하엿다。그래서 先生은自己의最善을 日本에밧첫다 自己의私腹을채우랴는野心에서 或은地位와 名譽를엇으랴고 혜끗으로만 또는理論으로만 忠君愛國을云云하는 現代政治家들이나 所謂學者를自負하는輩들의愛國과 先生의그것과는 스사로區別이判然하다。뎌들은 마음에업는것을 입으로만억지로 外部에 發

表하랴는것이고 뎌는 內心깁흔대에서 믈는피와함씌 넘처나는眞正한心志의 自然의態度이엿다。그래서 뎌는 日本을爲하야울고우섯스며 자고먹엇스며 일하고祈禱하엿다。日本의깁븜은 뎌의깁븜이고 日本의슬픔은 뎌의슬픔이엿다。日本의興盛은 뎌의興盛이고 日本의滅亡은 뎌의滅亡이엿다。그럼으로 先生은 日本의隆盛을 恒常祈禱하며 日本의바로섬을 渴望하엿다。그러나 先生의祈禱와渴望은 日本이米國과갓흔 黃金의나라가되기가 안이고 英國과갓흔 兵力의强勢를갓기가 안이고 佛國과갓흔 現世的享樂을엇기가 안이고 獨逸과갓흔 機械文明이發達하기가 안이엿다。오즉 日本이眞理와正義와公平의나라가되며 그리하야서全民族이 하나님을알고밋고依支하고 또예수를生命으로 빗으로 밧어들이는 나라와族屬이되기에잇섯다。

內村鑑三! 뎌는 日本人中의日本人이엿다뎌의마음은 暫時도 두J(쩨ㅣ)에서 써나저못하엿스니 Jesus and Japan (예수와日本)이곳그것이엿다。뎌는첫재J로因하야永遠의生命을엇덧고 둘재J의품속에서 잘아난者이다。그래서 뎌는첫재J의게 一切를밧첫고 둘재J를爲하야 戰鬪生涯를보낸者이다그러나 勿論첫재J가 뎌의全部이엿든것은말할것도업는事實이다。뎌는 예수때문에살엇고 또 예수때문에죽엇도다。

內村先生의一生은 獨立傳道로맛첫다。뎌는信仰을갓게된後곳 傳道의準備를 始作하엿다。뎌는 勿論獨立傳道를 願하엿다。그러나 그所望과理想을 現實할때까지에는 相當히긴時日이 걸엿다。뎌는 四十이되든해에「聖書之硏究」를 發刊하게되엿다。嚴密한意味에잇서서 뎌의理想的獨立傳道는 이해부터 始作되엿다。爾來三十年間를 하로와갓치 조곰도變함업시 靈的眞理 天國의福音 하나님의말삼을 웨처왓다。外的內的의 쓴임업는苦痛 患難 逼迫 嘲笑 試驗 多種多樣의 雨雷風波를 모다격고 조곰도넘어짐업시 쏫쏫하게도 모든것을익여왓다。오! 果然 先生의意氣의굿셈이여! 信仰에徹底함이여! 現代와갓치 하나님을아지못하는時代에잇서서 또眞理의價値가 全然히轉倒된末世에잇서서 果然 聖書之硏究는 빗이며소곰이엿다。아모리 惡魔의支配를밧는이世上일지라도 其讀者의數가 四五千을 헤아리게함은 決코偶然이안일것이다。雜誌의讀者는그만두고라도 其雜誌를通하야 死亡에서生命을엇은者와 絕望에서所望을갓게된者와 暗黑에서光明을찻게된者와 悲哀에서歡喜를알게된者가 그얼마나多數일가?筆者도 其中에한사람인것을 깁버하며 感謝하야마지안는다。아! 그런대 이雜誌가第參百五拾七號로 幕을다치다니? 얼마나怨痛하며 可惜한일인가? 그러나엇지하랴!

先生은 雜誌를發刊하고 集會를직혀가는동안에 만흔著書를 出版하엿다。적어도四五十의안에는 들지안을것이다。其中에는羅馬書의硏究와갓흔 大著述도잇고 求安錄, 基督信徒의慰勞、後世에의最大遺物等 果然 훌융한著書도잇고 余가엇더케하야서基督信者가되엿나?와갓치 (이것은英語로지은것인대) 四五個國의말노 翻譯된것도잇다。엇던때는 英文雜誌를數年동안發刊한일도잇섯다 이러케하야 뎌는 좀더 하나님을깁부게하고 榮光되게하며 예수를나타내고 聖意의成就와 攝理의完成을 促進식엿다。참으로 先生은 예수의眞實한 종이엿다。

內村鑑三! 뎌는 日本에서찻기어려운가장큰人物이엿다。뎌는 極東에서誕生하얏스나全世界를 움지긴東方의偉人이엿다。그래

서녀는 예수를通하야 하나님의榮光이엿다

內村先生이 或은雜誌를通하야 或은著書를通하야 或은集會를通하야 世上에웨친것은무엇인가? 그것은決코 적은範圍의것은안이엿다。 그러나 其焦点이되며 絕頂이엿든것은 하나님의義엿다。 하나님의사랑도뎌는 말하지안은바가안이다。 그러나 現代와갓치 하나님의사랑만을찻고 其義를이즌時代에잇서서는 뎌와갓치 하나님을 한편만보지안는者는 其義를웨치지안이치못하엿슴은 無理가안이다。 그는義안인사랑은 참사랑이안인同時에 사랑이안인義는 참義가안인때문이다。 그런대 現代의모든敎會와 모든信者는—東西가全部그러하다—다만 하나님의사랑만을말하고 또찻는故로 뎌가하나님의義을 웨처나타냄은 뎌의使命을 다함이되엿다。 뎌는 現代에 하나님의義를세운者이다。 그래서 뎌도義의사람이엿다。

以上으로써 余輩는 不足하나마 余輩가본 內村鑑三先生을 그렷다。 獅子를그리랴든書家가 강아지를그리고늣기는 섭섭한感이 업지안으나 能筆이안인것을엇지하랴? 文章家가안인 余輩는 이것으로 滿足하지안을수업다。 願컨대 先生의偉大를 너무더럽힘이나 되지말기를!

그러나 이글을맛치랴할때 余輩는 一言을더말할것이잇다。 그것은 內村先生은 專門的宗敎家라기보다는 忠實한一個의平信徒이엿든것과 뎌는아모것이안일지라도 참信仰에굿게선 義의사람이엿든것과 主예수만을힘입은 徹底한獨立獨行의人이엿든것과 뎌가아모리 偉人이엿슬지라도 뎌도또한 코로숨쉬는사람이엿든것과 肉體라는張幕을써나기前까지는 缺點과短處를가젓든것들이다。

그럼으로우리는決코 內村先生뎌自身體만을 보아서는안이된다。 뎌를十六歲時에잡으사 七十歲까지 保護하시고引導하시고祝福하시고 養育하서서 今日의뎌를만드신 하나님게서 뎌의背後에게신것을 우리는깨닷지안어서는못된다。살아서일하시는 하나님게서 뎌를돌보지안으시면 엇지今日의뎌가잇섯스리요? 아모렷턴지 뎌는偉大한人物이엿슴을 否認할수업다。뎌는果然 眞理의使徒이며 正戰의勇士이며 福音의그릇(器)이엿다。即 뎌는 果然예수의참弟子이며 참종이엿다。이러한사람이 참크리스찬이안이면무엇일가?

우리는 宇宙萬有 무엇하나를通하야서도 넉넉히 하나님을 알며 또볼수잇다 그러나이러한 即內村先生과갓흔 信仰의人을通하야 明白히徹底히 살아게신 하나님을깨닷고밋게되는것이다。아! 그러나보는눈과 듯는귀가 싸로잇스니 슬푸지안을수업도다。

(簡單히쓰랴든것이意外에길엇슴으로內村先生과余輩와의關係에對하야는次號에실고저한다)

教訓의甘味

金敎臣

教訓은 가르칠것이아니고 몸소行할것이다。「종된者들아 凡事에 肉에屬한主人이게順從하라 사람을 깃브게하난者처럼 눈가림 만하지말고 오직 主(神)를 두려워하며 誠實한마암으로 하라。무엇을 하던지 사람을섬김으로 하지말고 主께 섬기는것처럼 眞心을 다하야하라。(골로새書三〇二二、二三節)」

난 使徒바울의 教訓을 批評하라면 얼마라도 批評할수잇고 抑測할수도 잇는것이다。時代에 써러진 封建時代의 遺物이라고 볼수도잇다。征服者가 彼征服者에게對한 恐喝이라고 볼수도잇고 工場長이나 會社重役이 傭員들께對한 懷柔策이라고 解하여도無妨할것이다。時代의子인 余輩도 干滿이 潮汐에 싸라 變함은 一般이다。

그러나 眞理의貴重한 까닭은 이를 研究로써 알수업는것일뿐더러 批評으로埋葬할수도업고. 다만 實踐窮行하는者의게만 그無限의 光彩를 窺視케하난故임이다。

兄弟들아 종 노릇하난兄弟들아 形式으로는 雇傭으로던지 招聘으로던지。個人의게나 機關의게나 심브럼 하고잇난兄弟들아。興味로거나 熱心으로거나 無我夢中에일하다가 晩鐘에 놀내여 잡엇든 연장을 노흐려고 숙으렷던 머리를 쳐드러볼때에 夕陽이 西山에 써러저山蔭이 일럼을 가리오고 同僚는 발서업고 主人조차 몰

敎訓의甘味

나보는 그날勤勞에 「녹초」된 목을 호울노 發見할때에 하날을 向하야 넘치는 것은 지나간그날의 感謝뿐이안이엿든가。未來에 向하야 싸히는것은 主께 뵈와 칭찬밧을 그날의 所望뿐이 안이엿던가。兄弟의 가삼에 솟아 올우는것은 來日도 또한 힘씃 當할 勤勞를 즙소서 하난新願이 아니엿던가。

眞理는 머리로서 들오지안코 手足으로서 들은다는西諺은 近代人의게 더욱緊切한 敎訓이다。未半熱한 理論을口舌에糊塗한者보다。몸소自身이 勤勞하며 종노릇하여본 니는 使徒바울이 有産者의 御用學者 아니엿음을알것이고 簡易한 敎訓中에서 人生의 最深最高를 披涉할수잇을것이다。

天國은 거기에 寶物을 싸흔者의 故鄕이다 寶物이란 金銀이나寶石에限한것은아니다。天國에 싸히는寶貨로서는 無邪한勤勞에서 써러지난 땀방울이 가장 適合한것이아닐가。종된者의滿足은그勤勞기 主人의相臨한 認識을 밧음에잇다。그러나 報應업는 勤勞의땀은 十倍百倍의寶物을 天國에 싸힘을 우리가본다。더편利益의 巨大함에比하야 이편損失의些小함은 日中에燭光이 오히려 짭박거림과 얼마나다를가。

「오직 하나님을 두려워하며誠實한마암으로 하라」함은 이것이 決코 未開民衆의 敎導術이아니다。記錄하엿으대 「내가 智慧잇난 사람의 智慧를 滅하고 聽明한 사람의 총명을 廢하리라」고。(이사야二九〇一四節)

가장卑近한 敎訓으로써 至極히 놉흔 天國에到達케하니 偉大하도다 바울先生이여。信者되기前애 奴僕으로잇엇거든 奴僕으로서 忠實하기를힘쓸것으오 職工으로잇던니는 그任務에勉勵함으로써 天國에寶貨를싸흘것이다。境偶의變革에焦急함은 만흔境遇에有害無益한일이다。또信者인主人의게從事하난 者는그主人을 兄弟됨으로써 업수히녁이지말라(듸모데六章)善하고 溫柔한主人의게뿐만아니라 까다로운主人의게도 誠心껏順從하라(베드로前二〇十八)는것이 基督敎의敎訓이다。選함을입어 勤勞의땀으로써 眞理의甘味를 맛보난사람은 福잇난者이다

(四月十九日夕陽에)

城西通信

○六月十五日 實科商工學院에集會 宋斗用兄은司會를衆하야「마르다와마리아」란題로써 누가福音第十章三十八節以下를講解하다。外部、行動、接待의問題보다 內部、眞理信仰의問題가重하고急한것이라는 聖書그대로의主張이엿다鄭相勳兄은 連하야 누가福音硏究의第二講。一章第五節부터二十五節까지의追句的解說後에 特히 全人類의代表者로서 救世主를證據한 洗禮요한의 偉大性과 祭司長의아달洗禮요한이라는 簡單한事實中에 律法과恩惠、舊約과新約의密接한關係를窺知할수잇음을示摘하다。畢한뒤애 參席하엿던 市內安國洞長老敎會牧師 金禹鉉氏의祈禱가잇엇다。前主日의第一回集會애는 市內武橋町聖潔敎會牧師裵善杓氏가來參하야 祈禱의祝福을 더하엿다。

○前日에 霖雨쓰다붓던날에는 敎室접옹에서 흙물이 써러저 麥藁帽子를 적시여 걱정이더니 오늘은風塵이甚하

야 室內에안젓으나 街路에섯는것보다 別다름이업섯다。勿論靜肅할니가업다。우리는오히려僥幸이라고 이런場所를擇하여온것이지만 막주어부친 長板子걸상에 안저어 滿二時間無味乾燥한講義를傾聽하는會員들께對하야는同情이업슬수업섯다。世上에는 넓은會堂에 安樂한倚子를配列하여두고 三十分未滿의說敎로써 專心來客의便宜를圖謀하는데도만컨만 何特이런場所에서 이苦生 이試練일고主客이一般으로。

○그러나 近日의新聞紙를다시보라。馮玉祥의居所는 時間時間에 中央軍의게報導되여馮의專用自動車가到着되는곳마다 中央軍의飛行機가 影子처럼逐行하면서爆彈을投下하야 馮은鐵甲自動車以外에서는 一夜의安眠도貪할수업시 卒兵服에 대패밥帽子쓴채로晝宵流轉하고지난다하니 ●●半分中國에 呼令하는者의日常이 그럿타。바락敎室과長板子걸상은 아직도 얼마나安樂한것이아닌가?하물며 싸홈의自的이무엇인가?馮은三日天下를爲하야 或은三百萬元을爲하야 저와가튼 모든辛苦를甘受하지안는가。우리는 적어도 馮將軍보다는 좀더참(眞)된것을爲한싸홈이다。엇지 보담더큰苦痛이업슬수잇으랴?

○六月二十二日 如前히實科商工學院에서集會。金敎臣의 馬太七章一ㅣ五節研究에連하야 鄭相勳兄이「受胎告知」라는題下에 누가一章研究를繼續하 。마리아의冒險과信仰에學함이多大。

○六月二十九日은柳錫東兄의「信者의거름」이란默示第三章十四節以下의感話가 잇슨後에鄭相勳兄의 누가福音第一章三十九ㅣ五十六節研究에依하야 마리아의 노래中에서 하나님의救援과宇宙經綸에關한 깁흔眞理를汲할수잇엇다 今日노써 이研究會는一時閉鎖하고 夏季間은 樂園醫院에서 簡單한禮拜를繼續하기로하다。

社告

市內 京城實科商工學院에서繼續하던聖書研究會는 지난六月二十九日노써 一時中止하엿슴니다 萬若하나님許諾이잇으면 來九月第二日曜日(十四日)부터 다시開講할터이외다。

夏季間은市內樂園洞二六〇番地樂園醫院內에서每日曜日(七月第一日曜日부터九月第一日曜日外지)午后二時三十分부터(略一時間)簡單한聖書研究會를열겟슴니다。讀者의參席을바라나이다。來七月二十二、三日兩日間平北五山에서 讀者會를열터이오니 附近兄弟의 來參을바라오며 詳細는五山高普咸錫憲氏處에 照會하시오。本社로서 柳錫東、宋斗用、金敎臣三人이參席하겟슴니다。

그러나 出席하실때에는 左記事項을 직혀주시기를바램니다。

一、舊新約聖書及讚頌歌를持參할것
一、時間을嚴守할것
一、應分의會費를支拂할것

以上

(定價送料共)
一部 十五錢
六個月 八十錢
一年分 一、五〇錢

昭和五年七月七日 印刷
昭和五年六月十五日 發行
京城府外龍江面孔德里一三〇
編輯發行兼印刷人 金敎臣
京城府西大門町二丁目一三九
印刷所 基督敎彰文社
京城府外龍江面孔德里活人洞一三〇ノ三
發行所 聖書朝鮮社
振替口座京城一六五九四

『聖書朝鮮』第十八號　昭和五年七月十五日發行(毎月一回十五日發行)

聖書朝鮮

八月號 (一九三〇) 第十九號

昭和五年一月二十八日(第三種郵便物認可)
昭和五年八月一日發行(每月一回一日發行)

目次

眞實

『致誠』은『祈禱』에갓가운것이다。『致誠』이 곳『祈禱』는아니다。그러나 誠을致하고 誠을盡하지안코는 祈禱가될수업다。祈禱는神과人사히에 誠의流傳·眞實의交換이다。

眞實한사람의祈禱는 하나님을向하야 뎌가所持한眞實의全量을傾倒하는일이다。萬一뎌의게 무삼所願이잇다면 이는발서成就된것인줄노信受하고서祈禱한다。(馬可十一〇廿四節) 그럼으로 萬一에 千萬料外에 뎌의祈禱의結果가不應한바되엿다면 이것은一大事變이다。뎌의게는日月이無光하고 宇宙가存在를일케되는일이다。무릇 信實한者는此에至할것이다。

一生唯一의祈禱가不應함을因하야 一朝에態度豹變하는것은 不信이라기보다도 뎌가篤信者이엇던是證이다。뎌의게形式의祈禱가中斷되엿다할지라도 神은그眞實을可賞할것이다。

恩師內村鑑三先生

宋斗用

前號에「余輩가본內村先生」을쓴筆者는 이제붓을거듭하야「內村先生과余輩의關係」를쓰고저한다。 나의拙筆이엇지能히靈魂깁흔대印刻되여잇는것을 文字로써明確히發表할수잇스랴만은 不足한것이나마簡單히써서敢히天國에게신先生을追憶하며記念하고저한다。

內村先生과余輩의關係

一九二五年일은봄의일이다。余輩는外的으로內的으로 모다 病들엇섯다 外的으로는高度의神經衰弱이니 數三年의修養을要한다는 醫師의宣言을밧엇고 內的으로는 몹시墮落하야 良心은痲痺되고 靈魂은死境에갓가웟다。大體로人生을樂觀하는余輩도 한때는 絶望하야悲觀함을免치못하엿다。暗黑은밤낫업시 나를둘너싸고잇다。죽엄의使者는

內村先生과余輩의關係

二

쓴임업시 나를追從하엿다。

肉體의疾病! 靈魂의墮落! 엇지煩悶하지안을수잇스랴? 나는몹시울엇다 그러고 힘썻웻첫다。嗚呼라! 나는괴로운者로다。이死亡의몸에서 나를救援할者누구이뇨? 바로이때이다。救援은意外의方面에서 나를 겨대리고잇섯다。나는異常한빗을보앗다。그러고 나는直感하엿다。이빗은生命의빗임을 아! "나의게所望이생겻다。깁븜과感謝가넘첫다。이生命의빗이야말노 나사렛木手예수이엿다。나는 하나님께서 불으심을 明白히認識하엿슴으로 조곰도躊躇하지안코 그리스도의종되기를굿게 盟誓하엿다。

내가밋게된것은 누구의傳道나勸告을 밧아서가안이고 나의靈魂깁흔속에 聖靈의빗을빗쳐 밋지안코는견대지못하게하신 主의役事이다。決코 間接이안이고 直接이엿다 내가 基督者가된것은 『사람의게서도안이오 사람을通하야서도안이오 다만 예수그리스도와 그리스도를죽은가운대에서 復活식히신하나님아바지로말매암은것이다。

예수를밋기로決心한내가 突然히 東京에 가게된것은 決코偶然은안이엿다。斷念하엿든工夫를繼續하랴고 日本에건너간것은 理由잇는일이엿다。그러나 내自身은 보이저안는聖手의움지김과 그의게許諾하시는靈的恩惠와祝福을 도모지깨닷지못하엿다。

나는渡東后 곳某校에入學하게되엿다。이것도 하나님의引導임을 나는疑心할수업섯다。그러나 靈魂이배곱흐고목말은나의게는 더必要되고 더要求되며 더緊急한것이잇섯다。그는곳 天國의일、靈의일、生命의일、眞理의일、正義의일、永遠의일、自由의일、信仰의일들이엿다。

나는事實노 사람이나敎會를 通하지안코 나의靈魂이直接으로 主의불으심을밧앗다。

그러나 나도사람이다。나의게는肉體가잇고 나의心臟에는 하나님의게叛逆한 先祖아담의피가흘은다。그럼으로 아모리하야도免할수가업는罪人이다。나의靈魂은 몹시어두웟다。이에 나의게는 靈的指導者가要求되엿다。이때에 하나님게서 나의게許諾하신靈魂의敎師가곳 內村鑑三先生이엿다。

內村鑑三先生! 아! 나의게는 얼마나 貴한先生일가보냐? 果然 意味깁흔師弟間이다 到底히 이즐수업는恩師이다。

하나님게서는 罪人의魁首인나를 無條件으로容納하시고 救援하섯다。나의게는救援밧을수잇는 아모條件도理由도功勞도업다。그러나오즉 나의智慧와義와거룩함과贖罪가되신 主예수그리스도의功勞와 하나님의至極하신사랑! 無限하신恩寵으로因하야 나는永遠의生命을엇엇다。生命의種子는말할것도업시 하나님게서주섯다。그러나 하나님은 나의게주신生命의種子를 內村先生으로하야금 물주고거름하게하섯다。果然 하나님의攝理는 到底히測量할수업는것이다。

一九二五年六月一日에 나는 內村鑑三聖書硏究會에入會하야 爾來三年동안을熱心히단엿다。意外에갓든東京을 意外에떠나게된나는여러가지로보아서 甚히섭섭하엿다。그러나 意外의三年間 東京生活한것은工夫를爲하야서가안이엿든것을只今에겨우깨달앗다 萬若 工夫함이目的이엿던들 엇지하야中斷하고돌아서지안이치못하엿나? (愚鈍한나는學業을맛치지못한것을슬퍼하엿다 그러나하나님의命令은嚴格하엿다。나는順從하엿다。)

柏木集會는 나의靈魂의호ㅣ므이엿다。배곱흐고목말은 나의靈魂은 이호ㅣ므에서한쯧먹고마시엿다。그래서 나의靈魂은배불으고목말은것을除하엿다。따라서 나의靈魂은慰勞와平安을엇어 滿足하고깁버하엿다。

三

內村先生과余輩의關係

聖日을손꼽아기대리는나는 치우와더우를 가리지안코 눈과비를무릅쓰며 거룩한잔채에參席하엿다。先生의입에서흘으는 한마듸한마듸가 모다 나의靈魂의糧食이되엿다。엇지도 貴하고寶貝로운지말할수업다。나는 노ㅣ트에적으면서 眞心으로아멘아멘하엿다

先生의態度는 嚴肅하엿다。그리고先生의말에는 權威가잇섯다。果然 先生은산者이엿다 先生의게서는生命이넘처나왓다。더는 熱誠이엿다。勇敢하엿다。大膽하엿다。正直하엿다。 眞實하엿다。敬虔하엿다。嚴格하엿다。이것은모다 先生의信仰의所産이엿다 더의信仰은 아브라함의그것이며 욥의그것이엿다。오즉十字架中心이엿다。예수의十字架는 基督敎의全部임을力說하엿다。그뿐이라 예수의十字架에는 宇宙의原理、歷史의目的、人生의價値가모다 包含되여 잇슴을 確實히據證하엿다。果然 先生은얼마나偉大

四

한가? 더의게는 恒常 새生命、새信仰、새所望이가득하엿다。그래서 先生의게는、일부러만드러내는것은업섯다。또形式으로만 僅僅히하는일도업섯다。더의말이나行動은、모다가 더의靈魂깁흔속에서 울어나는것뿐이엿다。그럼으로 恒常 더의言行에는 犯할수도업고흉낼수도업는 一種의힘이잇섯다 先生이一旦講壇에올나선때는 벌서先生은 先生自身이안이엿다。하나님의福音은쏘다저나왓다。예수의산生命은불일듯하엿다。聖靈의感動은非常하엿다。그래서 世上에서빗을일흔眞理는 先生의게서 明白히나타낫다。사람들의게서蹂躪當하든正義는 先生의게서 正體를闡明히하엿다。敎會에서無視밧든信仰은 先生의게서 眞價를暴露하엿다。

그럼으로 白晝에橫行하는——敎會에서、或은社會에서——모든邪鬼들도 先生의압헤서는 아모힘을가지지못하엿다。先生은靈的

權威를가진까닭이다。現世의道德律이며處世術인僞善 奸邪 詭譎 邪惡 狡猾等으로서는 到底히 先生의게犯할수는업섯다。

內村先生을만나 처음으로나의靈魂은滿足하엿다。先生은 나의게잇서서는 주린羊을배불으게하는꼴이엿스며 목말은사슴을解渴식히는시내물이엿다。또 어두운밤의燈火이엿고 登山할때의집행이엿다。그래서 靈魂과肉體가 모다病들엇든나도 健康을回復하며氣力을차리게되엿다。事實노나는 웬만한病이잇서서는 主日모임에列席하엿다。그러면 시든靈魂과病苦에휘달이든肉身이 一時에活氣를엇은때가 一二次는안이엿다。이러하야 나는더욱더욱先生의靈的感化를 깁히늣기지안을수업섯다。果然 先生은 信仰에움돗는나의靈魂에 生命의물을부엇스며 또聖靈의불붓는나의靈魂에 사랑의풀무를붓처주엇다。이에 나의어두운靈魂도 天來의빗을보앗고 나의愚鈍한靈魂도 福音의眞理를깨닷게되엿다。그래서 死亡의權勢를버서난나의靈魂은 永遠의生命에復活하엿고 죽엄에서解放된나의靈魂은 自由의眞味를알앗다 아! 얼마나깃부고感謝한일이랴!

內村先生의熱火갓흔獅子吼은 畢竟 나의靈魂을붓잡아서 예수의게힘껏던지고말앗다 그래서 內村先生은 나의洗禮요한이엿다。先生의一言一句는모다 나의靈魂을움지기지안코는마지안엇다。맛치 요단 江邊에서서『天國은각가웟스니 悔改하고밋으라』고 猶太人의게웨치든 洗禮요한의 소래와갓치。또나는 洗禮요한의 그嚴肅한態度와 그熱烈한信仰을 先生의게서보앗다。

그런데 나의게는幸福과恩惠만이딸으지는안엇다。受難期는닥처왓다。曠野의試練은始作되엿다。學業은中斷되고 祝福밧은東京生活은끗나게되엿다。因緣깁흔 內村先生과도

作別하지안을수업게되엿다。때는一九二七年仲秋이엿다。十月十二日斷然히 祖國을向하야떠낫다。凡事가 오즉 主의뜻임을밋고。

學窓에서들아온나는 家庭의사람이되엿다 至今과는딴판으로 나의게는戰鬪의生活이始作되엿다。苦痛患難은풀밀듯하엿고 誹謗嘲弄反對는날날히놉하젓다。나는煩悶의사람이되엿다。그러나 이때에도 나의게힘이되고 등불이된것은 亦是 先生이엿다。每月中旬이면生命의福音을잔득실코 玄海灘을건너서 반가운낫으로 나를찻는 聖書之硏究 그리고임이 사두엇든 先生의著書들 이것들은 그얼마나 世苦——特히信者인때문에맛보는 苦難——에울고잇는 나를 慰勞하엿든가? 이러케하야 나는 임이 主예수게서익이신 世上을 나도또한익이면서 生活하여왓다。그런대 只今에 先生은 世上을떠나고말엇다。엇지 슬품과섭섭함이업스랴? 무엇으로라도恩師內村先生을 追懷하며記念하고저함은決코 無理가안일것이다。

六

內村先生은 果然 나의게무엇을주엇다。그럿타 先生은 사람된者로서 업서서는안이될것 반다시가저야할것 꼭알어야할것을 나의게가라처주엇다。그것은산信仰이엿다。靈과眞理로서만禮拜하여야할永遠히살아게신 참하나님 길이요眞理요所望이요빗이요깃븜이요힘이요智慧요權柄이신主예수그리스도를 죽든지살든지먹든지굼든지 絕對로信仰하고 依賴하며 또그命令과指示와引導에는 絕對로服從하여야할것과 하나님의게叛逆하는世上과는 絕對로妥協하거나 握手하거나 打算하여서는 안이될일을 나는先生의게서배웟다。따라서 사람의게서는 徹底히獨立하여야할것은말하것도업다 이는산信仰과生命을가진者로서는 當然한일이다。그러나 나와갓치愚鈍懦弱한者의게는 決코容易한일이안임은말할것도업다。 그러면서도 內村先生이가라친『하나님의게는 絕對信賴와服從 사람의게는 絕對獨立과自由』라는말은 나의게金科玉條가되지안을수업다 얼마나貴하고價値잇는말삼이냐? 밧어들일者몃사람인가?

世上에서는融通性이업다고嘲笑하며 敎會에서는無敎會主義者라고排斥하는 孤獨의人內村鑑三은 決斷코不幸한者는안이엿다。 짜라서 뎌를 靈의敎師로許諾밧은筆者도 그다지可憐한者는안일것을나는確信한다。『日本人內村鑑三! 뎌는 宇宙의秘義 人生의目的 歷史의中心을 나의게가라첫다。 그런이랴 十字架의意義 寶血의價値 나와예수와의關係도알여주엇다。 그래서 나의게는새生命 새信仰 새所望 새깃븜이생겨낫다。 이에비로소 나의人生觀 社會觀 信仰觀이섯다 果然 先生은 信仰의人 正義의人 眞理의人 自由의人 公平의人 獨立의人 이엿다。 나는 뎌의게서 이모든것을배웟스니 나도이모든것을靈魂깁흔속에색여두고 實行하여야만되겟다。 短期間이엿스나 三年間의東京生活은 참으로有益하엿고意味깁헛다。 모다가 하나님의恩惠임을밋고感謝한다』

쓸것은만흐나 日本에서돌아온當時에쓴日記의一節노 이글을막음에 只今은 榮光의나라에게신 先生우에 主예수의恩寵과平安을 眞心으로빈다。

舊約入門

G・C・물간

鄭 相 勳

舊約聖書에關하야 바울은『前에쓰힌 모든것은 우리들을 가르치기爲하야 쓴것이니 聖書의忍耐와慰勞를 通하야 所望을가지게함이다』라말하엿다

바울이 聖書가 우리의배홈을爲하야 쓰

히엿스니 우리로 所望을 갓게함이라 고 외칠때에 聖書의 참使命을 明白히 나타내엿다 聖書의使命은 所望을靈感식히어주는데 잇는것이다

舊約聖書의價値에對한 이見解는 그本質의 가장重要한뜻을 나타낸것이다 바울使徒는 聖書記者들이 後世ㅣㅅ사람들을 心中에두고 記述하엿다고는 말하지안엇다 그들은 自己네의時代와 自己네의周圍에接觸하는 사람들을 爲하야 적은것이다 그런데도不拘하고使徒는 모든것이 우리들을爲하야 적히엇다고하엿다 그러므로 그여러著者들 뒤에 한著者가 잇엇음과 여러場所에서 여러時代에서 聖書를著述한 사람들의마음을 에워싼 한큰마음이 잇엇음과 그著者는 그글월이 적히는 그時代만이 아니요 그後世까지도 意中에두엇다는것을 밋은것이 分明하다。

이러한 옛記錄이 現代에對하야 가지는 特別한 價値는 그記錄을 읽는 사람들의 마음에 所望을 너허주는데 잇다 所望은 鬪爭과危險과困境中에 잇어서의 마음의態度를 이름이라 하나님의勝利가 完成될때에 所望은 看視와所有로 變하여질것이다 보히는것은 벌서 바라지안는 것이다 히브리사람들의 聖典은 鬪爭과危難中에 잇는 사람들의 이야기를 실엇스며 그들의 所望에넘치는 信賴를 나타내엇스며 그들의 得勝한 勝利와 그들의맛본 敗北에關하야 傳하고잇다 이모든聖書의 最高價値는 아즉巡禮途上에 잇는사람들과 아즉戰亂의한가운데 잇는 사람들과 아즉建設事業을 續行하고잇는 사람들을 爲하야 所望을 創造하는것이다 古代에 나타난 하나님의 말슴과事業 사람들의勝利와慘敗 이 모든것들은 모다 勝利의길을 啓示하고警

告를發하면서 所望으로써 마음을 채워주는 일을한다。

使徒바울은 옛聖書가이使命을 成就한方法을 갓튼明瞭함으로나타내엇다 이것은견됨이라든지 慰勞이라는 말로써 指示되어잇다 이를참음이나 『가다듬음』이라는 말로 바꾼다 하더라도 조곰도 差異가업는줄안다。

참음의意味는 히브리書 十一章에 가장잘 說明되어 잇는줄안다 그章節을 읽는것은 舊約全體을 通讀함과 갓다 偉大한사람들의 일홈이 적히어잇으며 또그일홈이 적히지안은 다른사람들에게도 言及되여잇다 全章을 一貫하야 信仰이 勝利의原理라고 가르친다 그모든사람들은 實現되기를 懇切히 바라는바 究竟의目的에다눈을 박어가지고 困難과危險의 境遇를通過하여간다 그들中에 누구하나 그究竟의目的地에 到達한 사람은 업으나 그러나 그目的地를 멀이서 바라보면서 또그目的地를 向하야가는中에 『보히지안는 그를본것처름』 견듸면서 滿足한마음을 가지고 이世上을 떠나간다 그章의 마지막陳述은 今日의 信者들도 그와갓튼 過程에잇다는 것을 가려친다 指名된 그들에게言及하야 그著者는 말하데 『이모든 사람이 밋듬으로 말미암아 칭찬함을 어덧으나 허락하신 것을 엇지못하엿으니 대개 하나님이 우리를 爲하야 더욱 조흔것을 예비하엿은즉 만일 우리가 아니면저희로 하여곰 온전함을 일우지 못하게하심이니라』 하엿다 이렇게 미리적힌것이鬪爭을 繼續하야 가는 사람들의 마음에忍耐를 産出한다。

『가다듬』이라는 말은 暗示가 더욱 만흔 말이다 그말은 新約聖書中에 잇는말 即 聖靈곳 保惠師라는말과 퍽가깝다 聖靈에 對하야 쓰히어진바 保惠師라는 말의 廣汎한 價値는 眞理의 聖書에 쓰힐때의 『가다듬』이란 말中에 包含되어잇다 그말은 呼訴와 辯護를 暗示하고잇다 압서적힌 것들은 困境中에서 生活의 참된原理를 辯護하는 사람들에게 永遠한呼訴가 된다

大略을 말하면 舊約聖書는 여러 가지 境遇에서 만흔사람들에게 依하야 記錄되엇다 그사람들은 거이 그들自身의時代에 關하야 생각하고 잇엇다 그들은 그들自身의 슬픔과渴仰을 그리고 그들은 그들의時代歷史를 적어서 그民族의勝利와 아울어 過失과 罪를告白하엿다 그리고 이모든것을 그들은 그들自身의 時代를 爲하야 쓰엇다 그러나 그것이 이야기의 全部가 아니다 모든時를 알고그完成까지의 긴過程을 分明히 본 한분이 그들을 에워싸고 가르치고 引導하고 訓戒하고 잇다 그러므로 舊約聖書는 우리에게 산音信을 傳하고 잇다 이러한 옛書物에서는 『옛적에 預言者들로 여러번 여러모양 으로 우리 조상에게 말슴하신 하나님께서 이 모든 날 마지막에 그 아들로 우리에게 말슴하셧나니라』는 마지막音信은 發見되지 안는다 그마지막 音信은 그 아들의 말슴이다 그리고 그말안에 過去의 모든 사람들이 完全한 調和를 이룬다 그러나 以前에 記錄된 이러한것이 그아들의 總括的音信을더욱 完全히 알게하는데 도음이된다。

이一般的研究에서 舊約聖書의音信研究에 直接關係가 잇는 某種의演繹法을 맨들수 잇다。

起原으로 보면 舊約聖書는 그솜시에잇

어서는 人間的이오 그制御할수업는 生命의躍動에잇어서는 神的이다 거룩한 옛사람들은 完全하다하리만큼 自然스러움으로써 그들自身의 事物을 記錄하엿다 그러나 그들은 스스로 안것보다 더훌륭하고 더包括的으로 記錄하엿다 우리가 新約聖書를 綿密히 硏究하여보면 그 記者들이 舊約을引證할때에는 언제든지 舊約이 그 舊約을 記錄한 사람들이 안以上 깁픈意味를 指示하고잇다는 態度로 하엿음을알게될것이다 우리가 考察하여온 句節의바로압 引用句는 이事實의顯著한 例證이다 『너희를 叱責하는 그들의叱責이 나에게떨어젓다』라 함은 그當時의經驗을 그런人間的記事이엇다 그러면서도 그記者는 아마全然히無意識中에 偉大한마음에 引導되어 마지막이오 또至高한 苦難을 더욱完全히 表示하게되엇다 人間事業의 背後에神的强制가 잇는데는 어데든지 그事業이 人間的以上이 된다 그것이 神的인 것이다。

歷史的記事에 關하야 말하면 舊約聖書가 記述에 잇어서는 正確하고 表示에잇어서는 信實함을 우리는믿는다 다시 一例를들면 그國體를일허버리고도 決코他民族에게 壓服되거나 同化되어버리지 안는 히브리民族이 하나님의벗이 엇으며 또그中의부름에 應하야 그祖國을 떠나 信仰의巡禮者의 길을 떠난 한사람에게서 퍼져 나왓음을 밋는다 또 그民族이 現在 흐터저 잇는 狀態는 舊約聖書中에 正確하게 信實하게 記錄되어잇는 모든 罪와 過失의 直接結果이라고 우리는 밋는다

宗敎에關하야 말하면 新約聖書에 담기어 잇는 究竟的啓示의 前影도되고 그啓示에의 過程도 됨을 우리는 밋는다 그

리스도自身이 舊約聖書의 모든 宗教的思想이向하야가는 目的地이다 宗教의究極性은 前에 記錄된 事物에서 發見되지 안는다 古代宗教의 信條는 將次올것의 前影이엇다 모든 豫言者들과 聖詩人들의使信은 아버지의 가슴에안기어잇는 아들이 한번도 보히어지지 안흔 하나님을宣布할때 비롯오 完全한音樂中에 살어저버리는 속삭이다 모든길은 여러世紀를通하야 그都城으로向하야 모아들엇다 그러나 그都城自體 하나님의 都城은 다만 임검自身이 建設할수 잇는 것이다 사람들은 暗黑에서 薄明을 通하야 完全한 光明으로 前進하엿다 모든 世代를 通하야 하나님은 그永遠한 方法을一步一步 實現하야 가앗엇다 하나님께서는 왼世紀를 通하야 그리스도가 實際로 그弟子들 에게 말하신 바 即『나는 아즉 너희게 말할것이 만로라 그러나 너희가 그것을 堪當하지 못한다』를 사람들에게 分明히말하엿다 이러케 고요하게 굿게 遲遲하다할지라도 하나님은 肉이된究竟의말슴까지걸어왓다 우리는 今日의 宗教를 차즈려고 舊約聖書에 가지 안는다 우리는 宗教의 究極에 이르는 큰길을 차즈려고 舊約聖書에 나아간다。

價値에 關하야 말하면 舊約聖書는 新約의 終局的啓示에 對한 하나님과사람의 準備的啓示이다 舊約聖書를 創世記로부터 馬拉基까지 읽고 新約聖書를 알지못함은 하나님과 사람을 아직 不完全하게 안것이다。

舊約聖書의 中心에서는 『사람이란무엇이냐』라는 重要치안흔말이 發見될는지모르나 新約聖書의 中心에서는 『그사람을보라』는 偉大한외침을 볼수잇다 그러면서

도 舊約聖書는 人生의 참原理와 人生悲哀의 참理由와 또 人生의救援에 니르는 大路를 啓示하는 價値를 가지엇다

그러므로 舊約聖書에 나타난 하나님의 啓示도 高貴한것이나 그러나 完成되지아니한것이다 하나님은 創造者로서 그의無限한 威稜에 關한 單純한記述로 紹介되어잇다 그첫陳述에 나타난것으로보면 사람은 柔順한禮拜者도 서잇으나 아즉 하나님께對한 기픈知識은 가진것이 업엇다 말슴이 肉이되어야한다 나타나야 한다 차저 보히어서야 한다 만져저야하고 感觸되어야 한다 사람이 하나님을 알기보다압서서。

舊約書에 나타난 사람과 하나님께 關한 啓示의 主要價値는 그것이 하나님께 對한 사람의 要求와 사람을 取扱하는하나님의 方法을 明白히 하아 餘地가 업는데에잇다 그러면서도 오히려 그舊約의 啓示는우리로 하여곰 욥과 갓티 弱한사람과 거룩한하나님우에 손을 언저서 그 둘은 하나로 맨들수잇는 仲介者를 외처 求하게한다。

우리는 舊約聖書의 이러한價値와 制限을 認識하면서 그모든 책은 그當時뿐아니라 그後萬世에 適用되는 直接的이오또 산 使信을 가지고 잇다는 假定우에 서서 우리의硏究를 前進식혀 갈것이다 原理는 萬世不易이다 그러나 適用은 時代의 變함을 쌀아 또한 變한다 그러므로 우리는 各冊에 잇는 中心되는 眞理를차저서 그것을 우리가 사는時代에 適用하려한다 그런故로 우리가 取할方法은 그 永遠한 價値를 말하고 그價値에서 산使信을 演繹하는 態度를 取코자 한다

內村鑑三論에答하야

金 敎 信

一、內村先生의弟子다

朝鮮長老敎會平壤神學校機關紙『神學指南』第十二卷第四號(七月號)에『無敎會主義者內村鑑三氏에對하야』란論文이실임을읽엇다。읽다가 놀난것의 第一은 內村先生의弟子를列記하다가 朝鮮人으로서는 余輩의名義를擧하야잇는것이다。나는今日까지 自進하야『내가內村先生의弟子라』고文字로나 말노써公表한적이업섯든줄노記憶한다。그理由는如左하다。

(一)內村先生은 如何間偉大한先生이다。南岡李昇薰先生이在籍하엿던일이 잇엇다하며呂運亨氏가優秀한成績으로卒業하엿다고廣告하는平壤神學校機關紙인 神學指南誌까지도一言이不無하리만치 內村先生은特異한人物이엿다。그럼으로內村先生을 써려하는者도不少한同時에 先生의門下에受敎하기를願하는者每主日에 七八百名에達하엿고 멀니獨逸青年까지도來事하엿음은 널니아는事實이다。甚至하야는 鐵物商人이東鄕大將을利用하는것처럼 似而非의敎理를가지고도 內村先生의直弟子라는看板을부치려는時運을當하엿다。이런때임으로吾人은公言을躊躇하엿다

(二)內村先生의弟子로서 日本에畔上賢造 塚本虎二 藤井 武 淺野猶三郎諸氏를列記한뒤에 朝鮮에金敎臣이라고並記함은 마치象群의行列에驢馬가따라감과갓흐다 或은畢宿參宿 天狼의群에昴宿이參列함과彷彿하다。其親에其子요 其師에其弟子란말이通用된다면 內村先生의境遇가그것이다。兪麟瑞氏의列記한外에도 金澤常雄 矢內原忠雄 三谷隆正 黑崎幸吉氏가 去五月二十八九日『內村鑑三先生記念講演』會에出講하엿으니 모다가 一騎當千의大家가 아님이업다。이는

勿論最前線에 나선이들뿐이다。나는近十年間 內村先生의聖書硏究會에叅席하는동안에 어느意味로서는 內村先生自身보다도 그弟子들의偉大함에衷心으로感歎함을마지못하엿다。特히先生別世後에 이것을 깁히늣겻다 그럼으로 余輩는 盲者의大膽을부리지못하고 內村先生의弟子라고 自他가共認할이는 朝鮮에도相應한先輩가 잇으리라고 期待하엿섯다。

(三)內村先生의弟子로서 朝鮮에余輩의名義가記錄될줄은 夢想도못하엿던일이다 그것은前述한바와如히 余輩는 內村先生의弟子라거나 或은此에近似한關係를가젓다함을一次도發表한記憶이업섯나니 他에朝鮮人으로서 此種의意思를表示한이가 적지안케잇음을 아는故이다。『聖書之硏究』誌의 『日々의生涯』欄에揭載된中에서 一二의例를보더라도 該誌第三百五十一號(一九二九年十月號)四四頁의九月九日々記에『朝鮮城津』 徐昌濟君께서左와갓흔葉書가오다。

崔泰瑢氏의主幹『靈과眞理』中에曰『…日本의內村鑑三氏의書籍을耽讀한일이엇지도有益하엿는지모른다。그때에나는 뎌의안에잇고 뎌는나의안에잇는것갓하야 뎌의말은나의마음의바닥까지를울니는것이엿다。그때에彼偉大한使徒의呼吸을나의呼吸으로하면서 뎌를배운일은 只今도라보아도爽快한일이다。뎌의게배와基礎를닥금이업섯더면 나의今日의基督教는업슬것이다。나는뎌의게 말노다치못할感謝를感하는者이다。』라고하엿습니다 同一한感想과同一한感謝를同一한先生께申述함니다。』(靈과眞理第七號叅照) 이에 對하야 內村先生은『나는 이처럼深刻하게自己著書를읽은者가잇음을 今日까지不知하엿다。그러고其人이朝鮮人인故로 더욱感謝하다。나의說한福音은

日本內地에서보다　大陸方面에서보담더善한果를結하리라는것이余의日常期待하는바라』고　그囑望을添述하엿섯다。如上의關係로보왓다　余輩보다　훨신先輩인　崔泰瑢氏가萬一內村先生의弟子임을自認한다면　누구나敢히是非할이가업슬것이다。그러나이것은金麟瑞氏가累々辯護한바와如히崔氏自身의意思가아니라하며다만同想同感을同一한先生께表明한城津　徐昌濟氏만은尙今變함이업는생각인줄노안다。

다음에研究誌第三百十八號以下에　連載된『聖書之研究』朝鮮讀者會記錄에보면出席者二十五人中에　金昶濟　朴勝鳳　安鶴洙　白南柱諸氏等四人朝鮮사람의深遠한感想文이실엿음을볼수잇다。特히金昶濟氏는一九一六年以來로『聖書之研究』의讀者엿으며　其翌年八月에는　內村先生을親히東京에訪하섯다하니余輩보다압서內村先生及其著書에親炙하기가四五個年前부터――엿다。其他三人도相當한長時日間『聖書之研究』를　읽음으로써　깁흔感化를밧엇다는것을各其告白하엿다。友人에班할는지　弟子로稱할는지其區別은吾人이議論할바가아니지만　如何間　內村鑑三先生을朝鮮에서論할랴면　余輩의　아는範圍만으로도右記諸氏를無視하기는　어려울줄노　짐작하엿다。　先輩諸氏의게　敬意를　가지기爲하야『내가內村鑑三先生의弟子라』自任하기를躊躇한것이엿다。

그런데　金麟瑞氏는右에列記한바　徐昌濟　金昶濟　朴勝鳳　安鶴洙　白南柱諸氏도　一括하야『是輩는足히論할바가업다』하야一顧도하지안코　오히려微弱한後進余輩를　쓰잡어다가『朝鮮人으로　養正高普에　金敎臣氏를해일것이라』고　內村鑑三先生의弟子로　싹만들어노핫으니　果然이것이　金麟瑞氏의偶然으로한일인지　意識的으로한일인지는　몰으거니와 나된者로서 이제 이것을敢當치 안할수 업슬뿐더러 그榮譽를 無限히感謝하는바이다。

이왕 이처럼 朝鮮基督敎界의 大勢力을 가진 長老敎會平壤神學校機關紙에 記載되여 內村鑑三先生의弟子임을 天下에指目밧게되엿으니 나는只今 大先生의名聲을利用한다는 呵責을밧을것이업시 日本에잇는內村先生의弟子인諸大家들과並列하는唐突한者라는批難도 밧을念慮업시 또한朝鮮에잇는諸先輩의게禮讓을缺한다는 두려움도업시不得己內村先生의弟子임을 自任할수박게업고 따라서 師事하게된轉末의一端과 報導된事實의眞僞에就하야 一言이업슬수업는것이다

二、師事의顚末

余輩가 처음傳道밧기는 一九二〇年四月十六日夕에 東京市牛込區矢來町通을지나다가 當時東洋宣敎會聖書學院在學生松田이라는青年의路傍說敎에 깁히感動함이잇어 四月十八日(日曜日)부터牛込矢來町ホーリネス敎會에出席하야 처음으로新約聖經을買得하게된것이 信仰의시작이엿다(日誌에서)。其後同年六月二十七日에 當敎會에서淸水俊藏牧師의게洗禮를밧고 每日曜日과木曜日마다信仰의進就를 깁버하엿던것이 日誌에記錄되엿으니 余輩도 敎會에서傳道밧고 敎會에서聖書를 배우기始作하엿음은 金麟瑞氏가 自己가 崔泰瑢氏와同一하다는點에偶然히一致하엿다。다만 『朝鮮에서』란데對하야『日本에서』엿고長老敎會나監理敎會란데對하야 聖潔敎會라는差異가잇엇고身世진것이라던가 因緣과義理에依하야動하기보담도 眞理의行使를願하는 마음에잇서서 敎會에對한判斷을 달으게할것뿐이다。

一九二〇年十月十五日에『求安錄』讀破。同月三十一日에『宗敎と文學』及『聖書之研究』誌

內村鑑三論에答하야

耽讀等記載되엿으니 이것이 內村先生의著書를읽은始初이엿고이에前後하야 基督敎信徒の慰め 他人論 興國史談等도 並讀하엿다。同年十一月初旬에 內村先生宅을訪하야 初對面의機會를得하엿으나 그結果는 多大한失望과不滿을가지고 도라왓섯다。同年十一月二十八日과 十二月十二日의大手町衛生會舘에就하야 內村鑑三先生의 욥記講演을 傍聽한일도잇엇다。그러나 그때까지 余輩는聖潔敎會의忠實한會員이엿다。當時에 日曜日午前午後와木曜日祈禱會에熱心出席하며 또每回에躍進하는 信仰의歡喜를記錄하엿든것을只今읽으면오히려他人의記事를 읽는感도不無하다。그러던해에年末을當하야나의敎會에는 一大內紛이發生하야 溫恭한學者인 淸水牧師는 被免되고 權謀術策에能한派가 其他位를剝脫한事件이 잇엇다。온갓不義와 權謀가橫行하는 朝鮮社會에서 生長한余輩가 唯一의理想的生活과理想社會를憧憬하야 基督敎會에入叅하엿던 信仰의初期에 如此한不義 陰謀의下劣한術策이 敎會內에서行함을보고는 單只敎會脫退뿐아니라 果然 基督敎信仰의根底까지 動搖치안할수업섯다。한동안은 敎會에叅席치안코 下宿房에서 홀노禮拜하엿다고 日誌에記錄되여 잇으니 말하면 나의信仰生活의一大危機이엿던것이다。

때에마참 一九二一年一月十六日부터 東京大手町衛生會舘에서 內村先生一生의大事業인 羅馬書講義가始作되여 初回로부터乃終까지 非常한熱心으로써 이에叅席하엿다余輩가 內村先生의『求安錄』을讀破하엿다하며『宗敎와文學』을 耽讀하엿다하면 其量이尨大한것이아니고 其文이流暢한것이아님을아는이는『讀破』오『耽讀』이라는用句가 넘어도不當함을 웃을넌지도몰은다。그러나實相은一

氣에讀破하거나 忘食으로耽讀하엿섯다。當時에 內村先生의著書를읽은것은 讀書하엿다기보다 飢渴하엿던者가 沒體面하고飮食物을貪食한것이엿다。當時의光景을如實히表現하랴면 아마도「靈과眞理」第七號에記載된 前揭 崔泰瑢氏의文章을借함이 第一방불할것이다。

또한大手町衛生會講堂에서 羅馬書講義를 들을때의 吾輩의熱誠을말하면 現下敎會에出席함으로써 牧師의歡辭를밧는것이依例인줄노習慣된敎會信者들은 到底히想像할수도업스려니와 오히려可笑롭게 생각될것이다 內村鑑三先生의信仰과敎理 或은思想의深遠한데至하엿서는 余輩가果然其幾部分을學習하엿는지 只今이것을斷言할수가업다。多少間한것이잇다할지라도 그것은比較的後期에屬한것이다。 그러나『內村鑑三』이아모것이아닐지라도 日本의眞正한愛國者인것은 初期부터 이것을看取하엿섯다。自然科學者의精神에立脚한聖書硏究와 國賊으로全國民의誹謗中에埋葬된지半生餘日에 오히려그日本을저바리지못하는愛國者의熱血 이것이 무엇보다도 힘잇게余輩를牽引하엿섯다。朝鮮에萬一그와가튼愛國者가出現하엿더면 쏫아밧첫을터이엿던敬慕의念을全혀 뎌의게表呈하엿다。 日本愛國者의게朝鮮까지 걱정식히닛가問題도生起는것이다。日本愛國者로써日本을熱愛케하여두라 憎惡도 생길것이업슬뿐더러 가장아름다운것을거긔서發見할것이다。羅馬書講筵에六百餘座席도番々이不足되여서 늣게가서는座席도업고 音聲도잘 聽取하기困難하엿음으로 余輩는大槪半時間前부터가서 前列中央에座定하고서開講을待하야 一言半句도 흘니지말자고努力하는것이常例이엿다。慾心으로前列에盤據하야 듯고잇으면서도 예수의 말삼이記憶되엿다。愛

內村鑑三論에答하야

國者인內村先生께對하야 未安한 생각이무륵 특솟아올음을 感覺치안코서聽講한적은 한번도업섯다。예수는 그十二弟子를 보내면서『命하야가라사대 外邦길노도 가지말고 사미리아고을에도 드러가지 말고 찰하리 이스리엘집에 일허바린羊의게로 가라』(太十〇五、六節) 고하섯다。또『對答하야갈아사대 나를 다른대 보내신 것이 아니라 이스라엘 집에 일허바린羊의게보내심이라……兒輩의 떡을取하야 狗의게投함은宜치안타』(太十五〇廿四節以下)하섯다。

日本의愛國者가 日本의 일허바린羊을찻기爲하야骨血을傾倒하는자리에 外邦사람이 一席을占有하고안젓슴은 넘어도惶悚하고넘어도嚴肅한事情이엿다。愛國者에對한道理를 다하기爲하엿어는 占席하엿든椅子를 日本青年께讓하고 余輩는椅子脚下에들어가거나 天井에小孔을 뚤코서라도 들께만하엿으면

滿足하겟다는것이 나의實感이엇다。當時余輩의感想은『聖書之硏究』第二百六十八號(一九二二年十[illegible]號)四八頁의二十四日日記에記載된것이그것와엿다。

羅馬書講演以 에도或은大手町에서 或은柏木에서 一九二七年三月에 業을마치고歸國할때까지 滿七個年餘을 內村先生敎導를밧엇다。金麟瑞氏와가튼『可觀』할만한愛國者의文章을읽고는 余輩敢히 나라를사랑한다는辯明할餘地가업다。마치文學博士井上哲次郎氏의攻擊을當한內村鑑三先生이 辯明할餘地가업섯던것처럼 그러나余輩도硏究誌第二百七十一號四頁一月五日日記에記載된朝鮮兄弟와가치(其誰某인지는不知)『不共戴天』의鐵心을가지고 東海를것넌者이엿다。萬一金麟瑞氏의內村鑑三論이 좀더 일즉한時期에出現되엿어『朝鮮의젊은사람들아!……저山村禮拜堂에서 祈禱하는老婆를차저보라 그는

朝鮮靈界에서는內村大先生보담 큰者요貴한者이다』란 웨침을들을수잇엇더면 余輩도內村先生의門을두다리기前에 爲先山村禮拜堂을巡禮할誠意는 잇엇을것이다。마는不幸히 余輩가『內村鑑三』에잇섯어 唯一의先生을發見하고 太甚하엿던飢渴이醫癒된後이엿다。朝鮮人된余輩의게 이것이果然榮譽인지毁損인지 利가될넌지害가될넌지는 分辨치못하나 旣成事實노써 內村先生은 余輩의게無二의先生이엿다。敢히말하노니 內村鑑三先生은 나의게 『唯一의先生』이다。다시말하노니 余輩는先生을 가진사람이다。支那에는生而知之한사람이잇엇다하고 使徒바울은 先生을모시지 아니하엿음을 자랑하엿으니 前者는聖人이라稱할것이오 後者는無類의大使徒이엿다。近日에도非凡한傳道者의素質을俱有한이는『大概내가사람의게서受한것도아니오 誰가나를敎한것도아니오 오직예수그리스도의默示로由하야受한것이라』(갈나듸아一○十二節)고宣言함을種々보는바이다。그러나余輩는至極히凡平한道를經하엿다。即內村鑑三이란人間의指導를通하야福音의奧義를가르킴을밧엇다는것이다。內村先生이씨리ㅣ先生의 指導를밧엇음도 또한平凡한것이엿다。

(聖書之硏究第三百五號三二頁)續

內村鑑三氏를追憶함

金 貞 植

本記者가日前에「神學指南」를閱覽하다가其間內村鑑三氏所親中에 우리朝鮮人에는 金貞植氏가第一親友라고하엿기로 如何한關係로親友되는淵源을뭇고저하야 京城府外高陽郡典農里百十三番地金貞植先生의 所住處를往訪한즉數間草屋에庭園이淨灑하고 松風과花香이自然의淸趣를發揮하야 世事가忘羊되

엿다 先生과寒暄을畢한後內村氏에關係를問한즉先生이容姿를靜肅히하야 數分間沈默한後에欣然이答하되

偉人內村氏도至今은故人을作하엿스니 아ᄾ우리는진실노草露갓튼人生이로다 내가內村氏와親하기는 距今二十五年前에東京基督敎靑年會創設時總務로在任할時부터이옵내다 其時에內村氏는日露戰爭反對를 主張하엿든 까닭으로社交가杜絕되고 當局에注意가甚하야 매우難處한時機이엿습내다 우리두사람이서로同情이깁게됨은 나도其時韓國政府에注意를밧아同志들과 難處한境遇를當하엿든時이라 交際가갈수록內村氏를偉人으로認定치아니할수업습은 基督敎的人類愛를實行함이올켓다 그러나그의特性을말하며國家的富强으로나個人的權威로人權을蹂躪함에는 絕對로反對하엿습내다 年前에朝鮮에基督敎人百五名의獄事가有할時에 內村氏朝鮮敎人을爲하야同情함이만아섯습내다 適其時에平壤敎會長老인林鍾純氏가 東京留學生의게傳道次로來到하엿기로 同氏를內村氏의게紹介相面한後朝鮮基督敎인獄事에 同叅되엿든사람들의게드른바 囚禁中苦礎의形便을說明하야內村氏가記錄하얏다가神戶에有名한英語新聞社長英人即內村氏親友의게로주어서 諸新聞에朝鮮基督敎事實을 新聞紙上에도數次報導하고裁判한記錄을小冊子에揭載하야 歐米各國에傳佈하엿다其後에 內村氏의게問하니同新聞社에서朝鮮基督敎人獄事로前後費用이七千餘圓이라고하엿습내다 此實事은林鍾純氏尹致昊氏가證明이되옵내다 그런즉內村氏는日鮮의民族的이나 政治的으로差別업고基督敎主義로正義人道를絕對로主唱하엿습내다

或時當局一部에서는國家主義에脫線이되고基督敎主義에만所重한다고議論함도잇섯습내다左右卌至今은同氏가己往不歸의客이된以上ᄒᆞᆫ平壤雜誌記者가同氏의 主義를分明이知치못하고말한것과 同氏의親友이니무엇이니하는말도異常히生覺이되옵내다 우리朝鮮基督敎人의게는恩人이아니라고 할수업습니다

病狀小感

楊 仁 植

「意外의病魔에붓잡히여며칠동안 病院한房을차지하게되엿다 大體로生覺하여괴로움도엽지안엇스나이번 이런機會가업섯더면내一生으로서알지안어서는안될몃가지일을 아지못할번하엿다 이러고보니이번機會가感謝할것뿐이다 다음에短想몃가지를적어이를기리紀念코저하노라

一、信仰의破船

우리의一生이머ㄴ나라를向하야 가는것의準備임은누구나大概認定하는줄밋는다 自古로만흔哲學者、藝術家、文學者宗敎家가그나라를憧憬하며 이世上을下直한줄안다 만은내아는親舊들中에도最后몃分동안破船을當하여 不常한慘敗보는것보앗다 特히信者의破船처럼앗가운것업다 病中누어슬때第一몬저생각되는것내가이機會에 破船치나안을가하는念慮이다 勿論예수의게붓잡혓스니最后까지 그가직혀줄줄은알면서도 그러나이破船의큰原因은主압헤착한良心을노친信仰의死境에서彷徨하는때인줄밋는다 우리의良心이主안에서붓그럽업슬때信仰의鍛鍊이甚하면甚할사록 그안에서튼튼하여安心된다 바울先生의 듸모데의게보낸말슴이大眞理이다「미듬과착한良心을가지라사람이잇서 이良心을 벗스니그미듬을議論할진대破船함과가트니라 듸모데前一의十九」

良心과信仰! 이두가지를完全히가지라 波濤洶湧하나荒洋의航海도無事平溫 感謝 感謝

二、成功의眞義

自己의게 利益되고自己의名譽되면거진寢食을잇고營營逐逐하여成功하는親舊를만이본다. 勿論自己의일낫분것이안이다 제가제몸거두지못하는程度의사람에比하면훨신나은것이다 또個人의權利義務편으로만보아도 다른사람의附屬物되기보다自己의個性을尊重하야 獨立的主權或은義務에實行者가되면大端조흔것이다만은 事實의成敗眞僞를좀더깁고넓은意味로생각하면決코그外面的成功 自立的무엇으로만判斷할수업다우리는過去의大成功者를만히안다 그들은自己의利益自身의名譽를좃차成功한者들이아니다 오히려 그편으로보아서는大失敗者들이예다 하나님아들예수自身이그의一身上名譽上으로보아셔는大慘敗者다 十字架上에서磔死의刑까지當한者니까 그러나世界大戰直後獨逸大帝카이제루氏의입에서나왓다는「오직大戰의勝利者는홀노예수뿐」이라는말과가티그는 勝利者中에도最大勝利者다「自己의몸을뷔워종의形象을取하여十字架에죽은지라 그럼으로하나님이놉히올리사짱에잇난者짱아래잇난者로하여곰 예수의일홈을듯고무릅을쑬게하엿다云云빌립보二의七節以下考照」

이야眞情의成功이다 永遠의勝利者다小我를잇고兄弟를爲하야世上을爲하야일하는者祈禱하는者ㅣ참成功者가안일가。

『聖書朝鮮』을두손에들고

方 哲 源

全宇宙의存在的價値와意義는 基督의眞實한信仰的인熱烈한其生涯를理解하고信함에따라 비로소吾等人類의現實的生涯에도眞理的光明이낫타날것이다。

深奧한思惟와徹底한理解力으로부터 出發한信仰心은그야말로永遠不變의眞理體를發見할것이며 따라서完全한生命의빗츨볼것이다。

이러한意味로부터半島基督敎界에「聖書朝鮮」이이미誕生되엿슴에비컨대 暗夜怒濤中에包圍된船人의行方을指示하는燈臺의光明과갓치全半島基督敎人의完全한信仰的生活은 聖書硏究로부터엇는바眞實한信仰生活이아니면 그야말노沙上樓閣인것이며 또한堅固하고絕對的價値標準으로부터確立된信仰이라고 是認할수업는것은무엇보다도明白한事實일것이다

더구나十餘年間 海外學窓生活에餘念업시지내여온愚者로서는 哲學的根據를가진學說과 組織的基礎를土臺로한完全한信仰生活을要求함에따라 漸次로宗敎的信仰에對한覺醒과其進步되여 온現今半島宗敎界를 볼때에眞實로깃버함을말지아니한다。

或은엇더한方面으로보면 衰退한듯도보이나그는從來에傳說的觀念으로부터생긴沒理解한 盲目的信仰生活에潛在한概念을그대로承認하고또는 形而上學的으로본神의存在를그대로밋으랴고하는者의無批判的信仰에不過하다。

적어도宗敎的의完全한信仰生活로 完全한人格的빗츨보랴면 其信仰的對象인客觀的實在에對한絕對歸依가잇서야할것이다。

愚者가「聖書朝鮮」을두손에들고어든바에 새로운信仰的生命의빗치야말로基督의信仰的態度를通하여 其偉大한人格을밋음에잇다。

城西通信

○宋斗用兄은 지난六月末에 永登浦道林里에轉居하엿다。農土에親炙케爲하야。

○六月末어느날 淸凉里外典農里稚松밧가에서 七旬되는老農한분을만나 對話數刻에 만흔敎訓을밧은바잇섯다。그農場內에 새로판우믈(井)한아가잇으니 翁自身이 獨力으로近日에 판것이라하며 파게된動機는 이러하다。

「………남의나라에서는 파나마地峽도 뚤궈내고 四、五萬噸軍艦이 왓다갓다한다는대 엇지 우물한아야 못판다고하느냐말이야 붓그러워선들………」

하고서 洞民의衆議를 물니치고서 單獨히始掘하야 百五十圓의工賃을要하리라던것을單五圓의石材만으로서 完築한것이다。작애돌과 石英砂는 老翁自身이 지게로서 지여

다가 채웟다한다。

서울市內에는 藥房이만흔것이特色이오서울城廓周廻로는 藥水가 만흔것이奇觀이다 藥局으로서藥局에 不老草或「返若劑」를 探求하는 夕陽의길가는客들과 藥水로서藥水에神効를祈願하면서徘徊하는 蒼白青年들그求하는所願의切且大함에比하야 그應하는効驗의弱且小함이야 엇지 行人인들同情이업슬수잇스랴。

人蔘鹿용과압박골에서神効를못보왓거든어서어서淸涼里로나가라。典農里에 이우물을찻앗어 胃袋창자가許하는대로痛飮하여보라 그近傍鷄舍안에 眼光이사람을射하는老農한분을 맛나거든 그우물팔때의動機와 과면方法과 所用한器具材料와 老人의春秋와그身分과 그日常生活을 들어보라。이藥水의効驗이異常하야 여름을타던사람은 暑氣가即刻에飛散할것이오 胃腸이不健하던사람은먹지안코라도元氣倍前하야 勤勞할사록疲勞치안케될것이오 文化病이라는神經衰弱症가튼것은三十秒以內로全治됨을感할것이며그學生이이물을마시면 도라가級에優等生이될것이오不良少年이이물맛보면 선자리에서心性의改造를 늣길것이다。서울市民三十萬이이물을汲하면 서울市內의藥局과醫師가閉門하게될것이고 朝鮮民族二千萬이면即朝鮮更生의날이될것이다 이藥水마시기를온서울市民들께 全朝鮮同胞들께薦하고저하노라。

○七月六日(日曜)午后二時三十分부터 樂園病院에서 夏季間第一回集會를열다。宋斗用氏가 요한傳第六章三十二―四十節노서勸勉함이잇엇다。

○七月十三日(日曜)。前과갓치樂園病院에集會 金敎臣이 듸모데后書第二章七―十三節에依하야 全人類를 거즛으로하고 하나님만을眞實하다고 稱하자고提議한바잇엇다。

○七月二十日(日曜)。午后二時半부터 前대로第三回集會 鄭相勳兄이 馬太傳第五章二十一―二十六節及갈나듸아書第三章十三節에依하야 사람으로는絶對絶望 그리스도로因한完全救援을力說하고 하나님의말合自體의能力을指示하야傳導方針을簡單히確立하엿다

○七月二十一日밤十一時車로宋 柳 金三人의 五山과宣川을向하야出發하다。兩處에二日間式集會할豫定으로。

그러나 出席하실때에는 左記事項을 직혀주시기를바랍니다。

一、舊新約聖書及讚頌歌를持參할것
一、時間을嚴守할것
一、應分의會費를支拂할것

以上

(定價送料共)

一部	十五錢
六個月	八十錢
一年分	一、五〇錢

昭和五年七月廿九日 印刷
昭和五年八月 一日 發行

京城府外龍江面孔德里一三〇
編輯發行兼印刷人 金敎臣
京城府西大門町二丁目一三九
印刷所 基督敎彰文社
京城府外龍江面孔德里活人洞一三〇ノ三
發行所 聖書朝鮮社
振替口座京城一六五九四

『聖書朝鮮』第十九號　昭和五年八月一日發行(每月一回一日發行)

聖書朝鮮

九月號 (一九三〇) 第二十號

昭和五年一月二十八日(第三種郵便物認可)
昭和五年九月一日發行(每月一回一日發行)

目次

푸로테스탄트의精神

咸錫憲

基督敎에는 一般이아는것과갓치 세큰갈내가잇다。一은羅馬正敎、即、朝鮮에서天主敎라或은舊敎라불으는것이요 二는希臘正敎요 三은푸로테스탄트、即、朝鮮에서예수敎라或은新敎라불으는것이다。羅馬正敎는基督敎가羅馬帝國의國敎로制定된後正統으로承認을밧는것으로 그中心인羅馬敎會는 天國門열쇠를가진베드로의後繼者라고하야서 中世에는歐洲諸國民우에絶對의權威를가지엇섯다。希臘正敎는 羅馬의首府가컨스탄틘노ㅣ플로옴김으로부터 東西羅馬가分立하던時代에컨스탄틘노ㅣ플敎會를中心으로東方에發展한一派로希臘文化의影響을밧은것이다。그러다가東로ㅣ마帝國이亡한後에 露西亞가그繼承者라고主張하야最近帝政露國이亡하기까지露帝는希臘正敎의首領이엇다。푸로테스탄티즘은 루터의宗敎改革以後에생긴敎派의大部分을통를어廣泛하게하는말로 그생긴精神에잇어서나 由來에잇어서나 前二者와는아주달으다。前二者는只今말하려는題目의範圍外에屬하는것이니말할것업스나 푸로테스탄티즘은 우리現代人에게는 宗敎的이안이고 純全한歷史的見地에서만니야기한다하야도 實로至大한意味를가진다。그만한이만치 現今文明한民族들에게서는大槪푸로테스탄티즘이優勢한것을본다。勿論그럿타고 그러기때문에이모든民族은아름답다하는것은안이다。또名義上으로承認하는그모든푸로테스탄트들이다眞實한푸로테스탄트라는것도안이다。事實은 나로써말하라면 現今의푸로테스탄트의大部分은 카조릭의舊敎에退入한者라고하고

싶다。사람에게 때때로 精神朦朧이라或은 半無意識이라하는精神狀態가잇는모양으로宗敎에도半無意識狀態가잇다。精神的貧血症에 걸닌現代에잇어서는 푸로테스탄트들도亦是 無意識의反射運動을慣習的으로하고잇슬뿐이다。「살」 푸로테스탄트가잇다면 그는 그根本精神의再意識體驗을高唱하지안을수업는形便이다。

二

그러면 푸로테스탄트의根本精神이란엇던 것인가。이것이只今우리가討究하려는것이다 爲先 우리는 푸로테스타트라는그이름에서 부터알수잇다。名詞는그事物을代表하는것임 으로그가지는性質이端的으로잘나타난다。그래 이푸로테스탄트라는말은 푸로테스트라 는動詞에서나온말로 그푸로테스트라는말은 飜譯하야서 反抗한다 抗議한다 宣言한다 公證한다 하는等말로된다。大體로말하면自己의主張을公然히宣言證據한다는말로 戰鬪的氣分이자못만타。即 義가不義에 眞理가 邪論에 善이惡에强壓을밧을때에)푸로테스트가생긴다。이러케하는사람을 푸로테스타트 그主義를푸로테스탄티즘이라한다。이名詞의 解釋에서 푸로테스탄트의爲人이엇더함을大體로斟酌할수잇다。또한가지滋味잇는것은이 名詞가푸로테스탄트 自身이붓친것이안이고 反對者가붓처주엇다는것이다。將次아래서도 說明할第二스파이에르會議때에 正統派(舊敎) 사람들이 그決定한法案에反抗한다하야 서 그들을불너 푸로테스탄트 即反抗者라 고侮蔑하엿던것이다。그것이後에는 自他가 다承認하야公用케되엿다。이事實은恰然히 『크리스챤』이라는名詞의境遇와갓다。이것도 크리스챤(그리스도의屬物)이라고蔑視하야불 으던것이後에一般으로쓰이게된것이다。그러고兩者가다 그根本精神을잘表示하는點에서

매우貴한말이다。迫害者반드시낫분것이안이요이런때는도리여가장重要한點을顯揚하야주는者가된다。

三

그이름의解釋 定義의討究로도 內容의大體는알수잇스나 그러나 充分한理解를엇으려면 그歷史的由來를차즘이必要하다。外面에나타나잇는事象으로부터內的으로潛在하는精神에透入하야 엇던動機로 엇던經路를지나왓슴을알어야한다。

이제 푸로테스탄트主義運動의由來를말하자면 宗敎改革을말하지안을수업다。上述한대로 羅馬敎會는唯一의正統으로絶對의權威를主張하야왓고 敎會의正統神學에反對되는것이면 學問이거나 硏究거나 思想이거나 議論이거나勿論하고 누르고 排斥하야왓다 個人은敎會에屬한것으로 그것을떠나서는살수도업고 天國에들어갈수도업스리만큼 完全한組織體로되엿다。그러나 組織이發達하는대서 生命은退去한다。信仰보다는儀式이重要하야지고 神意보다 人爲가尊貴하야지고 眞理의體驗보다는迷信誘惑이만아지고거긔다敎會는莫大한富를所有하야가지고 하날의寶物보다는地上의享樂을하기에汲汲하엿다 그리는同時에十字軍遠征의失敗는法皇의威信을떠러치고 敎會無謬說은動搖하고 大分立時代에는 一時에二三人의法皇이各立하야싸호는醜態를演出하고 이리하야漸次로宗敎改革의氣運이動케되엿다。위클립、후쓰는先驅者의犧牲을當하고 마츰내獨逸아이스레ㅣ벤의鑛夫의아들룻터에依하야炬火가들니엿다。이러케簡單하게말하면 宗敎改革은아주容易하게된듯시푸나 事實은우리가只今想像할수업는困難과犧牲을當하엿다。그러나 眞理는最後의勝利者다 룻터의한번奮起後新敎의思想은불길갓치퍼저갓다。그리하야舊敎徒는이

蔓延하는形勢를 多數의힘으로抑壓할作定으로 千五百二十九年 스파이에르에獨逸國內의諸侯가모혀新敎徒를迫害하는法案을作成하얏다。 그러자 여기對하야 少數의新敎諸侯가強硬한푸로테스트를하얏다。이것이몬저말한바「푸로테스탄트」의起源이다。 그리하야當初는룻터派를가라처서불으던일홈이엇스나後에는칼빈派와其外엣것도包含식혀넓이부르게되엿다。이제그푸로테스트의內容을보면

一、新敎는이믜舊敎와는獨立한것이니 舊敎에서는新敎徒를判決하거나拘束할權利가업다。

二、聖經은 會議나 僧侶보다도超越하야놉은것이다。

三、聖經의解釋은 聖經그自身에依하야할것이다。

라는것이다。 여기서 우리가注意할것은 거기나타나잇는 自由의主張과 聖經尊重이다

四

이두가지點、即、個人의自由의尊重과 聖經에다最高의權威를許하고그를中心으로하는것은新敎의特色이다。故로以下이두가지에關하야討究하야서新敎의根本精神에接觸하기로하자。

四

個人의自由를尊重하는것은 歷史的으로말하면 前代에對한反動에서나온것이다。即、敎會에絕對權이잇서 그命하는것에는絕對로服從하는것이正當하다던敎會의傳統은 너무人格의價値를無視한것이엇슴으로 거긔對한反動으로서나왓다는것이다。勿論여긔는 文藝復興以來의人文主義運動의影響이만이잇다 그러나 그런歷史的因果關係와는別로히 信仰그것의根本性質에서生覺할때 個人의自由라는것이 그在來의生命의잇는곳이잇던것을알수잇다。信仰은 內部的事實이다。人格의最奧의秘殿內엣事實이다。生命의根源인神과

그의形像으로지은個人의生命과가가장갓갑은關係로連結되는것이곳信仰이다。故로信仰은깊흔대서말하면結局個人的이되지안을수업는것이다。勿論信仰에도 公然하게告白할것잇고證據할것잇고 勸勉할것도잇스나 가장깊고가장貴한것은 亦是 父母에게도兄弟에게도妻子에게도 朋友師長에게도말할수업고 議論할수업고나는나대로神과두사이에하지안으면안이될個人的것이다。거긔關하야서는 如何한사람이라도干涉、間入을不許한다。絕對로自由로할것이다。故로信仰에들어가는指導를하는것은몰으나 信仰은이러할것이라고 外的으로規定하거나干涉하는것은根本에서부터잘못된일이다。信仰이란 나라는사람——나、왼世上에서오직하나밧게업는나。 하나님이다른九十九首를두고차저단니는나 獨特한個性과價值를가지는나라는사람나神과의交通이다다른宗教는몰으나 적어도 基督教는個人的宗教다。四福音을注意하야본者는 예수自身의말中에第一人稱에는特別한힘이들어잇슴을알것이다。그는恒常 내하나님 내아바지 내나라……라하엿다。最後十字架上에서부르짓는祈禱에도 우리라하지는안코 나라하엿다——『나의하나님이어나의하나님이어 엇지나를바리시나잇가……』『아바지여 내靈魂을아바지손에부탁하나이다』이것이예수自身의宗教다。勿論 이러말하면 우리를個人主義者라고排斥하는이도만을줄안다。그러나이것이聖經의가라침임을엇지할수업다。 또이基督教가個人的이라는것이所謂個人主義와天壤의差인것도알어야한다。個人的이라해서利己的、獨立的이라는것이안이다。教會에서도特히福音의社會化를만이말하는今日에 信仰이個人的이라하는말은만은사람의귀에거스릴것인줄안다。또聖經中에 救援이全體的으로되여야할것을가라친것이잇슴、바울갓흔이는

骨肉을爲하야그리스도에게서끈어나기까지하겟다고한것도안다(그바울은信仰의絕對自由를부르짓은사람이다)故로福音의社會的傳播를反對하는것이안이라 要컨대 敎理로條文으로信仰의規一을强要하는대 견딀수업다는말이요 各自의靈魂이하나님과깊은接觸이업시淺薄한博愛主義를붇으고 或가다가獨立한信者가잇스면蛇蝎갓치生覺하는대 憤慨하지안을수업다는말이다。우리로써生覺컨대 現代基督敎의無力의原因의큰것은여긔잇다한다。깊은靈的體驗이업시 한갓一般的、社會的、民衆的、大衆的하는조흔일홈을따를줄만알고그리스도앞에 내靈魂을풀붓듯하는信仰이업는故로現代에淺薄하고 넓은基督敎는잇스나깊고 偉大하고 權能잇는基督敎는업다。말이岐路로만이갓스나 本論으로도라오면 何如間基督敎의信仰그物件이本來個人이하는바神과의自由롭은交通이다。故로基督敎의眞理가살아잇기만하다면 中世의一時的墮落에서반다시本來의面目을다시차즐것은定한일이엿다。이復歸運動이곳宗敎改革이다。그리生覺하고보면 푸로테스탄트들이個人의自由를主張한것은 當然한일이라하지안을수업다。

六

여긔 新敎의敎會에對하야多少附言할必要가잇다。即、新敎는敎權을否定하고 敎會의組職에서個人을解放식혀信仰의 自由를주엇다。그러나 新敎도絕對個人主義、即獨立主義는안이다。敎會가잇다。信者의모힘이잇다그러나 또 그것은舊敎에서말하는意味의敎會는안이다。그는單純한모힘이요 組織體는안이다。故로嚴正한意味에서말하면新敎는無敎會다。거긔信者團體가잇는것은 同一한信仰을가지고 同一한經驗을가지고 同一한目的을가지기때문에生기는信者間의連絡에依한것이다。나도그리스도에連結되고 너도그리스도에連結되엿는故로 너와나는한몸에屬한다하는意識이잇다。故로新敎의敎會는縱의關係요 橫의關係가안이다。그런것이近來로는新敎도사람과사람사이의橫의關係를、보다重大視하게된것은痛嘆할일이다。

그러면 이自由의思想、個人을直接神에連絡식이는自由信仰의思想은어대서온것인가。이제우리는 新敎의第二의特色인聖經中心主義에들어간다。即、푸로테스탄트들은 이것을 聖經에서엇엇다는것이다。 로마正敎가儀式과敎權을重要視、神聖視하엿던代身에그들은眞理를直接聖經에서차젓다。그러하야聖經의主强그대로를順從하엿다。따라聖經은最高權威를가지게되엿다。無論그는하나님의말삼이라밋엇기때문이다。故로新敎에서는 祭典儀式보다說敎가重要한것이되엿다。그러나說敎하는僧侶에何等의權威가잇는것은안이요그는單純한解釋者일뿐이다。그는聖靈의感動을받어서야만正當한解釋을할수잇다。儀式을尊重하는舊敎를感情的이라면 新敎는 確實히知的이요理性的이다。그러나 이理性의尊重도近來에盛行하는所謂合理的信仰이란것과는달으다。新敎의矛盾이라면矛盾이라고할수도잇는것이나 한便으로는理性을尊重하면서도 그理性에絶對의權은주지안는다。亦是、理性에靈의힘이加하야서만眞理에到達할수잇다는것이新敎의主强이다。엇잿던 聖經에다最高의權威를許하는것이新敎의한特色이요、이것이事實은푸로테스탄티즘運動의源泉이다룻터가宗敎改革의精神을가지게된것은聖經의研究로부터엿다。그時代에는 平信徒는 聖經의原文은좀하여볼수업섯고 본다야抄本이요 그럿치안으면 僧侶의解說을듯는것뿐이엇다。룻터도圖書舘冊目錄에서 처음으로聖經의이름을본때는 磁石에끌니는鐵片갓치잇끌니엿다고어떤記者는말하엿다。그以後그는聖經을耽讀하고研究하엿다。그리하야從來敎

會에서보던것이抄本에不過한것 僧侶의解說에는 原意에어긋나는것도자못만은것을알게되엿다。드대여『義人은信仰으로말미암아살니다』는一語가룻터의全生命을삼켜버렷고맛츰내는 그를세워 人類의全歷史를움즉이게하엿다。實로 宗敎改革을한것은 鑛夫의아들이안이요聖經自身이엿다。루터만이안이라칼빈도맛천가지다。傳記家의말을들으면 그가新敎思想을품게되던動機도 聖經의硏究에잇다고한다。이러틋 新敎運動의源泉은聖經自體에잇엇다。聖經의眞理를眞理그대로따라나갈때에敎會墮落의모양은漸漸더明瞭하야젓다。하나님과사람사이에는그라스도밧게아모仲介者가잇슬것안인것도여긔서알녀젓다。異敎主義의侵入으로因하야생긴모든迷信的儀式이靈魂을救援할수업다는것도 여긔서알녀젓다。그러하야聖經은信徒에게도自由로닑히우고 硏究되여왓다。그러나 이것도 自由의精神과一般으로 오늘날푸로테스탄트에게서는니저젓다。

五

우리는 이제 한거름더나가서 푸로테스탄티즘運動의源泉을基督敎의歷史우에서차저보자。이運動이 엇지하야푸로테스탄티즘으로 卽反抗主義로나갓는가하는것은 爲先룻터의性格에서도그原因을차즐수잇다。그러나그는말하자면 一部分이요 보다깁은原因은文藝復興運動에서찻지안으면안이된다。聖經의硏究가이運動의源泉이라는말을우에하엿스나 이聖經의自由硏究의風은古典復興運動에서影響을밧은것이라할수잇다。故로푸로테스탄티즘運動의背後에는 中世의宗敎的桎梏에反抗하는 文藝復興以來의自由思想 人文主義思想이흘너잇다。그러나 그것만으로도오히려 不充分하다。한層더올너가서 바울主義에서 우리는그淵源을 차즐수잇다。바울은

그自身이主張한것으로도알수잇는것갓치 무엇보다도自由獨立의人이다。유대敎의律法主義儀式主義의묵은물결이때〃로侵入하려는모양을보고는 그는烈火갓치니러서서 信仰의自由獨立을絕叫하엿다。갈나듸아書를닑는사람은누구나이를알것이다。우리는이믜儀文의奴隷가안이오 信仰에依한自由의아들이라는것을主張하야 全유대敎徒를相對로싸호는바울은푸로테스탄트가안이고무엇인가。푸로테스탄트의精神에關하야는 多言을要할것도업시、一篇의갈나듸아書를닑으면그만이다。다시금더나가면 로마書에서보다完全한說明을본다。바울의書簡을닑고 푸로테스탄트가되지안는者는 바울信仰을理解치못하는者요決局보아도보지못하는者다。룻터는룻터인이만치、갈나듸아書를가저이것을내書簡이라하엿다한다。그러틋 十六世紀의푸로테스탄티즘運動은그源流를바울에서차즐수잇다。그러나事實은바울만이안이엇고 初代敎會그것 乃至예수自身에서푸로테스탄트精神을볼수잇다。使徒行傳에는初代敎會의푸로테스탄트의面目이躍如하게나타나잇지안나。갈닐니漁夫의一群이敎法師 祭司長의宗敎專門家를向하야敢然히니러나서 손을흔들며『너희가죽인예수를爲하야證據한다』고불으짓는그것이푸로테스탄트가안이고누구인가。그보다도 또 禍잇슬진뎌너희바리새敎人들이여……、禍잇슬진뎌너희敎法師들이여……하던것 나사렛에난無名의木手의아들의一人으로聖殿에가득한商人을몰아내고責望하던것은무엇인가。實로푸로테스탄티즘을十六世紀에생긴時代的產物로만보는者는 어리석은者다。크고적은區別은잇을지언정 基督敎의歷史에는쓴임업시改革이잇고 푸로테스탄트가잇엇다。무엇때문에의푸로테스탄트ㄴ가。두말할것도업시 眞理때문이다。眞理는살ㄴ 것이다、죽은條文이나 方式으로固定할수잇는것이안이요 生長하는原理다。故로그生長에妨害될때는 엇던것에向하야서던지푸로테스트한다。비록그것이自身이낫는舊殼이라도그러한다。故로眞理는 不斷의푸로테스트에依하야서만자라나간다。사람은나면서부터카소릭이라해서 一時의感激이나 눈에뵈이고 손으로만질수잇는것을主要視하고 眩惑하고 辛苦잇는奮鬪보다는指導者를依賴하야安樂을 엇어보자는弱點이잇는 것에따라 時々로싸이는死殼이生命을窒息식이려한다。그것이多大數의사람의境遇다 그럴때마다 眞理는 어썬少數의或은單一人의眞實한靈魂을빌어서 푸로테스트를發한다。舊約時代의先知者는大概그런人物들이엇다。果然眞理의過程은 푸로테스트의過程이라고할수잇다。

六

그러나 이러틋하야니러난푸로테스탄트들은오늘은엇지고잇나。우리는只今 寂寞한曠野를向하야 푸로테스탄트들은어대잇는가고 불으고잇다。이미룻터의精神이업서지고 바울의信仰이업서젓다。氣槪도업고 義憤도업다。眞理에對한忠實도업고 義에對한思慕도업다。個人의自由를尊重하던것은 죠왓스나 썹대기만남은自由의尊重은各派紛爭으로되고 敎權의否定까지는죠왓스나 眞理의充實이업는敎權否定은 單純한世俗是認으로만되엿다 舊敎와싸호기爲하야政府에救護를請하엿던것이戰亂의原因이되고 國敎로까지墮落되여政治의奴婢가되여버렷다。한便으로는社會事業에熱中하야 信仰이漸々冷却하얏다。聖經中心主義는 聖經의文學的崇拜로墮落하야字句的曲解로固執하야서는正統이라하고 차라리 카소릭도안이요 푸로테스탄트도안이다。

朝鮮의基督敎도 傳來되던當初에는舊敎엿스나 只今은多大數가新敎다 그러나 果然룻터의너르킨푸로테스탄트는잇는가。義人은信仰으로말미암아살ㄴ다는一句를生覺하고 스카라 싼타의聖梯에서나려오던룻터는잇는가 眞理를爲하야九十五個條의質疑書를發表하야天下에불옷을던지던 룻터의勇氣는잇는가。『나는 이에서더달니할수는업다。하나님이여나를도으소서 아멘』하고보름쓰의會議場에서獅子吼를하야 全世界를저짝에놋코싸호던룻터의精神은잇는가。寂寞。

七

우리는 다시금푸로테스탄트여야한다。벗게始作한舊殼을完全히벗어야한다。世界史를넘어서異常하게生覺되는것은 十六世紀푸로테스탄트運動의龍頭蛇尾的으로된것이다。敎會의陰鬱한天井밋테서힘잇게떠어난基督敎는다시國民이라는怪物에삼켜버렷다。新敎의決局은國敎라는것이되고말엇다。다른한가지形式으로世上과婚姻을하엿슬뿐이다。이未完成의運動은論理的結果에까지잇끌어가야한다。그러기爲하야다시금푸로테스탄트여야한다。二十世紀의文明相을一目下에굽어본다면 그것이커다란畸形兒임을發見할것이다。푸로테스탄트는더에게自由의精神을주엇스나 外形만을取한그릇된自由만을發達식인데는一大畸形兒가 되여버리고말엇다。인제이畸形兒는自己의不安定한中心을못견듸여헐덕이며救援의날을기다리고잇다。果然 오늘날의 英國美國의하는것 로서아의하는것 獨逸 佛蘭西日本伊太利의하는것을보면 全地球上의十八億의人類는 목소리를갓치하야서『偉大한魂이여 어서오라 偉大한魂이여어서나타나라』하고불으짓고잇지안나。魂에목마르는現代！偉大한魂은더희에게나지안으려나 眞理의길을밝히는偉大한魂은더희속에나지안으려나。亞細亞洲의東緣 朝日이鮮明한대 南北으로누은三千里의半島 그自然은雄壯이잇고

美麗가잇고 그사람은聰明하고仁厚하고 그에게이믜밋을만한偶像의남아잇는것이업고그에게다시금愛着할만한所有物이잇는것이업고 그는 녯날의이스라엘이 그러햇던것갓치偉大한精神이産出될만한온갓準備가되지안엇나!朝鮮의푸로테스탄트들이여! 眞理의勇者일朝鮮의젊은 푸로테스탄트들이여!

創世記의音信

G、C、몰간

鄭 相 勳

創世記에 무슨永遠한價値가 있느냐 하는것이 요사이 늘 듣는 소리이다 더낫은 啓示에 빛외어 보아서이冊을 保全할理由가 있을가 萬若 무슨理由가 있다면그것은 이冊이 우리의時代와 何等의산關係를 맺음이없는 한古典이라는 것에 對한 興味뿐이 아닐가 이물음에 對하야基督敎의 全體系는 이冊에 記述된 어느것의正確함에 依據할것이라고 곧 對答할수있을것이다 그것이없으면 基督敎의 體系는土臺없는 建物이나 前提없는 結論과같은것이다 이冊에 나타난 가장單純하고가장 深奧한 陳述이 基督敎體系의 永遠한價値를 構成하고있다 이렇게 말함은 그後 모든聖書가 이冊에 依支하야 있을뿐아니라 萬若 다른 記錄이 아무 것도 없다면 이記錄이 생각는마음에 일어나는疑問에 對한 答을 우리에게 提供하야 주는것이다 恒久한價値는 簡畧하게 記述될줄 안다 산音信이 거긔에서 推論되기爲하아 創世紀를 없이 버리랴고 애쓰지안는사람들이 있음은 疑心없는 일이다 그러나 그네는 어렷을때부터 親熟한이야기의 集成이라 하야 이冊에 興味를 갖인 사람들이나 重要한價値와 高尙한 價値를 얼마나 갖었는지를理解하지 못하는 사람들이다。

그價値를 이렇게 學術的으로 表示할수 있다 이冊은 神學 宇宙論 人類學 社會學 罪觀 人種學 救濟論等의 基礎眞理를 담었다 이러한말은 創世紀가 훌륭한 科學的書冊이라는 深遠한 確信을 指示하는 明白한目的을 갖이고 使用되었다 이러한 題目中에 究竟的으로 取扱된것은 하나도 없지마는 모든것이 根本的으로 表現되어 있다 創世記는 하나님에關한知識의初步를 傳하여준다 創世記는 宇宙 秩序에 關한理論을 가르처준다 사람에 關한 知識의 첫것을 말하고있다 社會學의 基本을세운다 罪觀에 關한 가장 單純한 것을 啓示한다 種族學의 硏究를잇끌어드린다 그리고 마즈막으로 救濟論에 關한첫眞理를 나타낸다。

이冊의 根本的價値는 이여러가지 일에 關한 가르침의 基本眞理에 있다 그陳述은 硏究하야 얻은 知識이 失手하는대에서 우리와 서로 알게된다 그리하야 硏究로서 發見되지않든 眞理를 提示하여준다 硏究는 사람의마음이 갖인 固有한運動이 사람들이 自然과人生에 潛在한秘密을 發見하랴고 애쓰는것이 사람의理智의 創造안에잇는 하나님의 目的과 調和한다 그러나 사람이 能히 넘어 갈수없는 곧에 일으는 것은 事實이다 創世記가 사람이 發見한것의 記錄이라기 보다사람에게 나타난啓示를 말함이라함은 이點에서 그런것이다 過程과 完結은 다암의 啓示에서 取扱되거나 한거름나아간 硏究에依하야 發見될 것이다 다만 創世記 한卷만을 갖임은 앞에 든 어느題目에 關한

創世記의音信

究竟眞理를 배워 알어질 것이 아니다。創世記는 뒤ㅅ發見과 矛盾되지안는 처음말을갖일것이다 이처음말이없다면 그後의 모든 陳述은 無意味한것이된다 이것을 例示하기 爲하야 그冊이各部門에서 무엇을 提供하는가 그것들이欠함은 무엇 인가를 穿鑿함에依하야 簡單히 말하고 그地域을 넘어 서랴한다。 神學에 關하야。創世記는 하나님을 創造者 님검 決定的救贖者라고 提示한다그리고 이根本的事實에 왼갓基督敎神學이 依據하고 있다 하나님의 本質은啓示되지 안는다 그의方法은 宣明되지 안는다 그의 究極目的은 陳述되지 안는다。

宇宙에 關하야 創世記는 全宇宙가하나님의 意思와行動에 依하야 出來한것이라고 宣言한다 神的作業의 證刻印은풀의 모든 잎삭우에와 반작어리는 星座우에나타나 있다 創造의過程이나 결인期間이나 究極의目的에 關하야는 詳細히 말한 것은 하나도 없다

人類學에 關하야。創世記는 사람이 하나님의 意思와行動에 依하야 흙과神性의 混合이라고 가르친다 即權威앞에 있으면서 自己以下의 모든 것을 다스리는 存在者라고 가르친다 物質的인것과 心靈的인 것의 互相作用을 規律하는 法則에關하야 말한것은 아무것도 없다 사람의究極의運命에 關하야는 一言의說明도 하지않었다。

社會學에 關하야。創世記는 社會의 첫團合이 結婚關係에 터잡고선 家族인것과 참國民은 神의統治下에 互相責任을 認定하는 家族들로 結成되는 眞理를 啓示한다 이러한原理를 각가지 複雜한 狀態에 適用한것은 이冊에서 發見될바가 아니다

罪觀에 關하야。創世記는 罪는 사람의 境遇에 있어서는 하나님의 善에對한 信

仰이없어지고 그딸아 하나님의 統治에反逆한것이라고 斷言한다 各個人의 運命에서의 究極의結果는 宣明되지 않었다。

人種學에 關하야。創世記는 不信으로말매암아 計劃된同盟에 붙이어 걸으면서民族의合一을 破裂식히었음을 傳한다 이分散으로 因한 究極의結果는 叙述되지않었다。

救濟論에 關하야。創世記는 사람의救援이 반듯이 하나님께로서 또사람을 通하야 올것임을 明白하게한다 禮拜者들과보람들(象徵)과 陰影들에서 이미罪를 犯한사람의 唯一한所望은 하나님이그의救贖者가 될이라는 것은 배운다 그러나 그方法과 그終極에 關하야 分明히말함은 하나도 없다。

이러한 根本的陳述의 正確함을 否認함은 그後의 왼갓敎說의 뜻을 잃어버리는것이다 하나님이 創造者요 님검이요 救贖者라면 사람의 安息處는 不可知論의不安定外에全혀 없다。不可知論에의 途中에서 사람의思索은 宗敎의 일홈을 留保할는지 모른다 그러나하나님께 關한이러한 根本的主張을 否認하는、論理的歸結은하나님의 存在의 否認이 된다。

이冊이 宇宙의起源에 關하야 가르치는바를 否定함은 어느 不定한行動과 그背後에 人格을 갖지안은 宇宙 內部에서의互相作用으로 보히는 事物을 記述하려고애쓰도록 強壓되게 되는것이다。

사람이 하나님의 意思와行爲에依한흙과神性의 神秘的混合입을 否定함은 사람을動物進化의 마즈막産物이라고 생각아니할수없게 되고 만다、그러므로 사람을動物로 보고 그以上의아무것도 아니라고생각할수밖에 없이 되고만다。

萬若 人間社會가 家族을 基礎삼고 또 結婚關係우에 터잡고 서있다는 가르침이 否定된다면 社會學은 渾沌하게 되고 거짓社會主義는 結婚關係의 神聖과 或은그 必然性을 否定하는것이다。

萬若 罪가 不信仰에 터잡고선 하나님께 對한 反逆이라는 가르침이 옳지않다하면 基督敎信仰에서 이르는 그말은맞힘내 罪라는것은 있는것이 아니며 善의下部外에 아무것도、아니라고 宣言되기까지 修正되지 안느면 안될것이다。

國民의分離가 究竟에 있어 하나님께對한 自己充足의 反逆에 터잡고선 統一에의 그릇된計劃의 結果라는 가르침을 받아드리지 못함은 모든戰爭과 그類似의惡을産出하는 分離를 옳다고 確言하는 結果를맺게되고 만다

사람의 救援이 하나님의 干涉을 通하야서만 可能하다는 推定을 否定함은 그究竟에 있어 救援이 必要치 않다거나或은 全然히 不可能하다하야 救濟의理念까지도 버려는 것이 된다。

設或 이러한일들이 永遠한價値를 具有하고 있다 할지라도 그것은 우리의時代에 對한 그冊의音信을 갖후지 안엇다는 생각도 있다。論證을 하기爲하야 이冊은 일즉 사람에게 준바 唯一한 靈感된 말임을 想像하여 보자、그究極의 音信은무엇인가、그는 變치 안는 明確함으로써、다암과 같이 가르친다 첫재는 하나님과사람의 直接關係오 둘재는 사람의生命의實現에 對한 偉大한原理는 하나님의統治에 服從으로 나타나는 하나님 信仰이다、

첫재것에 對하야 이冊은 하님과 사람과의 直接關係를 宣言한다 그뒤ㅅ冊들은 이關係를 더욱 充分히 말하고 또 이關係를

더욱 分明히 取扱한것은 明白한 事實이다 우리가 이原始的記述의 莊嚴을 넘어서서 律法의賜與와 禮拜의確立을지나고豫言者들의 絕叫와 그들의悲泣하는 小哀歌를 지나고 또다시 갈일이사람의 比할대 없고 또究竟的인 燦爛한 말슴에 일으고 使徒時代에 聖靈의 말한바의 意味의 現露를 지나면서 우리는 더욱偉大한 內容과 더욱 큰 힘으로 일우어진 이眞理를 發見한다 그러나 律法이 指示하는 모든것과 豫言者들이 力唱하는 모든것과 使徒들이 鮮明하는 모든것은 이冊에 실려 있는 이眞理의 가르침우에 絕對로精確하게 依據하고있다、萬若사람을 하나님께 對한 關係에 關한 그첫事實이 스지안는다 하면 그後의 모든것은그르게꿈꾸고 그릇된感激이거나 옳지 못한 空想인것이다。(此稿續)

悔改의緊急

宋斗用

本世는왓다。只今이야말노 惡의權勢 暗黑의時代이다。正義는짓밟히고 眞理는빗을일엇다。世人은모다말한다「사람들아! 우리는몬저 正直二字를 떼여바리고 信과義의觀念에서 떠여나자。사랑과眞實은 말만의看板으로 이마에붓치고 될수잇는대로 狡猾하며 僞善하며 또奸邪하자。이것이야말노 現代人의武裝이며 또人生의活路이다。따라서 이리하야서만 우리는짧은人生을 가장快樂하게 平安하게 또滋味잇게지낼수잇는것이다。人生의價値와意義가 여긔잇다」고。

아! 뎌희는 이러케소래처서 躊躇함이업다。그뿐이랴、이대로實行하랴는것이 뎌

悔改의緊急

희의 最大努力이다。따라서 너희의急先務와關心事는 이에서버서나지못하는고나!

그래서너희는 古人이말한바와 조곰도틀님이업다。義人이한사람도업나니 깨닷는사람도업스며 하나님을찻는사람도업고 모다것길노나가 한가지로無益한者가됨으로善行하는者한사람도업도다、너희목구멍은열닌무덤갓고 혀로는詭詐를베풀고 그입설에는毒蛇의毒이잇고 입에는詛呪와惡談이가득하며 발은사람의피를흘니는대쌔름으로 그길에는敗亡과苦生이잇나니 너희는平安한길을아지못하고 그눈압헤는하나님을두려워함이업도다、」하고。

男女老少 信者不信者 智人愚人의區別도업시 사람이라는사람은 거의다이러하다。果然、우리의武裝과 人生의活路는 너희의말하며소래치는바에잇는가? 너희의가장熱烈히웨침에는 眞理가包含되여잇는가?

嗚呼라! 凡事에價値와位置가全然히顚倒된 現代의悲慘함이여! 可憐함이여… 暗黑함이여!

文明人임을自誇하는現代人아! 너희의不幸함을記憶하라 너희의거들바는 永生이안이라 死亡이며 平安이안이라 게헤나의刑罰임을!

그리고自稱基督者라는 所謂信者들아! 너희는現代人中에도 가장禍잇슬것이며 詛呪밧을것을두려워하라。하나님、예수、信仰眞實等을 쓴임업시말하야 이것을出世하는手段과方法이나 或은文化人을裝飾하는 一種의看板으로아는 外國(特히米國)宣敎師輩의援助아래서 또는 하나님과예수를敵視하거나 그럿치안으면 마음것侮辱하는 傲慢한學者、頑惡한有產者、邪慝한政治家等과握手하며 妥協하야 社會事業、敎育事業、慈善事業、傳道大會、敎化運動、其他무엇무엇의美名을쎄이고 其實은 敎會를쏫임업시墮落식히며 社會一般民衆의게 無限한害毒을씨침으로 하나님의榮光을막고 예수를날로 十字架에못박는 現代敎役者및 敎會人들의 奸惡함이여! 不幸함이여! 慘憺함이여!

古書에「이百姓들은 입과혀로만 나를尊敬하고 마음으로는멀니하며 사람의遺傳으로道를삼아 가라치나니 헛되히 나를敬拜하도다」하엿나니 現代敎會人도 이와比等하고나。 너희는 外飾하고 僞善함을 常事로안다。 그뿐이랴 너희는「너희의배(腹)를 하나님보다 더重히녁이며 恥辱을榮光으로 삼고 쌔(世上)의일만 生覺하나니」너희의滅亡함은 當然한일이다。 그럿타、 그것이自然이며 宇宙의法則이다。

다음에는 信仰中心主義(?)라고 標榜하면서 事實은 信仰보다는 世上의金錢、知識地位 名譽를重히녁이고 恒時로 그것들을願望하며 探求하고 祈禱와禮拜의 眞價를아지못하는 말만의無敎會信者들아! 너희는 敎會主義者보다 나흔것이무엇이냐? 너희는 하나님의게辱을돌이며 信仰眞理를더럽힘이 甚히크도다。너희의信仰은 理論뿐이요 內容이업지안은가? 너희의信仰은아름다운思想은될는지 알수업다만은 참生命은업슴이 事實이안인가? 너희는 世上을審判하고 敎會를侮辱하며 他人을批判함에는 能하고敏捷하나 自身을살핌에는 너무도 等閑하고나。그래서 結局에는「他人의눈속에잇는 틔끌은보면서 自己눈속에잇는들보는 깨닷지못」하는 가장不幸하고도可憐한者가되는고나。아! 이는무삼矛盾의極이랴? 이것이僞基督者가안이면 무엇이냐? 果然이러고야 너희의將來를 엇지하랴는고? 아! 참으로怨痛하도다。寒心하도다。

悔改의緊急

그럼으로 余輩는 敢히그러나大膽하게웨처마지안는다。「現代人들아! 悔改하라」고 그럿타、悔改하라 信者도悔改하고 不信者도悔改하라。教會信者도悔改하고 無教會人도悔改하라。그리고 살아게신 하나님압헤 眞心으로 悔改의祈禱를들이며 各自의罪人임을忌憚업시 自白하라。또人類의救主이시며 산生命의源泉이시고 밋는者의所望、깁븜、힘이신主 예수그리스도를 거짓업시밋으라、絕對로信賴하라。

天國은각가웟스며 主의再臨이머지안은今日에 우리의게 가장緊急하고 必要한것은 眞正한悔改와 絕對의信仰이다。그럼으로그리스도예수의 흠업는十字架를依支하라、其寶血의 한방울한방울이 모다 우리의生命이니라。아! 그얼마나貴重함이랴!

悔改、信仰、十字架、寶血。 이보다도더 우리의게 緊急히要求되는것은 絕無이다。싸라서 무엇이고다른것을 몬저願하거나求하여서는 絕對로안이된다。그는 悔改、信仰、十字架、寶血以外의 모든다른것―그러나 現代人은 한사람의例外도업시 懇切히 渴望하며 探求하야 마지안는것―은 滅亡의導火線이되며 死亡의案內者가 될뿐인싸닭이다。엇지 痛嘆함이업스랴?

이에 余輩는 거듭웨친다。現代人아! 悔改하라、信仰하라。只今곳! 그리고 主 예수의十字架를 굿게잡고 其寶血을 쓴임업시마시라。그러면、참救援을엇을것이며永生은 싸르리라。 (一九三〇、五、一九)

信者의覺悟

(1)무릇나의게 오난사람은 그父母와妻子와 兄弟와姊妹와 밋自己의生命보다 나를 더사랑치아니하면能히나의弟子가되지못하고

(2)누구던지 제의十字架를지고 나를從치아니는者는또한能히나의弟子가되지못하리니

(3)大概爾等中에 누가 塔을築코저할진대 爲先안저서그費用이自己所有로써 足할넌지預算하지 아니하겟나냐!

(누가十四〇二十六節以下)

內村鑑三論에答하야

金敎臣

三、事實의誤傳誤斷

(一)金麟瑞氏는 「聖書朝鮮」을中心으로한 同志들을論하는一段에至하야 『……內村系의藤井武는 年前朝鮮紀行文에曰 『朝鮮人은 도야지갓」다고하엿으니 福音에싸지도 優越感이잇는者의게배우려함은……危險하지아니할가한다。』고論하엿다。「聖書朝鮮」에關한是非論斷은 아직吾人이 此를介意할바가아니다。마는 純眞한 義人藤井武氏의게 此種無根之說노써 中傷을加하려함을보고는義憤조차抑制할수업다。藤井武氏의爲人을不知하는이의게、例之金麟瑞氏와如한이의게다、藤井氏의爲人과 그生活을說明하려함은 果然牛耳誦經이오 또한豚前에眞珠를더짐이다 오직吾人이願하는바는 金麟瑞氏의게 果然藤井氏와 비길만한誠實이잇거든 右記한朝鮮紀行文이란것의出處를明示하여달나는것이다。藤井氏가獨立으로『舊約と新約』誌를經營한지十年、지난七月號(第百二十一號)까지거의全部余輩의机邊에잇으나、그어느頁에서도朝鮮紀行文을發見할수업다。萬一이紀行文이某年某月어느雜誌몟頁에記載되엿음을指適하여낸다하면 吾人은 金麟瑞氏의學徒的責任觀에對하야 至大한敬意를表하기를躊躇치안는바이다。그러나 이것이全然無根한造言酬酌이라하면 吾人은차라리 氏와가튼이를産出케한敎會의雰圍氣와神學校校風과牧師職이란等等의諸要素를唾棄하는바이다。

余輩는一九二六年八月에 武本喜代藏氏主幹誌『靈化』에서 『朝早くから飄然 鮮人部落訪問。豚小屋然たる茅屋の中に多數の男女のウョ〳〵として居る樣を氣の毒に思ふた…』云云의一節을읽고서(同誌第七十四號五頁)斷

內村鑑三論에答하야

然購讀을中止한事實이잇엇다 그러나藤井武。氏와武本喜代藏氏와는 그姓名에武字가共通되엿을뿐이다。아모리朦朧한老人일지라도武本氏의事實노써藤井氏를讒誣하야 마치ML黨事件을가지고長老敎會를是非하려함과가튼無意味한일을敢行할수는 업슬줄노思惟하는故로 金麟瑞氏의紀行文云云의出處는 他에根據함인줄노期待하는수박게업다。

(二)無敎會主義란무엇인가。金麟瑞氏의所論에依하면 崔泰瑢氏는『內村氏의信仰經驗에同感하야 그의著書에서 敎會外에도救援이잇다。 는示唆을밧음에不過하다』하엿고 오직「聖書朝鮮」同志들은 『內村式無敎會主義이거나、新製非敎會主義의排洋論者』로 稱하엿다。

排洋論에關하야는 一九二九年一月十三日午後三時、京城中央基督敎青年會舘에서 崔泰瑢氏가『다시우리는「푸로테스탄트」이다』의

題로써講演한中 宣敎師에論及한一節처럼徹底한意見을 「聖書朝鮮」誌上에서發表할수업섯음을 섭섭히 아는바이며、非敎會主義를余輩의게처음으로「說示」或은「言表」하여준이는 崔泰瑢氏(城北洞에서)엿다。即非敎會主義의新製者는 「聖書朝鮮」同志들이아니고崔泰瑢氏그사람이엿다。排洋論이나非敎會主義가 모다余輩도贊同한바이엿음으로 只今그責任을回避하려함은決코아니다。그러나出處를明白히하고事實을事實대로함은 正確을期하는者의所願이다。金麟瑞氏가 長老敎會와崔泰瑢氏께對하야 忠誠을다함은氏의自由일것이다。그러나崔氏 의主義와所論을 剝脫하여다가「聖書朝鮮」同人들께 씌워노코 이것을攻擊하려함은 可笑롭기도 하려니와 多少迷惑이아닌것도아니다。

內村式無敎會主義란무엇인가。余輩가배운

대로는『敎會外에救援이잇다』는것이內村式無敎會主義의全部이다。이以上의것도 아니오이以下의것도아니다。羅馬天主敎會가「敎會外에救援이업다」고할때에、「敎會外에救援이잇다」고 푸로테스트한것이 루터의宗敎改革이엿고 모든新敎敎會가舊敎로退化할때에다시한번「敎會外에救援이잇다」고主唱한것이即內村式無敎會主義란것이다。

(三)內村先生이北海道 內村武士의家에出生하야云云의句는 쓰지안흠이 正確할번하엿다平壤神學校에서는上州와北海道를混沌하는것만한일은茶飯事로녁일넌지몰으나「神學指南」에記載된、橫文書窟인書齋에서學不厭敎不倦하시는大家諸氏의所說에도 其正確한程度가如此한割引으로써信憑케된다하면 此亦是一考할바일것이다。

(四)『바울當時의異邦人은猶太主義의 割禮黨을拒絕하지아니할수업섯다。內村氏는바울敎理를가진 日本主義의武士黨이신애氏의弟子되라는 朝鮮基督敎徒도武士道의割禮를 밧음이當然하지 아니할가』云云의一節을읽으면 어느누구던지 大體로平壤神學校란데서는 어느程度의聖書知識을敎授하는지 果然南岡李昇薰氏、呂運亨氏와가튼秀才만雲集하엿는지疑心안이할수업다。余輩平信徒의생각으로는、바울當時의 異邦人은 猶太主義의割禮黨을拒絕하고서 福音만을信受하엿던것처럼、朝鮮基督敎徒가 內村先生께學하랴거든 그武士道보다도 그가가진바울의敎理를밧으라는것이 推理에合한듯하것만讀者는若何乎。

(五)金麟瑞氏에依하면『孔子와釋氏가鴨綠江을건넌것처럼 예수福音도鴨綠江을渡來한것이고玄海灘을건너올것이아니라하며『우리하나님이 언제靈의말슴도 和人을通하야들으라하시더냐?』고大聲叱咤하엿으나萬一이法則을勵行한다할진대、十數人의內村氏弟子를制

內村鑑三論에答하야

歷하려하다가 平壤神學校와長老敎派는勿論、全朝鮮基督敎界에一大障碍物을建築한바되엿고 또容納할수업는 不信의言辭를籠絡하엿음 을쌔다를것이다。爲先예수福音은玄海灘을渡來하여서는不用之物이라할진대 各敎派와各神學校等에서 米國에보냇던留學生들과、外國서派遣하는宣敎師들은 期於코歐洲에渡하야西伯利亞經由로入國하여야될것이며不得已太平洋을건너橫濱을거처올境遇에는東京、神戶等地의日本人經營神學校出身들과同船하야 一旦上海或은大連에上陸하엿다가鴨綠江을건너와야할터이니其不便이얼마마늴가現今東京明治學院神學部에在籍하고서修學中에잇는 崔泰瑢氏도 日本에서의修業을畢한後에는如上의洗禮를通過하지안코는 朝鮮에왓어 설根據가업슬것이니可歎事라할것이다

뿐만아니라、이鴨綠江渡來와玄海灘渡來를嚴密히分派하야差別하자는것이 風聞에들니

二四

는바와如히 果然平壤神學校一派의傳統的政策의曝露된것이라하면 日本出身의敎役者諸氏께對하야深甚한同情을禁할수업는것이다。

하물며『언제靈의말삼도 和人을通하야들으라하시더냐?』는一句에及하야는 其愛國的氣象은「可觀」할바잇다할지라도 其不信의態度는看過할수업다。『언제靈의말삼은 和人을通하얏어는 들지말나고하시더냐?』말이지。하나님은金麟瑞氏의想定한規定안에 無爲蟄居할하나님이아니다。三角形의內角의和는二直角이라는듯이固定한것은 여호아神의屬性이아니신줄노안다。余輩가밋기로 는匠人이버린돌을礎石으로 쓰시는活力을 가진이가 하나님이오。鮮人으로和人의게 들께할수도잇고、和人으로鮮人의게學하게할수도잇는이가 하나님인줄노알엇다。崔泰瑢氏著「日本に送る」에寄한內村先生의序文은 이것을가르침이엿고 金貞植先生이 柏木에서余

輩를보고『內村先生은 世界에 드믄先生이니 某條목잘배우라』고感激에넘치는語調로써奬勵한말슴은 뎌들이彼此眞實한愛國者인同時에 산하나님을 아는者들인故이엇다。뎌들은人子가나사렛에서 낫다하여도 하나님을疑訝하지안엇다。마는經學者는 나사렛엣어 무삼善한것이 날소냐? 고自己의固執을부린것이엇다。

四、內村先生께서 무엇을배왓나。

內村先生과朝鮮과의關係는 金麟瑞氏가論斷한바와如히 極히微々한것이다。「天來之聲」과「聖書講臺」誌等의各主筆은極히 적은影響을밧엇을뿐이엿고 「聖書朝鮮」同人들이가장깁흔交涉을가젓으나 此亦是五六人에不過한것이니 問題될것이업스며 「其餘他는足히論할바가업다」。年前에朝鮮基督敎人及百五名의獄事當時에 善한사마리아人으로서基督과正義를爲하야 朝鮮예수敎會를爲하야努力한일이잇슨外에는 大體로內村先生은 朝鮮基督敎와는關係影響이全無한것이다。그內村先生을向하야 「宗敎의獨裁帝國을建設」이니 「朝鮮靈界를耽耽雄視하는 靈的帝國主義의野心」云云함은 넘어도事實을 誣함이라하기보다도 軍人이軍備에關하야 神經過敏한것처럼 敎會人이敎會防備에關하야過度로神經이衰敏하여진病症으로 볼수박게업슬가한다。

「傳導데이」「全國總動員」「大擧傳道「大擧旗行列」等의文句나 煽動은 일측한번도內村先生께서 들을수업섯다。余輩의배운것은左와갓다。

……大傳道를하려고 試하지말고 大奇跡을行하려말고 오직神命을重히하고 그말삼이면 다만좃고 神을밋는것이 곳事業인줄노밋고 無爲에類似한生涯를보내는것이다。信仰生涯의大部分은忍耐다 靜肅이

內村鑑三論에答하야

다。故로 活動飛躍을愛하는 이世上과이世上敎會에는稱賛밧지못하는生涯다。그러나이것이神과함께걸는生涯다。此世와敎會에는칭찬밧지못할지라도 하나님께稱賛밧는生涯다、하나님이深한것처럼深한生涯다、며가靜한것처럼靜한生涯다。하나님에居하야自己에充足한生涯다。何等事業을擧함이업슬지라도 敢히不滿을感치안는生涯다。또神께서何物을밧지안할지라도 彼自身을賜하섯슴으로 其餘他를不要하는生涯다。

金麟瑞氏가萬一內村鑑三先生의 가르킨바基督敎의本質과 그에게修業한 弟子들이如何한生涯를願하고잇는가함에關하야 좀더詳考함이잇엇으면「先生의內的潛行的浸入」에對한神經의過勞는除할수잇엇을것이다。內村先生과 그弟子는決코두려울것이아니다。그러나敎法學者가말니엘의말은彼此記憶하여둘것이다使徒行傳五章三十三節以下叅照。

이사람을 相關말고 그만두라 그뜻과일이 사람의게로서 낫스면 문허질것이오、萬一 하나님께로서 낫스면 너희가能히 문허터리지못하고 도리혀 하나님을對敵할가하노라。

城西通信

○一九三〇年七月二十二日午前九時에 宋斗用、柳錫東兩兄과함께 古邑驛에下車하엿다。驛의建物이低小함은 오히려그리로出入하시던 巨人을思慕케함이切하다。幸여그의蹤跡이風雨에 씻기기前에 五山쌍을 밟버보고 그의손때무든것이 벗겨지기前에 五山校의 문걸쇠를 만저보고저하던所願이 이에達하게된젓이다。咸錫憲、李贊甲兩兄이五六人學生들과함께 五里남은길을出迎하여주엇음은惶悚。夕八時半에咸兄宅에서 讀者會第一回를열다。十四五人에 不過한小集會이엿으나 中에는三十里外에서 일부러來參한兄弟도잇엇다。余는 使徒行傳二十章第十七節以下의 講解、宋兄은「聖書에關하야」란題로述한바 잇어第一日을感謝로마치다。

○七月二十三日은夜來의霖雨로因하야 새벽에帝釋山上에모히려든 祈禱會를中止케되엿음은 遺憾千萬이엿다。午前十時부터咸兄宅에서第二回讀者會를열엇다。柳兄은「青年期의죤밀론」에對하야宋先은「信仰의內容과古今」에對하야各其熱心

히講述한바잇어 前回에倍한聖靈 의잔채를 感謝하다

同日밤에는當地敎會의請에依하야 三日禮拜에參席。余는 一行을代表하야「참된勇氣」란題로써 約三十分間說敎를試하다。

○七月二十四日朝에 우리一行은五山을辭하고北向하야 宣川에楊仁性氏를訪하엿다。爲先此地의學校經營의遠大함과 南北敎會堂의宏莊함에 놀내지안할수업섯다。信聖學校의金志雄先生과基督敎靑年會總務吳翊殷氏及其他諸氏의好意와周旋으로 二夜의集會를가지게되다。

今夜八時半부터基靑會館에서第一回集會。柳兄은 宗敎詩人쫀밀톤에對하야講하고 後를이여 咸錫憲兄은 푸로테스탄트의精神이란題로써 吾人의信條와立場을明確히論斷하다

○翌日七月廿五日의第二回集會에는 講堂의狹함과 暑氣太甚함을避하기爲하야 屋外에서講演하기로하다。本來準備업섯던우에 처음으로屋外講演을試하게되엿음으로 거북하기가여간이아니엿다。宋兄은「基督敎의信仰」이란題로써 余翟는「永遠의肯定」이란題로써 各其所信을吐露하엿다。一人의野地郎도不見하엿음은 果然朝鮮基督敎의聖地의稱을밧는宣川인줄알엇다。

○七月二十六日(土)새벽에 宋、柳兩兄과함께 餘時를利用하야 鴨綠江求景을떠나 爲先 新義州를一巡하고 徒步로鐵橋를 건너大陸을밟는感慨를깁히하면서 安東新舊市街를瞥見하고 三國語自由自在한商賈들의國境生活을부러워하다가 砂糖一封式사가지고歸途에登하다。아 우리도鴨綠江을 건너왓도다!。記者는 途中에五山에下車하야咸兄이引率하는 五山學校校友會主催의蛛龍窟、妙香山探勝團에參加하다。

社告

夏季間閉鎖하엿던 聖書硏究會는 如左히다시 열게되겟습니다。

一、九月十四日(第二日曜日)부터 每回午后二時半始講。

一、市內樂園洞二六〇、樂園病院에서。

本誌讀者는勿論、讀者의紹介하는이는 누구던지出席할수잇습니다。그러나 出席하실때에는 左記事項을 직혀주시기를바랍니다。

一、舊新約聖書及讚頌歌를持參할것

一、時間을嚴守할것

一、應分의會費를支拂할것

以上

(定價送料共)

一部	十五錢
六個月	八十錢
一年分	一、五〇錢

昭和五年八月廿八日 印刷
昭和五年九月一日 發行

京城府外龍江面孔德里一三〇
編輯發行兼印刷人 金敎臣

京城府西大門町二丁目一三九
印刷所 基督敎彰文社

京城府外龍江面孔德里活人洞一三〇ノ三
發行所 聖書朝鮮社
振替口座京城一六五九四

『聖書朝鮮』第二十號　昭和五年九月一日發行（每月一回一日發行）

昭和五年一月二十八日(第三種郵便物認可)
昭和五年十月一日發行(每月一回一日發行)

聖書朝鮮

十月號 (一九三〇) 第二一號

目次

舊約

첫言約에는 섬기는禮法과世上에 잇난聖所가잇나니 대개預備하야 둔帳幕압 간에 燈臺와床과陳設한떡이잇스니 이는聖所라稱하고 또第二휘장뒤에 한간이 잇스니至聖所라稱하난지라。거기金香爐와 四面을金으로 싼約櫃가잇고 그안에 만나를 담은金항아리와 아론의萠芽杖과 言約의碑石둘이 잇고…………。오직 뒤帳幕은 大祭司長이 홀노一年一次式드러가되 피업시는 아니드러가나니 이피는自己와百姓의 허물을 爲하야 드리난것이라。聖神이此로써示하신것은 첫帳幕이잇슬동안에 至聖所에 드러가는길이 아직 나타나지아니한거시라。이帳幕은 그때를가라친譬喩니 그대로드러난禮物과 祭祀가能히 섬기난者로하여곰그良心을좃차完全케몯하고 새롭게할때까지 잇을것이니라。(히브리九章)

新約

主날아새대『볼지어다 날이 將次일으면 내가 이스라엘의 집과 유다의집으로더브러 새 언약을 세우리라。내가 그祖上의 손을 끄을고 애굽따에서引導하야 나올때에 뎌히로 더브러 세운言約과 가튼것이 아니라。뎌히가 내言約을 직히지아니하엿고 나도 뎌히를 도라보지 아니하엿다』고 主께서 말삼하셧고。또 主께서 갈아사대사『그날後에 내가 이스라엘의집으로 더브러 세운言約이 이것이니 곳 내法을 그뜻에 두고 그마암에 銘하야 나는 뎌히하나님이되고 뎌히는 내百姓이되리라。또 뎌히가 各々제나라 사람과 제兄弟를 가르쳐 主를알나 할것이업슴은 뎌히가 적은者로부터 큰者까지 다 나를앎이라。대개내가 뎌히 不義한것을 붙상히 녁이고 그罪惡을記憶지아니하리라』하엿나니라。

永遠의肯定

金敎臣

基督敎는 約束의宗敎입니다。基督信徒의 信奉하는 舊新約聖書는 卽하나님이 그百姓의게授與한 契約成文이올시다。契約書는 그約束한바가 成就履行되는데에 意義가잇고 生命이 잇는것이오。萬一에 雙方或은 一方이 約束履行할誠意업는者일때에 그契約이 狼狽에 도라가는것처럼 基督敎의舊約과新約의契約文이 履行性 現實性을缺한空文書類라하면 世上에 基督敎信徒처럼불상하고 어리석은者들은 업슬것이오。(고린도前十五〇十三―十九)。그럼 舊新約契約文은 果然信賴할만한것인가。아닌가。이것은 基督敎信徒의게는 宇宙存滅의問題마치 重且大한問題다

첫재로 하나님自身은 自己의言約을언던것이라고表示하섯나。以下數節을찾어봅시다

二

모든肉體는 풀과갓고 그모든榮光이 풀의꼿과 갈흐니 풀은 마르고 꼿은 떠러지되 오직主의 말삼은 世世토록 잇나니라。(이사야四十〇六、七、八節、베드로前一〇二十四、五節)

天地는 업서질지언정 내말은 업서지지 아니하리라。(馬可十三〇三十一節)

아바지의 말삼은 眞理니이다。(요한傳十七〇十七節)

永世不變하는것 永久不滅하는것 眞理그것이 곳하나님의 말삼이라하섯다。다음에 이와가치 眞實하신 하나님의 말삼을 眞實한約束그대로 信賴한者 卽이스라엘百姓은 如何한 特性을 가젓든가。이點을詳考할必要가 잇슴니다。 大槪깩긋한者의게는 모든것이 깩긋하나 더럽고 밋지아니하는 者의게는 하나도 깩긋한것이 업고 (듸도一〇十五節) 兄弟의 허물을赦하여준經驗이

업는者는 自己의罪가 赦하여젓음을 信受할수업는것이니、(馬太五○二十三節)이스라엘民族의特性을詳考함으로써 우리는 하나님의言約의性質에關하야 만흔것을 納得할수잇습니다。

이스라엘民族의祖上 아브라함은 約束에依하야 일홈을 變更하고 約束에 依하야『갈바를 아지못하면서』鄕關을出發하야 가나안 을向하엿고 約束에依하야 老年에生男할것을 期待하엿고 또한約束에 依하야그아달을 祭壇에獻 한것이엿다。아브라함을祖上으로가진 이스라엘의許多한 預言者와先知者들은 이點에잇어서、例外업시 眞正한 아브라함 의 後裔엿습니다。뎌들은自己의게 害로운結果가 생길지라도言約을破棄하고는 生存할수업는者들이엿습니다。(詩十五○四)假令士師記中에서 一例를 찻어보면 第十一章二十九節以下에 입다의게關한記事가잇습니다。文章이流麗한故로 說明치말고 聖書그대로 읽어봅시다。

이에 여호와의神이 입다의게 臨하심애、길느앗과 므낫세를 지나고 또길느앗 미스바를 지나며 길느앗 미스바로브터 암몬子孫의게 지나갈새 입다가여호와 압헤서 所願을 알외여 盟誓하야갈아대『萬一 主ㅣ 果然암몬子孫을 내손에 붓치시면 내가 암몬子孫의게로서平安히 도라올때에 무엇이던지 내집門前에 나와서 나를 迎接하난者를 여호와끠 돌니고 또 燔祭를 드리겟나이다』하더라。

이에 입다가 암몬子孫의게 니르러 뎌브러 싸홀새 여호와ㅣ 뎌히를 그 손에 붓치시니 입다가 처서 크게 殺戮하대 아로엘노부터 민닛과 아벨그라밈에 이르기까지 二十城邑을 처서取하니

永遠의肯定

이로브터 암몬子孫이 이스라엘子孫의게 服從하더라。

입다가 미스바에니르러 집으로 도라갈새 그 딸이 쇼고를 잡고 춤추며 나왓어 迎接하니 이는 그 외딸이오 이外에 子女가 업난지라。입다가 보고自己옷을 찌지며 갈아대『슯흐다 내딸아 네가 나로 하여곰 근심케하고 네가내게 禍를 끼첫도다。내가 입을 열어여호와끠 盟誓하엿으니 能히 도리키지몯하리라』하니 딸이 일아대 『아바지여 입을 열어 여호와끠 盟誓하엿사오면、입에서 나온 말삼대로 내게行하옵소서 大槪 여호와ㅣ 아바지를 爲하야 아바지의 大敵 암몬子孫의게 원수를 갚흐섯나이다。』하고 또 아비의게닐아대『이 한가지 일만 내게 허락하야 나를 두달만 容納하소서 나의同類와 함끠 山우에 가서 終身토록 處女됨을 因하야 슯히 울겟나이다』。하거늘 일아대 가라하고 드대여 두달 위한 하고 보냄애 그同類와 함끠 가서 山우에서 終身토록 處女됨을 因하야 슯히울고 두달만에 그아비의게 도라오거늘 아비가 所願을앒외여盟誓한대로 딸의게行하니 딸이 終身토록 男子와 同室치아니 한지라 이에 이스라엘 가온대 規例가 되여 이스라엘 女子들이 每年가서 길느앗 사람입다의 딸을爲하야 四日間을슯히 울더라。

四

士師 입다는 丈夫ㅣ엿다。그러나 입다의 딸도 또한丈夫ㅣ엿슴니다。『아바지여 입을 열어 한번 盟誓하엿사오니 입에서 나온 말삼대로 내게 行하옵소서!』라고。『그 아바지에 그딸이』라고 안할수가 업슴니다。이러한 家庭안에 믿지몯할 言約

이잇겟슴닛가? 이러한國民들이, 여호와 하나님의 信實한言約을 如實히收納信賴하엿음은 至極히 當然한 일이엿슴니다。英雄이英雄을 洞察하고 信實한者가 信實한者를 看取함니다。

이스라엘百姓이 約束을履行하고 하나님을 믿은것은 우리들처럼 困難한事가 아니엿슴니다。뎌들은 眞實한子孫이오 우리들은 그러치 못한故로。

오늘날 朝鮮敎會가 衰退하고 信仰이拂地하엿다는 歎聲이 분분함은 決코 傳道機關의 不備라던가 大神學者의 不出노써 原因한것은 아닙니다。그 참原因은 朝鮮사람의 마음속에서、朝鮮社會에서、朝鮮敎會와 個人의靈魂속에서、「眞實性」이全혀飛散하야 사람과 사람이 信依할수업고 사람이 하나님끠所願을 알외여 盟誓한것을 履行치아니함으로써 하나님의 契約成就에對하야 疑雲만朦濃하게되여진 緣故올시다。

우리가 各其反省하여봅시다。우리의父母가 우리를孕胎할때 하나님 앞헤 所願을 알외워 約束한것이 잇다합시다。또한 우리가 우리의 子任을爲하야 무삼、盟誓를 여호와 앞헤 세운 일은 업슴닛가。特히 당신 自身이 信仰初期에 初愛의熱禱中에서(默示二〇四、五)은근한盟誓를 主예수께 表呈한 일은 업슴닛가。이러한 境偶에 父兄된者가 父兄으로서의 所願誓約에입다와가치 慘酷하게까지 忠實하고、子女된當身은 입다의 딸과가치 勇敢하게도 信實한者일진대、敎會가 衰退하지안코 우리의信仰이 微弱하지 안흘뿐더러、하나님의 일홈을 다시묻지안코 다 하나님을 아는百姓、(히브리八〇十一) 舊新約의契約을 約束手形처럼 信賴하는 信徒가 되엿을것임니다。

永遠의肯定

마는 今日朝鮮現狀은 若何함닛가。數年前에 民立大學이란것이 發起되엿던 것은 우리彼此 記憶에 잇을줄 암니다。그失敗의原因이 奈邊에 잇엇는지는 的確히 알수 업스나 經濟問題가 第一原因이아니엿든것은 分明함니다。朝鮮人이 窮乏하다하나 每年 每人當六圓五十錢以上의 酒草費를支拂하는 能力잇는것은 統計表가證明함니다。그러면 每人當一圓으로 期成을約하엿던 民立大學의運命이 有耶無耶中 失敗에歸하고 말게된 것은 아모리 보와도、經濟問題로 失敗된것은 아니엿슴니다。即 朝鮮社會에서 信實性이 飛散하야 서로서로가 信依할수업섯든 結果로 一圓金을、安心하고 委托할만한人物을 發見치 못하야 結局失敗에歸한것인줄노 압니다。即民立大學問題는 朝鮮民族二千萬中에 一圓價値의 信實을 가진者가 一人도 업섯다는

六

것을 證明하엿슴니다。使徒바울은 『義人이 업다 一人도업다』(羅馬三〇十)고 하엿거니와 내가 只今『朝鮮에 信實한者업다一人도업다』고 한들 누가能히 辯明하겟슴닛가。

또 一般社會의 일은 次置하고 所謂예수敎信徒들은 엇덧슴닛가。信友會라는것을 組織하여가지고 敎人과 世上에서 多大한 期待를 받던것은 最近、昨年度의 일이、아님닛가。그러나 이즈음에는 此亦是 新聞紙의『應接室』欄에나 或時說問되나、『應接子』의博識으로도 오히려 그 踵跡이未詳하다는것은 世人이 한가지로아는바이다

朝鮮에 缺乏한것이 만흐나「信實」처럼 缺乏이 甚한것을 우리가 늣겨본적이 업섯슴니다。砂防工事로써 松林이 자란단、말은 자주들으나、信實한 人物이 생는단 統計는 아직 보지 못하엿슴니다。

이와 가튼百姓、兄弟가 兄弟를 믿지몯하는百姓이 하나님을 믿지안코 그契約을 否定한다 할지라도、그것은 少毫의 痛痒을感할바가 아니다(요한一書四〇二十、듸모데后二〇十三)하나님의 信實하심에는 조곰도 變함이 업습니다。

그러나 예前에는 朝鮮에도 信義가 全無하엿던것은 아닙니다。뎌 栗谷、退溪、두先生이 장마中이엿지만 期約대로 通道寺에서 相逢하엿다 함은 넓이 傳하는、逸活의 한아이다。뎌들은 다윗·러빙스톤 아브라함·링컨等과 가치 다 信實한者들이엿고 뎌들의 그信實은 只今 우리의血管에도 幾分式은 遺傳되엿을것임니다。나는여러분中에 第一自己의 信實함에 自負心이 强한이의게、數十年의 眞實한信仰生活의經驗을 가지고서 하나님의 言約이如實치몯하고 全心全命의 祈願도 報應이업섯음으로써 드듸여 하나님의 眞實性을、否定하려는 兄弟의게 한마듸 苦言이잇습니다。『당신의 五十年未滿의 信實노써、太初부터 永遠까지의 信實에다 比기지말라!』고。당신은사람으로서의 信實을 遺存이 업시 다하엿을것임니다。아-- 그러나 하나님의 信實하심에 比較할때에、萬一 이것을 天秤에다 걸고서 比較한다면 果然 無보다도 더욱 가비여울것이 아님닛가。詩人이『모든 사람이 다 거짓 말하난者라』(詩百十六〇十一)고道破한것은事實에符合하엿습니다。브돌 사람 발남은노래中에 큰眞理를敎示하엿다。(民數記二十三〇十九節)

하나님은 사람이 아니심애
거짓말이 업스시고
人生이 아니 심애
痛悔함이 업스시거늘

그 말삼이 얻지 成就하지아니하시며 그許諾이 얻지應하지 아니하리오。

우리는 使徒바울과 함끠『온人類를 거짓되다 할지라도 오직 하나님은 誠實하다』(羅馬三〇四節)할것이다。自己가 아는것이잇는것처럼 自負하는 사람은 아직알어야할것도 채 다알지못한者입니다。가장誠實한것처럼 思惟하는 사람은 아직 誠實하여야 할데까지 못다 誠實한 是證이아닐수업습니다。(고린도前八〇二節)

思索中에 잇는兄弟여、患難中에 잇는兄弟여、당신이 하나님 앞헤 세운盟誓를、設或 一一히 다 履行하엿다 할지라도、그러고 하나님의 言約은 한아도 成就됨을 보지 못하엿다 할지라도 오히려 당신의 誠實、나의眞實을 모다合하야 零으로합시다、空으로합시다。그러고 하나님의 永遠不變하는 저眞實을 처다봅시다。하나님의言約을 다「아멘」으로 和唱합시다。

特히朝鮮社會와 基督敎會의 趣勢에 失望하고 信從과祈禱에 까지 倦怠를깨달게된 老長과先輩여 無에近한自我의信實노尺度하지말고 하나님의 誠實에 눈을向합시다。그의言約과 行事를 肯定합시다。永遠히 肯定합시다。

그리스도模倣

토마쓰·아·켐피쓰

咸錫憲 譯

23 죽음에 對한默想

一、네이(地上)生活은未久에꿋치온다 故로너는이後에어떠케될것인가를알어야한다。오늘잇던사람이來日은업서진다。그리하야눈에다시뵈이지안코 맘의記憶에서사라진다。

아아、目前의일만을生覺하고 將來에對하야는다시아모考慮가업는사람의心情은、얼마나愚鈍하고얼마나頑固한것인가! 너는 모든思想과行動으로써 네몸을이러케準備하여두라 即 마치오늘이世上을떠나려는사람갓치。清明한良心을가지라、그러면「死」는그리두려울것이안이다。死에서逃亡하려기보다는罪를避하는것이나은일이다。네가萬一、오늘에準備가업스면、엇더케來日에準備가잇을가? 來日이不確實한것이거던 엇더케네게來日이올것을期必할가?

長壽함으로因하야 조곰도조흔것이업다면 그長壽가무슨所用이잇나? 아서라 사는날이길면 우리生活이아름답아지기보다는 도리어 罪가커지는때만타。아아 우리는 이世上에서오직單一日을잘살수잇엇스면! 許多한사람들이 改心以後의年數는計算하나그러나 改悛의生活의참열매는實로드문일이다 죽음을두려운일이라하면 長壽는 아마보다더危殆한일이다。

내목숨이끈어지는 時刻을恒常눈앞에보며날마다죽음에對한準備를하여가지고잇는사람은幸福이다。너는 언제나 사람의죽음을보거던 너도꼭같흔길을가지안으면안이될것을깊히生覺하여두라 아침이면 밤이오기前에或죽을수잇슴을生覺하고 저녁이오거던 敢히네게來日이오리라期約치말나。너는恒常準備하여가지고잇스라 그러하야죽음이너를不意에잡아가지안토록生活하라。사람은 갑작히 더희가求하지안을때에죽게된다。人子는우리가그降臨하시기를헤아리지못할때에올것이기때문이다。(누가十二章四十節)그最后의瞬間이올때는 너는네過去全生涯에對하야 全然다른意見을가지게될것이요、只今것그러케無思慮하게 怠慢하게지냇슴을恨업시슬퍼하리라。

二、오ㅣ 그는얼마나明哲하고幸福스런사람인가 最后의時刻에가서 그러케햇더라면

그리스도模倣

하고 懇願할그대로를 只今生前에그러케살녀고힘쓰는그사람은! 이世上을完全히否定하고德業의進就를熱望하고 訓練을사랑하고 쓸아리게悔改하고 즐겨順從하고 自己를否定하고 그리스도를爲하야如何한困難이라도견대고참는일 이것이 우러게 깃붐으로죽을수잇다는確信을준다。

健康한때에모든것을잘할수잇스나 病이들면 아모것도不能하다。病으로因하야 더잘자라고 更新되는사람이업는것갓치 밧그로만히放浪하야서聖潔하야지는者가업다。

朋友도 親戚도依賴치말나 後世上에까지네靈魂의安否에對한注意를일치말나。사람들은 네가알새도업시 未久에너를니저바릴것임으로써다。다른사람에依賴하는이보다도、機會잇슬때에用心하고미리準備하야둠이나은일이다。(에레미아十七章五節)네가萬一 只今네自身을爲하야注意치안으면 누가뎌世上에서너를爲하야生覺하야줄가?

現在에가지고잇는時間이貴하다。只今이救援의時期요 只今이밧을수잇는때다(고린도後書六章二節) 그러나 아스라 將次後世上의永遠한生命을確實히準備할수잇는이世上의時間을너는 이럿틋浪費하고잇슴은무엇인가! 때가將次올것이니 그때에가서는네가、곳치기爲하야 한날或은한時를求하리라 그러나 그것이반드시네게許諾되리라고도말할수업다。오오 사랑하는者여 너는恒常、죽음을두려워하고、넛지말나、그러하면 얼마나큰危險에서몸을救하고 얼마나큰恐怖에서빠저나올수잇는것인가!

臨終에가서 두려워함이업시깃버할수잇도록 그러케只今살도록힘쓰라。그리스도로더부러러살기爲하야 이世上에對하야죽는일을배호라。아모障害업시그리스도에게가기爲하야모든地上일을바리기을배호라。痛悔로써네몸을懲戒하야써 確信을가지게하라。

三、아아 어려석은者여 한날을期約할수 업는네가 엇지하야오래살기를預算하느냐? 얼마나만은사람이 속임을當하고 不意에잡혀가는바가되엿나? 이런消息을얼마나만이들고잇나 누가칼에죽엇다 누가빠저죽엇다。또누구는 높은곳에서떠러저죽엇다云々하는。어사람은먹다가죽고 저사람은놀다가죽고、하나는 불에 하나는劒에 하나는疫病에、또하나는盜賊의칼에죽엇다云々하는。그럿듯 모든사람의마지막은죽음이요 사람의生命은 그림字갓치문듯가버린다。(詩篇百四十四篇四節) 네가죽은後에 누가잇서너를記憶하고 누가 너를爲하야祈禱할가?

하라 하라。내사랑하는者야 네가할수잇는것을무엇이던지하라 네가죽으면 네죽은後에네게어떤일이臨할것은너는알지 못하는까닭이다。只今 때가잇는동안에 永遠한富로써네몸에싸으라。(누가十二章二十一、二十三節) 네救援만을生覺하라 하나님일밧게아모것도念慮치말나。이제 하나님의聖徒들을 尊敬하야써 네몸에親故를지어두라 그리고 그들의行한것을模倣하야 네가이生涯에서失敗할때에 뎌들이너를永遠한곳에迎接하게하라。(누가十六章九節)

이따우에서는 過客이로巡禮者요 世上일에는何等의關係가업는사람갓치네몸을가지라 네心情을自由롭게가지고 하나님을向하라、너는、여긔居할곳을가지지안엇다。(히부리十三章十四節) 뎌곳에다 네祈禱와 嘆息을 눈물과갓치하야날마다보내라 그리하야 죽은後에네靈魂이즐거움으로써죽음을지나主에게로가게하라。아멘。

11 그리스도의十字架의愛人은적다

예수는 只今 그의天國을사랑하는者를만히두엇스나、그의十字架를지는 사람두지못

그리스도模倣

하엿다。 그는慰安을願하는者를만히가지엇스나 苦難을願하는者를가지지못하엿다。그의食卓의동모는만으나 禁慾의동모는업다。모든사람이 그와한가지로즐기기는願하나‥그를爲하야무슨苦痛을견듸려는者는업다。떡을떼는대는 예수를따르는者가만으나 그의受難의盞을마시는대參與하는者는업다。(마가十章三十八節 十四章三十六節) 그異蹟을讚嘆하는者는만으나 그의十字架의羞辱을受는者는업다。許多한사람이 逼迫이오지안는限까지 예수를사랑한다。許多한사람이 그에게서무슨慰安을밧는때까지 그를讚頌하고祝福한다。그러나 萬一 예수가自身을숨기어一時라도 뎌희를떠나면 뎌희는 不平을말하거나 그러치안으면 너무過한落望에떠러저바린다。(요한十二章三十六節)

그러나 自身의어떤慰安을爲하야서가안이고 예수를爲하야 예수를사랑하는사람들은

一二

모든苦難과煩憫속에서도亦是 平安할때와一般으로 그에게榮光을돌닌다。그러하야 그가비록뎌희에게慰勞를주지안을지라도 뎌희는亦是그를讚頌하고 그에게感謝하려한다。아아 自己愛나 自己利를석지안은 純全한그리스도愛는얼마나힘잇는것인가!

恒常安樂만을求하는者는雇傭人이라불음이맛당치안은가? 恒常自己의利益과所得만을生覺하는者는 그리스도의愛人이라기보다도自己의愛人이라불음이至當하다함을自證하는것이안인가?

二、아모것도바라는것이업시 그저하나님을섬기는사람은 어데서야볼것인가? 모든(地上엣)것(에對한愛慾)을다내버리는 그러한靈的人物은보기가어렵다。참으로靈에주리고、快樂을주는모든것(에對한愛慾)을다바린사람이 어대잇나? 그의갑슨 루비ㅣ보다도더貴하다。(箴言三十一章十節)

엇던사람이잇서 그全財産을주어도 그것도오히려 아모것도안이다。(아가八章七節)

또 크게懺悔를行하야도 그것도오히려적은일이다。또 모든智識을通達하여도 그것도오히려 멀다。또偉大한德行이잇고붓는듯한熱心이잇어도 그래도오히려 만히不足함이잇다。곳 한가지、그에게第一로必要한것이다。무엇인가? 모든것을내던지고 스스로自身을버리고 完全히自己를떠나 自己愛로부터오는것을아모것도 머물너둠이업는일이다。

그리고 하여야할것이라고아는바는이를 다하고난後에도 그는 아무것도한것의업다고生覺하여야한다。만히尊敬을밧을만한것에對하야서도 그는너무過히計量을하여서는안이된다 도리어 眞理에順從하야 「眞理」가말하기를『네게命한바를다하거든 너는「우리는無益한종이라」하여야한다』하엿던것갓치、그는 自己가無益한종임을깨달으여야한다。(누가十七章十節)

그러면 그는비록 참으로靈에주리고 벗고 先知者와갓치불으짓저 나는외롭고곤고하옵나이다 할지라도(詩篇二十五篇十六節) 오히려 그보다 自己와 모든것을다바리고 自己를가장나즌곳에둘줄아는그보다、더富한사람이다시업고、더힘잇는사람이다시업고、더自由롭은사람이다시업다。

聖書에關하야

宋斗用

生命이 말삼에잇스니 生命은 사람의빗치라(요한一의四)。

아바지의말삼은 眞理니이다(요한一七의一七)。天地는 업서질지언뎡 내말은업서지지아니하리라 (누가二一의三三、마가一三의三一、마태二四의三五)。

以下參考(詩一〇二의二六、이사야五一의六、예레미야一의三五—三六、마태五의一八)

聖書! 아마聖書라하면 現代人으로서는

聖書에關하야

아지못하는사람이 거의업슬것입니다。聖書는 洋의東西와種族如何를勿論하고 또男女老少의區別업시 全人類가다잘아는册의하나입니다。朝鮮에서는 聖經이라하야近者에는論語나孟子以上으로 그일홈을모든사람이記憶하게되엿습니다。그리고歐米各國은말할것도업거니와 朝鮮에서도 아마聖書보다만히팔이는册이別로업는模樣입니다。 其事實만은참으로慶賀하지안흘수업습니다。그러나모든사람이잘알고 만흔사람이所有하고잇는이聖書가어느書籍보다도眞正한歡迎을밧지못하며 또무슨册보다도적게읽키고잇슴은 果然異常한現象이안닙니가? 이야말노矛盾의極이나 事實을엇저합니가? 이일은모든사람이聖書의眞價를아지못하며 또其內容을理解하지못하는까닭입니다。

이에우리는 다시한번 聖書에內容과價値와目的 또人生과의關係를 더깁히考察하며더仔細히調査할必要가 잇슴을늣기게되엿습니다。

大抵 宗敎에는 반다시經典이잇습니다。佛敎에는 大藏經、華嚴經、法華經、金剛經等이잇고 儒敎에는 論語、孟子、大學、中庸等四書와 詩傳、書傳、周易等三經이잇습니다。그리고 回回敎에는 코ㅣ란이 잇고基督敎에는聖書가잇습니다。따라서 基督敎人이聖書를알어야할것은 勿論입니다。

그런대 普通우리가 聖書라 稱하는것은舊新約全書입니다。舊新約全書라함은·文字대로 舊約(옛契約或은約束)과新約(새契約)을合한册입니다。그런대 이舊約과新約은모다太初부터 살아게신 하나님께서 全人類이게契約(或은約束)하신말삼입니다。(여긔에太初라함은無限無窮의永遠을意味합니다)。하나님게서는 全人類의게對하야의契約을 萬國民의代表로擇하신百姓이스라엘民族의게나리셧습니다。舊新約全書는 하나님의거룩한契約의말삼인까닭에이것을神聖한册即聖書라고稱합니다。英語의 Bible이나Sacred Book을意味하는것입니다。따라서 Testament(遺言의意味)는誤譯임을알수잇습니다。(聖書는어느意味로보아서 遺言이라할수도잇고 또事實遺言인部分도잇습니다。그러나大體로보아서契約인것은勿論입니다)。以上의말한바와갓치聖書는하나님의契約임으로 말할것도업시聖書는 하나님의말삼입니다。

그러면 하나님께서는 人類의게무삼契約을하섯습니가? 하나님의지음을받은人類는不幸히도墮落하엿습다。하나님의命令을직히지안코 도리혀叛逆하엿슴으로 永遠의生命을가질수잇는人類는 그와는反對로 永遠의咀呪을免치못하며 結局死亡의奴隷가되는運命에일으럿습니다。사랑의 하나님께서는人類의滅亡을그대로두시지못하십니다。人類는創造物中 하나님의最愛物인때문에 그럼으로 하나님께서는 人類의救援의길을여섯습니다。그러고 人類의게救主(메시야即그리스도)를 보내신다는契約을하섯고 또救主誕降后에는人類救援의完成을約束하섯습니다。그럼이로 메시야가世上에 오신后에는메시야誕降前의約束을옛契約 即舊約이라고메시야가世上에게실때 或은昇天時에約束하신全人類의救援의完成의契約은 새契約即新約이라합니다。聖書는人類의救援을 傳하는가장慶事로운 天來의嘉信입니다。

그러나聖書는 하나님의自筆은안입니다。하나님께서 自己의그릇으로擇하신사람으로더부러쓰게하신것입니다。그럿타고 다만한사람으로 어느一定한場所에서 짧은期間에쓰게하신것도안입니다。聖書가完成하기에는數千年의時日이걸엿고 四五十人의 사람이必要하엿습니다。따라서場所도 決코一定할수는업섯습니다。或은都市에서 或은村落에서或은이스라엘에서 或은異邦에서쓰엿스며또 或은選民의손으로 或은異邦人의손으로或은男子의손으로 或은女子의손으로 或은

聖書에關하야

詩人의손으로 或은牧者의손으로 或은王侯의손으로 或은平民의손으로 或은學者의손으로 或은野人의손으로쓰이엿습니다。이러케하는동안에 聖書가完成하기까지數千年이걸엿습니다。그러나 말삼하신분이한분이며 또 其標準과目的이하나이니만치 其精神과內容은一致하엿고 始終이相通합니다。

以上과갓치하야서 完成된聖書는六十六卷으로되엿습니다。그런대이것을前后篇으로난호여잇스니 前篇은三十九卷인대 그것이舊約이고 后篇은二十七卷인대 그것이新約이라합니다。舊新約六十六卷을全部總合하야된한卷의冊을舊新約全書 或은簡單히聖書(또는聖經)라합니다。(舊約新約의意味는몬저말한바와가습니다)。그런대한가지異常한것은六十六이라든지 三十九라든지 二十七이라는數는 三으로除할수잇는것입니다。特히二十七은 三의三乘으로되엿습니다。이것을偶然이라면 偶然일는지알수업습니다。그러나基督敎에서는 또聖書에서는 三이라는數는獨特한意味와地位를가진 거륵(聖)한數입니다。基督敎에는聖父聖子靈의三位가잇고 信望愛의三德이잇습니다。그러고先知者이사야는 天使들이하나님을讚揚하야「거륵하심이여!」를 三唱함을보앗고(이사야六의三)使徒요한은 靈物들이「거륵하도다!」를 三次부르면서主를讚頌함을들엇습니다(묵시四의八)이와갓하서 聖書의聖書다운所以는 其卷數에도表示되엿슴을볼수잇는것입니다。

그런대 舊約은創世記로始作되야서 馬拉基書라는冊에일으렷고 新約은마태福音書로비롯하야 요한默示錄이라는冊으로 끗막엇습니다。創世記는 宇宙萬物의創造의歷史이고 默示錄은 宇宙萬物의完成의預言입니다「太初에 하나님이天地를創造하시다(창세一의一)」라는莊嚴偉大한말노始作되야「내가新天과新地를보니 初天과初地가업서지고 바다도또한다시잇지안터라(묵시二一의一)」하는絕美優越한말노웃난冊이 곳聖書입니다 그래서 聖書는 하나님의經綸을記錄한 하나님의書인 同時에 永遠에始作되야 永遠까지일을은 永遠의書입니다。

聖書는決코 한나라의國民史가안입니다。또非單 世界史나人類史만안입니다。果然聖書는 全宇宙史입니다。人類를中心으로하고 宇宙萬物을하나도남김업시 통틀어關心하야記錄한冊입니다。宇宙의由來와秘義 其目的과終極에關하야 人類의發生과最后 其地位와價値에關하야 歷史의意義와中心 其方向과結果에關하야 明白히記載한冊이聖書입니다。이意味에서 聖書는宇宙의書이며또人類의書입니다。

聖書는人類와宇宙萬物에關하야 가장明確한記錄입니다。聖書以外에 이러케도確實한目的을가지고 人類와萬物이創造되엿고 또其처음目的대로 經綸대로 조곰도틀임업시人生과萬物이完成할것을 躊躇업시宣言한冊이 어대또잇겟습니가? 決코업습니다。

그런대 이人類와萬物은 사랑과恩惠의하나님의게서나서 그분의게다시돌아간다고聖書는 말합니다。하나님게서는 거륵하신뜻대로 人類와宇宙를創造하섯스며 그사랑과恩惠로써 統治하시고支配하시며保護하심을聖書는가라칩니다。그래서聖書는人生과萬物을 하나님의사랑과恩惠의目的物노取扱함을알수잇습니다。聖書가사랑의書이며 恩惠의書라함은이것을意味하는것입니다。

世上에는勿論 偉大한書籍이만히잇습니다論語와孟子、大藏經華嚴經、단테ㅣ의神曲과밀톤의失樂園、괴테ㅣ의파우스트와카ㅣ라일의英雄崇拜論等모다훌융합니다。其外에도얼마든지훌융한冊이만히잇습니다。그러나聖書와갓치 그러케絕對的으로偉大한冊은 世上에는決코둘도업습니다。아모리偉大하고훌융한冊이라하드라도 그것은말할것도업시 或은相對的或은比較的形容에지나지못하는것입니

聖書에關하야

다 到底히聖書에견울수잇는冊은업습니다。 거긔에는 根本的差異과本質的相違가잇는까닭입니다。 따라서 世上의다른모든冊이全部업서질지라도聖서만남어잇습니다。 이것은歷史가證明하며 時間이保證하는바입니다。 聖書야말노果然世界唯一의書인所以가여긔에잇습니다。

英國의有名한大天然學者는全世界의가장훌융한著書中百을選擇한后에 아모리하여도其第一位에는聖書를 놋치안을수업섯다고합니다。 그러나 聖書가世界의모든大著述中에最高의位을占領하엿슴은조곰도異常한일이안입니다。 聖書는모든書籍中에서 最高의書입니다。

그러나 聖書는古書임으로 偉大하다는것은決코안입니다。 自體가偉大한까닭에 其存在가永遠에일으는것입니다。 人類는이러한偉大無比한著述을 決코업새거나발일수는업스며또아모리 罪惡과暗黑속에잇는人生일지라도聖書와갓치絕對의價値와權威를가진冊을全然히돌아보지안을수는업습니다。 그러고 世上에엇더한有名하고偉大하며 아름답고훌융한冊이잇다할지라도 或은새로出版된다할지라도其壽命을聖書와갓치하리라고는到底히生覺도할수업습니다。 그뿐더러 今日까지聖書를非難도하고攻擊도하며 批判도하고反駁도한書籍이얼마나만습니가? 其數를헤아릴수업습니다。 그러나 그러한모든冊들은 맛치아참이슬과갓치 아지못하는동안에스사로消滅하엿고 또하고엇습니다。 (따라서할것도勿論입니다) 그러고는오즉聖書만이變함업시燦爛한光明을世上에빗치면서남아잇습니다。

詩人하이네는聖書를읽고 其感想을아래와갓치記錄하엿다합니다。「이는大體무슨冊인가? 世界만치그만치크고넓으며 造化의根柢에뿌리박고 蒼空의密室에까지소삿도다。 日出日入、約束과成就、生과死、果然人類가가질수엇는모든理想은 남김업시이冊안에잇도다」라고。그렇습니다。聖書를참마음으로精讀하야 其內容의卓越、價値의無限、目的의尊貴、思想의偉大、그리고人生과의關係가얼마나密接한가를 누가能히否認할수 엇겟습니가? 아아 聖書는果然超人間的의冊니다。

그런대 聖書에는歷史가잇고 傳記가잇습니다。教訓이잇고預言이잇습니다。詩歌가잇고 書簡이잇습니다。文學이잇고 藝術이잇습니다。哲學이잇고 科學이잇습니다。倫理가잇고 道德이잇습니다。그래서 最大의思想과最高의理想이 聖書안에잇습니다。그뿐아니라 果然사람의生覺에넘치고지나는甚痛과快樂、悲哀와歡喜、絶望과所望、暗黑과光明、死亡과生命이모다聖書안에잇습니다。이러한때문에 사람인者는誰人을不拘하고 아모書籍을아니읽을지라도 聖書만은 반다시읽어야할것입니다。萬若사람이 聖書읽기를怠慢하게한다면 그것은人生이 最大最高의것을게을이하는것임을알수잇습니다。그래서聖書를無視하거나 或은聖書知識이缺乏한教育은到底히完全한教育 또는참教育이라고할수업습니다。聖書를읽지안커나 其知識이업시는사람다운사람노릇을 할수업는것은當然한일입니다。聖書를빼노흔現代의教育 聖書를無視하는現代의政治 聖書中心이아닌現代의教會 聖書업시살겟다는現代의文化人 아! 現代人의前途야말노慘憺하기싹이업슴을 아는者만이알것입니다。그럼으로人生의價値의如何는基督에對한態度로定할수잇습니다 그러면우리는엇지聖書를等閑히할수잇겟습니가? 우리는무엇보다몬저聖書를읽고배워서 其眞味를味解하여 其眞價를發見하여야할것입니다。이것이우리人生의最大急先務입니다。

여러분! 우리는여러가지모양으로聖書를生覺하야왓습니다。그러나聖書는 以上에말한것으로만은其價値와內容과目的을 다한것은斷然코아닙니다。그야以上의말한것만으로서도聖書는世上에서 가장寶貝로운冊이며 人

聖書에關하야

生의게업지못할冊인것을肯定하지안을수업습니다。그런대우리는聖書에關하야 더반갑고더깁븐消息을들을수잇는 幸福을가젓습니다그것은무엇보다도聖書는 人類의救援史라는것입다니다。

모든사람이 하나님압헤罪를 犯하엿스니한사람도 하나님의榮光을能히엇지못할것은우리가스사로認定하는바아닙니가? 그러면人類의前途는滅亡과暗黑과죽엄임을 엇지免할수잇겟습 가? 아! 人生은너무나可憐하고도悲慘하지안습니가? 寒心한일입니다。그러나 몬저도말삼들인바와갓치 하나님게서는自己의創造하신가운대 가장사랑하시는人類들滅亡하는그대로두시고는 到底히견대지못하사 人類救濟의길을約束하시고 그것을實行하신것을記錄한冊이 곳聖書입니다。하나님의人類救拯은 하나님自身의無限하고純粹한사랑때문입니다。人間의게는아모것도要求하시지안으십니다。萬若무슨資格이나理

由나條件이나功勞를 조곰이라도要求하신다면 人類에救援바들者가어대잇겟습니가? 勿論한사람도업슬것입니다。

그리고 하나님의人類救援은 救濟의事實을가지고行하십니다。그事實을밋는者는 아모라도救援을밧고 永生에들수잇는것입니다얼마나 感謝한일입니가? 아! 그런대 罪에서나고罪에서잘아며 또罪에서生活하는人子의靈魂은 甚히어둡고頑惡하야서 이事實을或은否認하거나 半信半疑하고 잇스니이는엇지나不幸한일입니가? 하나님의救援의事實을 밋고아니밋는것은 結局死活의問題입니다。밋는것은사는일이되고 밋지안는것은죽는일이되는때문입니다。그럼으로 聖書는生命의書입니다。또罪와惡에서 彷徨하는人生의게 永遠의生命을어들수잇는 事實을傳하는聖書야말노福音의書입니다。

그래서 聖書는 하나님게서人類를救援하시는事實과 其順序를보이는冊입니다。換言

하면 하나님의거룩하신攝理의記錄 經綸의歷史、聖意完成의預言입니다。그럼으로聖書는 人類의가질수잇는 最貴의書입니다。

聖書는決코사람이生覺하야서만든 敎理나信條가아니고 全知全能하시고義와사랑이신하나님게서 事實을가지고親히行하서일우신救援의記事입니다。聖書를사람이 다시한번또는마음대로지을수업는理由는여긔에잇습니다。聖書가다른宗敎의經典과는 全然히內容이나性質이딴판입니다。聖書는決코聖賢君子의言行錄이안이고 하나님게서 特別히擇하신個人或은國家우에베프신救援의事實을記錄한事實의書입니다。

聖書는今日까지 五百餘의國語로飜譯되엿습니다。이는聖書가全人類의救援에關한書冊인때문입니다。따라서 聖書는人種과民族의差別이나 男女老少의區別이업시 읽어야할冊이며 또읽어서 누구든지消化할수잇는冊입니다。그럼으로 聖書는決코特殊한사람의冊은아닙니다。(宗敎家나學者만의冊은아닐것입니다)。聖書야말노 東洋人의冊이며또西洋人의冊입니다。南洋人의冊이고또北洋人의冊입니다。白人種의冊이며黃人種의冊이고또黑人種의冊입니다。文明人의冊이고또未開人의冊입니다。그리고男子와女子 老人과兒童主人과奴僕 學者와無識者 偉人과凡人 智者와愚者의冊입니다。우리는聖書를읽어서世界人이되는것입니다。또萬國民과理想을갓치하고 所望을한가지로하는것입니다。이러한意味에서 聖書를읽고 또밋는사람은모다同胞이며同志이며兄弟姉妹인것입니다。

사람은聖書를배워서 깁고넓고크고놉게되는것입니다。聖書를읽어 其眞味眞價眞理를깨달아서 사람은산사람이됨은勿論이고能力과智慧와勇氣와忍耐와自由를엇게되는것입니다。聖書를읽고배우며밋는사람은 能力의人

聖書에關하야

智慧의人、眞理의人、正義의人、公平의人、勇敢의人、忍耐의人、大膽의人、自由의人、사랑의人、信仰의人、生命의人되는것입니다 初代의使徒들은말할것도업거니와 오거스틘 후란시스、루터ㅣ、칼빈、틘다ㅣ、웨스레ㅣ、그랏드스톤、 워싱톤、링칸、단테ㅣ、밀톤、크롬웰、리빙스톤、무ㅣ데ㅣ等은모다聖書가나흔偉人들입니다。其他에도有名無名의多數한사람이잇습니다。最近東洋에도朝鮮에는李昇薰先生 日本에는內村鑑三先生 印度에는산다싱聖徒等을헤알일수잇습니다。

아! 그런대現代의敎會와信者들은 聖書를얼마나熱心히배우며또몃번이나읽고잇는지疑心하지안을수업습니다。聖書를中心하지안코說敎하는牧師、(近者의說敎는맛치喜劇이나落語를보고듯는氣分이가득합니다) 聖書는업시讚頌歌만가지고禮拜에參席하는信徒들! 形式의說敎와僞善의禮拜! 禍잇슬진뎌! 現

代敎會와信者! 귀잇는者는들을것입니다。

그런대 聖書는學問이아입니다。그럼으로읽고배우고硏究만하야서는아모所用업습니다 聖書는生命의書이니만히 聖書에서는生命을어더야하는것입니다。生命은하나님께서우리의게許諾하신事實을밋는대잇습니다。聖書는미더야할冊입니다。이意味에서聖書는信仰의書입니다。聖書가가라치는事實을밋지아니하면 아모리聖書에通達하고 詳仔할지라도救援밧지못하는것입니다。그럼으로써 聖書學者、神學博士、敎會主義者、敎職者等반다시救援밧는것은아닙니다。오죽疑心업시또躊躇안코밋는者만이 永遠한生命을엇는것입니다 그래서 救援바들者는 眞正한意味의信者뿐임을우리는記憶할것입니다

至上善의하나님

善은完全을要求한다 그리고寬大하며謙遜하다 그래서틔끌만한惡이석겨도 몹시슬혀한다 反對로 바늘씃만한善이라도 決코이것을업수히녁이거나 薄待하는일은도모지업다 그럼으로 善과짝하는사람 即善한사람은 凡事에寬容하며恒常謙遜하다。 그러고조고마한惡이라도 自己의게서發見하면 도모지참지못하고 苦痛하며煩悶한다 그래서悔改하지안코는 決코마지안는다。

그런대 하나님——너는永遠부터잇서서잇는者 眞正한意味의義와사랑이신者 宇宙萬物을創造하시고人類를내신者그리고人類를비롯하야 宇宙萬有의全體를 太初부터主宰하시고支配하시며 引導하시고養育하시며祝福하시고保護하시는者이시다——은果然完全無缺하신善이다、하나님은至上善이시다

보라! 至上善의하나님을。하나님을바리고惡에서生活하는人類를—너희는惡魔의束縛아래에서 조곰도自由와平安과歡喜를엇지못하고人權을蹂躪當하며 그支配밋헤서 모든苦痛患難煩悶中에呻吟한다 그러나 惡魔의權勢를익이지못하는너희는 오히려 그束縛과支配와權勢아래에잇슴을 깁버하고滿足하며 榮光과特權으로알고 더욱더욱惡魔를尊敬하고崇拜하며 依支하고服從한다 엇지痛嘆함이업스랴! 이러케可憐한것이人類이다——救贖하시랴고 獨生子를악김업시十字架에못박으시고 其后二千年이지난今日에도오히려變함업시悖逆하나 그래도容納하시고 歸順을기대리시는 하나님의그至善을그사랑을그거룩하심을 그義로우심을그忍耐하심을 그眞實하심을깨달을者누구이며認識할者어대잇느냐?

오! 世人아 아모리惡에서낫스며 惡에서자라고 惡에서生活하는人子일지라도 좀生覺이잇슬것이안인가? 한갓叛逆하고 함부로犯罪하며 謙遜과敬虔과信賴는차즐수도업는惡의族屬인人子들을 도리혀完全無缺의善과永遠不變의義와無限無邊의사랑으로待接하시는하나님에게도라가서 너를依支하고信賴하며 너의게順從하며懇求하야서 무엇이害로우며 무엇이그릇됨이잇스랴?

知覺잇는者와良心가진사람은 무엇으로도敢히形言하거나譬喩할수업스며 사람의理智判斷으로서는 到底히解釋할수업고 人間의測量과推想은決코加할수업는 至極最高의善愛義眞의하나님압헤 무릅꿀고禮拜하며 입을벌여讚揚하고滿腔의感謝를들이지안코는 도모지백이지못할것이다。

罪惡의深淵에서 헤매는現代人들아! 너희도速히古今의多數의聖徒들을쌀아 萬軍天使와함씌 生命의源泉빗의根源사랑의本體이신 主여호와하나님을자저 絕對로信賴하고 絕對로服從하야 惡魔의權勢와束縛과支配를버서나 眞正한自由와平安과歡喜를엇어永生福을눌일것이안인가? 그래서榮光과尊貴와權勢와禮拜와祈禱와感謝와歡喜를 하나님의게만돌이고하나님의거룩하신뜻만이 成就되도록할것이안인가? 그러케함으로 너희는人子된特權과自由와名譽와榮光을밧을것이안인가? 귀잇는者는들을지어다。

(一九三〇、六、一〇 京城東大門外一隅라用祀함)

城西通信

一、妙香山까지

七月二十七日 새벽에 五山을辭하고 妙香山探勝의途에登하다。車中에서 五山校友와 客員이 모와合席하니 一行十三人。孟中里에서 乘替하야 博川에下車한後로는 天幕 炊事具 其他行裝을 各其分擔하야 걸머지고 行列지어나가니 炎熱도 退散하는듯 보혓다。씩씩하기는 보혓으나 그래도 熔爐가튼苦熱을 못녁엿서 博川市外 東北으로 十里餘되는 高防山下 衙二里 川邊에 第一回의天幕을 칫을때에 遊離民과土着民間에 一大口論이 爆發되엿음은이스라엘民族의 漂流史를 連想케함이多大。

九龍江을 渡船하야 鐵瓮城內에 入하기는午后九時餘。天幕과炊事할餘暇가업서 旅舍에 一夜를보내고 翌朝 二十八日에는 藥山東臺에 올나 寧邊歌曲을口吟하면서 萬古의鐵瓮城에 古武士의雄志를 늣기고 棲雲寺靈泉에서 暑氣를一掃한後 다시今日의行程에登하야 東北으로向하야 日沒과가치 淸川江을渡船하야 江邊에天幕을치다。

七月廿九日은冒雨하면서 球場의東南十五里地點에 昨年以來世間에有名한 蝀龍窟을見學하다。奇妙와勝景으로써東에金剛山 西에蝀龍窟하는 宣傳도잇으나 鍾乳石筍 石灰窟의大規模等 學徒의見學地로서는他에難得한바잇음은事實

蝀龍窟 求景으로써 이번探勝의半分은畢한섬 되엿슴으로一行中數人은 還歸하고 妙香山을向하야 前進을願하는者만 球場에서 다시一泊하고翌七月三十日朝에 다시淸川江을溯行。내를만나면沐浴 원뒤를만나면 참외추렴 그늘에들면午睡 이모냥으로서普賢寺客舍에 旅裝을풀기는 午后九時餘 。今日旅程七十里。

七月三十一日아참에 朝鮮四大寺의一이란 普賢寺區內一覽。泗溟堂 西山大師의肖像만이깁히印像。이로부터 妙香山上峯인毘盧峯外지四日間으로 往返할豫定이엿섯으나 第一日檀君窟에서 氣盡脈盡한者多數하야 不得已毘盧峯征服의素志를抛棄치 아니치못하엿다。 嗚呼。

八月一日엔 上原庵을보고 歸途에就하야八月三日 价川鐵鑛을見學하고解散하다。

徒步가約五百里(朝鮮里)汽車가 約一千五十粁의旅行여엿다。물中에貴한샘물은 藥山棲雲寺샘물、절中에 절가튼절은香山上原庵이엿고 중가튼중도그庵子에서보앗다。地下金剛蝀龍窟도奇妙하엿지만 同行하는團員의心理變遷은 더奇奇妙妙。바라보는毘盧峯이 偉大하엿지만나와同行하는者中에더욱崇高한者를보앗다 十數人의旅行中에、거게、이스라엘百姓의不平이잇고또한 모세가잇음을보도다。

二、休暇의八月

八月十日(日曜)鄭相勳兄과함께永登浦道林里 宋斗用兄宅에會集하야 主日禮拜。마참成百庸氏도 來留中이엿다。宋兄의感話잇은後에余는야고보書第三章十七、八節에關한講解。靈感이豊臨함을늣겻다。우리가感動되는바는 亦是義와眞理의問題다。單純한地藏菩薩 나미아미타불은아니다。鄭相勳兄은今夜出發南海로歸省。

八月十七日(日曜) 市內昭格洞 柳錫東兄宅에會合。宋兄은「信仰生活徹底의必要」를提言한바잇엇다。信者는信仰만으로서救援을밧는다。이것은 一毫도틀님업는事實이다。그러나「生活」、信仰대로의生活、朝鮮사람답은生活의實現 이것은그널수업는欲望이다。우리는各自의心靈을向하야 마치宣戰布告하라는帝國의 御前會議와가튼嚴肅味로써 相議함이업지못하엿다。

八月二十四日(日曜) 今日은集會업섯다。蓬萊寺에서當直하면서카ー ㄹ라일先生께學함이多多。

八月二十五日(月曜) 午后에彰文社印刷所에就하야第二十號의校正。지난八月號에 誤植이過多하엿음을집히懺悔하고또憤然하엿다世間에는讀者趣興의尖端을 捕捉함으로써生命을삼거나 雄健한文筆노써讀者를魅着하는雜誌도만타。或은團體機關으로써經營을保障하는것、또는天才的銳鋒으로써靈魂을警醒하는宗教雜誌도잇다。그러나本誌는其中의아모것도가지지못하엿다。다만精誠엿다하야 活字한아라도粗忽히말자는것이 至大한所願이다。今日宋兄의來援을得하야一字의誤植도남기지안키를祈願하면서校正係從事。翌日二十六日에再次 印刷所에就하야校正完了。大概五回以上을通讀하고라야된다。月一回二十四頁의 小雜誌를發行하는裏面에서偉大한眞理의 暗示를밧음이多大하다。如此히하야雜誌發刊의最大利益은 讀者보다도發行者편이多蒙하는것을알엇다。

讀者에게告함

前에李昇薰先生의紹介에依하야 某名士의게本誌를數個月間附送한일이 잇섯다。被紹介人도 紹介한이처럼本誌에對할줄노期待하엿섯다。其後本社의照會에對한答信은 이러하엿다。「貴誌의送給은無限感謝이엇삽는바空然히身忙하여愛讀치못하엿읍니다。送達의煩苦를덜으시기를바라나이다」라고。本誌가當한最初最大의羞辱이엿다。萬一現讀者中에도名士가잇어、特히靑年會總務或은大教會牧師等要職에잇어身忙하야 閱讀할餘暇가업는이의게本誌가誤傳되엿거든 即日로返附하여주기를바란다。閱讀치안는雜誌를授受함은彼此에無益有害한일이오또虛僞의일인故이다。

本誌는多少라도必要잇는 손으로傳達되기를願하는마음으로써 左의規定을實行할려이니讀者는各其態度를鮮明히하기를 바라며또한사랑의마음으로써他에 紹介하려할때에도吾人의趣旨所存를愼重考慮하기를願하나이다

一、通常讀者 定價대로의誌代를先金으로拂込함을爲要。本誌는現狀으로보앗서는(하나님許하실때外지) 一人의購讀者가 업더라도經營에困難함이업겟습니다 마는右의主旨를達하기爲하야先金拂込을要求합니다。

二、特殊讀者 읽기리願하나代金支拂하기에困窮한兄弟는 其旨를添하야購大히率直하게請求하시오。但每號의送料五厘切手와短文感想을添하면誠意의交換이될가하나이다。

右「通常」「特殊」의아모것에도屬하지안코先金切된讀者의게는一樣으로本號以後發送을中止하겟습니다。 十月一日 聖書朝鮮社

集會案內

時、每日曜日 午後二時三十分브터 四時頃外지

所、市內樂園洞二六〇 樂園病院內

【注意】 舊新約聖書와讃頌歌를特參하시오

十月一日 京城聖書硏究會

(定價送料共)

一 部	十五錢
六個月	八十錢
一年分	一、五〇錢

昭和五年九月廿九日 印刷
昭和五年十月 一 日 發行

京城府外龍江面孔德里一三〇
編輯發行兼印刷人 金 教 臣
京城府西大門町二丁目一三九
印刷所 基督教彰文社
京城府外龍江面孔德里活人洞 一三〇ノ三

發行所 聖書朝鮮社
振替口座京城一六五九四

『聖書朝鮮』第二十一號　昭和五年十月一日發行（每月一回一日發行）

聖書朝鮮

十一月號 (一九三〇) 第二二號

昭和五年一月二十八日(第三種郵便物認可)
昭和五年十一月一日發行(每月一回一日發行)

目次

脫舊衣新

그럼으로 따에잇난 너희肢體를 죽이라 곳淫亂과 不淨함과 私慾과 惡한 情慾과 貪心이니 貪心은偶像을 셤김이니라。이를 因하야 하나님의震怒하심이順從치아니하난 子息들의게臨하나니라。

너희도前에 그가온대 살 매에는 그가온대서行하엿으니 이제는 너희가 이모든 怒함과 忿냄과 嫌疑와毁謗과 너희 입으로 나오난 붓그러온말을 다 벗어바리고 너희가 서로 거즛말을말나。舊人과 그行爲를 버서바리라。

× ×

新人을 입엇으니 이新人은 自己를造成하신者의形像을 좃차、새롭게 하심을받아 知識에達하나니라。如此하면 헬나 사람과 유대사람이나 割禮받은者과 아니받은者나 野人이나 스구듸아 사람이나 奴隷나自主之人이 分別이 업나니 오직 그리스도는 萬有의 主되시고 萬有안에 계시니라。

그럼으로 너희가 하나님의擇한바 거룩하고 사랑받는者가 되니 矜恤한마암과、慈悲와 謙遜과 溫柔와 忍耐를 오닙듯하고 或 누가 뉘게 嫌疑가 잇거든 서로 容納하야 主께서 너희를 容恕하신것처럼 너희도 서로容恕하라。이 모든것外에 사랑을 옷닙듯하라 사랑은 德을 온전케하난띄니라。

그리스도의 平康이 너희마암을主掌하시게하라。이를爲하야 너희가 부르심을 받아 한몸이 되엿으니 또한너희가感謝할것이라。그리스도 의 말삼을 너희마암속에 豊盛하게 두어、凡事에智慧롭게하고 詩와 讚美와 神靈한 노래로彼此가라키며 勸하고 恩惠받은 마암으로 하나님을 讚揚하고 主예수의 일홈으로行하라。

多福한 베드로

金敎臣

馬可福音第十六章一——八節의讀解

參照 {馬太第二十八章一—八節 / 路加第二十四章一—十二節 / 約翰第二十章一—十八節}

聖書本文을一讀하면 右四福音書에共通한 大意는 누구의게든지 明瞭하다。卽女人들이 예수의復活한 무덤에 가보왓던事實을 記載한것이다。大體로는四福音書가相同한것이나 細節에關하야는 多少差異함이不無하다。例之 天使를보왓다는것은一般이나、馬可에는「한少年」、路加와約翰福音에는「두天使」라하엿고 馬太에는 그數를明記치않고、다만「얼골이 번개 갓고 오의 히기가 白雪갓다」하엿다。如斯한仔小한 差違가 잇음은 오히려 當時에 그非常한光景을目睹한者의 興奮한心情그대로를 如實히傳述한것이라는 是證이되는것이다。

時間에對하야 馬可에依하면「安息日이지나매」(一節)라고하엿고 또「七日첫날 매우일즉이」라고하며、「해돋을때에」라云하야定確한時間을 難測이며 馬太에는「安息日저녁、週日첫날黎明에」라고하엿다。(國文聖書馬太二十八章一節에「安息日 읻흔날 새벽에」라고한것은 意譯이고、忠實한原文譯은아니다) 要컨대 四福音書를 綜合하야 時間은 日曜日黎明 햇발이 처음 빛히기始作할때 로 解함이可할듯하다。

復活問題는 只今 이에서小論할바가 아님으로 記載된事實대로取하고 第七節의弟子等及베드로와 復活한 예수와의 關係를 詳考하고저한다。

七節의 天使의 말은 두가지로 解釋할수가잇다。첫재로「弟子들과베드로의게」날아라 云함은 弟子들의代表 或은首弟子의 意味로써 베드로의 名義가 씌워잇으나이것은 베드로를特別히指示한것이아니고、「弟

子들」이라는대에 重點을置한다는것。

둘재解釋은 베드로를格別히 指摘하엿고 또 그러케할必要가 잇엇다는것이다。그必要는무엇인가。

十二使徒는 모다 特別한選任을 받은者이엿음은 論할것이업다。그러나 그中에도 세베대의아달 요한과 시몬 베드로는 主예수의 格別한 寵愛를 받엇던것을 볼수잇다。會堂어른 야이로의 딸을蘇生케할때에 伴行을許한것도 더들이엿고(馬可五章) 高山에 올나가 예수의 얼굴이 白雪가치 變貌하엿을때에 이를 따라가 본것도 더들이엿고(馬可九章) 겟세마네의 最後勝利의祈禱를 가장 갓가운 자리에서 보고들은것도 더들이엿고(馬可第十四章三十三節) 유다가 接吻으로써 其師예수를 敵의게賣渡하야 祭司長의게 잡혀가게 하엿을때에 그門內에까지 따라간것도 베드로와 요한이엿다(요한傳十八章十五節)

이와갓치 남달은 사랑과 信任을 받엇고、또主를熱愛하던 베드로와 요한은 예수의 十字架를當하야 남달은失望과 特殊한悲痛에 무처잇엇음도 推測키 어려운事理가아니다。

加之에 베드로는 最後의晩餐이畢한뒤에 主예수께對한 굳은決心을 告白한바잇엇다。『베드로 엿자오대 다 슬혀 바릴지라도 나는 그러케 안켓삽나이다。…… 베드로가 懇切히 말하대 내가 主와함께 죽을지언정 모른다 하지 안켓삽나이다……』(馬可第十四章二十九、三十一節)라고、베드로는 自身의眞心을吐露하는同時에 모든弟子들의 本願을 表示한것이며(仝十四章三十一節)、또한 二千年後今日까지의온 信徒들의 赤誠을 代言하여준것이엿다 基督者로써 누가 베드로를敬愛하지 안하리잇을가。

그런대 痛忿한일이아닌가。베드로의게對

三

多福한베드로

한 예수의 豫告은 넘어도速하게 的中하엿버렷다。爲先 베드로는 師오主이신 예수의 一生最大危機인 겟세미네의祈禱에、『땀 흘으는것이 큰 피 방울이 흘너 따에 떠러지는것 갇흘때』(路加二十二章四十四)에도 一時를 깨여잇지못하고 肉畜同樣의本能이 支配하는대로 惰眠에 빠저잇어 乃終 예수끼서『마암에는 願이로되 肉身이弱하도다』라는 同情의 말삼을 甘受치아니치 못하엿다。

다음에 베드로는 祭司長의 압마당에서 三次나 예수를 모른다 고하엿버렷다。이 一節을 읽을때는 讀者自身의 名義를 베드로에 換置하고 읽음이 第一有效한讀法의 한아일가한다。

(一) 베드로는 아래 마당에 잇더니 大祭司長의 婢子 하나이 왓어 베드로가 불쪼임을 보고 갈아대「너도 나사렛、예수와 함끼한者로다」하거늘、베드로가

四

아니라하야 갈아대「나는 네 말하는것을 아지도못하고、깨달지도 못하겟노라」하며 압마당으로 나가니 닭이우난지라

(二)婢子가 또보고 곁헤 섯는사람다려 다시 닐아대「이사람도 뎌 무리라」하되、또 아니라 하더니

(三) 조곰 잇다가 곁헤 섯는 사람들이 다시 베드로 다려 말하대「너는 갈닐니사람이니 分明히 뎌무리로다」하거늘 베드로가 詛呪하며 盟誓하야 갈아대、「너 말하는 이사람을 아지 못하노라」하니 닭이 곳 두번재 울거늘 베드로가 예수끼서 저다려 말삼하사대「닭이 두번 울기前에 네가 세번 나를 모른다 하리라」하심을 記憶하야 생각하고 울더라。(馬可十四章六十六節以下)。

이尾末의 一句、「생각하고 울더라」의原文은 매우 强한 意味인대、譯文에는 그것이 낱하나지 못하엿다。kia epihalon ekl aien의 原意는「몸을 따에 더저 울엇다」又는「머리를 가리우고 울엇다」는 뜻임으로 이것을 路加二十二章六十二節의「곳밧게 나가 甚히 痛哭하니라」는 記述과 綜合하야「全力을 다하야 몸부림치면서、放聲痛哭하니라」고 읽으면 當時의베드로를 想見함에 有助할가한다。

한번 입박게 나온 虛言을 固執한것이 瞬間에 더를 惡에서 더惡한데로 떠러지게한(A lie once told was persisted in, and he quickly went from bad to worse.) 結果의 自我를 發見할때에 아아同情할 베드로는 처음으로 戰慄한것이엿다。發憤하고 또痛悔한것이엿다。嗚呼라 이(齒)를갈고 헤ㅅ줄기를 切取한들快할손가、頭髮을 뽑고筋骨을 서로 찢은들 몃흘손가。더는 오직「하날이여 문허지라、따이여飛散하라」하고 聲量을 다하야 呼泣하는 박게 能事가업서진것이엿다。베드로가「생각하고 울더라」하야이一句를 無心히 讀過하여내는 個人과 民族과 時代는 모다 그順境에 處하엿음을 感謝할것이다。그러나 그痛哭이얼마나 重大한 意味의것이엿든것은 恩患로말미암아 아는니만이 알것이다。洗禮요한이 女人의産出한中에 가장偉大한者이엿음은全人類를代表하야 하나님의 獨生子를證據함에 잇엇다 할진대、시몬 베드로의三次否定도 全人類을 代表하고 또 나를代身함에 잇섯어 痛歎스러운것이다。萬一와름쓰會議에서 루터가 屈服하엿다고 假想하라。이때에 우리人類는 鑛夫의子息의 咆哮하는音聲으로써「베드로의痛哭」을 다시한번 더들엇을 것이엿다。其後의世界史를 想像하기만 하여도 몸솔이 꼿히지안는가? 루터여莊하도다。베드로여 憤하고 앞흐도다。

베드로는 요한 其他의 弟子들과 가치 主의十字架事件으로써 失望과 悲哀에 떠러젓을뿐더러 그우에 三次나 主를 몰은다고 하야 自己의 卑怯과 不信에覺醒할때에 다시는 主예수끠 뵈올面目이 업슴을 알고、可能하면 主를背離하려는 생각이잇섯을것은 吾人의 日常經驗으로도容易히推測할것이다。시몬 베드로가 網으로써 意外의 大漁를 獲得하엿을 때에「主여나를 떠나소서、나는罪人이로소이다」라고(路加五章八節)한것도 同一한心事엿고 始祖아담이 善惡果를 먹은後에『동산나무 사히에 숨어 여호와 하나님의 낯흘 避하고 ……내가 동산에서 主의 소래를듯고、나의 몸을 벗음으로 두려워하야 숨엇나이다』(創三〇八、十節)함도 또한 同樣의 理由인 것이엿다。

이런때에 하나님 끠서는「우리의 罪대로 우리를 待接지 아니하시고 우리의不義대로 우리의게 갑지아니하실뿐더러、(詩百三篇十節)主예수는 七을 七十倍하엿어

六

赦癒하시고 自己를 三次否定하던 베드로를 爲先 몬저찾엇어 慰撫하시고 勸勵하섯다。하나님便에는 그必要가 잇엇던것이다。路加福音二十四章三十四節과、고린도前十五章四、五節의記事와 並讀할때에 예수가 復活後에 格別히 베드로를 맛나신것과、또 그必要함을推察할것이다。

뿐만 아니라 요한福音二十一章一節以下에「요나의子 시몬아 네가 이사람들보다 나를 더 사랑하나냐?……내 어린羊을 먹이라……」고 三次나 寄托하시고 새로히信任하심을보면 베드로의 多福을 부려워안할수업다。

그러나「베드로의痛哭」이 全人類와 또 나自身의 痛哭이엿던것럼 나도 또한 多福한 베드로인것을 깨달을것이고 感謝할것이며、두려워 할것이다。이것이 福音의事實이다。

義人은滅絶하엿는가

(詩篇十二篇의研究)

咸錫憲

救援하옵소서、여호와여、경건한者가업서지고
信實한者가人子中에서끈어졋나이다。
뎌희가각각이웃을向하야헛된것을말하며
아첨하는입셜과두맘으로말하는도다。
여호와모든아첨하는입셜과
큰것을말하는혀를끈허바리시리니
뎌희가말하기를 「우리가혀로이기겟노라
우리입셜은우리것이니누가우리를主管하리오」하는도다
여호와갈아사대「窮乏한者의쌔앗김을當함과가난한者의
嘆息함을因하야
내가이제는니러날것이오
내가뎌를그 慕하는平安에두리라。」
여호와의말슴은순전한말슴이라
따풀무에단련한銀가트니 곳닐곱번단련한것이로다
여호와여당신이뎌희를직히시고
이世代에서永永토록보호하시리이다
人子中에비루한것이놉파질때에
惡한者가두루단니는도다。

이詩는 道德的墮落이極度에達한時代에잇서서 하나님에올니는懇切한祈禱다。 全章을 三段으로볼수잇스니 詩人은 第一段에서 無信과僞善의世代中에잇서서여호와하나님을向하야救援을빌고 그거짓말하는者들을滅絶식이기를求한다(一節—四節)。第二段에서 여호와하나님은몸소對答하야 不義로因하야苦難當하는者를돕을것을말슴하신다(五節)。 그러하야第三段에서詩人은慰勞를엇고 하나님을讚頌한다(六節—八節)。

救援하옵소서、여호와여、경건한者가업서지고 信實한者가끈허졋나아다。

「救援하옵소서」하는말은 詩人의가슴에서 全魂에서 쥐여짜이어서爆發되듯이나오는呼訴의불으짖음이다。 그는그불으짖음을여호와하나님을向하야한다 自己네이스라엘의하나

넘인 여호와를向하야 타는듯한哀訴를하는 그의가슴안에는 큰근심悲痛이잇다。그것이 一節下半에나타난것이다 即 人子中에서(이스라엘民族中에서 或은敎會에서) 敬虔한者 信實한者가끈허저업서젓다는것이다。이것이 그에게는견델수업는不幸이요 悲痛이엇다。

義人은滅絶하엿는가

어느時代에나、어느民族에나 敬虔한者 信實한者가적어지고 不義한者가늘어가는것이 그滅亡의原因이다。하나님의選民이라는이스라엘中에서 하나님을尊敬하는者가줄어지고、眞實無僞한人物이차자볼수업시된것은果然痛嘆不已할일이엇을것이다。모든肢體가合하야한몸을일우는것이로되 그모든肢體에다各各生命이잇는것이안이요 그몸속에靈魂이잇서 비로소 知情意의作用이잇고 生活機能이잇는것과갓치 한國家社會안에許多한사람이잇스되 그모든사람이다生命을가지는것이안이요 其中에少數의義人이잇서서 其社會、其文化의腐敗를防止하고 死滅을免케하고 生長發展이잇게한다 義人은實로人類社會의貴한魂이다。그魂의光輝가盛하면盛할수록其社會는健全한發達을하고 그魂의勢力이減衰하면하는것을따라其社會는頹敗하고 其文化는墮落한다 故로 敬虔眞實한人物의그림字가사라지는날은 그社會 그民族의死滅의日이다。

八

古今모든民族中에 이事實에對하야 가장眞摯하고敏感이엿던者는 이스라엘이엇다。舊約中에는이러한記錄을여러곳에서볼수잇다。讀者는몸소다음의聖經句節을차저叅考하기를바란다。호세아四〇一、미가七〇二、에레미아七〇二十八、五〇一、이사야五十七〇一、五十九〇十四、그리고 本誌前號金敎臣兄의「永遠의肯定」을 다시보아이스라엘民族이「眞實」이란것을얼마나重히녀이엿는가를알기를바란다

더희가各々이웃을向하야 헛된것

을말하며 아첨하난입설과두맘을
가지고말하는도다。

信實되고敬虔한者가끈허진反面으로니러난 現象은 僞善과、거짓말이一般으로流行하는 것이엇다。故로詩人은 「더희」라는말로一般 社會의사람 或은全團體의사람을가라첫다。 그리고「各各이웃을向하야」라는말을보면 그 헛된말 거짓말이얼마나 一般的으로 또는 公公然하게하는바가되엿는지를알수잇다。그 러하야 이 內的으로는썩은고기갓치腐敗하 고 外的으로는裝飾한무덤갓치平和한社會에 서는 眞實한友誼와犧牲的和合은볼수업고모 든사람의하는말과行하는일은 諂諛와巧詐와 奸詐한社交、狡猾한手段、二重人格、約束의 背棄뿐이다

여호와모든아첨하는입설과、큰것
을말하는혀를끈허바리시리니、더
희가말하기를『우리가혀로이기
겟노라、우리입설은우리것이니누
가우리를主管하리오』하는도다。

詩人의熱情은 救援을求하는데멈추지안는 다。그는擧世의滔滔한虛僞僞善을밉어하고自 己同族을爲하야憤慨하기를甚히하는故로 다 시금나아가 그惡人 不義者의滅絕을빌ㄴ다。 입을操心하고 혀를禁하라는것은東洋의道德 訓에도잇는것이지만은 果然입설과혀는 무 섭눈物件이다。그는制限을몰은다。더구나이 墮落한世代에서는甚하엿던것이다。모든사람 은 혀에다無限의自由를주어하고싶은대로奸 巧를말하고 大言壯語를하며말하기를 우리 는「혀로이기겟다」한다。「혀로이기리라」는말 은或은『혀에權能을주리라』라고翻譯도한다。 그러기에 우리입설은우리것이니누가우리의 말을禁하거나 制止하거나할가 누가우리를 主管하고다스릴가 우리는 우리의혀가잇고

입이잇스면 못할것이업다 ○우리우에主가업다고 그들은말한다○ 이를볼때에우리에게생각되는것온 現今이世代다○ 理論萬能이라고해서 저마다된것 못된것은絕對의自由를主張하면서부르짓는다○ 마치毒한物件과더러운냄새나는것을 任意로街上에내여던짐갓다○ 個人에잇서서나 團體에잇서서나 墮落의徵兆는爲先쓸대업는辯說이늘어가는대서뵈인다 그러나眞實한者의눈으로볼때 그런不信、不虔은견댈수업는일이다○ 故로하나님을向하야그를滅하옵소서하고求한다○ 萬一이것을가지고 道德程度의나즌것이라고非難하면 이는詩人의心情을헤아리지못하는말이요 不義에對한義憤을가져보지못한者다○ 義에對한思慕가懇切하면할스록不義에向하야는强한反撥力이生기는것이다○

여호와갈아사대『窮乏한者의빼앗김을當함과 간난한者의 嘆息함을因하야 내가이제는니러날것이요내가뎌를그思慕하는平安에두리라

一〇

詩人의 이뜨겁고懇切한祈禱에對하야 여호와神은應答하엿다○ 詩人은이것을直接神의입에서들엇다○ 이때에詩人은單純한詩人만이안이요또先知者다○ 하나님에呼訴하고 하나님으로부터直接듯는다○ 故로 이때에詩는豫言으로表示된다○ 하나님은詩人의입을빌어 僞善者와 不義한者들로因하야困難當하는 불상한사람을爲하야몸소니러날것을말하엿다○ 어느때를勿論하고 不義가加함으로因하야나타나는第一結果는 不幸한者의受難이다○ 窮乏한者 간난한者 그들은果然可憐한者들이다○ 社會의下層에잇서서惠澤을입는대는가장떠러지고 不義로因하야犧牲이되는데는第一位다○ 그런것을正義의하나님 公平의하나님 여호와는默過하지안는다○ 그는勿論만히참고기다린다그러나 不義를看過하는異邦神은안

이다。故로詩人의哀訴에應對하야「이제는내가니러나리라」한다。「니러나다」함은處置를取할時機가到來하엿슴을말하는것이다。只今까지기리참음으로기다려고견듸여왓스나 이미더猶豫할수업는때에왓다。하나님은 이제自己百姓이 不義한者로因하야困難함을보고怒를發하야니러나는날이다。아 하나님이怒하시는날 그날이얼마나두려운가。그날에全人類는戰慄하지안으면안이된다。그러나 또우리는 그런하나님임으로因하야서 正義를직히고不義를看過하지안코公義로審判하는하나님임으로因하야서 그를밋고依支한다。果然 그는自己에對한義務를직히지안는不眞實한者에게는무섭운하나님이요 自己에懇求하고依支하야忠誠한者에게는「思慕하는平安에두는」慈悲의하나님이다。

여호와의말슴은슌젼한말슴이라
따풀무에단련한銀갓트니、곳닐곱번단련한것이로라。

跋扈하는不義를보고詩人은맘에煩惱하고痛嘆하엿다。사랑하는同族의將來를生覺하고는슲어하엿다。義人의씨가人子中에서끈허저버리고 世上의不義와邪惡의싀狼輩의짓밟는바가되고말것일가고絕望하려하엿다。하나님은永遠이百姓을버리엿는가고怨望도하려하엿다 그러나 이제그의嘆息은여호와寶座에올나갓고 그의불으짓음은全能하신者의귀에聽取되엿다。그는이제 여호와自身의입에서直接救援의約束을들엇다。故로이제그의입은讚美로넘친다。이제疑心도업서지고確信과希望이빗난다。그는過去의歷史를回顧하야 여호와하나님의恒常公義롭고眞實하엿슴을生覺하엿다 그리하야그말슴의순결함을形容하야닐곱번단련한銀이라하엿다。

여호와여당신이더희를직히시고
이世代에서永々토록보호시리다

義人은滅絶하엿는가

여호와하나님을依支할때에 우리앞에서는것은確信의집팽이와希望의빛이다。故로詩人은現在의墮落한世相을보면서도 不義虛僞가優勢한것을보면서도 다시는더落膽하고悲嘆하지안는다。그의눈앞에는救援은이미確定된事實이다。그理由는 眞實의神여호와가몸소約束하엿기때문이다。故로그는인제노래한다 全能의神당신이여희를직히고보호하시리라고「이世代」란것은 이不義의跋扈하는世代란말이다。그中에서도永永토록保護하실것임을밋는다。

人子中에비루한것이높아질때에 惡한者가두루단니난도다。

비루한것이 높아지는때는 本末轉倒의時代다。道德標準의低下한時代다。良心의權威가薄弱해진時代다。故로 때는惡人이忌憚업시두려움도업시大步活步로社會에橫行한다。惡을行하고붓그러워도안코 도리혀그것이當

然한것인줄로안다。一般社會도 이를認許한다。그런時代에잇서서는 義人이存在할수가업다。詩人은이제、이義人이아주絶種되여버린듯한 무서운現實에다시도라왓다。그러나悲嘆의反復은안이다。도리여그現實을눈에보면서勇氣를가지고所望을가지고 여호와의約束의순전함을밋는다。故로七節과八節은意味로보아서는 박구어놋는것이無妨하다(훕펠트시-네。)그러지안으면 뿌릭스의譯대로八節첫머리에「비록」이라는말을넛는것이맛당하다。即 이惡이權勢를가지는이世代에서도 信實한여호와神은 義人을保護하시리라는確信의慰勞다。

詩는數千年前엣것이요 特定한一民族이스라엘의社會에關한것이다。만은 詩篇이全體로그런것갓치 또는聖經의記事가다그런것갓치 이詩는언제던지 어대서던지 感激과共

鳴을니트키는詩다。社會나文化의그런狀態가 잇는限까지 이詩는언제던지必要하다。더구나우리朝鮮에잇서서 우리가第一로불을노래는이詩다。이詩를朝鮮에보내면서 우리의가슴은뛰여지는듯하나 이것이現實인故로할수업다。그러나 다시금더悲痛한것은 이祈禱의詩를哭吟하여야할形便에잇스면서도 한사람도불으짓는소리가들리지안음니다。이스라엘의詩人은 敬虔한者가업서지고信實한者가人子中에서끈어저바리고말ㄴ줄로알고痛哭哀呼하엿스나 痛哭하는며自身이잇는때까지는오히려義人의씨가잇엇다 정말슯으고정말두려운것은「義人이亡하여도맘에두는者가업고경건한者가世上을떠나도 義人의世上을떠난것이禍를避함인줄을生覺하는사람이업는」것이다。(이사야五十七〇一)病苦를늣기는때까지는오히려所望이잇스나 病이잇어도病苦를깨닷지못하는몸은 生命이이미떠나간死骸에 不過한다。惡中에가장두려운惡은 스스로惡임을意識치못하는惡이다。社會의暗黑面에숨어서눈을숨겨가며하는僞善은아직도容恕할點이잇스나 僞善을하며僞善으로生覺지안코正當한것으로알고自他가公許하여가며하는世代는滅亡의길에들어간것이다。이러케生覺할때우리는朝鮮을爲하야 오직한사람이라도잇서서 그不義를痛罵하고叱責하여주엇스면한다이제三千里안에는虛僞뿐이안인가。이百姓은거짓말하는百姓이되여버리고말지안엇나。아첨하는百姓이되여버리고말지안엇다。귀를돌니여 社會로붓터드러오는소리는 曰運動、曰劃策、曰手段、曰社交等等이안인가。官吏는나라엣것을偷食하고 百姓은社會엣것을盜賊하고 實業家는投機家요 敎育者는열니는엿장사요 宗敎家는속이는魔術師가안인가。어대眞實을爲하야 犧牲이되엿다는一個의消息을듯는것이잇나。二千萬을들어黃海에던질나면말것이나 그러치안으면 여긔義人이完全한義人이못나더라도 적어도義의懇求者가나여야한다。 우리가願하는것은 다른아모것도안이다。 漢江가에한사람의洗禮요한이出現하기다。 그리하야그城中에서나오는사람을보고「毒蛇의種類들아」하고義의鐵鞭을휘날니기다。 아아 누가우리에게도잇서서 白頭山頂에올나가 여호와하나님을向하야詩第十二篇을올니고「내가인제는니러날것이요 뎌를그思慕하는平安에두리라」하는 嘉信을밧어가지고깃븜의눈물로下山할것인가。

【註】（一）경건이라翻譯한말은原語에카시드(Khasid)란말로 慈悲라 親切이라 하나님을恭敬하는이라고도譯한다。 本來케세드(Khesed)에서나온말이다(하나님에게사랑을밧는다는意味)。故로本來被動的意味가만으나또하나님과사람을對하야사랑한다는意味를가진다。 이詩에서는하나님에對하야사랑을다하는사람이란意味로取함이맛당한듯하다。 이는詩篇에特히만이쓰인말로매우翻譯하기어렵은말의하나이라한다。(카르크라파트리크의說明에依함)

（二）「思慕하는平安에두리라」라고 譯하여스나어느外國譯을參考하여한것이요本來우리譯에는「뎌의무리의경홀히녁이는者를든든한곳에두리라」고되엿다。 이는學者間에問題잇는句로單語의解釋에따라여러가지로된다。 경홀이라고도하고 헐덕인다고도하고(이때는뒤에따라오는迫害者에게서……하는意味가된다) 或은思慕한다고도한다。 或은「내가뎌를爲하야빗최리라」라고도譯한다

（三）「따플누에……」이것도難解의一句다。 意見이여러가지나 簡單하게말하면適確한意味를몰으는말이다 따에잇는풀무라기도하고 (단련한銀을)따에부을때에라고譯하기도한다。

（四）年代와作者에關하야는 原文에잇는대로따윗의詩로말하는이도잇스나 또거긔反對하는이도잇다。 따윗의것이라면 아마사울의末年項이라고推定하고、다른사람의것이라면(文體나思想寺으로브아서)둘재번聖殿建築後、에즈라、네헤미야前、그中間쯤이라고도하고 紀元前二世紀頃이리라는이도잇다。 그러나 엇젯던지章首를보면모힘에서노래로불으던것임은알수잇는일이요 또作者가누구엿던지 年代가엇지되엿던지 學問的이안이요靈的意味를取하는대는問題될것이업다。

（五）希伯來原語의知識이全無한筆者는語句의解釋에서는오직可信할學者의說明을借用하엿슴에지나지안는것을말하어둔다。

偉人의定義

카ー라일

金敎臣 譯

　그러나 特히偉人에對하야 余는 敢히말한다——더가 眞實치 안타고는 믿을수업는것이라고。余의 보는바로는 眞實이야말노偉人의、또偉人의게잇는 모든것의 根本基礎다。미라보—던지 나폴네온이던지 버ㄴ즈던지 크롬웰等은 모다 爲先 그일에當함에 熱誠치 아님이업섯다。即余의 所謂 眞摯의人이 아님이 업섯다。

　眞摯——깊고 偉大하고 純粹한眞摯은얻던일에던지 英雄的人物의 第一特性이라고할것이다。그眞摯는 自己自身을 眞摯하다고일카르는 따위 眞摯가 아니다。아、아니다。그것은 甚히 可憐한 淺薄한吹螺的、自覺的眞摯다。 大槪는 自負에不過하다。

　偉人의眞摯는 그것과는 달나 自己自身으로 말할수업는 自身의自覺치 못한 따위眞摯다。 아니 짐작건대 더는 오히려不眞實을 自覺할것이다。왜、누가能히 一日間을 少毫도 眞實의大法에依하야 正確하게 겪어낼者인고? 아니다 偉人은自己로서 眞摯를 자랑하지 안한다。 그런일은업다。짐작컨대 自己가眞摯한가 안한가하고。自己로서 물는일도업슬것이다。차라리彼의眞摯는 彼自身에依存치안하다고말히기싶다。더는眞摯치 안할수업는것이다!存在의大事實이 더의게는 重大한것이다。더는 飛去할냐할지라도 이實在의嚴前을避할수업다。더의 마음이 그러케되엿다。더는 아모런것보담도 이것으로써 偉大한것이다。이宇宙는 彼의게 두려웁고 驚異요生과가치實在요死와가치實在인바이다。萬人

이 그眞實을忘却하고虛妄한皮相中에 거를지라도(詩三十九篇)더는 그럴수업다。造次顚沛에眞實의焰影이彼의우에 비침으로 否定할수도업고 儼然히 잇다! 諸君 이것을 余의 偉人에對한 根本定義로 알아주기를 바란다。小人도 或은 이資格을가질수잇을것이다。이것은 神의創造함을받은如何한人間의게든지 適合한것이다。그러나偉人은 이것을缺하고는 存在할수업는것이다

過 失 ?

大凡 世人은 過失을 넘어重大視한다。事物의細末에 가리웟어 其核心을 보지못한다。過失! 過失의最大한것은 생각건대 秋毫도 過失을 意識치안는것이다。聖書의讀者는 特히 이點을 잘分辨할것인줄노안다。「하나님의 聖旨에合한사람」이라고 稱함을 받은사람은 누군가? 이 히브리王 다윗은、일즉 여러번罪에빠젓다。極惡의罪、온갓 罪惡을行치안함이업섯다。그럼으로不信者는 嘲笑하며 물는다「이것이 所謂神의聖旨에合한사람」이냐고。淺薄하도다 이嘲笑여、라고 나는 말하지안흘수업다。一生涯의內面的秘密、그悔恨、誘惑、眞實、種種挫折하는 不斷의苦鬪等을 忘却한다면、過失이 무엇인가 外面的 細故末節이 다 무엇인가?걸는사람은 自己로서 그行步를定할수 업나니라。」(約二〇ノ二八)사람의 모든行爲中에 가장 神聖한것은 悔改가 아닌가? 罪中에 가장深한것은 어리석게 少毫의罪도 업다는自覺이다、이것이即 死다 이러케意識하는 마음은 眞摯、謙卑、事實과는 絶緣한것이다、발서 죽은것이다。이것을 「純潔」이라고한다면、生命업는 말는 砂粒이 潔함과가튼 純潔이다。

다윗의「詩篇」에記錄되여잇는것으로보와도 彼一生의經歷은 現世人間의道德的進步或은 戰鬪의 가장眞實한表徵이라고 생각한다。

篤實한사람은 누구던지、그것은篤實한靈魂이改過遷善하라는忠實한奮鬪인것을分別할것이다。이奮鬪는種々中途에挫折하고 全然破滅한것처럼慘酷하게沈淪墮落할때도잇다。그러나決코苦鬪를中止하지안코、눈물노써、悔改로써、不屈의心志로써、언제든지 새로히또始作한다。可憐하도다人間性！ 참말、사람의거름이란것은 이처럼 恒常「過失의連續」이아닌가。사람은 이以外엔 할수업다人生이라는이荒波中에서 사람은苦鬪前進하지아니치못한다。或時꺽구러젓어 깊히墮落하면서도、늘 懺悔의눈물을뿌리며 肝血을쥐짜면서 再次이러서고또다시앞흐로苦鬪하지안흐면안된다。이奮鬪가果然忠實한不屈的奮鬪ㄴ가아닌가、이것이야말노問題中의問題다그心髓가참되다면 個々末節에는悲痛할點이不少하다할지라도 寬恕할것이다。細故枝葉만은 決코 우리의게 그眞相如何를教示치안한다。

哲人의宗教觀

方哲源

蒼空은深高함을存在의唯一한價值로알것이며 地球는廣濶함을存在의最高生命으로是認할것이나 全宇宙을創造한絕對者의偉力에比한다하면實로微々한部分的存在에不過할것이다。

近代人智啓發과自然科學의發達에따라서、地下로부터地上、地上으로부터天上에至하기까지 有無을通하여知力的萬能음高唱함은自然科學說그대로일것이다。

또한人智을信奉하고神智을否定하며 人力으로神意을探求하라함도亦是近代社會의唯一한傾向일것이다。

이러한影響이자못現今社會의各教會及寺院等 教役者諸君의心底에까지潛在되여 一般信仰界에는無數한打算的信仰이奬勵되고 一

邊으로는神佛의魔力을讃美하여自身의安全을要望하며 無根抵한神佛의存在을證據함을唯一한宗敎生命으로信任하나 哲人은神佛의低劣한存在을懷疑하며 魔術的神秘表現과 迷信的啓示는도로혀眞實한神佛의本意的存在性을失한가恐怖한다。懷疑는잇는바에實在者을爲하여서라는懷疑가아니며 업는바를잇게하랴는(創造性)데限하여서만懷疑의使命을다하엿다함일것이다。

即旣成宗敎家들의主觀世界에潛在된低劣한信仰對象인神話的無價値한神的存在말고 그보다한층더進步된그리고合理性가진 將次잇슬바에絕對人格者(眞理)의存在價値와意義에對하여서말이다。

다시말하면一般宗敎家들은有形 (生命업는殿堂) 한中에서 無形한神의影子를把握하랴함에反하여 哲人은無形한中에서피잇고눈물잇는人格的(神、眞理)存在者을自體의心底에서發見하랴함이며 認識體驗하랴함이다。

또다시말하면一般信者들은徃會叅寺하여所謂敎役者의說敎(銀的雄弁臨時的方便)을通하여自身의唯一한滿足을어드랴함에正反對로哲人은經驗으로서經驗的世界을超越한世界에서實在者의存在的本意을認識하랴한다。

또한꽃핀들에서 羊모리하는牧童으로더부러라도 (自然美의純朴한氣力) 귀를기우려산(生氣잇는)神의부름을맛보랴하며 또는靜寂한山谷에孤獨히핀한포기에百合花 (美的生命의存在) 그속에서라도絕對者의聖姿를차즈랴함이詩的哲人의唯一한祈願이며無限한努力일것이다。또한思惟的(金的沈默)探求로갑잇고生命잇는絕對者의存在的本意를體驗하랴함도亦是哲人의唯一한努力일것이다。

哲人은哲人인것만콤大槪眞劍的人物이며眞實한品格所有者이고健實한神意探求者이다。

그러나一般宗敎家들은彼等哲人을指稱하여無神論者라敢號하며 甚至於罪人으로까지도是認하나 哲人이否定하고破壞하랴는神은哲人自身이말하는有意義하고有價値한絕對性잇는神의存在는아니다。所謂一般宗敎家들이力

說하고高唱하는敎會境界線外에는何等의權威도價値도無한(營業的守護神)神的存在와 寺院(木像)內에만限在하는祈禱萬能主義的佛의存在等일것이며 宇宙의神、良心의神은아니다。實로哲學의長處와價値는凡有事物에對하여執着心이업는것과 相互間에對한利害問題을超越하는冷靜한立場에서 冷靜한態度로眞理을戀慕하며 絕對者의存在的價値生命을探求함이哲人自身에對한唯一한賦業(神으로부터받은업) 으로覺悟하는點에잇다。이러한點으로보와서 哲人의宗敎觀은 眞實로敎會寺院中心宗敎以上에價値를가지고잇다。

旣成宗敎團體內에潛在한矛盾된諸般問題에比하면 哲人의宗敎觀은宗敎全部의眞理라고말함은아닐것이다 宗敎本質性에近似한點과神聖味을豊富히所持한것만은事實이다。이와같이論述하면宗敎家의所行에따라서 宗敎全部의存在的意義와價値을論斷하라는듯도하나其實은宗敎家自身이第二次的神格者라는宗敎本來의使命的責任을覺悟하여야한다는것만말하여두랴함이다。

神的本意와宗敎生命의價値表現은宗敎自體의自動的이라는것보다도 完全한神的本位生活者인宗敎家의敬虔하고眞實한敬神的態度에限하여서만可能일것이다。여호와의本意가基督을通하여完全히實現됨과같이 完全한宗敎的生命과神的本意가現實者의唯一한生命의原動力으로一切現象의完全을助成한다함은亦是現實者自身의眞實한內心的覺醒으로부터出發하는神的要求의觀念과 絕對者의게歸依하랴는敬虔한信仰的態度에따라서神人合致되며現實과非現實과의調和도可能일것이고 絕對者의本意가實現者의內在的生命으로全人格化가되는것이다。

宗敎家의宗敎觀은非理性的이며 無意識的이고情的임에따라서 盲目的이다。그러나이렇게말하면旣成宗敎界의信仰全部을無視하는말이라할것이나 그러나在來信仰界에잇서서는 信仰對象에對하여 何等의掛念도批判도업이無條件的으로信仰하는것으로만 宗敎信

仰全部다고信任하엿던것만事實이여서스넛가나의獨斷도아닐것이다。

이러한信仰은實로危險性잇는信仰일것뿐만아니라 絕對者의根本的本意까지도忘却하고枝葉인雜神을唯一한信仰對象으로信奉하랴함은 良心잇는宗敎家들로는等閑視치못할責任的問題일것을말하여둔다。

然이나哲人의宗敎觀은 冷靜的이며抽象的인것만큼眞實하고確實한認識的範疇形式을神의게到達하는唯一한規律로是認함은 哲人自身의眞實을말함이며 一般的信仰界의覺醒을말함일것이다。

過去世界의宗敎史와 哲學史를考察하면哲學史보다도宗敎史에만은偏僻된問題가潛在되여잇다。

即宗敎史中에는 國家와國家 自民族과異民族間에對한虐殺的眞相과 또는自身이信仰하는神을擁護하랴하며 他人의信奉하는宗敎는破壞하랴하는等矛盾된事實은宗敎史自身이말하는바일것이다。

然이나哲學史中에는이러한事實이全無하다는것은아니나宗敎史와같이殘惡한事實은實로稀少하다。

그러나宗敎史가所持한內容如何에따라서宗敎的價値有無를論定하랴함도아니다。또한宗敎自身의旣得權과이미가진바에모든것을否認하고 宗敎代身으로哲人이指適한觀念的客觀實在者를無條件하고信奉하랴는强請도아니다

솔직하게말하면從來信仰界에信行方法과旣成的信仰舊殼에서解脫하여 信仰的更生과信仰的洗禮를밧고 絕對者의本意인宗敎本來의自由性에다信仰的基礎를두고 時代的覺醒에따라서自體의完全을要請하며 即非人格的神을信仰하는것보다人格的인絕對者의게歸依함이宗敎生活者의唯一한生活標準일것이다。

이것이곳哲人의宗敎觀을通하여내가信仰하는宗敎觀이다。

一九三〇 九、九日끝

基督教入門
(靈肉의宣戰布告)

金敎臣

性善、性惡?은 人類의 오랜課題엿다。

그러나 基督敎에서는 明白히 人性을 惡하다한다。예수는 山上垂訓을 들을녀고 갈닐니와 데가볼니와 예루살넴과 유대와 요단강 건너편에서 雲集한 許多한 群衆을向하야「너희가 惡할지라도 됴흔것으로 子息의게 줄줄알거든……」(馬太七章十一節)云々하야 아모躊躇업시 旣決事實노써 人性의 惡한것을 宣言하섯다。大使徒바울도 亦是 異邦人과 猶太人을 全部合하야『義人은 업나니 곳 一人도 업스며……善을行하는者는 업나니 곳 하나도업나니라』(羅馬一、二、三章叅照)고 論斷하엿다。

그런대 사람의 本性은 이와가치 惡한것이면서 또한他方에는 善을思慕하며 追窮하야 마지아니하는 傾向이 잇다。이스라엘詩人은 (詩篇第四十二篇一、二節)

사슴이 시내물 차지랴고
渴急한것처럼
내 靈魂이 당신을 차지랴고
渴急하도다、오、主여。
내 靈魂이 목마름가치 하나님을、
(산) 하나님을 思慕하도다。
언제나 내가 하나님 앒헤、
왓어 出現하야 뵈오릿가。

고 完全한者를 向하야 그渴急한情緒를吐露하엿다。

사람은 惡한것이고、그안에 善한것이아모것도 업는것이나、그러나 또한 善을戀慕하야 마지 아니하는 性質이 在한것도 事實이다。이것을 稱하야 心理學者가 二重人格이라 한다。이二重人格의發見 或은

覺醒이야말노 基督敎의入門이오 同時에人生의 첫거름이다。二重人格을 가장 痛快하게 如實하게 論告한것이 羅馬人書第七章에 잇는 바울의體驗告白이다。

바울은 過去二千年間을通하야 最大한基督信者엿다。그런대 더는「……大槪 律法에 貪내지말나 하지아니하엿더면 내가貪心을 깨닷지 몯하엿으리라」(七章七節)하며「大槪 우리가 律法은 神靈한줄노알거니와 오직 나는 肉體에 붙허서 罪아래팔녓나니라一(十四節)하야 人類의 高貴한 道德律을向하야 奮鬪努力으로써 그完成을期하다가 드듸여 十誡命第十條의「네가 貪내지 말나」는 一句앞에는 나는罪人中에魁首니라고歎息하고 降服하지아니치몯한것이엿다。바울은 이에 그眞誠한 努力의 結果로써 自己안에奇異한矛盾이 잇슴을發見하엿다。

大槪 내가 行하는것을 내가不知하노니
내가願하는 이것은 行하지아니하고、
도리혀 미워하는 그것은 行함이라。
이제는 내行하는것이 내가行하는것이
아니오、
오직 내 속에居하난罪가行하는것이다
大槪 내속 곳 내肉體속에
善한것이 한아도居하지 아니하는줄을
아노니
善行하기를 願하는 마음은 내게 잇
으나、
그대로 일우는 것은 업나니라。

× × ×

大槪 내 속에 잇는 사람으로는 하나
님의 法을 즐거워 하되
다못 肢體中에 다른法 잇는것을보매
내 마음의 法과 함께 싸화
나를 사로잡아 나의肢體에 잇는 罪

의法에 服從케한다。하야 善을願하는 생각은 잇으나 惡을行하는 自我가 굿세게 盤据하야 全然히 그權勢下에 捕虜되여잇슴을 發見한것이다。

이것은 바울의 經驗인同時에 또 모든眞實한者의 經驗이다。오ㅣ거스틘이 그러하엿고 반얀이 그러하엿고 또 우리自身도 이것을 否認할수 업는 各自의 事實이다。

「大概 내속 곳 내肉體속에 善한것이하나도 居하지 아니한」줄을 알어 惡인自我、罪인自我의 正體를 發見하는 것이第 着의 急先務요、또 이것을 第一明確하게 敎示하는것이 聖書다。聖書는 人類創造後 얼마 지나지안하엿어 발서 사람의 內心이 姦惡한것임을指摘하엿다。(創世紀六章五節、同八章二十一節)

바울은 다른대에서「大概 肉體의所欲은聖靈을 거사리고 聖靈의所欲은 肉體를거사리나니 이둘이 서로 對敵하야 너히의願하는것을 하지못하게 하나니라」(加拉太五章十七節 고하엿고베드로는「……맏당히 靈魂을 거사려 싸호는 肉體의 情慾을 멀니하라」(베드로前二章十一節)하엿으며 야고보는「……너히肢體中에서 싸호는情慾으로 좃차 난것이아니냐」。(야고보四章一節)하야 다가치 善에對한惡、聖靈에對한情慾(罪惡)을 가르켯다。이 本性의惡한正體를 發見할때에 우리도 바울과가치「嗚呼라 나는 괴로운사람이로다 누가 이死亡의 몸에서 나를 救援하랴」는悲鳴이自然히 솟아나올것이다。萬一 이悲哀의呼訴에 까지 不至하엿다면 그는 아직 惡의正體를 充分히 發見치 못한것이다。

惡性을 的確히 知悉하는唯一의法은 一日이라도速히 靈을거사리는 肉을向하야、善

을行하랴는 所願을 눕으는 罪의法을向하야 吾人의 態度를決하고 旗色을 鮮明히하는데에 잇다。간듸는 그運動을始作할때에「生命財産이 앗가운사람은 다 國外로避難할것이라」고宣言하엿다한다。高貴한靈魂의 所持者 藤井 武氏는 其恩師의記念講演會에서「우리는 모든 眞理의敵을向하야 새로히 宣戰을布告한다」하엿다。우리는 外에對하던지 안을向하던지 우리의、나의 態度를 鮮明히 할것이다。善을行하랴는 聖靈의게에 服從할 것인지、或은 聖靈을 거사리는 惡과 情慾의 勢力에加擔할것인지 分明히 하지안코는 到底히 眞理의域을 밟을수 업는것이다。

이에 果然 態度를 決然하야 눈을對하던지 귀를向하던지 팔과 다리를向하얏어도 肢體의 一部分을 缺하고라도 天國에드러가기를 馬可八○三十六 覺悟하고 안으로던지 막그로던지 찻가운者의게던지 먼者의게먼지 모든 肉에屬한것과 聖靈을 거사리는 것을向하야 宣戰을 布告할때에 惡魔를向하야 잉크甁을 더지던 루터를 알게되고 반얀 오-거스틘과 바울을 알게되여 設令 내 입에서도 바울과 가치「嗚呼라 나는 괴로운 사람이로다 누가 이 死亡의 몸에서 나를 救援하랴」하고 哀哭할지라도

『……성한 사람은 醫員이 쓸대업고 病든 사람이라야 쓰나니
내가 義人을 부르려 온것이 아니오。
罪人을 부르려 왓노라』(馬可二○十七)

는 예수 그리스도를 알게되여 乃終에는「우리主 예수 그리스도를 因하야 내가하나님께 感謝하노라」는 凱歌를 부르게되고 그스도로 말매암아 하나님 아바지께나아가게 하나니 그럼으로 基督敎의入門은 靈이 肉을向하야 宣戰布告함에 잇다하노라

城西通信

九月七日(日曜) 宋、柳 兩兄이 活人洞本社에來合하야 新秋에 開始할 市內集會의準備祈禱가 잇엇다。余는 골노새書一章一|十二節을 講解하다。

九月十四日(日曜)夏季間 閉鎖하엿던 市內集會를 今日부터 다시 開講하다。오날은 余 單獨擔任으로 馬可福音第十六章一|八節의 研究。鄭相勳兄이 南海에歸하얏슴으로 우리研究會는 全然히素人으로하게되엿다。매우 躊躇하다가「數三人이 나의일홈으로써 모히는 곳에 나도 함씌하리라」는 主예수의 約束을 文字대로信受하고 集會를 繼續하기로作定한것이엿다

九月二十一日(日曜) 午后二時三十分부터 市內樂園病院에集會。 宋兄은 갈나듸아第一章十節의感話。 柳兄은 이사야書第五章一|七節의 講解가 잇섯다。畢會後에會員中에서 主人張醫師의게 受診하는니가잇서어「安息日에 善을行할것인가 惡을行할것것인가。生命을 救濟할것인가 죽일것인가?」하고 싸호시던 主예수의 말삼이連想됨이 만햇다。張禮世氏는 內科呼吸器科、物理療法科、의專攻이시다。靈과肉을 함씌 健全케하난機會바듬을感謝不已。

九月二十三日(火曜)雜誌十月號의原稿檢閱이畢되엿다는 通知를接하고 警務局圖書課에就하야 이를 차젓어 即刻으로 印刷所에交附하다。어느날이나 編輯者의 손에서新鮮한原稿를 直接 印刷所에 回付하는 世上에 살아볼가。現今은 時間上으로 編輯된以後에約二週間以上 陳腐된後이라야비로소 印刷하게된다。따라서 發行日字가는것도 全혀 發行者의意志範圍外에 잇으니 發行者는 다만 焦慮가 잇을뿐이다。九月二十六日에 一回 同二十七日에二次 前後三次 彰文社印刷所에 就하야 無味就燥한校正係의任務를 畢하다。

九月二十八日(日曜)午后二時三十分 市內集會。 柳兄은 새로히 出席하는 靑年들을爲하야 環境과處世란 題로서 一般修養講話를試하고 余는 羅馬第七章十三|二十五節에依하야 靈肉의 宣戰布告를 提言하다。即 基督敎의入門을 指示함이엿다。

九月三十日(火曜)昨日부터 今夜까지 餘暇를利用하야 雜誌發送事務를畢하다少部數이지만 一에서十까지 다 單獨으로하여야하고 餘時를盜用하는 일이고 加之에섯틀은 솜씨인 까닭인지 때 時間도 勞力도 걸닌다。雜誌라고 생각하면 두달도繼續하기 어려운 일이다。그러나 兄弟의게보내는 片紙로 생각할때에 發送事務도事務가 안된다。無誠意한讀者는 一人이라도混雜되지 말것이다。

宋斗用兄은 京仁線梧柳洞應谷에 移轉하야 農事始作中、 얼마前에 秋麥을播種하엿다고。

本十一月號는 檢閱關係로서 發行이遲延되엿습니다。發行日字를 確守하기어려운事情에잇옴을 讀者諸氏도諒察하여주기를 바라나이다。 聖書朝鮮社

集會案內

時、每日曜日 午後二時三十分브터 四時頃外지

所、市內樂園洞二六〇 樂園病院內

【注意】舊新約聖書와讚頌歌를持參하시오

十一月一日 京城聖書研究會

(定價送料共)

一 部	十五錢
六個月	八十錢
一年分	一、五〇錢

昭和五年十一月三日 印刷

昭和五年十一月六日 發行 京城府外龍江面孔德里一三〇

編輯發行兼印刷人 金 敎 臣 京城府西大門町二丁目一三九

印刷所 基督敎彰文社

京城府外龍江面孔德里活人洞一三〇ノ三

發行所 聖書朝鮮社

振替口座京城一六五九四

『聖書朝鮮』第二十二號　昭和五年十一月一日發行（每月一回一日發行）

聖書朝鮮

十二月號 (一九三〇) 第二三號

昭和五年一月二十八日(第三種郵便物認可)
昭和五年十二月一日發行(每月一回一日發行)

目次

天才와凡夫

政治에天才를要하고 科學에天才를要하고 藝術에天才를要한다。 그럼으로宗敎에도天才를要한다고한다。果然그럴넌지모른다。 그러나萬一、果然天才만이 宗敎를云謂할것이라하면 人類의大多數를 차지하는凡夫는 무엇으로써救援에叅與할수잇을가。

眼病을患한者는 眼病者를同情할줄알고、齒痛을經驗한者는 齒痛患者를慰勞할줄안다 貧者와罪人을救援하기爲하야는 天帝의獨生子도、오히려 구유에誕生하야 稅吏賤民과 起居를함께하엿던것처럼 人類의大多數인凡衆을救濟하기爲하야 凡夫中凡夫인者中에서 凡夫그대로의 素朴한體驗을 唱導할者는不出하는가。萬若天才만이 信仰의奧義에通하는것이라할진대 余輩는斷言한다 天才의발굼치에 붓혓어天堂가기는 棄權한다고。

크리스마스

金敎臣

聖誕日은 발서 朝鮮에잇섯어도 名節化하엿다。信者도 이날을祝하고 不信者도이날을賀한다。敎會도 이날에搖亂하고 商賈도 이날에奔走하다。알고 즐겨워하는니도 잇거니와 몰으고賀餠를交換하는이는 더만타。온長安이 이를讚揚하고 全會社와 全人類가 이날을 歡喜한다。

그러나 이날을祝賀하는理由가 무엇인가 산타크로ᄉ翁의 선물인가。『따에는 깁버하심을입은 사람들이 平安할』것을 享樂할것임인가。우리는 마리아의게 그讚美의理由를 들을것이다（路加一章五十一—五十五）

그의 팔노 힘을보이사
며의마암의生覺에驕慢한者를 흣흐셧고
權威잇난者를 그地位에서 나려치셧으

크리스마스 二

며 나즌者를 올니지섯고 주리난者를 됴흔것으로 배불니섯으며 富者를 空手로 보내섯고 그종 이스라엘을도으사 矜恤히녁이시고 記憶하시기를 이전 우리祖上의게 말삼하신것과가치 아브라함과 및그 子孫의게 世世토록 밋치게하심이로다。

마리아가 그 이스라엘의 하나님을 讚美한것은 單只平和의神、慈悲의神인緣故가 아니엿다。果然 더는 驕慢한者를 흣흐시고 權威잇난者를 낫추시고 나즌者를 놉히시며 富者를 空手토보내시고 주린者를 飽食케하시는 하나님이엿다。이過去의 하나님의 行하신일을 가장完全하게 具備하게地上에서實行하신것이 예수그리스도의誕降으로서 始作되엿다。예수의誕降은 人間價値의總顚伏을 意味하는것이다。예수의出現으로 말미암아 人類는 前에未聞의것을들고 前에未見의것을 보게되엿다。

人生의渴求하던 幸福의標準이顚倒되엿다 貧者와 주린者와 哀痛하는者가 幸福한者로되고(馬太五章)배부른者와 웃는者가禍스러운者로되엿다。(路가六章二十節以下) 弱한때에强하고 强한때에弱하엿젓다(고린도後十二〇十) 才子가愚人이되고 愚夫가 智者로되엿다(고린도前書一〇十九以下)솔노몬의盛飾은 오히려 百合花의一輪에不及하고(馬太六章二十九以下)稅吏는 바리새敎人보다 聖徒가되엿다 路加十八〇九—十四節) 主되려는者는 종이되고(馬太二十〇二十五以下) 生命을 버리는者가 永生을 엇게 되엿다。

그리스도의 誕降으로 말미암은 이變革과 이尺度의轉倒에能히견댈者가 구군가。聖誕을祝賀하는者의게 깁흔 생각함이잇어야할것이다。

참救世主

咸錫憲

예수가 유대ㅅ사람에게미움을밧은原因은 그들보기에不足한點이잇서서가안이요 그들의期待를無視하엿기때문이엇다。當時유대人은 그에게서政治的메시야를期待하고잇엇다 그事情은 요한야고보의兄弟가特別한待優를付托한것이라던가 베드로가 예수의受難을挽留하려한것을보아 弟子들中에도 그生覺이만이잇엇던것을알수잇다。事實이것은 예수의臨終期까지繼續되엿다。가룟유다가 終乃예수를背叛하던것도 아마어떤動機로부터落望한것이原因인듯하다。故로남은弟子들도 예수의復活後에야겨우 여긔對한眞意를깨달은形便이다。 弟子들부터어떤形便이니 그餘衆人은 넉넉히斟酌할수잇는일이다。故로福音中에는 這間의事情을暗示하는場面이屢屢히잇다。 그러나 여긔對하야 예수는 頑固스럽게拒絕하엿다。그리하야또대여 그로因하야悲慘한最後를지엿다。 그러면 예수는 무엇때문에그러케까지半分의妥協이업시固執하엿나。두말할것업시 眞正한救主가되기爲하야서다。人類우에참救援의길을열기爲하야서다。예수로서 當時의事情을몰으는바안이엇다。自已가一指를動하기만하면赫赫한政治的革命運動을니르킬수잇슴을잘알고잇엇다。그러나그길을取치안코 거긔對한誘惑이올때는 愛弟子를向하 서도「사단아물너가라」하는怒責을앗기지안엇다。 그는 이宣傳에依하는 政略的救援이一時的救援에止하는것이요또그것이眞理안임을알엇기때문이엇다。 그는衆人의弱點을利用하야一時의成功을貪하는革命的政治家가안이엇다。 그는사람의精神의强한곳을살니여 그로서스스로사는자리에나가게하는眞正한救主이엇다。이意味에서 예수는 이世上의모든革命家와根本的으로달으다뎌희가 一時的救主라면그는永遠의救主다。뎌희가 世上的救主라면 그는靈的救主다。뎌희는臨時의鎭痛을식이는救主요 그는健全

한生命을賦與하는救主다。世上에서 或人類의救主라하야모세 그리스도 레ㅣ닌 孫文云云하는것을間間히듯는다。그러나 이는無知하기分數업는일이다。레ㅣ닌孫文은아모래도레ㅣ닌孫文이요 그리스도는또그리스도다그리말하는사람은 亦是 그리스도의眞正한救主인意味를몰으는사람이다。그리스도는이의曠野의誘惑에서 모든政治的、武力的、世俗的革命運動의誘惑을이기고낫다。그리하야終乃十字架에서까지 이기엿다。그에依하야비로소 人類우에새로운 참救援의길이열니엿다。매우좁은 險한 길이다。거긔를通하는者는絕望的으로까지되지안으면안이된다。그러케까지强하기를要求한다。果然우리는弱할때에가장强함을알ㄴ다。

基督敎의旗를세워萬人을모으려하는것은그리스도의本意에合한것일가。그리스도는 敎會堂의門을넓이는것을보고稱讚할가 音樂演奏를하여서傳道를하는것을果然怜悧한일이라고할가。財團法人을組織하야基礎를든든케하려努力함을賞줄가。聯合會를組織하고靈肉並進하는敎化運動을니르키려함을 아름답게볼가。都大體、우리가 손목을잇쓸어 敎會堂에자리를채우려함을許諾할가。

四

그리스도以上으로智慧롭으려함은 그리스도압에서無用하다。어리석은바울은 어리석게 智慧의곱은말을쓰지안엇다。그代身 그는十字架의權能으로하엿다。몰라 智慧롭은現代의크리스챤이 敎化運動에는智慧롭겟거니와 權能이잇겟는지업겟는지는。

그리스도는『네罪를赦하엿스니 니러나서牀을가지고가라』고하엿다。그는 生命의根源이될根本을바로한後는 몸소强하여질것을要求하엿다。그리스도보다同情心이만은 現代의크리스챤은 집에까지업어서돌녀보내려한다。그러케하면客이漸漸더만이모힐것이요그러면漸漸더만는慈善事業을하게될것이다!

거듭하여말한다。그리스도는弱點을엿보는救主는안이엇다。그는사람의强處를찻는救世主엿다。그리고 그는참救主엿다。

하나님의葡萄園

柳錫東

파레스틴地方에葡萄園이만허 이스라엘百姓이恒常보고만치고한까닭인지 舊約과新約에난葡萄園이라난말이數十次나나왓스며 또한그에關聯되난葡萄니葡萄酒니즙짜난틀이니하난말도數十次나나왓다。노아가葡萄園을만들엇다난創世紀九章二十節의紀事를비롯하야聖書記者가쓴葡萄園의文字난만흔聯想과깁흔意味와아름다운光景을우리의게가르켜준다。야곱이유다를祝福하야하난말에「그난말을葡萄덩쿨에매고옷을술에씻넌다」난平和한田園的色彩 詩篇에나오난象徵的意味予言書에나오난文學的暗示的予言的意義新約에나오난比喩的說話等 葡萄園이라난말을通하야나타난하나님의眞理와形跡은果然큼이잇다。그런대聖書中에서 이모든深奧한뜻을가장明白하게切實하게代表的으로表示한것이이사야五章一—七이다。이것은一節初頭에잇난것과갓치葡萄園노래라할수잇스며 予言者의眼光과詩人의想像을가진이사야난 어릴때부터自己庭園과갓치밤낫으로지내고밟고냄새맛고따먹고하던葡萄園에 그에對하야옛날預言者들이道破한眞理를生覺하면서 自己獨特한뜻을읽고이特異한生覺과感情과熱은제절노흘너이노래가되엿다。

「내가내사랑하난자를위하야노래하고자하노니곳내사랑하난자의포도원노래라」

이第一節前半은全詩의序曲이라할수잇스며여기에詩人이이詩쓰난動機와아울너이詩의題目을簡單이말하엿다。詩人은自己마암에갓득차잇난사랑에못익이여 제절노이사랑의對象을向하야노래를불는다。그의全心을빼아슨者에對하야詩人은안노래할수업스며안말할수업다。국진하고순진한感情은自然히흘너노래가된다。사랑은그의表示를하고야마넌것이다。對象에對한사랑의必然的表現이이詩의動機이다。그러나詩人은直接對象自體를노래하난것이아니고 對象이가진葡萄園을노래한다。사람은가ㅣ끔사랑하난者를더사랑하고깃브게하기爲하야 또한이러한意識업시自然스럽게對象이貴하역이난물건을말하게되고노래하게된다。對象에지지안난사랑이自己부터도그物件에흘느게된다。또한사랑의必然性이다。詩人은對象이눈동자갓치사랑하난葡萄園을안노래할수업스며 對象에對한지극한사랑은自然히이곳에밋치게된다。切切한葡萄園의노래다。詩人외사랑은이노래를通하야對象외게限업시나타난다。

여기에詩人이말하난「사랑하난자」난누구인가。이난一點의疑心업시詩人을만들고詩人의나라를만들고기르고하시난宇宙의主여호와하나님이다。모세외게나타나고아브라함에나타난하나님이다。하나님은우리외어렵고무서운아버지일뿐아니라 우리의親하고사랑스러운男便이다。「대개네남편은너를지으신자라。그일홈은곳만유의여호와시니 너를구속하신자난이스라엘의거륵하신자요온따의하나님이라칭하리로다。」라난말이이사야五十四章五節에잇고 에레미아三章十四節에「여호와께서갈아사대반역하난아달들아내게로도라오라。대개내가너희의게 지아비가되리라。」고잇다。預言者들은여호와하나님性格을地上關係로그려낼때아버지만으로난不足함을늣기여여기에男便이라난關係를가지고왓다。하나님은우리외게對하야 婦人에對한男便의關係이다。男便이婦人에對한우리의實感과經驗으로우러난하나님의性格을어느點까지經驗할수잇다。이婦人關係로써하나님과우리외關係를切實히그려낸곳이聖書에또한잇다。솔노몬宮廷에울여가誘惑을밧고잇난「사론의들꽃이요 골짝이의 백합화」인處女가그사랑하난者를생각하야 그가삼속에서나오난한마듸한마듸의말『나의사랑하난자가 남자중에 맛치수풀가운대능금나무와갓흐니 내가심히깃버하야 그그늘에안젓난대 그실과맛이달도다。」「나의사랑하난자의목소래니볼지어다。저가산에서뛰고뫼뿌리에서달여오난도다。나의사랑하난자난맛치노루와어린사슴갓흐니 볼지어다 저가담뒤에서서창으로드려다보며 문살틈으로엿보난도다。」「나의사랑하난자난내게속하엿스며나난저의게속한지라。저난백합화가온대양떼를먹이난도다。」「나의사랑하난者의소래가들이니 곳문을두다리며하난말이 나의누의 나의짝 나의비닭이 나의완전한자여문을열나』은男便이그에對한마암이엇더함을餘地업시말하엿스며 하난님은우리에對하야또한이러하다。우리의사랑하난者이다。여기에注意할것은「사랑하난」이라난글자난朝鮮語에서난通俗的用語와아무區別이업스나原語에난區別이잇서이「사랑하난」이라난글자에난사랑이라난要素外에거특하며어려워역인다난要素가잇다한다。하나님을男便이라하며사랑하난者라하난思想은이스라엘民族以外에도만흔것이엿난대다만이스라엘것은只今말한것과갓흔獨特한뜻이잇서 自然히他民族것과區別이되엇다。他民族것은사랑스럽고귀여워서안즈며써다듬넌뜻이잇스나이스라엘것은그럿털아니하다。英語로서도不完全하나마區別한다하면他民族것은「다ㅣ령」이고이스라엘것은「버러ㅣ브드」이다。

「내사랑하난자가 기름진산에포도원이엿스니 따를파서돌을제하고상품포도나무를심으고그가운대망대를세우고또안에즙짜난통을파고포도맷기를바래나오직맷난것이머루로다」

序曲이끗나고이제詩本體가始作된다。내사

랑하난자가가진葡萄園은太陽이잘쬐이난山에잇다。 그山은平地아니나瘠土가아니고沃土이며 힘을드려肥料를안주어도제절노葡萄가잘어날만한기름진땅이다。 이러한自然的도음을가진葡萄園인대 내사랑하난자난또한忠實한園主가하여야할일을다한다。 땅을파서돌을갈여내버리고거기에第一조흔葡萄를選擇하여심엇다。 또사람이나김성이나들어와이것을밟어버리던햇구지하던할가염여하야 망대를세워그우에안저아츰부터저녁까지이를직힌다。 이外에즙짜난통을만들기도안이저버렷다 園主가할일을다하엿다。 馬太二一章三十三節과마가 十二章一節에도葡萄園에對한記事가잇난대 園主가한일은여기와갓다。 葡萄園에對하야난이外에더할일은 업난것갓다。 다만여기에난산울노두른다난말이업스나 엇던飜譯에난산울을둘누고올을제한다고잇다。 本文硏究에對하야學者의說이둘노난위난것갓흐니 산

八

울을둘는다난句를添加함이適當하지난아니핫가生覺한다。 이제園主난自己가할일을다하엿슴으로 또한한일이조흔葡萄맷기에適當한일이엇슴으로 의례히조흔葡萄가되리라期待하엿다。 그러나매즌것을보니葡萄가아니라머루로다。 園主의失望은比할곳이업다。 千辛萬苦를다하야지흔곡식이안된때農夫가恨嘆함에지잣난것이여기에잇다。 園主의마암의쓰라림、압흠限이업다。 詩人은「포도맷기를오직맷난것이머루로다」라고簡潔히썻園主의마암狀態를안말하엿스나 쓴以上의效果를우리讀者마암속에일내킨다。

「이제에루사렘거민들과유대사람들아 청컨대 나와밋내포도원사이에판단하라。」

하나님이아니고 詩人이하나님葡萄園노래를하여왓난대 二節씃에한번詩人感情에激動이생기자 그난第三人稱으로到底히머물너잇슬수업서 自己가只今노래하고잇난것을이저

버리고對象인사랑하난者 하나님이直接노래하난것으로되엿다。 여기에論理의矛盾이잇고形式의不一致가잇스나 이만콤感情의純眞함과激熱함이잇다。 이것이詩人의特色이며 싸러序曲에서말한사랑하난者의葡萄園에對한詩人의지극한사랑은 自己를쒸여사랑하난者自體로들어갈때 絕頂에達하엿다。 詩人은하나님속에업서지고 하나님이원통하세서큰소래로말심하신다。 내포도원을잘아난유다사람들아 내가잘못하엿난지 葡萄園이잘못하엿난지 판단을하여보라。 하나님은그의쓰라린맘을그냥참을수업섯다。 그마암은제절노호소하게되엿다。

「내가내포도원을위하야일할외에 쏘무삼할것이잇섯나냐 내가포도맷기를기다렷난대엇지하야머루를매젓나냐」

내가葡萄園에對하야하여야할일을안한것이무엇이잇나냐。 울탈이도하고돌도주서내고망대도세우고즙짜난통도파고쏘葡萄中에가장조흔것을갈여심써난아니하엿나냐。 무엇을더할것이잇나냐。 아、 잇거던말하여라。 할일은다하지난아니하엿나냐。 그러면의례히조흔葡萄를매즈야할것인대엇지하야머루를매젓나냐이누의잘못이냐。 유다사람들아판단하여보라。

「이제내가내포도원에대하야행할것을너희에게알게하노니 내가그울타리를것어다가 불살오게하고 그담을헐어입이로밟게하고황무케하리니 가지를짜고붓도들사람이업서 가시와쩔네나무가날지라。 내가쏘구름을명하야그우에비를나리지안케하리라」

하나님便에아무잘못한것이업스매 하나님이하실일은오즉하나가남어잇슬뿐이다。 所用업난葡萄園을업새벌이난수밧게업다。 조흔葡萄매즈라고드리던정성의反對를하난수밧게업다。 울타리하며망대하며모다업새버리여짐승들이自由로들어오게하고 葡萄덩굴도그냥두

하나님의葡萄園

어 가시와쩔네가제절노나게하야 옛날의거렴자도볼수업난癈園으로만들수밧게업다。 이러한人間의能力으로업새버리나일을할뿐이니라 人間이하지못하난일까지하야 即비도안내려서葡萄園을全然히업새버릴것이다。葡萄園을잘맨들라난努力이만헛던만콤 그것을업새버릴때의하난일은殘酷하다。

「대개만유의여호와의포도원은이스라엘집이오 유대사람들은그의깃버하시난나무로다。공변됨을바래섯더니피흘님이잇고 의뢰움을바래섯더니부르지지난소래가잇도다」

激烈한感情이第一人者의입을벌어날카러운審判을宣言함에流出되여버리매 詩人은다시처음의잔잔한愛情의흘님으로도라갓다 冷靜한第三人稱으로도라가葡萄園의歷史的預言的象徵的意義를生覺하게되엿다。주ㅣㄱ比喩로나오다六節씃에하나님의性格을分明히하면서여기에와서난率直하고簡單하게노래의뜻을말한다。「대개」다난글자가詩人의흘너오던感情이짠方面으로變하난點을指示하난同時에 讀者로하여금이노래를오래동안生覺하게한다。하나님이힘을되리신葡萄園은다른것이아니라이스라엘이며 그속에심으시여조흔열매맷기를기다리던그葡萄난 유대사람들이라。이이스라엘이하나님의葡萄園이라난것과그의住宅이葡萄라난것은聖書속에흘느난顯著한思想이다 그날에이노래를부르리니술을내난포도원을두고노래할지어다。나여호와난이포도원을직히난자라。때때로물을주고해할자가잇슬가하야밤낫으로보호하리라」라이사야二十七章二節에잇난것은이스라엘이하나님의葡萄園이라난것이며「주쎄서한포도나무를 애굽에서옴기사 렬방사람을쫏차내고이나무를심으섯다」라詩篇八十篇八節에잇난것과「내가너를심은온전한참씨심은아름다운포도나무여늘 엇잔일노변하야내압헤다른포도나무의악한가지가되나냐」다 에레미아二章二十一節에잇난것은이스라엘사람이다。園主가그葡萄園에한일을하나님이이스라엘집에한것과 園主가그葡萄에對하야生覺한것을하나님이이스라엘사람에對

하야 生覺한것은舊約에明白히나타낫스며詩人이「만유의여호와의포도원은이스라엘집이오 유대사람들은그의깃버하난나무로다」할때 하나님이옛날서부터이스라엘에對하야하신 이 눈압헤선연이뵈인다。하나님은園主以上의努力과忠誠을하섯다。하나님이이스라엘에對하야하여야할일을다하시고난 의레히거기에公義와正道가잇슬줄알고기다렷더니意外에거기에난不公平함과不義함만이잇다。(여기에「피흘님이라」난것은잘다사리지안난結果에서남으로公平의反對가될것이고「브르지지난소래」라난것은正義를안직히난대서남으로正義의反對라할수잇다。原語에잇서서난譯語로난到底히낼수업난아름다운類音이잇다한다。(Mispat×Mispah, Sdhakah×Sakah.)하나님은園主以上마암쓰라리고또한지극한사랑의反動으로큰미움이생겻다。詩人은「공변됨을바래섯더니피흘님의잇고 의릐움을바래섯더니부르지지난소래가잇도다」라고만하고그의結果가엇지되난지난말아니하엿다。그러나詩人의이沈默은發言以上의힘을가지고 園主가葡萄園에對하야한일을읽어온우리의게 그結果를暗示하여준다。詩人의筆致에안놀낼수업다。이러하야하나님葡萄園노래난最後에잔잔하고도힘잇난餘音을길게讀者의良心속에남겨놋코맛난다。

× ×

이사야가葡萄園노래로써한나님과우리와의關係를明示함에난果然切切함이잇고 새로운悔改와決心을마암쏙에서쓰집어냄이잇다。그가一章서부터말하여오던하나님의審判의預言보다더우리를힘잇게深刻하게가르침이잇다。警醒함이잇고잇쓸음이잇다。하나님은우리를옛날부터自己의힘을다하야사랑하여오셋다。或은王을보내고 或은先生을보내고 或은預言者을보내고最後에난獨生子까지보내여 우리를가르치셧다。이러하신하나님의말삼을거역할때우리의게게난다만滅亡이잇슬뿐이다。그렷타滅亡이잇슬우리난生覺함이잇서야한다。쌔다름이잇서야한다。

살ㄴ宇宙

咸錫憲

詩第十九篇의研究

大自然은 秋冬의交에들어가서 가장그壯嚴美를發揮한다。四時中에가장含蓄的이요、啓示的인것은이時期다。蒼空은놉고 大氣는맑고 낫에는맛업는清情을雲道漂渺의外에驅馳할수가잇고 밤에는 星河燦爛한밋테驚嘆과敬畏의念에사모하는가슴을가지고 無邊無限의世界를銀河의저짝에차즐수잇다。이때에無限의門은우리우에열녀서 그全幅의光線을나리쏘고 永遠이볼수잇는形象을가지고 우리압폐스스로臨한다。우리는이때에 살ㄴ宇宙의소래를들을수잇고 그의가슴에뛰는永遠의脈搏에接觸할수잇다。우리는詩第十九篇에依하야 녯날의詩人이 이살ㄴ宇宙에낫타난하나님의榮光을엇더케노래하엿나보자

그는爲先눈을들어蒼空과그안에잇는모든天體와 이짜우에萬物을보고 이것이모도全能의神여호와의지으신것을生覺하야 感激이넘치엇다。

一、하날은하나님의영광을들어내고
궁창은그손으로지으신것을나타내여보이도다

詩人은 오늘날사람들갓치物質論者가안이엇다。그에게는 이宇宙가偶然的存在가안이엇다。하나님이經編이잇어서지은것이잇다。故로그는汎神論者도안이엇다。大宇宙는偉大한것이나 그는그것으로곳神의顯現이라고는안이하엿고 그偉大中에全能의神의榮光을넑어내엿다。詩人은 一節에서六節에니르는동안에自然을을픔에 하나님이라는名辭에 特히創造主로서의全能者를意味하는『엘』을使用한것이注意할만하다。

二、이날이저날에게말삼을전하고
이밤이저밤에게지식을베푸는도다。

그는이宇宙를 하나님의지은것으로보앗슴

으로 그것이살ㄴ것이엇다。單純한機械가안이고 하나님의生命이그안에貫通하야生動하는宇宙엿다。故로날이날에繼續하고밤이밤에繼續하야天體의運動이規則整然하게되여감은機械的連續이안이요 거긔生命의傳入이잇엇다。한날은 그다음에오는날에다 하나님의榮光、하나님의能力、하나님의偉大를말하야준다。한밤은 그다음에오는밤을向하야 하나님의經綸、하나님의攝理、하나님의永遠의智識을傳하야준다。그리하야 하루、一年、十年、千年、하나님의아페永遠의날이繼續된다。

나는이詩를어떤聖日아침 우리祈禱의處所인帝釋將軍岩밋헤서 닑엇슬때에 이句를反復口吟하엿다。그리하야 엇더케하야서 이런偉大한思想이人間의입으로나올수잇엇슬가고 놀내엿다。勿論、이는人間의입으로는나올수업는句다。사람의魂이 어떤것에 어떤偉大한것에 어떤살ㄴ것에接觸되는때에울녀나오는소리다。나는외이면외일사록 그偉大한말슴 智識이(로、고、스가)내귀에莊嚴한音響으로울녀옴을깨달엇다。

三、방언도업고 말슴도업스니
그소레도듯지못하난도다。
四、소래가온따에통하고
그말삼이 따씃까지니르럿도다。

날에서날로 밤에서밤으로傳하는그말슴은勿論귀에들니는말슴은안이엇다。소리잇는말이안이엇다。그러나 그는宇宙에가득찬소리엿다。온宇宙가 구석에서구석까지 그소리로因하야振動한다。魂의귀가먹은사람에게는이는한갓想像이요 詩人의美辭갓트나 그귀가열닌者에게는 全身、全天、全地가그소리로울니우고잇는것이다。몸을배라 오늘날世上에 반짝이는星河의아래서서 하늘의이가에서저가로울니어닷는이永遠의말슴을들는者는몃이나되나。

主께서그사이에해를위하야 장막을베푸섯도다。

五、해가차일에서나오는선랑과갓고
장사와갓치그길을달니단니기를즐거워하도다。
六、나오기를하날끗헤서하야
운행하기를하날끗까지하매
그더운기운을닙지아닌것이업도다。

詩人은아마 아침에이詩를을픈듯하다。蒼穹을보고 晝夜運行을보고 그모든것이하나님의榮光의啓示인것과 그로因하야宇宙에는漲溢하는生命의흠음이잇는것을읇픈그는 이제東便하늘에솟사올으는아참해에視線을向하얏다。그럴때그의가슴에는 爽快와喜悅의感激이솟구처올너왓다。해는平和와깃붐과 希望과元氣의넘치는얼굴로氣運차게솟는다。이들보고 그는 마치壯士가終日달음질로因하야저녁에는疲困하야도라가나 밤동안그의장막에서平安한休息으로元氣를回復하야가지고나오는것갓치 하나님은해를爲하야장막을베풀어새生命의元氣를賦與하야주어가지고 永遠의날을닷게하는것이라고노래하엿다。그러하야이를形容하야서 新郎이아참에그차일을햇치고나오는것갓고 이제方今疾走하려는壯士가식식한氣象으로스타ー트를하는것갓다고하얏다。여긔서모든것은 實로祝福과希望과調和의狀態에잇다。모든天體中에 가장우리에게갓갑고 關係깁고 主人되는것은太陽이다 故로 그는 거긔다 하나님이自然을다사리는모든法則과힘을代表식여 그더운氣運을닙지안는것이업다고하엿다。則 太陽界에서는 그의光과熱이온갓에네르기의源泉인것갓치이宇宙에서는 하나님의權能과智慧가 모든存在의根本이라함이다。故로 하나님의살으심으로因하야 宇宙는살ㄴ것이다。

以上에서 詩人은 自然界에나타난하나님의榮光을讚頌하엿다。그러나 驚異할만한것은 自然界만이안이엇다。그보다도더驚嘆할것 더讚頌할것 더感激스러운것이잇다。이는곳 道德界、靈界에나타난하나님의經綸이다。故로詩人은第一의世界에對한感激으로말미암아第二의世界에들어갓다。 여긔서는 하나님의榮光은一層더낫타나고 一層더우리에게갓갑다。 特히우리를救援하는하나님保護하고길으는하나님이다。 故로 여긔에서는 詩人은 그의固有名辭인 『여호와』의稱號로써 몰넛다。 그는닐곱番식이聖號를反復하엿다。

七、여호와의률법은온전하야 령혼을소성케하며
여호와의증거는진실하야 어리석은자로하여금지혜롭게하시도다。
여호와의명령은정직하야 맘을깃부게하며
여호와의계명은정결하야 눈을밝게하시도다。
九、여호와를경외하는도는깨끗하야 영원까지니르며
여호와의규례는확실하고 지극히의로오시도다。
十、금보다더사모할것이요 만은정금보다더사모할것이며
또한꿀보다더달며 꿀송이보다더달도다。

『률법』의原語는토라(torad)라는말로서 指導、教導、教訓等語로翻譯할수잇다。 이를가라처 모세五經이라고解釋하는學者도잇스나 반드시 그러케狹義로解釋하지안음이合當할듯하다。詩人은 前段에서 하나님의지으신것 即外的世界에나타난하나님의榮光을讚頌하엿고 只今은 하나님의意志、곳內的靈的世界에나타나는하나님의經綸을讚頌하는것임으로 『률법』이란말은 聖意를表示하는것으로넓게解釋하는것이더힘잇는듯하다。『온전』이라함은 흠업고 缺點업고 完全한善意란意味다。 그리하야 그률법은 靈魂을蘇盛케한다고한다。 밥이주린者를蘇盛케하고 샘이시들은닙풀蘇生케하듯시 여호와의률법은우리靈魂의疲困을除去하고 끈침업시새元氣를回復식인다고한다。自然界에는 太陽이잇서서 에네르기를供給하고 靈界에는 하나님의률법、하나님의뜻의가라침이잇서서 生命을대여준다。故로 거긔떠날때에사람은죽이은것요 거긔連接될때에사람은 시내ㅅ물가에섯는나무갓치 니피茂盛하고 철을따라열매를맷는다。

以下에『증거』、『명령』『계명』、『경외하는도』、『규례』等語로말한것은 모도률법과同意異語로볼것이다。 깃븜에넘치는詩人은 여호와의聖意에對한讚頌을連發함에이럿틋여러가지말로한것이다。

그것은堅實하다。 變함업다。 故로어리석은者 卽 素朴한者單純한者(그러나善惡에對하야確實한判斷을하지못하는者)를지혜롭게한다。 그런사람에게는하나님의智慧가必要하다。

그것은또한正直하다 眞實의神여호와의意志임으로써다。 故로우리는滿足과感謝를가지고이를쫏는다。

그것은또한純潔하다。 故로이를직혀서우리靈魂은淨化、 聖化함을엇는다。 우리어두엇던靈魂의눈이뜨이어 眞理를예둘너볼수잇다。

이는또한깨끗하다。 異邦의邪敎와갓치 썩어질情慾의더러움이업다。 그러하야永遠에서、永遠外지니른다。

그리고이는 모든眞理의標準으로볼때 確實不變、永遠不易、絶對的으로義로운것이다 詩人은 이를形容할말이업섯다。 故로金屬中에가장貴하고 純粹하다는金을들엇다。 그러나 그것으로도表示할수업슴에 만은正金보다라고거듭하엿다。 꿀로도그달ㅁ을形容할수업서서 꿀송이보다라고하엿다。 여호와의률법을思慕하기를 正金보다더하고 꿀송이보다더하는者는 果然福이잇을지어다로다。

詩人은自然界의讚美로서 靈界의讚美에밋첫스나 그는여긔멈출수가업섯다。 그의心琴의振動은이제最高調에達하엿다。 이제人生一般에만멈출수가업다。 自己自身의靈魂의事實에들어간다。 그러하야度를지난振動은 이제는讚頌에서 祈禱로들어간다。

十一、또한이것으로주의종이경계함을밧고
이것을직힘으로큰상을엇으리로다。

十二、누가허물된것을깨달으리오
주여나의은밀한허물을벗가사옵소서
十三、또한종으로하여금짐짓범하는죄를짓지안케하시고
그죄가나를주장치안케하시옵소서
그리하신즉내가온전하야
큰죄자옴을면하겟나이다。

그는只今自己를가라처 종이라고한다。그는謙遜한맘을가지고 自己에게서罪를除하기를求한다。우리는이것을넑으며 로마書六七章을想起하게된다。即、바울이 律法을說明하야『律法도거륵하고 誡命도거륵하고義롭고善하도다』하고 거긔말을니어『大槪우리가律法이거륵한줄노알거니와 오직나는肉體에屬하야罪아래팔녓나니라』(로마七章十二節)하야 맛츰내『嗚呼라나는苦로운사람이로다누가이死亡의몸에서나를救援하랴』하고絕望的부르짓즘을하던것과相似하다。이詩人도이제하나님의完全한律法으로부터自己의罪의事實에너므렷다。크리스챤으로서의同一한經驗이우리에게잇슴을알녀준다。

그리하야 詩人의말이 누가허물된것을깨달으리오하엿다。사람은自己의허물을깨닷지못하는것이本性이다。허물을깨닷게하는것은여호와의律法이다。(로마七章七節)故로基督信仰으로因하야첫재로우리에게나타나는結果는罪에對한自覺이다。그리고 이는罪의除去에나르는길의첫머리다。世上에許多한사람들이自己가罪人으로指摘밧음을슬여하야여호와와律法밋테나오기를슬여한다(요한三章十九節—二十一節)。그리하야언재까지면지罪中에安居한다。『隱密한罪』라함은 숨은罪、自己로서몰으는罪다。『짐짓범하는罪』는 바울의말한바『願치안이하는惡은行한다』한대、當할것이다。그러기에 罪가나를主掌치안케하여달나고哀願하엿다。그러나 우리가注意한것은이詩人은 亦是、기다리던이를보지못하고잔사람답게 그마지막이 바울갓치明瞭치못하다。바울이『내主예수그리스도를因하야내가하나님께感謝하노라』한代身에 이는『내가온전하야 큰罪지음을免하겟나이다』하엿다。그러나 兩者가다 信仰的態度인대서는一般이다 故로十四節을 바울의 저有名한로마八章讃頌에相當하는것으로生覺하고보면滋味잇다。

十四、내입의말과 네맘의默想을주압헤깃부게밧으시기를
願하오니
여호와여 나의반셕이시오 나의구속하는쥬로소이
다。

『말』즉 들이는祈禱와 하나님을向하야하는맘의默想、即、自己의全人格을밧침이다。이것이 祭壇우에犧牲을들이던舊約時代의일임을記憶하고보면 一層더理解되는바가잇다 最後에詩人은 반석이요 구속인여호와를불너서 外的患難과 內的罪惡에서救하기를빌엇다。

이러틋시 詩는 自然의讃美로부터 하나님에對한信賴로畢하엿다。一見奇異한듯하나 이야말로 敬虔한靈魂의歷史의順序다。自然이自然만으로止하는대는 오히려 그眞意味를發揮하지못한것이다。그것이啓示하는집흔實在에到達한後에비로소 참으로살ㄴ自然이된다。自然의美麗는 그自身으로서의美麗가안이요 참으로美麗한것의啓示로서의美麗다 自然가운데서壯嚴한것을感得함은 그身體로서의壯嚴이안이요 참으로偉大한것의啓示임으로써의壯嚴이다。故로 自然가운대 實在를닑지못하는者에게는 自然은살ㄴ것이안이요죽은것이다。現在 二十世紀의文明이이를證明하고잇다。오늘날사람에게는 自然은感激의對象도 驚嘆의對象도안이다。單純한征服의對象이다。故로그들에게는 이는吟味할것이안이고 處分할것이다。生命잇는것이안이고 죽은死骸다。그것이엇젯는가하고 現代人은反問하나 事實은 이것이 이文明——이믜高貴한魂의所有者들에依하야不幸한宣

告를當한——의根本病弊다。時代의尖端을것는사람들에게는 自然이살거나죽거나有神이거나無神이거나 그런것은 아모려도關係업는일인것갓다。그러나 엇지알랴 이아무것도안인것이其實은 人類의아들들을도모지몰아滅亡의가운대넛는날이올줄을。

世人은道義의念의衰함을嘆하나 그根源을차즐줄을몰은다。敎育의經驗이잇는사람은알것이나 오늘날靑年의가슴에서 眞實性이사라젓슴이事實이다。그들中에人生에對한깁흔反省을하는者를보지못한다。生에對한一片感激의情을품는者를보지못한다。崇高한것에對한渴仰갓튼것은想像도못할일이다。그리고우리의將來는여긔잇다! 놀낼일이안인가 落膽할일이안인가。敎育家는이것을엇더케보는지몰으나 이는한갓方法의改善、理論의修正으로될것일가。決코 그러치안타。根本에서맘의態度가根本에서更新하지안코는絕望이다。그들의맘을죽은宇宙에서돌니어 살ㄴ宇宙로向하게하지안코는 모든勞力과受苦는徒勞뿐이다。物質의密室에서窒息한그肉塊들을 大宇宙의동산의살ㄴ氣運속에놋치안코는 蘇生할길이업다。詩十九篇의作者는이와달낫다。그에게는 이하날은 하나님의榮光을들어내는것이엇다。그리고 밤에서밤으로 낫에서낫으로 永遠에서永遠으로傳流하는生命의말삼이잇엇다。그런故로 그는 이實在의啓示에서부터直히實在그物件으로나갓다。詩의第二段은 形象을超絕하는實在그것으로서의하나님의聖意를『人生』이라는表現속에읆은것이다。그러나 이는살ㄴ人生의事實임으로因하야 마츰내 直接自我의良心에或은靈魂에까지透入하지안코는마지안엇다。即詩人의思想은 살ㄴ宇宙觀 살ㄴ人生觀 살ㄴ信仰이라는順序로展開되여왓다。이것이우에말한바敬虔한靈魂의歷史의順序타는것이다。

이런意味에서볼때 現代의文明은 分明한退步라하지안을수업다。이런말을하면 世上은비웃고 침밧고罵倒할줄을아나 그러나人生에對한反省과歷史의吟味와文明에對한檢察에依하야 이는事實이라고말하지안을수업다 勿論 事物에는方面이잇다。現代의文明도物質의方面에서非常한進步임을否定할수업다。그러나 그것이人類를얼마쯤高尙케하는가얼마쯤幸福케하는가 人類우에얼마쯤平和를가저오는가하는것과는別物이다。

젊은男女가 興味百퍼센트의모던이즘에醉하는동안에 有能한學徒들이物質萬能의맑서즘에熱中하는동안에 崇高한精神은人類에게서사라저고 善意(good will)는사람들사이에서업서저버리고만다。大哲칸트는『빗나는星天는내우에 道德律은내안에!』라고불으짓젓다。살ㄴ宇宙이고서 살ㄴ良心이다。宇宙에對한崇敬의念이끈어진이世上에道德의頹敗함이또한일當然한일이다。이時代가萬一살고저하거던 머저는爲先 살ㄴ宇宙속에自己를發見하여야할것이다。

慶州에서

二〇

金敎臣

十月五日夜京城을發하야 翌朝大邱에서輕鐵에乘替하다。鐵路沿邊에는 中生代의大邱層岩石이 板材를 싸힌것처럼되여 팔을때면만질듯하게되여 잇으니修學의材料로 貴한것이다。新羅내앰새난다는 阿火古을지나 멀니 金尺峯群을指點하면서 汽車가 地溝帶를지나 盆地로突入한때는 발서憧憬하던東都에着한것이엿다。慶州驛이 水原驛과치純朝鮮式建物이엿음은我意를得하엿다。

午后二時頃부터 第一次로 西嶽을向하야古跡探訪의途에就하다。太宗武烈王陵에參拜하고 西嶽書院을지나 金庾信墓에 올나가一千年前百萬長安의全容을眺望하다。山과가튼墳墓의巨大함이 비록埃及의 피라밋에比하야遜色이잇다할지라도 우리祖上들도 輕蔑키어려운丈夫의生活을하엿섯다는材料를供함에는充足하엿다。金庾信墓는武烈王陵에比하야 그規模는小하나 掛陵과함께 新羅時代陵墓의舊容을大體完全히保專하엿다하야 石欄干石床과十二支柱等도 볼수잇엇다。但同時代의武烈王陵이 뎌처럼頹落하고 金庾信墓만이처럼舊態를完保하엿다함은 무삼史的差誤가잇는것이아닌가生覺하나嗚呼라 나의淺識을

山麓에서大邱層岩石一塊를採集하여가지고 西川을涉渡하야市內로向하다。國破山河在라云하나 千年前에軍船과內外商船이輻湊하면 西川을 今日涉渡할줄이야 新羅의누가斟酌하엿으랴。國破山破하야 南山은骸骨만남긴禿山이되여 花岡岩의白砂만排泄할줄알게되엿오니 西川은砂丘를成하고 蚊川은乾川이된것이다。今後千年의時日로써 半月城下에帆船이 들온다면 그누가造林을不顧할손가

七日朝에 慶州古蹟保存會로서案內者가왓으나 그行程푸로그람의立案이低劣함을보아 그案內를辭退하고 半歲間慶州를爲하야準備한바吾人의所持한知識대로 自由롭게 舊蹟을探하기로하다 東으로나가九層塔을보고黃龍寺趾를거처 雁鴨池에至하야 千年前에벌써 今日의昌慶苑에不下할動物園、植物園과水族館을設備하엿던 우리祖上의博物學知識에對하야敬慕의念을禁치못하고 石氷庫에至하야新羅人의生活樣式을推想하고 科學的知識이殊越하엿던當時의人이氷庫의出入門을南에設하엿음은何故일가疑訝。半月城下 日精橋 月精橋의舊趾를찾고 孔子廟곁에崔富者宅을暫訪하다。十三代、三百餘年間火爐의불이꺼지지아니하엿다는傳說을들은故이엿다。慶州에는古物舊跡이生命이다 慶州의山川그것이古物이다。그慶州에서 불을保存하는原始時代遺風을보게된것은 그處所를得함이라할것이다。東北으로鷄林에少休하고 瞻星臺에

慶州에서

二二

攀登하야 千年前科學者의게敬意를表하니때가午正。芬皇寺、黃龍寺와臨海殿等이모다當時의宮庭에잇엇다하니 半日을徘徊한것도오히려 庭內散步에不過한셈이엿다偉哉新羅。

午后에輕鐵로써佛國寺를向하야途中에影池畔에立하니 傳說과가틀진대戀慕의情도新羅人은 그後裔보다 信實하고참되엿던것갓다。掛陵에叅拜하야新羅文化의絕頂을窺視하고佛國寺에着하니 寺刹과 多寶釋迦兩塔과 靑雲白雲兩橋와 盧舍那銅佛、春日燈、石獅子等이 모다壓倒的으로 余輩의審美眼의不備를責함을感할뿐이엿다。多寶旅舘에一泊。

十月八日未明五時에出發하야 石窟庵으로登山하다。六時十五分前에嶺上에올나 六時二十分에 太陽이東海를 솟아올을때까지그變化無窮함과 그光景의絕大함을 다맛感할뿐이엿지 到底히表現할수업다。「人이生하여 偉人을接하기難事요 偉大한風景을接하기는 더욱難事다。偉人은 움직이는것이매坐하야接할機會도잇으련마는 偉景은내가차저가서야接할수잇는것이라」함은事實이엿다朝陽을밧은石窟庵에들어가 新羅文明의存在를立證하고 산朝鮮人二千萬보다도더굿세게섯어 그自負心을辯護하고잇는 新羅藝術의結晶인 石佛을보고 下山하야朝飯後에 다시慶州에歸來。午后蚊川을것너五陵에叅拜하고 金庾信의傳說로立하엿던天官寺趾와 蘿井을바라보면서 鮑石亭에至하야國家興亡의基因을想考하고 南으로五里許의三石佛을賞한後 南山城趾에登하야 地形과築城의關係를알녀하엿으나 城趾稀微하야 알길이업고名物紫水晶도 큰結晶을發見할수업섯다。아참에東海에뜬해가西岳에 써러지고 烏項山上에中秋月이솟는것을바라보면서下山하다。

九日아츰에 北川을건너 栢栗寺에登하야背面으로서 舊都를보니 西、東、南、北四

面으로서의觀察을畢한것이다。四體佛、瓢岩碑、解脫王陵으로써 慶州一覽을마치고 午前十時車로歸途에登하다。悤悤한求景이엿다

前世紀에試運轉하던遺物인가십픈輕便車箱에 몸을실고 孝峴굽이를돌아서니 廣濶한舊都의山野는 발서보히지안코 다만남은것은 三四日間의疲勞와 二千年間을來往하던印像뿐이다。눈을감어도 눈압페낫하나보히는것은 뎌王陵과墳墓의巨大한土丘들이다。千餘星霜을지나고도 뎌러한偉大한蹤跡을남겻으니 當時뎌들의生活、政治、軍事가얼마나씩씩한것이엿슬가。그러나그墳塚은埃及의피라밋에比할바가못되고 今日에 그史實이確然한者가稀少하니 嗚呼라三國統一의政略과武運도一長春夢에不過함이엿다。市의東편에웃둑솟은二十九尺의瞻星台와 아직까지原形을保存하엿다는雁鴨池가新羅의科學을자랑하는힘은 넉넉히世界大에까지及할것이나 中絶된科學이라 日進月步하는現代의科學에비길바가못되니 오직自負自慰의資料나되면當幸이아닐가。政治도쌀어지고科學도지나가되 호을노千歲後에生命이潑潑한것은當時藝術이다武人石과石獅子가健在하고 春日燈과盧舍那佛이살어잇고 多寶塔의梅蘭菊竹이年年歲々에자란다한다。朝鮮의生靈二千萬을死殼遺骸로볼지라도 石窟庵의佛像에生氣업다리가업다。慶州에서藝術을除한다하면 남는것은零에近한것이다。新羅는가고慶州는荒野가될지라도 그藝術만이永久히남엇도다。慶州의藝術品中에서佛像과寺刹을除하고보면 또한殘餘가零뿐이다。即佛敎의信仰이업는곳에는金大成도업섯고新羅의자랑인藝術도업섯든것이다新羅人이큰것이아니엿고 뎌들이가젓던信仰에偉力이잇엇다。信仰으로설때에만永久하고偉大한것이産出되엿다。

城西通信

十月五日(日曜日) 午後二時半 市內樂園病院에集會。余는 山上垂訓의緒論을講하고 宋兄은 요나書硏究。記者는 今夜十時三十分發車로 慶州를向하다。○十月十二日(日曜) 午後에 市內에集會。宋兄은 요나書硏究繼續。余는山上垂訓第二講으로 馬太福音第五章一—三節의講義。○十九日(日曜) 樂園病院一室에集會。宋兄은 히브리書第十一章十三—十六節의感話。柳兄은 詩篇第百三十七篇硏究。○二十日(月曜) 午後五時에 中央靑年會舘에서 儒、佛、基、天道等各種宗敎信徒들의 懇親會가잇다는通知잇엇슴으로 多大한期待와 好奇心으로써 病을冒하면서 이會合에 參列하엿다。이會의趣旨가「同一한 朝鮮사람이면 누구던지 和親하여야할것인대 又況仁愛를說하고 濟衆을志하는宗敎信徒間에 種種反目對峙하난撞着하는事實이 잇음을집히 遺憾으로생각함」에서發起된것이라고 某先生의說明을들은바잇섯음으로 多大한屬望으로써參席한것이엿다。基督敎內에서도 暗鬪와分裂이 止息할바를不知하는때에 佛敎、天道敎、儒敎와함쎄 무릇人道와眞理를爲하야「誠」으로人生을 걸으려는者가 同一한步調로써和合하려는動機를 누가 깁버하지안코 견대며 누가贊同하지안코 참아내랴。그러나 懇親會는 드듸여所謂「懇親會」가되고말엇다。遊星이各其軌道에從하야 空間을運行하는것처럼 會合한者數十名이 各其제멋대로運行하야 衝突도업고觸感도업시 無事平隱中에 彼此의姓名三字를相通하고 떡국一器式먹고 散會하엿다。畢境 前보다좀더親睦이되엿으리라고미드면서。宗敎家의集合으로서 첫재로 놀낸것은 思想의枯渴이엿다。各宗派의老大家의會合에高遠한談論을 渴望하면서갓던靑年은자못失望하엿다。둘재로 놀낸것은眞實의缺乏이엿다。局外者의所見으로써 互相間에適宜의忠告를發하는것은 比種會合特有의效能일것이고 또親睦增進의道일가하엿스나 苦言을交할만한眞實을 보지못하엿슴은 期待의大하엿던마치 섭섭한일이엿다。셋재로 놀낸것은 言論取締와徹底性이다。警官의臨席함이 업슬지라도 先天的으로緘口無言。着實한百姓이라 넘카를것이다。懇親會의所得이 두어가지잇엇다一은 骨相學의實習이다。佛敎徒의게 圓滿大智가보힘은부러운바이나 大智가俗化하야 巧滑노變態한것은 참아볼수업섯다。天道敎徒가素朴한듯하나 健實이優越함은 큰자랑일것이고 基督敎徒가 婦人靴의 뾰족치처럼輕快하고 敏活한것은 泊來品아니고는 볼수업는光景이엿다。

所得의第二는 朝鮮古樂과時調로써 朝鮮心臟의鼓動을늣겨본것이다。樂師의說明에依하면 朝鮮古樂은全혀 佛敎의信仰에由來함이라한다。朝鮮의音樂、彫刻、建築、詩歌、傳說、名山、大川、史跡、都城、그어느것이깁흔由來를 佛敎에 두지안함이업다。朝鮮이가진바 偉大하고 永久한것은 全혀佛敎의所產이라하여도過言이 아닐것이다。宗敎를無視하는者는爲先 朝鮮歷史를詳考하여볼것이다。宗敎로써 설때에 半島에偉大한民族이 살엇던것이다。宗敎업시 설때에 그存續與否가 危殆하리만치 小弱한百姓이다。○十月二十二日(水曜) 昨日、永登浦를떠나 梧柳洞應谷에移轉한 宋斗用兄의 農事집을訪하고 두家率이合하야 禮拜祈禱하다 더는只今 地球우에孤獨히 홀노선者다。親戚도 故友도업시。都市文化의爛熟을象徵하는 人工人的溫泉別莊地帶인「梧

柳莊」을등지고서 勤勞의땀을흘니는者에게 相當한衣食을주워養하실것을 信依하는者의 生計를始作하엿다。因習과 體面을全혀脫皮하고서 純粹한農軍이되려는것이다。어려운 일이오 또한 부려운일이다。○十月二十六日(日曜) 午後二時半市內集會。意外에宋兄이來參하야 路加第十一章一ー二十一節노써 貧賤에生長한救主예수를思慕하고 余는山上垂訓第三講으로 馬太第五章四、五節을講義하다。○二十七日(月曜) 昨日新聞에 蔣介石氏가基督敎에改宗하고 洗禮바덧다는報導잇음을보왓다。軍人은軍人이나 支那軍人이다 果然예수의贊歎을受하리만한百夫長의信仰이 잇다면(路加七章 氏를爲하야 또新興中國을 爲하야慶賀할일이다。○今日「聖書朝鮮을보내달라……君의信仰을알기爲함이라」는來信이잇엇다。「信者는 祈禱를식혀보면 그信仰狀態를 알수잇는것이라」고放言하는것도 들엇다。며들은 다 하나님의特殊한寵愛를 바며 兄弟의祈禱로써 그信仰을診察하고雜誌로써그信仰을吟味하는權威를 가진줄노自信한다。그超高度의信仰에對하야는敬意를表할것뿐이다。

사람은 聖靈에感함이업스면 예수를 그리스도라 불을수업고 重生하지 안하면天國에들어갈수업는것이다。그러나 이聖靈이니 重生이니 하는것은 特別한天才의게賦與한素質은아니다。十六億萬人類의 누구던지 하나님의恩惠로말미아마 重生할수도잇고 聖靈을感할수도 잇는것인줄노안다。曠野에웨치는소래와 紅海를갈느든집행이잡은者의 씩씩함과强硬한것을 今日朝鮮에서볼수잇슴은 큰자랑이다。마는優越한素質과特殊한傾向을가지지못한平信徒는 그光景에漠然하여지는때가만타。

○論者曰「聖書朝鮮」은멀니海外에서發刊된것이고 그筆者들이敎會信者가아님으로 朝鮮敎會를批判할수업다고。智者乎、며가萬一雞卵을觀察한다면爲先卵殼속에突入한後에硏究하엿으리라○又曰「少數인聖書朝鮮同志가一萬敎會信徒를엇지叱咤할소냐?」고。總會와老會에서頭數로可否를決하는데 치운者는禍잇을것이다 모세가바로와對할때 다윈이끌니앗을칠때、루터가와룸스에臨할때 코펠니크스가地動說을提唱할때 다ー윈이進化論을發表할때 며들은頭數에依支한것이아니엇다。이러한「철업는」不信의言辭가神學校機關紙에실님을볼때에 더욱이한숨짓는것이다。○聖書朝鮮이敎會를攻擊하엿더면 그것은消極的或은部分的이엿고 不可避한때에一言이잇섯든줄노알엇다。그런데「朝鮮敎會의崩壞를기다리는攻擊」이라稱한다。이런威力을가진줄은처음알엇거니와 崩壞할것은崩壞할것이오 崩壞치안할것은攻擊하여도崩壞치안할것이다。적게밋는者의不安이甚함이여。○十一月十六日(日曜)부터集會場所에故障이생겻어市外孔德里活人洞一三〇番地本社內에서集會하기로되고 時間은午前十時부터시작하게되엿다

集會案內(場所變更)

時、每日曜日 午前十時브터 十二時頃까지

所、市外孔德里活人洞一三〇本社。

【注意】 舊新約聖書와讚頌歌를持參하시오

十二月一日 京城聖書硏究會

(定價送料共)

一部	十五錢
六個月	八十錢
一年分	一、五〇錢

昭和五年十二月三日 印刷
昭和五年十二月六日 發行

京城府外龍江面孔德里一三〇
編輯發行兼印刷人 金敎臣

京城府西大門町二丁目一三九
印刷所 基督敎彰文社

京城府外龍江面孔德里活人洞一三〇ノ三
發行所 聖書朝鮮社
振替口座京城一六五九四

『聖書朝鮮』第二十三號　昭和五年十二月一日發行（每月一回一日發行）

성서조선(聖書朝鮮) 1/ 1927-1930

Sungseo Chosun 1/ 1927-1930

엮은이 김교신선생기념사업회
펴낸곳 주식회사 홍성사
펴낸이 정애주

국효숙 김기민 김서현 김의연 김준표 김진원 송승호 오민택 오형탁
윤진숙 임승철 임진아 임영주 정성혜 차길환 최선경 허은

2019. 1. 17 초판 1쇄 인쇄　2019. 1. 31 초판 1쇄 발행

등록번호 제1-499호 1977. 8. 1
주소 (04084) 서울시 마포구 양화진4길 3　전화 02) 333-5161　팩스 02) 333-5165
홈페이지 hongsungsa.com　이메일 hsbooks@hsbooks.com　페이스북 facebook.com/hongsungsa
양화진책방 02) 333-5163

• 잘못된 책은 바꿔 드립니다.　• 책값은 뒷표지에 있습니다.

• 이 도서의 국립중앙도서관 출판예정도서목록(CIP)은 서지정보유통지원시스템 홈페이지(http://seoji.nl.go.kr)와 국가자료공동목록시스템(http://www.nl.go.kr/kolisnet)에서 이용하실 수 있습니다.(CIP제어번호: CIP2019001334)

ISBN 978-89-365-1336-8 (04230)
ISBN 978-89-365-0555-4 (세트)